אמנון בזק

מלכים א׳

מאחדות לפילוג

מגיד

ישיבת הר עציון Yeshivat Har Etzion

Amnon Bazak

Kings I: From Unity to Division

אמנון בזק

מלכים א׳: מאחדות לפילוג

עורך אחראי: ראובן ציגלר
עורכת ראשית: אוריה מבורך
עורכת משנה: אפרת גרוס
עריכה: בועז קלוש
הגהה: אביחי גמדני
עימוד: רינה בן גל
עיצוב כריכה: תני בייער
תמונת עטיפה: באדיבות הצייר הלל בזק, קָרֹעַ אֶקְרַע אֶת הַמַּמְלָכָה מֵעָלֶיךָ, שמן על בד, 2025
hillelbazak@gmail.com

ספרי מגיד, הוצאת קורן
ת״ד 4044 ירושלים 9104001
טל׳: 02-6330530 פקס: 02-6330534

office@korenpub.com
www.korenpub.co.il

ISBN 978-965-526-407-4 מסת״ב

Printed in Israel 2025 נדפס בישראל

נר עולם

לזכרו ולעילוי נשמתו הטהורה, האצילית והמאירה של

דוד שורץ הי״ד

נפל בקרב בחבל עזה בכ״ז בתמוז תשפ״ד

והוא בן עשרים ושש שנה

״גִּבּוֹר חַיִל וְאִישׁ מִלְחָמָה וּנְבוֹן דָּבָר וְאִישׁ תֹּאַר וַה׳ עִמּוֹ״

(שמ״א ט״ז, יח)

תוכן העניינים

פתח דבר

ספר מלכים הוא סיפורו הדרמטי של עם ישראל, החל בתקופת הזוהר של הממלכה המאוחדת בימי שלמה המלך ובניין המקדש, דרך פיצול הממלכה והעמקת העבודה הזרה בתוך עם ישראל, ועד לסיום העצוב עם חורבן הארץ והגלות של שתי הממלכות. הספר פוצל מאוחר יותר לשניים, כפי שנפרט במבוא להלן, שכן מדובר בסיפור ארוך המשתרע על פני שנים רבות. חלקו הראשון של הספר, הנקרא מלכים א׳, נקטע באמצע התהליך, כשהבעיות והמורכבויות בשתי הממלכות ניכרות בו היטב. לצד התהליכים הלאומיים הקשים, המעבר מאחדות לפילוג ומעבודת ה׳ לעבודה זרה, הספר גם מתאר את גיבוריו המרכזיים, ובראשם שלמה המלך ואליהו הנביא. דמויות אלו, כמו אחרות, מתוארות באופן מרתק עם כל המורכבות שלהן, בדרך שרק התנ״ך יכול לתאר. הספר עוסק בנושאים מרכזיים כמו תפקיד המקדש, אתגרי המנהיג, מחיר הפילוג ועוד, נושאים שרלוונטיים מתמיד דווקא בשנים אלו.

כמו בספריי הקודמים בסדרת התנ״ך של הוצאת ׳מגיד׳ (**שמואל א׳ – מלך בישראל, שמואל ב׳ – מלכות דוד ויחזקאל – הנביא שהיה בן אדם**), גם ספר זה משקף את דרך לימוד התנ״ך שזכיתי ללמוד, ולאחר מכן ללמד, בישיבת הר עציון ובמכללה האקדמית

הרצוג, שעיקרה עיון בפשוטו של מקרא מתוך שימוש בכלים ספרותיים שונים, חלקם מאלו שנתחדשו בדורות האחרונים. זכינו לראות כיצד כלים אלו חושפים רבדים תוכניים בנבואה, שהיו נסתרים במשך דורות רבים, ברוח דבריו הידועים של הרשב״ם (בפירושו לבראשית ל״ז, ב) על ״הפשטות המתחדשים בכל יום״. על תהליך חיבורו של ספר זה ועל הגישה המרכזית הבאה לידי ביטוי בו עמדתי בפתיחת ספריי הקודמים, ומשום כך לא אחזור כאן שוב על הדברים. אולם חובתי להודות לכל מי שתרם לספר זה שרירה וקיימת. אודה אפוא שוב למו״ר ראש ישיבת הר עציון הרב יעקב מדן שליט״א, ולמורי פרופ׳ מרדכי סבתו, שמהם למדתי כיצד לגשת ללימוד תנ״ך, ושרעיונותיהם ופירושיהם, במישרין ובעקיפין, מהווים חלק משמעותי גם מספר זה. תודה לידידיי, אנשי בית המדרש הווירטואלי של ישיבת הר עציון – לעומד בראשו הרב עזרא ביק, ולד״ר בועז קלוש, על שערך את השיעורים במקצועיות ובדקדקנות כדרכו.

הספר יוצא לאור במסגרת שיתוף פעולה מבורך ורב שנים בין ישיבת הר עציון להוצאת ׳מגיד – קורן׳. תודה מקרב לב ליוני הולצר, מנכ״ל הישיבה, ולנועם שליט, שבין היתר אחראי על הפצת תורת הישיבה, ולאנשי ההוצאה, שנטלו על עצמם ברצון את הוצאת הספר לאור: המו״ל מר מאיר מילר; ידידי הרב ראובן ציגלר, העורך האחראי; אוריה מבורך, העורכת הראשית, ואפרת גרוס, עורכת המשנה.

במהלך הספר ציינתי פעמים רבות לארבעה ספרים, שבמקום להביא את הרישום הביבליוגרפי שלהם בכל פעם מחדש, אביא אותם כאן: השניים הראשונים הם מתוך סדרות פרשנות התנ״ך הנפוצות, והשניים האחרים – מתוך ספריי על ספר שמואל, ספר שכמובן קשור בפרקים רבים לפרקים הראשונים של ספר מלכים:

1. י׳ קיל, **דעת מקרא – מלכים א׳**, ירושלים תשמ״ט.
2. ג׳ גליל (עורך), **עולם התנ״ך – מלכים א׳**, תל אביב 1994.
3. א׳ בזק, **שמואל א׳ – מלך בישראל**, ירושלים 2013.
4. א׳ בזק, **שמואל ב׳ – מלכות דוד**, ירושלים 2013.

הספר יוצא לאור בתקופה מאתגרת וקשה לעם ישראל, לאחר האסון שאירע בשמחת תורה תשפ״ד והמלחמה הארוכה בעקבותיו, ובתוך תחושה של מעבר כואב מתחושות אחדות שהיו בתחילת המלחמה, לאווירת פילוג ומתח בחברה הישראלית. תפילתי, שהספר יסייע בין היתר לשמש כתמרור אזהרה לסכנות הפילוג והחורבן שבעקבותיו, ושנלמד מההיסטוריה את הצורך להתאחד ולהתגבר על האינטרסים האישיים למען הכלל. הקדוש ברוך הוא ישמור ויציל את חיילנו מכל צרה וצוקה, וישלח ברכה והצלחה בכל מעשה ידיהם, ידבר שונאינו תחתיהם ויעטר את חיילינו בכתר ישועה ובעטרת ניצחון, ואת אחינו בית ישראל הנתונים בצרה ובשביה, המקום ירחם עליהם ויוציאם מצרה לרווחה ומאפלה לאורה, השתא בעגלא ובזמן קריב.

לסיום, ברצוני להודות לבני משפחתי היקרים והאהובים על האהבה והתמיכה לאורך כל הדרך: לרעייתי ענת; ולילדינו רינת, טליה, אלנתן ורעייתו גיל, והלל. תודה מיוחדת לאמי מורתי, זהבה בזק, שגידלה אותי לאהבת התורה בכלל וסיפורי התנ״ך בפרט. יברך ה׳ חילכם ופועל ידיכם ירצה, לאורך ימים ושנים.

ועל כולם, יתברך ויתרומם שמך מלכנו תמיד לעולם ועד.

* * *

הספר מוקדש לזכרו של תלמידי היקר והאהוב דוד שורץ הי״ד. דוד, בנם של ידידיי יאיר ושרה יבדל״א, גדל באלעזר שבגוש עציון. דוד למד בישיבת הר עציון ברצינות ובהתמדה, והקדיש זמן מיוחד לעיסוק בפרשות השבוע, ובלימוד חסידות, כהמשך למסורת אבותיו. לקראת חתונתו הוציאו בני משפחו חוברת עם דברי תורה לפרשות השבוע שדוד הקפיד לכתוב בכל שבוע. את אהבתו לתורה שילב עם לימודי המשפטים במרכז הבינתחומי. דוד נישא למיטל גיטלר תבדל״א, והקים איתה בית נאמן ואוהב. אישיותו של דוד הייתה מיוחדת מאוד: יפה תואר, נעים הליכות בעל לב זהב, אוהב את הבריות ואהוב על הכול, שמח לעזור בכל עת, מכיר תודה על כל פרט קטן, מוכשר וחכם

ובבד בבד צנוע ועניו. בהליכותיו ובדרכי הנועם שלו, דוד קידש שם שמים בחייו, ולמרבה הצער גם במותו.

דוד למד בישיבה בחברותא עם יקיר הכסטר הי״ד. יחד עם יקיר הוא שירת בחיל הנדסה, תחילה כחיילים ואחר כך כמפקדים. יקיר היה עד בחתונתו של דוד. יחד הם יצאו במסירות נפש למלחמת מצוה של הושעת ישראל מיד צר, ויחד נפלו שניהם, זה לצד זה, מפגיעת טיל במהלך מלחמת ׳חרבות ברזל׳ ביום כ״ז בטבת תשפ״ד. הנאהבים והנעימים בחייהם ובמותם לא נפרדו.

תודה מקרב לב למשפחות שורץ וגיטלר, על תרומתן הנדיבה להוצאת הספר, לזכרו של דוד. תהא נשמתו צרורה בצרור החיים, במעלות קדושים, טהורים וגיבורים.

אמנון בזק,
אלון שבות, תמוז תשפ״ה

מבוא

א. אחדותו של ספר מלכים

ספר מלכים, כמוהו כספר שמואל וכספר דברי הימים, נחלק במהדורות התנ״ך העומדות לרשותנו כיום לשני חלקים: מלכים א׳ ומלכים ב׳. חלוקה זו אינה מקורית, וחז״ל לא הכירוה כלל. חז״ל מנו כ״ד ספרי מקרא, ודיברו על כל אחד מן הספרים הללו – מלכים, שמואל ודברי הימים – כעל ספר אחד. גם חכמי המסורה מנו את פסוקיו של כל אחד מן הספרים האלה בלא לציין שום חלוקה בהם.

חלוקת הספרים הללו לשניים מקורה בתרגום השבעים, תרגום התנ״ך ליוונית מן המאה השנייה לפני הספירה. בתרגום זה חוברו ספר שמואל וספר מלכים ליחידה אחת, שכונתה ׳ספרי המלכויות׳ וחולקה לארבעה חלקים: מלכויות א (המקביל לשמ״א שבידינו), מלכויות ב (מקביל לשמ״ב), מלכויות ג (מקביל למל״א) ומלכויות ד (מקביל למל״ב). במהדורות זרות מתקופות מאוחרות יותר נהגה החלוקה המקובלת בידינו כיום, אבל רוב רובו של עם ישראל נחשף אליה רק בראשית המאה הט״ז, במהדורה הראשונה של ׳מקראות גדולות׳, ומאז נעשתה נחלת הכול.

המלאכותיות והאיחור של חלוקה זו בולטים במיוחד בספר מלכים. בשמואל ובדברי הימים מקום החלוקה נראה הגיוני וסביר – לאחר מות המנהיג הקודם.[1] אבל חלוקת ספר מלכים נראית תמוהה – בעיצומו של תיאור ימי המלך אחזיה בן אחאב, המתחיל בשלושת הפסוקים האחרונים של מלכים א׳ (כ״ב, נב-נד), וממשיך בפרק הראשון של מלכים ב׳. מסתבר שמחלקי הספר כיוונו לפתוח את מלכים ב׳ בפסוק שיש בו הצירוף ״אחרי מות״ (״וַיִּפְשַׁע מוֹאָב בְּיִשְׂרָאֵל אַחֲרֵי מוֹת אַחְאָב״), ועשוי לתת תחושה של פתיחה חדשה.

על כל פנים, ברי שמבחינת התוכן יש לראות את מלכים א׳ ומלכים ב׳ כספר אחד לכל דבר ועניין. יש לכך חשיבות מעשית בבואנו לדון במהותו של הספר, ודיון זה ייעשה אפוא בספר כולו כיחידה אחת, כפי שהיה במקור.

ב. מגמתו של הספר

לספר מלכים יש מבנה מאוד ברור, ובמידה רבה הוא מתאר סיפור עצוב. פתיחתו נראית כפסגת ההיסטוריה של עם ישראל, שיאה של הדרך המפותלת שעבר העם מאז נכנס לארץ. לאחר שלבי הירושה והכיבוש והקמת מלכות הנצח של בית דוד, מגיע הרגע הגדול: שלמה המלך, בנו של דוד, מכונן ממלכה גדולה ושקטה ומקים בה את בית המקדש. לרגעים נראה כאילו הסתיימו כל התלאות, ועם ישראל בא למציאות אידאלית – ממלכה שלווה העובדת את ה׳ וחיה בהשגחתו, איש תחת גפנו ותחת תאנתו. אלא שעד מהרה מתפוגגת האידיליה. שלמה, בונה המקדש, מרבה לצבור, בניגוד לאיסור התורה, זהב, כסף ונשים. יתרה מזאת, הוא גם נושא נשים נוכריות, ומקים בהשפעתן מזבחות לעבודה זרה.

1. ספר שמואל ב׳ פותח במילים ״וַיְהִי אַחֲרֵי מוֹת שָׁאוּל...״, כמו פתיחתם של ספר יהושע (״וַיְהִי אַחֲרֵי מוֹת מֹשֶׁה״) וספר שופטים (״וַיְהִי אַחֲרֵי מוֹת יְהוֹשֻׁעַ״); וספר דברי הימים פותח בתחילת מלכותו של שלמה.

בעקבות סדרת העונשים שהוטלו על שלמה הממלכה מתפצלת לשתיים – יהודה וישראל, והממלכה המאוחדת, שהחזיקה מעמד לאורך מרבית ימי דוד וכל ימי שלמה, אינה חוזרת עוד לאחדותה עד לסוף הספר. שתי הממלכות נמשלות בידי מלכים שרבים מהם עובדים עבודה זרה ומקימים מערכת מושחתת של משפט רשע, אלימות ושפיכות דמים. הניסיונות לעצור את ההידרדרות כושלים, והספר מסתיים בחורבן וגלות.

ניתן אפוא לראות את ספר מלכים כספר 'תולדות החורבן', הפותח בהמלכתו של המלך שיועד מתחילה לבנות את בית המקדש, ומסיים בחורבנו של בית זה.[2] ואכן, כבר בפרקיו הראשונים של הספר שתל המחבר רמזים לבעיות שצפו אל פני השטח בזמנים מאוחרים יותר, אך שורשן עוד בתחילתו. בעיוננו בפרקים הראשונים נעמוד על רמזים אלו, ומתוכם נראה כיצד משתקפת הפרספקטיבה של כותב הספר לכל אורכו. מכל מקום, המסגרת של הספר, מהבניין אל החורבן, מכוונת את לומדיו למגמה המרכזית העולה מפרקי הספר כולם, זאת לצד מגמות נקודתיות רבות נוספות.

ג. מחבר הספר

בברייתא המפורסמת על מחבריהם של ספרי התנ"ך (בבא בתרא יד ע"ב – טו ע"א) נאמר: "ירמיהו כתב ספרו וספר מלכים".[3] על פי זה, ספר מלכים נכתב, או לפחות נערך, מפרספקטיבה מאוחרת, שלאחר החורבן, כפי שאפשר ללמוד מסופו. כאמור, ניתן לראות את הספר כמכין את קוראיו, אט אט, אל הסוף, תוך שהוא חושף בעיות שהיו קיימות במלכות ישראל מן הרגע הראשון.

2. ועל כן ראו בו חז"ל ספר נפרד מספר שמואל, שעניינו – בית המקדש. וזה שלא כגישת תרגום השבעים, שבו שמואל ומלכים הם ספר אחד, כלומר איננו רואה את נושא המקדש כעומד במרכז.

3. סביר להניח שקביעה זו התבססה, בין היתר, על הזהות (בשינויים קלים) בין פרקי הסיום של הספרים: מל"ב כ"ה (פס' א-כה; כז-ל) וירמיהו נ"ב.

נציין שהברייתא הנזכרת עסקה בעיקר **בעורכי** הספרים, ומשתמעת ממנה ההבחנה המתבקשת בין כותב לעורך. לדוגמה, הברייתא לא אמרה – כפי שאולי היה ניתן לצפות – שישעיהו ויחזקאל כתבו את הספרים הנקראים על שמם, ושפעמים רבות הם מתבטאים בהם בגוף ראשון; אלא "חזקיה וסיעתו כתבו ישעיה... אנשי כנסת הגדולה כתבו יחזקאל". מסתבר שהוא הדין לספר מלכים: ירמיהו **ערך** את הספר, אך אפשר בהחלט שנעזר בספריהם של כותבים שונים, ובהם נביאים שקדמו לו.

אכן, מן הספר עולה בבירור שמחברו הכיר ספרים אחרים מאותה תקופה. המפורסמים שבהם הם "ספר דברי הימים למלכי יהודה"[4] ו"ספר דברי הימים למלכי ישראל",[5] ולצדם עומד גם "ספר דברי שלמה" (מל"א י"א, מא). ייתכן שהיו אלה ספרים 'חילוניים', שלא נכתבו בנבואה, אך מסתבר שהיו בהם גם קטעים נבואיים. דבר זה עולה מפסוקים שונים בספר דברי הימים, המרבה לציין ספרי נבואה שלא הגיעו לידינו.[6] לדוגמה: "וְיֶתֶר דִּבְרֵי יְהוֹשָׁפָט הָרִאשֹׁנִים וְהָאַחֲרֹנִים הִנָּם כְּתוּבִים בְּדִבְרֵי יֵהוּא בֶן חֲנָנִי אֲשֶׁר הֹעֲלָה עַל סֵפֶר מַלְכֵי יִשְׂרָאֵל" (דה"ב כ׳, לד) – מכאן שדברי הנביא יהוא בן חנני נכתבו בספר מלכי ישראל; וייתכן שירמיהו העתיקם משם לספר מלכים. כללו של דבר, אפשר בהחלט שיש בספר מלכים קטעים מספריהם של נביאים אחרים שהכיר ירמיהו, אם מתוך ספרים אלו עצמם ואם מתוך ציטוטיהם בספרי דברי הימים למלכי יהודה ולמלכי ישראל.

מכאן יובן גם הביטוי "עד היום הזה", המופיע בספר כמה פעמים. לדוגמה, בפרשת חנוכת המקדש נאמר: "וַיַּאֲרִכוּ הַבַּדִּים וַיֵּרָאוּ רָאשֵׁי הַבַּדִּים מִן הַקֹּדֶשׁ עַל פְּנֵי הַדְּבִיר וְלֹא יֵרָאוּ הַחוּצָה וַיִּהְיוּ שָׁם עַד הַיּוֹם הַזֶּה" (מל"א ח׳, ח). מה פירוש "עד היום הזה"? והלוא ברי שבזמן כתיבת הספר כבר לא היו הארון ובדיו במקדש?! כתב בעל מצודת

4. הנזכר במל"א י"ד, כט; ט"ו, ז, כג; כ"ב, מו; ועוד.
5. הנזכר במל"א י"ד, יט; ט"ו, לא; ט"ז, ה; ועוד.
6. כגון "דברי נתן הנביא" (דה"ב ט׳, כט); "דברי שמעיה הנביא" (שם י"ב, טו); "מדרש הנביא עדו" (שם י"ג, כב).

יתרה מזאת, ניכר בכתוב מאמץ מכוון לטשטש את זהותה של הָאֵם האמיתית.[14] לאחר ש'הכריע' שלמה לגזור את הילד נאמר: "וַתֹּאמֶר הָאִשָּׁה אֲשֶׁר בְּנָהּ הַחַי אֶל הַמֶּלֶךְ כִּי נִכְמְרוּ רַחֲמֶיהָ עַל בְּנָהּ וַתֹּאמֶר **בִּי אֲדֹנִי** תְּנוּ לָהּ אֶת הַיָּלוּד הַחַי וְהָמֵת אַל תְּמִיתֻהוּ **וְזֹאת אֹמֶרֶת** גַּם לִי גַם לָךְ לֹא יִהְיֶה גְּזֹרוּ". מתחילת הפסוק נראה שהדוברת היא התובעת, שכן היא נוקטת בצירוף "בִּי אֲדֹנִי", שבו נקטה התובעת בתחילת דבריה (פס' יז). מצד שני, בהמשך הפסוק נאמר על האישה המשקרת "וְזֹאת אֹמֶרֶת", וגם הצירוף הזה כבר נאמר קודם לכן על התובעת: "וְזֹאת אֹמֶרֶת לֹא כִּי בְּנֵךְ הַמֵּת וּבְנִי הֶחָי" (פס' כב).

ב. "דילמא איערומי קא מיערמא?"

דומה ששני הדיונים – האִם ידע שלמה מלכתחילה מי הָאֵם האמיתית והאִם הייתה זו התובעת או הנתבעת – ממחישים את המסקנה הספרותית העולה מן הדברים. נראה שאין כל דרך לדעת אם ידע שלמה מתחילה מיהי הָאֵם, ועל מנת להדגיש את הספק המוחלט הזה מונע המקרא אף מאתנו להבין עם מי הצדק. אם כן, שלמה הכריע על פי מבחן החרב, בלא שום מידע אחר.

אם כנים דברינו, יש לבחון אם אין גם בסיפור זה בעיה במעשיו של שלמה. כאמור, הסיפור נחתם לכאורה בלשון חיובית: "וַיִּשְׁמְעוּ כָל יִשְׂרָאֵל אֶת הַמִּשְׁפָּט אֲשֶׁר שָׁפַט הַמֶּלֶךְ וַיִּרְאוּ מִפְּנֵי הַמֶּלֶךְ כִּי רָאוּ כִּי חָכְמַת אֱלֹהִים בְּקִרְבּוֹ לַעֲשׂוֹת מִשְׁפָּט". עם זאת, כבר העירו חז"ל שבעזרת מבחן החרב לבדו לא יכול שלמה להגיע לאמת: "אמר רבי אלעזר: בשלשה מקומות הופיע הקב"ה: בבית דינו של שם בן נח,

הביאה ראיה נוספת שהנתבעת היא האם האמיתית מדברי התובעת: "וַיָּמָת בֶּן הָאִשָּׁה הַזֹּאת לָיְלָה אֲשֶׁר שָׁכְבָה עָלָיו. וַתָּקָם בְּתוֹךְ הַלַּיְלָה וַתִּקַּח אֶת בְּנִי מֵאֶצְלִי וַאֲמָתְךָ יְשֵׁנָה וַתַּשְׁכִּיבֵהוּ בְּחֵיקָהּ וְאֶת בְּנָהּ הַמֵּת הִשְׁכִּיבָה בְחֵיקִי" – מניין ידעה התובעת שהנתבעת שכבה על בנה וכך המיתה אותו, אם היא עצמה ישנה באותה שעה? אבל גם זו אינה ראיה מכרעת, שהרי זהו גורם המוות הסביר ביותר.

14. וכבר עמד על כך א' חדד, 'משפט שלמה', **מגדים** כז, עמ' 101-111.

בבית דינו של שמואל הרמתי, בבית דינו של שלמה... ושל שלמה, שנאמר ׳וְהָמֵת לֹא תְמִיתֻהוּ הִיא אִמּוֹ׳ – מנא ידע? דילמא איערומי קא מיערמא כי היכי דליתביה ניהלה! [תרגום: מניין ידע? שמא הערימה כדי שייתנהו לה!] אלא יצתה בת קול ואמרה: ׳הִיא אִמּוֹ׳״ (מכות כג ע״ב). רוצה לומר: אף על פי שהניסיון שעשה שלמה היה משכנע, מכל מקום אין בו הוכחה מוחלטת מי האם האמיתית, וייתכן בהחלט שהאישה שחסה על הילד לא הייתה אמו, אלא שהייתה פיקחת יותר, והבינה מה עומד מאחרי הוראתו של שלמה. דומה שהמדרש מבקש לומר כי גם אם צדק שלמה במשפטו, הייתה בהכרזה ״הִיא אִמּוֹ״ יומרה לעשות יותר ממה שיש ביכולתו של בשר ודם לעשות.

ואכן, כשמדקדקים בכתוב מוצאים ששלמה סמך על עצמו בלבד, ולא הזכיר שם שמיים כלל. בחלום בגבעון נזכר שלוש פעמים שם אלוהים (פס׳ ה, ז, יא), וההופעה הבאה של שם זה היא רק בסיום הפרק: ״כִּי רָאוּ כִּי חָכְמַת אֱלֹהִים בְּקִרְבּוֹ״. ואולי בכוונה נקט המקרא בצירוף ״חָכְמַת אֱלֹהִים״, שניתן להבינו בשתי דרכים: במשמעות ראויה – ׳חוכמה מאת אלוהים׳; ובמשמעות בעייתית – ׳חוכמה כשל אלוהים׳. ובזה בדיוק הבעיה: בטשטוש שבין חוכמה שברי כי ניתנה מאת ה׳ לבין חוכמה שעושה אדם דומה לה׳.

ג. בין שלמה ליוסף

דבר זה עולה גם מכיוון אחר. יש כמה קווי דמיון מעניינים בין מה שנאמר בראשית מלכותו של שלמה לבין פרשיות יוסף:[15] שניהם נודעו בחוכמתם, ושניהם זכו למעמד גבוה ביותר של שלטון בכל האזור הכרוך בשגשוג כלכלי. הנה כמה מקבילות, בלשון ובתוכן, בין השניים:

15. ואכן, משפט שלמה הוא ההפטרה של פרשת מקץ (בשנים הנדירות שפרשת מקץ אינה חלה בחנוכה).

שלמה (מל"א)	**יוסף (בראשית)**
הִנֵּה עָשִׂיתִי כִּדְבָרֶיךָ הִנֵּה נָתַתִּי לְךָ לֵב **חָכָם וְנָבוֹן** אֲשֶׁר **כָּמוֹךָ** לֹא הָיָה לְפָנֶיךָ וְאַחֲרֶיךָ לֹא יָקוּם כָּמוֹךָ (ג', יב)	אַחֲרֵי הוֹדִיעַ אֱלֹהִים אוֹתְךָ אֶת כָּל זֹאת אֵין **נָבוֹן וְחָכָם כָּמוֹךָ** (מ"א, לט)
וְאָנֹכִי **נַעַר** קָטֹן לֹא אֵדַע צֵאת וָבֹא (ג', ז)	וְשָׁם אִתָּנוּ **נַעַר** עִבְרִי (מ"א, יב)
בְּגִבְעוֹן נִרְאָה ה' אֶל שְׁלֹמֹה בַּחֲלוֹם הַלָּיְלָה (ג', ה)	וַיַּחֲלֹם יוֹסֵף חֲלוֹם (ל"ז, ה)
וַיִּקַץ שְׁלֹמֹה וְהִנֵּה חֲלוֹם (ג', טו)	וַיִּיקַץ פַּרְעֹה וְהִנֵּה חֲלוֹם (מ"א, ז)[16]
וַיִּתְחַתֵּן שְׁלֹמֹה אֶת פַּרְעֹה מֶלֶךְ מִצְרָיִם וַיִּקַּח אֶת בַּת פַּרְעֹה (ג', א)	וַיִּקְרָא פַרְעֹה שֵׁם יוֹסֵף צָפְנַת פַּעְנֵחַ וַיִּתֶּן לוֹ אֶת אָסְנַת בַּת פּוֹטִי פֶרַע כֹּהֵן אֹן לְאִשָּׁה (מ"א, מה)
יְהוּדָה וְיִשְׂרָאֵל רַבִּים **כַּחוֹל אֲשֶׁר עַל הַיָּם** לָרֹב אֹכְלִים וְשֹׁתִים וּשְׂמֵחִים (ד', כ)	וַיִּצְבֹּר יוֹסֵף בָּר **כְּחוֹל הַיָּם** הַרְבֵּה מְאֹד עַד כִּי חָדַל לִסְפֹּר כִּי אֵין מִסְפָּר (מ"א, מט)

מקבילות אלו ואחרות[17] עשויות ללמד, כדרכן של מקבילות מקראיות, דווקא על ההבדל שבין שני האנשים. גם יוסף נקלע למצב שלא נמצא לו פתרון, כפי שאמר לו פרעה עצמו כשנפגשו לראשונה: "חֲלוֹם חָלַמְתִּי וּפֹתֵר אֵין אֹתוֹ וַאֲנִי שָׁמַעְתִּי עָלֶיךָ לֵאמֹר תִּשְׁמַע חֲלוֹם לִפְתֹּר אֹתוֹ" (מ"א, טו). ברם, יוסף ידע להדגיש: "בִּלְעָדָי! **אֱלֹהִים** יַעֲנֶה אֶת שְׁלוֹם פַּרְעֹה" (שם, טז); וכך נהג גם שנתיים קודם לכן, כשאמר לשר המשקים ולשר האופים "הֲלוֹא **לֵאלֹהִים** פִּתְרֹנִים" (שם מ', ח). אצל

16. אלו שתי ההופעות היחידות במקרא של הצירוף הזה.
17. שני האנשים נבחרו בידי אביהם למרותם היותם מצעירי הבנים, והיו במאבק עם אחיהם מי יהיה בראש; ובשני הסיפורים שכב אחד מהאחים הגדולים (ראובן, אבשלום) עם פילגשי אביו במסגרת אותו מאבק. גם הביטוי הנזכר פעמיים לעיל בפרק א': "**וִיגַדֵּל אֶת כִּסְאוֹ** מִכִּסֵּא אֲדֹנִי הַמֶּלֶךְ דָּוִד" (פס' לז); "**וִיגַדֵּל אֶת כִּסְאוֹ מִכִּסְאֶךָ**" (פס' מז), מזכיר את האמור לגבי יוסף: "רַק הַכִּסֵּא אֶגְדַּל מִמֶּךָּ" (בראשית מ"א, מ).

שלמה, לעומתו, בולטת כאמור השמטת שם אלוהים. גם מהקבלה זו עולה אפוא ביקורת על שלמה, שביקש לדעת טוב ורע ולהיות "כאלהים".

ובכן, גם הסיפור שלפנינו נראה במבט ראשון כמספר בשבחו של שלמה, אבל במבט שני ניכרת גם בו הבעיה, שכפי שכבר ציינו, עתידה להחריף בהמשך מלכותו של שלמה.[18]

18. חיזוק אחר לעמדה המוצאת ביקורת בסיפור משפט שלמה ניתן להביא מהשמטתו מספר דברי הימים. מובאת שם (דה"ב א׳, יג) המסגרת לסיפור שלנו: "וַיָּבֹא שְׁלֹמֹה לַבָּמָה אֲשֶׁר בְּגִבְעוֹן יְרוּשָׁלַםִ מִלִּפְנֵי אֹהֶל מוֹעֵד וַיִּמְלֹךְ עַל יִשְׂרָאֵל". תחילת הפסוק הזה מקבילה לפס׳ טו בפרקנו, וסופה – לפס׳ א בפרק ד׳; והדילוג על סיפור המשפט בולט. מכל סיפורי שלמה דילג ספר דברי הימים דווקא על עניין העבודה הזרה (להלן פרק י"א) ועל משפט שלמה!
ואולי ניתן לראות גם סגירת מעגל בין הכרזתו של שלמה על גזירת הילד לשניים לבין הגזרה על קריעת הממלכה לשניים (להלן פרק י"א).

פרק ד

השרים והניצבים של שלמה

א. רשימת השרים של שלמה

לאחר הדרמות שבפרקים הקודמים, פרק ד׳ מהווה לכאורה אתנחתא, העוסקת בעניינים הנראים טכניים למדי. הפרק פותח במשפט כללי:

(א) וַיְהִי הַמֶּלֶךְ שְׁלֹמֹה מֶלֶךְ עַל כָּל יִשְׂרָאֵל:

בעניין מעמדו של פסוק זה יש שתי גרסות. בתנ״ך **קורן** זהו הפסוק האחרון בפרשת משפט שלמה. בדרך זו הלכו גם רוב המפרשים, וביארו שזוהי תוצאה של המשפט: ״משראו בחכמתו, שמחו כולם במלכותו״ (רש״י). ואולם, במהדורת הרב ברויאר הפסוק מופיע כפרשייה בפני עצמה, וניתן לראותו או כהיגד עצמאי או כרקע לתיאור סדרי המלכות של שלמה על כל ישראל בפרקנו.

לאחר פסוק זה מובאות שתי רשימות: רשימת שריו של שלמה (פס׳ ב–ו) ורשימת הניצבים הממונים על כלכלת ביתו (פס׳ ז–יט). במבט ראשון רשימות אלו נראות טכניות, ללא תוכן של ממש. ואולם, במבט מעמיק יותר מתגלים מתוכן כמה פרטים מעניינים. נפתח ברשימת השרים:

(ב) וְאֵלֶּה הַשָּׂרִים אֲשֶׁר לוֹ עֲזַרְיָהוּ בֶן צָדוֹק הַכֹּהֵן:[1] (ג) אֱלִיחֹרֶף וַאֲחִיָּה בְּנֵי שִׁישָׁא סֹפְרִים יְהוֹשָׁפָט בֶּן אֲחִילוּד הַמַּזְכִּיר: (ד) וּבְנָיָהוּ בֶן יְהוֹיָדָע עַל הַצָּבָא וְצָדוֹק וְאֶבְיָתָר כֹּהֲנִים: (ה) וַעֲזַרְיָהוּ בֶן נָתָן עַל הַנִּצָּבִים וְזָבוּד בֶּן נָתָן כֹּהֵן רֵעֶה הַמֶּלֶךְ: (ו) וַאֲחִישָׁר עַל הַבָּיִת[2] וַאֲדֹנִירָם בֶּן עַבְדָּא עַל הַמַּס:

יש להשוות רשימה זו עם שתי רשימות דומות במלכות דוד:

וְיוֹאָב בֶּן צְרוּיָה עַל הַצָּבָא וִיהוֹשָׁפָט בֶּן אֲחִילוּד מַזְכִּיר. וְצָדוֹק

1. מפסוק זה עולות שתי שאלות. ראשית, אם הכוונה לבנו של צדוק הידוע, יש לתמוה מדוע לא מונה לַתפקיד בנו המוכר, אחימעץ (שמ״ב י״ח, יט). שנית, אין ברור היחס בין פסוק זה לבין האמור להלן (פס׳ ד) "וְצָדוֹק וְאֶבְיָתָר כֹּהֲנִים" (על עצם אזכורו של אביתר כאן עמדנו לעיל פרק ב׳, הערה 24). אברבנאל כתב ש"הַכֹּהֵן" אינו אלא מוצאו, והפסוק נמשך לפסוק שלאחריו, ועזריהו הוא אחד מן הסופרים. אבל יש בפירושו דוחק כפול: האחד – מצד חלוקת הפסוקים; והשני – מדוע נחוצים שלושה סופרים.
ייתכן שניתן לענות על שתי השאלות משני פסוקים אחרים. ראשית, ייתכן שאחימעץ הוא הנזכר להלן פס׳ טו: "אֲחִימַעַץ בְּנַפְתָּלִי גַּם הוּא לָקַח אֶת בָּשְׂמַת בַּת שְׁלֹמֹה לְאִשָּׁה". שנית, נאמר בדה״א ה׳, לד-לה: "וַאֲחִיטוּב הוֹלִיד אֶת צָדוֹק וְצָדוֹק הוֹלִיד אֶת אֲחִימָעַץ. וַאֲחִימַעַץ הוֹלִיד אֶת **עֲזַרְיָה** וַעֲזַרְיָה הוֹלִיד אֶת יוֹחָנָן". ייתכן אפוא שעזריה היה נכדו של צדוק, ולאחר שפרש סבו צדוק מתפקידו, נותר אחימעץ על כנו כניצב בנפתלי, ואת משרתו של צדוק ירש עזריה, הנכד.
2. תפקיד זה נזכר בכמה מקומות: "בֵּית אַרְצָא אֲשֶׁר עַל הַבַּיִת" (מל״א ט״ז, ט); "עֹבַדְיָהוּ אֲשֶׁר עַל הַבָּיִת" (י״ח, ג); ללא אזכור שם – "וַיִּשְׁלַח אֲשֶׁר עַל הַבַּיִת" (מל״ב י׳, ה); "אֶלְיָקִים בֶּן חִלְקִיָּהוּ אֲשֶׁר עַל הַבָּיִת" (שם י״ח, יח); "לֶךְ בֹּא אֶל הַסֹּכֵן הַזֶּה עַל שֶׁבְנָא אֲשֶׁר עַל הַבָּיִת" (ישעיהו כ״ב, טו). בלכיש נמצאה טביעת חותם וכתוב עליה "לגדליהו אשר על הבי[ת]". ובנחל קדרון נמצאה כתובת מפורסמת: "יהו אשר על הבית", והוצע להשלימה: '[שבנ]יהו אשר על הבית', ומכאן כונתה 'כתובת שבנא'; אך ייתכן שיש להשלים 'חלקיהו' או 'עובדיהו' או שם אחר (גדליהו?). בפסוקנו חסרה המילה "אשר", ואולי יש לפרש "וַאֲחִישָׁר עַל הַבָּיִת": 'ואחיה אשר על הבית'. אכן, בדה״א כ״ו, כ מצאנו: "וְהַלְוִיִּם אֲחִיָּה עַל אוֹצְרוֹת בֵּית הָאֱלֹהִים וּלְאֹצְרוֹת הַקֳּדָשִׁים". ובאמת יש סוברים (י׳ בראנד, **כלי זכוכית בספרות התלמוד**, בפרק: 'התואר אשר על הבית', עמ׳ 289 ואילך) שהתואר "אשר על הבית" עניינו: האחראי על בית המקדש (או על מקדשים אחרים), ולכן אין תפקיד זה מופיע ברשימת השרים של דוד.

בֶּן אֲחִיטוּב וַאֲחִימֶלֶךְ בֶּן אֶבְיָתָר כֹּהֲנִים וּשְׂרָיָה סוֹפֵר. וּבְנָיָהוּ בֶּן יְהוֹיָדָע וְהַכְּרֵתִי וְהַפְּלֵתִי וּבְנֵי דָוִד כֹּהֲנִים הָיוּ.
(שמ״ב ח׳, טז-יח)

וְיוֹאָב אֶל כָּל הַצָּבָא יִשְׂרָאֵל וּבְנָיָה בֶּן יְהוֹיָדָע עַל הַכְּרֵתִי וְעַל הַפְּלֵתִי. וַאֲדֹרָם עַל הַמַּס וִיהוֹשָׁפָט בֶּן אֲחִילוּד הַמַּזְכִּיר. וּשְׁוָא סֹפֵר וְצָדוֹק וְאֶבְיָתָר כֹּהֲנִים. וְגַם עִירָא הַיָּאִרִי הָיָה כֹהֵן לְדָוִד.
(שם כ׳, כג-כו)

מן ההשוואה עולים כמה דברים:

1. בולט שאצל דוד נזכר יואב שר הצבא ראשון, ואילו אצל שלמה נזכר בניהו שר הצבא רק במקום הרביעי. יואב תפס, כמובן, תפקיד מרכזי בממלכתו של דוד, ואילו אצל שלמה, שלא היה איש מלחמות, תפס התפקיד מקום פחות מרכזי. למעשה, לאחר הריגת יואב וכינון הממלכה ביד שלמה, שוב אין בניהו נזכר בספרנו.
2. בראש רשימתו של שלמה נמצא עזריהו בן צדוק הכוהן – ביטוי למעבר הדגש בימי שלמה למקדש ולכוהנים.
3. הכרתי והפלתי אינם נזכרים אצל שלמה. יש משערים שבימי דוד היו מעין יחידה פרטית, שלא הייתה כפופה ליואב, אלא לבניהו, כדי שלא להעמיד את כל כוחות הצבא בידי יואב, ולאחר מינויו של בניהו אוחדו כל הכוחות למנגנון אחד.
4. שניים משרי שלמה שימשו בתפקידם גם אצל דוד אביו: יהושפט בן אחילוד המזכיר, ואדונירם/אדורם האחראי על גביית המס. סביר להניח שהסופרים הנזכרים אצל שלמה, אליחורף ואחיה בני שישא, הם בניו של סופרו של דוד – שריה/שוא, הנקרא גם ״שַׁוְשָׁא״ (עיינו דה״א י״ח, טז). ייתכן גם שעזריהו בן נתן (הנזכר בפס׳ ה) הוא בנו של נתן הנביא. אם כנים דברינו, נמצא שהשרים נמנים על קבוצת הנאמנים המובהקים של ממלכת בית דוד, ובהם המקורבים לדוד, תומכי שלמה ובני משפחותיהם: בניהו בן יהוידע

ובניהם של שני המשתתפים האחרים בהמלכת שלמה – צדוק הכוהן ונתן הנביא.

ב. רשימת הניצבים

לאחר רשימת השרים באה רשימת הניצבים, שתפקידם היה לכלכל את המלך שלמה. על כל חודש היה ממונה ניצב אחר, האחראי על אזור מסוים בארץ. במבט ראשון נראה שרשימה זו משתרעת על פני פס׳ ז-יט, והפסוק שלאחריה, המסיים את הפרק, סוגר למעשה את היחידה כולה:

(ז) וְלִשְׁלֹמֹה שְׁנֵים עָשָׂר נִצָּבִים עַל כָּל יִשְׂרָאֵל וְכִלְכְּלוּ אֶת הַמֶּלֶךְ וְאֶת בֵּיתוֹ חֹדֶשׁ בַּשָּׁנָה יִהְיֶה עַל הָאֶחָד לְכַלְכֵּל: (ח) וְאֵלֶּה שְׁמוֹתָם בֶּן חוּר[3] בְּהַר אֶפְרָיִם: (ט) בֶּן דֶּקֶר בְּמָקַץ[4] וּבְשַׁעַלְבִים וּבֵית שָׁמֶשׁ וְאֵילוֹן בֵּית חָנָן:[5] (י) בֶּן חֶסֶד בָּאֲרֻבּוֹת לוֹ שֹׂכֹה וְכָל אֶרֶץ חֵפֶר:[6] (יא) בֶּן אֲבִינָדָב כָּל נָפַת דֹּאר[7] טָפַת בַּת שְׁלֹמֹה הָיְתָה לוֹ לְאִשָּׁה:

3. הניצבים בתחילת הרשימה נקראים רק בשם אביהם: ״בן חור״, ״בן דקר״, ״בן חסד״, ״בן אבינדב״. יש טוענים שאלו שמות משפחות: התפקידים היו שמורים למשפחות מסוימות, ואחד מבני המשפחה שימש כניצב (ניצב ממשפחת חור, ניצב ממשפחת דקר וכו׳); וכן נמצא בתעודות אוגריתיות קדומות (עיינו פירוש **דעת מקרא**). עוד ראיה אחרת להיבט המשפחתי ברשימה: הניצבים גבר ובן גבר – שניהם בגלעד – שהיו כנראה אב ובנו (להצעה אחרת עיינו **עולם התנ״ך**).
4. שם המקום הזה איננו מופיע בשום מקום אחר במקרא.
5. שעלבים ואיילון הן בנחלת דן הקדומה, בטרם עבר שבט זה לצפון הארץ (עיינו יהושע י״ט, מב-מג), באזור המוכר בשמות אלו גם כיום. ביהושע (שם, מא) נזכרת גם ״עיר שמש״, ואפשר שהיא היא ״בית שמש״ הנזכרת כאן (או שהכוונה לבית שמש המוכרת לנו בנחלת יהודה, שאכן אינה רחוקה כל כך מאזור איילון).
6. חפר נזכרת גם ביהושע י״ב, יז, ונחלקו הדעות אם היא באזור השרון או בהר המרכזי.
7. ״דֹאר״/״דור״ נזכרת בנחלת מנשה (יהושע י״ז, יא), אך בני מנשה לא הצליחו להורישה (שופטים א׳, כז-כח). מקומה באזור המכונה גם היום חוף דור, מדרום לעתלית.

(יב) בַּעֲנָא בֶּן אֲחִילוּד תַּעְנַךְ וּמְגִדּוֹ[8] וְכָל בֵּית שְׁאָן אֲשֶׁר אֵצֶל צָרְתַנָה מִתַּחַת לְיִזְרְעֶאל מִבֵּית שְׁאָן עַד אָבֵל מְחוֹלָה עַד מֵעֵבֶר לְיָקְמֳעָם: (יג) בֶּן גֶּבֶר בְּרָמֹת גִּלְעָד לוֹ חַוֹּת יָאִיר בֶּן מְנַשֶּׁה אֲשֶׁר בַּגִּלְעָד לוֹ חֶבֶל אַרְגֹּב אֲשֶׁר בַּבָּשָׁן שִׁשִּׁים עָרִים גְּדֹלוֹת חוֹמָה וּבְרִיחַ נְחֹשֶׁת: (יד) אֲחִינָדָב בֶּן עִדֹּא מַחֲנָיְמָה: (טו) אֲחִימַעַץ בְּנַפְתָּלִי גַּם הוּא לָקַח אֶת בָּשְׂמַת בַּת שְׁלֹמֹה לְאִשָּׁה: (טז) בַּעֲנָא בֶּן חוּשָׁי בְּאָשֵׁר וּבְעָלוֹת: (יז) יְהוֹשָׁפָט בֶּן פָּרוּחַ בְּיִשָּׂשכָר: (יח) שִׁמְעִי בֶן אֵלָא בְּבִנְיָמִן: (יט) גֶּבֶר בֶּן אֻרִי בְּאֶרֶץ גִּלְעָד אֶרֶץ סִיחוֹן מֶלֶךְ הָאֱמֹרִי וְעֹג מֶלֶךְ הַבָּשָׁן וּנְצִיב אֶחָד אֲשֶׁר בָּאָרֶץ.[9]

(כ) יְהוּדָה וְיִשְׂרָאֵל רַבִּים כַּחוֹל אֲשֶׁר עַל הַיָּם לָרֹב אֹכְלִים וְשֹׁתִים וּשְׂמֵחִים:

ואולם, מן הפסוקים שלאחר מכן עולה שנושא הניצבים טרם הסתיים, שהרי הסיכום לו בא בבירור בפרק ה׳:

וַיְהִי לִשְׁלֹמֹה אַרְבָּעִים אֶלֶף אֻרְוֹת סוּסִים לְמֶרְכָּבוֹ וּשְׁנֵים עָשָׂר אֶלֶף פָּרָשִׁים. וְכִלְכְּלוּ הַנִּצָּבִים הָאֵלֶּה אֶת הַמֶּלֶךְ שְׁלֹמֹה וְאֵת כָּל הַקָּרֵב אֶל שֻׁלְחַן הַמֶּלֶךְ שְׁלֹמֹה אִישׁ חָדְשׁוֹ לֹא יְעַדְּרוּ דָּבָר. וְהַשְּׂעֹרִים וְהַתֶּבֶן לַסּוּסִים וְלָרֶכֶשׁ יָבִאוּ אֶל הַמָּקוֹם אֲשֶׁר יִהְיֶה שָּׁם אִישׁ כְּמִשְׁפָּטוֹ. (ה׳, ו-ח)

8. גם תענך ומגידו הן ערים בנחלת מנשה, ואף אותן לא הוריש שבט זה (עיינו בהערה הקודמת). תל תענך נמצא מדרום־מערב לג׳נין של היום, ותל מגידו שוכן בקצה נחל עירון.

9. כמו ברשימת השרים, גם ברשימה זו יש ניצבים בעלי זיקה ברורה למלך שלמה. שניים מהם נשאו את בנותיו (בן אבינדב [פס׳ יא] ואחימעץ [פס׳ טו]), ושניים היו כנראה בני משפחה של מקורבים לבית דוד: בענא בן אחילוד (פס׳ יב), שייתכן שהיה אחיו של יהושפט בן אחילוד, המזכיר (פס׳ ג) הוותיק מימי דוד (שמ״ב ח׳, טז); ובענא בן חושי (פס׳ טז), שאולי היה בנו של חושי הארכי, רע דוד.

נראה אפוא שהיחידה אכן מסתיימת שם, ובתווך בא מעין מאמר מוסגר – שישה פסוקים העוסקים בנושאים משניים, ולהם מבנה כיאסטי ברור:

(ד', כ) **יְהוּדָה וְיִשְׂרָאֵל** רַבִּים כַּחוֹל אֲשֶׁר עַל הַיָּם לָרֹב אֹכְלִים וְשֹׁתִים וּשְׂמֵחִים:
(ה', א) וּשְׁלֹמֹה הָיָה מוֹשֵׁל בְּכָל הַמַּמְלָכוֹת מִן הַנָּהָר אֶרֶץ פְּלִשְׁתִּים וְעַד גְּבוּל מִצְרָיִם מַגִּשִׁים מִנְחָה וְעֹבְדִים אֶת שְׁלֹמֹה כָּל יְמֵי חַיָּיו:
(ב) וַיְהִי לֶחֶם שְׁלֹמֹה לְיוֹם אֶחָד שְׁלֹשִׁים כֹּר סֹלֶת וְשִׁשִּׁים כֹּר קָמַח:[10] (ג) עֲשָׂרָה בָקָר בְּרִאִים וְעֶשְׂרִים בָּקָר רְעִי[11] וּמֵאָה צֹאן לְבַד מֵאַיָּל וּצְבִי וְיַחְמוּר וּבַרְבֻּרִים אֲבוּסִים:
(ד) כִּי הוּא רֹדֶה בְּכָל עֵבֶר הַנָּהָר מִתִּפְסַח וְעַד עַזָּה בְּכָל מַלְכֵי עֵבֶר הַנָּהָר וְשָׁלוֹם הָיָה לוֹ מִכָּל עֲבָרָיו מִסָּבִיב:
(ה) וַיֵּשֶׁב **יְהוּדָה וְיִשְׂרָאֵל** לָבֶטַח אִישׁ תַּחַת גַּפְנוֹ וְתַחַת תְּאֵנָתוֹ מִדָּן וְעַד בְּאֵר שָׁבַע כֹּל יְמֵי שְׁלֹמֹה:

המסגרת החיצונית עוסקת בשגשוג הכלכלי של בני ישראל, כביטוי להצלחתו של שלמה. המסגרת האמצעית עוסקת בהצלחה המדינית של שלמה, שתרמה אף היא לשגשוג כלכלי. שני הדברים האלה הובאו באמצע רשימת הניצבים, כדי לבטא עמדה חיובית כלפיהם. אבל ממש במרכז הפִּסקה, במסגרת הפנימית, בא תיאור "לחם שלמה", שקוטע בבירור את המסגרת האמצעית (שהרי ה', ד הוא ההמשך הישיר של ה', א), ודומה שהוא ביקורת סמויה נוספת על פעילותו של שלמה: אמנם ברי כי לא היה זה מאכלו של שלמה לבדו, כי אם מאכל כל אנשי ביתו; ובכל זאת, עולה ממנו רושם של בזבזנות מופרזת.

הביקורת בולטת יותר בדבר שמתגלה רק בפס' ו-ח: לא רק

10. שיעור "כֹּר" הוא 250 או 412 ליטרים, עיינו פירוש **דעת מקרא**.
11. "בְּרִאִים" = שמנים ומפוטמים; "רְעִי" = מן המרעה.

לדאוג לכלכלת המלך וביתו היו הניצבים צריכים לדאוג, אלא גם להאכלת רבבות הסוסים אשר לו בשעורים ובתבן. דומה שמספר הסוסים הגדול הנזכר בפס׳ ו אינו עולה בקנה אחד עם צו התורה ״רַק לֹא יַרְבֶּה לּוֹ סוּסִים״ (דברים י״ז, טז). עניין זה והשפעותיו השליליות יעלו ביתר הרחבה בפרק י׳.

ואולי יש עוד ביטוי לנימה הביקורתית בפרשה כלפי שלמה: גם כאן, כמו בפרשת משפט שלמה, אין שם ה׳ נזכר כלל.

ג. מעמדו של שבט יהודה

הניצבים של שלמה אחראים על אזורים שונים בארץ, המפורטים בכתוב:[12] הר אפרים (פס׳ ח); השפלה הפנימית (פס׳ ט); השרון / ההר המרכזי (פס׳ י); אזור עתלית והכרמל (פס׳ יא); ההר המרכזי ובקעת הירדן (פס׳ יב); רמות גלעד וחבל הארגוב בעבר הירדן המזרחי (פס׳ יג); אזור מחניים, אף הוא ממזרח לירדן (פס׳ יד); נחלת נפתלי, מאזור הכינרת ועד הגולן (פס׳ טו); החוף הצפוני (פס׳ טז); ונחלות יששכר (עמק יזרעאל), בנימין וגלעד (פס׳ יז-יט).

שני דברים בולטים ברשימה. ראשית, החלוקה לשנים עשר חודשי השנה נעשית לפי אזורים, ורק מקצתם מזוהים על פי שבטים (הר אפרים, נפתלי, אשר, יששכר ובנימין). מכאן ניתן ללמוד שהיסוד השבטי, שאפיין כל כך את תקופת השופטים, הולך ומתפוגג בתקופת המלך שלמה, עם החתירה לממלכה מאוחדת, ללא מאפיינים שבטיים.

אבל הדבר היותר בולט הוא העדרו של שבט יהודה מן הרשימה. אמנם הדבר תלוי בהבנת פס׳ יט-כ: ״...וּנְצִיב אֶחָד אֲשֶׁר בָּאָרֶץ. יְהוּדָה וְיִשְׂרָאֵל רַבִּים כַּחוֹל אֲשֶׁר עַל הַיָּם״. מיהו הנציב האחד הנזכר בפס׳ יט? נחלקו בכך חז״ל: ״רב יהודה ורב נחמן, חד אמר: אחד ממונה על כולם,[13] וחד אמר: כנגד חדש העיבור״ (סנהדרין יב ע״א). אבל

12. עיינו גם בהערות לעיל על זיהוים של מקצת המקומות.
13. מסתבר שהכוונה לעזריהו בן נתן אשר ״עַל הַנִּצָּבִים״ (לעיל פס׳ ה).

בתרגום השבעים נאמר ׳ונציב אחד בארץ יהודה׳; כנראה הבין שיש לקרוא פעמיים את המילה "יהודה" שבתחילת פסוק כ, ושיעור הכתוב: ׳ונציב אחד אשר בארץ יהודה. יהודה וישראל רבים...׳.[14] מכל מקום, גם לפי גרסה זו ברור שמעמדו של נציב יהודה שונה ממעמדם של שאר שנים עשר הניצבים (ואפשר שאכן תִפקד רק בשנים מעוברות).[15]

ניכר אפוא ששלמה נותן מעמד מיוחד לשבט יהודה. וברי שיש קשר בין הדבר הזה ובין רצונם של שבטי ישראל לפצל את הממלכה לאחר מותו. בכך חזר למעשה שלמה על מנהגו של שאול, שהעדיף אף הוא, כנראה, את בני שבטו, כדבריו בעת שרדף את דוד: "וַיֹּאמֶר

14. וכן הציעו בפירוש **דעת מקרא**. התופעה שיש לקרוא מילה הכתובה פעם אחת כאילו נכתבה פעמיים ידועה במפרשים. רשב"ם, חזקוני ורבי יוסף בכור שור ציינו כמה דוגמות מסוג זה.
על המקרה הראשון העיר רשב"ם, והוא הסתירה בין סיפור תולדות עשו בספר בראשית לבין סיפורם בדברי הימים: "וַיִּהְיוּ בְּנֵי אֱלִיפָז תֵּימָן אוֹמָר צְפוֹ וְגַעְתָּם וּקְנַז. וְתִמְנַע הָיְתָה פִילֶגֶשׁ לֶאֱלִיפַז בֶּן עֵשָׂו וַתֵּלֶד לֶאֱלִיפַז אֶת עֲמָלֵק" (בראשית ל"ו, יא–יב); "בְּנֵי אֱלִיפָז תֵּימָן וְאוֹמָר צְפִי וְגַעְתָּם קְנַז **וְתִמְנָע** וַעֲמָלֵק" (דה"א א׳, לו). מדוע אין תמנע בן אליפז נזכר בספר בראשית? ביאר רשב"ם: "ראיתי בשוחר טוב: ׳ותמנע׳ מחובר גם לפסוק העליון... וכן כאן: ׳ויהיו בני אליפז תימן אומר צפו וגעתם וקנז ותמנע. ותמנע היתה פילגש׳. הראשון זכר מבני אליפז, והשני נקבה: ׳ואחות לוטן תמנע׳ (בראשית ל"ו, כב)". לדעתו, המילה ׳ותמנע׳ הייתה אמורה להיכתב פעמיים: בסוף פס׳ יא, ברשימת בני עשו; ובתחילת פס׳ יב, שבו זהו שמה של אישה, פילגש עשו. בפועל נכתבה המילה רק פעם אחת, אבל מבחינת התוכן יש לקראה פעמיים.
רשב"ם הציע עוד דוגמה אחרת, מהציווי של ה׳ ליהושע לחלק את הארץ לשבטים: "וְעַתָּה חַלֵּק אֶת הָאָרֶץ הַזֹּאת בְּנַחֲלָה לְתִשְׁעַת הַשְּׁבָטִים **וַחֲצִי הַשֵּׁבֶט הַמְנַשֶּׁה**. עִמּוֹ הָראוּבֵנִי וְהַגָּדִי לָקְחוּ נַחֲלָתָם אֲשֶׁר נָתַן לָהֶם מֹשֶׁה בְּעֵבֶר הַיַּרְדֵּן מִזְרָחָה" (יהושע י"ג, ז–ח). הקושי בולט: פס׳ ז עוסק בחצי שבט המנשה שעתיד ליטול את חלקו בעבר הירדן המערבי, ואילו המילה "עִמּוֹ" שבתחילת פס׳ ח מוסבת על המחצית השנייה של השבט, שכבר נטלה את חלקה בעבר הירדן המזרחי. רשב"ם מציע שיש לקרוא את המילים ׳וחצי שבט המנשה׳ פעמיים: "על כרחיך פסוק שני חסר ממנו, כי היה לו לומר: וחצי שבט המנשה השני כבר לקחו נחלתם" (לדוגמאות נוספות עיינו **שמואל א׳ – מלך בישראל**, עמ׳ 449 הערה 21, ועמ׳ 487 הערה 9).

15. וידויק גם ההבדל בכינוי התפקיד: ׳נציב׳ לעומת ׳ניצב׳.

שָׁאוּל לַעֲבָדָיו הַנִּצָּבִים עָלָיו שִׁמְעוּ נָא בְּנֵי יְמִינִי גַּם לְכֻלְּכֶם יִתֵּן בֶּן יִשַׁי שָׂדוֹת וּכְרָמִים לְכֻלְּכֶם יָשִׂים שָׂרֵי אֲלָפִים וְשָׂרֵי מֵאוֹת" (שמ"א כ"ב, ז), רוצה לומר: וכי סבורים אתם שאם יעלה דוד לשלטון תוסיפו לקבל משרות חשובות וטובות הנאה? "אם שבט יהודה מחזיקים בידו, הם באשר הם שבטו ומשפחתו יקוו כי יתן להם משרה או נחלת שדה וכרם, לא כן אתם בני ימיני!" (מלבי"ם שם). ויצוין שגם שם נזכרת לשון 'ניצבים': "לַעֲבָדָיו **הַנִּצָּבִים** עָלָיו" (וכן שם, יז; אלו שני המקומות היחידים שמילה זו מופיעה בצורתה בנביאים ראשונים). ואכן, לאחר מותם של שני המלכים, נחלקה מלכותם בין ישראל ליהודה: אחרי מות שאול נחלקה המלוכה בין דוד ואיש בושת; ואחרי מות שלמה – בין רחבעם וירבעם. כל זאת שלא כדוד, שלא נתן ליהודה עדיפות כלשהי,[16] וכך שמר על אחדות הממלכה.

כללו של דבר, יסודות הפירוד בין יהודה לישראל נטועים כבר בפרקנו. הדבר נרמז בפסוקי המסגרת: "**יְהוּדָה וְיִשְׂרָאֵל** רַבִּים כַּחוֹל אֲשֶׁר עַל הַיָּם לָרֹב אֹכְלִים וְשֹׁתִים וּשְׂמֵחִים... וַיֵּשֶׁב **יְהוּדָה וְיִשְׂרָאֵל** לָבֶטַח אִישׁ תַּחַת גַּפְנוֹ". מסופר כאן על שגשוג ללא תקדים, אבל בקריאה שנייה מתבלטת לעין ההבחנה הכפולה בין יהודה וישראל – רמז מטרים למה שיקרה בעתיד, אך יסודותיו במה שסופר כאן.

16. אדרבה, מיד לאחר שעלה למלוך על כל שבטי ישראל, העביר דוד את בירתו מחברון, בירת יהודה, לירושלים, השייכת ליהודה ולבנימין גם יחד וניצבת ממש על הגבול שבין שני השבטים (עיינו שמ"ב ה', ועיינו בהרחבה **שמואל ב' – מלכות דוד**, עמ' 63-65). ייתכן שהדבר אף עורר על דוד את כעסם של אנשי חברון, ומשום כך פתח אבשלום את מרדו שם דווקא (עיינו שם, עמ' 202-203). בסיומו של מרד אבשלום חרג דוד לראשונה ממנהגו, והעדיף את אנשי יהודה בעניין סמלי – הזכות להיות הראשונים להעבירו את הירדן ולהשיבו לירושלים (שמ"ב י"ט, יב); ואפילו הצעד הקטן הזה עורר התמרמרות רבה בשאר השבטים (שם, מא-מד) וגרם למרד שבע בן בכרי (שם כ'; עיינו בהרחבה **שמואל ב' – מלכות דוד**, עמ' 252-253; 260-261).

פרק ה

חוכמת שלמה

א. ויתן אלהים חכמה לשלמה

לאחר תיאור השגשוג הכלכלי[1] בא תיאור מיוחד על חוכמתו של שלמה:

(ט) וַיִּתֵּן אֱלֹהִים חָכְמָה לִשְׁלֹמֹה וּתְבוּנָה הַרְבֵּה מְאֹד וְרֹחַב לֵב כַּחוֹל אֲשֶׁר עַל שְׂפַת הַיָּם: (י) וַתֵּרֶב חָכְמַת שְׁלֹמֹה מֵחָכְמַת כָּל בְּנֵי קֶדֶם[2] וּמִכֹּל חָכְמַת מִצְרָיִם:[3] (יא) וַיֶּחְכַּם מִכָּל הָאָדָם מֵאֵיתָן

1. על פס' א-ח עמדנו בפרק הקודם, בניתוח פרשיית הניצבים.
2. אזכורם של בני קדם מפתיע במקצת, שכן הם מוכרים לנו לרעה דווקא, כאחד מעמי הנוודים השודדים, עם עמלק ומדין (עיינו שופטים ו', ג). מצד שני, בני קדם נזכרים גם באיוב א', ג: "וַיְהִי מִקְנֵהוּ שִׁבְעַת אַלְפֵי צֹאן וּשְׁלֹשֶׁת אַלְפֵי גְמַלִּים וַחֲמֵשׁ מֵאוֹת צֶמֶד בָּקָר וַחֲמֵשׁ מֵאוֹת אֲתוֹנוֹת וַעֲבֻדָּה רַבָּה מְאֹד וַיְהִי הָאִישׁ הַהוּא גָּדוֹל מִכָּל בְּנֵי קֶדֶם"; ומכאן נראה שהיו אלה אנשים מכובדים יותר. מסתבר שאנשי קדם היו רבים (מבחינה גאוגרפית, ואולי גם מבחינה כרונולוגית), וקבוצה מהם הייתה ידועה בחוכמתה ו/או בעושרה. ואפשר שאליהם התכוון דוד במשפט: "כַּאֲשֶׁר יֹאמַר מְשַׁל הַקַּדְמֹנִי מֵרְשָׁעִים יֵצֵא רֶשַׁע" (שמ"א כ"ד, יג).
3. מצרים אכן הייתה ידועה בחכמיה, כגון בראשית מ"א, ח: "וַיִּקְרָא אֶת כָּל חַרְטֻמֵּי מִצְרַיִם וְאֶת כָּל חֲכָמֶיהָ". ועיינו במיוחד ישעיהו י"ט, יא-יב: "אַךְ אֱוִלִים שָׂרֵי

הָאֶזְרָחִי וְהֵימָן וְכַלְכֹּל וְדַרְדַּע בְּנֵי מָחוֹל[4] וַיְהִי שְׁמוֹ בְכָל הַגּוֹיִם סָבִיב: (יב) וַיְדַבֵּר שְׁלֹשֶׁת אֲלָפִים מָשָׁל וַיְהִי שִׁירוֹ חֲמִשָּׁה וָאָלֶף: (יג) וַיְדַבֵּר עַל הָעֵצִים מִן הָאֶרֶז אֲשֶׁר בַּלְּבָנוֹן וְעַד הָאֵזוֹב אֲשֶׁר יֹצֵא בַּקִּיר וַיְדַבֵּר עַל הַבְּהֵמָה וְעַל הָעוֹף וְעַל הָרֶמֶשׂ וְעַל הַדָּגִים: (יד) וַיָּבֹאוּ מִכָּל הָעַמִּים לִשְׁמֹעַ אֵת חָכְמַת שְׁלֹמֹה מֵאֵת כָּל מַלְכֵי הָאָרֶץ אֲשֶׁר שָׁמְעוּ אֶת חָכְמָתוֹ:

פסוקים אלו מתארים, למעשה, את התגשמות החלום של שלמה. בחלום הובטחה לשלמה חוכמה חסרת תקדים: ״לֵב חָכָם וְנָבוֹן אֲשֶׁר כָּמוֹךָ לֹא הָיָה לְפָנֶיךָ וְאַחֲרֶיךָ לֹא יָקוּם כָּמוֹךָ״ (ג׳, יב). הדגש כאן אינו רק בעצם חוכמתו של שלמה (פס׳ ט), אלא גם בהיותה גדולה מחוכמתם של אחרים, הן מקבוצות ידועות של חכמים (פס׳ י) הן מחכמים מפורסמים (פס׳ יא). פעמיים (פס׳ יא, יד) מודגש שחוכמת שלמה נודעה בכל הגויים, ומכל העמים באו לשמעה.

לאמתו של דבר, פסוקים אלו הם חלק מיחידה ארוכה יותר,

צֹעַן חַכְמֵי יֹעֲצֵי פַרְעֹה עֵצָה נִבְעָרָה אֵיךְ תֹּאמְרוּ אֶל פַּרְעֹה בֶּן חֲכָמִים אֲנִי **בֶּן מַלְכֵי קֶדֶם**. אַיָּם אֵפוֹא חֲכָמֶיךָ וְיַגִּידוּ נָא לָךְ וְיֵדְעוּ מַה יָּעַץ ה׳ צְבָאוֹת עַל מִצְרָיִם״. ואפשר שהאזכור של ״מלכי קדם״ כורך יחדיו את שתי הקבוצות, מצרים ובני קדם.

4. יש לעמוד על היחס בין פסוק זה ובין דה״א ב׳, ד-ו: ״וְתָמָר כַּלָּתוֹ יָלְדָה לּוֹ אֶת פֶּרֶץ וְאֶת זָרַח כָּל בְּנֵי יְהוּדָה חֲמִשָּׁה. בְּנֵי פֶרֶץ חֶצְרוֹן וְחָמוּל. וּבְנֵי זֶרַח זִמְרִי **וְאֵיתָן וְהֵימָן וְכַלְכֹּל וָדָרַע** כֻּלָּם חֲמִשָּׁה״.
לדעת רש״י, הפסוק שלפנינו אכן מדבר בארבעת בניו של זרח בן יהודה, ואם כן, ניתן לומר ש״אֵיתָן הָאֶזְרָחִי״ היינו: ׳הזרחי׳. ברם, אצלנו הם קרויים ״בני מחול״; ורש״י נדחק לפרש: ״היו יודעים ליסד מזמורים האמורים במחולות שיר״ (שתי הצעות אחרות: ייתכן שמחול היא אמם של ארבעת הבנים; ואולי ״בני מחול״ היינו בני **חמול** בן פרץ, הנזכר בפסוק ד שם).
רד״ק, לעומתו, זיהה את שני הראשונים עם משוררים הנזכרים בתהילים, איתן האזרחי (פ״ט, א) והימן האזרחי (פ״ח, א), והוסיף: ״׳כלכל׳ ו׳דרדע׳ לא מצאנו אותם בלויים״. ואולי היו איתן והימן מן הלויים המשוררים הנזכרים בדה״א ט״ו, יז-יט: ״וַיַּעֲמִידוּ הַלְוִיִּם אֵת **הֵימָן** בֶּן יוֹאֵל וּמִן אֶחָיו אָסָף בֶּן בֶּרֶכְיָהוּ וּמִן בְּנֵי מְרָרִי אֲחֵיהֶם **אֵיתָן** בֶּן קוּשָׁיָהוּ... וְהַמְשֹׁרְרִים **הֵימָן** אָסָף **וְאֵיתָן** בִּמְצִלְתַּיִם נְחֹשֶׁת לְהַשְׁמִיעַ״, והמילים ״בני מחול״ מוסבות על כלכל ודרדע, שלא היו מוכרים כאיתן והימן.

הכוללת גם את פס׳ טו-כח, המתארים את יחסי שלמה וחירם. המכנה המשותף לשתי היחידות הוא החוכמה של שלמה, שהרי גם בסיכומה של פרשת שלמה וחירם המקרא מציין שמערכת יחסים זו הצליחה בשל חוכמתו של שלמה: ״וה׳ נָתַן חָכְמָה לִשְׁלֹמֹה כַּאֲשֶׁר דִּבֶּר לוֹ וַיְהִי שָׁלֹם בֵּין חִירָם וּבֵין שְׁלֹמֹה וַיִּכְרְתוּ בְרִית שְׁנֵיהֶם״ (פס׳ כו).

חוכמת שלמה מתוארת אפוא בשלושה הקשרים: לעיל, בפרק ג׳, בהקשר של חוכמת המשפט; לפנינו – בהקשר של ידע כללי בעולם הטבע, הצמחים ובעלי החיים[5] ומשילת משלים עליהם; ובהמשך הפרק – בהקשר פוליטי־מדיני.

ב. אֵין שָׂטָן וְאֵין פֶּגַע רָע

כאמור, ביחידה הבאה מתוארים היחסים בין שלמה וחירם. במסגרת מערכת יחסים זו אנו שומעים לראשונה על ההחלטה של שלמה לבנות את בית המקדש. בתוך הדברים שלמה מסביר לחירם מדוע לא בנה דוד אביו את המקדש:

(טו) וַיִּשְׁלַח חִירָם מֶלֶךְ צוֹר אֶת עֲבָדָיו אֶל שְׁלֹמֹה כִּי שָׁמַע כִּי אֹתוֹ מָשְׁחוּ לְמֶלֶךְ תַּחַת אָבִיהוּ כִּי אֹהֵב הָיָה חִירָם לְדָוִד כָּל הַיָּמִים:[6] (טז) וַיִּשְׁלַח שְׁלֹמֹה אֶל חִירָם לֵאמֹר: (יז) אַתָּה יָדַעְתָּ אֶת דָּוִד אָבִי כִּי לֹא יָכֹל לִבְנוֹת בַּיִת לְשֵׁם ה׳ אֱלֹהָיו מִפְּנֵי הַמִּלְחָמָה אֲשֶׁר סְבָבֻהוּ עַד תֵּת ה׳ אֹתָם תַּחַת כַּפּוֹת רגלו [רַגְלָי קרי]:[7] (יח) וְעַתָּה הֵנִיחַ ה׳ אֱלֹהַי לִי מִסָּבִיב אֵין שָׂטָן וְאֵין פֶּגַע רָע: (יט) וְהִנְנִי אֹמֵר

5. משלים על החי והצומח נפוצים מאוד במקרא, ומופיעים גם בתרבויות קדומות אחרות.
6. על יחסי דוד וחירם עיינו שמ״ב ה׳, יא.
7. להבדל שבין הקרי והכתיב כאן יש משמעות רבה: לפי הקרי, שלמה הוא שהכניע את האויבים; לפי הכתיב, ה׳ כבר נתנם תחת כפות רגליו של דוד, אבל המנוחה הייתה בימי שלמה דווקא.

> לִבְנוֹת בַּיִת לְשֵׁם ה' אֱלֹהָי כַּאֲשֶׁר דִּבֶּר ה' אֶל דָּוִד אָבִי לֵאמֹר בִּנְךָ אֲשֶׁר אֶתֵּן תַּחְתֶּיךָ עַל כִּסְאֶךָ הוּא יִבְנֶה הַבַּיִת לִשְׁמִי:

להבנת דברים אלו יש להיזכר באמור בחזון נתן (שמ"ב ז'), העוסק בשאלה מדוע לא בנה דוד את בית המקדש. לא נעסוק כאן בהרחבה בפרק זה,[8] אך נזכיר בין היתר את הפער בין ההסבר המופיע בחזון לבין ההסברים שנתן דוד עצמו בנושא זה בספר דברי הימים. לשלמה אמר דוד: "בְּנִי אֲנִי הָיָה עִם לְבָבִי לִבְנוֹת בַּיִת לְשֵׁם ה' אֱלֹהָי. וַיְהִי עָלַי דְּבַר ה' לֵאמֹר **דָּם לָרֹב שָׁפַכְתָּ וּמִלְחָמוֹת גְּדֹלוֹת עָשִׂיתָ לֹא תִבְנֶה בַיִת לִשְׁמִי כִּי דָּמִים רַבִּים שָׁפַכְתָּ אַרְצָה לְפָנָי**" (דה"א כ"ב, ז-י), ובזמן מאוחר יותר אמר כך גם לשרי העם: "וְהָאֱלֹהִים אָמַר לִי לֹא תִבְנֶה בַיִת לִשְׁמִי **כִּי אִישׁ מִלְחָמוֹת אַתָּה וְדָמִים שָׁפָכְתָּ**" (שם כ"ח, ג). רד"ק העלה שם שתי אפשרויות בהבנת הסבר זה: האחד, שיש כאן ביקורת על שפיכת דם נקיים;[9] והשני, שאמנם שפיכות הדם הייתה צודקת, ובכל זאת, אין ראוי שמי שנלחם מלחמות רבות יבנה את בית המקדש, "שהוא לשלום ולכפרת עון ולעטרת תפלה, כמו שמנעו להניף ברזל במזבח". מכל מקום, לא מצינו במקרא שהקב"ה עצמו הסביר כך לדוד מדוע מְנָעוֹ מבניין המקדש.[10]

אשר לדברי ה' בחזון נתן בשאלה זו, הסברים שונים ניתנו להם, שאכן מופיעים בחזון עצמו, וכולם סובבים על ציר אחד: בית המקדש יכול להיבנות רק כשיש יציבות פוליטית ומדינית. אין ספק שהיציבות המדינית עומדת במרכז פרקנו, והיא בוודאי נושא מרכזי גם בחזון נתן. הנה דוגמה אחת מן החזון:

> וְשַׂמְתִּי מָקוֹם לְעַמִּי לְיִשְׂרָאֵל וּנְטַעְתִּיו וְשָׁכַן תַּחְתָּיו וְלֹא יִרְגַּז עוֹד

8. עסקנו בכך **בשמואל ב' – מלכות דוד**, עמ' 91-99.
9. רד"ק ציין דוגמות לשפיכת דם נקיים על ידי דוד, כגון הריגת אוריה וחוסר הזהירות בפרשת כוהני נוב.
10. רד"ק עמד גם על כך, וכתב כי ייתכן שדוד אמר טעם זה מדעתו, או ששמע אותו מנתן הנביא, אף על פי שהמקרא אינו מספר על כך.

> וְלֹא יֹסִיפוּ בְנֵי עַוְלָה לְעַנּוֹתוֹ כַּאֲשֶׁר בָּרִאשׁוֹנָה. וּלְמִן הַיּוֹם אֲשֶׁר צִוִּיתִי שֹׁפְטִים עַל עַמִּי יִשְׂרָאֵל וַהֲנִיחֹתִי לְךָ מִכָּל אֹיְבֶיךָ וְהִגִּיד לְךָ ה׳ כִּי בַיִת יַעֲשֶׂה לְּךָ ה׳. (שמ״ב ז׳, י-יא)

מדברים אלו נראה, שבימי דוד טרם הגיעה השעה לבנות בית לה׳ כי המצב המדיני של עם ישראל לא היה מושלם, וכדברי רש״י: ״עוד אני חפץ להשקיט שיהא שקט ושליו את עמי בימי בנך״. אמנם בתחילת אותו פרק נאמר: ״וַיְהִי כִּי יָשַׁב הַמֶּלֶךְ בְּבֵיתוֹ **וַה׳ הֵנִיחַ לוֹ מִסָּבִיב מִכָּל אֹיְבָיו**״ (שם, א), וזאת כנראה הסיבה שבגללה עלתה בלבו של דוד המחשבה לבנות את המקדש. אבל כשמדייקים בפסוק זה מוצאים שעדיין לא באה העת לכך. אין ספק שהמילים ״וַה׳ הֵנִיחַ לוֹ מִסָּבִיב מִכָּל אֹיְבָיו״ באות ליצור זיקה לפרשה בספר דברים המדברת לראשונה על השכנת שם ה׳ במקום מסוים:

> וַעֲבַרְתֶּם אֶת הַיַּרְדֵּן וִישַׁבְתֶּם בָּאָרֶץ אֲשֶׁר ה׳ אֱלֹהֵיכֶם מַנְחִיל אֶתְכֶם **וְהֵנִיחַ לָכֶם מִכָּל אֹיְבֵיכֶם מִסָּבִיב וִישַׁבְתֶּם בֶּטַח**. וְהָיָה הַמָּקוֹם אֲשֶׁר יִבְחַר ה׳ אֱלֹהֵיכֶם בּוֹ לְשַׁכֵּן שְׁמוֹ שָׁם שָׁמָּה תָבִיאוּ אֵת כָּל אֲשֶׁר אָנֹכִי מְצַוֶּה אֶתְכֶם עוֹלֹתֵיכֶם וְזִבְחֵיכֶם מַעְשְׂרֹתֵיכֶם וּתְרֻמַת יֶדְכֶם וְכֹל מִבְחַר נִדְרֵיכֶם. (דברים י״ב, י-יא)

אבל מפסוקים אלו עצמם עולה שדוד לא דק: אין די בהנחה מסביב מכל האויבים, אלא דרוש שלב מתקדם יותר – ישיבה לבטח. רק כשישכון עם ישראל תחתיו ולא ירגז ולא יוסיפו בני עוולה לענותו – כדברי ה׳ בחזון נתן – רק אז תבוא העת לבניית המקדש. ואכן, בפרקנו נאמר: ״**וַיֵּשֶׁב** יְהוּדָה וְיִשְׂרָאֵל **לָבֶטַח** אִישׁ תַּחַת גַּפְנוֹ וְתַחַת תְּאֵנָתוֹ מִדָּן וְעַד בְּאֵר שָׁבַע כֹּל יְמֵי שְׁלֹמֹה״ (פס׳ ה). זוהי באמת העת לבניין המקדש, ושלמה מדגיש זאת בדבריו לחירם: ״וְעַתָּה הֵנִיחַ ה׳ אֱלֹהַי לִי מִסָּבִיב **אֵין שָׂטָן וְאֵין פֶּגַע רָע**. וְהִנְנִי אֹמֵר לִבְנוֹת בַּיִת לְשֵׁם ה׳ אֱלֹהָי...״. בימי שלמה ישבו ישראל לבטח, והתקיימו כל התנאים הנדרשים לבניין הבית.

ג. העִסקה בין שלמה וחירם

לאחר ההקדמה הרעיונית שלמה פונה לחירם בהצעה עסקית, ולמעשה פותח עמו במשא ומתן מתוחכם:

(כ) וְעַתָּה צַוֵּה וְיִכְרְתוּ לִי אֲרָזִים מִן הַלְּבָנוֹן וַעֲבָדַי יִהְיוּ עִם עֲבָדֶיךָ וּשְׂכַר עֲבָדֶיךָ אֶתֵּן לְךָ כְּכֹל אֲשֶׁר תֹּאמֵר כִּי אַתָּה יָדַעְתָּ כִּי אֵין בָּנוּ אִישׁ יֹדֵעַ לִכְרָת עֵצִים כַּצִּדֹנִים:

השכר ששלמה מציע תמורת סיועו של חירם נמוך למדיי. הוא מציע לשתף את עבדיו בכריתת ארזי הלבנון, ובתמורה ישלם לחירם את שכר העבדים.[11] בדרך זו ירוויח שלמה הן את שכרם של מקצת הפועלים, הן את הידע המיוחד שהיה לכורתי העצים של חירם, שעבדיו ילמדו אותו כעת בעצמם. ועוד: אין הוא רואה צורך לשלם על העצים גופם.

חירם מסכים לכאורה לבקשתו של שלמה:

(כא) וַיְהִי כִּשְׁמֹעַ חִירָם אֶת דִּבְרֵי שְׁלֹמֹה וַיִּשְׂמַח מְאֹד וַיֹּאמֶר בָּרוּךְ ה׳ הַיּוֹם אֲשֶׁר נָתַן לְדָוִד בֵּן חָכָם עַל הָעָם הָרָב הַזֶּה: (כב) וַיִּשְׁלַח חִירָם אֶל שְׁלֹמֹה לֵאמֹר שָׁמַעְתִּי אֵת אֲשֶׁר שָׁלַחְתָּ אֵלָי אֲנִי אֶעֱשֶׂה אֶת כָּל חֶפְצְךָ בַּעֲצֵי אֲרָזִים וּבַעֲצֵי בְרוֹשִׁים: (כג) עֲבָדַי יֹרִדוּ מִן הַלְּבָנוֹן יָמָּה וַאֲנִי אֲשִׂימֵם דֹּבְרוֹת בַּיָּם עַד הַמָּקוֹם אֲשֶׁר תִּשְׁלַח אֵלַי וְנִפַּצְתִּים שָׁם וְאַתָּה תִשָּׂא וְאַתָּה תַּעֲשֶׂה אֶת חֶפְצִי לָתֵת לֶחֶם בֵּיתִי: (כד) וַיְהִי חִירוֹם נֹתֵן לִשְׁלֹמֹה עֲצֵי אֲרָזִים וַעֲצֵי בְרוֹשִׁים כָּל חֶפְצוֹ:

ואולם, מאחרי מסכת המילים היפות מסתתר, כאמור, משא ומתן מורכב. חירם אמנם פותח בהסכמה לספק לשלמה ארזים, ואף ברושים, אך הוא דוחה את הצעתו של שלמה לשותפות במלאכת כריתת

11. ייתכן שכך באמת היה בזמן דוד (ראו שמ״ב ה׳, יא).

הארזים, ומציע שעבדיו יעשו זאת בעצמם. יתרה מזאת, הוא מבקש גם שכר על העִסקה: הוא מוכן לספק לשלמה "אֶת כָּל חֶפְצְךָ", ובתמורה הוא שואל דבר קטן לכאורה – שגם שלמה יעשה "אֶת חֶפְצִי", שמשמעו "לָתֵת לֶחֶם בֵּיתִי". גודלה של בקשה זו מתברר בפסוק הבא:

(כה) וּשְׁלֹמֹה נָתַן לְחִירָם עֶשְׂרִים אֶלֶף כֹּר חִטִּים מַכֹּלֶת לְבֵיתוֹ
וְעֶשְׂרִים כֹּר שֶׁמֶן כָּתִית כֹּה יִתֵּן שְׁלֹמֹה לְחִירָם שָׁנָה בְשָׁנָה:

העִסקה הכלכלית שבין צור לישראל מובנת לאור הרקע ההיסטורי של צור. צור הייתה ממלכה פניקית חשובה שישבה על אי במרחק כ־650 מטר מן החוף[12] ועסקה בסחר בים התיכון, כמתואר בהרחבה ביחזקאל כ״ז (פס׳ ג ואילך): "וְאָמַרְתָּ לְצוֹר הַיֹּשֶׁבֶת עַל מְבוֹאֹת יָם רֹכֶלֶת הָעַמִּים אֶל אִיִּים רַבִּים כֹּה אָמַר אֲדֹנָי ה׳ צוֹר אַתְּ אָמַרְתְּ אֲנִי כְּלִילַת יֹפִי. בְּלֵב יַמִּים גְּבוּלָיִךְ בֹּנַיִךְ כָּלְלוּ יָפְיֵךְ...". עם זאת, באי הקטן והמיושב לא הייתה לצור אפשרות לפתח חקלאות נרחבת, ועל כן נאלצה לייבא תוצרת חקלאית.

בפועל התקבלה פשרה: שלמה אכן שילם על העצים מחיר מלא, כפי שראינו, אבל עבדיו השתתפו בכריתת העצים (פס׳ כז-כח) ולמדו את המלאכה בעזרת אנשי צור המנוסים. כך גם התקצר משך זמן העבודה, שבמהלכו נהגה חובת התשלום: מאחר ששלמה שלט במלאכה בעזרת עשרת אלפי פועלים, היה סיפק בידו להשלים אותה בזמן קצר, ולא לשלם לחירם על שנים נוספות, שבהן היה אמור לספק את 'לחם ביתו' לוּ נקבע משך המלאכה על פי עבדי חירם בלבד. העִסקה השתלמה אפוא לשני הצדדים, ומכאן התוצאה ההגיונית:

(כו) וַה׳ נָתַן חָכְמָה לִשְׁלֹמֹה כַּאֲשֶׁר דִּבֶּר לוֹ וַיְהִי שָׁלֹם בֵּין חִירָם
וּבֵין שְׁלֹמֹה וַיִּכְרְתוּ בְרִית שְׁנֵיהֶם:

12. עד שחיברה אלכסנדר מוקדון ליבשה בסוללה.

המקרא קושר במפורש בין החוכמה של שלמה לבין השלום עם חירם, וחוכמה זו משיגה אפוא גם יציבות מדינית ועסקי מסחר מועילים עם הארצות השכנות.[13]

ד. הָרֹדִים בָּעָם

בסוף הפרק מתוארות עבודות העם בהכנה לבניין המקדש. תחילה מוזכרים חוטבי העצים, ששלמה דיבר עליהם קודם לכן, ומסופר על זמני עבודתם:

(כז) וַיַּעַל הַמֶּלֶךְ שְׁלֹמֹה מַס מִכָּל יִשְׂרָאֵל וַיְהִי הַמַּס שְׁלֹשִׁים אֶלֶף אִישׁ: (כח) וַיִּשְׁלָחֵם לְבָנוֹנָה עֲשֶׂרֶת אֲלָפִים בַּחֹדֶשׁ חֲלִיפוֹת חֹדֶשׁ יִהְיוּ בַלְּבָנוֹן שְׁנַיִם חֳדָשִׁים בְּבֵיתוֹ וַאֲדֹנִירָם עַל הַמַּס:

אבל לאחר מכן מתברר ששלמה גייס לעבודות כמות עצומה של עובדים:

(כט) וַיְהִי לִשְׁלֹמֹה שִׁבְעִים אֶלֶף נֹשֵׂא סַבָּל וּשְׁמֹנִים אֶלֶף חֹצֵב בָּהָר: (ל) לְבַד מִשָּׂרֵי הַנִּצָּבִים לִשְׁלֹמֹה אֲשֶׁר עַל הַמְּלָאכָה שְׁלֹשֶׁת אֲלָפִים וּשְׁלֹשׁ מֵאוֹת הָרֹדִים בָּעָם הָעֹשִׂים בַּמְּלָאכָה: (לא) וַיְצַו הַמֶּלֶךְ וַיַּסִּעוּ אֲבָנִים גְּדֹלוֹת אֲבָנִים יְקָרוֹת לְיַסֵּד הַבָּיִת אַבְנֵי גָזִית:

13. בפרק המקביל בספר דברי הימים (דה״ב ב׳) התיאור שונה במקצת. שם הנושא המרכזי הוא המקדש ומשמעותו, ועל כן נשמט משם נושא המשא ומתן שבפרקנו, החיוני לביאור חוכמתו של שלמה, וחלף זאת הפרשה מאריכה לתאר את משמעות המקדש. בין היתר מובאים שם דברי שלמה לחירם: ״הִנֵּה אֲנִי בוֹנֶה בַיִת לְשֵׁם ה׳ אֱלֹהָי לְהַקְדִּישׁ לוֹ לְהַקְטִיר לְפָנָיו קְטֹרֶת סַמִּים וּמַעֲרֶכֶת תָּמִיד וְעֹלוֹת לַבֹּקֶר וְלָעֶרֶב לַשַּׁבָּתוֹת וְלֶחֳדָשִׁים וּלְמוֹעֲדֵי ה׳ אֱלֹהֵינוּ לְעוֹלָם זֹאת עַל יִשְׂרָאֵל. וְהַבַּיִת אֲשֶׁר אֲנִי בוֹנֶה גָּדוֹל כִּי גָדוֹל אֱלֹהֵינוּ מִכָּל הָאֱלֹהִים. וּמִי יַעֲצָר כֹּחַ לִבְנוֹת לוֹ בַיִת כִּי הַשָּׁמַיִם וּשְׁמֵי הַשָּׁמַיִם לֹא יְכַלְכְּלֻהוּ וּמִי אֲנִי אֲשֶׁר אֶבְנֶה לּוֹ בַיִת כִּי אִם לְהַקְטִיר לְפָנָיו״ (שם, ג–ה). הסבר תאולוגי זה איננו מופיע בפרקנו.

(לב) וַיִּפְסְלוּ בֹּנֵי שְׁלֹמֹה וּבֹנֵי חִירוֹם וְהַגִּבְלִים[14] וַיָּכִינוּ הָעֵצִים וְהָאֲבָנִים לִבְנוֹת הַבָּיִת:

לכאורה זוהי כמות העובדים שנדרשה לבניית בית גדול לה׳. גיוס מאה ושמונים אלף פועלים, הנתונים למרותם של שלושת אלפים ושלוש מאות מפקחים, הוא חלק בלתי־נפרד מן המאמץ הנדרש להקמת המקדש.

ובכל זאת, יש בפִסקת סיום זו ממד המעיב על התמונה החיובית שהצטיירה עד כה. כמה ביטויים בפִּסקה מדיפים ריח של שעבוד. המס האנושי בפיקוחו של שר מיסים – "וַיַּעַל הַמֶּלֶךְ שְׁלֹמֹה **מַס** מִכָּל יִשְׂרָאֵל וַיְהִי **הַמַּס** שְׁלֹשִׁים אֶלֶף אִישׁ... וַאֲדֹנִירָם **עַל הַמַּס**. וַיְהִי לִשְׁלֹמֹה שִׁבְעִים אֶלֶף נֹשֵׂא **סַבָּל**..." – מזכיר את האמור בתחילת שעבוד מצרים: "וַיָּשִׂימוּ **עָלָיו** שָׂרֵי **מִסִּים** לְמַעַן עַנֹּתוֹ **בְּסִבְלֹתָם**" (שמות א׳, יא). והמילים "הָרֹדִים בָּעָם הָעֹשִׂים בַּמְּלָאכָה" מזכירות את האיסור "וּבְאַחֵיכֶם בְּנֵי יִשְׂרָאֵל אִישׁ בְּאָחִיו לֹא תִרְדֶּה בוֹ בְּפָרֶךְ" (ויקרא כ״ה, מו). נראה ששלמה מגייס אנשים לעבודה בתקיפות, ואין ברור אם המטרה הטובה אכן מקדשת את האמצעים. בנוסף, בפרק לא נזכר כלל ששלמה פנה אל העם ושיתף אותם ברצונו לבנות את בית המקדש, דבר העומד בניגוד להתנהלותו ביחס לחירם. הרושם הנוצר הוא שבניית המקדש היא משימה שהונחתה על העם בלא שיתופו בחזון הגדול שעמד מאחורי המשימה.

דומה שאף בפרשתנו יש מקום לדון את מעשיו של שלמה על שם סופם. על סִפָּהּ של חלוקת הממלכה ביקשו העם מרחבעם: "אָבִיךָ הִקְשָׁה אֶת עֻלֵּנוּ וְאַתָּה עַתָּה הָקֵל מֵעֲבֹדַת אָבִיךָ הַקָּשָׁה וּמֵעֻלּוֹ הַכָּבֵד אֲשֶׁר נָתַן עָלֵינוּ" (י״ב, ד). מסתבר שראשיתה של תחושה קשה זו הייתה כאן דווקא, בפעולה שהיוותה את השיא של מלכות שלמה. אזכורו של אדונירם בפרקנו נראה אף הוא כרמז מטרים לקראת אותו

14. הגבלים היו כנראה אומנים בבנייה שמוצאם מן העיר גבל, אף היא בלבנון (חורבותיה קרויות היום ג׳ביל, 35 ק״מ מצפון לבירות).

אירוע של התפלגות הממלכה, שבסופו הצליח רחבעם להימלט בחזרה לירושלים, אך אדונירם (הקרוי שם אדורם) נרגם למוות (שם, יח); מסתבר שהשר אשר על המס היה מזוהה במיוחד עם עול השעבוד שהטיל שלמה על העם, ועל כן כילו בו את זעמם. אכן, להלן נראה ששעבוד העם למלאכה לא תם במלאכת המקדש, אלא המשיך במפעלי בנייה אחרים של שלמה. מי שרודה בעם, עלול לאבד את הגבול שבין מטרות טובות וחשובות לבין מטרות שאינן הכרחיות.

יש שוני בולט בין המסופר בפרקנו לבין מה שמסופר על השתתפות העם במלאכת המשכן. גם שם חוזר כמה פעמים הצירוף 'לעשות מלאכה',[15] אבל שם העם התנדבו למלאכה, ועשו זאת בחפץ לב: "וַיִּקְרָא מֹשֶׁה אֶל בְּצַלְאֵל וְאֶל אָהֳלִיאָב וְאֶל כָּל אִישׁ חֲכַם לֵב אֲשֶׁר נָתַן ה' חָכְמָה בְּלִבּוֹ כֹּל אֲשֶׁר **נְשָׂאוֹ לִבּוֹ** לְקָרְבָה אֶל הַמְּלָאכָה לַעֲשֹׂת אֹתָהּ... וְהֵם הֵבִיאוּ אֵלָיו עוֹד נְדָבָה בַּבֹּקֶר בַּבֹּקֶר... וַיֹּאמְרוּ אֶל מֹשֶׁה לֵּאמֹר מַרְבִּים הָעָם לְהָבִיא מִדֵּי הָעֲבֹדָה לַמְּלָאכָה אֲשֶׁר צִוָּה ה' לַעֲשֹׂת אֹתָהּ... וְהַמְּלָאכָה הָיְתָה דַיָּם לְכָל הַמְּלָאכָה לַעֲשׂוֹת אֹתָהּ וְהוֹתֵר" (שמות ל"ו, ב-ז). כשהמלאכה נעשית מתוך קריאה להתנדבות, העם מרגיש שותף מלא בה. אבל כשהעם מצוי תחת עול של ניצבים ומשגיחים הרודים בו, לא תמיד יחוש שותפות במלאכה, גם אם המטרה טובה.[16]

15. עיינו שמות ל"ה, לה; ל"ו, ב, ה, ו, ז, ח; ועוד.
16. בספר דברי הימים, המדבר בשבח מלכות בית דוד, התמונה נראית טובה יותר גם בעניין זה: "וַיִּסְפֹּר שְׁלֹמֹה כָּל הָאֲנָשִׁים הַגֵּיּרִים אֲשֶׁר בְּאֶרֶץ יִשְׂרָאֵל אַחֲרֵי הַסְּפָר אֲשֶׁר סְפָרָם דָּוִיד אָבִיו וַיִּמָּצְאוּ מֵאָה וַחֲמִשִּׁים אֶלֶף וּשְׁלֹשֶׁת אֲלָפִים וְשֵׁשׁ מֵאוֹת. וַיַּעַשׂ מֵהֶם שִׁבְעִים אֶלֶף סַבָּל וּשְׁמֹנִים אֶלֶף חֹצֵב בָּהָר וּשְׁלֹשֶׁת אֲלָפִים וְשֵׁשׁ מֵאוֹת מְנַצְּחִים לְהַעֲבִיד אֶת הָעָם" (דה"ב ב', טז-יז). על פי התיאור הזה, שלמה לא שעבד את בני ישראל, אלא את הגרים. אמנם אין בזה כדי לנקותו לחלוטין, שהרי פעמים הרבה ציוותנו התורה לנהוג כבוד גם בגרים.

פרק ו

בניין המקדש

א. זמן בניית המקדש

לאחר תיאור ההכנות בפרק הקודם, מגיע פרקנו לשלב המעשי, ומתאר בפירוט את בניין המקדש. הפרק פותח בציון זמן ייחודי:

(א) וַיְהִי בִשְׁמוֹנִים שָׁנָה וְאַרְבַּע מֵאוֹת שָׁנָה לְצֵאת בְּנֵי יִשְׂרָאֵל
מֵאֶרֶץ מִצְרַיִם בַּשָּׁנָה הָרְבִיעִית בְּחֹדֶשׁ זִו הוּא הַחֹדֶשׁ הַשֵּׁנִי לִמְלֹךְ
שְׁלֹמֹה עַל יִשְׂרָאֵל וַיִּבֶן הַבַּיִת לַה׳:

הפסוק מעורר עניין מכמה כיוונים. ראשית, זהו המקום היחיד במקרא שאירוע מתוארך על פי זמנו מיציאת מצרים. ייתכן שבדרך זו קושר המקרא בין יציאת מצרים והקמת המקדש, לומר שבבניין המקדש התמלאה התכלית הסופית של יציאת מצרים, כאמור בשירת הים: "תְּבִאֵמוֹ וְתִטָּעֵמוֹ בְּהַר נַחֲלָתְךָ **מָכוֹן לְשִׁבְתְּךָ** פָּעַלְתָּ ה׳ **מִקְּדָשׁ** אֲדֹנָי כּוֹנְנוּ יָדֶיךָ" (שמות ט"ו, יז). ואכן, להלן ח׳, יג פותח שלמה את תפילתו במילים: "בָּנֹה בָנִיתִי בֵּית זְבֻל לָךְ **מָכוֹן לְשִׁבְתְּךָ** עוֹלָמִים".

שנית, יש בפרקי המקדש תופעה ייחודית במה שנוגע לשמות

החודשים: מלבד כינוייהם הקבועים במספר סודר (החודש השני, החודש השלישי וכו׳), בפרקי המקדש ניתנים להם גם שמות ייחודיים. כאן (וכן להלן פס׳ לז) מכונה החודש השני ׳זִו׳, ולהלן באים שמות ייחודיים עוד לשני חודשים אחרים: בפס׳ לח נאמר ״בְּיֶרַח בּוּל הוּא הַחֹדֶשׁ הַשְּׁמִינִי״, ולהלן ח׳, ב נאמר ״בְּיֶרַח הָאֵתָנִים בֶּחָג הוּא הַחֹדֶשׁ הַשְּׁבִיעִי״. שמות עבריים אלו אינם נזכרים בשום מקום אחר במקרא.[1] חודשי בניית המקדש זכו לשמות משל עצמם, ודומה שיש בזה חגיגיות מיוחדת: כביכול נוצר לוח שנה ייחודי לתקופה זו בלבד.

תאריך זה חשוב גם מבחינה היסטורית, כי לכאורה הוא מסייע להגדיר את זמנה של יציאת מצרים. מקובל לתארך את בניין המקדש לסביבות שנת 960 לפנה״ס, ואם כן, עולה מזה שיציאת מצרים הייתה באמצע המאה ה־15 לפנה״ס. גישה זו, המקובלת על מקצת החוקרים, עולה בקנה אחד גם עם דברי יפתח למלך עמון: ״בְּשֶׁבֶת יִשְׂרָאֵל בְּחֶשְׁבּוֹן וּבִבְנוֹתֶיהָ וּבְעַרְעוֹר וּבִבְנוֹתֶיהָ וּבְכָל הֶעָרִים אֲשֶׁר עַל יְדֵי אַרְנוֹן שְׁלֹשׁ מֵאוֹת שָׁנָה״ (שופטים י״א, כו); ימי יפתח מתוארכים לאמצע המאה ה־12 לפנה״ס, ואף מזה עולה שיציאת מצרים הייתה במאה ה־15 לפנה״ס. ברם, גישה רווחת יותר במחקר מניחה שיציאת מצרים הייתה במאה ה־13 לפנה״ס, בין היתר משום שסביר להניח שבניית העיר רעמסס, שמסופר עליה בספר שמות (א׳, י), נעשתה במצוות רעמסס השני, שמלך במאה ה־13 לפנה״ס; תעודות מצריות מלמדות שבימיו נבנו הערים פי־רעמסס ופי־אתום. לעומת זאת, באמצע המאה ה־15 לפנה״ס שלט במצרים פרעה תחותימס השלישי, שכבש את ארץ כנען והעמיד את מצרים בחוסן מדיני וביטחוני ללא עוררין. ועוד: יש טוענים שהממלכות אדום ומואב שבעבר הירדן המזרחי, אשר מנעו מישראל לעבור לכנען דרך ארצן, לא היו קיימות לפני המאה ה־13

1. לעומת השמות הפרסיים שאנו משתמשים בהם כיום, המופיעים בספרים המאוחרים, כגון אדר (פעמים רבות במגילת אסתר, וכן בעזרא ו׳, טו), ניסן (אסתר ג׳, ז; נחמיה ב׳, א), סיוון (אסתר ח׳, ט) ואלול (נחמיה ו׳, טו).

לפנה״ס. יש גם ממצאים ארכאולוגיים ההולמים את תיאורי כיבוש הארץ בספר יהושע ומתאימים למאה ה־13 לפנה״ס.

לגישה זו, ייתכן שהכתוב מציין מספר טיפולוגי, שמשמעותו אולי שנים עשר דורות (12x40=480) – בהנחה שדור הוא ארבעים שנה (על פי תהילים צ״ט, י ועוד) – והוא מכוון לשנים עשר דורות של כוהנים, מאהרן ועד אחימעץ בן צדוק, כאמור בדה״א ו׳, לה-לח: ״וְאֵלֶּה בְּנֵי אַהֲרֹן אֶלְעָזָר בְּנוֹ פִּינְחָס בְּנוֹ אֲבִישׁוּעַ בְּנוֹ. בֻּקִּי בְנוֹ עֻזִּי בְנוֹ זְרַחְיָה בְנוֹ. מְרָיוֹת בְּנוֹ אֲמַרְיָה בְנוֹ אֲחִיטוּב בְּנוֹ. צָדוֹק בְּנוֹ אֲחִימַעַץ בְּנוֹ״.[2]

ב. מבנה הבית החיצוני

בפסוקים הראשונים של הפרק מתואר מבנהו החיצוני של הבית. תחילה מובאות מידות הבית:

(ב) וְהַבַּיִת אֲשֶׁר בָּנָה הַמֶּלֶךְ שְׁלֹמֹה לַה׳ שִׁשִּׁים אַמָּה אָרְכּוֹ וְעֶשְׂרִים רָחְבּוֹ וּשְׁלֹשִׁים אַמָּה קוֹמָתוֹ: (ג) וְהָאוּלָם עַל פְּנֵי הֵיכַל הַבַּיִת

2. מבלי להכריע בין השיטות מבחינה ארכאולוגית, יש לציין שאכן אין סתירה חזיתית בין המספרים המופיעים בספרי הנביאים לבין המספר המצומצם יותר, המקובל על מרבית החוקרים. התופעה של הבאת מספר סמלי, ולאו דווקא ריאלי, קיימת בכמה מקומות במקרא. הדוגמה הנוגעת ביותר לענייננו היא משך השהייה של בני ישראל במצרים: ביציאת מצרים נאמר ״וּמוֹשַׁב בְּנֵי יִשְׂרָאֵל אֲשֶׁר יָשְׁבוּ בְּמִצְרָיִם שְׁלֹשִׁים שָׁנָה וְאַרְבַּע מֵאוֹת שָׁנָה״ (שמות י״ב, מ); אך כבר הורו חז״ל שלא ניתן להבין את הפסוק כפשוטו, ובני ישראל ישבו במצרים רק מאתיים ועשר שנים (ועיינו רש״י שם). דוגמה אחרת: בפתיחה לסיפור מרד אבשלום נאמר ״וַיְהִי מִקֵּץ אַרְבָּעִים שָׁנָה וַיֹּאמֶר אַבְשָׁלוֹם אֶל הַמֶּלֶךְ אֵלְכָה נָּא וַאֲשַׁלֵּם אֶת נִדְרִי אֲשֶׁר נָדַרְתִּי לַה׳ בְּחֶבְרוֹן״ (שמ״ב ט״ו, ז); אך מאחר שכל מלכותו של דוד לא הייתה יותר מארבעים שנה (שם ה׳, ד-ה), ברי שאין להבין את הפסוק כפשוטו. גם הפסוק ״וַתִּשְׁקֹט הָאָרֶץ אַרְבָּעִים שָׁנָה״, החוזר כמה פעמים בספר שופטים (ג׳, יא; ה׳, לא; ח׳, כח [וראו גם שם ג׳, ל]), מלמד שהצירוף ׳ארבעים שנה׳ משמעו שנות דור, ולא מספר שנים ריאלי.

עֶשְׂרִים אַמָּה אָרְכּוֹ עַל פְּנֵי רֹחַב הַבָּיִת עֶשֶׂר בָּאַמָּה רָחְבּוֹ עַל פְּנֵי הַבָּיִת: (ד) וַיַּעַשׂ לַבָּיִת חַלּוֹנֵי שְׁקֻפִים אֲטֻמִים:[3]

על פי פסוקים אלה, האולם איננו חלק מן הבית, ונראה ששימש כחדר כניסה למקדש. להלן (פס' טז-כ) נזכרת חלוקה בין ההיכל לבין הדביר: "וַיִּבֶן אֶת עֶשְׂרִים אַמָּה מִיַּרְכְּתֵי הַבַּיִת... **וְאַרְבָּעִים בָּאַמָּה הָיָה הַבָּיִת הוּא הַהֵיכָל לִפְנָי**... וּדְבִיר בְּתוֹךְ הַבַּיִת מִפְּנִימָה הֵכִין לְתִתֵּן שָׁם אֶת אֲרוֹן בְּרִית ה'. **וְלִפְנֵי הַדְּבִיר עֶשְׂרִים אַמָּה אֹרֶךְ וְעֶשְׂרִים אַמָּה רֹחַב**". מידות הבית היו אפוא כך:

אולם	היכל	דביר
10 אמות	40 אמה (20 אמה)	20 אמה

מידות המקדש כפולות ממידות המשכן, שהיה 30 אמה אורך על 10 אמות רוחב; גם היחס בין ההיכל והדביר (1:2) זהה ליחס שהיה במשכן בין הקודש (20 אמה אורך על 10 אמות רוחב) ובין קודש הקודשים (10 אמות על 10 אמות) (ראו שמות כ"ו, טז, יח, כב-כג, לג). אבל לאולם לא הייתה מקבילה במשכן.

אשר לגובה הבית, לכאורה יש בדבר סתירה: בפס' ב נאמר "**וּשְׁלֹשִׁים** אַמָּה קוֹמָתוֹ", ואילו בפס' כ כתוב "וְלִפְנֵי הַדְּבִיר עֶשְׂרִים אַמָּה אֹרֶךְ וְעֶשְׂרִים אַמָּה רֹחַב **וְעֶשְׂרִים** אַמָּה קוֹמָתוֹ", ומכאן שלפחות

3. מונח זה, כמו כמה וכמה מונחים אחרים בפרק, סתום וקשה. חז"ל פירשו שהכוונה לחלון צר מבפנים ורחב מבחוץ, המבטא את הרעיון שהקב"ה איננו זקוק לאור (מנחות פו ע"ב), ואדרבה: המקדש מאיר לעולם. וכבר העיר רלב"ג על דרך הפשט שמבנה מעין זה דווקא מוסיף אור בבית: "כי כבר התבאר במופתים הנדסיים כי מפני היות החלונות רחבות מבחוץ והולכות בשפוע ירבה יותר האור בבית". אברבנאל הציע שאלו חלונות מזכוכית שאור חודר דרכה, אך אי אפשר לראות בעדה (כעין מה שמכונה כיום 'זכוכית חלבית').

הדביר היה נמוך יותר, בגובה עשרים אמה בלבד; ונמצא שאף גובהו של הבית היה כפליים כגובה המשכן, שהיה 10 אמות. לדעת רש"י, הבדל זה ניכר רק מבפנים, אבל על גבי הדביר הייתה עלייה, וכלפי חוץ לא ניכר הבדל בין הדביר להיכל. אבל על דרך הפשט אין פירושו מוכרח, ואפשר שההבדל אכן ניכר גם מבחוץ.[4]

ג. היציעים

בפסוקים הבאים מתואר מבנה היציעים שהקיפו את הבית בשלוש קומות:

(ה) וַיִּבֶן עַל קִיר הַבַּיִת יצוע [יָצִיעַ קרי] סָבִיב אֶת קִירוֹת הַבַּיִת סָבִיב לַהֵיכָל וְלַדְּבִיר וַיַּעַשׂ צְלָעוֹת סָבִיב: (ו) היצוע [הַיָּצִיעַ קרי] הַתַּחְתֹּנָה חָמֵשׁ בָּאַמָּה רָחְבָּהּ וְהַתִּיכֹנָה שֵׁשׁ בָּאַמָּה רָחְבָּהּ וְהַשְּׁלִישִׁית שֶׁבַע בָּאַמָּה רָחְבָּהּ כִּי מִגְרָעוֹת נָתַן לַבַּיִת סָבִיב חוּצָה לְבִלְתִּי אֲחֹז בְּקִירוֹת הַבָּיִת: (ז) וְהַבַּיִת בְּהִבָּנֹתוֹ אֶבֶן שְׁלֵמָה מַסָּע נִבְנָה וּמַקָּבוֹת וְהַגַּרְזֶן כָּל כְּלִי בַרְזֶל לֹא נִשְׁמַע בַּבַּיִת בְּהִבָּנֹתוֹ: (ח) פֶּתַח הַצֵּלָע הַתִּיכֹנָה אֶל כֶּתֶף הַבַּיִת הַיְמָנִית וּבְלוּלִים יַעֲלוּ עַל הַתִּיכֹנָה וּמִן הַתִּיכֹנָה אֶל הַשְּׁלִשִׁים: (ט) וַיִּבֶן אֶת הַבַּיִת וַיְכַלֵּהוּ וַיִּסְפֹּן אֶת הַבַּיִת גֵּבִים וּשְׂדֵרֹת בָּאֲרָזִים:[5] (י) וַיִּבֶן אֶת היצוע

4. גובה האולם אינו נזכר כאן, ומפשט פס׳ ב עולה לכאורה שגם הוא היה 30 אמה. ואולם, בדה"ב ג׳, ד נאמר: "וְהָאוּלָם אֲשֶׁר עַל פְּנֵי הָאֹרֶךְ עַל פְּנֵי רֹחַב הַבַּיִת אַמּוֹת עֶשְׂרִים **וְהַגֹּבַהּ מֵאָה וְעֶשְׂרִים**". תיאור זה מפתיע ביותר, כי עולה ממנו שגובה האולם היה פי ארבעה מגובה ההיכל! ויתרה מזאת: יש חוסר פרופורציה משווע בין האורך והרוחב של האולם לבין גובהו. בפרק הבא ננסה להציע ביאור למשמעותו הרעיונית של גובה זה.
5. בפירושו של סוף פס׳ ט יש דעות שונות, אך נראה כי מרבית המפרשים מסכימים שמדובר בתקרת הבית (השווה להלן פס׳ טו: "מִקַּרְקַע הַבַּיִת עַד קִירוֹת הַסִּפֻּן"), וכנראה היו לה שתי שכבות: האחת הייתה עשויה "גֵּבִים", דהיינו לוחות של עץ מסוג מסוים או צורת בנייה מסוימת; והשנייה הייתה עשויה 'שדרות ארזים', דהיינו קורות ארזים סדורות זו בצד זו.

[הַיָּצִיעַ קרי] עַל כָּל הַבַּיִת חָמֵשׁ אַמּוֹת קוֹמָתוֹ וַיֶּאֱחֹז אֶת הַבַּיִת בַּעֲצֵי אֲרָזִים:

נראה שהיציעים הקיפו את ההיכל והדביר משלושת צדדיו (מלבד צד הכניסה של האולם). העלייה מיציע ליציע התאפשרה ב"לוּלִים", שהיו כנראה מדרגות לולייניות (רש"י). גובה כל יציע היה 5 אמות (פס' י), ומסתבר ששלושת היציעים הגיעו לגובה 15 אמה, דהיינו למחצית גובה הבית. כלפי חוץ היה המבנה ישר, אבל כלפי פנים הייתה כל קומה רחבה אמה מן הקומה שמעליה, כך:

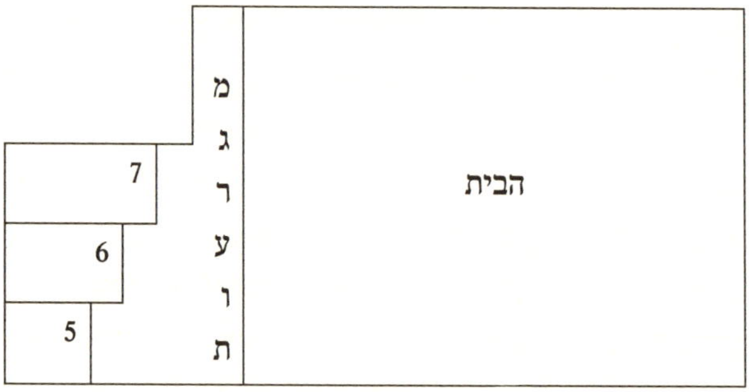

הסיבה למבנה זה מבוארת בפס' ז, שהוא מאמר מוסגר בעניין שיטת הבנייה: "וְהַבַּיִת בְּהִבָּנֹתוֹ אֶבֶן שְׁלֵמָה מַסָּע נִבְנָה וּמַקָּבוֹת וְהַגַּרְזֶן כָּל כְּלִי בַרְזֶל לֹא נִשְׁמַע בַּבַּיִת בְּהִבָּנֹתוֹ". רד"ק מבאר היטב מה עניינו של פסוק זה בכאן: "זהו טעם למה שהקדים 'לְבִלְתִּי אֲחֹז בְּקִירוֹת הַבָּיִת', לפיכך הוא צריך לתת מגרעות בקיר הבית להניח שם ראשי קורות התאים, כי לא יכלו לעשות חורים בקיר להנחת הקורות כמו שעושין בשאר בנינים של חול, כי כל כלי ברזל לא נשמע שם בבית בהבנותו, ואבני הקיר היו מדה אחת כולם, אם כן לא יתכן להניח שם חורים בבנין הקיר... ולטעם זה הכניסו פסוק זה בין ספור התאים וספור פתחי התאים".

שלמה מחמיר כאן יותר ממה שכתוב בתורה. התורה אסרה סיתות רק באבני המזבח: "וְאִם מִזְבַּח אֲבָנִים תַּעֲשֶׂה לִּי לֹא תִבְנֶה אֶתְהֶן

גָּזִית כִּי חַרְבְּךָ הֵנַפְתָּ עָלֶיהָ וַתְּחַלְלֶהָ" (שמות כ', כא), ואילו שלמה נמנע מכך בבניין כולו. ואולי משום כך ציפה את הבית עץ, כדי להסתיר את האבן הלא־מסותתת: "וַיֶּאֱחֹז אֶת הַבַּיִת בַּעֲצֵי אֲרָזִים" (פס' י).[6] על כל פנים, מסיבה זו לא יכול שלמה לאחוז את קורות התקרה של היציעים בחורים בקירות הבית, וחלף זאת יצר בקיר "מִגְרָעוֹת" – מעין 'מדרגות', שהקורות נשענו עליהן.

מה שנשאר לנו להבין הוא מה טיבן של ה"צלעות" הנזכרות בפס' ה. לדעת רש"י, אין זה אלא כינוי אחר ל"יציע". ברם, אפשר שזהו מבנה עצמאי: מחיצות שיצרו תאים תאים בתוך כל יציע ויציע. כיוון זה עולה מתיאור המקדש העתידי בספר יחזקאל: "וַיָּמָד קִיר הַבַּיִת שֵׁשׁ אַמּוֹת וְרֹחַב הַצֵּלָע אַרְבַּע אַמּוֹת סָבִיב סָבִיב לַבַּיִת סָבִיב. וְהַצְּלָעוֹת צֵלָע אֶל צֵלָע **שָׁלוֹשׁ וּשְׁלֹשִׁים פְּעָמִים** וּבָאוֹת בַּקִּיר אֲשֶׁר לַבַּיִת לַצְּלָעוֹת סָבִיב סָבִיב לִהְיוֹת אֲחוּזִים וְלֹא יִהְיוּ אֲחוּזִים בְּקִיר הַבָּיִת. וְרָחֲבָה וְנָסְבָה לְמַעְלָה לְמַעְלָה לַצְּלָעוֹת כִּי מוּסַב הַבַּיִת לְמַעְלָה לְמַעְלָה סָבִיב סָבִיב לַבַּיִת עַל כֵּן רֹחַב לַבַּיִת לְמָעְלָה וְכֵן הַתַּחְתּוֹנָה יַעֲלֶה עַל הָעֶלְיוֹנָה לַתִּיכוֹנָה" (יחזקאל מ"א, ה-ז).[7]

6. פירושים שונים נאמרו למילים אלו. ההצעה שהכוונה לציפוי הצד החיצוני של הבית בעץ מובאת ב**עולם התנ"ך**.

7. המילה "הַתִּיכֹנָה" חוזרת בפס' ח בפרקנו בשני מובנים שונים. בחלק הראשון של הפסוק נאמר: "פֶּתַח הַצֵּלָע **הַתִּיכֹנָה** אֶל כֶּתֶף הַבַּיִת הַיְמָנִית". נראה שכאן משמעות המילה "הַתִּיכֹנָה" היא: **התחתונה** (וכן תרגם יונתן: "תרעא דמחיצתא **ארעיתא** פתיח לעבר ביתא מימינא"), והכוונה היא שהפתח ליציע התחתון – ודרכו לכל מערך היציעים – היה בצד דרום, המכונה במקרא גם "ימין", (כגון: "צָפוֹן וְיָמִין אַתָּה בְרָאתָם" [תהילים פ"ט, יג]). אמנם הגר"א פירש שהכוונה לימין הנכנס, דהיינו בצד צפון.

בחלק השני של הפסוק נאמר: "וּבְלוּלִּים יַעֲלוּ עַל **הַתִּיכֹנָה** וּמִן הַתִּיכֹנָה אֶל הַשְּׁלִשִׁים", ונראה שכאן פירוש המילה הוא: **האמצעית**, רוצה לומר: לאחר שנכנסים אל היציע התחתון מצד דרום, עולים ממנו בלולים (=מדרגות לולייניות) אל היציע האמצעי, וממנו – ליציע העליון.

ברם, לפי הפירוש ש"צלע" היינו: תא, ייתכן ש"הַצֵּלָע הַתִּיכֹנָה" שבראש הפסוק משמעה: התא האמצעי, והכוונה היא שהפתח ליציעים היה בתא האמצעי שביציע התחתון, ושיעור הכתוב: "פֶּתַח הַצֵּלָע הַתִּיכֹנָה [שביציע התחתונה] אֶל כֶּתֶף הַבַּיִת

ד. אם תלך בחוקותי

ראינו עד עתה את פס׳ ב-י, העוסקים במבנה החיצוני של הבית. תיאור מבנה המקדש ממשיך בפס׳ יד-לח, המתארים את המבנה הפנימי שלו. והנה, את הרצף בין שני החלקים האלה קוטעת פִּסקה בת שלושה פסוקים:

(יא) וַיְהִי דְּבַר ה׳ אֶל שְׁלֹמֹה לֵאמֹר: (יב) הַבַּיִת הַזֶּה אֲשֶׁר אַתָּה בֹנֶה אִם תֵּלֵךְ בְּחֻקֹּתַי וְאֶת מִשְׁפָּטַי תַּעֲשֶׂה וְשָׁמַרְתָּ אֶת כָּל מִצְוֹתַי לָלֶכֶת בָּהֶם וַהֲקִמֹתִי אֶת דְּבָרִי אִתָּךְ אֲשֶׁר דִּבַּרְתִּי אֶל דָּוִד אָבִיךָ: (יג) וְשָׁכַנְתִּי בְּתוֹךְ בְּנֵי יִשְׂרָאֵל וְלֹא אֶעֱזֹב אֶת עַמִּי יִשְׂרָאֵל:

הקביעה שפִּסקה זו קוטעת את הרצף מוכחת מהלשון החוזרת בכתוב. בסיום הפִּסקה הראשונה נאמר: ״**וַיִּבֶן אֶת הַבַּיִת וַיְכַלֵּהוּ** וַיִּסְפֹּן אֶת הַבַּיִת גֵּבִים...״ (פס׳ ט). ולאחר שלושת הפסוקים הנידונים, כשהמקרא חוזר לתיאור הבניין, נאמר שוב: ״**וַיִּבֶן שְׁלֹמֹה אֶת הַבַּיִת וַיְכַלֵּהוּ**...״ (פס׳ יד), ׳כאדם האומר: נחזור על הראשונות׳.[8] ובכן, מדוע הובאו פסוקים אלו כאן דווקא, ולא לפני תיאור הבניין או לאחריו?

דומה שזוהי דרכו של המקרא להדגיש את חשיבותם של דברי ה׳ המובאים כאן. הבית מיועד להשרות את שכינת ה׳ בתוך בני ישראל ולהגן עליהם, והוא יגשים את ייעודו אך ורק אם ילך שלמה בחוקות ה׳ וישמור את משפטיו. מכלל הן אתה שומע לאו, והגם שבשלבים ראשוניים אלו נמנע הקב״ה מלהציג את הלאו במפורש, עדיין הדברים מהדהדים כאזהרה שליוותה את המקדש מראשית בנייתו. רק להלן, בפרק ט׳, תובא במפורש האזהרה על החורבן (שם, ו-ט), ושם נעמוד על הסיבה לכך. אבל כבר בשלב זה המקרא מכין אותנו לידיעה

הַיְמָנִית וּבְלוּלִּים יַעֲלוּ עַל [היציע] הַתִּיכֹנָה וּמִן הַתִּיכֹנָה אֶל הַשְּׁלִשִׁים״. וכן נראה מפירוש רש״י.

8. על התופעה ראו שמות ו׳, י-יג, כט-ל וברש״י שם.

שקיומו של המקדש אינו בלתי־מותנה. ומתוך שאנו יודעים מה עלתה בסופו, אנו מבינים עד כמה הייתה חשובה אזהרה זו כבר עתה.

ה. הקירות והמזבח

לאחר ההפסקה בדברי ה׳ לשלמה (פס׳ יא), חוזר הכתוב לסיפור בניית המקדש, וכעת הוא עובר לפנים הבית. החלק הראשון של תיאור זה עוסק בקירות הבית וברצפתו:

(יד) וַיִּבֶן שְׁלֹמֹה אֶת הַבַּיִת וַיְכַלֵּהוּ: (טו) וַיִּבֶן אֶת קִירוֹת הַבַּיִת מִבַּיְתָה בְּצַלְעוֹת אֲרָזִים מִקַּרְקַע הַבַּיִת עַד קִירוֹת הַסִּפֻּן צִפָּה עֵץ מִבָּיִת וַיְצַף אֶת קַרְקַע הַבַּיִת בְּצַלְעוֹת בְּרוֹשִׁים: (טז) וַיִּבֶן אֶת עֶשְׂרִים אַמָּה מירכותי [מִיַּרְכְּתֵי קרי] הַבַּיִת בְּצַלְעוֹת אֲרָזִים מִן הַקַּרְקַע עַד הַקִּירוֹת וַיִּבֶן לוֹ מִבַּיִת לִדְבִיר לְקֹדֶשׁ הַקֳּדָשִׁים:[9] (יז) וְאַרְבָּעִים בָּאַמָּה הָיָה הַבָּיִת הוּא הַהֵיכָל לִפְנָי: (יח) וְאֶרֶז אֶל הַבַּיִת פְּנִימָה מִקְלַעַת פְּקָעִים וּפְטוּרֵי צִצִּים[10] הַכֹּל אֶרֶז אֵין אֶבֶן נִרְאָה: (יט) וּדְבִיר בְּתוֹךְ הַבַּיִת מִפְּנִימָה הֵכִין לְתִתֵּן שָׁם אֶת אֲרוֹן בְּרִית ה׳: (כ) וְלִפְנֵי הַדְּבִיר[11] עֶשְׂרִים אַמָּה אֹרֶךְ וְעֶשְׂרִים אַמָּה

9. המפרשים נחלקו בהבנת סוף הפסוק. רש״י פירש שבפסוק זה מכוונת המילה ״דביר״ למחיצה שהייתה בין ההיכל ובין הדביר (המְכֻנָּה בחז״ל ׳אמה טרקסין׳, ואם כן, יש למילה ״דביר״ שתי משמעויות שונות בפרק), ושיעור הכתוב: מבית לדביר – כלומר פנימה למחיצה – בנה שלמה את קודש הקודשים. אבל רד״ק פירש שאת החלק הפנימי, החלק ש״מבית״ – בנה שלמה ״לדביר לקדש הקדשים״; לפי פירושו, גם כאן המילה ״דביר״ היא כינוי לחלק הפנימי, וכעת מתבאר שהוא משמש כקודש הקודשים.
10. נראה כי הכוונה שבעצי הארז היו פיתוחים של פרחים קלועים, דהיינו משולבים זה בזה. וייתכן ש״פְּקָעִים״ הם כפתורי פרחים (כמו ״פַּקֻּעֹת שָׂדֶה״ [מל״ב ד׳, לט]), ו״פְטוּרֵי צִצִּים״ הם ״פרחים פתוחים, מלשון ׳פטר רחם׳״ (פירוש הגר״א).
11. הפסוק בא לציין את מידות הדביר. ״׳ולפני׳ – כמו: ׳ולפנים׳, כלומר הדביר, שהיה לפנים, שעשה לתת שם הארון, היה שם עשרים אמה ארכו ועשרים אמה רחבו״ (רד״ק).

רֹחַב וְעֶשְׂרִים אַמָּה קוֹמָתוֹ וַיְצַפֵּהוּ זָהָב סָגוּר[12] וַיְצַף מִזְבֵּחַ אָרֶז: (כא) וַיְצַף שְׁלֹמֹה אֶת הַבַּיִת מִפְּנִימָה זָהָב סָגוּר וַיְעַבֵּר ברתיקות [בְּרַתּוּקוֹת קרי] זָהָב[13] לִפְנֵי הַדְּבִיר וַיְצַפֵּהוּ זָהָב: (כב) וְאֶת כָּל הַבַּיִת צִפָּה זָהָב עַד תֹּם כָּל הַבָּיִת וְכָל הַמִּזְבֵּחַ אֲשֶׁר לַדְּבִיר צִפָּה זָהָב:

סגנון הדברים מליצי וחגיגי. מלבד המילים היחידאיות הקשות, המכוונות למונחים ארכיטקטוניים, השפה ככלל נראית גבוהה, ואינה שגרתית לפרוזה המקראית, כגון: "הַכֹּל אֶרֶז אֵין אֶבֶן נִרְאָה" (פס' יח), "וּדְבִיר בְּתוֹךְ הַבַּיִת מִפְּנִימָה הֵכִין לְתִתֵּן שָׁם אֶת אֲרוֹן בְּרִית ה'" (פס' יט), "וַיְצַף מִזְבֵּחַ אָרֶז" (פס' כ).

פסוקים אלו מתארים את קירות הבית מבפנים. כמו הצד החיצוני של קירות הבית, גם צדם הפנימי צופה עץ – "הַכֹּל אֶרֶז אֵין אֶבֶן נִרְאָה" (פס' יח). והעץ עצמו צופה זהב (פס' כב), כמו במשכן (שמות כ"ו, כט; ל"ו, לד). "קִירוֹת הַבַּיִת" היו מצופים "בְּצַלְעוֹת **אֲרָזִים** מִקַּרְקַע הַבַּיִת עַד קִירוֹת הַסִּפֻּן" (פס' טו), והרצפה צופתה "בְּצַלְעוֹת **בְּרוֹשִׁים**" – אולי משום שהארז גבוה יותר, ואילו הברושים עמידים יותר לשחיקה. עץ הארז היה מקושט: "וְאֶרֶז אֶל הַבַּיִת פְּנִימָה מִקְלַעַת פְּקָעִים וּפְטוּרֵי צִצִּים" (פס' יח). בפסוקים אלו מתוארת גם החלוקה שבין הדביר וההיכל; ונראה שאף המחיצה שביניהם הייתה עשויה עץ מצופה בזהב: "וַיִּבֶן אֶת עֶשְׂרִים אַמָּה מִיַּרְכְּתֵי הַבַּיִת בְּצַלְעוֹת אֲרָזִים מִן הַקַּרְקַע עַד הַקִּירוֹת" (פס' טז).

בעניין המזבח יש דבר מפתיע במקצת. בפס' כ נאמר שהוא צופה ארז, ובפס' כב נאמר שלאחר מכן הוא צופה זהב. אפשר ששלמה ציפה כך את מזבח הזהב שעשה משה, על מנת להגדילו ולהתאימו למידות

12. "זהב סגור" הוא זהב יקר ומיוחד (עיינו איוב כ"ח, טו), הנזכר רק בפרשיות המקדש. יש משערים שמדובר בזהב בעל גוון אדמדם (עיינו **עולם התנ"ך**). מסתבר שאיכות הזהב שבדביר הייתה גבוהה מאיכות הזהב שבהיכל, כביטוי להבדל בקדושה ביניהם.

13. ביטוי סתום. ואולי כוונתו: חיבר שרשרות זהב מעל הכניסה לדביר (על פי הכתוב המקביל בדה"ב ג').

המקדש, הכפולות ממידות המשכן (כך ביאר הגר"א). אך הדבר היותר מעניין הוא הקשר שקושר הכתוב בין מזבח הזהב והדביר, עד שהוא מכונה "הַמִּזְבֵּחַ אֲשֶׁר לַדְּבִיר" (פס' כב). דבר זה נראה תמוה: הלוא בדביר היה הארון לבדו (פס' יט), והמזבח עמד בהיכל (כפי שעמד במשכן בקודש)! ובכן, מה עניין המזבח אצל הדביר?

לאמתו של דבר, ייחודו של מזבח הזהב עולה כבר במעשה המשכן. כידוע, בציווי על המשכן יש הבחנה ברורה בין הארון, השולחן והמנורה, שהתורה מצווה עליהם בפרשת תרומה (שמות כ"ה, י-מ), ובין מזבח הזהב, שעשייתו נידונה רק בסוף פרשת תצוה (שם ל', א-י), לאחר הציווי על בגדי הכהונה ועל ימי המילואים. יתרה מזאת, הציווי על מזבח הזהב בא לאחר פסוקי הסיכום של ציווי המשכן, הנראים כחותמים את הנושא כולו: "וְנֹעַדְתִּי שָׁמָּה לִבְנֵי יִשְׂרָאֵל וְנִקְדַּשׁ בִּכְבֹדִי. וְקִדַּשְׁתִּי אֶת אֹהֶל מוֹעֵד וְאֶת הַמִּזְבֵּחַ וְאֶת אַהֲרֹן וְאֶת בָּנָיו אֲקַדֵּשׁ לְכַהֵן לִי. וְשָׁכַנְתִּי בְּתוֹךְ בְּנֵי יִשְׂרָאֵל וְהָיִיתִי לָהֶם לֵאלֹהִים. וְיָדְעוּ כִּי אֲנִי ה' אֱלֹהֵיהֶם אֲשֶׁר הוֹצֵאתִי אֹתָם מֵאֶרֶץ מִצְרַיִם לְשָׁכְנִי בְתוֹכָם אֲנִי ה' אֱלֹהֵיהֶם" (שם כ"ט, מג-מו). ברור מכאן שמעמדו של מזבח הזהב שונה ממעמדם של שאר הכלים שבקודש. אכן, גם מהציווי על המזבח במלאכת המשכן עולה קשר מהותי לקודש הקודשים: "וְנָתַתָּה אֹתוֹ **לִפְנֵי הַפָּרֹכֶת אֲשֶׁר עַל אֲרֹן הָעֵדֻת לִפְנֵי הַכַּפֹּרֶת אֲשֶׁר עַל הָעֵדֻת** אֲשֶׁר אִוָּעֵד לְךָ שָׁמָּה" (שם ל', ו); מקומו של המזבח "לִפְנֵי הַכַּפֹּרֶת אֲשֶׁר עַל הָעֵדֻת", ועל כן הוא נמצא "לִפְנֵי הַפָּרֹכֶת אֲשֶׁר עַל אֲרֹן הָעֵדֻת". ובכן, מה ההבדל המהותי שבין מזבח הקטורת ובין הכלים האחרים?

דומה שהכלים האחרים משמשים למטרה שהוצגה גם בפסוקי הסיכום שהובאו לעיל: ביטוי סמלי להשראת שכינה בישראל. המשכן הוא ביתו של ה' במחנה ישראל, ויש בו הכלים המשמשים בכל בית מגורים, כדברי ר' עובדיה ספורנו (בפירושו לשמות כ"ה, כג): "אחר מעשה הארון, שהיה כדמות **כסא** לשכינה, כאמרו 'ונועדתי לך שם' (שמות כ"ה, כב), ציוה על **שלחן ומנורה** כמנהגם לפני השרים, כעניין השונמית באמרה 'ונשים לו שם מטה **ושלחן וכסא ומנורה**' (מל"ב

ד׳, י)״. אבל מזבח לקטורת איננו כלי סטנדרטי בבית מגורים, ואין הוא מבטא את הרעיון שהמשכן הוא בית לה׳.

על תפקידו של מזבח הקטורת אנו למדים ממקום אחר. הקטורת היא תנאי לכניסת הכוהן הגדול לקודש הקודשים ביום הכיפורים: ״וְלָקַח מְלֹא הַמַּחְתָּה גַּחֲלֵי אֵשׁ מֵעַל הַמִּזְבֵּחַ מִלִּפְנֵי ה׳ וּמְלֹא חָפְנָיו קְטֹרֶת סַמִּים דַּקָּה וְהֵבִיא מִבֵּית לַפָּרֹכֶת. וְנָתַן אֶת הַקְּטֹרֶת עַל הָאֵשׁ לִפְנֵי ה׳ **וְכִסָּה עֲנַן הַקְּטֹרֶת אֶת הַכַּפֹּרֶת אֲשֶׁר עַל הָעֵדוּת וְלֹא יָמוּת**״ (ויקרא ט״ז, יב-יג). תפקידה של הקטורת לשמש כענן – מיסוך הכרחי לפני הכניסה לקודש הקודשים, ״כִּי בֶּעָנָן אֵרָאֶה עַל הַכַּפֹּרֶת״ (שם, ב). אפילו בשעה שהוא נכנס לפני ולפנים, נאסר על הכוהן הגדול לראות את מקומה הסמלי של השכינה, ועל כן הוא נדרש ליצור שם ענן, שהוא הביטוי להשראת השכינה בכל מקום.[14] מסתבר שזה היה תפקידו של מזבח הקטורת בכל ימות השנה: הקטורת שמוקטרת עליו משמשת כמיסוך קבוע על קודש הקודשים, נוסף על הפרוכת.[15] מכאן יובן היטב מדוע סמכה פרשתנו את מזבח הזהב לבניית הדביר, ואף כינתה אותו ״הַמִּזְבֵּחַ אֲשֶׁר לַדְּבִיר״.

ו. הכרובים

הפסוקים הבאים עוסקים בכרובים שהיו בדביר:

(כג) וַיַּעַשׂ בַּדְּבִיר שְׁנֵי כְרוּבִים עֲצֵי שָׁמֶן[16] עֶשֶׂר אַמּוֹת קוֹמָתוֹ:

14. עיינו למשל שמות י״ט, ט; כ״ד, טז; ל״ד, ה.
15. שמזבח הזהב קשור לקודש הקודשים יותר מאשר לקודש – שלא כרושם הראשוני המתקבל ממיקומו בקודש – עולה גם מעבודת הכוהן הגדול ביום הכיפורים (ויקרא ט״ז), שבה הוא מכפר בדם הפר ובדם השעיר רק על שני כלים במשכן: על הכפורת ועל מזבח הזהב.
16. על פי תרגום יונתן, ״עצי שמן״ הם עצי זית. אבל רד״ק מוכיח מן הפסוק ״צְאוּ הָהָר וְהָבִיאוּ עֲלֵי זַיִת וַעֲלֵי עֵץ שֶׁמֶן״ (נחמיה ח׳, טו) ש״עץ שמן״ לאו היינו זית, ולדעתו הכוונה לסוג של ארז.

(כד) וְחָמֵשׁ אַמּוֹת כְּנַף הַכְּרוּב הָאֶחָת וְחָמֵשׁ אַמּוֹת כְּנַף הַכְּרוּב הַשֵּׁנִית עֶשֶׂר אַמּוֹת מִקְצוֹת כְּנָפָיו וְעַד קְצוֹת כְּנָפָיו: (כה) וְעֶשֶׂר בָּאַמָּה הַכְּרוּב הַשֵּׁנִי מִדָּה אַחַת וְקֶצֶב אֶחָד לִשְׁנֵי הַכְּרֻבִים: (כו) קוֹמַת הַכְּרוּב הָאֶחָד עֶשֶׂר בָּאַמָּה וְכֵן הַכְּרוּב הַשֵּׁנִי: (כז) וַיִּתֵּן אֶת הַכְּרוּבִים בְּתוֹךְ הַבַּיִת הַפְּנִימִי וַיִּפְרְשׂוּ אֶת כַּנְפֵי הַכְּרֻבִים וַתִּגַּע כְּנַף הָאֶחָד בַּקִּיר וּכְנַף הַכְּרוּב הַשֵּׁנִי נֹגַעַת בַּקִּיר הַשֵּׁנִי וְכַנְפֵיהֶם אֶל תּוֹךְ הַבַּיִת נֹגְעֹת כָּנָף אֶל כָּנָף: (כח) וַיְצַף אֶת הַכְּרוּבִים זָהָב:

התיאור המקביל בספר דברי הימים משלים ומבהיר את צורת עמידתם של הכרובים:

וְכַנְפֵי הַכְּרוּבִים אָרְכָּם אַמּוֹת עֶשְׂרִים כְּנַף הָאֶחָד לְאַמּוֹת חָמֵשׁ מַגַּעַת לְקִיר הַבַּיִת וְהַכָּנָף הָאַחֶרֶת אַמּוֹת חָמֵשׁ מַגִּיעַ לִכְנַף הַכְּרוּב הָאַחֵר. וּכְנַף הַכְּרוּב הָאֶחָד אַמּוֹת חָמֵשׁ מַגִּיעַ לְקִיר הַבָּיִת וְהַכָּנָף הָאַחֶרֶת אַמּוֹת חָמֵשׁ דְּבֵקָה לִכְנַף הַכְּרוּב הָאַחֵר. כַּנְפֵי הַכְּרוּבִים הָאֵלֶּה פֹּרְשִׂים אַמּוֹת עֶשְׂרִים וְהֵם עֹמְדִים עַל רַגְלֵיהֶם וּפְנֵיהֶם לַבָּיִת. (דה״ב ג׳, יא-יג)

העולה מכאן, שהכרובים עמדו משני צדי הארון, ופניהם אל ההיכל. לכל כרוב שתי כנפיים, אורך כל כנף חמש אמות; נמצא שארבע הכנפיים משתרעות על פני כל רוחב הבית – עשרים אמה. גובה הכרובים עשר אמות – מחצית גובהו של הדביר.

החידוש המרכזי בעניין הכרובים הוא כמובן מקומם. במשכן היו הכרובים חלק בלתי־נפרד מן הכפורת אשר על הארון: ״וְעָשִׂיתָ שְׁנַיִם כְּרֻבִים זָהָב מִקְשָׁה תַּעֲשֶׂה אֹתָם מִשְּׁנֵי קְצוֹת הַכַּפֹּרֶת. וַעֲשֵׂה כְּרוּב אֶחָד מִקָּצָה מִזֶּה וּכְרוּב אֶחָד מִקָּצָה מִזֶּה מִן הַכַּפֹּרֶת תַּעֲשׂוּ אֶת הַכְּרֻבִים עַל שְׁנֵי קְצוֹתָיו״ (שמות כ״ה, יח-יט). לעומת זאת, הכרובים שבמקדש לא היו קשורים לכלי כלשהו: הם עמדו על קרקע הדביר. מה טיבו של הבדל זה?

נראה שהדבר קשור לאחד ההבדלים היסודיים שבין המשכן

והמקדש. המשכן היה מקום זמני להשראת השכינה, ולא היה קשור למיקום גאוגרפי מסוים; משום כך שרתה בו השכינה בין הכרובים שעל הכפורת אשר על ארון העדות. דבר זה מובלט כבר בתשובת ה׳ בפי נתן הנביא על הצעתו של דוד לבנות לו בית: ״כִּי לֹא **יָשַׁבְתִּי בְּבַיִת** לְמִיּוֹם הַעֲלֹתִי אֶת בְּנֵי יִשְׂרָאֵל מִמִּצְרַיִם וְעַד הַיּוֹם הַזֶּה וָאֶהְיֶה מִתְהַלֵּךְ **בְּאֹהֶל וּבְמִשְׁכָּן**״ (שמ״ב ז׳, ו). לפי פסוק זה, השינוי המרכזי שיתחולל במעבר ממשכן למקדש הוא השינוי מ״מִתְהַלֵּךְ״ ל״יָשַׁבְתִּי״ ומאוהל לבית. המשכן, מהותו זמניות וארעיות; בעידן המשכן אין השכינה שורה במקום גאוגרפי אחד, אלא מתהלכת עם בני ישראל ועוברת עמם ממקום למקום. המקדש, לעומתו, מייצג ישיבת קבע – השראת שכינה במקום גאוגרפי מסוים, הלוא הוא ״**הַמָּקוֹם** אֲשֶׁר יִבְחַר ה׳ אֱלֹהֵיכֶם בּוֹ לְשַׁכֵּן שְׁמוֹ שָׁם״ (דברים י״ב, יא); לכן הכרובים, המציינים את מקום השראת השכינה, שוב אינם קשורים לכלי, כי אם למקום גאוגרפי מוגדר בקרקע המקדש עצמו.[17]

ז. הדלתות

הפסוקים הבאים חוזרים לעסוק בקירות הבית ובקרקעו:

(כט) וְאֵת כָּל קִירוֹת הַבַּיִת מֵסַב קָלַע פִּתּוּחֵי מִקְלְעוֹת כְּרוּבִים וְתִמֹרֹת וּפְטוּרֵי צִצִּים מִלִּפְנִים וְלַחִיצוֹן:[18] (ל) וְאֶת קַרְקַע הַבַּיִת צִפָּה זָהָב לִפְנִימָה וְלַחִיצוֹן:

17. אין ברור מן הכתוב אם הכרובים שעל הארון היו גם במקדש. מצד אחד, אין הם נזכרים כלל בספר מלכים. מצד שני, גם לא נאמר שהארון נכנס לדביר בלא הכפורת, וסביר להניח שנכנס עם הכפורת והכרובים שעליה. להרחבה בנושא זה ראו מאמרו של ד׳ הנשקה, ׳**משכן** העדות ובית הבחירה – לבירורו של ניגוד׳, **מגדים** יא, תש״ן, עמ׳ 23-62.
18. ״מִלִּפְנִים וְלַחִיצוֹן״ היינו: הן החלק הפנימי של הבית (הדביר) הן החלק החיצוני שלו (ההיכל).

על קירות הבית גולפו צורות של כרובים, דקלים ופרחים, וקרקע הבית, על שני חלקיו, צופתה זהב. מכאן עובר הכתוב לתאר את הדלתות – דלתות הדביר ודלתות ההיכל:

(לא) וְאֵת פֶּתַח הַדְּבִיר עָשָׂה דַּלְתוֹת עֲצֵי שָׁמֶן הָאַיִל מְזוּזוֹת חֲמִשִׁית:[19] (לב) וּשְׁתֵּי דַּלְתוֹת עֲצֵי שֶׁמֶן וְקָלַע עֲלֵיהֶם מִקְלְעוֹת כְּרוּבִים וְתִמֹרוֹת וּפְטוּרֵי צִצִּים וְצִפָּה זָהָב וַיָּרֶד עַל הַכְּרוּבִים וְעַל הַתִּמֹרוֹת אֶת הַזָּהָב: (לג) וְכֵן עָשָׂה לְפֶתַח הַהֵיכָל מְזוּזוֹת עֲצֵי שָׁמֶן מֵאֵת רְבִעִית: (לד) וּשְׁתֵּי דַלְתוֹת עֲצֵי בְרוֹשִׁים שְׁנֵי צְלָעִים הַדֶּלֶת הָאַחַת גְּלִילִים וּשְׁנֵי קְלָעִים הַדֶּלֶת הַשֵּׁנִית גְּלִילִים: (לה) וְקָלַע כְּרוּבִים וְתִמֹרוֹת וּפְטֻרֵי צִצִּים וְצִפָּה זָהָב מְיֻשָּׁר עַל הַמְּחֻקֶּה:

משמע מכאן בבירור שבין ההיכל לדביר הפרידו דלתות מהודרות, שדמו לקירות הבית. לעומת זאת, מדברי הימים משמע שהפרידה ביניהם פרוכת, כמו במשכן: "וַיַּעַשׂ אֶת הַפָּרֹכֶת תְּכֵלֶת וְאַרְגָּמָן וְכַרְמִיל וּבוּץ וַיַּעַל עָלָיו כְּרוּבִים" (דה"ב ג׳, יד). כיצד ניתן ליישב סתירה זו? המפרשים שם ביארו שהיו דלתות, אך עליהן הייתה תלויה גם פרוכת.[20] ועדיין יש לבאר: מדוע התעלם ספר מלכים מפרוכת זו?

19. המינוחים "חֲמִשִׁית" (כאן) ו"רְבִעִית" (להלן פס׳ לג) סתומים. ברם, מסתברת הדעה שמזוזות "חֲמִשִׁית" מתוחכמות ממזוזות "רְבִעִית", שהרי מן הסתם הייתה דלת הדביר חשובה מדלת ההיכל.

20. כך נראה גם מן הסוגיה ביומא דף נד ע"א, שהקשתה "במקדש ראשון מי הואי פרוכת?", והשיבה: "פרוכת דבבי [רש"י: שכנגד הפתחים]"; אבל הגמרא שם מביאה גם דעה אחרת, וממנה נראה שבבית ראשון לא הייתה פרוכת. בבית שני לא הפריד כותל בין הקודש ובין קודש הקודשים, ובמקומו היו שתי פרוכות, כמבואר בסוגיה שם ובמקומות רבים אחרים.
הרמב"ם (הלכות בית הבחירה פ"ד ה"ב) כתב: "בבית ראשון היה כותל מבדיל בין הקדש ובין קדש הקדשים... ולא בנו כותל בבית שני אלא עשו שתי פרוכות... אבל במקדש ראשון לא היתה שם אלא פרכת אחת בלבד". נראה מדבריו שסבר כמפרשים בדברי הימים, שגם בבית ראשון הייתה פרוכת בין הדביר להיכל. אבל בפירוש ׳כסף משנה׳ על הרמב"ם שם כתב: "נראה דלמשכן קרי ׳מקדש

נראה ששני הספרים מייצגים מגמות ספרותיות שונות. בפרקנו יש הבחנה ברורה בין המינוח של המקדש למינוח של המשכן: במקום ׳קֹדש׳ הוא אומר ׳היכל׳, ובמקום ׳קֹדש הקדשים׳ – ׳דביר׳.[21] לעומת זאת, בפרק המקביל בדברי הימים (דה״ב ג׳) המונח הרגיל הוא ׳קֹדש הקדשים׳.[22] לדוגמה: בפרקנו נאמר ״וְלִפְנֵי **הַדְּבִיר** עֶשְׂרִים אַמָּה אֹרֶךְ וְעֶשְׂרִים אַמָּה רֹחַב וְעֶשְׂרִים אַמָּה קוֹמָתוֹ וַיְצַפֵּהוּ זָהָב סָגוּר... וַיַּעַשׂ **בַּדְּבִיר** שְׁנֵי כְרוּבִים״ (פס׳ כ-כג), ואילו בדברי הימים נאמר: ״וַיַּעַשׂ אֶת **בֵּית קֹדֶשׁ הַקֳּדָשִׁים** אָרְכּוֹ עַל פְּנֵי רֹחַב הַבַּיִת אַמּוֹת עֶשְׂרִים וְרָחְבּוֹ אַמּוֹת עֶשְׂרִים וַיְחַפֵּהוּ זָהָב טוֹב... וַיַּעַשׂ **בְּבֵית קֹדֶשׁ הַקֳּדָשִׁים** כְּרוּבִים שְׁנַיִם״ (דה״ב ג׳, ח-י). נראה אפוא שספר דברי הימים מבקש להבליט את ההמשכיות שבין המשכן והמקדש, ששניהם היו בית לה׳ ומקום להשראת שכינה, ואילו ספר מלכים מבליט את ההבדל שבין המשכן

ראשון׳, דאילו **בבית ראשון לא היה פרוכת** אלא כותל״; ואולי סבר שהפסוק בדברי הימים איננו מדבר בפרוכת שבין הדביר להיכל.

השאלה אם הייתה פרוכת בין הדביר להיכל נוגעת גם להבנת מה שנאמר להלן ח׳, ח ״וַיַּאֲרִכוּ הַבַּדִּים וַיֵּרָאוּ רָאשֵׁי הַבַּדִּים מִן הַקֹּדֶשׁ עַל פְּנֵי הַדְּבִיר״. אם הייתה פרוכת, מובן כיצד נראו ראשי הבדים מן הקודש – הם בלטו בפרוכת, כדברי התוספתא המובאת בסוגיה ביומא שם: ״הא כיצד? דוחקין ובולטין ויוצאין בפרוכת, ונראין כשני דדי אשה, שנאמר ׳צְרוֹר הַמֹּר דּוֹדִי לִי בֵּין שָׁדַי יָלִין׳ (שיר השירים א׳, יג)״. המפרשים להלן ח׳, ח (ראו רד״ק ורלב״ג) ביארו, שזו בדיוק הסיבה לעשיית הפרוכת: מכיוון שהבדים בלטו עד לדלתות שבין ההיכל לדביר, לא היה אפשר לסגור אותן, ומה שחצץ בפועל בין ההיכל לדביר היה הפרוכת. וכן מובא במדרש: ״שבשעה שהכניסו הכהנים את הארון האריכו הבדים והגיעו לפרוכת ונגעו בפתח לפיכך לא ננעלו דלתי בית קדש הקדשים לעולם״ (ילקוט שמעוני תרומה רמז שסג).

21. המילה ״דביר״ חוזרת בפרק שמונה פעמים, ואילו הצירוף ״קדש הקדשים״ מופיע בו פעם אחת בלבד, בפס׳ טז: ״וַיִּבֶן לוֹ מִבַּיִת לִדְבִיר לְקֹדֶשׁ הַקֳּדָשִׁים״ – כנראה כדי לבאר מהו הדביר (ולפי פירוש רש״י המובא בהערה 1: מכיוון שבפסוק זה מופיעה המילה ״דביר״ במשמעות שונה ממשמעותה הרגילה בפרק).

22. המילה ״דביר״ מופיעה בו פעם אחת בלבד, וגם זאת בנושא שולי, שלא ניתן להבין ממנו כלל מהו אותו ״דביר״: ״וַיַּעַשׂ שַׁרְשְׁרוֹת בַּדְּבִיר וַיִּתֵּן עַל רֹאשׁ הָעַמֻּדִים״ (דה״ב ג׳, טז).

הארעי ובין המקדש הקבוע.[23] משום כך ציין ספר דברי הימים את הפרוכת, הקושרת אף היא בין שני המבנים,[24] ואילו ספר מלכים מזכיר רק את הקירות ואת הדלתות, המבדילים ביניהם.

תיאור המבנה הפנימי של המקדש נחתם בפסוקים אלו:

(לו) וַיִּבֶן אֶת הֶחָצֵר הַפְּנִימִית שְׁלֹשָׁה טוּרֵי גָזִית[25] וְטוּר כְּרֻתֹת אֲרָזִים: (לז) בַּשָּׁנָה הָרְבִיעִית יֻסַּד בֵּית ה׳ בְּיֶרַח זִו: (לח) וּבַשָּׁנָה הָאַחַת עֶשְׂרֵה בְּיֶרַח בּוּל הוּא הַחֹדֶשׁ הַשְּׁמִינִי כָּלָה הַבַּיִת לְכָל דְּבָרָיו וּלְכָל משפטו [מִשְׁפָּטָיו קרי] וַיִּבְנֵהוּ שֶׁבַע שָׁנִים:

אולם, למרות הסיכום הזה, הדרך להשלמת מלאכת המקדש עוד ארוכה, כפי שנלמד להלן.

23. על הבדלים רבים אחרים בין המקדש למשכן נעמוד בפרק ח׳.
24. ואת הדלתות הוא מזכיר כבדרך אגב בסיום התיאור: "וּפֶתַח הַבַּיִת דַּלְתוֹתָיו הַפְּנִימִיּוֹת לְקֹדֶשׁ הַקֳּדָשִׁים וְדַלְתֵי הַבַּיִת לַהֵיכָל זָהָב" (דה"ב ד׳, כב).
25. מסתבר שהכוונה היא לטורים של עמודים, כמו בפרק הבא בפס׳ ב. בניגוד לבית עצמו, בחצר לא הייתה, אם כן, מגבלה של שימוש באבני גזית מסותתות.

פרק ז

מפעלי הבנייה של שלמה בירושלים

א. ואת ביתו בנה שלמה

הפרק הקודם עסק במבנה שעתיד להיות בית המקדש: מעטפתו החיצונית, קירותיו הפנימיים, הרצפה, המחיצות, וכן שני כלים שנעשו חלק מהמבנה עצמו – הכרובים ומזבח הזהב. היינו מצפים שכעת ישלים המקרא את תיאור המקדש ויספר על כליו – כלי הזהב וכלי הנחושת. למרבה ההפתעה, תיאור זה נדחה להמשך פרק ז׳ (פס׳ יג-נא), ושנים עשר הפסוקים הראשונים בפרק עוסקים במבנים אחרים – מבני המלוכה של המלך שלמה עצמו.

מסתבר שבזה גדלה הביקורת על שלמה, שעד כה הייתה סמויה במידת מה. אין זה מקרה שהמקרא מספר על מפעלי הבנייה של שלמה ממש באמצע תיאור המקדש. כבר ממקומה של פרשה זו ניתן להסיק, ששלמה שם את עצמו במקום כה מרכזי, עד שהוא רואה את מפעלי הבנייה הפרטיים שלו כמכלול אחד עם בית המקדש.[1] ואכן,

1. אמנם ניתן לראות בבניית בית המלך סמוך למקדש ביטוי לכפיפות המלך לקב״ה ולהסתמכותו עליו. אבל יש לה כמובן גם היבט שלילי: היא מעמידה את המלך במקום אחד עם הקב״ה, ועלולה להביאו לגבהות לב – כפי שאכן עתיד לקרות.

מפס׳ יב נראה שמבנים אלו נבנו במתחם אחד עם המקדש: ״וְחָצֵר הַגְּדוֹלָה סָבִיב שְׁלֹשָׁה טוּרִים גָּזִית וְטוּר כְּרֻתֹת אֲרָזִים וְלַחֲצַר בֵּית ה׳ הַפְּנִימִית וּלְאֻלָם הַבָּיִת״.[2] מכאן ואילך המקרא חוזר שוב ושוב על התפיסה שהבתים הם מערכת אחת:

וַיְהִי כְּכַלּוֹת שְׁלֹמֹה לִבְנוֹת **אֶת בֵּית ה׳ וְאֶת בֵּית הַמֶּלֶךְ**. (ט׳, א)

וַיְהִי מִקְצֵה עֶשְׂרִים שָׁנָה אֲשֶׁר בָּנָה שְׁלֹמֹה **אֶת שְׁנֵי הַבָּתִּים אֶת בֵּית ה׳ וְאֶת בֵּית הַמֶּלֶךְ**. (שם, י)

וְזֶה דְבַר הַמַּס אֲשֶׁר הֶעֱלָה הַמֶּלֶךְ שְׁלֹמֹה לִבְנוֹת **אֶת בֵּית ה׳ וְאֶת בֵּיתוֹ**. (שם, טו)

וַיַּעַשׂ הַמֶּלֶךְ אֶת עֲצֵי הָאַלְמֻגִּים מִסְעָד **לְבֵית ה׳ וּלְבֵית הַמֶּלֶךְ**. (י׳, יב)

וכעת מובן גם הרמז המטרים שהובא עוד בראשית ממלכת שלמה: ״וַיִּקַּח אֶת בַּת פַּרְעֹה וַיְבִיאֶהָ אֶל עִיר דָּוִד עַד כַּלֹּתוֹ לִבְנוֹת **אֶת בֵּיתוֹ וְאֶת בֵּית ה׳**״ (ג׳, א).[3]

2. נראה שמבני המלוכה נבנו בשטח שבין עיר דוד להר הבית, ומשום כך היו גבוהים מעיר דוד ונמוכים מהמקדש. ואכן, נאמר להלן ״אַךְ בַּת פַּרְעֹה **עָלְתָה** מֵעִיר דָּוִד אֶל בֵּיתָהּ אֲשֶׁר בָּנָה לָהּ״ (ט׳, כד); כפי שעוד נלמד, הבית של בת פרעה היה חלק ממערכת המבנים המתוארת בפרשתנו, ומכאן שמערכת זו הייתה גבוהה מעיר דוד. ובספר ירמיהו (כ״ו, י) נאמר: ״וַיִּשְׁמְעוּ שָׂרֵי יְהוּדָה אֵת הַדְּבָרִים הָאֵלֶּה **וַיַּעֲלוּ מִבֵּית הַמֶּלֶךְ בֵּית ה׳** וַיֵּשְׁבוּ בְּפֶתַח שַׁעַר ה׳ הֶחָדָשׁ״ – משמע שבית המלך היה נמוך מבית ה׳ (ועיינו גם מל״ב י״א, יט).
3. אכן, בספר דברי הימים – המדבר, כפי שכבר ציינו כמה פעמים, בשבח בית דוד – הושמט הסיפור על מערכת הבתים שעשה שלמה, ומיד לאחר תיאור המבנה של בית המקדש (דה״ב ג׳) מסופר על כלי הנחושת וכלי הזהב שבו (שם ד׳).

הסמיכות של בית המלך לבית ה׳ הייתה בעייתית לכל אורך שנות המלוכה, ובנבואת יחזקאל על בית המקדש שייבנה לעתיד לבוא נאמר במפורש שתופעה זו עתידה להיבטל:

וַיֹּאמֶר אֵלַי בֶּן אָדָם אֶת מְקוֹם כִּסְאִי וְאֶת מְקוֹם כַּפּוֹת רַגְלַי אֲשֶׁר אֶשְׁכָּן שָׁם בְּתוֹךְ בְּנֵי יִשְׂרָאֵל לְעוֹלָם וְלֹא יְטַמְּאוּ עוֹד בֵּית יִשְׂרָאֵל שֵׁם קָדְשִׁי הֵמָּה וּמַלְכֵיהֶם בִּזְנוּתָם וּבְפִגְרֵי מַלְכֵיהֶם בָּמוֹתָם. בְּתִתָּם סִפָּם אֶת סִפִּי וּמְזוּזָתָם אֵצֶל מְזוּזָתִי וְהַקִּיר בֵּינִי וּבֵינֵיהֶם וְטִמְּאוּ אֶת שֵׁם קָדְשִׁי בְּתוֹעֲבוֹתָם אֲשֶׁר עָשׂוּ וָאֲכַל אֹתָם בְּאַפִּי. עַתָּה יְרַחֲקוּ אֶת זְנוּתָם וּפִגְרֵי מַלְכֵיהֶם מִמֶּנִּי וְשָׁכַנְתִּי בְתוֹכָם לְעוֹלָם.
(יחזקאל מ״ג, ז-ט)

לפי נבואה זו, לעתיד לבוא לא יהיה עוד בית המלך צמוד לבית ה׳, סף את סף ומזוזה אצל מזוזה, מכיוון שהסמיכות הגדולה כל כך לבית ה׳ העצימה את המשמעות של חטאי כל המלכים, החל בשלמה וכלה באחרון מלכי יהודה.

אבל הבעיה אינה רק בעצם הסמיכות. מן הכתוב נראה שמבני המלוכה של שלמה היו מרשימים מן המקדש והאפילו עליו. כך עולה כבר מתחילת הפרק. מיד לאחר חתימת סיפור בניין המקדש בפרק הקודם – ״וּבַשָּׁנָה הָאַחַת עֶשְׂרֵה... כָּלָה הַבַּיִת לְכָל דְּבָרָיו וּלְכָל מִשְׁפָּטָו וַיִּבְנֵהוּ **שֶׁבַע שָׁנִים**״ (ו׳, לח) – פותח פרקנו בפסוק הזה:

(א) וְאֶת בֵּיתוֹ בָּנָה שְׁלֹמֹה **שְׁלֹשׁ עֶשְׂרֵה שָׁנָה** וַיְכַל אֶת כָּל בֵּיתוֹ:

ארכה זמן רב יותר – כמעט כפול – מבניין המקדש, אמורה לשבחו: ״שבמלאכת גבוה נזדרז, ובשלו נתעצל, ובשבחו סיפר הכתוב״. אבל

תרגום השבעים הביא את סיפור בניית בית שלמה רק לאחר סיפור בניית הכלים, כנראה משום שהמתרגמים סברו שאין ראוי לקטוע את תיאור המקדש. אבל בזה הוחמצה לחלוטין המשמעות הספרותית החשובה של קטיעת סיפור בניין המקדש בסיפור בניית ביתו של שלמה.

מהשוואת ממדי הבניינים נראה ששלמה השקיע במערכת הבתים שלו יותר משהשקיע במקדש. ביחס לממדי המקדש – ״שִׁשִּׁים אַמָּה אָרְכּוֹ וְעֶשְׂרִים רָחְבּוֹ וּשְׁלֹשִׁים אַמָּה קוֹמָתוֹ״ (ו׳, ב) – היו למבני הממלכה ממדים מרשימים הרבה יותר, כגון:

(ב) וַיִּבֶן אֶת בֵּית יַעַר הַלְּבָנוֹן מֵאָה אַמָּה אָרְכּוֹ וַחֲמִשִּׁים אַמָּה רָחְבּוֹ
וּשְׁלֹשִׁים אַמָּה קוֹמָתוֹ...

על כן נראה שגם אריכות זמן הבנייה אינה לשבחו של שלמה. הרושם ההולך ומתחזק הוא ששלמה השקיע במפעלי הבנייה שלו הרבה יותר מכפי שהשקיע בבניית המקדש, והמקדש נראה חיוור במקצת אל מול מערכת הבתים שבנה לצורכי ממלכתו.

ביטוי נוסף לעדיפות של מבני המלוכה על פני המקדש היה באבנים שציפו את המבנים. בפרק הקודם (פס׳ י) ראינו ששלמה הקפיד שלא לסתת את אבני המקדש, ועל כן חיפה אותן בעץ. למערכת הבתים שלו, לעומת זאת, היה ציפוי איכותי הרבה יותר:

(ט) כָּל אֵלֶּה **אֲבָנִים יְקָרֹת** כְּמִדֹּת גָּזִית מְגֹרָרוֹת בַּמְּגֵרָה מִבַּיִת
וּמִחוּץ וּמִמַּסָּד עַד הַטְּפָחוֹת וּמִחוּץ עַד הֶחָצֵר הַגְּדוֹלָה: (י) וּמְיֻסָּד
אֲבָנִים יְקָרוֹת אֲבָנִים גְּדֹלוֹת אַבְנֵי עֶשֶׂר אַמּוֹת וְאַבְנֵי שְׁמֹנֶה אַמּוֹת:
(יא) וּמִלְמַעְלָה **אֲבָנִים יְקָרוֹת** כְּמִדּוֹת גָּזִית וָאָרֶז:

המקרא חוזר שלוש פעמים, בשלושה פסוקים רצופים, על המילים ״אבנים יקרות״. מסתבר אפוא שיופיים של קירות הבתים, המצופים אבנים יקרות, האפיל אף הוא על יופיו של המקדש.

ב. מערכת הבתים של שלמה

מכאן נעבור לפרטי מערכת המבנים הנידונה בפסוקים אלו. המבנה הראשון שמסופר עליו הוא ״בית יער הלבנון״:

(ב) וַיִּבֶן אֶת בֵּית יַעַר הַלְּבָנוֹן מֵאָה אַמָּה אָרְכּוֹ וַחֲמִשִּׁים אַמָּה רָחְבּוֹ וּשְׁלֹשִׁים אַמָּה קוֹמָתוֹ עַל אַרְבָּעָה טוּרֵי עַמּוּדֵי אֲרָזִים וּכְרֻתוֹת אֲרָזִים עַל הָעַמּוּדִים: (ג) וְסָפֻן בָּאֶרֶז מִמַּעַל עַל הַצְּלָעֹת אֲשֶׁר עַל הָעַמּוּדִים אַרְבָּעִים וַחֲמִשָּׁה חֲמִשָּׁה עָשָׂר הַטּוּר: (ד) וּשְׁקֻפִים שְׁלֹשָׁה טוּרִים וּמֶחֱזָה אֶל מֶחֱזָה שָׁלֹשׁ פְּעָמִים: (ה) וְכָל הַפְּתָחִים וְהַמְּזוּזוֹת רְבֻעִים שָׁקֶף וּמוּל מֶחֱזָה אֶל מֶחֱזָה שָׁלֹשׁ פְּעָמִים:

מסתבר שהבית נקרא "בית יער הלבנון" כי נבנה מארבעה טורים של עמודי ארזים[4] ועליהם 'כרותות ארזים'. כרותות אלו היו, כנראה, ענפים כרותים של עץ ארז, עם העלים, שהונחו על עמודי הארזים. כך קיבל מי שנכנס אל הבית תחושה כאילו הוא אכן נמצא ביער של עצי ארז בלבנון.[5] ואפשר שהצירוף הסתום "מֶחֱזָה אֶל מֶחֱזָה שָׁלֹשׁ

4. לכאורה יש סתירה בין פס' ב, המדבר על "**אַרְבָּעָה** טוּרֵי עַמּוּדֵי אֲרָזִים", לבין פס' ג-ד, שמשתמע מהם שהיו רק שלושה טורים: "...עַל הַצְּלָעֹת אֲשֶׁר עַל הָעַמּוּדִים אַרְבָּעִים וַחֲמִשָּׁה, חֲמִשָּׁה עָשָׂר הַטּוּר. וּשְׁקֻפִים שְׁלֹשָׁה טוּרִים וּמֶחֱזָה אֶל מֶחֱזָה שָׁלֹשׁ פְּעָמִים". ברם, מסתבר ש"הַצְּלָעֹת" הן התאים שבין העמודים (עיינו פרק ו'), ובין ארבעה טורים של עמודים היו שלושה טורים של תאים.

5. עיינו מאמרו של נ' הראובני, 'בית יער הלבנון', **בית מקרא**, טבת תשכ"ג, עמ' 42-45. ושם כתב: "יתכן אפוא שהמדובר כאן הוא בענפים כרותים מעץ הארז, על הסתעפויותיהם וצרורות עליהם המחטניים. ואמנם, ענף ארז כרות כזה שומר על צורתו הטבעית במשך שנים רבות אם הוא נמצא באולם סגור, שאינו נתון להשפעת הרוחות ותנודות מזג האויר. גם עליו המחטניים אינם מאבדים את יציבותם, ובמידה רבה שומרים הם גם את צבעם". לדעת הראובני, שיטה זו מבטאת חוכמה ויעילות, שכן "שלמה, החכם מכל אדם, ידע את סוד השתמרותם של ענפי הארזים וניצל ידיעה זו למעשה חיסכון בנפח המטען המועבר מן הלבנון: שאילו רצה להעביר עצי ארז שלמים על ענפיהם, היה עליו להקדיש אנייה לארז, אנייה לארז. מה עשה? עמד והביא עמודי ארזים, המונחים בכלי השייט זה על גבי זה, ובדומה לכך הביא 'כרותות ארזים', העמוסות אף הן זו על גבי זו. משפרקם בירושלים עמד והרכיבם 'כרותות ארזים על העמודים', והעמיד לו טורים טורים הנראים כטורי ארזים ממש, על הסתעפויות ענפיהם. לשיטה זו גם יתרון נוסף: כפעם בפעם, כאשר מאבדות הכרותות ברבות השנים את צורתן המקורית – אפשר להחליפן בכרותות חדשות המובאות מן הלבנון".

פְּעָמִים״, החוזר בפס׳ ד-ה, משמעו שלוש סדרות של מראות, שחיזקו את תחושת היער.[6]

מה היה ייעודו של בית יער הלבנון?[7] נראה שהוא שימש בעיקר כביטוי מרשים ביותר לעוצמתה ועושרה של מלכות שלמה. כך עולה גם מן האמור להלן י׳, טז-יז: ״וַיַּעַשׂ הַמֶּלֶךְ שְׁלֹמֹה מָאתַיִם צִנָּה זָהָב שָׁחוּט שֵׁשׁ מֵאוֹת זָהָב יַעֲלֶה עַל הַצִּנָּה הָאֶחָת. וּשְׁלֹשׁ מֵאוֹת מָגִנִּים זָהָב שָׁחוּט שְׁלֹשֶׁת מָנִים זָהָב יַעֲלֶה עַל הַמָּגֵן הָאֶחָת **וַיִּתְּנֵם הַמֶּלֶךְ בֵּית יַעַר הַלְּבָנוֹן**״. צינה ומגן[8] אלו בוודאי לא שימשו ללחימה, שהרי ציפוים בזהב עשאם כבדים ויקרים. מסתבר אפוא שכלי הנשק המצופים זהב נועדו ליצור רושם של עוצמה בלתי־רגילה.[9]

לאחר בית יער הלבנון מתואר מבנה נוסף:

(ו) וְאֵת אוּלָם הָעַמּוּדִים עָשָׂה חֲמִשִּׁים אַמָּה אָרְכּוֹ וּשְׁלֹשִׁים אַמָּה רָחְבּוֹ וְאוּלָם עַל פְּנֵיהֶם וְעַמֻּדִים וְעָב[10] עַל פְּנֵיהֶם:

נראה שכשם שבכניסה לבית המקדש היה אולם, כך היה גם לבית

6. גם פירוש זה העלה הראובני (ראו בהערה הקודמת).
7. רד״ק כתב: ״נראה כי מנהג המלכים היה בזמן ההוא לבנות בית ביער להתקרר שם בימי הקיץ״. אבל מפשט הכתוב נראה שכל המבנים הנדונים כאן היו במתחם אחד, והמושג ׳יער׳ מכוון למראה הבית, ולא למקומו, וכפי שביארנו. גם מן השימוש שעשה שלמה בבית זה, כפי שיתבאר להלן, נראה שהוא היה סמוך למקום מושבו.
8. הצינה היא מגן גדול, המסתיר את הגוף כולו; המגן קטן יותר, ומכסה רק את החלק הקדמי של הגוף. משום כך נדרש זהב רב יותר לכיסוי הצינה.
9. בנבואת ישעיהו נאמר: ״וַיְגַל אֵת מָסַךְ יְהוּדָה וַתַּבֵּט בַּיּוֹם הַהוּא אֶל נֶשֶׁק בֵּית הַיָּעַר״ (ישעיהו כ״ב, ח). ניתן לבאר שכוונת הפסוק, הנמצא בנבואה על תבוסה צבאית עצומה של ירושלים, היא שיושבי ירושלים הגיעו למצב כה קשה, עד שנותרו בלא מגן ונשק, ונשאו את עיניהם אפילו אל הנשק היקר שבבית היער (הגם שמגני הזהב הוחלפו בימי רחבעם במגני נחושת, עיינו להלן י״ד, כו-כז).
10. נראה שהכוונה לקורת עץ עבה שהייתה מונחת על העמודים (והשוו יחזקאל מ״א, כה).

יער הלבנון אולם, ששימש כעין כניסה לו; ועל כן מידותיו **חמישים אמה** על שלושים אמה, שהרי בית יער הלבנון היה **חמישים אמה** על מאה אמה. מסתבר שאולם זה היה בנוי בצורת סטיו, שורות שורות של עמודים. אולם זה גדול אף הוא במידה ניכרת מן האולם שלפני המקדש, שממדיו היו עשרים אמה אורך על עשר אמות רוחב.

כעת מסופר על מבנה אחר:

(ז) וְאוּלָם הַכִּסֵּא אֲשֶׁר יִשְׁפָּט שָׁם אֻלָם הַמִּשְׁפָּט עָשָׂה וְסָפוּן בָּאֶרֶז מֵהַקַּרְקַע עַד הַקַּרְקָע:

רק המבנה השלישי בפרק מיועד לצורך אמיתי: לשפוט את ישראל. היינו מצפים שאולם המשפט יהיה האולם המפואר ביותר, שהרי רק לפני שנים מועטות ביקש שלמה מאת ה׳ בקשה אחת ויחידה – ״לֵב שֹׁמֵעַ לִשְׁפֹּט אֶת עַמְּךָ״ (ג׳, ט) – במקום לבקש עושר וכבוד. ברם, דומה שעם התרחבות מפעלי הבנייה של שלמה איבד המשפט מחשיבותו, ואת המקום הראשון תפסה מערכת בנייה שעניינה כבוד הממלכה גרידא. לפיכך הקדים שלמה ובנה תחילה בית מפואר ונתן בו מגני זהב יקרים, ורק לאחר מכן מסופר על מבנה פשוט יותר – אולם המשפט.

לאחר מכן מסופר בפסוק אחד על ביתו של שלמה וביתה של בת פרעה:

(ח) וּבֵיתוֹ אֲשֶׁר יֵשֶׁב שָׁם חָצֵר הָאַחֶרֶת מִבֵּית לָאוּלָם כַּמַּעֲשֶׂה הַזֶּה הָיָה וּבַיִת יַעֲשֶׂה לְבַת פַּרְעֹה אֲשֶׁר לָקַח שְׁלֹמֹה כָּאוּלָם הַזֶּה:

שני המבנים, בית שלמה וביתה של בת פרעה, דמו לאולם המשפט, ושוב ניכר ששלמה רואה את ביתו – ואפילו את ביתה של אשתו, בת פרעה – כנושאים מעלה מיוחדת.

כעת מסופר על האבנים המיוחדות ששימשו לכל מפעלי הבנייה הללו, וכבר עמדנו לעיל על פסוקים אלו (פס׳ ט–יא). הנה כי כן, הביקורת על מפעלי הבנייה של שלמה הולכת וגוברת מפסוק לפסוק.

הפסוק החותם את היחידה מסכם את הבעייתיות היתרה שהייתה במפעלים אלו – הזיקה הגאוגרפית שבין המקדש ומבני המלוכה של שלמה, שנכללו, כאמור, במתחם אחד:

(יב) וְחָצֵר הַגְּדוֹלָה סָבִיב שְׁלֹשָׁה טוּרִים גָּזִית וְטוּר כְּרֻתֹת אֲרָזִים וְלַחֲצַר בֵּית ה׳ הַפְּנִימִית וּלְאֻלָם הַבָּיִת:[11]

בפרקים הבאים נראה עד כמה היה סיפור זה קו פרשת המים בחייו של שלמה. תקופת בניית הבתים הייתה תקופת השיא של שלמה, אך גם התקופה שממנה התחילה ההידרדרות שלו.

ג. חירם

חלקו השני של פרק ז׳ עוסק בעשיית כלי הנחושת במקדש. מסיבות שנעמוד עליהן להלן, כלי הנחושת תופסים מקום חשוב מאוד בבית המקדש. מובן אפוא מדוע הובא אומן מיוחד לעשייתם:

(יג) וַיִּשְׁלַח הַמֶּלֶךְ שְׁלֹמֹה וַיִּקַּח אֶת חִירָם מִצֹּר: (יד) בֶּן אִשָּׁה אַלְמָנָה הוּא מִמַּטֵּה נַפְתָּלִי וְאָבִיו אִישׁ צֹרִי חֹרֵשׁ נְחֹשֶׁת וַיִּמָּלֵא אֶת הַחָכְמָה וְאֶת הַתְּבוּנָה וְאֶת הַדַּעַת לַעֲשׂוֹת כָּל מְלָאכָה בַּנְּחֹשֶׁת וַיָּבוֹא אֶל הַמֶּלֶךְ שְׁלֹמֹה וַיַּעַשׂ אֶת כָּל מְלַאכְתּוֹ:

מפשט הכתוב נראה שחירם היה בן לאישה משבט נפתלי ולאיש נוכרי מצור, ומכאן שמו – כשם מלך צור.[12] התיאור של חירם דומה

11. בפרק הקודם עמדנו על נתון מפתיע המופיע רק בספר דברי הימים: גובה האולם שבפתח ההיכל, שהיה מאה ועשרים אמה (דה״ב ג׳, ד). ייתכן שציון עובדה זו בספר דברי הימים – המדבר, כאמור, בשבחה של ממלכת שלמה – בא להדגיש את הפער שבין המקדש לבין כל מה שהיה בסביבתו, ושלא כעולה מספר מלכים.
12. כך מובא גם במדרש שכל טוב על בראשית ל״ח, א. תחילה מביא המדרש זיהוי תמוה של חירם עם חירה העדולמי, רעהו של יהודה בן יעקב, ומציין במפורש

לתיאור של בצלאל: בחירם נאמר **"וַיִּמָּלֵא אֶת הַחָכְמָה וְאֶת הַתְּבוּנָה וְאֶת הַדַּעַת לַעֲשׂוֹת כָּל מְלָאכָה בַּנְּחֹשֶׁת"** (פס' יד), ובבצלאל נאמר **"וַיְמַלֵּא אֹתוֹ רוּחַ אֱלֹהִים בְּחָכְמָה בִּתְבוּנָה וּבְדַעַת וּבְכָל מְלָאכָה.** וְלַחְשֹׁב מַחֲשָׁבֹת לַעֲשֹׂת בַּזָּהָב וּבַכֶּסֶף וּבַנְּחֹשֶׁת. וּבַחֲרֹשֶׁת אֶבֶן לְמַלֹּאת וּבַחֲרֹשֶׁת עֵץ לַעֲשׂוֹת בְּכָל מְלֶאכֶת מַחֲשָׁבֶת" (שמות ל"ה, לא). אבל ההשוואה מחדדת גם את ההבדלים שביניהם. ראשית, חירם עשה רק את כלי הנחושת; את כלי הזהב עשה שלמה (להלן פס' מח-נ). ההבדל השני – והעיקרי – הוא שבחירם לא נאמר הצירוף "רוח אלהים"; אם אכן היה ממוצא זר, ייתכן שזו הסיבה לכך.[13] לשיתוף זרים במלאכת המקדש (לא רק בבניין, אלא גם בעצים ששלח המלך חירם, ששימשו לציפוי קירות המקדש והרצפה) יש משמעות, שהרי המקדש מיועד גם לזרים, כפי שעתיד שלמה לומר בתפילתו (ח', מא-מג); על כך נרחיב בע"ה בעיוננו בפרק ח'.[14]

שלפי זיהוי זה, חירם חי כחמש מאות שנה. אחר כך הוא מביא את דעת רבי יהודה "דאמר: חירם אחר היה, ואמו מישראל היתה, שנמנית אחר אמונתה ונבעלה לגוי וילדה לו את חירם". אמנם רוב המפרשים סבורים שגם אביו של חירם היה מישראל, וכפי שכתב רד"ק: "ומה שאמר 'ואביו איש צרי' – שהיה גר בצור, כמו 'עובד אדום הגתי' (שמ"ב ו', י) – כי לוי היה, ולפי שגר בגת קראו גתי".

13. הצירוף "רוח אלהים" נאמר רק באנשים מישראל, מלבד חריג אחד – בלעם (במדבר כ"ד, ב). וכבר עמדו חז"ל על חריגותו בכמה מקומות, כגון: "'ולא קם נביא עוד בישראל כמשה' (דברים ל"ד, י) – בישראל לא קם, אבל באומות העולם קם, ואיזה זה? זה בלעם בן בעור" (ספרי דברים פיסקא שנז).

14. ואפשר שגם בזה יש בעיה, שהרי בסופו של דבר גילה שלמה פתיחות יתר ליסודות נוכריים, עד שנשא נשים נוכריות ואימץ את פולחנן. ראיה לבעייתיות שהמקרא רואה בדבר ניתן להביא מספר דברי הימים, שמייחס לשלמה את עשיית כל הכלים (דה"ב ג'-ד'), וחירם נזכר בו רק בעשיית הכלים הקטנים: "וַיַּעַשׂ חוּרָם אֶת הַסִּירוֹת וְאֶת הַיָּעִים וְאֶת הַמִּזְרָקוֹת וַיְכַל חוּרָם לַעֲשׂוֹת אֶת הַמְּלָאכָה אֲשֶׁר עָשָׂה לַמֶּלֶךְ שְׁלֹמֹה בְּבֵית הָאֱלֹהִים" (ד', יא). אמנם בהמשך הפרק נזכרים גם הכלים האחרים, כמו בפרקנו, אך מכל מקום, השמטת שמו של חורם מתחילת התיאור של עשיית הכלים נראית כמכוונת לצמצם את הרושם של חלקו בסיפור.

ד. כלי הנחושת

כלי הנחושת מתוארים באריכות רבה, ולא נוכל לעמוד כאן על כל הפרטים. במקום זאת נסקור תחילה את הפרק במבט רחב, ולאחר מכן נעמוד על משמעותם של כלי הנחושת.

את כלי הנחושת ניתן לחלק לשתי מערכות. מערכת אחת היא מערכת העמודים – יכין ובועז:

(טו) וַיָּצַר אֶת שְׁנֵי הָעַמּוּדִים נְחֹשֶׁת[15] שְׁמֹנֶה עֶשְׂרֵה אַמָּה קוֹמַת הָעַמּוּד הָאֶחָד וְחוּט שְׁתֵּים עֶשְׂרֵה אַמָּה יָסֹב אֶת הָעַמּוּד הַשֵּׁנִי:[16] (טז) וּשְׁתֵּי כֹתָרֹת עָשָׂה לָתֵת עַל רָאשֵׁי הָעַמּוּדִים מֻצַק נְחֹשֶׁת חָמֵשׁ אַמּוֹת קוֹמַת הַכֹּתֶרֶת הָאֶחָת וְחָמֵשׁ אַמּוֹת קוֹמַת הַכֹּתֶרֶת הַשֵּׁנִית: (יז) שְׂבָכִים מַעֲשֵׂה שְׂבָכָה גְּדִלִים מַעֲשֵׂה שַׁרְשְׁרוֹת לַכֹּתָרֹת אֲשֶׁר עַל רֹאשׁ הָעַמּוּדִים שִׁבְעָה לַכֹּתֶרֶת הָאֶחָת וְשִׁבְעָה לַכֹּתֶרֶת הַשֵּׁנִית: (יח) וַיַּעַשׂ אֶת הָעַמּוּדִים וּשְׁנֵי טוּרִים סָבִיב עַל הַשְּׂבָכָה הָאֶחָת לְכַסּוֹת אֶת הַכֹּתָרֹת אֲשֶׁר עַל רֹאשׁ הָרִמֹּנִים וְכֵן עָשָׂה לַכֹּתֶרֶת הַשֵּׁנִית: (יט) וְכֹתָרֹת אֲשֶׁר עַל רֹאשׁ הָעַמּוּדִים מַעֲשֵׂה שׁוּשַׁן בָּאוּלָם אַרְבַּע אַמּוֹת: (כ) וְכֹתָרֹת עַל שְׁנֵי הָעַמּוּדִים גַּם מִמַּעַל מִלְּעֻמַּת

15. מירמיהו נ"ב, כא עולה שהעמודים היו חלולים, ועובי המעטפת שלהם היה ארבע אצבעות.

16. א. מסתבר שלשני העמודים היו אותן מידות, והגובה וההיקף המצוינים כאן מוסבים על שניהם, וכדברי רד"ק: "אחז הכתוב דרך קצרה, והוא אחד משלשים ושתים מדות שהתורה נדרשת בהן".

ב. בדברי הימים מובא גובה שונה: "וַיַּעַשׂ לִפְנֵי הַבַּיִת עַמּוּדִים שְׁנַיִם אַמּוֹת שְׁלֹשִׁים וְחָמֵשׁ אֹרֶךְ" (דה"ב ג', טו). המפרשים הציעו פתרון לסתירה: בדברי הימים מתוארת יציקת שני העמודים כאחד, לפני הפרדתם לשניים, והאמה החסרה היא חצי אמה שנכנסה בכל עמוד אל הכותרת, כדלהלן.

ושמא סתירה זו קשורה להבדל שבין הספרים בעניין גובה האולם. כפי שראינו בפרק הקודם, מספר מלכים משמע שגובה האולם היה כגובה הבית כולו – שלושים אמה – ואילו בספר דברי הימים מפורש שגובהו היה מאה ועשרים אמה. ייתכן אפוא שבדברי הימים מודגש גובהם של העמודים, שהיה פרופורציוני לגובהו של האולם.

הַבֶּטֶן אֲשֶׁר לְעֵבֶר שבכה [הַשְּׂבָכָה הקרי] וְהָרִמּוֹנִים מָאתַיִם טֻרִים סָבִיב עַל הַכֹּתֶרֶת הַשֵּׁנִית: (כא) וַיָּקֶם אֶת הָעַמֻּדִים לְאֻלָם הַהֵיכָל וַיָּקֶם אֶת הָעַמּוּד הַיְמָנִי וַיִּקְרָא אֶת שְׁמוֹ יָכִין וַיָּקֶם אֶת הָעַמּוּד הַשְּׂמָאלִי וַיִּקְרָא אֶת שְׁמוֹ בֹּעַז: (כב) וְעַל רֹאשׁ הָעַמּוּדִים מַעֲשֵׂה שׁוֹשָׁן וַתִּתֹּם מְלֶאכֶת הָעַמּוּדִים:

העמודים הוצבו בפתח האולם, ועוטרו בכותרות ובפרחים.

המערכת השנייה של כלי נחושת הייתה מערכת המים לטהרה, ובה שלושה מרכיבים.

א. המרכיב הראשון, הגדול ביותר, הוא הים – מעין מְכַל מים גדול שעמד על שנים עשר בקר:

(כג) וַיַּעַשׂ אֶת הַיָּם מוּצָק עֶשֶׂר בָּאַמָּה מִשְּׂפָתוֹ עַד שְׂפָתוֹ עָגֹל סָבִיב וְחָמֵשׁ בָּאַמָּה קוֹמָתוֹ וקוה [וְקָו קרי] שְׁלֹשִׁים בָּאַמָּה יָסֹב אֹתוֹ סָבִיב:[17] (כד) וּפְקָעִים מִתַּחַת לִשְׂפָתוֹ סָבִיב סֹבְבִים אֹתוֹ עֶשֶׂר בָּאַמָּה מַקִּפִים אֶת הַיָּם סָבִיב שְׁנֵי טוּרִים הַפְּקָעִים יְצֻקִים בִּיצֻקָתוֹ: (כה) עֹמֵד עַל שְׁנֵי עָשָׂר בָּקָר שְׁלֹשָׁה פֹנִים צָפוֹנָה וּשְׁלֹשָׁה פֹנִים יָמָּה וּשְׁלֹשָׁה פֹּנִים נֶגְבָּה וּשְׁלֹשָׁה פֹּנִים מִזְרָחָה וְהַיָּם עֲלֵיהֶם מִלְמָעְלָה וְכָל אֲחֹרֵיהֶם בָּיְתָה: (כו) וְעָבְיוֹ טֶפַח וּשְׂפָתוֹ כְּמַעֲשֵׂה שְׂפַת כּוֹס פֶּרַח שׁוֹשָׁן אַלְפַּיִם בַּת[18] יָכִיל:

תפקידו של הים הוגדר בדה"ב ד', ו: "וְהַיָּם לְרָחְצָה לַכֹּהֲנִים בּוֹ".

17. זהו ה־π המקראי, השווה על פי פסוק זה ל־3 (מובן שהכוונה למספר מעוגל, ולא לחישוב המדויק, שעל פיו $\pi=3.14$ בערך).

18. אלפיים בת הם כ־44,000 ליטר (על פי **עולם התנ"ך**).

ב. המרכיב השני הוא המכונות – כנים ניידים לכיורות. לכל מכונה
היו ארבעה אופנים מנחושת, ומעליהם מסגרות מרובעות מקושטות:

(כז) וַיַּעַשׂ אֶת הַמְּכֹנוֹת עֶשֶׂר נְחֹשֶׁת אַרְבַּע בָּאַמָּה אֹרֶךְ הַמְּכוֹנָה
הָאֶחָת וְאַרְבַּע בָּאַמָּה רָחְבָּהּ וְשָׁלֹשׁ בָּאַמָּה קוֹמָתָהּ: (כח) וְזֶה מַעֲשֵׂה
הַמְּכוֹנָה מִסְגְּרֹת לָהֶם וּמִסְגְּרֹת בֵּין הַשְׁלַבִּים: (כט) וְעַל הַמִּסְגְּרוֹת
אֲשֶׁר בֵּין הַשְׁלַבִּים אֲרָיוֹת בָּקָר וּכְרוּבִים וְעַל הַשְׁלַבִּים כֵּן מִמָּעַל
וּמִתַּחַת לַאֲרָיוֹת וְלַבָּקָר לֹיוֹת מַעֲשֵׂה מוֹרָד: (ל) וְאַרְבָּעָה אוֹפַנֵּי
נְחֹשֶׁת לַמְּכוֹנָה הָאַחַת וְסַרְנֵי נְחֹשֶׁת וְאַרְבָּעָה פַעֲמֹתָיו כְּתֵפֹת לָהֶם
מִתַּחַת לַכִּיֹּר הַכְּתֵפֹת יְצֻקוֹת מֵעֵבֶר אִישׁ לֹיוֹת: (לא) וּפִיהוּ מִבֵּית
לַכֹּתֶרֶת וָמַעְלָה בָּאַמָּה וּפִיהָ עָגֹל מַעֲשֵׂה כֵן אַמָּה וַחֲצִי הָאַמָּה וְגַם
עַל פִּיהָ מִקְלָעוֹת וּמִסְגְּרֹתֵיהֶם מְרֻבָּעוֹת לֹא עֲגֻלּוֹת: (לב) וְאַרְבַּעַת
הָאוֹפַנִּים לְמִתַּחַת לַמִּסְגְּרוֹת וִידוֹת הָאוֹפַנִּים בַּמְּכוֹנָה וְקוֹמַת
הָאוֹפַן הָאֶחָד אַמָּה וַחֲצִי הָאַמָּה: (לג) וּמַעֲשֵׂה הָאוֹפַנִּים כְּמַעֲשֵׂה
אוֹפַן הַמֶּרְכָּבָה יְדוֹתָם וְגַבֵּיהֶם וְחִשֻּׁקֵיהֶם וְחִשֻּׁרֵיהֶם הַכֹּל מוּצָק:
(לד) וְאַרְבַּע כְּתֵפוֹת אֶל אַרְבַּע פִּנּוֹת הַמְּכֹנָה הָאֶחָת מִן הַמְּכֹנָה
כְּתֵפֶיהָ: (לה) וּבְרֹאשׁ הַמְּכוֹנָה חֲצִי הָאַמָּה קוֹמָה עָגֹל סָבִיב וְעַל
רֹאשׁ הַמְּכֹנָה יְדֹתֶיהָ וּמִסְגְּרֹתֶיהָ מִמֶּנָּה: (לו) וַיְפַתַּח עַל הַלֻּחֹת
יְדֹתֶיהָ וְעַל ומסגרתיה [מִסְגְּרֹתֶיהָ קרי] כְּרוּבִים אֲרָיוֹת וְתִמֹרֹת
כְּמַעַר אִישׁ וְלֹיוֹת סָבִיב: (לז) כָּזֹאת עָשָׂה אֵת עֶשֶׂר הַמְּכֹנוֹת מוּצָק
אֶחָד מִדָּה אַחַת קֶצֶב אֶחָד לְכֻלָּהְנָה:

ג. על המכונות הונחו כיורות:

(לח) וַיַּעַשׂ עֲשָׂרָה כִיֹּרוֹת נְחֹשֶׁת אַרְבָּעִים בַּת יָכִיל הַכִּיּוֹר הָאֶחָד
אַרְבַּע בָּאַמָּה הַכִּיּוֹר הָאֶחָד כִּיּוֹר אֶחָד עַל הַמְּכוֹנָה הָאַחַת לְעֶשֶׂר
הַמְּכֹנוֹת: (לט) וַיִּתֵּן אֶת הַמְּכֹנוֹת חָמֵשׁ עַל כֶּתֶף הַבַּיִת מִיָּמִין
וְחָמֵשׁ עַל כֶּתֶף הַבַּיִת מִשְּׂמֹאלוֹ וְאֶת הַיָּם נָתַן מִכֶּתֶף הַבַּיִת הַיְמָנִית
קֵדְמָה מִמּוּל נֶגֶב:

נפח הכיורות היה קטן מנפח הים – ארבעים בת בלבד. הם הועמדו בחצר המקדש, חמישה מדרום וחמישה מצפון, והים הועמד בצד הדרומי־מזרחי.[19]

לאחר תיאור כלי הנחושת השונים, שב המקרא ומתאר את עשייתם בידי חירם:

(מ) וַיַּעַשׂ חִירוֹם אֶת הַכִּיֹּרוֹת וְאֶת הַיָּעִים וְאֶת הַמִּזְרָקוֹת וַיְכַל חִירָם לַעֲשׂוֹת אֶת כָּל הַמְּלָאכָה אֲשֶׁר עָשָׂה לַמֶּלֶךְ שְׁלֹמֹה בֵּית ה׳: (מא) עַמֻּדִים שְׁנַיִם וְגֻלֹּת הַכֹּתָרֹת אֲשֶׁר עַל רֹאשׁ הָעַמֻּדִים שְׁתָּיִם וְהַשְּׂבָכוֹת שְׁתַּיִם לְכַסּוֹת אֶת שְׁתֵּי גֻּלֹּת הַכֹּתָרֹת אֲשֶׁר עַל רֹאשׁ הָעַמּוּדִים: (מב) וְאֶת הָרִמֹּנִים אַרְבַּע מֵאוֹת לִשְׁתֵּי הַשְּׂבָכוֹת שְׁנֵי טוּרִים רִמֹּנִים לַשְּׂבָכָה הָאֶחָת לְכַסּוֹת אֶת שְׁתֵּי גֻּלֹּת הַכֹּתָרֹת אֲשֶׁר עַל פְּנֵי הָעַמּוּדִים: (מג) וְאֶת הַמְּכֹנוֹת עָשֶׂר וְאֶת הַכִּיֹּרֹת עֲשָׂרָה עַל הַמְּכֹנוֹת: (מד) וְאֶת הַיָּם הָאֶחָד וְאֶת הַבָּקָר שְׁנֵים עָשָׂר תַּחַת הַיָּם: (מה) וְאֶת הַסִּירוֹת וְאֶת הַיָּעִים וְאֶת הַמִּזְרָקוֹת וְאֵת כָּל הַכֵּלִים האהל [הָאֵלֶּה קרי] אֲשֶׁר עָשָׂה חִירָם לַמֶּלֶךְ שְׁלֹמֹה בֵּית ה׳ נְחֹשֶׁת מְמֹרָט: (מו) בְּכִכַּר הַיַּרְדֵּן יְצָקָם הַמֶּלֶךְ בְּמַעֲבֵה הָאֲדָמָה בֵּין סֻכּוֹת וּבֵין צָרְתָן: (מז) וַיַּנַּח שְׁלֹמֹה אֶת כָּל הַכֵּלִים מֵרֹב מְאֹד מְאֹד לֹא נֶחְקַר מִשְׁקַל הַנְּחֹשֶׁת:

19. בימי אחז חל שינוי במערכת זו: "וַיְקַצֵּץ הַמֶּלֶךְ אָחָז אֶת הַמִּסְגְּרוֹת הַמְּכֹנוֹת וַיָּסַר מֵעֲלֵיהֶם אֶת הַכִּיֹּר וְאֶת הַיָּם הוֹרִד מֵעַל הַבָּקָר הַנְּחֹשֶׁת אֲשֶׁר תַּחְתֶּיהָ וַיִּתֵּן אֹתוֹ עַל מַרְצֶפֶת אֲבָנִים" (מל"ב ט"ז, יז). ייתכן שאחז שלח את הנחושת למלך אשור.

ה. הכלים ומעשה המרכבה

כאמור, היחס בין התיאור הארוך והמפורט של כלי הנחושת לבין התיאור הקצר והתמציתי של כלי הזהב בסוף הפרק מפתיע. ננסה כעת לפענח את חידת כלי הנחושת. תחילה נציין כמה מן המאפיינים הייחודיים למערכת כלי המים: למכונות יש אופנים, ומפותחים עליהם אריות וכרובים; והים עומד על בעלי חיים הפונים לארבעה כיוונים שונים. מרכיבים אלו מזכירים מאוד את המרכבה שבספר יחזקאל.[20]

מרכבה זו מתוארת כבר בפרק א׳ שם. תחילה ראה יחזקאל ארבע חיות, המזכירות את הבקר שבבסיס הים של שלמה: ״וְכַף רַגְלֵיהֶם כְּכַף רֶגֶל עֵגֶל וְנֹצְצִים כְּעֵין נְחֹשֶׁת קָלָל״ (שם, ז). גם החיות שראה יחזקאל פונות לארבעה כיוונים שונים: ״וְאִישׁ אֶל עֵבֶר פָּנָיו יֵלֵכוּ אֶל אֲשֶׁר יִהְיֶה שָׁמָּה הָרוּחַ לָלֶכֶת יֵלֵכוּ לֹא יִסַּבּוּ בְּלֶכְתָּן״ (שם, יב). ופניהן כדמויות שעל המכונות: ״וּפְנֵי אַרְיֵה אֶל הַיָּמִין לְאַרְבַּעְתָּם וּפְנֵי שׁוֹר מֵהַשְּׂמֹאול לְאַרְבַּעְתָּן״ (שם, י). ליד החיות, סמוך לארץ, יש אופנים, שנעים עם החיות: ״וּבְלֶכֶת הַחַיּוֹת יֵלְכוּ הָאוֹפַנִּים אֶצְלָם וּבְהִנָּשֵׂא הַחַיּוֹת מֵעַל הָאָרֶץ יִנָּשְׂאוּ הָאוֹפַנִּים״ (שם, יט). לחיות יש כנפיים, ומשק כנפיהן ״כְּקוֹל מַיִם רַבִּים״ (שם, כד).[21]

החיות משמשות בסיס למקום מושבו של הקב״ה. בהמשך אותה נבואה יחזקאל רואה על גבי החיות דמות רקיע, מעל הרקיע דמות כיסא, ״וְעַל דְּמוּת הַכִּסֵּא דְּמוּת כְּמַרְאֵה אָדָם עָלָיו מִלְמָעְלָה... הוּא מַרְאֵה דְּמוּת כְּבוֹד ה׳״ (שם, כו-כח). המבנה הכללי של המראה שראה יחזקאל הוא אפוא:

20. על הנושא כולו עמדתי בהרחבה בספרי **יחזקאל – הנביא שהיה בן אדם**, ירושלים 2021, עמ׳ 15-23.

21. המראה שראה יחזקאל לא נקרא ׳מרכבה׳ במקרא; חז״ל הם שכינוהו ׳מעשה מרכבה׳. עם זאת, סביר מאוד להניח שהם שאלו את השם הזה ממה שנאמר על אופני המרכבות בפרקנו: ״וּמַעֲשֵׂה הָאוֹפַנִּים כְּמַעֲשֵׂה אוֹפַן הַמֶּרְכָּבָה״ (פס׳ לג).

דמות כמראה אדם המייצגת את הקב"ה

↓

כיסא

↓

רקיע

↓

חיות

אופנים

מדוע ראה יחזקאל את המראה הזה כבר בנבואה הראשונה בספרו? התשובה פשוטה: עוד פעמיים יראה יחזקאל את המרכבה בספרו, ובשתיהן היא משמשת כ׳כלי רכב׳ סמלי, הנושא את הקב"ה מן המקדש לגולה סמוך לחורבן, ומחזירו ממנה למקדש לעתיד לבוא. בפרקים ח׳-י"א יחזקאל נלקח במראות נבואה ירושלימה, והקב"ה מראה לו את התועבות הקשות הנעשות בה, שגרמו לו לעזוב את העיר והמקדש. עזיבת המקדש נעשית על גבי החיות, המתוארות שוב בפרק י׳, בתוך תיאור הסתלקות השכינה מן המקדש: "וַיֵּצֵא כְּבוֹד ה׳ מֵעַל מִפְתַּן הַבָּיִת וַיַּעֲמֹד עַל הַכְּרוּבִים. וַיִּשְׂאוּ הַכְּרוּבִים אֶת כַּנְפֵיהֶם וַיֵּרוֹמּוּ מִן הָאָרֶץ לְעֵינַי בְּצֵאתָם וְהָאוֹפַנִּים לְעֻמָּתָם וַיַּעֲמֹד פֶּתַח שַׁעַר בֵּית ה׳ הַקַּדְמוֹנִי וּכְבוֹד אֱלֹהֵי יִשְׂרָאֵל עֲלֵיהֶם מִלְמָעְלָה. הִיא הַחַיָּה אֲשֶׁר רָאִיתִי תַּחַת אֱלֹהֵי יִשְׂרָאֵל בִּנְהַר כְּבָר וָאֵדַע כִּי כְרוּבִים הֵמָּה" (י׳, יח-כ). רק אז הבין יחזקאל שהחיות אינן אלא כרובים, שמחליפים את הכרובים שבמקדש. הקב"ה שוכן בין כרובים, אך הוא עובר מבין הכרובים שבמקדש, המסמלים מקום מושב קבוע, אל הכרובים שבמרכבה, המסמלים ניידות ומעבר ממקום למקום. בפרק מ"ג, בעיצומו של מראה המקדש לעתיד לבוא, יחזקאל רואה את המרכבה פעם שלישית; שם היא נוסעת בכיוון ההפוך, ומחזירה את השכינה לציון (שם, א-ה). מעתה מובנת משמעותה הגדולה כל כך של המרכבה בספר יחזקאל: היא מסמלת את תהליכי הגלות והגאולה של עם ישראל, בהיותה ביטוי סמלי לנוכחות השכינה במקדש.

להשלמת התמונה יש לעמוד על פרט נוסף. כידוע, ירושלים גלתה פעמיים בימי הבית הראשון: הראשונה – בגלות יהויכין (גלות "החרש והמסגר" [ראה מל"ב כ"ד, יד]); והשנייה – בגלות צדקיהו, בזמן החורבן. בגלות הראשונה נלקחו מבית המקדש כלי הזהב (מל"ב כ"ד, יג), אבל כלי הנחושת המתוארים בפרקנו נלקחו רק בגלות השנייה (שם כ"ה, יג-טו). נמצא שבימי מלכותו של צדקיהו כבר ניטלו כלי הזהב מן המקדש, אך כלי הנחושת עוד היו בו. והנה, בתקופה זו ניטש ויכוח גדול בין נביאי האמת ונביאי השקר. נביאי השקר גרסו שהגאולה קרובה, וכלי הזהב עתידים לשוב, ואילו נביאי האמת, כגון ירמיהו, טענו שגלות וחורבן מתקרבים, וגם גורלם של כלי הנחושת נחרץ: "כִּי כֹה אָמַר ה׳ צְבָאוֹת אֶל הָעַמֻּדִים וְעַל הַיָּם וְעַל הַמְּכֹנוֹת וְעַל יֶתֶר הַכֵּלִים הַנּוֹתָרִים בָּעִיר הַזֹּאת... בָּבֶלָה יוּבָאוּ וְשָׁמָּה יִהְיוּ עַד יוֹם פָּקְדִי אֹתָם נְאֻם ה׳ וְהַעֲלִיתִים וַהֲשִׁיבֹתִים אֶל הַמָּקוֹם הַזֶּה" (ירמיהו כ"ז, יט-כב). מדוע התווכחו הנביאים בעניין הנראה כזוטר – כלי הנחושת – ולא בשאלה המהותית: גלות או גאולה?

מן האמור עד כאן התשובה פשוטה. כלי הנחושת נבנו באופן שמזכיר מאוד את המרכבה. נוכחותם בחצר המקדש היא ביטוי סמלי לנוכחות המרכבה, ומכאן: לנוכחותו של הקב"ה במקדש. משל למה הדבר דומה? לאדם העובר ליד ביתו של חברו ומבקש לדעת אם הוא בבית אם לאו. מה הוא עושה? בודק אם המכונית בחניה! הימצאותם של כלי הנחושת במקדש מלמדת שהקב"ה שוכן שם; אבל בד בבד יש בה גם פן של אִיום מתמיד – שנוכחות השכינה במקדש אינה קבועה, ואם הנסיבות ידרשו זאת, הקב"ה יכול לעזוב את המקדש בכל רגע. ובכן, הוויכוח על גורלם של כלי הנחושת הוא בעצם ויכוח על מהותו של המקדש: אם יילקחו כלי הנחושת, אות הוא להסתלקות השכינה.

מכאן תשובה גם לשאלתנו. הגם שכלי הזהב חשובים יותר, המקרא מאריך בתיאור כלי הנחושת דווקא, מפני שבמובן מסוים הם מסמלים דבר מהותי יותר. אמנם התפקידים הפונקציונליים של כלי הזהב חשובים מן התפקידים של כלי הנחושת, אבל לכלי הנחושת יש משמעות ייחודית, שאינה קשורה בהכרח למעמדם מצד עצמם. דווקא

משום שהם עומדים מחוץ למקדש, הם יכולים לסמל את נוכחות המרכבה בחצר ואת השראת השכינה בבית. יתרה מזאת, עצם קיומם בחצר המקדש משמש תזכורת מתמדת שהשכינה עשויה לגלות, וכפי שהודגש כבר בפרק ו׳, שהשראת השכינה במקדש מותנית בהליכה בדרכי ה׳.

ו. מזבח הנחושת

לסיום עיוננו בפרשת כלי הנחושת עלינו לעמוד על כלי נחושת שאיננו נזכר כלל בפרשה: מזבח הנחושת. לכאורה הסיבה היא שהמזבח היה קיים מימי משה, ולא היה צורך לבנותו מחדש. אבל בכך יש שני קשיים. ראשית, על מזבח הזהב ועל השולחן מפורש בכתוב ששלמה עשאם מחדש (פס׳ מח). ושנית, בדברי הימים מסופר במפורש שנעשה גם מזבח נחושת חדש, שהיה גדול הרבה יותר מן המזבח שעשה משה:[22] "וַיַּעַשׂ מִזְבַּח נְחֹשֶׁת עֶשְׂרִים אַמָּה אָרְכּוֹ וְעֶשְׂרִים אַמָּה רָחְבּוֹ וְעֶשֶׂר אַמּוֹת קוֹמָתוֹ" (דה"ב ד׳, א).[23]

ייתכן שהדבר משתלב במגמה הכללית של ספר מלכים, להציג את החידוש שבמקדש בעיקר סביב נושא התפילה. למגמה זו ביטוי נרחב בתפילתו של שלמה, שאיננה מזכירה כלל את תפקיד המקדש כמקום להקרבת קורבנות (ועל כך נעמוד בע"ה בהרחבה בפרק ח׳). על כן המקרא משמיט כאן את ההיבט הידוע של המקדש כמקום הקרבת הקורבנות, ומתרכז בפן החשוב יותר: היותו מקום השראת השכינה.

יתרה מזאת, אפשר שיש כאן גם מגמה להמעיט מחשיבותו של נושא הקורבנות, שכידוע, גם הנביאים הרבו לבקר את ישראל בעניינו.

22. ראו שמות כ"ז, א: "חָמֵשׁ אַמּוֹת אֹרֶךְ וְחָמֵשׁ אַמּוֹת רֹחַב רָבוּעַ יִהְיֶה הַמִּזְבֵּחַ וְשָׁלֹשׁ אַמּוֹת קֹמָתוֹ".

23. אמנם אין זאת אומרת שספר מלכים מתעלם ממזבח הנחושת, ראו להלן ח׳, סד: "בַּיּוֹם הַהוּא קִדַּשׁ הַמֶּלֶךְ אֶת תּוֹךְ הֶחָצֵר אֲשֶׁר לִפְנֵי בֵית ה׳ כִּי עָשָׂה שָׁם אֶת הָעֹלָה וְאֶת הַמִּנְחָה וְאֵת חֶלְבֵי הַשְּׁלָמִים כִּי **מִזְבַּח הַנְּחֹשֶׁת** אֲשֶׁר לִפְנֵי ה׳ קָטֹן מֵהָכִיל אֶת הָעֹלָה וְאֶת הַמִּנְחָה וְאֵת חֶלְבֵי הַשְּׁלָמִים".

מן המפורסמות הוא, שאחת הבעיות המרכזיות של עם ישראל הייתה ההיתפסות לממד החיצוני שבקורבנות, במקום להבין את המשמעות הרוחנית שמאחרי ההקרבה בפרט ושמאחרי המקדש בכלל. ייתכן אפוא שספר מלכים מצמצם את העיסוק במזבח הנחושת כדי להעמיד דברים על דיוקם, ולאזן את הדגש המוגזם ששם עם ישראל בפן החיצוני של עבודת ה׳, שבא לידי ביטוי בקורבנות.

ז. כלי הזהב

לאחר התיאור הארוך של כלי הנחושת, מוקדשים שלושה פסוקים בלבד לכלי הזהב:

> (מח) וַיַּעַשׂ שְׁלֹמֹה אֵת כָּל הַכֵּלִים אֲשֶׁר בֵּית ה׳ אֵת מִזְבַּח הַזָּהָב וְאֶת הַשֻּׁלְחָן אֲשֶׁר עָלָיו לֶחֶם הַפָּנִים זָהָב: (מט) וְאֶת הַמְּנֹרוֹת חָמֵשׁ מִיָּמִין וְחָמֵשׁ מִשְּׂמֹאול לִפְנֵי הַדְּבִיר זָהָב סָגוּר וְהַפֶּרַח[24] וְהַנֵּרֹת וְהַמֶּלְקָחַיִם[25] זָהָב: (נ) וְהַסִּפּוֹת וְהַמְזַמְּרוֹת[26] וְהַמִּזְרָקוֹת וְהַכַּפּוֹת וְהַמַּחְתּוֹת זָהָב סָגוּר וְהַפֹּתוֹת[27] לְדַלְתוֹת הַבַּיִת הַפְּנִימִי לְקֹדֶשׁ הַקֳּדָשִׁים[28] לְדַלְתֵי הַבַּיִת לַהֵיכָל זָהָב:

נראה מכאן ששלמה עשה מזבח ושולחן חדשים – כנראה גדולים יותר, בפרופורציה מתאימה לגודלו של ההיכל, שהיה גדול מן המשכן. מסיבה זו גם נדרשו יותר מנורות להאיר את הבית הגדול. ברם, בדברי

24. הכוונה לפרחים של המנורה. עיינו: שמות כ״ה, לא-לז; ובמיוחד במדבר ח׳, ד – ״וְזֶה מַעֲשֵׂה הַמְּנֹרָה מִקְשָׁה זָהָב עַד יְרֵכָהּ **עַד פִּרְחָהּ** מִקְשָׁה הִוא״.
25. הנרות והמלקחיים נסמכו כאן זה לזה על פי הפסוק ״וְכִסּוּ אֶת מְנֹרַת הַמָּאוֹר וְאֶת נֵרֹתֶיהָ וְאֶת מַלְקָחֶיהָ״ (במדבר ד׳, ט).
26. לדעת רש״י אלו שני מינים של כלי זמר.
27. רש״י פירש: מפתחות. ורלב״ג כתב שאלו מעין כוסות, שצירי הדלתות היו נתונים בהם.
28. גם מכאן נראה שהיו דלתות בין ההיכל לבין הדביר (קודש הקודשים), כמו לעיל ו׳, לא; ועיינו בדברינו שם.

הימים נאמר שגם מספר השולחנות גדל: "וַיַּעַשׂ שֻׁלְחָנוֹת עֲשָׂרָה וַיַּנַּח בַּהֵיכָל חֲמִשָּׁה מִיָּמִין וַחֲמִשָּׁה מִשְּׂמֹאול" (דה"ב ד', ח).[29]

ייתכן שההבדל שבין ספר מלכים לספר דברי הימים משקף שתי הבנות שונות בדבר תפקידו של השולחן, העולות משתי הפרשיות בתורה שעוסקות בו. מפרשת תרומה עולה רושם שהשולחן עצמו הוא העיקר. שבעה משמונת פסוקי הפרשה (כ"ה, כג-כט) עוסקים בו, ורק בפסוק האחרון נאמר "וְנָתַתָּ עַל הַשֻּׁלְחָן לֶחֶם פָּנִים לְפָנַי תָּמִיד". נראה מכאן שעיקר תפקידו של השולחן לתת ביטוי לנוכחות של הקב"ה במשכן, עם הארון והמנורה. יחדיו יוצרים שלושת הכלים הללו תחושה של בית, כדברי ספורנו שכבר הבאנום לעיל: "אחר מעשה הארון, שהיה כדמות **כסא** לשכינה, כאמרו 'ונועדתי לך שם', ציוה על **שלחן ומנורה** כמנהגם לפני השרים, כעניין השונמית באמרה 'ונשים לו שם מטה **ושלחן וכסא ומנורה**' (מל"ב ד', י)" (ספורנו על שמות כ"ה, כג). לפי זה, אין כל סיבה להוסיף שולחנות במקדש, שהרי ה' אחד ושמו אחד.

הבנה אחרת עולה בפרשת אמֹר (ויקרא כ"ד, ה-ט). המוקד של פרשה זו איננו בשולחן, אלא בלחם, ואנו למדים משם שאין מדובר בחלת לחם אחת, כפי שהיה ניתן לחשוב מפרשת תרומה, כי

29. רש"י פירש, על פי הגמרא במנחות צח ע"ב, שהשולחנות והמנורות נוספו על המנורה והשולחן של משה, ו"מִיָּמִין" ו"מִשְּׂמֹאול" היינו: מימין ומשמאל לכלים מן המשכן. לדברי הגמרא, אי אפשר לומר ש"ימין" ו"שמאל" היינו ימין של ההיכל ושמאל של ההיכל, כי הדבר יסתור את ציווי התורה שהשולחן צריך להיות בצפון, והמנורה – בדרום: "וְשַׂמְתָּ אֶת הַשֻּׁלְחָן מִחוּץ לַפָּרֹכֶת וְאֶת הַמְּנֹרָה נֹכַח הַשֻּׁלְחָן עַל צֶלַע הַמִּשְׁכָּן תֵּימָנָה וְהַשֻּׁלְחָן תִּתֵּן עַל צֶלַע צָפוֹן" (שמות כ"ו, לה). כללו של דבר, השולחן והמנורה המקוריים נשארו במקומם, ומימינם ומשמאלם נוספו הכלים החדשים: כל השולחנות היו בצפון, וכל המנורות – בדרום (אמנם נחלקו בסוגיה שם אם הם עמדו מצפון ומדרום לכלי המשכן או ממזרח וממערב להם).
אמנם על דרך הפשט נראה שהכלים החדשים אכן עמדו בדרום ההיכל ובצפונו, והציווי הנזכר נגע רק למשכן. הכתוב אינו מזכיר את השולחן והמנורה שהיו במשכן, וייתכן בהחלט שלא נעשה בהם שימוש במקדש, כשם שלא נעשה שימוש במזבח הזהב של המשכן, והוא הוחלף במזבח אחר.

אם ב"שְׁתַּיִם עֶשְׂרֵה חַלּוֹת", שערוכות "שְׁתַּיִם מַעֲרָכוֹת שֵׁשׁ הַמַּעֲרָכֶת עַל הַשֻּׁלְחָן הַטָּהֹר". מבנה זה מזכיר מאוד את שתי כתפות החושן: "וְלָקַחְתָּ אֶת שְׁתֵּי אַבְנֵי שֹׁהַם וּפִתַּחְתָּ עֲלֵיהֶם שְׁמוֹת בְּנֵי יִשְׂרָאֵל. שִׁשָּׁה מִשְּׁמֹתָם עַל הָאֶבֶן הָאֶחָת וְאֶת שְׁמוֹת הַשִּׁשָּׁה הַנּוֹתָרִים עַל הָאֶבֶן הַשֵּׁנִית כְּתוֹלְדֹתָם" (שמות כ"ח, ט-י). וכשם שהאבנים הן "אַבְנֵי **זִכָּרֹן** לִבְנֵי יִשְׂרָאֵל וְנָשָׂא אַהֲרֹן אֶת שְׁמוֹתָם **לִפְנֵי ה'** עַל שְׁתֵּי כְתֵפָיו **לְזִכָּרֹן**" (שם, יב), כך נאמר בלחם הפנים: "וְנָתַתָּ עַל הַמַּעֲרֶכֶת לְבֹנָה זַכָּה וְהָיְתָה לַלֶּחֶם **לְאַזְכָּרָה** אִשֶּׁה לַה'. בְּיוֹם הַשַּׁבָּת בְּיוֹם הַשַּׁבָּת יַעַרְכֶנּוּ **לִפְנֵי ה'** תָּמִיד מֵאֵת בְּנֵי יִשְׂרָאֵל בְּרִית עוֹלָם" (ויקרא כ"ד, ח). נראה מכאן שהלחם איננו 'לחמו' הסמלי של הקב"ה, כי אם סמל ללחמם ומזונם של בני ישראל, העומד תמיד לזיכרון לפני ה', ומתברך ממנו משבת לשבת. על כן אין זה מפתיע שדווקא בפרשה זו נאמר שלחם הפנים איננו מוקרב לה', אלא נאכל לנציגי בני ישראל – הכוהנים: "וְהָיְתָה לְאַהֲרֹן וּלְבָנָיו וַאֲכָלֻהוּ בְּמָקוֹם קָדֹשׁ כִּי קֹדֶשׁ קָדָשִׁים הוּא לוֹ מֵאִשֵּׁי ה' חָק עוֹלָם" (שם, ט). לפי הבנה זו, יש מקום לומר שעם הקמת המקדש, הגדול מן המשכן, יש לשמור על פרופורציה ולהגדיל גם את לחמם של בני ישראל, ומכאן – גם את מספר השולחנות. בחינה זו מתבטאת בדברי הימים. אכן, מפשט הכתוב שם נראה שעל כל השולחנות הונח לחם: "וַיַּעַשׂ שְׁלֹמֹה אֵת כָּל הַכֵּלִים אֲשֶׁר בֵּית הָאֱלֹהִים וְאֵת מִזְבַּח הַזָּהָב וְאֶת הַשֻּׁלְחָנוֹת **וַעֲלֵיהֶם לֶחֶם הַפָּנִים**" (דה"ב ד', יט).[30]

כללו של דבר, מצירוף הכתובים בספר מלכים ובספר דברי הימים נראה שבאמת היו עשרה שולחנות, והאזכור של שולחן אחד בלבד בפרקנו מכוון לשולחן המייצג את המקדש כמקום מושבו של הקב"ה, שמצד עצמו אינו צריך לשולחנות נוספים.

30. בהמשך הסוגיה במנחות (צט ע"א) מובאת מחלוקת תנאים בדבר זה.

ח. קדשי דוד

בפסוק המסיים את הפרק נאמר:

(נא) וַתִּשְׁלַם כָּל הַמְּלָאכָה אֲשֶׁר עָשָׂה הַמֶּלֶךְ שְׁלֹמֹה בֵּית ה' וַיָּבֵא שְׁלֹמֹה אֶת קָדְשֵׁי דָּוִד אָבִיו אֶת הַכֶּסֶף וְאֶת הַזָּהָב וְאֶת הַכֵּלִים נָתַן בְּאֹצְרוֹת בֵּית ה':

משמע מכאן ששלמה לא השתמש לבניין המקדש במה שהקדיש דוד אביו, אלא רק שם את הדברים באוצרות בית ה', לשמש לצורכי המקדש. בכך ממשיך ספר מלכים במגמה של ספר שמואל לשלול כל קשר של דוד עם המקדש עצמו. בספר שמואל יש רק תיאור כללי של ההקדש הזה: "גַּם אֹתָם הִקְדִּישׁ הַמֶּלֶךְ דָּוִד לַה' עִם הַכֶּסֶף וְהַזָּהָב אֲשֶׁר הִקְדִּישׁ מִכָּל הַגּוֹיִם אֲשֶׁר כִּבֵּשׁ" (שמ"ב ח', יא), ולא נזכר שם שההקדש יועד לבניין המקדש עצמו.

רש"י מביא בפירושו לפסוקנו שתי הצעות מדוע לא בנה שלמה את המקדש בקודשי אביו. ההסבר הראשון: "לפי שהיה יודע שסופו ליחרב, שלא יהיו העובדי כוכבים אומרים: קשה יראתם, שלקחו נקמתם מן הבית שנבנה מן גזלות וחבלות שגזל מהם דוד". לפי ההסבר השני, שלמה מצא בעיה מהותית בכסף שצבר דוד: "ויש אומרים, כך אמר שלמה: רעב היה בימי אביו שלוש שנים שנה אחר שנה, והיה לו לבזבז ההקדשות הללו להחיות בהן עניי ישראל". בפירוש השני טמון מסר גדול: כשיש לבחור בין שמירת הכספים שיועדו למקדש למטרתם המקורית לבין נתינתם לעניים בזמן רעב – החובה החברתית גוברת![31]

31. דברים משמעותיים כתב גם רלב"ג כאן: "וידמה שלזאת הסבה לא התחיל לבנין הבית תכף מלכו, כי בשנה הרביעית החל הבנין כמו שקדם, והיה זה כן כדי שיבנהו משלו, לא מאוצרות דוד אביו אשר הקדיש אותם לה', וכאילו היה זה מכוון מהשם יתברך, כמו שלא רצה שיבנהו דוד כי דמים רבים שפך, כן לא הסכים שיבנה מאשר אסף דוד משלל הגוים במלחמה. אך שלמה, שהיה איש שלום, והיה מה שקבץ מהממון מקובץ עם השלום, בו בחר השם יתברך לבנותו

על דרך הפשט, סביר להניח שספרי שמואל ומלכים מבקשים להדגיש שלדוד לא היה קשר לבניין המקדש, כפי שנאמר בחזון נתן.[32] תנאי היסוד לבניין המקדש – שלום ויציבות שלטונית – התקיימו רק בימי שלמה, וקודם לכן לא היה מקום לדבר על הכנות כלשהן למלאכה.

ספר דברי הימים מאיר זווית ראייה אחרת, ולפיה אכן היה לדוד חלק חשוב בבניין המקדש. הפער בין הספרים בולט כבר בהקדשת השלל. בסיפור ניצחונותיו של דוד בספר שמואל נאמר: "וּמִבֶּטַח וּמִבֵּרֹתַי עָרֵי הֲדַדְעָזֶר לָקַח הַמֶּלֶךְ דָּוִד נְחֹשֶׁת הַרְבֵּה מְאֹד" (שמ"ב ח׳, ח), אך בפסוק המקביל בדברי הימים נוסף: "וּמִטִּבְחַת וּמִכּוּן עָרֵי הֲדַדְעֶזֶר לָקַח דָּוִיד נְחֹשֶׁת רַבָּה מְאֹד **בָּהּ עָשָׂה שְׁלֹמֹה אֶת יָם הַנְּחֹשֶׁת וְאֶת הָעַמּוּדִים וְאֵת כְּלֵי הַנְּחֹשֶׁת**" (דה"א י"ח, ח).

יתרה מזאת, בדברי הימים יש תיאורים ארוכים של ההכנות שעשה דוד לבניין המקדש. הדברים נזכרים, בין היתר, בצוואתו לשלמה. כזכור, בספר מלכים דוד מצווה את שלמה ללכת בדרך ה׳ וכיצד עליו לנהוג בכמה אנשים, ואין בצוואתו זכר למקדש (מל"א ב׳, א-ט). הצוואה בדברי הימים, לעומת זאת, אינה מזכירה אנשים כלל, והיא מתמקדת בבניית המקדש ובהכנות הרבות שעשה דוד לקראתה:

וַיֹּאמֶר דָּוִיד לִכְנוֹס אֶת הַגֵּרִים אֲשֶׁר בְּאֶרֶץ יִשְׂרָאֵל וַיַּעֲמֵד חֹצְבִים לַחְצוֹב אַבְנֵי גָזִית לִבְנוֹת בֵּית הָאֱלֹהִים. וּבַרְזֶל לָרֹב לַמִּסְמְרִים לְדַלְתוֹת הַשְּׁעָרִים וְלַמְחַבְּרוֹת הֵכִין דָּוִיד וּנְחֹשֶׁת לָרֹב אֵין מִשְׁקָל. וַעֲצֵי אֲרָזִים לְאֵין מִסְפָּר כִּי הֵבִיאוּ הַצִּידֹנִים וְהַצֹּרִים עֲצֵי אֲרָזִים לָרֹב לְדָוִיד. וַיֹּאמֶר דָּוִיד שְׁלֹמֹה בְנִי נַעַר וָרָךְ וְהַבַּיִת לִבְנוֹת לַה׳ לְהַגְדִּיל לְמַעְלָה לְשֵׁם וּלְתִפְאֶרֶת לְכָל הָאֲרָצוֹת אָכִינָה נָּא לוֹ וַיָּכֶן דָּוִיד לָרֹב לִפְנֵי מוֹתוֹ. וַיִּקְרָא לִשְׁלֹמֹה בְנוֹ וַיְצַוֵּהוּ לִבְנוֹת בַּיִת לַה׳

במה שקבץ מהממון עם השלום". לדבריו, שלמה לא רצה לבנות את המקדש בכסף ובזהב שהשיג דוד במלחמות, ומשום כך המתין כמה שנים, עד שצבר ממון בעצמו.

32. על משמעות הסירוב של ה׳ לבקשתו של דוד לבנות לו עמדנו לעיל בפרק ה׳.

אֱלֹהֵי יִשְׂרָאֵל. וַיֹּאמֶר דָּוִיד לִשְׁלֹמֹה בנו [בְּנִי קרי]... עַתָּה בְנִי יְהִי ה׳ עִמָּךְ וְהִצְלַחְתָּ וּבָנִיתָ בֵּית ה׳ אֱלֹהֶיךָ כַּאֲשֶׁר דִּבֶּר עָלֶיךָ... וְהִנֵּה בְעָנְיִי הֲכִינוֹתִי לְבֵית ה׳ זָהָב כִּכָּרִים מֵאָה אֶלֶף וְכֶסֶף אֶלֶף אֲלָפִים כִּכָּרִים וְלַנְּחֹשֶׁת וְלַבַּרְזֶל אֵין מִשְׁקָל כִּי לָרֹב הָיָה וְעֵצִים וַאֲבָנִים הֲכִינוֹתִי וַעֲלֵיהֶם תּוֹסִיף. וְעִמְּךָ לָרֹב עֹשֵׂי מְלָאכָה חֹצְבִים וְחָרָשֵׁי אֶבֶן וָעֵץ וְכָל חָכָם בְּכָל מְלָאכָה. (דה״א כ״ב, ב-טו)

וַיִּתֵּן דָּוִיד לִשְׁלֹמֹה בְנוֹ אֶת תַּבְנִית הָאוּלָם וְאֶת בָּתָּיו וְגַנְזַכָּיו וַעֲלִיֹּתָיו וַחֲדָרָיו הַפְּנִימִים וּבֵית הַכַּפֹּרֶת. וְתַבְנִית כֹּל אֲשֶׁר הָיָה בָרוּחַ עִמּוֹ לְחַצְרוֹת בֵּית ה׳ וּלְכָל הַלְּשָׁכוֹת סָבִיב לְאֹצְרוֹת בֵּית הָאֱלֹהִים וּלְאֹצְרוֹת הַקֳּדָשִׁים. וּלְמַחְלְקוֹת הַכֹּהֲנִים וְהַלְוִיִּם וּלְכָל מְלֶאכֶת עֲבוֹדַת בֵּית ה׳ וּלְכָל כְּלֵי עֲבוֹדַת בֵּית ה׳. לַזָּהָב בַּמִּשְׁקָל לַזָּהָב לְכָל כְּלֵי עֲבוֹדָה וַעֲבוֹדָה לְכֹל כְּלֵי הַכֶּסֶף בְּמִשְׁקָל לְכָל כְּלֵי עֲבוֹדָה וַעֲבוֹדָה. וּמִשְׁקָל לִמְנֹרוֹת הַזָּהָב וְנֵרֹתֵיהֶם זָהָב בְּמִשְׁקַל מְנוֹרָה וּמְנוֹרָה וְנֵרֹתֶיהָ וְלִמְנֹרוֹת הַכֶּסֶף בְּמִשְׁקָל לִמְנוֹרָה וְנֵרֹתֶיהָ כַּעֲבוֹדַת מְנוֹרָה וּמְנוֹרָה. וְאֶת הַזָּהָב מִשְׁקָל לְשֻׁלְחֲנוֹת הַמַּעֲרֶכֶת לְשֻׁלְחָן וְשֻׁלְחָן וְכֶסֶף לְשֻׁלְחֲנוֹת הַכָּסֶף. וְהַמִּזְלָגוֹת וְהַמִּזְרָקוֹת וְהַקְּשָׂוֹת זָהָב טָהוֹר וְלִכְפוֹרֵי הַזָּהָב בְּמִשְׁקָל לִכְפוֹר וּכְפוֹר וְלִכְפוֹרֵי הַכֶּסֶף בְּמִשְׁקָל לִכְפוֹר וּכְפוֹר. וּלְמִזְבַּח הַקְּטֹרֶת זָהָב מְזֻקָּק בַּמִּשְׁקָל וּלְתַבְנִית הַמֶּרְכָּבָה הַכְּרֻבִים זָהָב לְפֹרְשִׂים וְסֹכְכִים עַל אֲרוֹן בְּרִית ה׳. הַכֹּל בִּכְתָב מִיַּד ה׳ עָלַי הִשְׂכִּיל כֹּל מַלְאֲכוֹת הַתַּבְנִית. וַיֹּאמֶר דָּוִיד לִשְׁלֹמֹה בְּנוֹ חֲזַק וֶאֱמַץ וַעֲשֵׂה אַל תִּירָא וְאַל תֵּחָת כִּי ה׳ אֱלֹהִים אֱלֹהַי עִמָּךְ לֹא יַרְפְּךָ וְלֹא יַעַזְבֶךָּ עַד לִכְלוֹת כָּל מְלֶאכֶת עֲבוֹדַת בֵּית ה׳. (שם כ״ח, יא-כ)

לפי הכתובים האלה, דוד הוא שהכין את רוב רובם של החומרים שהמקדש נבנה מהם, ואף תכנן את הבניין לפרטיו, וכל זאת ברוח הקודש: ״הַכֹּל בִּכְתָב מִיַּד ה׳ עָלַי הִשְׂכִּיל״. אמנם גם בדברי הימים לא נאמר ששלמה השתמש בפועל בכל ההכנות שעשה דוד, ויש שם פסוק המקביל לפסוק החותם את פרקנו: ״וַתִּשְׁלַם כָּל הַמְּלָאכָה אֲשֶׁר

עָשָׂה שְׁלֹמֹה לְבֵית ה׳ וַיָּבֵא שְׁלֹמֹה אֶת קָדְשֵׁי דָּוִיד אָבִיו וְאֶת הַכֶּסֶף וְאֶת הַזָּהָב וְאֶת כָּל הַכֵּלִים נָתַן בְּאֹצְרוֹת בֵּית הָאֱלֹהִים" (דה"ב ה׳, א). עם זאת, על רקע התיאורים הארוכים של ההכנות שעשה דוד, היה מקום לציין במפורש ששלמה לא השתמש בהכנות אלו לבניית המקדש, ומאחר שלא צוין כן במפורש, מתקבל מדברי הימים רושם שלדוד אכן היה חלק חשוב בבניין.

נראה אפוא שלספר דברי הימים מגמה אחרת בעניין חלקו של דוד במקדש, השונה שוני מהותי מן המגמה שבספרי שמואל ומלכים. דומה שהסיבה לפער נעוצה בהבדל שבין הפרקים השונים בשאלה מדוע לא בנה דוד את המקדש. שני הפרקים שהזכרנו כאן – פרקים כ"ב וכ"ח בספר דברי הימים א׳ – מדגישים שדוד לא בנה את המקדש בגלל הדמים הרבים ששפך. לפי זה, הבעיה לא הייתה בעיתוי של העיסוק במקדש, כי אם בעיה אישית: בית המקדש מייצג אידאה של שלום, ולכן אין ראוי שמי שבונה אותו יהיה איש מלחמות. אבל טעם זה לא מנע מדוד (לפחות בעיניו) להיות שותף במקדש, ובלבד שהמקדש לא ייקרא על שמו. לעומת זאת, ספרי שמואל ומלכים מדגישים בעיקר את בעיית העיתוי (כפי שביארנו לעיל בפרק ה׳), היינו: שאין מקום לעסוק במקדש בטרם יתכוננו בישראל ממלכה ושלטון יציבים. לפי מגמה זו, אכן אין מקום לשותפות כלשהי של דוד בבניית המקדש. כללו של דבר, לפנינו בחינות שונות במעורבות של דוד במקדש, המשקפות עמדות שונות בשאלה מדוע נמנע ממנו לבנות את הבית.[33]

33. כבר ציינו שחזון נתן מופיע גם בדברי הימים (דה"א י"ז). לפיכך אין נכון לומר שספר דברי הימים מייצג רק את העמדה שבניין הבית נמנע מדוד משום היותו איש מלחמות. ואולם, השתתפותו של דוד במלאכת המקדש נזכרת בעיקר בפרקים שבהם הוזכר במפורש הטעם של שפיכות הדמים, ומכאן שדווקא לפי טעם זה אין מניעה שדוד יהיה ׳שותף נסתר׳, ויכין את התשתית לבניית המקדש, ובלבד ששמו לא ייקרא עליו.

פרק ח

חנוכת המקדש

א. קדשי דוד

לאחר סיום מלאכת המקדש מגיע הרגע החגיגי הגדול: חנוכת המקדש והשראת השכינה בו. הביטוי הסמלי לסיום המלאכה הוא הכנסת ארון ה׳ אל הדביר:

(א) אָז יַקְהֵל שְׁלֹמֹה[1] אֶת זִקְנֵי יִשְׂרָאֵל אֶת כָּל רָאשֵׁי הַמַּטּוֹת נְשִׂיאֵי הָאָבוֹת לִבְנֵי יִשְׂרָאֵל אֶל הַמֶּלֶךְ שְׁלֹמֹה יְרוּשָׁלָם לְהַעֲלוֹת אֶת אֲרוֹן בְּרִית ה׳ מֵעִיר דָּוִד הִיא צִיּוֹן: (ב) וַיִּקָּהֲלוּ אֶל הַמֶּלֶךְ שְׁלֹמֹה כָּל אִישׁ יִשְׂרָאֵל בְּיֶרַח הָאֵתָנִים[2] בֶּחָג הוּא הַחֹדֶשׁ הַשְּׁבִיעִי: (ג) וַיָּבֹאוּ

1. הצירוף של המילה ״אז״ עם פועל בצורת עתיד פשוט (יפעל) – שמשמעותו, למעשה, פעולה בעבר – מבטא בדרך כלל חגיגיות, כמו: ״אז ישיר משה״ (שמות ט״ו, א), ״אז ישיר ישראל״ (במדבר כ״א, יז), ״אז יבנה יהושע מזבח״ (יהושע ח׳, ל).
2. כפי שראינו בפרק ו׳, בפרקי המקדש נזכרים השמות העבריים הקדומים של החודשים – זיו, בול ואיתנים – וניכר הצורך של המקרא לבאר באיזה חודש מדובר: ״הוּא הַחֹדֶשׁ הַשְּׁבִיעִי״. שם זה מופיע גם בכתובות כנעניות. חז״ל דרשו את משמעותו: ״ירח שנולדו בו איתני עולם״, כלומר אבות האומה (ראש השנה יא ע״א).

כֹּל זִקְנֵי יִשְׂרָאֵל וַיִּשְׂאוּ הַכֹּהֲנִים אֶת הָאָרוֹן: (ד) וַיַּעֲלוּ אֶת אֲרוֹן ה׳ וְאֶת אֹהֶל מוֹעֵד[3] וְאֶת כָּל כְּלֵי הַקֹּדֶשׁ אֲשֶׁר בָּאֹהֶל וַיַּעֲלוּ אֹתָם הַכֹּהֲנִים וְהַלְוִיִּם: (ה) וְהַמֶּלֶךְ שְׁלֹמֹה וְכָל עֲדַת יִשְׂרָאֵל הַנּוֹעָדִים עָלָיו אִתּוֹ לִפְנֵי הָאָרוֹן מְזַבְּחִים צֹאן וּבָקָר אֲשֶׁר לֹא יִסָּפְרוּ וְלֹא יִמָּנוּ מֵרֹב: (ו) וַיָּבִאוּ הַכֹּהֲנִים אֶת אֲרוֹן בְּרִית ה׳ אֶל מְקוֹמוֹ אֶל דְּבִיר הַבַּיִת אֶל קֹדֶשׁ הַקֳּדָשִׁים אֶל תַּחַת כַּנְפֵי הַכְּרוּבִים: (ז) כִּי הַכְּרוּבִים פֹּרְשִׂים כְּנָפַיִם אֶל מְקוֹם הָאָרוֹן וַיָּסֹכּוּ הַכְּרֻבִים עַל הָאָרוֹן וְעַל בַּדָּיו מִלְמָעְלָה:

אכן, יש חגיגיות רבה בהגעת הארון סוף סוף לבית קבע, לראשונה מאז יצא ממשכן שילה במלחמה עם הפלשתים (שמ״א ד׳). אמנם דוד העלה אותו לעיר דוד, אבל שם הוא שכן באוהל (שמ״ב ו׳, יז), ולא במבנה של קבע.

המקדש נחנך "בְּיֶרַח הָאֵתָנִים בֶּחָג", כלומר בחג הסוכות, לעומת המשכן, שנחנך בחודש ניסן: "וַיְהִי **בַּחֹדֶשׁ הָרִאשׁוֹן** בַּשָּׁנָה הַשֵּׁנִית **בְּאֶחָד לַחֹדֶשׁ** הוּקַם הַמִּשְׁכָּן" (שמות מ׳, יז). כדי להבין את טעם ההבדל, עלינו לעמוד תחילה על משמעות השוני שבין תשרי לניסן ושבין סוכות לפסח.[4]

בתורה אנו מוצאים שני לוחות שנה עיקריים. מצד אחד, נאמר

בספר דברי הימים הושמטו השמות העבריים הקדומים. כך נעשה כבר בתאריך הקמת המקדש, השווה מל״א ו׳, א: "בַּשָּׁנָה הָרְבִיעִית בְּחֹדֶשׁ זִו הוּא הַחֹדֶשׁ הַשֵּׁנִי לִמְלֹךְ שְׁלֹמֹה עַל יִשְׂרָאֵל", לעומת דה״ב ג׳, ב: "וַיָּחֶל לִבְנוֹת בַּחֹדֶשׁ הַשֵּׁנִי בַּשֵּׁנִי בִּשְׁנַת אַרְבַּע לְמַלְכוּתוֹ". אבל ההשמטה בולטת יותר בפסוק המקביל לפסוקנו, שכן היא יוצרת בו ליקוי תחבירי והגיוני: "וַיִּקָּהֲלוּ אֶל הַמֶּלֶךְ כָּל אִישׁ יִשְׂרָאֵל בֶּחָג הוּא הַחֹדֶשׁ הַשְּׁבִעִי" (דה״ב ה׳, ג).

3. זהו האזכור הראשון של "אֹהֶל מוֹעֵד" מאז ימי שילה (שמ״א ב׳, כב). המפרשים ביארו כי הכוונה לשרידי אוהל מועד שעשה משה, שהובאו מגבעון. לדעת חז״ל, שרידים אלו נגנזו תחת ההיכל (סוטה ט ע״א).

4. יש לזכור, שסיום בניין המקדש היה "וּבַשָּׁנָה הָאַחַת עֶשְׂרֵה בְּיֶרַח בּוּל הוּא הַחֹדֶשׁ הַשְּׁמִינִי כִּלָּה הַבַּיִת", כלומר שחנוכת המקדש התעכבה באחד עשר חודשים נוספים. ייתכן, שבחודשים אלו נעשו כלי הנחושת; אולם התמונה המצטיירת היא שהייתה כוונה מיוחדת לחנוך את המקדש דווקא בחודש השביעי.

במפורש שלוח השנה מתחיל בניסן: "הַחֹדֶשׁ הַזֶּה לָכֶם רֹאשׁ חֳדָשִׁים רִאשׁוֹן הוּא לָכֶם לְחָדְשֵׁי הַשָּׁנָה" (שמות י"ב, ב). וכך נמנים החודשים מניסן ואילך: "בַּחֹדֶשׁ הָרִאשׁוֹן" (שם מ', יז, ועוד), "בַּחֹדֶשׁ הַשֵּׁנִי" (במדבר י', יא ועוד) וכו'. מצד שני, יש בתורה גם לוח שנה אחר, בעל אופי מורכב יותר. התורה אומרת ששנת היובל מתחילה "בַּחֹדֶשׁ הַשְּׁבִעִי בֶּעָשׂוֹר לַחֹדֶשׁ בְּיוֹם הַכִּפֻּרִים" (ויקרא כ"ה, ט), ותקיעת השופר ביום זה מבטאת את קדושת השנה: "וְקִדַּשְׁתֶּם אֵת שְׁנַת הַחֲמִשִּׁים שָׁנָה" (שם, י). יום הכיפורים משמש אפוא 'ראש השנה' של שנת היובל. עם זאת, התורה אומרת גם שחג הסוכות הוא "בְּצֵאת הַשָּׁנָה" (שמות כ"ג, טז), ושמעמד הַקְהֵל חל "מִקֵּץ שֶׁבַע שָׁנִים בְּמֹעֵד שְׁנַת הַשְּׁמִטָּה בְּחַג הַסֻּכּוֹת" (דברים ל"א, י).

שני לוחות השנה הללו מייצגים שני היבטים שונים. לוח השנה המתחיל בתשרי הוא לוח שנה חקלאי: תחילתו בתחילת השנה החקלאית, וסיומו בסופה. מטבע הדברים, שנה זו מתחילה ומסתיימת בתקופת תשרי.[5] חג הסוכות הוא חג האסיף, שבו האדם נהנה מיגיע כפיו ומעמלו בכל השנה, ובזה הוא מסמל את סוף השנה. בד בבד מתחילות בתקופה זו ההכנות לשנה החקלאית הבאה, ועל כן יש לראות בחודש זה גם את תחילת השנה. הבחירה בעונה זו כראשית השנה וסיומה נראית טבעית, שכן היא מסמלת התחלה וסיום של תהליך. לעומת זאת, קביעת חודש ניסן כ"רֹאשׁ חֳדָשִׁים" מנוגדת ללוח החקלאי הטבעי. לוח השנה המתחיל בניסן קובע את מעגל השנה ההיסטורי, שמתחיל ונגמר בראש החודש שבו יצאו ישראל ממצרים.[6]

5. מאחר שאין מדובר בתהליכים מדויקים, והשנה החקלאית מושפעת מגורמים שמשתנים משנה לשנה – כגון כמויות הגשמים וזמן ירידתם – ובמיוחד מאחר שלוח השנה בתורה נקבע על פי הירח, ולא על פי השמש, קשה לדבר על יום מסוים שהשנה מתחילה בו, ועל כן ראתה התורה את החודש כולו כמסמל את המעבר בין השנים החקלאיות.

6. לכאורה גם קביעת חודש ניסן כ"רֹאשׁ חֳדָשִׁים" אינה מנותקת מן המציאות הטבעית. התורה מטעימה בכמה מקומות שחודש זה הוא "חֹדֶשׁ הָאָבִיב" (שמות י"ג, ד; כ"ג, טו; ל"ד, יח; ועוד), והיה אפשר לומר שחודש האביב מסמל את הפריחה המחודשת. ברם, התורה מדגישה שחודש האביב חשוב בגלל משמעותו

במבט רחב יותר ניתן לומר שהלוח החקלאי הוא לוח שנה אוניברסלי, ואילו הלוח ההיסטורי הוא לוח השנה המיוחד לעם ישראל, המתחיל בתאריך המשמעותי ביותר בתולדות עם ישראל: מועד היציאה ממצרים.[7] שני הפנים הללו מתבטאים גם בחגים העומדים במרכזם של חודשים אלו: חג הסוכות מבטא את הפן האוניברסלי, ואילו חג הפסח הוא חג ייחודי לעם ישראל.

חג הסוכות מבטא אוניברסליות כבר מעצם מהותו כחג האסיף, כפי שעולה ממרבית הפרשיות העוסקות בו, כגון: "וְחַג הָאָסִף בְּצֵאת הַשָּׁנָה בְּאָסְפְּךָ אֶת מַעֲשֶׂיךָ מִן הַשָּׂדֶה" (שמות כ"ג, טז; ועיינו דברים ט"ז, יג); זוהי מהות כללית, שאינה קשורה לעם ישראל דווקא. אבל חג הסוכות איננו רק סיכום והודיה על השנה שחלפה. יש בו גם תפילה ודין על השנה הבאה: "ובחג נידונין על המים" (ראש השנה פ"א מ"ב). רעיון זה, מקורו כבר במקרא, ושם הוא בא בזיקה מעניינת לפן האוניברסלי של החג: בנבואת זכריה נאמר: "וְהָיָה כָּל הַנּוֹתָר מִכָּל הַגּוֹיִם הַבָּאִים עַל יְרוּשָׁלָם וְעָלוּ מִדֵּי שָׁנָה בְשָׁנָה לְהִשְׁתַּחֲוֹת לְמֶלֶךְ ה' צְבָאוֹת וְלָחֹג אֶת חַג הַסֻּכּוֹת. וְהָיָה אֲשֶׁר לֹא יַעֲלֶה מֵאֵת מִשְׁפְּחוֹת הָאָרֶץ אֶל יְרוּשָׁלַם לְהִשְׁתַּחֲוֹת לְמֶלֶךְ ה' צְבָאוֹת וְלֹא עֲלֵיהֶם יִהְיֶה הַגָּשֶׁם" (זכריה י"ד, טז-יז). משמע מן הכתוב הזה, שלעתיד לבוא ישתתפו כל הגויים בחגיגת חג הסוכות, בשל הקשר ההדוק שבינו ובין ירידת הגשמים בשנה שלאחריו. קשר זה נוגע לכל הגויים, ולכן נדרשים כולם לחוג את החג.[8]

חג הפסח, לעומת זאת, מיוחד לעם ישראל, שרק הוא יצא

ההיסטורית: "שָׁמוֹר אֶת חֹדֶשׁ הָאָבִיב וְעָשִׂיתָ פֶּסַח לַה' אֱלֹהֶיךָ **כִּי בְּחֹדֶשׁ הָאָבִיב הוֹצִיאֲךָ ה' אֱלֹהֶיךָ מִמִּצְרַיִם לָיְלָה**" (דברים ט"ז, א).

7. כך ניתן להבין את מחלוקת התנאים אם העולם נברא בניסן או בתשרי (ראש השנה י ע"ב – יא ע"א): הדעה שהעולם נברא בתשרי רואה את תכלית הבריאה כייעוד אוניברסלי, ואילו הדעה שהעולם נברא בניסן מעמידה במוקד תכליתו את עם ישראל.

8. הקשר שבין סוכות ובין אומות העולם הודגש גם בדברי חז"ל כי שבעים הפרים הקרבים בו הם כנגד שבעים אומות העולם (סוכה נה ע"ב). ועיינו גם עבודה זרה ג ע"א.

ממצרים וזכה להשגחתו המיוחדת של הקב"ה. אדרבה, התורה מדגישה שאסור לגויים לחוג אותו:

> וַיֹּאמֶר ה' אֶל מֹשֶׁה וְאַהֲרֹן זֹאת חֻקַּת הַפָּסַח **כָּל בֶּן נֵכָר לֹא יֹאכַל בּוֹ**. וְכָל עֶבֶד אִישׁ מִקְנַת כָּסֶף וּמַלְתָּה אֹתוֹ אָז יֹאכַל בּוֹ. **תּוֹשָׁב וְשָׂכִיר לֹא יֹאכַל בּוֹ**... וְכִי יָגוּר אִתְּךָ גֵּר וְעָשָׂה פֶסַח לַה' הִמּוֹל לוֹ כָל זָכָר וְאָז יִקְרַב לַעֲשֹׂתוֹ וְהָיָה כְּאֶזְרַח הָאָרֶץ **וְכָל עָרֵל לֹא יֹאכַל בּוֹ**. (שמות י"ב, מג-מח)

כעת נוכל לשוב להבדל שבין המשכן והמקדש. את המשכן בנה עם ישראל לבדו, והוא ליווה את עם ישראל במסעותיו במדבר ובכיבוש הארץ, עד לבניית המקדש. עיקר ייעודו של המשכן היה מקום להשראת השכינה ולהתקשרות בין הקב"ה ועם ישראל: "וְנֹעַדְתִּי שָׁמָּה **לִבְנֵי יִשְׂרָאֵל** וְנִקְדַּשׁ בִּכְבֹדִי... וְשָׁכַנְתִּי בְּתוֹךְ **בְּנֵי יִשְׂרָאֵל** וְהָיִיתִי לָהֶם לֵאלֹהִים. וְיָדְעוּ כִּי אֲנִי ה' אֱלֹהֵיהֶם אֲשֶׁר הוֹצֵאתִי אֹתָם מֵאֶרֶץ מִצְרַיִם לְשָׁכְנִי **בְתוֹכָם** אֲנִי ה' אֱלֹהֵיהֶם" (שמות כ"ט, מב-מו). ואכן, לאורך שנות קיומו של המשכן לא מצאנו כל מעורבות של נוכרים בו,[9] ואף לא הובעה ציפייה לכך.

למקדש, לעומת זאת, יש עוד תפקיד אחר, התופס, כפי שנראה להלן, את החלק המרכזי בתפילתו של שלמה בזמן חנוכת המקדש – התפילה: "לִהְיוֹת עֵינֶךָ פְּתֻחוֹת אֶל הַבַּיִת הַזֶּה לַיְלָה וָיוֹם אֶל הַמָּקוֹם אֲשֶׁר אָמַרְתָּ יִהְיֶה שְׁמִי שָׁם לִשְׁמֹעַ אֶל הַתְּפִלָּה אֲשֶׁר יִתְפַּלֵּל עַבְדְּךָ אֶל הַמָּקוֹם הַזֶּה. וְשָׁמַעְתָּ אֶל תְּחִנַּת עַבְדְּךָ וְעַמְּךָ יִשְׂרָאֵל אֲשֶׁר יִתְפַּלְלוּ אֶל הַמָּקוֹם הַזֶּה וְאַתָּה תִּשְׁמַע אֶל מְקוֹם שִׁבְתְּךָ אֶל הַשָּׁמַיִם

9. הספק היחיד בעניין זה מתעורר בפרשת דואג האדומי, שבא למשכן ה' בנוב: "וְשָׁם אִישׁ מֵעַבְדֵי שָׁאוּל בַּיּוֹם הַהוּא נֶעְצָר לִפְנֵי ה' וּשְׁמוֹ דֹּאֵג הָאֲדֹמִי אַבִּיר הָרֹעִים אֲשֶׁר לְשָׁאוּל" (שמ"א כ"א, ח). מן הכינוי "הָאֲדֹמִי" ניתן אולי להסיק שמדובר בגוי. ברם, נראה יותר שזהו אדם מישראל, שכונה כך על שם מקום מוצאו, וכדברי רד"ק שם: "גר בארץ אדום, לפיכך קראו אדומי, וכן: אוריה החתי, יתרא הישמעאלי, אתי הגיתי – מיוחסים על שם מקומם שהיו גרים בהם".

וְשָׁמַעְתָּ וְסָלָחְתָּ״ (פס׳ כט-ל). שלמה מדגיש שהמקדש אמור לשמש מקום תפילה לא רק לישראל, אלא גם לגויים: ״וְגַם אֶל **הַנָּכְרִי** אֲשֶׁר לֹא מֵעַמְּךָ יִשְׂרָאֵל הוּא וּבָא מֵאֶרֶץ רְחוֹקָה לְמַעַן שְׁמֶךָ...״ (פס׳ מא-מג). ייעודו של המקדש כמקום תפילה הוא אפוא ייעוד אוניברסלי, ומטרתו מפורשת: שכל עמי הארץ יכירו את הקב״ה וייראו אותו. אכן, רעיון זה חוזר בנבואות ידועות רבות, כגון נבואת אחרית הימים בישעיהו (ב׳, ב-ד) והכרזת הנביא: ״כִּי בֵיתִי בֵּית תְּפִלָּה יִקָּרֵא **לְכָל הָעַמִּים**״ (שם נ״ו, ז).

ייתכן שהבדל זה שבין המשכן והמקדש משתקף גם במידת השותפות של אנשים נוכרים בבנייתם של מוסדות אלו. המשכן נבנה כולו בידי אנשים מישראל, ואך ורק מתרומות של בני ישראל, ולא מצאנו מעורבות של נוכרים בבנייתו. המקדש, לעומת זאת, נבנה מתחילה בשיתופו ובסיועו של חירם מלך צור.[10] דומה שמעורבות זו אינה מקרית, והיא מסמלת את החלק שיש לאומות העולם במקדש.

מעתה יובנו תאריכי החנוכות כמין חומר. המשכן, המיועד לעם ישראל בלבד, נחנך בחודש ניסן, הפותח את לוח השנה ההיסטורי הייחודי לעם ישראל. ואילו בית המקדש, שמייצג גם ממד אוניברסלי, נחנך בתשרי, המייצג את תחילת השנה האוניברסלית, ובסוכות,[11] שאף לו משמעות אוניברסלית.

ממה נובע הבדל זה? מדוע המשכן מייצג פן ישראלי, ואילו למקדש גם פן אוניברסלי? נראה שהדבר משקף שלבים היסטוריים שונים בתולדות עם ישראל. בתקופת המדבר היה עם ישראל בשלב של התבססות – בכל התחומים – וההתמקדות הייתה כלפי פנים, בלא שותפות עמים אחרים. עם ישראל היה צריך לבסס את הקשר עם הקב״ה, שהתגלה אליו לאחר דורות של שעבוד במצרים. באותה עת לא היה עניין להרחיב את המעגל אל מחוץ לקשר הייחודי הזה. רק

10. בפרק הקודם עמדנו גם על מוצאו העמום של חירם חורש הנחושת, שאמו הייתה מישראל, אבל מוצאו של אביו אינו ברור, ואפשר שאף הוא היה נוכרי.

11. ומעניין שהמקרא מכנה את המקדש בכינוי הסמלי ׳סוכה׳, כגון: ״וַיְהִי בְשָׁלֵם סֻכּוֹ וּמְעוֹנָתוֹ בְצִיּוֹן״ (תהילים ע״ו, ג); ובנבואת ישעיהו (ד׳, ה-ו).

משנכנסו ישראל לארץ והגיעו לקביעות ויציבות, היה מקום לעבור לשלב הבא: להרחיב את השפעתו של עם ישראל לאומות העולם, על מנת לתקן עולם במלכות שדי. המטרה שהתחדשה במקדש שלמה היא להשפיע על העולם כולו: "לְמַעַן יֵדְעוּן כָּל עַמֵּי הָאָרֶץ אֶת שְׁמֶךָ לְיִרְאָה אֹתְךָ כְּעַמְּךָ יִשְׂרָאֵל" (פס' מג).[12]

כללו של דבר, חג הפסח מבטא את השלב הראשון בתולדות עם ישראל – היציאה ממצרים וההתבססות כעם – ולכן נחנך המשכן בניסן דווקא. ואילו חג הסוכות מבטא את השלב השני: בני ישראל יושבים לבטח על אדמתם, נהנים מפרי עמלם ומודים לקב"ה שנתן להם כוח לעשות חיל, ומתוך תחושת ביטחון ויציבות זו הם יכולים להשפיע על שאר האומות בבית שנקרא שם ה' על ישראל בו, אבל הוא גם בית תפילה לכל העמים.

ב. ויאריכו הבדים

בסיומו של תיאור הכנסת ארון ה' אל הדביר נאמר:

(ח) וַיַּאֲרִכוּ הַבַּדִּים[13] וַיֵּרָאוּ רָאשֵׁי הַבַּדִּים מִן הַקֹּדֶשׁ עַל פְּנֵי הַדְּבִיר

12. רעיון זה מתבטא בפירושו המעניין של רש"י לפסוק "שְׁמַע יִשְׂרָאֵל ה' אֱלֹהֵינוּ ה' אֶחָד" (דברים ו', ד). שלא כפירוש המקובל, הרואה בפסוק זה ביטוי ליסודות האמונה בישראל – מציאות ה', השגחתו וייחודו – פירש רש"י שהפסוק עוסק בשתי תקופות היסטוריות שונות: "ה' שהוא אלהינו עתה, ולא אלהי האומות, הוא עתיד להיות ה' אחד", והוא מביא כראיה פסוק מנבואת זכריה על החגיגה האוניברסלית של חג הסוכות: "בַּיּוֹם הַהוּא יִהְיֶה ה' אֶחָד וּשְׁמוֹ אֶחָד" (זכריה י"ד, ט).

13. ניתן לפרש מילים אלה בשתי דרכים. להבנת הדברים נזכיר, שאורכם של בדי הארון היה עשר אמות בלבד – כאורך קודש הקודשים שבמשכן – ואילו הדביר היה עשרים על עשרים. לדעת רד"ק, כוונת הפסוק שמָשכו את בדי הארון עד שהגיעו לפתח הדביר; לפי זה, מעתה ואילך היו הבדים מונחים על הארון באופן אסימטרי – מאמצעו והלאה לכיוון ההיכל – אולי כדי להורות שביסודו של דבר הגיע הארון למקומו הקבוע, ואם לא יגרום החטא, שוב אין הוא אמור לעבור למקום אחר. אבל ר' יוסף קרא מפרש שהבדים הוחלפו בבדים אחרים, שאורכם

> וְלֹא יֵרָאוּ הַחוּצָה וַיִּהְיוּ שָׁם עַד הַיּוֹם הַזֶּה: (ט) אֵין בָּאָרוֹן רַק שְׁנֵי לֻחוֹת הָאֲבָנִים אֲשֶׁר הִנִּחַ שָׁם מֹשֶׁה בְּחֹרֵב אֲשֶׁר כָּרַת ה׳ עִם בְּנֵי יִשְׂרָאֵל בְּצֵאתָם מֵאֶרֶץ מִצְרָיִם:

מה משמעות הדברים שנאמרו על הבדים? להבנת העניין יש לעמוד על תפקידם המיוחד של בדי הארון, העולה מהציווי עליהם בפרשת תרומה. בכמה כלים במשכן בא ציווי לעשות טבעות ובדים לנשיאתם. אבל בבדי הארון יש דגש מיוחדת: "וְעָשִׂיתָ בַדֵּי עֲצֵי שִׁטִּים וְצִפִּיתָ אֹתָם זָהָב. וְהֵבֵאתָ אֶת הַבַּדִּים בַּטַּבָּעֹת עַל צַלְעֹת הָאָרֹן לָשֵׂאת אֶת הָאָרֹן בָּהֶם. **בְּטַבְּעֹת הָאָרֹן יִהְיוּ הַבַּדִּים לֹא יָסֻרוּ מִמֶּנּוּ**" (שמות כ"ה, יג-טו). מה טיבו של איסור זה?[14]

דומה שהבדים, בארון כבכל שאר הכלים, מסמלים ארעיות. עצם קיומו של המשכן מעיד שהשכינה טרם הגיעה למקום אשר יבחר ה׳, ומקום השראתה הגאוגרפי הוא זמני. בחזון נתן תיאר הקב"ה עצמו את המשכן כמהות ארעית: "כִּי לֹא יָשַׁבְתִּי בְּבַיִת לְמִיּוֹם הַעֲלֹתִי אֶת בְּנֵי יִשְׂרָאֵל מִמִּצְרַיִם וְעַד הַיּוֹם הַזֶּה **וָאֶהְיֶה מִתְהַלֵּךְ בְּאֹהֶל וּבְמִשְׁכָּן**" (שמ"ב ז׳, ו). לפיכך חזר שלמה והכין את מרבית הכלים שנית (כפי שראינו בסוף פרק ז׳), ובכלים החדשים לא נזכרו בדים, ללמד שכעת הגיעו הכלים למקומם הקבוע.

אלא שהארון אינו מייצג רק את המקום הקבוע של המקדש, אלא גם את מקום השראת השכינה בפועל, בין הכרובים. גם משהוקם בית המקדש ושרתה בו שכינה, אין מובטח שכך יהיה לנצח. אדרבה, כבר ראינו בפרקים הקודמים כיצד המקרא מדגיש שהשראת השכינה במקדש היא מצב זמני, התלוי בהתנהגותו של עם ישראל.

את הזמניות שבהשראת השכינה מבטאים הבדים. משום כך לא הוסרו הבדים כשהוכנס הארון למקדש, אדרבה, האריכו אותם, כדי

עשרים אמה. לשני הפירושים המטרה הייתה שהבדים ייראו בפתח שבין הדביר להיכל.

14. שאף נמנה כלָאו (יומא עב ע"א; רמב"ם הלכות כלי המקדש פ"ב הי"ג).

שיבלטו בפרוכת שבין הדביר להיכל, ובליטתם תיראה מן ההיכל.[15] כך קיבל כל הנכנס להיכל תזכורת על עצם קיומם של הבדים – אזהרה מתמדת כי השכינה יכולה לעזוב את המקדש בכל עת (בדומה לכלי הנחושת החונים בחצר המקדש, כפי שלמדנו בפרק הקודם).

ג. בין המשכן למקדש

לאחר הבאת הארון למקומו בא רגע השיא – השכינה שורה במקדש:

> (י) וַיְהִי בְּצֵאת הַכֹּהֲנִים מִן הַקֹּדֶשׁ וְהֶעָנָן מָלֵא אֶת בֵּית ה׳:
> (יא) וְלֹא יָכְלוּ הַכֹּהֲנִים לַעֲמֹד לְשָׁרֵת מִפְּנֵי הֶעָנָן כִּי מָלֵא כְבוֹד ה׳ אֶת בֵּית ה׳:

למרות רוממותו של הרגע, קשה שלא לחוש בהבדל שבין תיאור השראת השכינה כאן לבין תיאור השראתה במשכן בסוף ספר שמות. לכאורה התיאורים דומים:

> וַיְכַס הֶעָנָן אֶת אֹהֶל מוֹעֵד וּכְבוֹד ה׳ מָלֵא אֶת הַמִּשְׁכָּן. וְלֹא יָכֹל מֹשֶׁה לָבוֹא אֶל אֹהֶל מוֹעֵד כִּי שָׁכַן עָלָיו הֶעָנָן וּכְבוֹד ה׳ מָלֵא אֶת הַמִּשְׁכָּן. (שמות מ׳, לד-לה)

בשני המקומות מסופר כי הענן, המייצג את כבוד ה׳, מילא את מקום השראת השכינה, ובשל כך לא יכלו העובדים בו להיכנס אליו. אבל כבר כאן בולט הבדל: בספר שמות נאמר שמשה לא יכול להיכנס, ואילו בפרקנו מדובר בכוהנים.

15. לעיל פרק ו׳ עמדנו על השאלה מה הפריד בין הדביר להיכל, ושם (בהערה 20) הבאנו את דעת חז״ל שהייתה פרוכת בין הדלתות, והבדים היו ״דוחקין ובולטין ויוצאין בפרוכת, ונראין כשני דדי אשה, שנאמר ׳צְרוֹר הַמֹּר דּוֹדִי לִי בֵּין שָׁדַי יָלִין׳ (שיר השירים א׳, יג)״ (יומא נד ע״א).

יסודו של הבדל זה בשוני בולט אחר. המשכו של התיאור בסוף ספר שמות הוא הפתיחה של חומש ויקרא (א׳, א): ״וַיִּקְרָא אֶל מֹשֶׁה וַיְדַבֵּר ה׳ אֵלָיו מֵאֹהֶל מוֹעֵד לֵאמֹר״. הווה אומר: אמנם כבוד ה׳ שכן על המשכן, ובתחילה לא יכול משה להיכנס אליו, אבל לאחר מכן קרא לו הקב״ה ודיבר עמו מאוהל מועד. בכך בא לידי ביטוי ייעודו המרכזי של מקום השראת השכינה. אין הוא רק מקום להנחת לוחות העדות, שמכאן כינויו ״משכן העדות״ (שמות ל״ח, כא; במדבר א׳, נ, נג; ועוד), אלא הוא גם ״אהל מועד״, כלומר המקום שהקב״ה נועד בו עם משה: ״וְנוֹעַדְתִּי לְךָ שָׁם וְדִבַּרְתִּי אִתְּךָ מֵעַל הַכַּפֹּרֶת מִבֵּין שְׁנֵי הַכְּרֻבִים אֲשֶׁר עַל אֲרוֹן הָעֵדֻת אֵת כָּל אֲשֶׁר אֲצַוֶּה אוֹתְךָ אֶל בְּנֵי יִשְׂרָאֵל״ (שמות כ״ה, כב).[16] שני השמות מבטאים את שני התפקידים המרכזיים של המבנה.[17]

בפרקנו נזכרים הכוהנים דווקא, והדבר עשוי ללמד על השינוי הגדול שהתחולל במעבר ממשכן למקדש. ממד ההיוועדות היה ייחודי למשכן, ולמעשה ייחודי למשה רבנו; רק למשה התגלה ה׳ פנים אל

16. ניתן לראות בשני ההיבטים האלה של המשכן ביטויי יסוד לתורה שבכתב ולתורה שבעל פה. לוחות העדות מנציחים את מעמד מתן התורה שבכתב, ואילו ההיוועדות נועדה בראש ובראשונה לאפשר את התפתחות התורה מעבר למה שניתן בכתב. דרך ההתמודדות הראשונית עם מצבים חדשים היא שמשה נכנס לאוהל מועד ומקבל שם את דבר ה׳, המחדש לו את ההלכות הנצרכות. ולא בכדי הבסיס הוא ׳התורה שבכתב׳ שבתוך הארון, ועל גבי בסיס יציב ובלתי־משתנה זה – בין הכרובים שמעל הארון – נמצא המקור לדבר ה׳ המתחדש בכל עת.

17. התפקיד הכפול מתבטא גם במבנה הכפול – בשני הכיסויים של המבנה. הכיסוי התחתון עשוי ״עֶשֶׂר יְרִיעֹת שֵׁשׁ מָשְׁזָר וּתְכֵלֶת וְאַרְגָּמָן וְתֹלַעַת שָׁנִי כְּרֻבִים״ (שמות כ״ו, א), ויריעות אלו נקראות בכל מקום ״מִשְׁכָּן״, כגון: ״וְאֶת הַמִּשְׁכָּן תַּעֲשֶׂה עֶשֶׂר יְרִיעֹת שֵׁשׁ מָשְׁזָר... וְחִבַּרְתָּ אֶת הַיְרִיעֹת אִשָּׁה אֶל אֲחֹתָהּ בַּקְּרָסִים וְהָיָה הַמִּשְׁכָּן אֶחָד״ (שם, א-ו), וכדברי רש״י (שם ל״ה, יא): ״יריעות התחתונות הנראות בתוכו קרויים משכן״. הכיסוי העליון הוא יריעות העזים, הנקראות תמיד ״אֹהֶל״, כגון: ״וְעָשִׂיתָ יְרִיעֹת עִזִּים לְאֹהֶל עַל הַמִּשְׁכָּן... וְחִבַּרְתָּ אֶת הָאֹהֶל וְהָיָה אֶחָד״ (שם כ״ו, ז-יא), ואף על כך עמד רש״י (שם, יב): ״ויריעות האהל הן העליונות של עזים שקרויים אהל״. נמצאנו למדים שהיריעות התחתונות הן היריעות של ״משכן העדות״, והיריעות העליונות הן היריעות של ״אהל מועד״.

פנים באוהל מועד. נראה אפוא שבתפקידו של המקדש חל פיחות: אין הוא מקום לקשר בין הקב"ה ובין עם ישראל, אלא רק מקום המיועד לעבודת הקרבנות. אכן, גם התורה מונה למקדש ייעודים פונקציונליים בלבד – מקום הקרבת הקרבנות והבאת התרומות והמעשרות (דברים י"ב, ה-ז), מקום העלייה לרגל (שם ט"ז, טז) ומקום המשפט (שם י"ז, ח) – ואינה מציינת שזהו מקום ל'מפגש ישיר' בין הקב"ה ובין ישראל.

נראה שמציאות זו עמדה גם לנגד עיניו של שלמה, והיא הבסיס לתפילתו בהמשך הפרק, שעניינה, כפי שנלמד להלן, הוספת ייעוד למקדש, על מנת שיוסיף להיות מקום של מפגש ישיר בין הקב"ה ובין עם ישראל.

ד. ארבע האמירות של שלמה

בפס' יב-סא מופיעים ארבעה ציטוטים מדברי שלמה. הציטוט הראשון הוא הקצר שבכולם:

(יב) אָז אָמַר שְׁלֹמֹה ה' אָמַר לִשְׁכֹּן בָּעֲרָפֶל: (יג) בָּנֹה בָנִיתִי בֵּית זְבֻל לָךְ מָכוֹן **לְשִׁבְתְּךָ** עוֹלָמִים:

אמירה זו, מה טיבה? במה היא תורמת לתיאור חנוכת המקדש, ומה החידוש בה? מסתבר שאמירה זו אכן איננה עומדת לעצמה, אלא היא פתיחה לדבר העיקרי ששלמה מבקש להבהיר בדבריו – ביאור מעמיק יותר לרעיון של השראת השכינה בבית – והמשכה הישיר הוא בפס' כז:

(כז) כִּי הַאֻמְנָם **יֵשֵׁב** אֱלֹהִים עַל הָאָרֶץ הִנֵּה הַשָּׁמַיִם וּשְׁמֵי הַשָּׁמַיִם לֹא יְכַלְכְּלוּךָ אַף כִּי הַבַּיִת הַזֶּה אֲשֶׁר בָּנִיתִי:

רק בפס' כז שלמה ממשיך לבאר כיצד ניתן לדבר על בית שהקב"ה 'יושב' בו כביכול, והוא אכן מסביר שמדובר בעניין סמלי בלבד. מיד

לאחר הסבר זה שלמה מגיע לנקודה המרכזית בנאומו, כפי שנלמד להלן.

בין שני חלקיה של אמירה זו מפרידות שתי אמירות אחרות של שלמה: בפס׳ יד-כא שלמה פונה לעם ומברך אותו, ובפס׳ כב-כו הוא פונה לה׳. שני הקטעים הללו הם למעשה שני מאמרים מוסגרים, הקשורים זה לזה, כפי שיבואר. רק לאחר הפנייה הארוכה לה׳ (הממשיכה עד פס׳ נג) מופיע הציטוט הרביעי מדברי שלמה, ובו הוא שב ומברך את העם (פס׳ נד-סא).

נעיין תחילה באמירה השנייה של שלמה (פס׳ יד-כא), וננסה לעמוד על משמעותה.

ה. ואבחר בדוד

(יד) וַיַּסֵּב הַמֶּלֶךְ אֶת פָּנָיו וַיְבָרֶךְ אֵת כָּל קְהַל יִשְׂרָאֵל וְכָל קְהַל
יִשְׂרָאֵל עֹמֵד: (טו) וַיֹּאמֶר בָּרוּךְ ה׳ אֱלֹהֵי יִשְׂרָאֵל אֲשֶׁר דִּבֶּר בְּפִיו
אֵת דָּוִד אָבִי וּבְיָדוֹ מִלֵּא לֵאמֹר: (טז) מִן הַיּוֹם אֲשֶׁר הוֹצֵאתִי אֶת
עַמִּי אֶת יִשְׂרָאֵל מִמִּצְרַיִם לֹא בָחַרְתִּי בְעִיר מִכֹּל שִׁבְטֵי יִשְׂרָאֵל
לִבְנוֹת בַּיִת לִהְיוֹת שְׁמִי שָׁם וָאֶבְחַר בְּדָוִד לִהְיוֹת עַל עַמִּי יִשְׂרָאֵל:
(יז) וַיְהִי עִם לְבַב דָּוִד אָבִי לִבְנוֹת בַּיִת לְשֵׁם ה׳ אֱלֹהֵי יִשְׂרָאֵל:
(יח) וַיֹּאמֶר ה׳ אֶל דָּוִד אָבִי יַעַן אֲשֶׁר הָיָה עִם לְבָבְךָ לִבְנוֹת בַּיִת
לִשְׁמִי הֱטִיבֹתָ כִּי הָיָה עִם לְבָבֶךָ: (יט) רַק אַתָּה לֹא תִבְנֶה הַבָּיִת
כִּי אִם בִּנְךָ הַיֹּצֵא מֵחֲלָצֶיךָ הוּא יִבְנֶה הַבַּיִת לִשְׁמִי: (כ) וַיָּקֶם ה׳
אֶת דְּבָרוֹ אֲשֶׁר דִּבֵּר וָאָקֻם תַּחַת דָּוִד אָבִי וָאֵשֵׁב עַל כִּסֵּא יִשְׂרָאֵל
כַּאֲשֶׁר דִּבֶּר ה׳ וָאֶבְנֶה הַבַּיִת לְשֵׁם ה׳ אֱלֹהֵי יִשְׂרָאֵל: (כא) וָאָשִׂם שָׁם
מָקוֹם לָאָרוֹן אֲשֶׁר שָׁם בְּרִית ה׳ אֲשֶׁר כָּרַת עִם אֲבֹתֵינוּ בְּהוֹצִיאוֹ
אֹתָם מֵאֶרֶץ מִצְרָיִם:

נראה שעיקר מגמתה של פִּסקה זו להסביר, עוד לפני הדיון במהותו של הבית, כיצד העז שלמה כלל ועיקר לעשות צעד גדול כל כך. שלמה מסביר שבזה הוא מגשים את הבטחת ה׳ לדוד אביו בחזון נתן

(שמ"ב ז'), שבנו יבנה בית לשם ה', ומשימה זו הוטלה עליו, למעשה, בעצם ישיבתו על כיסא אביו. רק משהובהר עניין זה יכול שלמה לחזור לנושא העיקרי, ולעסוק במהותו של הבית שבנה.

בפס' טז יש לכאורה אי־התאמה בין שני חלקי הפסוק. הפסוק פותח במילים "מִן הַיּוֹם אֲשֶׁר הוֹצֵאתִי אֶת עַמִּי אֶת יִשְׂרָאֵל מִמִּצְרַיִם לֹא בָחַרְתִּי **בְעִיר** מִכֹּל שִׁבְטֵי יִשְׂרָאֵל לִבְנוֹת בַּיִת לִהְיוֹת שְׁמִי שָׁם"; ההמשך הצפוי הוא שכעת כבר בחר ה' בירושלים לשכן את שמו שם,[18] אבל במקום זאת נאמר "וָאֶבְחַר **בְּדָוִד** לִהְיוֹת עַל עַמִּי יִשְׂרָאֵל". מה פשר הדבר?

לכאורה הבעיה נפתרת בספר דברי הימים:

> מִן הַיּוֹם אֲשֶׁר הוֹצֵאתִי אֶת עַמִּי מֵאֶרֶץ מִצְרַיִם לֹא בָחַרְתִּי בְעִיר מִכֹּל שִׁבְטֵי יִשְׂרָאֵל לִבְנוֹת בַּיִת **לִהְיוֹת שְׁמִי שָׁם** וְלֹא בָחַרְתִּי בְאִישׁ לִהְיוֹת נָגִיד עַל עַמִּי יִשְׂרָאֵל. וָאֶבְחַר בִּירוּשָׁלַםִ **לִהְיוֹת שְׁמִי שָׁם** וָאֶבְחַר בְּדָוִיד לִהְיוֹת עַל עַמִּי יִשְׂרָאֵל. (דה"ב ו', ד-ה)

יש טוענים שהנוסח המקורי בספר מלכים היה כמו בדברי הימים, אלא שנפלה בו השמטה 'מחמת הדומות' (המילים המודגשות).[19] ואכן, בתרגום השבעים למלכים הנוסח הוא כמו בדברי הימים.

ואולם, עיון מעמיק מגלה עד כמה ניסיון התיקון שגוי מעיקרו.[20] נראה שלנוסח במלכים יש משמעות גדולה: בחירת ה' בירושלים היא פועל יוצא של בחירתו בדוד, שכן דוד הוא שבחר בירושלים. אכן, ספר שמואל וספר מלכים מדגישים שהבחירה בירושלים הייתה של

18. כדברי רד"ק: "למה שהקדים 'לא בחרתי בעיר', היה לומר 'ואבחר בירושלם'".
19. השמטה מחמת הדומות היא תופעה רווחת בכתבי יד ובהעתקות של טקסטים. התופעה מתרחשת כאשר מילה או כמה מילים חוזרות בטקסט פעמיים במרחק קטן. או אז עלולה עינו של המעתיק לדלג מן ההופעה הראשונה להופעה השנייה, והוא משמיט בטעות את הטקסט שביניהן.
20. וזאת מבלי להיכנס לשאלה העקרונית בדבר הצעות לתיקון נוסח על סמך פסוקים מקבילים, שהיא נושא הדורש עיון בפני עצמו.

דוד בלבד, בלא התערבות מגבוה, והשראת השכינה בירושלים הייתה פועל יוצא של בחירה זו: דוד הוא שקבע את ירושלים כעיר מלכותו (שמ״ב ה׳, ו-ט), ובניין המקדש בה בידי שלמה היה ההמשך הטבעי לכך. לעומת זאת, בספר דברי הימים מפורש שבחירת ירושלים כמקום המקדש הייתה בהכוונה ברורה מגבוה. הן ספר שמואל (שמ״ב כ״ד) הן ספר דברי הימים (דה״א כ״א) מביאים את סיפור קניית גורן ארוונה היבוסי, בניית המזבח והקרבת הקרבן בעצירת מגפת הדֶבֶר שהתרחשה בעקבות המפקד שערך דוד. אבל רק בדברי הימים כרוך סיומו של הסיפור בהבנה של דוד כי ה׳ רומז לו שזהו מקום המקדש: ״בָּעֵת הַהִיא בִּרְאוֹת דָּוִיד כִּי עָנָהוּ ה׳ בְּגֹרֶן אָרְנָן הַיְבוּסִי וַיִּזְבַּח שָׁם... וַיֹּאמֶר דָּוִיד זֶה הוּא בֵּית ה׳ הָאֱלֹהִים וְזֶה מִּזְבֵּחַ לְעֹלָה לְיִשְׂרָאֵל״ (דה״א כ״א, כח – כ״ב, א).[21] נמצאנו למדים ששני הנוסחים של תפילת שלמה, בספר מלכים ובספר דברי הימים, משקפים שתי בחינות מהותיות בנושא בחירת ירושלים כמקום השראת השכינה – בחירה אנושית ובחירה מאת ה׳ – ועל כן הניסיון לתקן את הנוסח במלכים על פי הנוסח בדברי הימים מחטיא את המשמעות של ההבדל בין שני הספרים.[22]

21. עיינו על כך בהרחבה **שמואל ב׳ – מלכות דוד**, עמ׳ 323-325.
22. הצעת תיקון הנוסח היא בלתי־סבירה גם מסיבה אחרת. בטענה ״וְלֹא בָחַרְתִּי בְאִישׁ לִהְיוֹת נָגִיד עַל עַמִּי יִשְׂרָאֵל״, הקיימת בנוסח בדברי הימים, יש קושי: הרי שאול נבחר במפורש להיות ״נגיד״ (שמ״א ט׳, טז; י׳, א)! התשובה לשאלה זו ברורה מתוך יחסו של ספר דברי הימים לשאול. ספר זה מתעלם לחלוטין משנות מלכותו של שאול, ואינו מספר אלא את סיפור מותו (דה״א י׳), ואף זאת בצירוף דברי ביקורת קשים: ״וַיָּמָת שָׁאוּל בְּמַעֲלוֹ אֲשֶׁר מָעַל בַּה׳ עַל דְּבַר ה׳ אֲשֶׁר לֹא שָׁמָר וְגַם לִשְׁאוֹל בָּאוֹב לִדְרוֹשׁ. וְלֹא דָרַשׁ בַּה׳ וַיְמִיתֵהוּ וַיַּסֵּב אֶת הַמְּלוּכָה לְדָוִיד בֶּן יִשָׁי״ (שם, יג-יד). הטענה שעד לדוד לא בחר ה׳ באיש להיות נגיד על ישראל ניתנת אפוא להיאמר רק מן הפרספקטיבה של דברי הימים, שאינה מכירה במלכות שאול, בגלל כישלונו. אבל בספרי שמואל ומלכים, המדגישים גם את ההזדמנות שניתנה לשאול ואת מינויו המפורש ל״נגיד״, אין טענה זו מופיעה, ואין היא יכולה להופיע בהם.

ט. הבקשה על המשך מלכות דוד

כאמור לעיל, דברי הפתיחה של שלמה בפס׳ יב-יג ממשיכים, למעשה, בפס׳ כז, ובתווך באים שני קטעים הנוגעים למקדש אך אינם מעיקר הנאום. בפס׳ יד-כא שלמה מסביר כיצד העז לבנות בית לה׳ כלל ועיקר, ומבאר שבזה הגשים את הבטחת ה׳ לדוד בנבואת נתן, שבנו הוא שיבנה בית לה׳. בקטע השני – פס׳ כב-כו – שלמה פונה לה׳:

(כב) וַיַּעֲמֹד שְׁלֹמֹה לִפְנֵי מִזְבַּח ה׳ נֶגֶד כָּל קְהַל יִשְׂרָאֵל וַיִּפְרֹשׂ כַּפָּיו הַשָּׁמָיִם: (כג) וַיֹּאמַר ה׳ אֱלֹהֵי יִשְׂרָאֵל אֵין כָּמוֹךָ אֱלֹהִים בַּשָּׁמַיִם מִמַּעַל וְעַל הָאָרֶץ מִתָּחַת שֹׁמֵר הַבְּרִית וְהַחֶסֶד לַעֲבָדֶיךָ הַהֹלְכִים לְפָנֶיךָ בְּכָל לִבָּם: (כד) אֲשֶׁר שָׁמַרְתָּ לְעַבְדְּךָ דָּוִד אָבִי אֵת אֲשֶׁר דִּבַּרְתָּ לוֹ וַתְּדַבֵּר בְּפִיךָ וּבְיָדְךָ מִלֵּאתָ כַּיּוֹם הַזֶּה: (כה) וְעַתָּה ה׳ אֱלֹהֵי יִשְׂרָאֵל שְׁמֹר לְעַבְדְּךָ דָוִד אָבִי אֵת אֲשֶׁר דִּבַּרְתָּ לּוֹ לֵאמֹר לֹא יִכָּרֵת לְךָ אִישׁ מִלְּפָנַי יֹשֵׁב עַל כִּסֵּא יִשְׂרָאֵל רַק אִם יִשְׁמְרוּ בָנֶיךָ אֶת דַּרְכָּם לָלֶכֶת לְפָנַי כַּאֲשֶׁר הָלַכְתָּ לְפָנָי: (כו) וְעַתָּה אֱלֹהֵי יִשְׂרָאֵל יֵאָמֶן נָא דבריך [דְּבָרְךָ קרי] אֲשֶׁר דִּבַּרְתָּ לְעַבְדְּךָ דָּוִד אָבִי:

שלמה פותח בהודאה לה׳ על שקיים את הבטחתו לדוד, ומוסיף ומתפלל שה׳ ישמור גם את הבטחתו השנייה בחזון נתן, שמלכות בית דוד תימשך.[23] בפרק ה׳ לעיל עמדנו על הקשר שבין הדברים: מלכות יציבה ויציבות מדינית־ביטחונית הן תנאי לקיומו של בית המקדש. ואכן, ימי המקדש כימיה של מלכות בית דוד: הקים את המקדש המלך המציין את ראשיתה של שושלת בית דוד, והוא נחרב בימי המלך האחרון מבית דוד.

23. כבר הזכרנו בפרק ב׳ כי שלמה מציין כאן שקיומה של מלכות בית דוד מותנה: "רַק אִם יִשְׁמְרוּ בָנֶיךָ אֶת דַּרְכָּם לָלֶכֶת לְפָנַי כַּאֲשֶׁר הָלַכְתָּ לְפָנָי" – שלא כעולה מחזון נתן, שהבטחה זו אינה מותנית. ושם כתבנו שיסוד ההבדל בנקודות המבט השונות של חזון נתן ושל ספר מלכים.

י. לשמוע אל התפילה

לאחר שסיים לעסוק במה שנאמר בחזון נתן, שלמה חוזר לנושא המרכזי של תפילתו. שלמה פתח בקביעה שהמקדש הוא "בֵּית זְבֻל לָךְ מָכוֹן לְשִׁבְתְּךָ עוֹלָמִים" (פס׳ יג). אך מיד הוא תמה:

> (כז) כִּי הַאֻמְנָם יֵשֵׁב אֱלֹהִים עַל הָאָרֶץ הִנֵּה הַשָּׁמַיִם וּשְׁמֵי הַשָּׁמַיִם לֹא יְכַלְכְּלוּךָ אַף כִּי[24] הַבַּיִת הַזֶּה אֲשֶׁר בָּנִיתִי:[25]

מה משמעותו של בית לה׳? הלוא ברי כי אין הכוונה שהקב"ה, שאין שום מציאות בעולם שיכולה להכילו כביכול, ישכון בבית שבנה שלמה?

אכן, מלכתחילה היה ברור שהבית אינו אלא ביטוי סמלי להשראת השכינה. אבל כאן שלמה מחדש פן ייחודי במשמעותו של בית המקדש. כפי שציינו לעיל, במקדש לא היה קיים פן המפגש שבין הקב"ה והאדם במובן שהיה במשכן – מקום ההיוועדות של ה׳ עם משה. כעת מבקש שלמה את הצד השני בקשר שבין הקב"ה לאדם:

> (כח) וּפָנִיתָ אֶל תְּפִלַּת עַבְדְּךָ וְאֶל תְּחִנָּתוֹ ה׳ אֱלֹהָי לִשְׁמֹעַ אֶל הָרִנָּה וְאֶל הַתְּפִלָּה אֲשֶׁר עַבְדְּךָ מִתְפַּלֵּל לְפָנֶיךָ הַיּוֹם: (כט) לִהְיוֹת עֵינֶךָ פְתֻחוֹת אֶל הַבַּיִת הַזֶּה לַיְלָה וָיוֹם אֶל הַמָּקוֹם אֲשֶׁר אָמַרְתָּ יִהְיֶה שְׁמִי שָׁם לִשְׁמֹעַ אֶל הַתְּפִלָּה אֲשֶׁר יִתְפַּלֵּל עַבְדְּךָ אֶל הַמָּקוֹם הַזֶּה: (ל) וְשָׁמַעְתָּ אֶל תְּחִנַּת עַבְדְּךָ וְעַמְּךָ יִשְׂרָאֵל אֲשֶׁר יִתְפַּלְלוּ אֶל הַמָּקוֹם הַזֶּה וְאַתָּה תִּשְׁמַע אֶל מְקוֹם שִׁבְתְּךָ אֶל הַשָּׁמַיִם וְשָׁמַעְתָּ וְסָלָחְתָּ:

24. הצירוף "אף כי" בא במקומות רבים במקרא במשמע ׳קל וחומר׳, כגון: דברים ל"א, כז; שמ"א כ"ג, ג; שמ"ב ד׳, יא; שם ט"ז, יא; מל"ב ה׳, יג.
25. כאמור, פס׳ כז הוא המשך ישיר לפס׳ יג, לאחר שהסתיימו שתי ההערות שהובאו בתווך. נראה שזו הסיבה להעדר פתיחה חדשה, למרות המעבר החד בין הנושאים, שהרי כעת ממשיך שלמה את המשפט שפתח בו את דבריו בפס׳ יב-יג.

הקב"ה ימשיך, כביכול, לשבת בשמיים.[26] אבל מקום המקדש יהיה מקום תפילה, והקב"ה יהיה קשוב במיוחד לתפילות ממקום זה, ויקבל את התפילות של שלמה ושל עם ישראל כולו. שלמה אומר "וְסָלַחְתָּ", כי בדרך הטבע יתפלל עם ישראל בשעת מצוקה, שבאה בגלל חטאיו, ובפנייה אל ה' תהיה גם תשובה ובקשת מחילה; ושלמה מבקש מה' שיקבל את תשובת עם ישראל, יסלח לעוונם ויושיעם מחטאתם.

נראה שייעוד זה של המקדש הוא בגדר חידוש של שלמה, שהרי עד כאן לא נרמז בתנ"ך שזה ייעודו. מכאן יובן מדוע אמר שלמה את כל הדברים הללו בתחינה, כורע על ברכיו, כאמור בסוף התפילה: "וַיְהִי כְּכַלּוֹת שְׁלֹמֹה לְהִתְפַּלֵּל אֶל ה' אֵת כָּל הַתְּפִלָּה וְהַתְּחִנָּה הַזֹּאת קָם מִלִּפְנֵי מִזְבַּח ה' מִכְּרֹעַ עַל בִּרְכָּיו וְכַפָּיו פְּרֻשׂוֹת הַשָּׁמָיִם" (פס' נד).[27]

ההבדל היסודי שבין המשכן כמקום שה' מדבר בו ובין המקדש כמקום שה' שומע בו משתקף בצורת העמידה של הכרובים. על הכרובים במשכן נאמר: "וּפְנֵיהֶם אִישׁ אֶל אָחִיו אֶל הַכַּפֹּרֶת יִהְיוּ פְּנֵי

26. המילה "שמים" מופיעה בפרקנו ארבע עשרה פעמים (כדרכן של מילים מנחות, המופיעות שבע פעמים או בכפולות של שבע), כבאה להדגיש שאכן מקום מושבו של הקב"ה הוא בשמיים, והמקדש אינו אלא ביטוי סמלי לסוג מסוים של השראת השכינה.

27. אמנם יש סתירה בין תיאור זה לבין האמור בתחילת הפנייה לה' (פס' כב): "וַיַּעֲמֹד שְׁלֹמֹה לִפְנֵי מִזְבַּח ה' נֶגֶד כָּל קְהַל יִשְׂרָאֵל וַיִּפְרֹשׂ כַּפָּיו הַשָּׁמָיִם". בדברי הימים הסתירה מיושבת: "וַיַּעֲמֹד לִפְנֵי מִזְבַּח ה' נֶגֶד כָּל קְהַל יִשְׂרָאֵל **וַיִּפְרֹשׂ כַּפָּיו**. כִּי עָשָׂה שְׁלֹמֹה כִּיּוֹר נְחֹשֶׁת וַיִּתְּנֵהוּ בְּתוֹךְ הָעֲזָרָה חָמֵשׁ אַמּוֹת אָרְכּוֹ וְחָמֵשׁ אַמּוֹת רָחְבּוֹ וְאַמּוֹת שָׁלוֹשׁ קוֹמָתוֹ וַיַּעֲמֹד עָלָיו וַיִּבְרַךְ עַל בִּרְכָּיו נֶגֶד כָּל קְהַל יִשְׂרָאֵל **וַיִּפְרֹשׂ כַּפָּיו** הַשָּׁמָיְמָה" (דה"ב ו', יב-יג). לפי האמור שם, שלמה עמד תחילה לפני המזבח, ואז עלה על כיור הנחושת, ושם כרע ברך ופרש כפיו השמימה. גם כאן (כמו בפס' טז, ראו לעיל) יש מציעים שהנוסח המקורי הוא הנוסח בדברי הימים, וחלה השמטה 'מחמת הדומות' (כלומר בגלל דילוג של המעתיק מן ההופעה הראשונה של המילים "וַיִּפְרֹשׂ כַּפָּיו" אל ההופעה השנייה שלה). ברם, דומה שהנוסח בדברי הימים אינו אלא הצעת פרשנות לנוסח שבפרקנו, ושהצעה זו אינה מוכרחת כלל ועיקר. ייתכן בהחלט שדבריו של שלמה נחלקו לשניים: החלק הראשון, שבו התפלל על המשך מלכות בית דוד, נאמר בעמידה; ואילו החלק השני – הבקשה שבית המקדש ישמש כמקום תפילה, הממשיכה את פס' יב-יג – נאמר בכריעה.

הַכְּרֻבִים״ (שמות כ״ה, כ), ואילו במקדש נאמר: ״וְהֵם עֹמְדִים עַל רַגְלֵיהֶם וּפְנֵיהֶם לַבָּיִת״ (דה״ב ג׳, יג). רד״ק בפירושו לדברי הימים מביא את דעת חז״ל, שלא היה הבדל בין המשכן למקדש, ובפועל עמדו הכרובים בהטיה: ״שהיו מצדדין פניהם, כתלמיד הנפטר מרבו״. אבל הוא עצמו מעלה אפשרות שהמשכן והמקדש נבדלו בעניין זה, כפי שנבדלו מן ההיבטים שראינו בפרק ו׳: ״כי נשתנו בזה כמו שנשתנו שהיו עומדים על רגליהם והיו עצי שמן מחופים זהב״. נראה שבמשכן הכרובים מסמלים את מקום התגלות השכינה, ועל כן הם פונים זה לזה ופניהם לכפורת, שמעליה השמיע ה׳ את דבריו (ראו שמות כ״ה, כב). אבל במקדש, המכוון לתפילתם של ישראל, פנו הכרובים אל תפילתם של בני ישראל הבאה מן הבית.

יא. ובא אלה לפני מזבחך

מכאן ואילך שלמה מציין שבעה מצבים שבהם עשויה לבוא פנייה אל המקדש, ומבקש מה׳ שישמע לדברים בכל אחד מהם. בטרם נבחן את המבנה הכללי של שבעת המצבים הללו, נעסוק תחילה במצב הראשון, שהוא חריג בבירור:

(לא) אֵת אֲשֶׁר יֶחֱטָא אִישׁ לְרֵעֵהוּ וְנָשָׁא בוֹ אָלָה לְהַאֲלֹתוֹ וּבָא אָלָה לִפְנֵי מִזְבַּחֲךָ בַּבַּיִת הַזֶּה: (לב) וְאַתָּה תִּשְׁמַע הַשָּׁמַיִם וְעָשִׂיתָ וְשָׁפַטְתָּ אֶת עֲבָדֶיךָ לְהַרְשִׁיעַ רָשָׁע לָתֵת דַּרְכּוֹ בְּרֹאשׁוֹ וּלְהַצְדִּיק צַדִּיק לָתֶת לוֹ כְּצִדְקָתוֹ:

מהי ״אָלָה״? המפתח להבנת המושג הוא בפרשת פסל מיכה, הפותחת בדברי מיכה לאמו: ״אֶלֶף וּמֵאָה הַכֶּסֶף אֲשֶׁר לֻקַּח לָךְ, וְאַתְּ אָלִית וְגַם אָמַרְתְּ בְּאָזְנַי, הִנֵּה הַכֶּסֶף אִתִּי אֲנִי לְקַחְתִּיו״ (שופטים י״ז, ב). מאמו של מיכה נגנב סכום כסף גדול, ואף שלא ידעה שמיכה הוא הגנב (ולכל היותר חשדה בו שהוא יודע מי הגנב), היא אמרה באוזניו ״אלה״,

דהיינו: קללה[28] על הגנב ועל מי שיודע על הגנֵבה. אלה היא זעקה, המחייבת את כל השומעים הנוגעים בדבר להגיב לה.

זהו גם פשט הדברים בפרשת 'קרבן עולה ויורד': "וְנֶפֶשׁ כִּי תֶחֱטָא וְשָׁמְעָה קוֹל אָלָה וְהוּא עֵד אוֹ רָאָה אוֹ יָדָע אִם לוֹא יַגִּיד וְנָשָׂא עֲוֹנוֹ" (ויקרא ה', א).[29] התורה מחייבת את שומעי האלה לסייע בעדותם למי שאומר אותה, אף אם האלה לא כֻּוונה במפורש אליהם. משום כך נאמר "קוֹל אָלָה": "קול" היינו 'שמועה';[30] גם מי שלא שמע את האלה באוזניו, אבל הגיעה אליו שמועה על קיומה, מחויב להגיב לקול זה.[31]

מכאן נוכל להבין את דברי שלמה. מסתבר שגם כאן מדובר באדם שנעשה לו עוול, ועל כן הוא נשא אלה, אך איש לא שמע לאלתו ולא שיתף אותו במידע על עושה העוול. שלמה מתפלל שהאלה תבוא לפני ה' בבית המקדש,[32] והקב"ה בעצמו יעשה משפט: "**וְשָׁפַטְתָּ** אֶת עֲבָדֶיךָ **לְהַרְשִׁיעַ רָשָׁע** לָתֵת דַּרְכּוֹ בְּרֹאשׁוֹ **וּלְהַצְדִּיק צַדִּיק** לָתֶת לוֹ כְּצִדְקָתוֹ". לשון זו עומדת כנגד מה שנאמר בתורה בבית דין של מטה: "וְנִגְּשׁוּ אֶל הַמִּשְׁפָּט וּשְׁפָטוּם **וְהִצְדִּיקוּ אֶת הַצַּדִּיק וְהִרְשִׁיעוּ אֶת הָרָשָׁע**" (דברים כ"ה, א).

על פי זה, ייעודו של המקדש כמקום תפילה נוגע גם לתפילות

28. כמו בפסוקים האלה: "וְרָבְצָה בּוֹ כָּל **הָאָלָה** הַכְּתוּבָה בַּסֵּפֶר הַזֶּה" (דברים כ"ט, יט); "וְרָדַפְתִּי אַחֲרֵיהֶם בַּחֶרֶב בָּרָעָב וּבַדָּבֶר וּנְתַתִּים לְזַעֲוָה לְכֹל מַמְלְכוֹת הָאָרֶץ **לְאָלָה** וּלְשַׁמָּה וְלִשְׁרֵקָה וּלְחֶרְפָּה בְּכָל הַגּוֹיִם אֲשֶׁר הִדַּחְתִּים שָׁם" (ירמיהו כ"ט, יח).

29. חז"ל דרשו את הפסוק אחרת, בעניין הנקרא בלשונם 'שבועת העדות': אדם תבע את חברו להעיד עבורו, והלה נשבע לשקר שאינו יודע לו עדות – הריהו חייב על כך קרבן.

30. כמו "וַיְצַו מֹשֶׁה וַיַּעֲבִירוּ קוֹל בַּמַּחֲנֶה" (שמות ל"ו, ו).

31. כך יש להבין גם את הפסוק "חוֹלֵק עִם גַּנָּב שׂוֹנֵא נַפְשׁוֹ אָלָה יִשְׁמַע וְלֹא יַגִּיד" (משלי כ"ט, כד). מי שחולק עם גנב גורם רעה לעצמו, וחלוקה עם גנב היינו: ששמע קול אלה מפיו של בעל הממון הנגנב, ולא הגיב לקול זה, אף על פי שידע מי הגנב.

32. ייתכן שנשיאת אלה במקדש מצריכה קרבן, ומשום כך נאמר כאן שהאלה תהיה "לִפְנֵי מִזְבַּחֲךָ". צירוף אלה וקרבן מצאנו גם בפרשת סוטה (במדבר ה', טו-כב).

לעשיית צדק, והדבר קשור לתפקידו של המקדש כמקום המשפט: ״כִּי יִפָּלֵא מִמְּךָ דָבָר לַמִּשְׁפָּט בֵּין דָּם לְדָם בֵּין דִּין לְדִין וּבֵין נֶגַע לָנֶגַע דִּבְרֵי רִיבֹת בִּשְׁעָרֶיךָ וְקַמְתָּ וְעָלִיתָ אֶל **הַמָּקוֹם אֲשֶׁר יִבְחַר ה׳** אֱלֹהֶיךָ בּוֹ. וּבָאתָ אֶל הַכֹּהֲנִים הַלְוִיִּם וְאֶל הַשֹּׁפֵט אֲשֶׁר יִהְיֶה בַּיָּמִים הָהֵם וְדָרַשְׁתָּ וְהִגִּידוּ לְךָ אֵת דְּבַר הַמִּשְׁפָּט. וְעָשִׂיתָ עַל פִּי הַדָּבָר אֲשֶׁר יַגִּידוּ לְךָ מִן **הַמָּקוֹם הַהוּא אֲשֶׁר יִבְחַר ה׳** וְשָׁמַרְתָּ לַעֲשׂוֹת כְּכֹל אֲשֶׁר יוֹרוּךָ״ (דברים י״ז, ח-י). שלמה החשיב מאוד את ערך המשפט (כעולה מבקשתו בחלומו בפרק ג׳), והוא מבטא זאת במצב הראשון שהוא מצייר בתפילתו: הוא מבקש ביטוי מעשי על־טבעי לתפקידו של המקדש כמקום הצדק והמשפט.

יב. אל הבית הזה

נעבור עתה למבנה הכללי של שבעת המצבים המופיעים בדברי שלמה. לאחר המצב הראשון – שהוא, כאמור, חריג, בהיותו עוסק במשפט, ולא בתפילה רגילה – באים שלושה מצבי מצוקה שישראל יתפללו בהם לה׳. המצב השני הוא:

(לג) בְּהִנָּגֵף עַמְּךָ יִשְׂרָאֵל לִפְנֵי אוֹיֵב אֲשֶׁר יֶחֶטְאוּ לָךְ וְשָׁבוּ אֵלֶיךָ וְהוֹדוּ אֶת שְׁמֶךָ וְהִתְפַּלְלוּ וְהִתְחַנְּנוּ אֵלֶיךָ בַּבַּיִת הַזֶּה: (לד) וְאַתָּה תִּשְׁמַע הַשָּׁמַיִם וְסָלַחְתָּ לְחַטַּאת עַמְּךָ יִשְׂרָאֵל וַהֲשֵׁבֹתָם אֶל הָאֲדָמָה אֲשֶׁר נָתַתָּ לַאֲבוֹתָם:[33]

33. כיצד מתיישבות המילים ״וְהִתְפַּלְלוּ וְהִתְחַנְּנוּ אֵלֶיךָ בַּבַּיִת הַזֶּה״ עם המילים ״וַהֲשֵׁבֹתָם אֶל הָאֲדָמָה אֲשֶׁר נָתַתָּ לַאֲבוֹתָם״? רד״ק פירש שמקצת העם יילקח בשבי ויִגָּלֶה, והעם שייוותר בארץ יתפלל במקדש. ואילו רלב״ג סבור שהדברים מכוונים למציאות שחלקים מן הארץ נכבשו ביד אויב, ושלמה מתפלל שה׳ ישיב את ישראל לחבלי הארץ האלה.

המצב השלישי:

(לה) בְּהֵעָצֵר שָׁמַיִם וְלֹא יִהְיֶה מָטָר כִּי יֶחֶטְאוּ לָךְ וְהִתְפַּלְלוּ אֶל הַמָּקוֹם הַזֶּה וְהוֹדוּ אֶת שְׁמֶךָ וּמֵחַטָּאתָם יְשׁוּבוּן כִּי תַעֲנֵם: (לו) וְאַתָּה תִּשְׁמַע הַשָּׁמַיִם וְסָלַחְתָּ לְחַטַּאת עֲבָדֶיךָ וְעַמְּךָ יִשְׂרָאֵל כִּי[34] תוֹרֵם אֶת הַדֶּרֶךְ הַטּוֹבָה אֲשֶׁר יֵלְכוּ בָהּ וְנָתַתָּה מָטָר עַל אַרְצְךָ אֲשֶׁר נָתַתָּה לְעַמְּךָ לְנַחֲלָה:

והמצב הרביעי:

(לז) רָעָב כִּי יִהְיֶה בָאָרֶץ דֶּבֶר כִּי יִהְיֶה שִׁדָּפוֹן יֵרָקוֹן אַרְבֶּה חָסִיל כִּי יִהְיֶה כִּי יָצַר לוֹ אֹיְבוֹ בְּאֶרֶץ שְׁעָרָיו כָּל נֶגַע כָּל מַחֲלָה: (לח) כָּל תְּפִלָּה כָל תְּחִנָּה אֲשֶׁר תִהְיֶה לְכָל הָאָדָם לְכֹל עַמְּךָ יִשְׂרָאֵל אֲשֶׁר יֵדְעוּן אִישׁ נֶגַע לְבָבוֹ וּפָרַשׂ כַּפָּיו אֶל הַבַּיִת הַזֶּה: (לט) וְאַתָּה תִּשְׁמַע הַשָּׁמַיִם מְכוֹן שִׁבְתֶּךָ וְסָלַחְתָּ וְעָשִׂיתָ וְנָתַתָּ לָאִישׁ כְּכָל דְּרָכָיו אֲשֶׁר תֵּדַע אֶת לְבָבוֹ כִּי אַתָּה יָדַעְתָּ לְבַדְּךָ אֶת לְבַב כָּל בְּנֵי הָאָדָם: (מ) לְמַעַן יִרָאוּךָ כָּל הַיָּמִים אֲשֶׁר הֵם חַיִּים עַל פְּנֵי הָאֲדָמָה אֲשֶׁר נָתַתָּה לַאֲבֹתֵינוּ:

המצבים מסודרים על פי מידת הקִרבה למקדש עצמו. במצב הראשון יש להגיע למזבח עצמו כדי לשאת שם את האלה (ראו הערה 32). במצב השני מתוארת תשובה לאחר הינגפות לפני אויב, ועם ישראל נדרש לעשות תשובה במקדש עצמו: "וְשָׁבוּ אֵלֶיךָ וְהוֹדוּ אֶת שְׁמֶךָ וְהִתְפַּלְלוּ וְהִתְחַנְּנוּ אֵלֶיךָ **בַּבַּיִת הַזֶּה**".

במצב השלישי – עצירת גשמים – כבר אין דרישה להתפלל אל ה׳ במקדש, אלא עַם ישראל, בכל מקום שהוא, מתפלל "אֶל הַמָּקוֹם

34. "כי" במובן 'אשר', רוצה לומר: ה׳ יורה לעם ישראל מהו החטא שבגללו נעצרו השמיים ומה התיקון הדרוש, כמו ברעב שהיה בימי דוד (שמ"ב כ"א), שה׳ הסביר שהוא בגלל החטא של שאול לגבעונים.

הַזֶּה". מסתבר שטעם ההבדל הוא שבמצב השני כבר תמה הפורענות, וניתן לדרוש מהעם לבוא אל המקדש עצמו. אבל במצב השלישי הצרה עודנה בתוקפה, ובשעת צרה לא נדרש מישראל להתאמץ להגיע למקדש, אלא די שיעשו תשובה במקומם ויתפללו לכיוון המקדש. תפילה אל המקדש מבטאת אמונה בהיותו מקום שאוזני ה׳ קשובות אליו, לשמוע את תפילתם של ישראל.[35]

המצב הרביעי כולל שורה של צרות פרטיות יותר, ולכן גם הניסוח פרטי: "כָּל תְּפִלָּה כָל תְּחִנָּה אֲשֶׁר תִהְיֶה **לְכָל הָאָדָם** לְכֹל עַמְּךָ יִשְׂרָאֵל אֲשֶׁר יֵדְעוּן **אִישׁ נֶגַע לְבָבוֹ וּפָרַשׂ כַּפָּיו** אֶל הַבַּיִת הַזֶּה... וְסָלַחְתָּ **וְעָשִׂיתָ וְנָתַתָּ לָאִישׁ כְּכָל דְּרָכָיו** אֲשֶׁר תֵּדַע אֶת לְבָבוֹ כִּי אַתָּה יָדַעְתָּ לְבַדְּךָ אֶת לְבַב כָּל בְּנֵי הָאָדָם", שלא כניסוח הלאומי המופיע במצב השלישי: "כִּי **יֶחֶטְאוּ** לָךְ **וְהִתְפַּלְלוּ**... **וְהוֹדוּ** אֶת שְׁמֶךָ וּמֵחַטָּאתָם **יְשׁוּבוּן** כִּי **תַעֲנֵם**... וְסָלַחְתָּ לְחַטַּאת **עֲבָדֶיךָ וְעַמְּךָ יִשְׂרָאֵל** כִּי **תוֹרֵם** אֶת הַדֶּרֶךְ הַטּוֹבָה... וְנָתַתָּה מָטָר עַל **אַרְצְךָ אֲשֶׁר נָתַתָּה לְעַמְּךָ** לְנַחֲלָה". גם כאן אין האדם השרוי במצוקה נדרש להגיע בשעת צרתו אל המקדש, ודי שיפרוש את כפיו אל הבית. אמנם כאן אין נזכרת תשובה במפורש, אך נראה כי מובן מאליו שיש בה צורך, ולכן נאמר גם בתגובת ה׳ כאן "וְסָלַחְתָּ".

יג. וגם אל הנכרי

המצב החמישי אף הוא חריג, במובן אחר:

(מא) וְגַם אֶל הַנָּכְרִי אֲשֶׁר לֹא מֵעַמְּךָ יִשְׂרָאֵל הוּא וּבָא מֵאֶרֶץ רְחוֹקָה לְמַעַן שְׁמֶךָ: (מב) כִּי יִשְׁמְעוּן אֶת שִׁמְךָ הַגָּדוֹל וְאֶת יָדְךָ

35. הרעיון שהמקדש אינו רק מקום תפילה, אלא גם אמצעי להעברתה ולשמיעתה, מפורש בהקדמה של שלמה בפס׳ ל: "וְשָׁמַעְתָּ אֶל תְּחִנַּת עַבְדְּךָ וְעַמְּךָ יִשְׂרָאֵל אֲשֶׁר יִתְפַּלְלוּ **אֶל הַמָּקוֹם הַזֶּה** וְאַתָּה תִּשְׁמַע אֶל מְקוֹם שִׁבְתְּךָ אֶל הַשָּׁמַיִם וְשָׁמַעְתָּ וְסָלָחְתָּ". ייתכן שזהו החידוש המרכזי במקדש, ולכן הזכיר שלמה אותו דווקא בפתיחה לתפילתו.

הַחֲזָקָה וּזְרֹעֲךָ הַנְּטוּיָה וּבָא וְהִתְפַּלֵּל אֶל הַבַּיִת הַזֶּה: (מג) אַתָּה תִּשְׁמַע הַשָּׁמַיִם מְכוֹן שִׁבְתֶּךָ וְעָשִׂיתָ כְּכֹל אֲשֶׁר יִקְרָא אֵלֶיךָ הַנָּכְרִי לְמַעַן יֵדְעוּן כָּל עַמֵּי הָאָרֶץ אֶת שְׁמֶךָ לְיִרְאָה אֹתְךָ כְּעַמְּךָ יִשְׂרָאֵל וְלָדַעַת כִּי שִׁמְךָ נִקְרָא עַל הַבַּיִת הַזֶּה אֲשֶׁר בָּנִיתִי:

מדוע קוטעת הפִּסקה על הגוי את רצף המצבים הנוגעים לעם ישראל, ולא נדחתה לסוף התפילה? לפי העיקרון שראינו לעיל, התשובה פשוטה. בשני המצבים האחרונים עם ישראל נמצא בדרכו לגבולות הארץ או בגלות, דהיינו במרחק גדול מן המקדש. מאחר שהמצבים סודרו על פי הקִרבה למקדש, הובאה במצב החמישי המציאות האחרונה של תפילה בתוך ארץ ישראל: נוכרי שבא מארץ רחוקה ומתפלל אף הוא "אֶל הַבַּיִת הַזֶּה".

בתחילת הפרק כבר עמדנו בהרחבה על התפקיד האוניברסלי של המקדש, המיועד – שלא כמשכן – גם לגויים. אבל לאוניברסליות הזאת יש תכלית ברורה: "לְמַעַן יֵדְעוּן כָּל עַמֵּי הָאָרֶץ אֶת שְׁמֶךָ לְיִרְאָה אֹתְךָ כְּעַמְּךָ יִשְׂרָאֵל וְלָדַעַת כִּי שִׁמְךָ נִקְרָא עַל הַבַּיִת הַזֶּה אֲשֶׁר בָּנִיתִי". בית המקדש מיועד להיות בית תפילה לכל העמים, כדי להביא את כולם לידיעה שה' אחד ושמו אחד.

יד. תפילה אל המקדש מחוץ לארץ

שני המצבים האחרונים מדגישים שלמרות הקשר שיש גם לנוכרים למקדש, עדיין יש הבדל מהותי בין ישראל ובין הנוכרי. שלמה מדגיש, כאמור, שתפילת הנוכרי תישמע רק בארץ ישראל: "וְגַם אֶל הַנָּכְרִי אֲשֶׁר לֹא מֵעַמְּךָ יִשְׂרָאֵל הוּא וּבָא מֵאֶרֶץ רְחוֹקָה לְמַעַן שְׁמֶךָ... וּבָא וְהִתְפַּלֵּל אֶל הַבַּיִת הַזֶּה" (פס' מא-מב). כישראל, גם הנוכרי אינו חייב להתפלל בבית המקדש דווקא, ודי שיתפלל "אֶל הַבַּיִת הַזֶּה". אבל אין הוא יכול להתפלל אל המקדש מארצו; כדי שתישמע תפילתו, עליו לבוא לארץ. משני המצבים האחרונים שמנה שלמה עולה שבישראל אין הדבר כן. במצב השישי פניהם של ישראל אל מחוץ לארץ:

(מד) כִּי יֵצֵא עַמְּךָ לַמִּלְחָמָה עַל אֹיְבוֹ בַּדֶּרֶךְ אֲשֶׁר תִּשְׁלָחֵם וְהִתְפַּלְלוּ אֶל ה׳ דֶּרֶךְ הָעִיר אֲשֶׁר בָּחַרְתָּ בָּהּ וְהַבַּיִת אֲשֶׁר בָּנִתִי לִשְׁמֶךָ: (מה) וְשָׁמַעְתָּ הַשָּׁמַיִם אֶת תְּפִלָּתָם וְאֶת תְּחִנָּתָם וְעָשִׂיתָ מִשְׁפָּטָם:

שלא כמו בארבעת המצבים הראשונים, כאן פניהם של ישראל כלפי חוץ, והם נמצאים ״בַּדֶּרֶךְ אֲשֶׁר תִּשְׁלָחֵם״ – בין שעודם בארץ בין שכבר יצאו חוצה לה. שלמה מבקש מה׳ שגם במצב זה תישמע תפילתם, אף על פי שאין הם יכולים לכוון פניהם כלפי המקדש עצמו.

המצב האחרון מתאר סיטואציה רחוקה עוד יותר:

(מו) כִּי יֶחֶטְאוּ לָךְ כִּי אֵין אָדָם אֲשֶׁר לֹא יֶחֱטָא וְאָנַפְתָּ בָם וּנְתַתָּם לִפְנֵי אוֹיֵב וְשָׁבוּם שֹׁבֵיהֶם אֶל אֶרֶץ הָאוֹיֵב רְחוֹקָה אוֹ קְרוֹבָה: (מז) וְהֵשִׁיבוּ אֶל לִבָּם בָּאָרֶץ אֲשֶׁר נִשְׁבּוּ שָׁם וְשָׁבוּ וְהִתְחַנְּנוּ אֵלֶיךָ בְּאֶרֶץ שֹׁבֵיהֶם לֵאמֹר חָטָאנוּ וְהֶעֱוִינוּ רָשָׁעְנוּ: (מח) וְשָׁבוּ אֵלֶיךָ בְּכָל לְבָבָם וּבְכָל נַפְשָׁם בְּאֶרֶץ אֹיְבֵיהֶם אֲשֶׁר שָׁבוּ אֹתָם וְהִתְפַּלְלוּ אֵלֶיךָ דֶּרֶךְ אַרְצָם אֲשֶׁר נָתַתָּה לַאֲבוֹתָם הָעִיר אֲשֶׁר בָּחַרְתָּ וְהַבַּיִת אֲשֶׁר בנית בָּנִיתִי לִשְׁמֶךָ: (מט) וְשָׁמַעְתָּ הַשָּׁמַיִם מְכוֹן שִׁבְתְּךָ אֶת תְּפִלָּתָם וְאֶת תְּחִנָּתָם וְעָשִׂיתָ מִשְׁפָּטָם: (נ) וְסָלַחְתָּ לְעַמְּךָ אֲשֶׁר חָטְאוּ לָךְ וּלְכָל פִּשְׁעֵיהֶם אֲשֶׁר פָּשְׁעוּ בָךְ וּנְתַתָּם לְרַחֲמִים לִפְנֵי שֹׁבֵיהֶם וְרִחֲמוּם:

מדובר כאן במצב שעם ישראל בשבי וגלות. שלמה מקדים ומבאר שמציאות זו תיתכן – על אף שמן הסתם יקדמו לה תפילות רבות, כאמור במצבים הקודמים – שהרי אם עם ישראל יחטא, הוא לא יהיה ראוי להצלה. ואולם, שערי תשובה לא ננעלו. גם בשבי ובגלות אפשר לעשות תשובה, וגם כאן יישאר כוחו של המקדש כשהיה: ישראל יוכלו להתפלל לה׳ ״דֶּרֶךְ אַרְצָם אֲשֶׁר נָתַתָּה לַאֲבוֹתָם, הָעִיר אֲשֶׁר בָּחַרְתָּ וְהַבַּיִת אֲשֶׁר בָּנִיתִי לִשְׁמֶךָ״, וה׳ ישמע לתפילתם. שלא כנוכרי, שצריך לבוא לארץ ישראל ״מֵאֶרֶץ רְחוֹקָה״ (פס׳ מא) כדי שתישמע תפילתו, יוכלו ישראל להתפלל אל ה׳ גם מגלותם ״אֶל **אֶרֶץ** הָאוֹיֵב, **רְחוֹקָה** אוֹ קְרוֹבָה״.

שלמה מסיים את תפילתו בהסבר כללי מדוע הוא סבור שעם ישראל ראוי להתגשמות תפילתו, ומדוע צריכה להיות הבחנה בין ישראל לעמים בעניין זה:

(נא) כִּי עַמְּךָ וְנַחֲלָתְךָ הֵם אֲשֶׁר הוֹצֵאתָ מִמִּצְרַיִם מִתּוֹךְ כּוּר הַבַּרְזֶל:[36] (נב) לִהְיוֹת עֵינֶיךָ פְתֻחוֹת אֶל תְּחִנַּת עַבְדְּךָ וְאֶל תְּחִנַּת עַמְּךָ יִשְׂרָאֵל לִשְׁמֹעַ אֲלֵיהֶם בְּכֹל קָרְאָם אֵלֶיךָ: (נג) כִּי אַתָּה הִבְדַּלְתָּם לְךָ לְנַחֲלָה מִכֹּל עַמֵּי הָאָרֶץ כַּאֲשֶׁר דִּבַּרְתָּ בְּיַד מֹשֶׁה עַבְדֶּךָ בְּהוֹצִיאֲךָ אֶת אֲבֹתֵינוּ מִמִּצְרַיִם אֲדֹנָי ה׳:

הווה אומר: למרות ייעודו האוניברסלי, גם במקדש יהיה ביטוי למעמד המיוחד של עם ישראל, שאותו הבדיל ה׳ לנחלה לו. רק עם ישראל יזכה שתפילותיו תישמענה מכל מקום עלי אדמות, ותגענה אל ה׳ דרך הארץ, העיר והבית.

טו. אשר בניתי

תפילת שלמה מעוררת התרגשות והשתאות. ובכל זאת, גם כאן לא ניקה שלמה מן הטעויות שאפיינו את מלכותו בכל אורך הדרך. למרות יופייה, קשה שלא להבחין בשני דברים צורמים במיוחד בתפילה זו. בראש ובראשונה צורמת התפיסה העולה מן המצב האחרון הנדון בתפילה: שהמקדש לא יחרב לעולם, ויעמוד על תלו אפילו בסיטואציה החמורה ביותר – גלות ישראל מהארץ בחטאיהם. גישה זו נשללה בחריפות בפי נביאי דור החורבן, ובראשם ירמיהו:

כֹּה אָמַר ה׳ צְבָאוֹת אֱלֹהֵי יִשְׂרָאֵל הֵיטִיבוּ דַרְכֵיכֶם וּמַעַלְלֵיכֶם וַאֲשַׁכְּנָה אֶתְכֶם בַּמָּקוֹם הַזֶּה. אַל תִּבְטְחוּ לָכֶם אֶל דִּבְרֵי הַשֶּׁקֶר

36. על פי דבריו של משה רבנו: "וְאֶתְכֶם לָקַח ה׳ וַיּוֹצִא אֶתְכֶם מִכּוּר הַבַּרְזֶל מִמִּצְרָיִם לִהְיוֹת לוֹ לְעַם נַחֲלָה כַּיּוֹם הַזֶּה" (דברים ד׳, כ).

> לֵאמֹר הֵיכַל ה' הֵיכַל ה' הֵיכַל ה' הֵמָּה... הֲגָנֹב רָצֹחַ וְנָאֹף וְהִשָּׁבֵעַ לַשֶּׁקֶר וְקַטֵּר לַבָּעַל וְהָלֹךְ אַחֲרֵי אֱלֹהִים אֲחֵרִים אֲשֶׁר לֹא יְדַעְתֶּם. וּבָאתֶם וַעֲמַדְתֶּם לְפָנַי בַּבַּיִת הַזֶּה אֲשֶׁר נִקְרָא שְׁמִי עָלָיו וַאֲמַרְתֶּם נִצַּלְנוּ לְמַעַן עֲשׂוֹת אֵת כָּל הַתּוֹעֵבוֹת הָאֵלֶּה? הַמְעָרַת פָּרִצִים הָיָה הַבַּיִת הַזֶּה אֲשֶׁר נִקְרָא שְׁמִי עָלָיו בְּעֵינֵיכֶם? גַּם אָנֹכִי הִנֵּה רָאִיתִי נְאֻם ה'. כִּי לְכוּ נָא אֶל מְקוֹמִי אֲשֶׁר בְּשִׁילוֹ אֲשֶׁר שִׁכַּנְתִּי שְׁמִי שָׁם בָּרִאשׁוֹנָה וּרְאוּ אֵת אֲשֶׁר עָשִׂיתִי לוֹ מִפְּנֵי רָעַת עַמִּי יִשְׂרָאֵל. וְעַתָּה יַעַן עֲשׂוֹתְכֶם אֶת כָּל הַמַּעֲשִׂים הָאֵלֶּה נְאֻם ה' וָאֲדַבֵּר אֲלֵיכֶם הַשְׁכֵּם וְדַבֵּר וְלֹא שְׁמַעְתֶּם וָאֶקְרָא אֶתְכֶם וְלֹא עֲנִיתֶם. וְעָשִׂיתִי לַבַּיִת אֲשֶׁר נִקְרָא שְׁמִי עָלָיו אֲשֶׁר אַתֶּם בֹּטְחִים בּוֹ וְלַמָּקוֹם אֲשֶׁר נָתַתִּי לָכֶם וְלַאֲבוֹתֵיכֶם כַּאֲשֶׁר עָשִׂיתִי לְשִׁלוֹ. (ירמיהו ז', ג-יד)

ירמיהו מזהיר שבחטאי עם ישראל יחרב גם המקדש, כפי שאירע למשכן שילה. אבל מדברי שלמה ניכר שאפילו לא העלה בדעתו מציאות מעין זו, ולא הבין את האזהרה הסמויה שנרמזה לו כבר בתחילת בניין המקדש: "הַבַּיִת הַזֶּה אֲשֶׁר אַתָּה בֹנֶה **אִם תֵּלֵךְ** בְּחֻקֹּתַי וְאֶת מִשְׁפָּטַי תַּעֲשֶׂה וְשָׁמַרְתָּ אֶת כָּל מִצְוֹתַי לָלֶכֶת בָּהֶם וַהֲקִמֹתִי אֶת דְּבָרִי אִתָּךְ אֲשֶׁר דִּבַּרְתִּי אֶל דָּוִד אָבִיךָ. וְשָׁכַנְתִּי בְּתוֹךְ בְּנֵי יִשְׂרָאֵל וְלֹא אֶעֱזֹב אֶת עַמִּי יִשְׂרָאֵל" (ו', יא-יג). דומה שמשום כך – מאחר שלא הבין את הרמז – הדגיש ה' במפורש בתשובתו לתפילת שלמה, המובאת בפרק ט', שאין גלות בלא חורבן, ואין הבטחה שהמקדש יתקיים תמיד: "אִם שׁוֹב תְּשֻׁבוּן אַתֶּם וּבְנֵיכֶם מֵאַחֲרַי וְלֹא תִשְׁמְרוּ מִצְוֹתַי חֻקֹּתַי אֲשֶׁר נָתַתִּי לִפְנֵיכֶם וַהֲלַכְתֶּם וַעֲבַדְתֶּם אֱלֹהִים אֲחֵרִים וְהִשְׁתַּחֲוִיתֶם לָהֶם. וְהִכְרַתִּי אֶת יִשְׂרָאֵל מֵעַל פְּנֵי הָאֲדָמָה אֲשֶׁר נָתַתִּי לָהֶם וְאֶת הַבַּיִת אֲשֶׁר הִקְדַּשְׁתִּי לִשְׁמִי אֲשַׁלַּח מֵעַל פָּנָי" (ט', ו-ז).

לדבר זה יש משמעות מיוחדת על רקע בקשתו של שלמה בתחילת דבריו, שההבטחה על מלכות הנצח של בית דוד תתגשם (פס' כה-כו). בקשה זו מבליטה את העדרה של תפילה דומה בעניין קיומו של המקדש, ובוודאי העדר האפשרות שהוא יחרב בדברי שלמה.

כעת נוכל לשים לב לדבר מטריד נוסף בתפילתו של שלמה.

חמש פעמים שלמה חוזר על המילים 'הבית אשר בניתי' (פס' יג, כז, מג, מד, מח). הדבר צורם במיוחד בהופעה האחרונה של הצירוף הזה: "וְהִתְפַּלְלוּ אֵלֶיךָ דֶּרֶךְ אַרְצָם אֲשֶׁר **נָתַתָּה** לַאֲבוֹתָם הָעִיר אֲשֶׁר **בָּחַרְתָּ** וְהַבַּיִת אֲשֶׁר **בנית [בָּנִיתִי קרי]** לִשְׁמֶךָ". הקרי והכתיב מדגישים זאת במיוחד: אחרי המילים "נתתה" ו"בחרת", היה ראוי לייחס גם את בניין המקדש לקב"ה ולומר "בנית". ההדגשה שלא לצורך של המילים "אשר בניתי" יוצרת תחושה ששלמה מתגאה בבית שבנה. ואולי הדבר קשור לעניין הקודם: תחושת הגאווה עלולה למנוע משלמה להבין שקיומו של הבית הזה – שהוא בנה – עומד על תנאי, והוא עשוי להיחרב.

טז. ברכת שלמה

לאחר שסיים שלמה את תפילתו, הוא פונה לברך את העם:

(נד) וַיְהִי כְּכַלּוֹת שְׁלֹמֹה לְהִתְפַּלֵּל אֶל ה' אֵת כָּל הַתְּפִלָּה וְהַתְּחִנָּה
הַזֹּאת קָם מִלִּפְנֵי מִזְבַּח ה' מִכְּרֹעַ עַל בִּרְכָּיו וְכַפָּיו פְּרֻשׂוֹת הַשָּׁמָיִם:
(נה) וַיַּעֲמֹד **וַיְבָרֶךְ אֵת כָּל קְהַל יִשְׂרָאֵל קוֹל גָּדוֹל** לֵאמֹר:
(נו) בָּרוּךְ ה' אֲשֶׁר נָתַן מְנוּחָה לְעַמּוֹ יִשְׂרָאֵל[37] כְּכֹל אֲשֶׁר דִּבֵּר
לֹא נָפַל דָּבָר אֶחָד מִכֹּל דְּבָרוֹ הַטּוֹב אֲשֶׁר דִּבֶּר בְּיַד מֹשֶׁה עַבְדּוֹ:
(נז) יְהִי ה' אֱלֹהֵינוּ עִמָּנוּ כַּאֲשֶׁר הָיָה עִם אֲבֹתֵינוּ אַל יַעַזְבֵנוּ וְאַל
יִטְּשֵׁנוּ: (נח) לְהַטּוֹת לְבָבֵנוּ אֵלָיו לָלֶכֶת בְּכָל דְּרָכָיו וְלִשְׁמֹר מִצְוֹתָיו
וְחֻקָּיו וּמִשְׁפָּטָיו אֲשֶׁר צִוָּה אֶת אֲבֹתֵינוּ: (נט) וְיִהְיוּ דְבָרַי אֵלֶּה אֲשֶׁר
הִתְחַנַּנְתִּי לִפְנֵי ה' קְרֹבִים אֶל ה' אֱלֹהֵינוּ יוֹמָם וָלָיְלָה לַעֲשׂוֹת
מִשְׁפַּט עַבְדּוֹ וּמִשְׁפַּט עַמּוֹ יִשְׂרָאֵל דְּבַר יוֹם בְּיוֹמוֹ: (ס) לְמַעַן דַּעַת

37. גם המשפט הזה מכוון כלפי דברי משה: "כִּי לֹא בָאתֶם עַד עָתָּה אֶל הַמְּנוּחָה וְאֶל הַנַּחֲלָה אֲשֶׁר ה' אֱלֹהֶיךָ נֹתֵן לָךְ" (דברים י"ב, ט). זהו הפסוק בתורה הקובע את התנאי להשראת השכינה במקום אשר יבחר ה'.

כָּל עַמֵּי הָאָרֶץ כִּי ה׳ הוּא הָאֱלֹהִים אֵין עוֹד: (סא) וְהָיָה לְבַבְכֶם שָׁלֵם עִם ה׳ אֱלֹהֵינוּ לָלֶכֶת בְּחֻקָּיו וְלִשְׁמֹר מִצְוֹתָיו כַּיּוֹם הַזֶּה:

כבר בתחילת דבריו, בפס׳ יד, נאמר: ״וַיַּסֵּב הַמֶּלֶךְ אֶת פָּנָיו **וַיְבָרֶךְ אֵת כָּל קְהַל יִשְׂרָאֵל** וְכָל קְהַל יִשְׂרָאֵל עֹמֵד״. אבל בפועל לא היו שם דברי ברכה לעם, אלא רק הסבר של שלמה מדוע הוא בונה את המקדש. לדעת רד״ק, הברכה המובאת כאן אינה אלא הברכה הנזכרת בפס׳ יד; כנראה סבר שהמקרא לא רצה לקטוע את הרצף שבין ההסבר של שלמה מדוע בנה את המקדש לבין תפילתו לה׳ על המשכה של מלכות דוד, ולכן דחה את הבאת הברכה לעם לכאן. ברם, ייתכן שלעיל אכן לא הייתה ברכה, וכאן שלמה מתקן זאת. אפשר שבתחילה ביקש שלמה לברך את העם, אך הצורך שחש לבאר מדוע בנה את המקדש הסיח את לבו לדברים אחרים, ורק כעת נזכר במה שביקש לעשות.[38]

המילים ״**לֹא נָפַל דָּבָר אֶחָד מִכֹּל דְּבָרוֹ הַטּוֹב אֲשֶׁר דִּבֶּר** בְּיַד מֹשֶׁה עַבְדּוֹ״ (פס׳ נו) מקבילות לדברי יהושע (כ״ג, יד): ״וְהִנֵּה אָנֹכִי הוֹלֵךְ הַיּוֹם בְּדֶרֶךְ כָּל הָאָרֶץ וִידַעְתֶּם בְּכָל לְבַבְכֶם וּבְכָל נַפְשְׁכֶם כִּי **לֹא נָפַל דָּבָר אֶחָד מִכֹּל הַדְּבָרִים הַטּוֹבִים אֲשֶׁר דִּבֶּר** ה׳ אֱלֹהֵיכֶם עֲלֵיכֶם הַכֹּל בָּאוּ לָכֶם **לֹא נָפַל מִמֶּנּוּ דָּבָר אֶחָד**״. אכן, יש הרבה מן המשותף בשני המעמדות: שני האישים שהנהיגו את שני התהליכים החשובים ביותר בתולדות עם ישראל – הכניסה לארץ ובניין המקדש – נואמים בפני העם כולו עם השלמת התהליכים הללו. אבל ניכר גם ההבדל שבין שלמה ליהושע. יהושע מתריע עוד באותו מעמד שהתהליך הוא הפיך: ״וְהָיָה כַּאֲשֶׁר בָּא עֲלֵיכֶם כָּל הַדָּבָר הַטּוֹב אֲשֶׁר דִּבֶּר ה׳ אֱלֹהֵיכֶם אֲלֵיכֶם כֵּן יָבִיא ה׳ עֲלֵיכֶם אֶת כָּל הַדָּבָר הָרָע עַד הַשְׁמִידוֹ אוֹתְכֶם מֵעַל

38. ואולי השימוש בפועל עמד אכן רומז שיש כאן השלמה ותיקון: בפס׳ יד נאמר ״וְכָל קְהַל יִשְׂרָאֵל עֹמֵד״, ומשמע ששלמה ישב וכל העם עמד לפניו (ראו רלב״ג); ואילו כעת נאמר שגם שלמה עמד. ייתכן שלאחר ששטח שלמה לפני ה׳ את תפילתו בכריעה על ברכיו, התחזקה בו מידת הענווה, וכעת נזכר לברך את העם וניגש לעשות זאת בלב שלם ובכוונה מלאה.

הָאֲדָמָה הַטּוֹבָה הַזֹּאת אֲשֶׁר נָתַן לָכֶם ה' אֱלֹהֵיכֶם. בְּעָבְרְכֶם אֶת בְּרִית ה' אֱלֹהֵיכֶם אֲשֶׁר צִוָּה אֶתְכֶם וַהֲלַכְתֶּם וַעֲבַדְתֶּם אֱלֹהִים אֲחֵרִים וְהִשְׁתַּחֲוִיתֶם לָהֶם וְחָרָה אַף ה' בָּכֶם וַאֲבַדְתֶּם מְהֵרָה מֵעַל הָאָרֶץ הַטּוֹבָה אֲשֶׁר נָתַן לָכֶם" (שם, טו-טז). שלמה אמנם מזהיר את העם ללכת בדרך ה', אבל אזהרתו נאמרת בסגנון מתון: "וְהָיָה לְבַבְכֶם שָׁלֵם עִם ה' אֱלֹהֵינוּ לָלֶכֶת בְּחֻקָּיו וְלִשְׁמֹר מִצְוֹתָיו כַּיּוֹם הַזֶּה", ואין בה התראה. שוב ניכר כי שלמה לא העלה על דעתו שהמקדש עלול להיחרב.

הפסוקים שלאחר מכן מתמקדים בנושא אחד – הזבחים:

(סב) וְהַמֶּלֶךְ וְכָל יִשְׂרָאֵל עִמּוֹ **זֹבְחִים זֶבַח** לִפְנֵי ה': (סג) **וַיִּזְבַּח** שְׁלֹמֹה אֵת **זֶבַח** הַשְּׁלָמִים אֲשֶׁר **זָבַח** לַה' בָּקָר עֶשְׂרִים וּשְׁנַיִם אֶלֶף וְצֹאן מֵאָה וְעֶשְׂרִים אָלֶף וַיַּחְנְכוּ אֶת בֵּית ה' הַמֶּלֶךְ וְכָל בְּנֵי יִשְׂרָאֵל: (סד) בַּיּוֹם הַהוּא קִדַּשׁ הַמֶּלֶךְ אֶת תּוֹךְ הֶחָצֵר אֲשֶׁר לִפְנֵי בֵית ה' כִּי עָשָׂה שָׁם אֶת הָעֹלָה וְאֶת הַמִּנְחָה וְאֵת חֶלְבֵי הַשְּׁלָמִים כִּי **מִזְבַּח** הַנְּחֹשֶׁת אֲשֶׁר לִפְנֵי ה' קָטֹן מֵהָכִיל אֶת הָעֹלָה וְאֶת הַמִּנְחָה וְאֵת חֶלְבֵי הַשְּׁלָמִים:

השורש זב"ח חוזר שוב ושוב, ומספר שהקרבנות היו כה רבים, עד שהיה צורך לקבוע שרצפת החצר נחשבה כולה כמזבח, כי לא היה אפשר להקריב קרבנות רבים כל כך על מזבח הנחושת. נראה שההתמקדות בקרבנות באה להורות, כי הגם שתפילתו של שלמה עסקה אך ורק ביזמתו החדשה בדבר אופיו של המקדש כמקום שמיעת התפילה, חידוש זה לא בא על חשבון תפקידו הידוע של המקדש כמקום הקרבת הקרבנות.

יז. שבעת ימים ושבעת ימים

הפרק נחתם בסיכום עמום במקצת של זמן חנוכת המקדש:

(סה) וַיַּעַשׂ שְׁלֹמֹה בָעֵת הַהִיא אֶת הֶחָג וְכָל יִשְׂרָאֵל עִמּוֹ קָהָל

גָּדוֹל מִלְּבוֹא חֲמָת עַד נַחַל מִצְרַיִם לִפְנֵי ה׳ אֱלֹהֵינוּ[39] **שִׁבְעַת יָמִים וְשִׁבְעַת יָמִים אַרְבָּעָה עָשָׂר יוֹם:** (סו) **בַּיּוֹם הַשְּׁמִינִי** שִׁלַּח אֶת הָעָם וַיְבָרְכוּ אֶת הַמֶּלֶךְ וַיֵּלְכוּ לְאָהֳלֵיהֶם:

מפשט הכתוב נראה שתחילה חגגו את "הֶחָג" – חג הסוכות (ראו פס׳ ב) – שבעה ימים, ולאחר מכן חגגו את חנוכת המקדש עוד שבעה ימים אחרים. לפי זה, המילים "בַּיּוֹם הַשְּׁמִינִי" תמוהות במקצת, וצריך לומר שהכוונה ליום השמיני שלאחר השבוע השני, דהיינו כ"ט בתשרי.

תמונה שונה עולה מדברי הימים: "וַיַּעֲשׂוּ בַּיּוֹם הַשְּׁמִינִי עֲצָרֶת כִּי חֲנֻכַּת הַמִּזְבֵּחַ עָשׂוּ שִׁבְעַת יָמִים וְהֶחָג שִׁבְעַת יָמִים. וּבְיוֹם **עֶשְׂרִים וּשְׁלֹשָׁה לַחֹדֶשׁ הַשְּׁבִיעִי** שִׁלַּח אֶת הָעָם לְאָהֳלֵיהֶם" (דה"ב ז׳, ט). לכאורה משמע מכאן שתחילה חגגו את חנוכת המזבח שבעה ימים, **אחר כך** חגגו את שבעת ימי חג הסוכות, ביום השמיני חגגו את שמיני עצרת, וביום התשיעי, בכ"ג בתשרי, שילח שלמה את העם לאוהליו. על פי זה נטו המפרשים לפרש גם את הכתוב במלכים: שחגגו את שבעת ימי חנוכת המזבח לפני חג הסוכות,[40] ו"ביום השמיני" אכן טרם

39. המילה "אלהינו" מפתיעה מאוד. הפסוק נראה כחלק מדברי ׳המְסַפֵּר׳ של ספר מלכים, והכול אמור להיות בגוף שלישי. השימוש בגוף ראשון הוא חריגה תמוהה ביותר מדרכו של ׳המְסַפֵּר׳ מן התורה ועד סוף נביאים ראשונים. ואולי נלקח הפסוק הזה מתיאור קדום יותר, שנכתב בידי נביא שנכח באירוע, ועל כן תיאר את הדברים בגוף ראשון. וצריך עיון.

40. לפי פירוש זה, יום הכיפורים נכלל בשבעת ימי החג, וכתב רש"י על פי חז"ל: "נמצא שאכלו ושתו ביום הכיפורים". רד"ק מוסיף הצדקה הלכתית לכך: "כי אכלו אותו יום הכפורים כי בכלל ימי השמחה היה, ולמדו זה מחנוכת המשכן: מה שם עשו שלמים בשבת, אף על פי שהוא באסור סקילה, יום הכפורים שהוא אסור כרת לא כל שכן". ברם, רד"ק מעלה גם הצעה אחרת: "ואפשר שאותו היום לא אכלו, שהרי מצוה להתענות, ובכרת האוכל בו, ואף על פי שאומר כי חנוכת המזבח עשו שבעת ימים והחג שבעת ימים ובכל יום היו מקריבים זבחי שלמים, הקריבו השלמים גם אותו היום, **אבל לא אכלום באותו היום עד הלילה ומחרתו**". הרב י׳ בן נון טען (בהרצאתו ׳היעדרו של יום הכיפורים מימי שלמה ועד נחמיה׳, הזמינה ברשת) שבאופן כללי יום הכיפורים הוא חג המהווה כפרה על השנה שעברה, ועל כן לא היה מקום לחוג אותו עם חנוכת המקדש.

הלכו העם לאוהליהם, "כי ביום השמיני נטלו רשות ממנו, ולא נסעו אותו היום לפי שהיה חג, וביום שלשה ועשרים לחדש חזרו ונטלו רשות ממנו והלכו לאהליהם" (רד"ק).

ברם, ייתכן גם פירוש אחר. ניתן לומר כי פשט הכתוב בדברי הימים הוא שהחגיגה הייתה שבעה ימים בלבד, והמקדש נחנך בשבעת ימי החג. ואולי יש להבין כך גם בפרקנו, והמילים "וְשִׁבְעַת יָמִים אַרְבָּעָה עָשָׂר יוֹם" הן מאמר מוסגר. לפי זה, ביסודו של דבר היה צריך להיות כתוב: '...לִפְנֵי ה' אֱלֹהֵינוּ שִׁבְעַת יָמִים, בַּיּוֹם הַשְּׁמִינִי שִׁלַּח אֶת הָעָם', והמאמר המוסגר "וְשִׁבְעַת יָמִים אַרְבָּעָה עָשָׂר יוֹם" עניינו ששבעת ימי החג שימשו בתפקיד כפול – הן כימי החג הן כחנוכת המקדש – והיה ראוי שיהיו ארבעה עשר יום, אף שבפועל היו רק שבעה ימים.

דבר זה מסביר מדוע הוא נעדר מתיאורי חנוכת המזבח בימי עזרא (פרק ג'), וכן מתיאורי הברית המחודשת לאחר מציאת ספר התורה בימי נחמיה (פרק ח'), שם נזכרו רק חגיגת ראש השנה וחג הסוכות.

פרק ט

תשובת ה׳ לשלמה; תחילת הנפילה

א. תשובת ה׳ לשלמה

שלמה סיים את נאומיו, ואנו נותרנו ממתינים לתגובת ה׳: האם ייענה לבקשה שהתפילות במקדש ואליו יזכו לתשומת לב מיוחדת מאת ה׳?

הפרק פותח בכותרת שאינה מחמיאה לשלמה:

(א) וַיְהִי כְּכַלּוֹת שְׁלֹמֹה לִבְנוֹת אֶת בֵּית ה׳ וְאֶת בֵּית הַמֶּלֶךְ וְאֵת כָּל חֵשֶׁק שְׁלֹמֹה אֲשֶׁר חָפֵץ לַעֲשׂוֹת:

הפסוק כורך את בניית בית ה׳ עם בניית בית המלך – וכבר ציינו בפרק ז׳ שתופעה זו משקפת העדר הבחנה ראויה בין שני המתחמים – ואף כולל את מפעלי הבנייה הללו במגמה כללית, שניסוחה מורה על אינטרסים אישיים: ״**כָּל חֵשֶׁק שְׁלֹמֹה** אֲשֶׁר חָפֵץ לַעֲשׂוֹת״.

אמנם ה׳ מגיב בחיוב לדברי שלמה:

(ב) וַיֵּרָא ה׳ אֶל שְׁלֹמֹה שֵׁנִית כַּאֲשֶׁר נִרְאָה אֵלָיו בְּגִבְעוֹן:[1]

1. מכאן ניתן להסיק שדברי ה׳ לשלמה בו׳, יא היו על ידי נביא, והתגלות הייתה

(ג) וַיֹּאמֶר ה' אֵלָיו שָׁמַעְתִּי אֶת תְּפִלָּתְךָ וְאֶת תְּחִנָּתְךָ אֲשֶׁר הִתְחַנַּנְתָּה לְפָנַי הִקְדַּשְׁתִּי אֶת הַבַּיִת הַזֶּה אֲשֶׁר בָּנִתָה לָשׂוּם שְׁמִי שָׁם עַד עוֹלָם וְהָיוּ עֵינַי וְלִבִּי שָׁם כָּל הַיָּמִים:[2]

ואולם, מיד לאחר מכן באות שתי הסתייגויות בנוגע לשתי הבקשות של שלמה בתפילתו:

(ד) וְאַתָּה אִם תֵּלֵךְ לְפָנַי כַּאֲשֶׁר הָלַךְ דָּוִד אָבִיךָ בְּתָם לֵבָב וּבְיֹשֶׁר לַעֲשׂוֹת כְּכֹל אֲשֶׁר צִוִּיתִיךָ חֻקַּי וּמִשְׁפָּטַי תִּשְׁמֹר: (ה) וַהֲקִמֹתִי אֶת כִּסֵּא מַמְלַכְתְּךָ עַל יִשְׂרָאֵל לְעֹלָם כַּאֲשֶׁר דִּבַּרְתִּי עַל דָּוִד אָבִיךָ לֵאמֹר לֹא יִכָּרֵת לְךָ אִישׁ מֵעַל כִּסֵּא יִשְׂרָאֵל: (ו) אִם שׁוֹב תְּשֻׁבוּן אַתֶּם וּבְנֵיכֶם מֵאַחֲרַי וְלֹא תִשְׁמְרוּ מִצְוֹתַי חֻקֹּתַי אֲשֶׁר נָתַתִּי לִפְנֵיכֶם וַהֲלַכְתֶּם וַעֲבַדְתֶּם אֱלֹהִים אֲחֵרִים וְהִשְׁתַּחֲוִיתֶם לָהֶם: (ז) וְהִכְרַתִּי אֶת יִשְׂרָאֵל מֵעַל פְּנֵי הָאֲדָמָה אֲשֶׁר נָתַתִּי לָהֶם וְאֶת הַבַּיִת אֲשֶׁר הִקְדַּשְׁתִּי לִשְׁמִי אֲשַׁלַּח מֵעַל פָּנָי וְהָיָה יִשְׂרָאֵל לְמָשָׁל וְלִשְׁנִינָה בְּכָל

רק בגבעון וכאן. אפשר שאזכור זה נועד לרמוז למשותף עם ההתגלות הראשונה לשלמה, שאף בה היה, בסופו של דבר, תנאי (ג', יד). עם זאת, ההתגלות הראשונה הייתה בבחינת פריסת האפשרויות הרבות לפני שלמה, ואילו ההתגלות השנייה קובעת סייגים וגבולות. שלמה נע בין הפוטנציאל שבהתגלות הראשונה לבין המגבלות שבהתגלות השנייה.

2. בפסוק המקביל בדברי הימים נאמר: "וַיֵּרָא ה' אֶל שְׁלֹמֹה בַּלָּיְלָה וַיֹּאמֶר לוֹ שָׁמַעְתִּי אֶת תְּפִלָּתֶךָ וּבָחַרְתִּי בַּמָּקוֹם הַזֶּה לִי **לְבֵית זָבַח**" (דה"ב ז', יב). ייתכן שיש בכך ביקורת מרומזת על השמטת נושא הזבח מתפילת שלמה, והדגשה כי בראש ובראשונה נועד המקדש לבית זבח (וכפי שמצינו בסוף הפרק הקודם, המדגיש את ריבוי הזבח בחנוכת הבית).
בדברי הימים יש גם הדגשה מיוחדת שה' ישמע לתפילות של ישראל, בכל מצב שהוא, רק אם יעשו תשובה שלמה: "הֵן אֶעֱצֹר הַשָּׁמַיִם וְלֹא יִהְיֶה מָטָר וְהֵן אֲצַוֶּה עַל חָגָב לֶאֱכוֹל הָאָרֶץ וְאִם אֲשַׁלַּח דֶּבֶר בְּעַמִּי. וְיִכָּנְעוּ עַמִּי אֲשֶׁר נִקְרָא שְׁמִי עֲלֵיהֶם וְיִתְפַּלְלוּ וִיבַקְשׁוּ פָנַי וְיָשֻׁבוּ מִדַּרְכֵיהֶם הָרָעִים וַאֲנִי אֶשְׁמַע מִן הַשָּׁמַיִם וְאֶסְלַח לְחַטָּאתָם וְאֶרְפָּא אֶת אַרְצָם" (שם, יג-יד). אמנם נושא התשובה מופיע גם בתפילת שלמה, אך בניסוח תמציתי וחלקי (מפורש בתבוסה לפני אויב [ח', לג], בעצירת גשמים [שם, לה] ובגלות [שם, מז-מח], אך לא בדבר ובשאר הצרות). ייתכן אפוא שהקב"ה מדגיש בכוונה פן שאולי לא היה מודגש דיו בדברי שלמה.

הָעַמִּים: (ח) וְהַבַּיִת הַזֶּה יִהְיֶה עֶלְיוֹן[3] כָּל עֹבֵר עָלָיו יִשֹּׁם וְשָׁרָק וְאָמְרוּ עַל מֶה עָשָׂה ה׳ כָּכָה לָאָרֶץ הַזֹּאת וְלַבַּיִת הַזֶּה:[4] (ט) וְאָמְרוּ עַל אֲשֶׁר עָזְבוּ אֶת ה׳ אֱלֹהֵיהֶם אֲשֶׁר הוֹצִיא אֶת אֲבֹתָם מֵאֶרֶץ מִצְרַיִם וַיַּחֲזִקוּ בֵּאלֹהִים אֲחֵרִים וישתחו וַיִּשְׁתַּחֲווּ לָהֶם וַיַּעַבְדֻם עַל כֵּן הֵבִיא ה׳ עֲלֵיהֶם אֵת כָּל הָרָעָה הַזֹּאת:

מבנה הדברים תמוה. הם נפתחים במשפט תנאי חיובי: ״אִם תֵּלֵךְ לְפָנַי...״, העוסק במלכות בית דוד, והתוצאה של קיום התנאי היא: ״וַהֲקִמֹתִי אֶת כִּסֵּא מַמְלַכְתְּךָ עַל יִשְׂרָאֵל לְעֹלָם״. מכאן ה׳ עובר למשפט תנאי שלילי: ״אִם שׁוֹב תְּשֻׁבוּן אַתֶּם וּבְנֵיכֶם מֵאַחֲרַי וְלֹא תִשְׁמְרוּ מִצְוֹתַי חֻקֹּתַי...״, וההמשך הצפוי הוא שמלכות דוד לא תקום; אבל במקום זאת מדובר על גלות וחורבן! ובכן, מדוע ה׳ ׳פתח בכד וסיים בחבית׳?

נראה שהדבר נוגע לעניין ההתניה של מלכות הנצח של בית דוד. בעיוננו בפרק ב׳ ראינו, שבחזון נתן לא הוצגה מלכות הנצח של בית דוד כתלויה במעשיהם של המלכים. אדרבה, הודגש בה שהמלכות תישאר בבית דוד אפילו יחטאו צאצאיו, הגם שהם ייענשו: ״אֲנִי אֶהְיֶה לּוֹ לְאָב וְהוּא יִהְיֶה לִּי לְבֵן אֲשֶׁר בְּהַעֲוֺתוֹ וְהֹכַחְתִּיו בְּשֵׁבֶט אֲנָשִׁים וּבְנִגְעֵי בְּנֵי אָדָם. וְחַסְדִּי לֹא יָסוּר מִמֶּנּוּ כַּאֲשֶׁר הֲסִרֹתִי מֵעִם שָׁאוּל אֲשֶׁר הֲסִרֹתִי מִלְּפָנֶיךָ״ (שמ״ב ז׳, יד-טו). אבל דוד הציג לשלמה את ההבטחה כמותנית, וכך נהג גם שלמה עצמו בתפילתו בפרק ח׳. את הסתירה ניתן ליישב בפשטות: אמנם מובטחת לדוד מלכות נצח, אבל לא על

3. המילה ״עֶלְיוֹן״ קשה, שהרי לפי ההקשר מדובר בחורבן וכיליון. בפסוק המקביל בדברי הימים נאמר: ״וְהַבַּיִת הַזֶּה אֲשֶׁר **הָיָה** עֶלְיוֹן״ (דה״ב ז׳, כא), וכך פירשו תרגום יונתן ורש״י. רד״ק מביא גם אפשרות אחרת: ״ויש מפרשים: יהיה **חרב**, ויפרשו ׳עליון׳ לשון כריתה, כמו ׳כַּעֲלוֹת גָּדִישׁ בְּעִתּוֹ׳ (איוב ה׳, כו), ׳אַל תַּעֲלֵנִי בַּחֲצִי יָמָי׳ (תהילים ק״ב, כה)״.

4. מדובר כאן פעמיים על העם והמקדש: תחילה על עצם הפגיעה בהם – ״וְהִכְרַתִּי אֶת יִשְׂרָאֵל... וְאֶת הַבַּיִת אֲשֶׁר הִקְדַּשְׁתִּי לִשְׁמִי אֲשַׁלַּח מֵעַל פָּנָי...״; ואחר כך על תגובת הרואים – ״וְהָיָה יִשְׂרָאֵל לְמָשָׁל וְלִשְׁנִינָה בְּכָל הָעַמִּים. וְהַבַּיִת הַזֶּה יִהְיֶה עֶלְיוֹן כָּל עֹבֵר עָלָיו יִשֹּׁם וְשָׁרָק״.

כל ישראל.[5] בפרקים הבאים תיקרע מבית דוד המלכות על רוב שבטי ישראל, ומכאן שההיקף של מלכות זו אכן עומד על תנאי. אבל זו הסתייגות מורכבת, ועל כן בשלב זה די באזהרה מרומזת כי ההבטחה על מלכות הנצח של בית דוד עלולה שלא להתקיים במלואה. לעניין המקדש, לעומת זאת, היה צורך להדגיש ולהטעים היטב שהאפשרות של חורבן קיימת ועומדת בכל עת, שלא כדברי שלמה בתפילתו.

עיקר הדגש בדברי ה' הוא שהגלות והחורבן כרוכים זה בזה, שלא כעמדתו של שלמה בפרק הקודם, שתיתכן גלות בלא חורבן. דומה שמשום כך תיאר כאן המקרא את החורבן באותה לשון שנקטה התורה בתיאור הגלות:

דברים כ"ט	מל"א ט'
(כג) וְאָמְרוּ כָּל הַגּוֹיִם **עַל מֶה עָשָׂה ה' כָּכָה לָאָרֶץ הַזֹּאת** מֶה חֳרִי הָאַף הַגָּדוֹל הַזֶּה: (כד) **וְאָמְרוּ עַל אֲשֶׁר עָזְבוּ אֶת** בְּרִית **ה' אֱלֹהֵי אֲבֹתָם** אֲשֶׁר כָּרַת עִמָּם **בְּהוֹצִיאוֹ אֹתָם מֵאֶרֶץ מִצְרָיִם**: (כה) **וַיֵּלְכוּ וַיַּעַבְדוּ אֱלֹהִים אֲחֵרִים וַיִּשְׁתַּחֲווּ לָהֶם** אֱלֹהִים אֲשֶׁר לֹא יְדָעוּם וְלֹא חָלַק לָהֶם:	(ח) וְהַבַּיִת הַזֶּה יִהְיֶה עֶלְיוֹן כָּל עֹבֵר עָלָיו יִשֹּׁם וְשָׁרָק וְאָמְרוּ **עַל מֶה עָשָׂה ה' כָּכָה לָאָרֶץ הַזֹּאת וְלַבַּיִת הַזֶּה**: (ט) **וְאָמְרוּ עַל אֲשֶׁר עָזְבוּ אֶת ה' אֱלֹהֵיהֶם** אֲשֶׁר **הוֹצִיא אֶת אֲבֹתָם מֵאֶרֶץ מִצְרַיִם וַיַּחֲזִקוּ בֵּאלֹהִים אֲחֵרִים וישתחו וַיִּשְׁתַּחֲווּ לָהֶם וַיַּעַבְדֻם** עַל כֵּן הֵבִיא ה' עֲלֵיהֶם אֵת כָּל הָרָעָה הַזֹּאת:

ב. חירם והזהב

מכאן ואילך באה הידרדרות הדרגתית במלכות שלמה, עד למותו בפרק י"א. מבנה הפרק מפתיע במקצת: המסגרת עוסקת ביחסים של שלמה עם חירם, ובתוך מובאים עניינים אחרים. פסוקי המסגרת הם:

5. אמנם גם המלכות החלקית של בית דוד, על שבט אחד בלבד, לא התקיימה תמיד, כידוע, ועודנה בטלה. על יישוב עובדה זו עם חזון נתן עיינו בדיוננו שם.

(י) וַיְהִי מִקְצֵה עֶשְׂרִים שָׁנָה אֲשֶׁר בָּנָה שְׁלֹמֹה אֶת שְׁנֵי הַבָּתִּים אֶת בֵּית ה׳ וְאֶת בֵּית הַמֶּלֶךְ: (יא) חִירָם מֶלֶךְ צֹר נִשָּׂא אֶת שְׁלֹמֹה בַּעֲצֵי אֲרָזִים וּבַעֲצֵי בְרוֹשִׁים **וּבַזָּהָב** לְכָל חֶפְצוֹ אָז יִתֵּן הַמֶּלֶךְ שְׁלֹמֹה לְחִירָם עֶשְׂרִים עִיר בְּאֶרֶץ הַגָּלִיל: (יב) וַיֵּצֵא חִירָם מִצֹּר לִרְאוֹת אֶת הֶעָרִים אֲשֶׁר נָתַן לוֹ שְׁלֹמֹה וְלֹא יָשְׁרוּ בְּעֵינָיו: (יג) וַיֹּאמֶר מָה הֶעָרִים הָאֵלֶּה אֲשֶׁר נָתַתָּה לִּי אָחִי וַיִּקְרָא לָהֶם אֶרֶץ כָּבוּל עַד הַיּוֹם הַזֶּה: (יד) וַיִּשְׁלַח חִירָם לַמֶּלֶךְ מֵאָה וְעֶשְׂרִים כִּכַּר **זָהָב**:

(כו) וָאֳנִי עָשָׂה הַמֶּלֶךְ שְׁלֹמֹה בְּעֶצְיוֹן גֶּבֶר אֲשֶׁר אֶת אֵלוֹת עַל שְׂפַת יַם סוּף בְּאֶרֶץ אֱדוֹם: (כז) וַיִּשְׁלַח חִירָם בָּאֳנִי אֶת עֲבָדָיו אַנְשֵׁי אֳנִיּוֹת יֹדְעֵי הַיָּם עִם עַבְדֵי שְׁלֹמֹה: (כח) וַיָּבֹאוּ אוֹפִירָה וַיִּקְחוּ מִשָּׁם **זָהָב** אַרְבַּע מֵאוֹת וְעֶשְׂרִים כִּכָּר וַיָּבִאוּ אֶל הַמֶּלֶךְ שְׁלֹמֹה:

מסתבר שמסגרת זו היא ביטוי ספרותי, המשפיע גם על הבנת הקטע שבתוכה, כפי שנראה להלן.

החלק הראשון (פס׳ י-יג) מספר על אכזבת חירם משלמה. במה היה העניין? בפרק ה׳ ראינו, שהקשר של שלמה עם חירם לצורכי בניית המקדש היה כרוך גם באינטרסים כלכליים ובמשא ומתן מורכב. כעת מתברר שלעסקת ׳עצים תמורת מוצרי יסוד׳ שבפרק ה׳ נוסף ממד חדש, ושלמה קיבל לא רק ״עֲצֵי אֲרָזִים וּבַעֲצֵי בְרוֹשִׁים״, כפי שנאמר גם בפרק ה׳, אלא גם ״וּבַזָּהָב לְכָל חֶפְצוֹ״. המילה ׳זהב׳ חוזרת בפרק שלוש פעמים (פס׳ יא, יד, כח), ובפרק הבא — 14 פעם (!), והיא מסמלת את תחילת הנפילה של המלך שלמה. בסוף הפרק הבא מובאת פסקה שהנושא המרכזי בה הוא ריבוי הסוסים (י׳, כו-כט), ומיד לאחריה, בתחילת פרק י״א, מתואר ריבוי הנשים של שלמה. כל זאת, כמובן, בניגוד לציוויי התורה על המלך: ״רַק לֹא יַרְבֶּה לּוֹ סוּסִים... וְלֹא יַרְבֶּה לּוֹ נָשִׁים וְלֹא יָסוּר לְבָבוֹ וְכֶסֶף וְזָהָב לֹא יַרְבֶּה לּוֹ מְאֹד״ (דברים י״ז, טז-יז). שלמה נכשל בכל שלושת התחומים, ועל כן עתיד רובה של הממלכה להיקרע מעליו.

ככלל, מפרק זה עולה שהמנגנונים ששימשו את שלמה לצורך

בניית המקדש, הופכים כעת לכלים להמשך פעילותו של שלמה, אולם פעילות זו הולכת ונעשית בעייתית יותר ויותר. בשלב זה, היא מתמקדת בריבוי הזהב, ובהמשך נראה גם את הבעיות האחרות שלה.

לריבוי הזהב נלוותה בעיה אחרת: נראה שהתשלום עליו היה עשרים עיר מארץ ישראל. מהלך זה בעייתי מצד עצמו, אבל בסופו של דבר, גם חירם לא היה שבע רצון ממנו, מה שמעיד על הקושי הכלכלי של שלמה לתת תמורה לזהב.

כמו בפרשיות קודמות, גם בנושא זה התיאור בדברי הימים הוא לזכותו של שלמה. נושא הזהב אינו נזכר כלל, ובמקום זאת נאמר רק: "וְהֶעָרִים אֲשֶׁר נָתַן חוּרָם לִשְׁלֹמֹה בָּנָה שְׁלֹמֹה אֹתָם וַיּוֹשֶׁב שָׁם אֶת בְּנֵי יִשְׂרָאֵל" (דה"ב ח׳, ב); לפי זה, חירם הוא שנתן לשלמה את הערים. רלב"ג מיישב בין התיאורים: "כבר נזכר בספר דברי הימים כי חירם נתן גם כן לשלמה עיירות הושיב בהם את בני ישראל, וראוי היה להיות כן, כי **לא יתכן למלך למעט ארץ ישראל**".[6] וכעין זה כתב רד"ק (פס׳ י): "וכן היה, כי חירם נתן לשלמה עשרים עיר בארצו, ושלמה גם כן נתן לחירם עשרים עיר בארץ הגליל, וזה עשו לחזק הברית ביניהם, וזכר בזה הספר מה שנתן שלמה לחירם, וזכר בדברי הימים מה שנתן חירם לשלמה". לשיטתם שני הדברים נעשו – חילופי שטחים לחיזוק הברית בין שלמה וחירם. עם זאת, ברי שגם לדעתם אין זה מקרה שספר מלכים, המבקר את שלמה לכל דרכו, מזכיר רק את הערים שמסר שלמה לחירם, ואילו ספר דברי הימים, שרואה את שלמה בעין טובה, ואינו מספר על כישלונותיו, מזכיר רק את הערים שמסר חירם לשלמה.[7]

לאחר העימות בין שלמה לחירם בעניין הערים, מפתיע לקרוא בפס׳ יד שחירם נתן זהב לשלמה: "וַיִּשְׁלַח חִירָם לַמֶּלֶךְ מֵאָה וְעֶשְׂרִים

6. מדברי רלב"ג עולה עמדה מעניינת מאוד: אסור למעט משטחה של ארץ ישראל, אך אין איסור ב'חילופי שטחים', ואין חובה לשמור על גבולות מסוימים של הארץ דווקא.

7. דרך אחרת לפתרון הסתירה היא שהערים שנתן חירם לשלמה הן הן הערים שנתן לו שלמה בתחילה, ומשלא נשאו חן בעיני חירם – החזירן.

כִּכַּר זָהָב״. מסתבר שפסוק זה הוא תחילת העניין הנדון בחלק השני של המסגרת. כפי שציינו בדיוננו בפרק ה׳, כלכלתה של צור התבססה על סחר ימי. מפס׳ כו-כח נראה שחירם ביקש לפתוח נתיב סחר לכיוון ים סוף, עד לאופיר,[8] ארץ הזהב הנודעת[9] (אם הגיעה קודם לכן סחורה מאופיר לצור, היה זה דרך המדבר, על גבי גמלים). חירם שילם אפוא לשלמה סכום נכבד – מאה ועשרים כיכר זהב – כדי לפתוח עמו ציר ימי חדש. ואכן, הקו החדש הוכיח את עצמו, והניב לשלמה עוד 420 כיכר זהב. ממלכת שלמה הולכת ונעשית מעצמת זהב, והדבר לא נאמר לשבחה.

ג. מפעלי הבנייה של שלמה

נעבור עתה לפסוקים שבתוך ׳מסגרת הזהב׳. פסוקים אלו עוסקים בעיקרם במפעלי הבנייה של שלמה, ונראה שגם הם מבקרים את התנהלותו. הפסוקים אינם מסודרים כסיפור רציף, ואף ניכרת בהן תופעה של קטיעת נושאים באִבם ומעבר מנושא לנושא, מסיבות ספרותיות שנעמוד עליהן להלן. ניתן תחילה מבט רחב בפסוקים אלו:

(טו) וְזֶה דְבַר הַמַּס אֲשֶׁר הֶעֱלָה הַמֶּלֶךְ שְׁלֹמֹה לִבְנוֹת אֶת בֵּית ה׳ וְאֶת בֵּיתוֹ וְאֶת הַמִּלּוֹא וְאֵת חוֹמַת יְרוּשָׁלָםִ וְאֶת חָצֹר וְאֶת מְגִדּוֹ וְאֶת גָּזֶר: (טז) פַּרְעֹה מֶלֶךְ מִצְרַיִם עָלָה וַיִּלְכֹּד אֶת גֶּזֶר וַיִּשְׂרְפָהּ בָּאֵשׁ וְאֶת הַכְּנַעֲנִי הַיֹּשֵׁב בָּעִיר הָרָג וַיִּתְּנָהּ שִׁלֻּחִים לְבִתּוֹ אֵשֶׁת שְׁלֹמֹה: (יז) וַיִּבֶן שְׁלֹמֹה אֶת גֶּזֶר וְאֶת בֵּית חֹרֹן תַּחְתּוֹן: (יח) וְאֶת בַּעֲלָת וְאֶת תמר [תַּדְמֹר קרי] בַּמִּדְבָּר בָּאָרֶץ: (יט) וְאֵת כָּל עָרֵי הַמִּסְכְּנוֹת אֲשֶׁר הָיוּ לִשְׁלֹמֹה וְאֵת עָרֵי הָרֶכֶב וְאֵת עָרֵי הַפָּרָשִׁים

8. אין ברור היכן הייתה אופיר: יש סוברים שבחופי אפריקה, יש מוצאים אותה בחופי חצי האי ערב, ויש מרחיקים עד הודו; עיינו א״ש הרטום, ערך ׳אופיר׳, **אנציקלופדיה מקראית** א, ירושלים תשל״ח, טור 163.
9. זהבה של אופיר נזכר במקרא מספר פעמים, כגון: ישעיהו י״ג, יב; תהילים מ״ה, י; איוב כ״ח, טז; דה״א כ״ט, ד.

וְאֵת חֵשֶׁק שְׁלֹמֹה אֲשֶׁר חָשַׁק לִבְנוֹת בִּירוּשָׁלַם וּבַלְּבָנוֹן וּבְכֹל אֶרֶץ מֶמְשַׁלְתּוֹ: (כ) כָּל הָעָם הַנּוֹתָר מִן הָאֱמֹרִי הַחִתִּי הַפְּרִזִּי הַחִוִּי וְהַיְבוּסִי אֲשֶׁר לֹא מִבְּנֵי יִשְׂרָאֵל הֵמָּה: (כא) בְּנֵיהֶם אֲשֶׁר נֹתְרוּ אַחֲרֵיהֶם בָּאָרֶץ אֲשֶׁר לֹא יָכְלוּ בְּנֵי יִשְׂרָאֵל לְהַחֲרִימָם וַיַּעֲלֵם שְׁלֹמֹה לְמַס עֹבֵד עַד הַיּוֹם הַזֶּה: (כב) וּמִבְּנֵי יִשְׂרָאֵל לֹא נָתַן שְׁלֹמֹה עָבֶד כִּי הֵם אַנְשֵׁי הַמִּלְחָמָה וַעֲבָדָיו[10] וְשָׂרָיו וְשָׁלִשָׁיו וְשָׂרֵי רִכְבּוֹ וּפָרָשָׁיו: (כג) אֵלֶּה שָׂרֵי הַנִּצָּבִים אֲשֶׁר עַל הַמְּלָאכָה לִשְׁלֹמֹה חֲמִשִּׁים וַחֲמֵשׁ מֵאוֹת הָרֹדִים בָּעָם הָעֹשִׂים בַּמְּלָאכָה: (כד) אַךְ בַּת פַּרְעֹה עָלְתָה מֵעִיר דָּוִד אֶל בֵּיתָהּ אֲשֶׁר בָּנָה לָהּ אָז בָּנָה אֶת הַמִּלּוֹא: (כה) וְהֶעֱלָה שְׁלֹמֹה שָׁלֹשׁ פְּעָמִים בַּשָּׁנָה עֹלוֹת וּשְׁלָמִים עַל הַמִּזְבֵּחַ אֲשֶׁר בָּנָה לַה׳ וְהַקְטֵיר אִתּוֹ אֲשֶׁר לִפְנֵי ה׳ וְשִׁלַּם אֶת הַבָּיִת:

הדבר הבולט הראשון שנעמוד עליו הוא ההקבלה המעניינת בין מפעלי הבנייה של שלמה לבין מפעלי הבנייה של פרעה מלך מצרים בעת שהיו ישראל משועבדים שם. ייתכן שהכתוב עצמו רומז להקבלה זו, בכנותו את מלך מצרים בשם ׳פרעה׳ בלבד, שלא כפי שנוהג ספר מלכים בשאר מלכי מצרים, לכנותם בשמותיהם, כגון שישק (י״א, מ) ופרעה נכֹה (מל״ב כ״ג, כט).[11] והרי ההקבלה:

10. לכאורה יש בפסוק סתירה: ״וּמִבְּנֵי יִשְׂרָאֵל **לֹא נָתַן שְׁלֹמֹה עָבֶד** כִּי הֵם אַנְשֵׁי הַמִּלְחָמָה **וַעֲבָדָיו**״. נראה שכבר בעל ספר דברי הימים התקשה בכך, ולכן השמיט מן הפסוק את המילה ׳ועבדיו׳: ״וּמִן בְּנֵי יִשְׂרָאֵל אֲשֶׁר לֹא נָתַן שְׁלֹמֹה לַעֲבָדִים לִמְלַאכְתּוֹ כִּי הֵמָּה אַנְשֵׁי מִלְחָמָה וְשָׂרֵי שָׁלִישָׁיו וְשָׂרֵי רִכְבּוֹ וּפָרָשָׁיו״ (דה״ב ח׳, ט). אבל באמת הפסוק מובן בפשטות: שלמה לא השתמש בישראל כעבדים פשוטים, אך מינה מהם לתפקידים החשובים של ׳עבדי המלך׳, דהיינו פקידים רמי דרג בממלכה (ראו לדוגמה שמ״ב י״ח, כט [ששם מכונה כך יואב בן צרויה]; מל״ב כ״ב, יב; שם כ״ה, ח).
11. הדעה הרווחת היא שפרעה הנזכר כאן הוא סי־אמון, מן השושלת העשרים ואחת, שמלך בשנים 978-969 לפנה״ס.

שעבוד מצרים (שמות)	מפעלי שלמה (מל״א ט׳)
(א׳, יא) וַיָּשִׂימוּ עָלָיו שָׂרֵי מִסִּים	(טו) וְזֶה דְבַר הַמַּס אֲשֶׁר הֶעֱלָה הַמֶּלֶךְ שְׁלֹמֹה
(א׳, יא)...וַיִּבֶן עָרֵי מִסְכְּנוֹת לְפַרְעֹה	(יט) וְאֵת כָּל עָרֵי הַמִּסְכְּנוֹת אֲשֶׁר הָיוּ לִשְׁלֹמֹה...
(י״ד, כח) וַיָּשֻׁבוּ הַמַּיִם וַיְכַסּוּ אֶת הָרֶכֶב וְאֶת הַפָּרָשִׁים לְכֹל חֵיל פַּרְעֹה	...וְאֵת עָרֵי הָרֶכֶב וְאֵת עָרֵי הַפָּרָשִׁים וְאֵת חֵשֶׁק שְׁלֹמֹה

נראה שבדרך זו מבקש המקרא להדגיש כי שלמה הושפע מן התרבות המצרית, והחל אף הוא להשקיע במפעלי בנייה אישיים, ולא רק בבנייה שההשקעה בה הייתה מוצדקת. גם כאן, מנגנוני הבנייה מזמן המקדש נותרו, וכעת הם משמשים לצרכים שליליים.

מה הביא להשפעה זו של תרבות פרעה על מפעליו של שלמה? דומה שהמקרא נותן תשובה ברורה לשאלה זו. בשני מקומות בפסוקים אלו באה כותרת הנראית כתחילתה של רשימה, ובשניהם הרשימה נקטעת באותו נושא עצמו:

1. פס׳ טו פותח במילים ״**וְזֶה דְּבַר הַמַּס** אֲשֶׁר הֶעֱלָה הַמֶּלֶךְ שְׁלֹמֹה לִבְנוֹת אֶת בֵּית ה׳ וְאֶת בֵּיתוֹ וְאֶת הַמִּלּוֹא וְאֵת חוֹמַת יְרוּשָׁלָ‍ִם וְאֶת חָצֹר וְאֶת מְגִדּוֹ וְאֶת גָּזֶר״, ומשמע שכעת יפורט ׳דבר המס׳ – כנראה מספר האנשים שנלקחו לעבודה. אבל במקום זאת נאמר בפס׳ טז: ״פַּרְעֹה מֶלֶךְ מִצְרַיִם עָלָה וַיִּלְכֹּד אֶת גֶּזֶר וַיִּשְׂרְפָהּ בָּאֵשׁ וְאֶת הַכְּנַעֲנִי הַיֹּשֵׁב בָּעִיר הָרָג **וַיִּתְּנָהּ שִׁלֻּחִים לְבִתּוֹ אֵשֶׁת שְׁלֹמֹה**״. זהו אמנם מאמר מוסגר, המבאר כיצד הגיעה גזר לידי שלמה,[12] אבל לאחריו עובר הכתוב לנושאים אחרים, ולפס׳ טו אין המשך.
2. גם בפס׳ כג באה כותרת הנראית כפתיחה לרשימה: ״**אֵלֶּה שָׂרֵי הַנִּצָּבִים** אֲשֶׁר עַל הַמְּלָאכָה לִשְׁלֹמֹה חֲמִשִּׁים וַחֲמֵשׁ מֵאוֹת הָרֹדִים בָּעָם הָעֹשִׂים בַּמְּלָאכָה״. ואף כאן אין פירוט של שרי הניצבים,

12. גזר היא העיר ששבט אפרים לא הוריש (שופטים א׳, כט). מקומה ממערב לעמק איילון, סמוך לקיבוץ הקרוי כיום בשמה.

ובמקום זאת נאמר: ״אַךְ **בַּת פַּרְעֹה** עָלְתָה מֵעִיר דָּוִד אֶל בֵּיתָהּ אֲשֶׁר בָּנָה לָהּ אָז בָּנָה אֶת הַמִּלּוֹא״ (פס׳ כד).

דומה שבאמצעי הספרותי המיוחד הזה מבקש המקרא ללמד שמפעלי הבנייה, המיסים והניצבים הופעלו כולם מכוח השפעתה הגדולה של בת פרעה על שלמה.

השפעתה הרעה של בת פרעה על שלמה ניכרת גם בפסוק המתאר את מה שעשה שלמה למענה: ״אַךְ בַּת פַּרְעֹה עָלְתָה מֵעִיר דָּוִד אֶל בֵּיתָהּ אֲשֶׁר בָּנָה לָהּ, אָז בָּנָה אֶת הַמִּלּוֹא״. מה הקשר בין שני חלקי הפסוק? נראה שהדבר תלוי בהבנת המושג ׳מילוא׳. ההסבר המקובל הוא ששלמה מילא את האוכף שבין עיר דוד להר המוריה בשפך גדול של אבנים ועפר; מילוי זה הקל על המעבר בין שתי הגבעות, וכן הגדיל את שטח הבנייה בעיר.[13] ביתה של בת פרעה כבר תואר, כזכור, לעיל ז׳, ח, בתוך מכלול המבנים של בית המלך. על פי הנאמר כאן, המילוא נבנה על מנת להקל את הדרך מעיר דוד להר הבית עבור בת פרעה דווקא, ולא על מנת להקל את דרכם של כל תושבי ירושלים.

על כל פנים, מעשה זה עורר ביקורת רבה, ומן האמור בפרק י״א משמע שהוא היה העילה למרד שמרד ירבעם בשלמה: ״שְׁלֹמֹה בָּנָה אֶת הַמִּלּוֹא סָגַר אֶת פֶּרֶץ עִיר דָּוִד אָבִיו״ (י״א, כז). נראה כי הביקורת הייתה שסתימת הגיא שמצפון לעיר דוד פגעה בביטחון העיר, שהייתה מוקפת גאיות מכל עבריה. אין ספק שהביקורת הייתה חריפה במיוחד משום שהמילוא נבנה לצרכיה האישיים של בת פרעה.

גם עניין זה מובא בספר דברי הימים באור שונה לחלוטין: ״וְאֶת בַּת פַּרְעֹה הֶעֱלָה שְׁלֹמֹה מֵעִיר דָּוִיד לַבַּיִת אֲשֶׁר בָּנָה לָהּ כִּי אָמַר לֹא תֵשֵׁב אִשָּׁה לִי בְּבֵית דָּוִיד מֶלֶךְ יִשְׂרָאֵל כִּי קֹדֶשׁ הֵמָּה אֲשֶׁר בָּאָה אֲלֵיהֶם אֲרוֹן ה׳״ (דה״ב ח׳, יא). על פי זה, בת פרעה לא עלתה מעצמה, אלא שלמה העלה אותה, ולמעשה סילק אותה, מעיר דוד, ממניע דתי:

13. אך יש משערים שהכוונה למבצר בצפון עיר דוד; עיינו **עולם התנ״ך** על פסוקנו.

שלא לפגוע בקדושתה של העיר. מתיאור זה משמע שיחסו של שלמה לבת פרעה היה מסויג, והדבר בולט במיוחד כשמביאים בחשבון שזהו האזכור היחיד בספר דברי הימים לבת פרעה ולהיותה אשת שלמה. בספר מלכים, לעומת זאת, הדבר נזכר חמש פעמים, והחשובה שבהן היא להלן י״א, א: ״וְהַמֶּלֶךְ שְׁלֹמֹה אָהַב נָשִׁים נָכְרִיּוֹת רַבּוֹת וְאֶת בַּת פַּרְעֹה״. זו גם הסיבה שבניית העיר גזר לא נזכרה בספר דברי הימים.

ד. השלמת הביקורת

את הביקורת על מעשיו של שלמה משלימות עוד שתי בעיות אחרות. ראשית, לריבוי מפעלי הבנייה היה מחיר רוחני כבד – הותרת אנשים משבעת עמי הארץ: ״בְּנֵיהֶם אֲשֶׁר נֹתְרוּ אַחֲרֵיהֶם בָּאָרֶץ אֲשֶׁר לֹא יָכְלוּ בְּנֵי יִשְׂרָאֵל לְהַחֲרִימָם וַיַּעֲלֵם שְׁלֹמֹה לְמַס עֹבֵד״. לעומת פרעה, שהרג את הכנעני יושב גזר, הותיר שלמה את שארית יושבי כנען בחיים – אף על פי שבוודאי יכול להחרימם – כדי לאפשר את מפעלי הבנייה שלו. הבעיה בולטת במיוחד על רקע הפתיחה לספר שופטים, המדגישה את הקשר שבין שימת הכנעני ״לָמַס״ (שם א׳, כח, ל, לג, לה) ובין השפעתם על בני ישראל לעבוד עבודה זרה (שם ב׳). נראה שגם הסיפור בפרקנו רומז לעבודה הזרה העתידה להופיע להלן בפרק י״א, ולמעשה, גם לכל אורכו של הספר.

בסוף הפִּסקה, בפס׳ כה, בא תיאור הנראה כמנותק מנושאי הפרק: ״וְהֶעֱלָה שְׁלֹמֹה שָׁלֹשׁ פְּעָמִים בַּשָּׁנָה עֹלוֹת וּשְׁלָמִים עַל הַמִּזְבֵּחַ אֲשֶׁר בָּנָה לַה׳ וְהַקְטֵיר אִתּוֹ אֲשֶׁר לִפְנֵי ה׳ וְשִׁלַּם אֶת הַבָּיִת״. מה תפקידו של פסוק זה? זהו הפסוק היחיד בכל פרקי שלמה שלאחר בניית המקדש המספר על זיקתו לבית. מסתבר שמטרת הפסוק להדגיש את היחס המעוות שבין ההשקעה הרבה של שלמה בתקופה שאחרי סיום בניין המקדש בריבוי זהב ובמפעלי בנייה לבין ההשקעה השולית יחסית במקדש; כל זיקתו למקדש מצטמצמת לשלוש פעמים בשנה שבהן הוא מקריב על המזבח.

גם בעניין זה התיאור בדברי הימים שונה לגמרי, והוא מייחס

לשלמה פעילות נרחבת במקדש: ״אָז הֶעֱלָה שְׁלֹמֹה עֹלוֹת לַה׳ עַל מִזְבַּח ה׳ אֲשֶׁר בָּנָה לִפְנֵי הָאוּלָם. וּבִדְבַר יוֹם בְּיוֹם לְהַעֲלוֹת כְּמִצְוַת מֹשֶׁה לַשַּׁבָּתוֹת וְלֶחֳדָשִׁים וְלַמּוֹעֲדוֹת שָׁלוֹשׁ פְּעָמִים בַּשָּׁנָה בְּחַג הַמַּצּוֹת וּבְחַג הַשָּׁבֻעוֹת וּבְחַג הַסֻּכּוֹת. וַיַּעֲמֵד כְּמִשְׁפַּט דָּוִיד אָבִיו אֶת מַחְלְקוֹת הַכֹּהֲנִים עַל עֲבֹדָתָם וְהַלְוִיִּם עַל מִשְׁמְרוֹתָם לְהַלֵּל וּלְשָׁרֵת נֶגֶד הַכֹּהֲנִים לִדְבַר יוֹם בְּיוֹמוֹ וְהַשּׁוֹעֲרִים בְּמַחְלְקוֹתָם לְשַׁעַר וָשָׁעַר כִּי כֵן מִצְוַת דָּוִיד אִישׁ הָאֱלֹהִים״ (דה״ב ח׳, יב-יד). תיאור זה ממחיש ומדגיש את החיוורון של התיאור בפרקנו, ומכאן ניתן להסיק שבפרקנו המגמה אכן ביקורתית, כפי שביארנו.

פרק י

הזהב והסוסים

א. מלכת שבא

פרק ט׳ התחיל לעמוד על בעיית ריבוי הזהב בממלכתו של שלמה. פרקנו עוסק בבעיה זו בהרחבה. הסיפור הראשון הנוגע לכך הוא ביקורה של מלכת שבא:

(א) וּמַלְכַּת שְׁבָא[1] שֹׁמַעַת אֶת שֵׁמַע שְׁלֹמֹה לְשֵׁם ה׳ וַתָּבֹא לְנַסֹּתוֹ בְּחִידוֹת: (ב) וַתָּבֹא יְרוּשָׁלַמָה בְּחַיִל כָּבֵד מְאֹד גְּמַלִּים נֹשְׂאִים בְּשָׂמִים וְזָהָב רַב מְאֹד וְאֶבֶן יְקָרָה וַתָּבֹא אֶל שְׁלֹמֹה וַתְּדַבֵּר אֵלָיו אֵת כָּל אֲשֶׁר הָיָה עִם לְבָבָהּ: (ג) וַיַּגֶּד לָהּ שְׁלֹמֹה אֶת כָּל דְּבָרֶיהָ לֹא הָיָה דָּבָר נֶעְלָם מִן הַמֶּלֶךְ אֲשֶׁר לֹא הִגִּיד לָהּ: (ד) וַתֵּרֶא מַלְכַּת

1. שבא מוזכרת במקרא פעמים רבות, בדרך כלל בהקשר של זהב ומסחר, כגון: ״כֻּלָּם מִשְּׁבָא יָבֹאוּ זָהָב וּלְבוֹנָה יִשָּׂאוּ״ (ישעיהו ס׳, ו); ״רֹכְלֵי שְׁבָא וְרַעְמָה הֵמָּה רֹכְלָיִךְ בְּרֹאשׁ כָּל בֹּשֶׂם וּבְכָל אֶבֶן יְקָרָה וְזָהָב נָתְנוּ עִזְבוֹנָיִךְ״ (יחזקאל כ״ז, כב); ״וִיחִי וְיִתֶּן לוֹ מִזְּהַב שְׁבָא״ (תהילים ע״ב, טו). הדעות חלוקות בדבר מקומה של שבא. הדעה הרווחת היא שזהו אזור בחצי האי ערב, בדרומו או בצפונו; עיינו **עולם התנ״ך**; י׳ אפעל, ערך ׳שבא׳, **אנציקלופדיה מקראית** ז, ירושלים תשל״ו, טורים 460–466.

שְׁבָא אֵת כָּל חָכְמַת שְׁלֹמֹה וְהַבַּיִת אֲשֶׁר בָּנָה: (ה) וּמַאֲכַל שֻׁלְחָנוֹ וּמוֹשַׁב עֲבָדָיו וּמַעֲמַד משרתו [מְשָׁרְתָיו קרי] וּמַלְבֻּשֵׁיהֶם וּמַשְׁקָיו וְעֹלָתוֹ אֲשֶׁר יַעֲלֶה בֵּית ה׳ וְלֹא הָיָה בָהּ עוֹד רוּחַ: (ו) וַתֹּאמֶר אֶל הַמֶּלֶךְ אֱמֶת הָיָה הַדָּבָר אֲשֶׁר שָׁמַעְתִּי בְּאַרְצִי עַל דְּבָרֶיךָ וְעַל חָכְמָתֶךָ: (ז) וְלֹא הֶאֱמַנְתִּי לַדְּבָרִים עַד אֲשֶׁר בָּאתִי וַתִּרְאֶינָה עֵינַי וְהִנֵּה לֹא הֻגַּד לִי הַחֵצִי הוֹסַפְתָּ חָכְמָה וָטוֹב אֶל הַשְּׁמוּעָה אֲשֶׁר שָׁמָעְתִּי: (ח) אַשְׁרֵי אֲנָשֶׁיךָ אַשְׁרֵי עֲבָדֶיךָ אֵלֶּה הָעֹמְדִים לְפָנֶיךָ תָּמִיד הַשֹּׁמְעִים אֶת חָכְמָתֶךָ: (ט) יְהִי ה׳ אֱלֹהֶיךָ בָּרוּךְ אֲשֶׁר חָפֵץ בְּךָ לְתִתְּךָ עַל כִּסֵּא יִשְׂרָאֵל בְּאַהֲבַת ה׳ אֶת יִשְׂרָאֵל לְעֹלָם וַיְשִׂימְךָ לְמֶלֶךְ לַעֲשׂוֹת מִשְׁפָּט וּצְדָקָה: (י) וַתִּתֵּן לַמֶּלֶךְ מֵאָה וְעֶשְׂרִים כִּכַּר זָהָב וּבְשָׂמִים הַרְבֵּה מְאֹד וְאֶבֶן יְקָרָה לֹא בָא כַבֹּשֶׂם הַהוּא עוֹד לָרֹב אֲשֶׁר נָתְנָה מַלְכַּת שְׁבָא לַמֶּלֶךְ שְׁלֹמֹה: (יא) וְגַם אֳנִי חִירָם אֲשֶׁר נָשָׂא זָהָב מֵאוֹפִיר הֵבִיא מֵאֹפִיר עֲצֵי אַלְמֻגִּים הַרְבֵּה מְאֹד וְאֶבֶן יְקָרָה: (יב) וַיַּעַשׂ הַמֶּלֶךְ אֶת עֲצֵי הָאַלְמֻגִּים מִסְעָד לְבֵית ה׳ וּלְבֵית הַמֶּלֶךְ[2] וְכִנֹּרוֹת וּנְבָלִים לַשָּׁרִים לֹא בָא כֵן עֲצֵי אַלְמֻגִּים וְלֹא נִרְאָה עַד הַיּוֹם הַזֶּה: (יג) וְהַמֶּלֶךְ שְׁלֹמֹה נָתַן לְמַלְכַּת שְׁבָא אֶת כָּל חֶפְצָהּ אֲשֶׁר שָׁאָלָה מִלְּבַד אֲשֶׁר נָתַן לָהּ כְּיַד הַמֶּלֶךְ שְׁלֹמֹה וַתֵּפֶן וַתֵּלֶךְ לְאַרְצָהּ הִיא וַעֲבָדֶיהָ:

במבט ראשון, התיאור נראה חיובי. מלכת שבא מגיעה אל המלך שלמה, מופתעת מאוד מכל מה שהיא רואה בביתו, ומברכת את ה׳ על כך שהוא נתן לעם ישראל מלך כל כך מוצלח. היא נותנת לו מתנות רבות, ואף מקבלת ממנו מתנות כיד המלך, וכך ממשיך שלמה לבצר את מעמדו ואת קשריו עם מלכים חשובים המסייעים לפיתוח הממלכה ולעושרה.

אולם, נושא הזהב בולט מאוד בפסוקים אלה. מלכת שבא אמנם התפעלה מחוכמתו של שלמה, אבל בסופו של דבר הביקור מסתיים

2. גם כאן חוזרת הסמיכות הבעייתית ״לְבֵית ה׳ וּלְבֵית הַמֶּלֶךְ״ שעמדנו עליה בפרקים הקודמים.

בתוספת עצומה של זהב ומותרות אחרים. המילה ״זהב״ חוזרת בפסקה שלוש פעמים (פס׳ ב, י, יא), ובמיוחד ראוי לציון הצירוף ״וְזָהָב רַב מְאֹד״ (פס׳ ב), העומד כנגד האיסור ״וְכֶסֶף וְזָהָב לֹא יַרְבֶּה לּוֹ מְאֹד״ (דברים י״ז, יז). כמו כן, מלכת שבא מתרשמת מדברים רבים, כשהאחרון ברשימה הוא הפעולה הדתית היחידה של שלמה המוזכרת: ״אֵת כָּל חָכְמַת שְׁלֹמֹה וְהַבַּיִת אֲשֶׁר בָּנָה. וּמַאֲכַל שֻׁלְחָנוֹ וּמוֹשַׁב עֲבָדָיו וּמַעֲמַד משרתו [מְשָׁרְתָיו קרי] וּמַלְבֻּשֵׁיהֶם וּמַשְׁקָיו וְעֹלָתוֹ אֲשֶׁר יַעֲלֶה בֵּית ה׳״, ולא בכדי, המילה האחרונה הנזכרת כאן בפסוק היא שם ה׳.

יש הקבלה בתוכן ובלשון בין ביקור מלכת שבא אצל שלמה לבין ביקורו של יתרו במחנה ישראל. בשני הסיפורים באה דמות מעם זר על סמך שמועה, משבחת את ישראל, מברכת את ה׳, מזכירה את עניין המשפט וחוזרת לארצה:

יתרו (שמות י״ח)	מלכת שבא (מל״א י׳)
(א) וַיִּשְׁמַע יִתְרוֹ כֹהֵן מִדְיָן חֹתֵן מֹשֶׁה אֵת כָּל אֲשֶׁר עָשָׂה אֱלֹהִים לְמֹשֶׁה וּלְיִשְׂרָאֵל	(א) וּמַלְכַּת שְׁבָא שֹׁמַעַת אֶת שֵׁמַע שְׁלֹמֹה לְשֵׁם ה׳
(ה) וַיָּבֹא יִתְרוֹ חֹתֵן מֹשֶׁה וּבָנָיו וְאִשְׁתּוֹ אֶל מֹשֶׁה	וַתָּבֹא אֶל שְׁלֹמֹה
(י) וַיֹּאמֶר יִתְרוֹ **בָּרוּךְ ה׳** אֲשֶׁר הִצִּיל אֶתְכֶם מִיַּד מִצְרַיִם וּמִיַּד פַּרְעֹה אֲשֶׁר הִצִּיל אֶת הָעָם מִתַּחַת יַד מִצְרָיִם: (יא) עַתָּה יָדַעְתִּי כִּי גָדוֹל ה׳ מִכָּל הָאֱלֹהִים כִּי בַדָּבָר אֲשֶׁר זָדוּ עֲלֵיהֶם:	(ט) יְהִי **ה׳ אֱלֹהֶיךָ בָּרוּךְ** אֲשֶׁר חָפֵץ בְּךָ לְתִתְּךָ עַל כִּסֵּא יִשְׂרָאֵל בְּאַהֲבַת ה׳ אֶת יִשְׂרָאֵל לְעֹלָם וַיְשִׂימְךָ לְמֶלֶךְ לַעֲשׂוֹת מִשְׁפָּט וּצְדָקָה:
(כא) וְאַתָּה תֶחֱזֶה מִכָּל הָעָם אַנְשֵׁי חַיִל... (כב) **וְשָׁפְטוּ** אֶת הָעָם בְּכָל עֵת	וַיְשִׂימְךָ לְמֶלֶךְ לַעֲשׂוֹת **מִשְׁפָּט** וּצְדָקָה:
וַיֵּלֶךְ לוֹ אֶל אַרְצוֹ	וַתֵּפֶן וַתֵּלֶךְ לְאַרְצָהּ

כהקבלות רבות אחרות, גם הקבלה זו מדגישה את הפער הגדול שבין הסיפורים. יתרו בא אל משה מתוך סקרנות רוחנית, לאחר ששמע "אֵת כָּל אֲשֶׁר עָשָׂה אֱלֹהִים לְמֹשֶׁה וּלְיִשְׂרָאֵל עַמּוֹ" (שמות י"ח, א), ובסופו של דבר הגיע לאמונה גדולה ולעבודת ה': "וַיֹּאמֶר יִתְרוֹ בָּרוּךְ ה' אֲשֶׁר הִצִּיל אֶתְכֶם מִיַּד מִצְרַיִם וּמִיַּד פַּרְעֹה אֲשֶׁר הִצִּיל אֶת הָעָם מִתַּחַת יַד מִצְרָיִם. עַתָּה יָדַעְתִּי כִּי גָדוֹל ה' מִכָּל הָאֱלֹהִים כִּי בַדָּבָר אֲשֶׁר זָדוּ עֲלֵיהֶם. וַיִּקַּח יִתְרוֹ חֹתֵן מֹשֶׁה עֹלָה וּזְבָחִים לֵאלֹהִים..." (שם, י-יב). יתרו אף מותיר אחריו מורשת: בעצתו הוקמה בישראל מערכת משפט מאורגנת. מלכת שבא אמנם מזכירה שם שמים, אך בסופו של דבר עיקר עניינה במסחר, וה'מורשת' שהיא מותירה אחריה היא עושר רב וזהב. מכאן גם עולה שלא נעדרה מדבריה נימה של חנופה, שלא הייתה לשם שמים, אלא למטרות אחרות לגמרי.

ואכן, אף שבתחילת הסיפור נאמר שמלכת שבא הגיעה כי שמעה "אֶת שֵׁמַע שְׁלֹמֹה **לְשֵׁם ה'**", בהמשך הפרק מתברר שמגמתה לא הייתה רוחנית גרידא. בסוף הביקור נאמר: "וְהַמֶּלֶךְ שְׁלֹמֹה נָתַן לְמַלְכַּת שְׁבָא אֶת כָּל חֶפְצָהּ אֲשֶׁר שָׁאָלָה" (פס' יג), ומכאן שהיו לה גם בקשות משלמה.

על טיבן של בקשות אלו ניתן ללמוד משני פסוקים הבאים באמצע הפרשה, ונראים במבט ראשון כמפסיקים אותה בעניין אחר: "וְגַם אֳנִי חִירָם אֲשֶׁר נָשָׂא זָהָב מֵאוֹפִיר הֵבִיא מֵאֹפִיר עֲצֵי אַלְמֻגִּים הַרְבֵּה מְאֹד וְאֶבֶן יְקָרָה. וַיַּעַשׂ הַמֶּלֶךְ אֶת עֲצֵי הָאַלְמֻגִּים מִסְעָד לְבֵית ה' וּלְבֵית הַמֶּלֶךְ וְכִנֹּרוֹת וּנְבָלִים לַשָּׁרִים לֹא בָא כֵן עֲצֵי אַלְמֻגִּים וְלֹא נִרְאָה עַד הַיּוֹם הַזֶּה" (פס' יא-יב). פסוקים אלו ממש קוטעים את הרצף שבין סוף פס' י – "אֲשֶׁר נָתְנָה מַלְכַּת שְׁבָא לַמֶּלֶךְ שְׁלֹמֹה", לבין תחילת פס' יג: "וְהַמֶּלֶךְ שְׁלֹמֹה נָתַן לְמַלְכַּת שְׁבָא אֶת כָּל חֶפְצָהּ". דומה אפוא, שפסוקים אלו נועדו למשוך את תשומת הלב להקבלה שבין מלכת שבא לבין חירם מלך צור, שעמד בקשרים כלכליים קרובים עם שלמה. ההקבלה מתבטאת, בין היתר, גם בחומרים שנתנו לשלמה:

חירם	מלכת שבא (י׳, י)
וַיִּשְׁלַח חִירָם לַמֶּלֶךְ מֵאָה וְעֶשְׂרִים כִּכַּר זָהָב (ט׳, יד)	וַתִּתֵּן לַמֶּלֶךְ מֵאָה וְעֶשְׂרִים כִּכַּר זָהָב...
וְאֶבֶן יְקָרָה (י׳, יא)	וְאֶבֶן יְקָרָה
הֵבִיא מֵאֹפִיר עֲצֵי אַלְמֻגִּים הַרְבֵּה מְאֹד... לֹא בָא כֵן עֲצֵי אַלְמֻגִּים וְלֹא נִרְאָה עַד הַיּוֹם הַזֶּה (י׳, יא-יב)	וּבְשָׂמִים הַרְבֵּה מְאֹד... לֹא בָא כַבֹּשֶׂם הַהוּא עוֹד לָרֹב

מן ההשוואה עולה ריח של תחרות. ייתכן שמלכת שבא הוטרדה מעסקת הסחר הימי של שלמה וחירם בהבאת הזהב מאופיר, שעל אודותיה הרחבנו בפרק הקודם, אשר פגעה בפרנסתם של שבטי המדבר כמוליכי סחורות. סביר להניח ששבא שכנה ליד אופיר, שהרי שבא ואופיר היו אחים, בני יקטן בן עבר (בראשית י׳, כח-כט). מסתבר, שלמעשה התפתחה בין מלכת שבא וחירם תחרות על לבו של שלמה, והיא נסתיימה בניצחון של מלכת שבא, כפי שנרמז בפס׳ יג, כלומר בביטולו מכאן ואילך של הצי המשותף לשלמה וחירם בים סוף. ואכן, מכאן ואילך אין עוד אזכור לקו הימי לאופיר; אדרבה, בפס׳ כב נקרא על קו חדש שפתחו שלמה וחירם – לכיוון הים התיכון. נראה אפוא שדברי החלקות של מלכת שבא מילאו את תפקידם,[3] והשפיעו על שלמה להסכים לבקשתה.[4]

ב. זהב

מכאן ואילך נושא הזהב הולך ותופס מקום מרכזי עוד יותר:

(יד) וַיְהִי מִשְׁקַל **הַזָּהָב** אֲשֶׁר בָּא לִשְׁלֹמֹה בְּשָׁנָה אֶחָת שֵׁשׁ מֵאוֹת שִׁשִּׁים וָשֵׁשׁ כִּכַּר **זָהָב**: (טו) לְבַד מֵאַנְשֵׁי הַתָּרִים וּמִסְחַר הָרֹכְלִים

3. ואולי במיוחד לאור העובדה שעם חירם דווקא התגלו חריקות, כפי שראינו בפרק הקודם בנושא הערים שנתן שלמה לחירם.
4. על פי מאמרו של י׳ בן שם, ׳מטרת ביקורה של מלכת שבא אצל שלמה׳, **בית מקרא** נו, תשל״ד, עמ׳ 51-53.

וְכָל מַלְכֵי הָעֶרֶב וּפַחוֹת הָאָרֶץ: (טז) וַיַּעַשׂ הַמֶּלֶךְ שְׁלֹמֹה מָאתַיִם צִנָּה **זָהָב** שָׁחוּט שֵׁשׁ מֵאוֹת **זָהָב** יַעֲלֶה עַל הַצִּנָּה הָאֶחָת: (יז) וּשְׁלֹשׁ מֵאוֹת מָגִנִּים **זָהָב** שָׁחוּט שְׁלֹשֶׁת מָנִים **זָהָב** יַעֲלֶה עַל הַמָּגֵן הָאֶחָת וַיִּתְּנֵם הַמֶּלֶךְ בֵּית יַעַר הַלְּבָנוֹן: (יח) וַיַּעַשׂ הַמֶּלֶךְ כִּסֵּא שֵׁן גָּדוֹל וַיְצַפֵּהוּ **זָהָב** מוּפָז: (יט) שֵׁשׁ מַעֲלוֹת לַכִּסֵּה וְרֹאשׁ עָגֹל לַכִּסֵּה מֵאַחֲרָיו וְיָדֹת מִזֶּה וּמִזֶּה אֶל מְקוֹם הַשָּׁבֶת וּשְׁנַיִם אֲרָיוֹת עֹמְדִים אֵצֶל הַיָּדוֹת: (כ) וּשְׁנֵים עָשָׂר אֲרָיִים עֹמְדִים שָׁם עַל שֵׁשׁ הַמַּעֲלוֹת מִזֶּה וּמִזֶּה לֹא נַעֲשָׂה כֵן לְכָל מַמְלָכוֹת: (כא) וְכֹל כְּלֵי מַשְׁקֵה הַמֶּלֶךְ שְׁלֹמֹה **זָהָב** וְכֹל כְּלֵי בֵּית יַעַר הַלְּבָנוֹן **זָהָב** סָגוּר אֵין כֶּסֶף לֹא נֶחְשָׁב בִּימֵי שְׁלֹמֹה לִמְאוּמָה: (כב) כִּי אֳנִי תַרְשִׁישׁ[5]

5. מהי "אֳנִי תַרְשִׁישׁ"? בפשטות הכוונה לאוניות שמפליגות לתרשיש. וכן מפורש בדה"ב ט', כא: "כִּי אֳנִיּוֹת לַמֶּלֶךְ **הֹלְכוֹת תַּרְשִׁישׁ** עִם עַבְדֵי חוּרָם...". תרשיש היא באזור הים התיכון, כעולה מתחילת ספר יונה, אך נחלקו הדעות בזיהויה: יש אומרים תורכיה, יש אומרים סרדיניה ויש אומרים ספרד, עיינו **עולם התנ"ך** [לעיל, הערה 1], עמ' 114. כפי שראינו לעיל, נראה ששלמה וחירם פתחו קו מסחרי נוסף, בים התיכון; וכבר הערנו כי יש טוענים שציר צפוני זה **החליף** את הציר הדרומי, ציר ים סוף, שבוטל בעקבות פנייתה של מלכת שבא.
עם זאת, אין ספק שהצירוף "אֳנִי תַרְשִׁישׁ" מכוון גם **לדגם** מסוים של אנייה, כמו בישעיהו ב', יב-טז: "כִּי יוֹם לַה' צְבָאוֹת עַל כָּל גֵּאֶה וָרָם וְעַל כָּל נִשָּׂא וְשָׁפֵל... וְעַל כָּל **אֳנִיּוֹת תַּרְשִׁישׁ** וְעַל כָּל שְׂכִיּוֹת הַחֶמְדָּה". כך נראה גם מן האמור להלן כ"ב, מט: "יְהוֹשָׁפָט עָשָׂה אֳנִיּוֹת תַּרְשִׁישׁ לָלֶכֶת אוֹפִירָה לַזָּהָב וְלֹא הָלָךְ כִּי נִשְׁבְּרוּ אֳנִיּוֹת בְּעֶצְיוֹן גָּבֶר"; יהושפט עשה צי של אוניות מדגם "אֳנִיּוֹת תַּרְשִׁישׁ", וניסה לשחזר את הקו הימי הדרומי של שלמה לאופיר (אך נכשל בכך). אמנם בפסוק המקביל בדה"ב כ', לה-לז נאמר: "וְאַחֲרֵי כֵן אֶתְחַבַּר יְהוֹשָׁפָט מֶלֶךְ יְהוּדָה עִם אֲחַזְיָה מֶלֶךְ יִשְׂרָאֵל הוּא הִרְשִׁיעַ לַעֲשׂוֹת. וַיְחַבְּרֵהוּ עִמּוֹ לַעֲשׂוֹת אֳנִיּוֹת **לָלֶכֶת תַּרְשִׁישׁ** וַיַּעֲשׂוּ אֳנִיּוֹת בְּעֶצְיוֹן גָּבֶר. וַיִּתְנַבֵּא אֱלִיעֶזֶר בֶּן דֹּדָוָהוּ מִמָּרֵשָׁה עַל יְהוֹשָׁפָט לֵאמֹר כְּהִתְחַבֶּרְךָ עִם אֲחַזְיָהוּ פָּרַץ ה' אֶת מַעֲשֶׂיךָ וַיִּשָּׁבְרוּ אֳנִיּוֹת וְלֹא עָצְרוּ **לָלֶכֶת אֶל תַּרְשִׁישׁ**". והדבר תמוה: **הרי הדרך לתרשיש אינה עוברת בעציון גבר!**
ואכן, ר"י אברבנאל כותב בפירושו לפרקנו דברים מפתיעים: "ואמנם מה שנאמר בדברי הימים... הוא קשה עד מאד, כי הנה עציון גבר העיד הכתוב שהיה על שפת ים סוף, ותרשיש היה בים הגדול העובר באמצע הארץ [=הים התיכון, א"ב] שהוא מצור, שהוא בלי ספק בים הגדול העובר באמצע הארץ היה דרך ישראל תרשיש, ולא היה אם כן אפשר שמעציון גבר ילכו לשם, כי הנה אין לים סוף מוצא אל הים העובר באמצע הארץ, **ואולי טעה עזרא הסופר** במה

לַמֶּלֶךְ בַּיָּם עִם אֳנִי חִירָם אַחַת לְשָׁלֹשׁ שָׁנִים תָּבוֹא אֳנִי תַרְשִׁישׁ נֹשְׂאֵת **זָהָב** וָכֶסֶף שֶׁנְהַבִּים וְקֹפִים וְתֻכִּיִּים: (כג) וַיִּגְדַּל הַמֶּלֶךְ שְׁלֹמֹה מִכֹּל מַלְכֵי הָאָרֶץ לְעֹשֶׁר וּלְחָכְמָה: (כד) וְכָל הָאָרֶץ מְבַקְשִׁים אֶת פְּנֵי שְׁלֹמֹה לִשְׁמֹעַ אֶת חָכְמָתוֹ אֲשֶׁר נָתַן אֱלֹהִים בְּלִבּוֹ: (כה) וְהֵמָּה מְבִאִים אִישׁ מִנְחָתוֹ כְּלֵי כֶסֶף וּכְלֵי **זָהָב** וּשְׂלָמוֹת וְנֶשֶׁק וּבְשָׂמִים סוּסִים וּפְרָדִים דְּבַר שָׁנָה בְּשָׁנָה:

הזהב, המשמש בבירור כמילה מנחה בפסוקים אלה, מבטא את העושר המוגזם של מלכות שלמה. הגזמה זו מתבטאת גם בצינות הזהב ומגני הזהב; בכיסא המלך, שצופה זהב; בכלי משקה המלך, שנעשו אף הם מזהב; ועד לסיכום – "אֵין כֶּסֶף לֹא נֶחְשָׁב בִּימֵי שְׁלֹמֹה לִמְאוּמָה". ייתכן שיש ביקורת מיוחדת בתיאור כיסאו של שלמה, שנזכרים בו "שְׁנֵים עָשָׂר אֲרָיִים" – כנגד "שְׁנֵי עָשָׂר בָּקָר" (ז׳, כה) שעמד עליהם הים שעשה שלמה במקדש. שם ביארנו כי כלי הנחושת הללו מייצגים את מרכבת השכינה ואת 'מושבו' הסמלי של הקב"ה. נראה ברור שכבוד האריה גדול מכבוד השור, ואם כן, יש כאן ביטוי לדגש ששם שלמה על פאר מלכותו שלו יתר על פארו של מקום השראת השכינה.

דומה שעיקר הביקורת על שלמה בפרק זה בתיאור הניצול של חוכמתו להרבות לו כסף וזהב: "וְכָל הָאָרֶץ מְבַקְשִׁים אֶת פְּנֵי שְׁלֹמֹה **לִשְׁמֹעַ אֶת חָכְמָתוֹ אֲשֶׁר נָתַן אֱלֹהִים בְּלִבּוֹ**. וְהֵמָּה מְבִאִים אִישׁ מִנְחָתוֹ כְּלֵי כֶסֶף וּכְלֵי זָהָב וּשְׂלָמוֹת וְנֶשֶׁק וּבְשָׂמִים סוּסִים וּפְרָדִים דְּבַר שָׁנָה

שמצא כתוב שעשה יהושפט 'אניות תרשיש', בחשבו שהיו האניות ההם ללכת תרשיש, ואינו כן, כי הם היו ללכת אופירה, ועל תבניתם אמר 'אניות תרשיש', **והוא אם כן טעות ביד עזרא הסופר**". המלבי"ם בפרקנו דחה בתוקף את דבריו ("וחלילה לנו מזה הדעת שנאמר שכותב דברי הימים טעה ושלא ידע פשט הכתוב במלכים... וחלילה שיבוא בכתובים דבר מכחיש המציאות") וביאר שגם האוניות של שלמה יצאו מעציון גבר, והקיפו את אפריקה עד לים התיכון. למרות הקושי הרב שבהסבר זה, ייתכן שיש בו בכל זאת היגיון מסוים: הקו מדרום אפריקה היה נפוץ אצל יורדי הים שבאו מאירופה; ואפשר שיש בכך כדי להסביר את ה"זָהָב וָכֶסֶף שֶׁנְהַבִּים וְקֹפִים וְתֻכִּיִּים", שאולי נאספו **במהלך** המסע. הדבר עולה בקנה אחד גם עם דברי פסוקנו, שהמסע נמשך שלוש שנים.

בְּשָׁנָה". ודוק: הכול באים לשמוע משלמה את "חָכְמָתוֹ", והמקרא מצעק ואומר שאין זו חוכמתו הפרטית של שלמה, כי אם החכמה "אֲשֶׁר נָתַן אֱלֹהִים בְּלִבּוֹ" – החכמה שניתנה לו כדי לשפוט את העם, ולא כדי להשתמש בה לצרכיו.

יש הקבלה בין פסוקים אלו לבין האמור לעיל ה', ט-יד: "**וַיִּתֵּן אֱלֹהִים חָכְמָה לִשְׁלֹמֹה** וּתְבוּנָה הַרְבֵּה מְאֹד וְרֹחַב לֵב כַּחוֹל אֲשֶׁר עַל שְׂפַת הַיָּם... וַיָּבֹאוּ **מִכָּל הָעַמִּים לִשְׁמֹעַ אֵת חָכְמַת שְׁלֹמֹה** מֵאֵת כָּל מַלְכֵי הָאָרֶץ אֲשֶׁר שָׁמְעוּ אֶת חָכְמָתוֹ". הבעיה נעוצה בהבדל שבין הפרקים: בפרק ה' באו הגויים להתרשם מעצם חוכמתו של שלמה, ואילו בפרקנו נעשה בואם כלי לקבלת כסף, זהב וסוסים.

מתנות הסוסים יוצרות שרשור לפִּסקה הבאה, הדנה באיסור אחר ששלמה עבר עליו – ריבוי סוסים.

ג. הסוסים

לאחר תיאור ריבוי הכסף והזהב, מגיע בפסקה זו איסור אחר ששלמה עבר עליו – ריבוי הסוסים:

(כו) וַיֶּאֱסֹף שְׁלֹמֹה רֶכֶב וּפָרָשִׁים וַיְהִי לוֹ אֶלֶף וְאַרְבַּע מֵאוֹת רֶכֶב וּשְׁנֵים עָשָׂר אֶלֶף פָּרָשִׁים וַיַּנְחֵם בְּעָרֵי הָרֶכֶב וְעִם הַמֶּלֶךְ בִּירוּשָׁלָ‍ִם: (כז) וַיִּתֵּן הַמֶּלֶךְ אֶת הַכֶּסֶף בִּירוּשָׁלַ‍ִם כָּאֲבָנִים וְאֵת הָאֲרָזִים נָתַן כַּשִּׁקְמִים אֲשֶׁר בַּשְּׁפֵלָה לָרֹב: (כח) וּמוֹצָא הַסּוּסִים אֲשֶׁר לִשְׁלֹמֹה מִמִּצְרָיִם וּמִקְוֵה סֹחֲרֵי הַמֶּלֶךְ יִקְחוּ מִקְוֵה בִּמְחִיר:[6] (כט) וַתַּעֲלֶה

6. הצירוף סתום, ורבו בו הפירושים. רש"י פירש: "אסיפת סוחרי הסוסים", ואילו רד"ק הביא פירוש שמדובר כאן בחוטים (כמו "תִּקְוַת חוּט הַשָּׁנִי" [יהושע ב', יח]), ולא בסוסים. ברם, הפירוש המקובל הוא פירושו של בעל מצודת דוד על פי התרגום, שהמ' במילה "מִקְוֵה" היא מ' השימוש, ו"קְוֵה" הוא שם מקום. השם QUE מוכר גם מתעודות אשוריות: מקום בדרום מזרח אנטוליה, שאנשיו עסקו בסחר סוסים (עיינו נ' נאמן, ערך: 'קוא, קוה', **אנציקלופדיה מקראית** ז [לעיל, הערה 1], טורים 87–92).

וַתֵּצֵא מֶרְכָּבָה מִמִּצְרַיִם בְּשֵׁשׁ מֵאוֹת כֶּסֶף וְסוּס בַּחֲמִשִּׁים וּמֵאָה וְכֵן לְכָל מַלְכֵי הַחִתִּים וּלְמַלְכֵי אֲרָם בְּיָדָם יֹצִאוּ:

ריבוי הסוסים כרוך בריבוי הכסף והזהב, שהוא שאִפשר לשלמה לקנות סוסים כה רבים. נושא הסוסים מובא בזיקה למצרים – כמו איסור התורה על המלך להרבות לו סוסים: ״רַק לֹא יַרְבֶּה לּוֹ סוּסִים וְלֹא יָשִׁיב אֶת הָעָם מִצְרַיְמָה לְמַעַן הַרְבּוֹת סוּס וַה׳ אָמַר לָכֶם לֹא תֹסִפוּן לָשׁוּב בַּדֶּרֶךְ הַזֶּה עוֹד״ (דברים י״ז, טז).[7] פסקה זו ממשיכה אפוא בביקורת שעלתה בפרק ט׳ על אימוץ סממני השלטון והתרבות המצריים.

בטעם האיסור נחלקו המפרשים בדברים. רש״י כתב: ״לא ירבה לו סוסים – אלא כדי מרכבתו, **שלא** ישיב את העם מצרימה, שהסוסים באים משם״; משמע מדבריו שהאיסור להרבות סוס נובע מהאיסור לשוב למצרים. אבל רמב״ן כתב: ״ויתכן שדרך הכתוב כי הזהיר ׳לא

7. היכן אמר ה׳ לישראל שלא יוסיפו לשוב בדרך הזה עוד?
רמב״ן בפירושו לדברים שם מציע שתי תשובות. לפי התשובה הראשונה, הציווי נאמר רק עכשיו: ״וטעם ׳וה׳ אמר לכם׳ – כי השם **אומר לכם** שלא תוסיפון לשוב בדרך מצרים; וכן: ׳כאשר צוך ה׳ אלהיך׳ (דברים ה׳, טז) – שהוא מצוה אותך כן. או ׳אמר לכם׳ – **שאמר לי כן לצוות אתכם**, כדרך: ׳ויאמר משה כה אמר ה׳ כחצות הלילה׳ וגו׳ (שמות י״א, ד)״. התשובה השנייה היא שהציווי נאמר לפני קריעת ים סוף: ״ועל דרך רבותינו (ירושלמי סוכה פ״ה ה״א): ׳כי כאשר ראיתם את מצרים היום לא תוסיפו לראותם עוד עד עולם׳ (שמות י״ד, יג) – מצוה״; הקושי בדברי חז״ל הוא שהפסוק שם מדבר במצרים, ולא בארצם.
על דרך הפשט נראה לפרש כראב״ע, שציווי זה אכן לא נזכר בתורה, אך משמעותו ברורה: ״כי השם גאלם משם, ובשובם יחללו השם״. דבר זה עולה בקנה אחד עם החומרה הגדולה שראו ה׳ ומשה בדברי בני ישראל בתלונותיהם על חזרה למצרים. ראוי לציין שאיסור זה נזכר שוב בספר דברים, בקללות שבברית ערבות מואב: ״וֶהֱשִׁיבְךָ ה׳ מִצְרַיִם בָּאֳנִיּוֹת בַּדֶּרֶךְ אֲשֶׁר אָמַרְתִּי לְךָ לֹא תֹסִיף עוֹד לִרְאֹתָהּ״ (דברים כ״ח, סח).
בטעם האיסור כתב הרמב״ן: ״מפני שהיו המצרים והכנענים רעים וחטאים לה׳ מאד, כמו שאמר ׳כמעשה ארץ מצרים אשר ישבתם בה לא תעשו וכמעשה ארץ כנען׳ וגו׳ (ויקרא י״ח, ג), והנה רצה ה׳ שלא ילמדו ישראל ממעשיהם, והכרית בכנענים כל נשמה (דברים כ׳, טז), ואמר ׳לא ישבו בארצך׳ (שמות כ״ג, לג), והזהיר במצרים שלא נשב אנחנו בארצם״.

ירבה לו סוסים׳ אפילו מארצו ומארץ שנער או בדרך סחורה המותרת, שלא יבטח על רכבו כי רב ועל פרשיו כי עצמו מאוד, אבל יהיה מבטחו בשם אלהיו, ואחר כך הזהיר על המלך שלא ישיב את העם מצרימה שיהיו לו שם מעבדיו ומעמו שרי מקנה יושבים בערי הרכב למען הרבות סוס״. נראה שלדעתו יש שני איסורים: ריבוי הסוסים כשלעצמו והשבת העם למצרים.[8] ריבוי הסוסים נתפס כמרד בה׳, ורמב״ן רומז לפסוק בישעיהו (ל״א, א): ״הוֹי הַיֹּרְדִים מִצְרַיִם לְעֶזְרָה עַל סוּסִים יִשָּׁעֵנוּ וַיִּבְטְחוּ עַל רֶכֶב כִּי רָב וְעַל פָּרָשִׁים כִּי עָצְמוּ מְאֹד וְלֹא שָׁעוּ עַל קְדוֹשׁ יִשְׂרָאֵל וְאֶת ה׳ לֹא דָרָשׁוּ״.[9] לאור דברי רמב״ן, נראה שגם בפרקנו יש בעיה כפולה: עצם ריבוי הסוסים, המבטא תחושה מוגזמת של עוצמה וכוח, כמו ריבוי הכסף והזהב; והעמקת הזיקה למצרים והשפעתה על דרכו של שלמה, כעולה ממכלול הפרקים ט׳-י״א.[10]

8. כך יש להבין גם את האיסור הבא שם: ״וְלֹא יַרְבֶּה לּוֹ נָשִׁים וְלֹא יָסוּר לְבָבוֹ״ (דברים י״ז, יז): איסור ריבוי הנשים עומד גם לעצמו (ראו משלי ל״א, א-ג: ״דִּבְרֵי לְמוּאֵל מֶלֶךְ מַשָּׂא אֲשֶׁר יִסְּרַתּוּ אִמּוֹ. מַה בְּרִי וּמַה בַּר בִּטְנִי וּמֶה בַּר נְדָרָי. אַל תִּתֵּן לַנָּשִׁים חֵילֶךָ...״) וגם מחשש שיסירו את לבבו.
9. הבעייתיות שבריבוי הסוסים מוזכרת בנבואות רבות, כגון: ״עַל סוּס לֹא נִרְכָּב וְלֹא נֹאמַר עוֹד אֱלֹהֵינוּ לְמַעֲשֵׂה יָדֵינוּ״ (הושע י״ד, ד); ״וְהָיָה בַיּוֹם הַהוּא נְאֻם ה׳ וְהִכְרַתִּי סוּסֶיךָ מִקִּרְבֶּךָ וְהַאֲבַדְתִּי מַרְכְּבֹתֶיךָ״ (מיכה ה׳, ט); ״גִּילִי מְאֹד בַּת צִיּוֹן הָרִיעִי בַּת יְרוּשָׁלַםִ הִנֵּה מַלְכֵּךְ יָבוֹא לָךְ צַדִּיק וְנוֹשָׁע הוּא עָנִי וְרֹכֵב עַל חֲמוֹר וְעַל עַיִר בֶּן אֲתֹנוֹת. וְהִכְרַתִּי רֶכֶב מֵאֶפְרַיִם וְסוּס מִירוּשָׁלַםִ...״ (זכריה ט׳, ט-י).
10. אם נכון הפירוש שהבאנו לעיל (הערה 6) למילה ״מִקְוֵה״, נראה שהמקרא עומד כאן בפירוש על שתי המגמות: הקשר עם מצרים מצד אחד, וריבוי הסוסים (גם אם הוא מאזור ׳קוה׳, ולא ממצרים) מצד עצמו.

פרק יא
סופה של מלכות שלמה

א. נשים נכריות רבות

לאחר הדיון בעבֵרה על איסור "וְכֶסֶף וְזָהָב לֹא יַרְבֶּה לּוֹ מְאֹד" (דברים י"ז, יז) בפרקים ט'-י' ובעבֵרה על איסור "לֹא יַרְבֶּה לּוֹ סוּסִים" (שם, טז) בסוף פרק י', מגיע פרק י"א לשיא – העבֵרה על "וְלֹא יַרְבֶּה לּוֹ נָשִׁים וְלֹא יָסוּר לְבָבוֹ" (שם, יז):

(א) וְהַמֶּלֶךְ שְׁלֹמֹה אָהַב נָשִׁים נָכְרִיּוֹת רַבּוֹת וְאֶת בַּת פַּרְעֹה מוֹאֲבִיּוֹת עַמֳּנִיּוֹת אֲדֹמִיֹּת צֵדְנִיֹּת חִתִּיֹּת: (ב) מִן הַגּוֹיִם אֲשֶׁר אָמַר ה' אֶל בְּנֵי יִשְׂרָאֵל לֹא תָבֹאוּ בָהֶם וְהֵם לֹא יָבֹאוּ בָכֶם אָכֵן יַטּוּ אֶת לְבַבְכֶם אַחֲרֵי אֱלֹהֵיהֶם בָּהֶם דָּבַק שְׁלֹמֹה לְאַהֲבָה: (ג) וַיְהִי לוֹ נָשִׁים שָׂרוֹת שְׁבַע מֵאוֹת וּפִלַגְשִׁים שְׁלֹשׁ מֵאוֹת[1] וַיַּטּוּ נָשָׁיו אֶת לִבּוֹ: (ד) וַיְהִי לְעֵת זִקְנַת שְׁלֹמֹה נָשָׁיו הִטּוּ אֶת לְבָבוֹ אַחֲרֵי אֱלֹהִים אֲחֵרִים וְלֹא הָיָה לְבָבוֹ שָׁלֵם עִם ה' אֱלֹהָיו כִּלְבַב דָּוִיד אָבִיו:

1. המספרים "נָשִׁים שָׂרוֹת **שְׁבַע מֵאוֹת** וּפִלַגְשִׁים **שְׁלֹשׁ מֵאוֹת**" (אלף בסך הכול) מסמלים ריבוי גדול, כמו באיוב א', ב-ג: "וַיִּוָּלְדוּ לוֹ **שִׁבְעָה** בָנִים **וְשָׁלוֹשׁ** בָּנוֹת. וַיְהִי מִקְנֵהוּ **שִׁבְעַת אַלְפֵי** צֹאן **וּשְׁלֹשֶׁת אַלְפֵי** גְמַלִּים וַחֲמֵשׁ מֵאוֹת צֶמֶד בָּקָר וַחֲמֵשׁ מֵאוֹת אֲתוֹנוֹת".

מהכתוב עולה ששלמה עבר על שני איסורים – ריבוי נשים ונשיאת נשים נוכריות: "שתים רעות עשה בזה: אחת, שהרבה נשים, ואפילו היו מישראל אסור לו להרבות, כמו שכתוב 'ולא ירבה לו נשים ולא יסור לבבו'; כל שכן שהיו נוכריות שהטו לבבו אחרי אלהים אחרים" (רד"ק לפס' ב). פס' א-ב כוללים את שני האיסורים, ואחר כך הכתוב מפריד ביניהם: פס' ג מפרט את ה"רַבּוֹת", שהטו את "לִבּוֹ" (ולאו דווקא אחרי אלוהים אחרים!); ופס' ד מפרט את ה"נָּכְרִיּוֹת", שהטו את "לְבָבוֹ" (כמו בפס' ב!) אחרי אלוהים אחרים.

הקשר שבין אהבת הנשים הנוכריות לבין קרבתו של שלמה לעבודה זרה מקבל ביטוי ספרותי במילים החותמות את פס' ב: "בָּהֶם דָּבַק שְׁלֹמֹה לְאַהֲבָה". בפשטות מילים אלו מוסבות על הנשים, אך נראה שהשימוש בלשון זכר ("בָּהֶם") רומז שמתוך כך דבק שלמה לאהבה גם בגויים, ואולי אף באלוהיהם. כך נראה גם מן ההקבלה להתראתו של יהושע: "וְנִשְׁמַרְתֶּם מְאֹד לְנַפְשֹׁתֵיכֶם לְאַהֲבָה אֶת ה' אֱלֹהֵיכֶם. כִּי אִם שׁוֹב תָּשׁוּבוּ **וּדְבַקְתֶּם בְּיֶתֶר הַגּוֹיִם** הָאֵלֶּה הַנִּשְׁאָרִים הָאֵלֶּה אִתְּכֶם וְהִתְחַתַּנְתֶּם בָּהֶם **וּבָאתֶם בָּהֶם וְהֵם בָּכֶם**. יָדוֹעַ תֵּדְעוּ כִּי לֹא יוֹסִיף ה' אֱלֹהֵיכֶם לְהוֹרִישׁ אֶת הַגּוֹיִם הָאֵלֶּה מִלִּפְנֵיכֶם" (יהושע כ"ג, יא-יג). נשיאת נשים נוכריות תביא בהכרח להעמקת הזיקה שבין עם ישראל לבין הגויים בכלל.

ואכן, הנטייה לעבודה זרה אינה מאחרת לבוא:

(ה) וַיֵּלֶךְ שְׁלֹמֹה אַחֲרֵי עַשְׁתֹּרֶת אֱלֹהֵי צִדֹנִים וְאַחֲרֵי מִלְכֹּם שִׁקֻּץ
עַמֹּנִים: (ו) וַיַּעַשׂ שְׁלֹמֹה הָרַע בְּעֵינֵי ה' וְלֹא מִלֵּא אַחֲרֵי ה' כְּדָוִד
אָבִיו: (ז) אָז יִבְנֶה שְׁלֹמֹה בָּמָה לִכְמוֹשׁ שִׁקֻּץ מוֹאָב בָּהָר אֲשֶׁר
עַל פְּנֵי יְרוּשָׁלָ͏ִם וּלְמֹלֶךְ שִׁקֻּץ בְּנֵי עַמּוֹן: (ח) וְכֵן עָשָׂה לְכָל נָשָׁיו
הַנָּכְרִיּוֹת מַקְטִירוֹת וּמְזַבְּחוֹת לֵאלֹהֵיהֶן:

התמונה נראית קודרת מאוד, אבל עיון בכתוב מגלה גם ביטויים שבאים להגביל את היקף החטא. לאחר הפתיחה הצורמת "וַיֵּלֶךְ שְׁלֹמֹה אַחֲרֵי עַשְׁתֹּרֶת אֱלֹהֵי צִדֹנִים וְאַחֲרֵי מִלְכֹּם שִׁקֻּץ עַמֹּנִים. וַיַּעַשׂ שְׁלֹמֹה הָרַע

בְּעֵינֵי ה׳״, בא ביטוי מתון למדיי: ״וְלֹא מִלֵּא אַחֲרֵי ה׳ כְּדָוִד אָבִיו״. אמנם בהמשך מסופר על בניית במות לעבודה זרה: ״אָז יִבְנֶה שְׁלֹמֹה בָּמָה לִכְמוֹשׁ שִׁקֻּץ מוֹאָב בָּהָר אֲשֶׁר עַל פְּנֵי יְרוּשָׁלִָם וּלְמֹלֶךְ שִׁקֻּץ בְּנֵי עַמּוֹן״, אך בד בבד נאמר: ״וְכֵן עָשָׂה לְכָל נָשָׁיו הַנָּכְרִיּוֹת מַקְטִירוֹת וּמְזַבְּחוֹת לֵאלֹהֵיהֶן״. הווה אומר: שלמה לא עבד עבודה זרה בעצמו, אלא רק סייע לנשותיו בבניית במות כדי שתוכלנה להמשיך לעבוד את אלוהיהן.

יש כמה הקבלות של ניגוד בין פרקנו לבין הפרקים הקודמים:

פרק ג׳-ח׳	פרק י״א
וַיִּתְחַתֵּן שְׁלֹמֹה אֶת פַּרְעֹה מֶלֶךְ מִצְרָיִם וַיִּקַּח אֶת בַּת פַּרְעֹה... **וַיֶּאֱהַב** שְׁלֹמֹה אֶת ה׳ לָלֶכֶת בְּחֻקּוֹת דָּוִד אָבִיו (ג׳, א-ג)	(א) וְהַמֶּלֶךְ שְׁלֹמֹה **אָהַב** נָשִׁים נָכְרִיּוֹת רַבּוֹת וְאֶת בַּת פַּרְעֹה... בָּהֶם דָּבַק שְׁלֹמֹה **לְאַהֲבָה**.
אֶלֶף עֹלוֹת יַעֲלֶה שְׁלֹמֹה עַל הַמִּזְבֵּחַ הַהוּא (ג׳, ד)	(ג) וַיְהִי לוֹ נָשִׁים שָׂרוֹת שְׁבַע מֵאוֹת וּפִלַגְשִׁים שְׁלֹשׁ מֵאוֹת
אָז יַקְהֵל שְׁלֹמֹה אֶת זִקְנֵי יִשְׂרָאֵל... לְהַעֲלוֹת אֶת אֲרוֹן בְּרִית ה׳ מֵעִיר דָּוִד (ח׳, א)	(ז) אָז יִבְנֶה שְׁלֹמֹה בָּמָה לִכְמוֹשׁ שִׁקֻּץ מוֹאָב בָּהָר אֲשֶׁר עַל פְּנֵי יְרוּשָׁלִָם וּלְמֹלֶךְ שִׁקֻּץ בְּנֵי עַמּוֹן:

הקבלות אלו מורות על הפער הגדול שבין התקוות שהתעוררו בראשיתה של מלכות שלמה, ששלמה ילך בדרך ה׳ ויצליח להביא את ממלכתו לשגשוג ולביטחון ארוכי טווח, ובין המציאות ששררה בסוף מלכותו: ריבוי נשים ובניית במות לעבודה זרה.

כבר ראינו כמה וכמה פעמים שספר דברי הימים מציג אך ורק את הצדדים החיוביים של מלכות שלמה. תופעה זו בולטת במיוחד בפרקנו, שאין לו כל מקבילה בדברי הימים.

ב. העונש

כצפוי, העונש לא מאחר לבוא:

(ט) וַיִּתְאַנַּף ה׳ בִּשְׁלֹמֹה כִּי נָטָה לְבָבוֹ מֵעִם ה׳ אֱלֹהֵי יִשְׂרָאֵל הַנִּרְאָה אֵלָיו פַּעֲמָיִם: (י) וְצִוָּה אֵלָיו עַל הַדָּבָר הַזֶּה לְבִלְתִּי לֶכֶת אַחֲרֵי אֱלֹהִים אֲחֵרִים וְלֹא שָׁמַר אֵת אֲשֶׁר צִוָּה ה׳: (יא) וַיֹּאמֶר ה׳ לִשְׁלֹמֹה יַעַן אֲשֶׁר הָיְתָה זֹּאת עִמָּךְ וְלֹא שָׁמַרְתָּ בְּרִיתִי וְחֻקֹּתַי אֲשֶׁר צִוִּיתִי עָלֶיךָ קָרֹעַ אֶקְרַע אֶת הַמַּמְלָכָה מֵעָלֶיךָ וּנְתַתִּיהָ לְעַבְדֶּךָ: (יב) אַךְ בְּיָמֶיךָ לֹא אֶעֱשֶׂנָּה לְמַעַן דָּוִד אָבִיךָ מִיַּד בִּנְךָ אֶקְרָעֶנָּה: (יג) רַק אֶת כָּל הַמַּמְלָכָה לֹא אֶקְרָע שֵׁבֶט אֶחָד אֶתֵּן לִבְנֶךָ לְמַעַן דָּוִד עַבְדִּי וּלְמַעַן יְרוּשָׁלַםִ אֲשֶׁר בָּחָרְתִּי:

כאן מתואר במפורש העונש שעתיד לבוא על שלמה: קריעת הממלכה מעליו. בתחילה נוצר רושם שהממלכה תיקרע מידו לגמרי, כפי שנעשה לשאול, שכן מה שנאמר כאן לשלמה "**קָרֹעַ אֶקְרַע אֶת הַמַּמְלָכָה מֵעָלֶיךָ וּנְתַתִּיהָ** לְעַבְדֶּךָ" מזכיר את מה שנאמר לשאול: "וַיֹּאמֶר אֵלָיו שְׁמוּאֵל **קָרַע** ה׳ **אֶת מַמְלְכוּת** יִשְׂרָאֵל **מֵעָלֶיךָ** הַיּוֹם **וּנְתָנָהּ** לְרֵעֲךָ הַטּוֹב מִמֶּךָּ" (שמ"א ט"ו, כח). אבל מיד לאחר מכן מובאות שתי הסתייגויות המצמצמות את העונש. עם זאת, הכתוב מדגיש שצמצום זה אינו בזכות שלמה, כי אם בזכות דוד.

ההסתייגות הראשונה נוגעת למועד פיצול הממלכה: "אַךְ בְּיָמֶיךָ לֹא אֶעֱשֶׂנָּה **לְמַעַן דָּוִד** אָבִיךָ מִיַּד בִּנְךָ אֶקְרָעֶנָּה". הרעיון שמאחרי הסתייגות זו הוא שמלכותו של מלך מוגדרת כקיימת גם בזמן בנו, ולכן פגיעה במלכות שלמה תיחשב פגיעה גם במלכותו של דוד (כשם שהעונש לירבעם התקיים בימי נדב בנו [להלן ט"ו, כז-ל]).

ההסתייגות השנייה היא על היקף הקריעה: "רַק אֶת כָּל הַמַּמְלָכָה לֹא אֶקְרָע שֵׁבֶט אֶחָד אֶתֵּן לִבְנֶךָ **לְמַעַן דָּוִד** עַבְדִּי וּלְמַעַן יְרוּשָׁלַםִ אֲשֶׁר בָּחָרְתִּי". המלכות לא תיקרע לחלוטין מעל שלמה, ושבט אחד ה׳ ייתן לבית דוד, בזכות דוד ובזכות ירושלים. בהמשך הפרק נראה על איזה שבט מדובר כאן.

מכל מקום, העונש אינו מתמצה בכך. הפִּסקה הבאה מספרת על ׳שטנים׳ שקמו לשלמה: הדד האדומי (פס׳ יד-כב), רזון בן אלידע מלך ארם (פס׳ כג-כה), ובארץ ישראל גופה – ירבעם בן נבט (פס׳

כה-מ), שאמנם לא הוגדר במפורש כ׳שטן׳, אך גרם לשלמה טרדה לא־מעטה. מסתבר כי הגם שפגיעה של ממש במלכות שלמה לא נתאפשרה, משום כבודו של דוד אביו, שלמה עצמו לא היה ראוי לישב בשלווה, ולכן הוא נענש על ידי ׳השטנים׳. המושג ׳שטן׳ עומד בניגוד לדברי שלמה לחירם "וְעַתָּה הֵנִיחַ ה׳ אֱלֹהַי לִי מִסָּבִיב אֵין **שָׂטָן** וְאֵין פֶּגַע רָע" (ה׳, יח). ובכלל, לעומת הביסוס של מלכות שלמה בראשיתה – "כִּי הוּא רֹדֶה בְּכָל עֵבֶר הַנָּהָר מִתִּפְסַח וְעַד עַזָּה בְּכָל מַלְכֵי עֵבֶר הַנָּהָר וְשָׁלוֹם הָיָה לוֹ מִכָּל עֲבָרָיו מִסָּבִיב, וַיֵּשֶׁב יְהוּדָה וְיִשְׂרָאֵל לָבֶטַח אִישׁ תַּחַת גַּפְנוֹ וְתַחַת תְּאֵנָתוֹ מִדָּן וְעַד בְּאֵר שָׁבַע כֹּל יְמֵי שְׁלֹמֹה" (ה׳, ד-ה) – בסוף ימיו מתעוררות בעיות מבית ומחוץ.

מבחינה ספרותית, סיפורו של ירבעם בן נבט שייך לשני העונשים. פס׳ כט-לט מספרים על הפגישה של ירבעם עם אחיה השילוני; סיפור זה הוא מאמר מוסגר,[2] השייך לעונש של קריעת הממלכה, ומהווה המשך לפס׳ ט-יג. לעומת זאת, פסוקי המסגרת – פס׳ כו-כח ופס׳ מ – מספרים כיצד שימש גם ירבעם ׳שטן׳ לשלמה.

ג. הדד האדומי ורזון בן אלידע

כאמור, ה׳שטן׳ הראשון הוא הדד האדומי:

(יד) וַיָּקֶם ה׳ שָׂטָן לִשְׁלֹמֹה אֵת הֲדַד הָאֲדֹמִי מִזֶּרַע הַמֶּלֶךְ הוּא בֶּאֱדוֹם: (טו) וַיְהִי בִּהְיוֹת דָּוִד אֶת אֱדוֹם בַּעֲלוֹת יוֹאָב שַׂר הַצָּבָא לְקַבֵּר אֶת הַחֲלָלִים וַיַּךְ כָּל זָכָר בֶּאֱדוֹם: (טז) כִּי שֵׁשֶׁת חֳדָשִׁים יָשַׁב שָׁם יוֹאָב וְכָל יִשְׂרָאֵל עַד הִכְרִית כָּל זָכָר בֶּאֱדוֹם: (יז) וַיִּבְרַח אֲדַד הוּא וַאֲנָשִׁים אֲדֹמִיִּים מֵעַבְדֵי אָבִיו אִתּוֹ לָבוֹא מִצְרָיִם וַהֲדַד נַעַר קָטָן: (יח) וַיָּקֻמוּ מִמִּדְיָן וַיָּבֹאוּ פָּארָן וַיִּקְחוּ אֲנָשִׁים עִמָּם מִפָּארָן וַיָּבֹאוּ מִצְרַיִם אֶל פַּרְעֹה מֶלֶךְ מִצְרַיִם וַיִּתֶּן לוֹ בַיִת וְלֶחֶם אָמַר לוֹ

2. ולכן הוא פותח בצירוף "בָּעֵת הַהִיא", כמו סיפור יהודה ותמר בבראשית ל״ח ועוד.

וְאֶרֶץ נָתַן לוֹ: (יט) וַיִּמְצָא הֲדַד חֵן בְּעֵינֵי פַרְעֹה מְאֹד וַיִּתֶּן לוֹ אִשָּׁה אֶת אֲחוֹת אִשְׁתּוֹ אֲחוֹת תַּחְפְּנֵיס הַגְּבִירָה: (כ) וַתֵּלֶד לוֹ אֲחוֹת תַּחְפְּנֵיס אֵת גְּנֻבַת בְּנוֹ וַתִּגְמְלֵהוּ תַחְפְּנֵס בְּתוֹךְ בֵּית פַּרְעֹה וַיְהִי גְנֻבַת בֵּית פַּרְעֹה בְּתוֹךְ בְּנֵי פַרְעֹה: (כא) וַהֲדַד שָׁמַע בְּמִצְרַיִם כִּי שָׁכַב דָּוִד עִם אֲבֹתָיו וְכִי מֵת יוֹאָב שַׂר הַצָּבָא וַיֹּאמֶר הֲדַד אֶל פַּרְעֹה שַׁלְּחֵנִי וְאֵלֵךְ אֶל אַרְצִי: (כב) וַיֹּאמֶר לוֹ פַרְעֹה כִּי מָה אַתָּה חָסֵר עִמִּי וְהִנְּךָ מְבַקֵּשׁ לָלֶכֶת אֶל אַרְצֶךָ[3] וַיֹּאמֶר לֹא כִּי שַׁלֵּחַ תְּשַׁלְּחֵנִי:

סיפור ארוך זה מעורר תמיהה: לא נאמר כאן כלל במה היה הדד 'שטן' לשלמה, וכולו עסוק בדרך שעשה הדד מאדום למצרים ובחזרה. ובכן, מה הצורך בסיפור זה, שלכאורה אין לו כל נגיעה לסיפורו של שלמה?

דומה שמהותו של הסיפור נלמדת מתוך ההקבלה המעניינת שהמקרא יוצר בין דמותו של הדד לבין דמותו של משה רבנו. נעמוד על נקודות ההקבלה העיקריות:

1. בשני הסיפורים מסופר על הכרתת הזכרים של עם משועבד: פרעה מצווה להרוג את כל הבן היילוד לישראל (שמות א', טו-כב), ויואב מכרית כל זכר באדום.
2. בשני הסיפורים מצליח אדם אחד להינצל מן ההכרתה, והוא בורח מארצו: משה בורח מפני פרעה למדין (שמות ב', טו), והדד בורח עם אנשים אדומיים מעבדי אביו אל פרעה מלך מצרים – דרך מדין! נמצא שמשה הגיע מפרעה למדין, ואילו הדד הגיע ממדין לפרעה.
3. בשני הסיפורים הנמלט מוצא מנוחה בביתו של אדם חשוב, והלה נותן לו לחם, ולאחר מכן גם אישה. משה מגיע אל יתרו כוהן מדין, והלה דואג לשלומו: "וַיֹּאמֶר אֶל בְּנֹתָיו וְאַיּוֹ לָמָּה זֶּה עֲזַבְתֶּן אֶת הָאִישׁ קִרְאֶן לוֹ וְיֹאכַל **לָחֶם**. וַיּוֹאֶל מֹשֶׁה לָשֶׁבֶת אֶת הָאִישׁ **וַיִּתֵּן אֶת**

3. מסתבר שפרעה מסתייג מעזיבתו של הדד לא רק בגלל יחסו האישי אליו, אלא גם כי היה מודע לסכסוך שלו עם שלמה, שהיה חתנו של פרעה.

צִפֹּרָה בִתּוֹ לְמֹשֶׁה" (שמות ב׳, כ-כא). ובדומה לזה מתואר הקשר שבין הדד לפרעה: "וַיָּבֹאוּ מִצְרַיִם אֶל פַּרְעֹה מֶלֶךְ מִצְרַיִם וַיִּתֶּן לוֹ בַיִת **וְלֶחֶם** אָמַר לוֹ וְאֶרֶץ נָתַן לוֹ. וַיִּמְצָא הֲדַד חֵן בְּעֵינֵי פַרְעֹה מְאֹד **וַיִּתֶּן לוֹ אִשָּׁה** אֶת אֲחוֹת אִשְׁתּוֹ אֲחוֹת תַּחְפְּנֵיס הַגְּבִירָה".

4. בשני הסיפורים הנמלט מבקש ממיטיבו רשות לשוב לארצו לאחר שמתו מבקשי נפשו. במשה נאמר: "וַיֵּלֶךְ מֹשֶׁה וַיָּשָׁב אֶל יֶתֶר חֹתְנוֹ וַיֹּאמֶר לוֹ **אֵלְכָה נָּא וְאָשׁוּבָה אֶל אַחַי** אֲשֶׁר בְּמִצְרַיִם וְאֶרְאֶה הַעוֹדָם חַיִּים וַיֹּאמֶר יִתְרוֹ לְמֹשֶׁה לֵךְ לְשָׁלוֹם. וַיֹּאמֶר ה׳ אֶל מֹשֶׁה בְּמִדְיָן לֵךְ שֻׁב מִצְרָיִם **כִּי מֵתוּ כָּל הָאֲנָשִׁים הַמְבַקְשִׁים אֶת נַפְשֶׁךָ**" (שמות ד׳, יח-יט), ובדומה לזה נאמר בהדד: "וַהֲדַד שָׁמַע בְּמִצְרַיִם **כִּי שָׁכַב דָּוִד עִם אֲבֹתָיו וְכִי מֵת יוֹאָב שַׂר הַצָּבָא** וַיֹּאמֶר הֲדַד אֶל פַּרְעֹה **שַׁלְּחֵנִי וְאֵלֵךְ אֶל אַרְצִי**".

5. דומה שהדבר הבולט ביותר הוא פרט בסיפור הדד שנראה שאין לו שום משמעות מלבד ההקבלה למשה. למה נאמר: "וַתֵּלֶד לוֹ אֲחוֹת תַּחְפְּנֵיס אֵת גְּנֻבַת בְּנוֹ וַתִּגְמְלֵהוּ תַחְפְּנֵס בְּתוֹךְ בֵּית פַּרְעֹה וַיְהִי גְנֻבַת בֵּית פַּרְעֹה בְּתוֹךְ בְּנֵי פַרְעֹה"? נראה שפרט זה נועד להעמיק את הזיקה לסיפורו של משה, שגדל בבית פרעה: "וַיִּגְדַּל הַיֶּלֶד וַתְּבִאֵהוּ לְבַת פַּרְעֹה וַיְהִי לָהּ לְבֵן" (שמות ב׳, י).

מה משמעותה של השוואה מפתיעה זו? נראה שעיקר עניינה להקביל בין בית דוד לבין פרעה, שגרמו שניהם להקמת מנהיג לאומי שנפרע מהם. בכך מתחדדת האחריות של דוד להקמת ׳השטנים׳ הללו: השעבוד הקיצוני שנהג בעמים אלו (על ידי יואב) עורר ב׳שטנים׳ שאיפות נקם בישראל, גם כאשר לא היה להם אינטרס אישי בכך (כמו להדד). לעיל צוין שמלכותו של שלמה עצמו לא נפגעה פגיעה של ממש בזכות דוד אביו; אך מאחר שהופעת ׳השטנים׳ קשורה גם למעשיו של דוד, הייתה לה הצדקה. ואולם, עיקר הבעיה היא ההקבלה שנוצרת כאן בין שלמה לבין פרעה. בפרקים הקודמים ראינו ששלמה אימץ סממנים מן התרבות המצרית: מפעלי בנייה גדולים, גיוס רחב של עובדים למפעלים אלו, ריבוי סוסים, ובמיוחד הקשר עם

בת פרעה ותוצאותיו הקשות. מידה כנגד מידה, נעשה עתה שלמה בן דמותו של פרעה.

תיאורו של 'השטן' השני קצר יותר:

(כג) וַיָּקֶם אֱלֹהִים לוֹ שָׂטָן אֶת רְזוֹן בֶּן אֶלְיָדָע אֲשֶׁר בָּרַח מֵאֵת הֲדַדְעֶזֶר מֶלֶךְ צוֹבָה אֲדֹנָיו: (כד) וַיִּקְבֹּץ עָלָיו אֲנָשִׁים וַיְהִי שַׂר גְּדוּד בַּהֲרֹג דָּוִד אֹתָם וַיֵּלְכוּ דַמֶּשֶׂק וַיֵּשְׁבוּ בָהּ וַיִּמְלְכוּ בְּדַמָּשֶׂק: (כה) וַיְהִי שָׂטָן לְיִשְׂרָאֵל כָּל יְמֵי שְׁלֹמֹה וְאֶת הָרָעָה אֲשֶׁר הֲדָד[4] וַיָּקָץ בְּיִשְׂרָאֵל וַיִּמְלֹךְ עַל אֲרָם:

גם כאן מוזכרת הריגת עמו של 'השטן' בידי דוד (הפעם מבלי להזכיר כלל את יואב), והדבר מחדד את מה שנאמר לעיל על הצדקת הפגיעה בשלמה בדרך זו.

הקשר בין השעבוד של ארם לבין השעבוד של אדום עולה גם בשמ"ב ח': בארם נאמר "וַיָּשֶׂם דָּוִד נְצִבִים בַּאֲרַם דַּמֶּשֶׂק וַתְּהִי אֲרָם לְדָוִד לַעֲבָדִים נוֹשְׂאֵי מִנְחָה וַיֹּשַׁע ה' אֶת דָּוִד בְּכֹל אֲשֶׁר הָלָךְ" (שם, ו), ובאדום נאמר "וַיָּשֶׂם בֶּאֱדוֹם נְצִבִים בְּכָל אֱדוֹם שָׂם נְצִבִים וַיְהִי כָל אֱדוֹם עֲבָדִים לְדָוִד וַיּוֹשַׁע ה' אֶת דָּוִד בְּכֹל אֲשֶׁר הָלָךְ" (שם, יד). כעת יוצאים משני העמים אנשים שפוגעים בדרך זו או אחרת בביתו של דוד.

מתי אירעו הסיפורים האלה? מסתבר שסיפורו של הדד, הגם שהובא כאן, אירע כבר בתחילת מלכותו של שלמה, לאחר ששמע על מותם של דוד ויואב. כך משתמע גם מן האמור ברזון בן אלידע: "וַיְהִי שָׂטָן לְיִשְׂרָאֵל **כָּל** יְמֵי שְׁלֹמֹה" (פס' כה). אם כנים דברינו, נמצא שבעיית 'השטנים' התעוררה עוד לפני זקנותו של שלמה, וייתכן שהם הופיעו בגלל הבעיות שהיו בממלכתו מתחילתה, שעליהן עמדנו בפרקים הקודמים. מכל מקום, מבחינה ספרותית המקרא יוצר זיקה

4. נראה ששיעור הכתוב כדברי רד"ק: "נתחברה רעתו עם הרעה אשר עשה הדד לישראל". המקרא קושר בין שני 'השטנים', אף על פי שמסתבר כי כל אחד מהם פעל בפני עצמו.

בין חטאי שלמה בזקנותו לבין תופעת ׳השטנים׳, ובכך הוא בא לומר שרק משהתברר היטב להיכן הוליכו מעשיו של שלמה, ניתן להבין את ההצדקה לפגיעה במלכותו. כך ניתן להבין גם מדוע נקטע סיפורו של הדד מבלי לפרט כיצד פגע בשלמה: ייתכן שלא היה זה אירוע אחד, כי אם תהליך ממושך, שהתרחש במקביל להחמרה ההדרגתית בחטאיו של שלמה.

ד. ירבעם בן נבט

לאחר תיאור שני ׳השטנים׳ מחוץ בא סיפורו של האדם המציק לשלמה מבית: ירבעם בן נבט. המצג לדמותו של ירבעם מאיר אותו באור חיובי למדיי:

(כו) וְיָרָבְעָם בֶּן נְבָט אֶפְרָתִי מִן הַצְּרֵדָה וְשֵׁם אִמּוֹ צְרוּעָה אִשָּׁה אַלְמָנָה עֶבֶד לִשְׁלֹמֹה וַיָּרֶם יָד בַּמֶּלֶךְ: (כז) וְזֶה הַדָּבָר אֲשֶׁר הֵרִים יָד בַּמֶּלֶךְ שְׁלֹמֹה בָּנָה אֶת הַמִּלּוֹא סָגַר אֶת פֶּרֶץ עִיר דָּוִד אָבִיו: (כח) וְהָאִישׁ יָרָבְעָם גִּבּוֹר חָיִל וַיַּרְא שְׁלֹמֹה אֶת הַנַּעַר כִּי עֹשֵׂה מְלָאכָה הוּא וַיַּפְקֵד אֹתוֹ לְכָל סֵבֶל בֵּית יוֹסֵף:

ירבעם בא ממעמד נמוך: בן אישה אלמנה[5] ממקום לא־מוכר בנחלת אפרים. אבל בזכות תכונותיו – ״גִּבּוֹר חָיִל״, ״עֹשֵׂה מְלָאכָה״ – הוא קודם לתפקיד האחראי על בית יוסף. והנה, אף על פי שקיבל את המינוי משלמה, לא נרתע ירבעם מלהרים יד במלך כשראה בכך צורך.

על עיקר טענתו של ירבעם – ״שְׁלֹמֹה בָּנָה אֶת הַמִּלּוֹא סָגַר אֶת פֶּרֶץ עִיר דָּוִד אָבִיו״ – עמדנו לעיל פרק ט׳. הסברנו שם, כי נראה ששלמה מילא את האוכף שבין עיר דוד לבין הר הבית על מנת להקל

5. ייתכן שהתיאור של ירבעם כ״אֶפְרָתִי מִן הַצְּרֵדָה וְשֵׁם אִמּוֹ צְרוּעָה אִשָּׁה אַלְמָנָה״ משתלב אף הוא בתמונת המראה לתחילת מלכותו של שלמה, שעליה עמדנו לעיל, והוא עומד כנגד תיאורו של חירם, בונה כלי הנחושת: ״וַיִּשְׁלַח הַמֶּלֶךְ שְׁלֹמֹה וַיִּקַּח אֶת חִירָם מִצֹּר. בֶּן אִשָּׁה אַלְמָנָה הוּא מִמַּטֵּה נַפְתָּלִי״ (ז׳, יג–יד).

על המעבר של בת פרעה בין שתי הגבעות. ביקורתו של ירבעם הייתה ששלמה פועל מתוך אינטרסים שליליים, הפוגעים בעיר. בכך שם ירבעם דגש בנושא מהותי: העם, שהיה מוכן לעבוד קשה לבניין בית המקדש, החל להתקומם כאשר ניצל שלמה את סמכותו גם לענייניו האישיים, תוך סיכון ביטחונה של ירושלים. אומץ לבו של ירבעם להעלות את הנושא בציבור הוא שזיכה אותו להיבחר להנהיג את ממלכת ישראל המתפצלת, כדברי רבי יוחנן: "מפני מה זכה ירבעם למלכות – מפני שהוכיח את שלמה... אמר לו: דוד אביך פרץ פרצות בחומה כדי שיעלו ישראל לרגל, ואתה גדרת אותם כדי לעשות אנגריא לבת פרעה?!" (סנהדרין קא ע"ב).

הכתוב יוצר הקבלה מעניינת בין ירבעם ליוסף, ובפרט עם תקופת היותו של יוסף עבד במצרים. הקבלה זו נמשכת גם בסיפור הבא, על המפגש בין ירבעם לאחיה השילוני, אך לעת עתה נראה את נקודות ההקבלה שבפסוקי המצג:

ירבעם (מל"א י"א)	יוסף (בראשית)
(כו) **עֶבֶד** לִשְׁלֹמֹה	(ל"ט, יז) בָּא אֵלַי **הָעֶבֶד** הָעִבְרִי
(כח) וְהָאִישׁ יָרָבְעָם גִּבּוֹר חָיִל וַיַּרְא שְׁלֹמֹה אֶת **הַנַּעַר**	(מ"א, יב) וְשָׁם אִתָּנוּ **נַעַר** עִבְרִי עֶבֶד לְשַׂר הַטַּבָּחִים
(כח) **וַיַּרְא** שְׁלֹמֹה אֶת הַנַּעַר כִּי **עֹשֵׂה** מְלָאכָה הוּא **וַיַּפְקֵד** אֹתוֹ לְכָל סֵבֶל בֵּית יוֹסֵף	(ל"ט, ג-ד) **וַיַּרְא** אֲדֹנָיו כִּי ה' אִתּוֹ וְכֹל אֲשֶׁר הוּא **עֹשֶׂה** ה' מַצְלִיחַ בְּיָדוֹ... **וַיַּפְקִדֵהוּ** עַל בֵּיתוֹ
(כח) כִּי **עֹשֵׂה מְלָאכָה** הוּא	(ל"ט, יא) וַיָּבֹא הַבַּיְתָה **לַעֲשׂוֹת מְלַאכְתּוֹ**
(כח) סֵבֶל **בֵּית יוֹסֵף**	(מ"ג, יח) וַיִּירְאוּ הָאֲנָשִׁים כִּי הוּבְאוּ **בֵּית יוֹסֵף**

על אלו יש להוסיף, כמובן, את היות ירבעם "אֶפְרָתִי". מה מטרת ההקבלה? נראה שבדרך זו מבקש המקרא ליצור זיקה בין ירבעם לבין יוסף, על מנת להזכיר את הבכורה שניתנה ליוסף, ואת הזכות שיש לצאצאיו במלכות ישראל. עד כה נתפסה מלכות בית דוד כמלכות

ראויה לא רק בגלל דוד עצמו, אלא גם בגלל היותו משבט יהודה, אשר זכה לברכת יעקב: "לֹא יָסוּר שֵׁבֶט מִיהוּדָה וּמְחֹקֵק מִבֵּין רַגְלָיו" (בראשית מ"ט, י).[6] כעת, לקראת מינויו של ירבעם למלך על ישראל, המקרא מזכיר שירבעם הוא מבית יוסף, שזכה אף הוא למעמד גבוה בין בני יעקב, ולא בכדי זוכה אחד מבניו לבית מלוכה חדש בישראל, וכאמור בדברי הימים: "וּבְנֵי רְאוּבֵן בְּכוֹר יִשְׂרָאֵל כִּי הוּא הַבְּכוֹר וּבְחַלְּלוֹ יְצוּעֵי אָבִיו נִתְּנָה בְּכֹרָתוֹ לִבְנֵי יוֹסֵף בֶּן יִשְׂרָאֵל וְלֹא לְהִתְיַחֵשׂ לַבְּכֹרָה. כִּי יְהוּדָה גָּבַר בְּאֶחָיו וּלְנָגִיד מִמֶּנּוּ וְהַבְּכֹרָה לְיוֹסֵף" (דה"א ה׳, א-ב).

ה. המפגש בין ירבעם לאחיה השילוני

לאחר המצג מסופר על המפגש בין ירבעם לאחיה השילוני, שבו הובטחה לירבעם מלכות על ישראל:

(כט) וַיְהִי בָּעֵת הַהִיא וְיָרָבְעָם יָצָא מִירוּשָׁלִָם וַיִּמְצָא אֹתוֹ אֲחִיָּה
הַשִּׁילֹנִי הַנָּבִיא בַּדֶּרֶךְ וְהוּא מִתְכַּסֶּה בְּשַׂלְמָה חֲדָשָׁה וּשְׁנֵיהֶם
לְבַדָּם בַּשָּׂדֶה: (ל) וַיִּתְפֹּשׂ אֲחִיָּה בַּשַּׂלְמָה הַחֲדָשָׁה אֲשֶׁר עָלָיו
וַיִּקְרָעֶהָ שְׁנֵים עָשָׂר קְרָעִים: (לא) וַיֹּאמֶר לְיָרָבְעָם קַח לְךָ עֲשָׂרָה
קְרָעִים כִּי כֹה אָמַר ה׳ אֱלֹהֵי יִשְׂרָאֵל הִנְנִי קֹרֵעַ אֶת הַמַּמְלָכָה מִיַּד
שְׁלֹמֹה וְנָתַתִּי לְךָ אֵת עֲשָׂרָה הַשְּׁבָטִים: (לב) וְהַשֵּׁבֶט הָאֶחָד יִהְיֶה
לּוֹ לְמַעַן עַבְדִּי דָוִד וּלְמַעַן יְרוּשָׁלִַם הָעִיר אֲשֶׁר בָּחַרְתִּי בָהּ מִכֹּל
שִׁבְטֵי יִשְׂרָאֵל:

בפסוקים אלו ממשיכה בבירור ההקבלה בין ירבעם ליוסף:

6. על השאלה מדוע התחילה המלכות במלך משבט בנימין (שאול) דווקא, ומה היה קורה לולא חטא, כבר עמד רמב"ן בפירושו לבראשית שם.

ירבעם (מל"א י"א)	יוסף (בראשית)
(כט) וְיָרָבְעָם יָצָא מִירוּשָׁלָםִ **וַיִּמְצָא אֹתוֹ** אֲחִיָּה הַשִּׁילֹנִי הַנָּבִיא בַּדֶּרֶךְ וְהוּא מִתְכַּסֶּה בְּשַׂלְמָה חֲדָשָׁה וּשְׁנֵיהֶם לְבַדָּם **בַּשָּׂדֶה:**	(ל"ז, טו) **וַיִּמְצָאֵהוּ** אִישׁ וְהִנֵּה תֹעֶה **בַּשָּׂדֶה**
(ל) **וַיִּתְפֹּשׂ** אֲחִיָּה בַּשַּׂלְמָה הַחֲדָשָׁה **אֲשֶׁר עָלָיו** וַיִּקְרָעֶהָ שְׁנֵים עָשָׂר קְרָעִים:	(ל"ז, כא) וַיְהִי כַּאֲשֶׁר בָּא יוֹסֵף אֶל אֶחָיו וַיַּפְשִׁיטוּ אֶת יוֹסֵף אֶת כֻּתָּנְתּוֹ אֶת כְּתֹנֶת הַפַּסִּים **אֲשֶׁר עָלָיו** (ל"ט, יב) **וַתִּתְפְּשֵׂהוּ** בְּבִגְדוֹ לֵאמֹר שִׁכְבָה עִמִּי[7]
(מ) וַיְבַקֵּשׁ שְׁלֹמֹה לְהָמִית אֶת יָרָבְעָם וַיָּקָם יָרָבְעָם וַיִּבְרַח מִצְרַיִם אֶל שִׁישַׁק מֶלֶךְ מִצְרַיִם	(ל"ז, לו) וְהַמְּדָנִים מָכְרוּ אֹתוֹ אֶל מִצְרָיִם לְפוֹטִיפַר סְרִיס פַּרְעֹה שַׂר הַטַּבָּחִים:

כאמור, הדברים מקבלים משמעות מיוחדת לאור העובדה שכעת מבטיח הנביא לירבעם להקים לו "בית נאמן" – ממש כאותה הבטחה שהובטחה לדוד בחזון נתן (שמ"ב ז', טז). כעת אמורים להתקיים זה בצד זה שני בתי המלכות בעם ישראל, המייצגים את שני הכוחות המרכזיים בעם ישראל לדורות – בית יהודה ובית יוסף. להקבלה זו יש לצרף את העובדה, שגם אחיה השילוני בא משילה שבאפרים, ויש בכך ביטוי נוסף לרעיון המעבר המחודש לבני יוסף, ואזכור שרוח ה' עדיין נמצאת בשילה.

קריעת השמלה מזכירה כמובן את קריעת השמלה של שאול בידי שמואל: "וַיִּסֹּב שְׁמוּאֵל לָלֶכֶת וַיַּחֲזֵק בִּכְנַף מְעִילוֹ וַיִּקָּרַע. וַיֹּאמֶר אֵלָיו שְׁמוּאֵל קָרַע ה' אֶת מַמְלְכוּת יִשְׂרָאֵל מֵעָלֶיךָ הַיּוֹם וּנְתָנָהּ לְרֵעֲךָ הַטּוֹב מִמֶּךָּ" (שמ"א ט"ו, כז-כח). בשני הסיפורים יש אי־בהירות בשאלה שמלתו של מי נקרעה. כמו שם, גם כאן אין ברור של מי הייתה השלמה החדשה שקרע אחיה – שלו או של ירבעם: "וַיִּמְצָא אֹתוֹ אֲחִיָּה הַשִּׁילֹנִי הַנָּבִיא בַּדֶּרֶךְ וְהוּא מִתְכַּסֶּה בְּשַׂלְמָה חֲדָשָׁה וּשְׁנֵיהֶם

7. אלו שתי ההופעות היחידות של תפישה בבגד במקרא.

לְבַדָּם בַּשָּׂדֶה. וַיִּתְפֹּשׂ אֲחִיָּה בַּשַּׂלְמָה הַחֲדָשָׁה אֲשֶׁר עָלָיו וַיִּקְרָעֶהָ שְׁנֵים עָשָׂר קְרָעִים". בסיפור שמואל ושאול יש להניח שהשמלה הייתה של שמואל, שהרי שאול אחז בה כשרצה לעכבו; ההסבר לניסוח הדו־משמעי הוא שמבחינה סמלית, היה ראוי ששמלתו של שאול תיקרע. נראה שבסיפורנו היה ראוי שהשמלה החדשה תהיה של אחיה, שהרי ירבעם הוא שמקבל דבר מה חדש, שלא היה צפוי לו קודם לכן (שלא כשאול, שהמלכות הייתה בידו ונקרעה ממנו). לכפל המשמעות בסיפורנו ייתכנו שתי סיבות: האחת, שבפועל השמלה הייתה של ירבעם, וכפל המשמעות בא ללמד כי מבחינה סמלית היה ראוי שהשמלה תהיה של אחיה; והשנייה, שיש כאן רמז מטרים כי בסופו של דבר תיקרע המלכות מירבעם לגמרי, כדרך שנקרעה משאול. יש להוסיף כי ייתכן שהמילה "שַׂלְמָה" עומדת כנגד השם "שְׁלֹמֹה", וקריעת השלמה מסמלת את קריעת ממלכתו של שלמה.

חלוקת הקרעים אינה ברורה. השלמה נקרעה ל"**שְׁנֵים עָשָׂר** קְרָעִים", אבל אז ירבעם מצטווה: "קַח לְךָ **עֲשָׂרָה** קְרָעִים כִּי כֹה אָמַר ה׳ אֱלֹהֵי יִשְׂרָאֵל הִנְנִי קֹרֵעַ אֶת הַמַּמְלָכָה מִיַּד שְׁלֹמֹה וְנָתַתִּי לְךָ אֵת עֲשָׂרָה הַשְּׁבָטִים. וְהַשֵּׁבֶט **הָאֶחָד** יִהְיֶה לּוֹ...". מה נעשה אפוא בקרע השנים עשר?[8] מסתבר שאין צורך לתת לשלמה קרע כנגד שבט יהודה, והשבט האחד ש"יִהְיֶה לּוֹ" הוא שבט נוסף, שיצורף לשבט יהודה.

מיהו השבט הזה? היה אפשר לומר שהשבט השנים עשר הוא שבט שמעון, שנחלתו ׳נבלעה׳ בנחלת יהודה עוד בחלוקת הארץ: "**וַיֵּצֵא הַגּוֹרָל הַשֵּׁנִי לְשִׁמְעוֹן לְמַטֵּה בְנֵי שִׁמְעוֹן לְמִשְׁפְּחוֹתָם וַיְהִי נַחֲלָתָם בְּתוֹךְ נַחֲלַת בְּנֵי יְהוּדָה**" (יהושע י"ט, א).[9] אולם בפועל אפשרות זו אינה סבירה, שכן להלן שבט שמעון נזכר יחד עם יתר שבטי ישראל,

8. בתרגום השבעים כתוב ׳ושני שבטים אתן לו׳, אך מסתבר שתרגום זה בא לפתור את הקושי בדרך פשטנית למדיי.

9. גם בברכת משה לשבטים לא נזכר שבט שמעון, וכבר העיר רש"י שם על הפסוק "**שְׁמַע** ה׳ קוֹל יְהוּדָה" (דברים ל"ג, ז): "כאן רמז ברכה לשמעון מתוך ברכותיו של יהודה, ואף כשחלקו ארץ ישראל נטל שמעון מתוך גורלו של יהודה". כדי להשלים את מניין השבטים לשנים עשר, נזכרו שם אפרים ומנשה כשני שבטים

כמתואר לגבי אסא מלך יהודה (דה"ב ט"ו, ט): "וַיִּקְבֹּץ אֶת כָּל יְהוּדָה וּבִנְיָמִן וְהַגָּרִים עִמָּהֶם מֵאֶפְרַיִם וּמְנַשֶּׁה וּמִשִּׁמְעוֹן כִּי נָפְלוּ עָלָיו מִיִּשְׂרָאֵל לָרֹב בִּרְאֹתָם כִּי ה' אֱלֹהָיו עִמּוֹ". האפשרות שנותרה היא כדברי רד"ק: "יהודה ובנימן חושב לשבט אחד, בעבור שהיו מיוחדים בנחלה ובירושלם". לפי דבריו, השבט הנוסף הוא שבט בנימין, שהיה שותף ליהודה בנחלת ירושלים. ויש ראיה לפירושו מהאמור להלן י"ב, כא: "וַיָּבֹא רְחַבְעָם יְרוּשָׁלַם וַיַּקְהֵל אֶת כָּל **בֵּית יְהוּדָה וְאֶת שֵׁבֶט בִּנְיָמִן** מֵאָה וּשְׁמֹנִים אֶלֶף בָּחוּר עֹשֵׂה מִלְחָמָה לְהִלָּחֵם עִם בֵּית יִשְׂרָאֵל לְהָשִׁיב אֶת הַמְּלוּכָה לִרְחַבְעָם בֶּן שְׁלֹמֹה". מכאן יובן מה שנאמר לעיל בפס' יג "שֵׁבֶט אֶחָד אֶתֵּן לִבְנֶךָ לְמַעַן דָּוִד עַבְדִּי **וּלְמַעַן יְרוּשָׁלַם** אֲשֶׁר בָּחָרְתִּי". שבט בנימין ניתן לבית דוד בגלל הזיקה לירושלים, ועל מנת שהעיר לא תיחלק לשבטים. אם כן, עדיין יש במלכות יהודה שיתוף של דוד ושאול, של בני לאה ובני רחל, ומצבה של מלכות בית דוד לאחר הפיצול טוב ממצבה בתקופתה הראשונה, כשדוד מלך על שבט יהודה לבדו, ועל כל שאר ישראל – ושבט בנימין בכללו – מלך איש בושת.

מכאן ואילך יש בכתוב כפילות ברורה:

(לא) וַיֹּאמֶר לְיָרָבְעָם קַח לְךָ עֲשָׂרָה קְרָעִים כִּי כֹה אָמַר ה' אֱלֹהֵי יִשְׂרָאֵל הִנְנִי קֹרֵעַ אֶת הַמַּמְלָכָה מִיַּד שְׁלֹמֹה וְנָתַתִּי לְךָ אֵת עֲשָׂרָה הַשְּׁבָטִים:	(לה) וְלָקַחְתִּי הַמְּלוּכָה מִיַּד בְּנוֹ וּנְתַתִּיהָ לְּךָ אֵת עֲשֶׂרֶת הַשְּׁבָטִים:
(לב) וְהַשֵּׁבֶט הָאֶחָד יִהְיֶה לּוֹ לְמַעַן עַבְדִּי דָוִד וּלְמַעַן יְרוּשָׁלַם הָעִיר אֲשֶׁר בָּחַרְתִּי בָהּ מִכֹּל שִׁבְטֵי יִשְׂרָאֵל:	(לו) וְלִבְנוֹ אֶתֵּן שֵׁבֶט אֶחָד לְמַעַן הֱיוֹת נִיר לְדָוִיד עַבְדִּי כָּל הַיָּמִים לְפָנַי בִּירוּשָׁלַם הָעִיר אֲשֶׁר בָּחַרְתִּי לִי לָשׂוּם שְׁמִי שָׁם:

(וכדברי רמב"ן שם, ו, שהתורה מונה תמיד שנים עשר שבטים, וכאשר נמנים אפרים ומנשה כשני שבטים, יש שבט אחר שאיננו נמנה).

(לג) יַעַן אֲשֶׁר עֲזָבוּנִי וַיִּשְׁתַּחֲווּ לְעַשְׁתֹּרֶת אֱלֹהֵי צִדֹנִין לִכְמוֹשׁ אֱלֹהֵי מוֹאָב וּלְמִלְכֹּם אֱלֹהֵי בְנֵי עַמּוֹן **וְלֹא הָלְכוּ בִדְרָכַי לַעֲשׂוֹת הַיָּשָׁר בְּעֵינַי וְחֻקֹּתַי וּמִשְׁפָּטַי כְּדָוִד אָבִיו:**	(לז) וְאֹתְךָ אֶקַּח וּמָלַכְתָּ בְּכֹל אֲשֶׁר תְּאַוֶּה נַפְשֶׁךָ וְהָיִיתָ מֶּלֶךְ עַל יִשְׂרָאֵל: (לח) וְהָיָה אִם תִּשְׁמַע אֶת כָּל אֲשֶׁר אֲצַוֶּךָ **וְהָלַכְתָּ בִדְרָכַי וְעָשִׂיתָ הַיָּשָׁר בְּעֵינַי לִשְׁמוֹר חֻקּוֹתַי וּמִצְוֹתַי כַּאֲשֶׁר עָשָׂה דָּוִד עַבְדִּי** וְהָיִיתִי עִמָּךְ וּבָנִיתִי לְךָ בַיִת נֶאֱמָן כַּאֲשֶׁר בָּנִיתִי לְדָוִד וְנָתַתִּי לְךָ אֶת יִשְׂרָאֵל:
(לד) וְלֹא אֶקַּח אֶת כָּל הַמַּמְלָכָה מִיָּדוֹ כִּי נָשִׂיא[10] אֲשִׁתֶנּוּ כֹּל יְמֵי חַיָּיו לְמַעַן דָּוִד עַבְדִּי אֲשֶׁר בָּחַרְתִּי אֹתוֹ אֲשֶׁר שָׁמַר מִצְוֹתַי וְחֻקֹּתָי:	(לט) וַאֲעַנֶּה אֶת זֶרַע דָּוִד לְמַעַן זֹאת אַךְ לֹא כָל הַיָּמִים:

בקטע הראשון בכל חלק מוזכרת נתינת עשרה שבטים לירבעם, ובשני – נתינת שבט אחד לשלמה, למען דוד וירושלים. בקטע השלישי ישנה תקבולת הפוכה: בחלק הראשון מוזכר טעם קריעת הממלכה משלמה – בגלל שלא עשה הישר בעיני ה׳ ולא הלך בדרכי דוד אביו, ובחלק השני ההבטחה לירבעם, שאם הוא כן יעשה הישר בעיני ה׳ וכן ילך בדרכי דוד, ה׳ יבנה לו בית מלכות נצחי – ״בית נאמן״. בחלק הרביעי ישנה הסתייגות מהעונש לשלמה – בגלל דוד. נראה, שמטרת ההשוואה היא בעיקר לחזק את הרושם שירבעם נתפס כמחליף אפשרי לשלמה: מצד אחד, הדברים התרחשו בגלל ששלמה לא הלך בדרכי ה׳, ומצד שני, אם ירבעם לא יטעה באותן טעויות, הוא יזכה לגדולה.

10. מן הדברים עולה, שמעמדו של שלמה משתנה כעת מ׳מלך׳ ל׳נשיא׳. משמעותו של מעבר זה היא ששלמה כבר לא יהיה ׳מלך׳ – כלומר, מנהיג של כל עם ישראל, אלא רק ׳נשיא׳ – מנהיג של שבט, כמשמעותו של ביטוי זה בתורה (כמו למשל בספר במדבר, בפרקים ז׳ ול״ד).

ו. ובניתי לך בית נאמן

בחלק הרביעי, מכל מקום, ישנו צמצום מסוים של העונש, אך באופן שונה. בעוד שבפס׳ לג הדגש הוא על כך שמלכות שלמה תצטמצם לשבט אחד, דבר שכבר נזכר לעיל, הרי כעת נזכר צמצום מסוג חדש – ״אַךְ לֹא כָל הַיָּמִים״. ביחס שבין ביטוי זה לבין הביטוי ״בית נאמן״ שנאמר גם לדוד בחזון נתן (״וְנֶאְמַן בֵּיתְךָ וּמַמְלַכְתְּךָ עַד עוֹלָם״ [שמ״ב ז׳, טז]), נחלקו הרמב״ם והראב״ד (הלכות מלכים פ״א ה״ט). זה לשון הרמב״ם שם:

> מלכי בית דוד הם העומדים לעולם, שנאמר ״כסאך יהיה נכון עד עולם״ (שמ״ב ז׳, טז), אבל אם יעמוד מלך משאר ישראל **תפסק המלכות מביתו**, שהרי נאמר לירבעם ״אך לא כל הימים״.

על פי תפיסה זו, הביטוי ״בית נאמן״ מעיד רק על יציבות, אך לא על נצחיות, שכן רק בבית דוד נאמר ״עד עולם״.[11] אבל הראב״ד שם כתב:

> אלא ודאי כן הוא, אילו היה ירבעם מלך כשר ובניו כשרים **לא היתה מלכות פוסקת מזרעו אבל היתה שניה למלכות בית דוד**, כגון קיסר ופלג קיסר.

רעיון זה מזכיר את חזונו של יונתן (שמ״א כ״ג, יז) על היותו ״משנה״ למלך דוד; ואולי גם זה מצטרף להקבלה של ירבעם ליוסף, שהיה אף הוא ״משנה״ (בראשית מ״א, מג). אם כן, החזון לירבעם היה שאם לא יחטא, יקים לזמן מה ממלכה נפרדת, ואחר כך יהיה בית ירבעם בית מלכות משני לבית המלכות המרכזי של יהודה.

11. על פי זה יש לומר שגם הביטוי ״בית נאמן״ שנאמר בנבואת איש האלוהים לעלי בנוגע לצדוק הכוהן (שמ״א ב׳, לה), כוונתו לבית יציב, ורק התוספת ״כָּל הַיָּמִים״ (שם) היא שמעידה על נצחיות.

בסיום המפגש של ירבעם עם אחיה נאמר:

(מ) וַיְבַקֵּשׁ שְׁלֹמֹה לְהָמִית אֶת יָרָבְעָם וַיָּקָם יָרָבְעָם וַיִּבְרַח מִצְרַיִם אֶל שִׁישַׁק מֶלֶךְ מִצְרַיִם[12] וַיְהִי בְמִצְרַיִם עַד מוֹת שְׁלֹמֹה:

לעיל ציינו שפסוק זה נראה כהמשך לסיפור הרמת היד של ירבעם בשלמה (פס׳ כו-כח) (וכן ביארו בעל ׳מצודת דוד׳ ומלבי״ם). עם זאת, ייתכן שהפסוק נכתב כאן דווקא, ללמד שדבר השיחה בין ירבעם ואחיה נודע בדרך כלשהי לשלמה. אם כן, רצונו של שלמה להמית את ירבעם דומה לרצונו של שאול להמית את דוד, ובזה מעמיקה ההקבלה ביניהם.

כך, בנימה עצובה ופסימית, מסתיימת מלכותו של שלמה:

(מא) וְיֶתֶר דִּבְרֵי שְׁלֹמֹה וְכָל אֲשֶׁר עָשָׂה וְחָכְמָתוֹ הֲלוֹא הֵם כְּתֻבִים עַל סֵפֶר דִּבְרֵי שְׁלֹמֹה: (מב) וְהַיָּמִים אֲשֶׁר מָלַךְ שְׁלֹמֹה בִירוּשָׁלַםִ עַל כָּל יִשְׂרָאֵל אַרְבָּעִים שָׁנָה: (מג) וַיִּשְׁכַּב שְׁלֹמֹה עִם אֲבֹתָיו וַיִּקָּבֵר בְּעִיר דָּוִד אָבִיו וַיִּמְלֹךְ רְחַבְעָם בְּנוֹ תַּחְתָּיו:

12. המפרשים ציינו שאין זה פרעה שהיה חותנו של שלמה, אלא פרעה אחר, ולכן יכול ירבעם למצוא אצלו מקלט. ואכן, שישק מזוהה עם שושנק (כך מופיע שמו בכתובות מצריות), מייסד השושלת ה־22 של מלכי מצרים, שמלך בשנים 944-923 לפנה״ס לערך.

פרק יב

פיצול הממלכה

א. ההתייעצות

פרק דרמטי זה עוסק באחד האירועים ההיסטוריים המשמעותיים ביותר בתנ"ך: פיצול ממלכת ישראל לשתיים. כבר בתחילת הסיפור ניכר שהמלכת רחבעם על כל ישראל לא הייתה דבר מובן מאליו, כפי שאכן קרה אצל כל מלכי יהודה בהמשך הדרך, שהומלכו בזה אחר זה לאחר מיתת אביהם בלא צורך בהמלכה מיוחדת:

(א) וַיֵּלֶךְ רְחַבְעָם שְׁכֶם כִּי שְׁכֶם בָּא כָל יִשְׂרָאֵל לְהַמְלִיךְ אֹתוֹ:

לא זו בלבד שהיה צורך בטקס המלכה, העם הוא גם זה שקבע את מקום ההמלכה, והוא קבע אותו בשכם: עיר שאינה בנחלת יהודה, ובהמשך הפרק (פס' כח) אכן נעשתה בירתו הזמנית של ירבעם.[1] רחבעם נאלץ אפוא ללכת לשכם, בְּמקום שהעם יבוא אליו, כפי שקרה

1. שכם מיוחדת, מן הסתם, גם בזכות עברה: מקום שיעקב ואברהם בנו בו מזבחות לה' (בראשית י"ב, ו-ז; ל"ג, יח-יט), ויהושע כרת בו ברית לעם (יהושע כ"ד).

בהמלכת דוד על כל ישראל, שאז באו כל ישראל אליו לחברון (שמ״ב ה׳, א). העם גם מעמיד בפני רחבעם תנאי לקבלתו למלך:

(ב) וַיְהִי כִּשְׁמֹעַ יָרָבְעָם בֶּן נְבָט וְהוּא עוֹדֶנּוּ בְמִצְרַיִם אֲשֶׁר בָּרַח מִפְּנֵי הַמֶּלֶךְ שְׁלֹמֹה וַיֵּשֶׁב יָרָבְעָם בְּמִצְרָיִם:[2] (ג) וַיִּשְׁלְחוּ וַיִּקְרְאוּ לוֹ ויבאו וַיָּבֹא יָרָבְעָם וְכָל קְהַל יִשְׂרָאֵל וַיְדַבְּרוּ אֶל רְחַבְעָם לֵאמֹר: (ד) אָבִיךָ הִקְשָׁה אֶת עֻלֵּנוּ וְאַתָּה עַתָּה הָקֵל מֵעֲבֹדַת אָבִיךָ הַקָּשָׁה וּמֵעֻלּוֹ הַכָּבֵד אֲשֶׁר נָתַן עָלֵינוּ וְנַעַבְדֶךָּ:

כאן אנו שומעים לראשונה שעם ישראל אכן סבל תחת יד שלמה, כפי שנרמז לא פעם בפרקים הקודמים. העם חש שהוא נאלץ לעבוד עבור המלך שלמה הרבה יותר ממה שנדרש מבחינה אובייקטיבית.

רחבעם איננו משיב מיד, אלא מבקש זמן להתייעצות, והוא שואל בעצתן של שתי קבוצות:

(ה) וַיֹּאמֶר אֲלֵיהֶם לְכוּ עֹד שְׁלֹשָׁה יָמִים וְשׁוּבוּ אֵלָי וַיֵּלְכוּ הָעָם: (ו) וַיִּוָּעַץ הַמֶּלֶךְ רְחַבְעָם אֶת הַזְּקֵנִים אֲשֶׁר הָיוּ עֹמְדִים אֶת פְּנֵי שְׁלֹמֹה אָבִיו בִּהְיֹתוֹ חַי לֵאמֹר אֵיךְ אַתֶּם נוֹעָצִים לְהָשִׁיב אֶת הָעָם הַזֶּה דָּבָר: (ז) וידבר [וַיְדַבְּרוּ קרי] אֵלָיו לֵאמֹר אִם הַיּוֹם תִּהְיֶה עֶבֶד לָעָם הַזֶּה וַעֲבַדְתָּם וַעֲנִיתָם וְדִבַּרְתָּ אֲלֵיהֶם דְּבָרִים טוֹבִים וְהָיוּ לְךָ עֲבָדִים כָּל הַיָּמִים: (ח) וַיַּעֲזֹב אֶת עֲצַת הַזְּקֵנִים אֲשֶׁר יְעָצֻהוּ וַיִּוָּעַץ אֶת הַיְלָדִים אֲשֶׁר גָּדְלוּ אִתּוֹ אֲשֶׁר הָעֹמְדִים לְפָנָיו: (ט) וַיֹּאמֶר אֲלֵיהֶם מָה אַתֶּם נוֹעָצִים וְנָשִׁיב דָּבָר אֶת הָעָם הַזֶּה[3] אֲשֶׁר דִּבְּרוּ

2. לפי נוסח זה, המילים "וַיֵּשֶׁב יָרָבְעָם בְּמִצְרָיִם" הן חלק מן התזכורת של אירועי העבר, ורק בפס׳ ג הכתוב חוזר לסיפור הדברים הנוכחי. אבל בדה״ב (י׳, ב) הנוסח שונה: "וַיְהִי כִּשְׁמֹעַ יָרָבְעָם בֶּן נְבָט וְהוּא בְמִצְרַיִם אֲשֶׁר בָּרַח מִפְּנֵי שְׁלֹמֹה הַמֶּלֶךְ **וַיָּשָׁב יָרָבְעָם מִמִּצְרָיִם**".

3. את הזקנים שאל רחבעם: "אֵיךְ אַתֶּם נוֹעָצִים **לְהָשִׁיב** אֶת הָעָם הַזֶּה דָּבָר", ואילו את הילדים שאל: "מָה אַתֶּם נוֹעָצִים **וְנָשִׁיב** דָּבָר אֶת הָעָם הַזֶּה", זאת אומרת: רחבעם רואה את עצמו כאחד מן הילדים.

אֵלַי לֵאמֹר הָקֵל מִן הָעֹל אֲשֶׁר נָתַן אָבִיךָ עָלֵינוּ:[4] (י) וַיְדַבְּרוּ אֵלָיו הַיְלָדִים אֲשֶׁר גָּדְלוּ אִתּוֹ לֵאמֹר כֹּה תֹאמַר לָעָם הַזֶּה אֲשֶׁר דִּבְּרוּ אֵלֶיךָ לֵאמֹר אָבִיךָ הִכְבִּיד אֶת עֻלֵּנוּ וְאַתָּה הָקֵל מֵעָלֵינוּ כֹּה תְּדַבֵּר אֲלֵיהֶם קָטָנִּי עָבָה מִמָּתְנֵי אָבִי: (יא) וְעַתָּה אָבִי הֶעְמִיס עֲלֵיכֶם עֹל כָּבֵד וַאֲנִי אוֹסִיף עַל עֻלְּכֶם אָבִי יִסַּר אֶתְכֶם בַּשּׁוֹטִים וַאֲנִי אֲיַסֵּר אֶתְכֶם בָּעַקְרַבִּים:

בסופו של דבר, רחבעם אימץ את עצת 'הילדים':

(יב) וַיָּבוֹא יָרָבְעָם וְכָל הָעָם אֶל רְחַבְעָם בַּיּוֹם הַשְּׁלִישִׁי כַּאֲשֶׁר דִּבֶּר הַמֶּלֶךְ לֵאמֹר שׁוּבוּ אֵלַי בַּיּוֹם הַשְּׁלִישִׁי: (יג) וַיַּעַן הַמֶּלֶךְ אֶת הָעָם קָשָׁה וַיַּעֲזֹב אֶת עֲצַת הַזְּקֵנִים אֲשֶׁר יְעָצֻהוּ: (יד) וַיְדַבֵּר אֲלֵיהֶם כַּעֲצַת הַיְלָדִים לֵאמֹר אָבִי הִכְבִּיד אֶת עֻלְּכֶם וַאֲנִי אֹסִיף עַל עֻלְּכֶם אָבִי יִסַּר אֶתְכֶם בַּשּׁוֹטִים וַאֲנִי אֲיַסֵּר אֶתְכֶם בָּעַקְרַבִּים:[5]

עצם הבקשה להמתין שלושה ימים להתייעצות מעידה על אישיות חלשה ובלתי־החלטית, הגם שההתלבטות מצד עצמה מובנת: מצד אחד, אם ייענה רחבעם לבקשת העם, יזכה באהדתם;[6] מצד שני, אין

4. רחבעם אינו מזכיר בפנייתו לילדים את פן ההתניה שבדברי העם אליו – "וְנַעַבְדֶךָּ" – וגם הילדים לא ציינו זאת בדבריהם בפסוק הבא. רחבעם הציג אפוא בפני הילדים את דברי העם כבקשה, ולא כתנאי, ואולי משום כך יעצו הללו מה שיעצו.
5. יש לציין כי הגם שרחבעם קיבל את עצת הילדים, הוא השמיט בדבריו לעם את הביטוי המתרברב "קָטָנִּי עָבָה מִמָּתְנֵי אָבִי".
6. המפרשים נחלקו אם הצעתם של הזקנים הייתה הצעה אמיתית, או שמא הייתה זו הצעה טקטית בלבד. רד"ק הבין שאכן מדובר בהיענות לבקשת העם: "שתהיה נכנע להם ותענם כרצונם". אבל אברבנאל כתב: "ותענה ותדבר אליהם דברים טובים, וכל זה אם יהיה 'היום' הזה, רוצה לומר: בלבד זה היום, הנה אחר כך המה יהיו לך לעבדים כל הימים, ובמקום שאתה תהיה עבד אליהם יום אחד בדבר שפתים בלבד, המה יהיו כל הימים עבדים לך בפועל".
ייתכן ששאלה זו תלויה בהבדלי נוסח בין מלכים לדברי הימים. בפרקנו נאמר: "אִם הַיּוֹם תִּהְיֶה **עֶבֶד** לָעָם הַזֶּה **וַעֲבַדְתָּם** וַעֲנִיתָם וְדִבַּרְתָּ אֲלֵיהֶם דְּבָרִים טוֹבִים

ספק שרחבעם חשש כי אם ייענה לבקשה, הוא ייתפס כמלך רכרוכי וחלש – במיוחד על רקע שלטונו החזק של שלמה – ויסתכן באבדן מעמדו בעיני העם. ואולם, המקרא מציג את ההתלבטות בכוונה כדבר שאין בו היגיון, ומתאר את הדברים באופן שעולה ממנו כי ברור שרחבעם היה צריך לשמוע לעם:

1. הגורמים שרחבעם פונה אליהם אינם שקולים: "הַזְּקֵנִים **אֲשֶׁר הָיוּ עֹמְדִים אֶת פְּנֵי שְׁלֹמֹה** אָבִיו בִּהְיֹתוֹ חַי" לעומת "הַיְלָדִים אֲשֶׁר גָּדְלוּ אִתּוֹ". זקנה היא בדרך כלל סמל לחכמה, והזקנים האלה היו יועציו של שלמה, שיש להם נאמנות בסיסית לביתו. דווקא העובדה שהם מציעים לו לנהוג אחרת מאביו, מעידה על החשיבות שיש בעצתם, כמי שלמדו את הלקח (ואולי אף ניסו ללא הצלחה לשנות את דרכו של שלמה בעניין). המילה 'ילדים' היא כינוי גנאי מכוון, שהרי רחבעם היה בן ארבעים ואחת שנה במלכו (י"ד, כא), ומן הסתם כזה היה גילם של "הַיְלָדִים אֲשֶׁר גָּדְלוּ אִתּוֹ". ואכן, המקרא מדגיש פעמיים: "וַיַּעֲזֹב אֶת עֲצַת הַזְּקֵנִים אֲשֶׁר יְעָצֻהוּ וַיִּוָּעַץ אֶת הַיְלָדִים..." (פס' ח); "וַיַּעֲזֹב אֶת עֲצַת הַזְּקֵנִים אֲשֶׁר יְעָצֻהוּ. וַיְדַבֵּר אֲלֵיהֶם כַּעֲצַת הַיְלָדִים..." (פס' יג-יד).
2. עצת הזקנים מנומקת היטב: "וְהָיוּ לְךָ עֲבָדִים כָּל הַיָּמִים", ואילו עצת הילדים אינה מנומקת כלל, ומוצגת כגחמה של רחבעם והילדים.
3. לזקנים רחבעם אינו מספר את השתלשלות האירועים, אלא רק שואל אותם מה להשיב לעם. לילדים, לעומת זאת, הוא צריך לבאר מה ביקש העם. מסתבר אפוא שהזקנים היו במקום, ויכלו לאמוד את הלכי הרוחות, ואילו הילדים לא נכחו במקום, וכנראה היו מנותקים לגמרי מן הנעשה בשטח.

וְהָיוּ לְךָ **עֲבָדִים** כָּל הַיָּמִים", ומכאן משמע יותר כאברבנאל: אם תהיה יום אחד עבד לעם, הם יהיו לך "עֲבָדִים כָּל הַיָּמִים". אבל בדה"ב י', ז הנוסח הוא: "אִם תִּהְיֶה **לְטוֹב** לְהָעָם הַזֶּה **וּרְצִיתָם** וְדִבַּרְתָּ אֲלֵהֶם דְּבָרִים טוֹבִים וְהָיוּ לְךָ עֲבָדִים כָּל הַיָּמִים", ומשמע שיש כאן עניין עקרוני, שראוי למלך שידבר בטוב אל העם ויזכה בהערכתם, ולא רק 'היום'.

דומה שכל התיאור הזה של החלטת רחבעם כהחלטה אי־רציונלית נועד להוביל למסקנה ש"הָיְתָה סִבָּה מֵעִם ה' לְמַעַן הָקִים אֶת דְּבָרוֹ אֲשֶׁר דִּבֶּר ה' בְּיַד אֲחִיָּה הַשִּׁילֹנִי אֶל יָרָבְעָם בֶּן נְבָט" (פס' טו).

הסיפור מזכיר מאוד את פרשת אבשלום, שהתלבט בין עצת אחיתופל הטובה לעצת חושי (עיינו שמ"ב י"ז). הרי עיקרי הדמיון בין הפרשות:

1. בשתיהן יש מלך שמקבל שתי עצות, ומבכר על פני העצה הראשונה, החכמה וההגיונית (עצת הזקנים כאן ועצת אחיתופל שם), את העצה שתביא לכישלונו (רחבעם בחר בעצת הילדים, ואבשלום – בעצת חושי הארכי, שנועדה להכשיל אותו).
2. בשני הסיפורים נקטו נותני העצה הרעה בביטויים ציוריים, שדיברו ללבו של המלך ונתנו לו תחושה של מעמד ייחודי. 'הילדים' פיתו את רחבעם בלשון "קָטָנִּי עָבָה מִמָּתְנֵי אָבִי... אָבִי יִסַּר אֶתְכֶם בַּשּׁוֹטִים וַאֲנִי אֲיַסֵּר אֶתְכֶם בָּעַקְרַבִּים", וגם חושי נקט בלשונות מופרזים רבים: "וְנַחְנוּ עָלָיו כַּאֲשֶׁר יִפֹּל הַטַּל עַל הָאֲדָמָה וְלֹא נוֹתַר בּוֹ וּבְכָל הָאֲנָשִׁים אֲשֶׁר אִתּוֹ גַּם אֶחָד. וְאִם אֶל עִיר יֵאָסֵף וְהִשִּׂיאוּ כָל יִשְׂרָאֵל אֶל הָעִיר הַהִיא חֲבָלִים וְסָחַבְנוּ אֹתוֹ עַד הַנַּחַל עַד אֲשֶׁר לֹא נִמְצָא שָׁם גַּם צְרוֹר" (שמ"ב י"ז, יב–יג).
3. שתי הפרשות מדגישות שהמלך קיבל את העצה הרעה על מנת שיתקיים רצון ה'. בפרקנו נאמר: "וְלֹא שָׁמַע הַמֶּלֶךְ אֶל הָעָם כִּי הָיְתָה סִבָּה מֵעִם ה' לְמַעַן הָקִים אֶת דְּבָרוֹ אֲשֶׁר דִּבֶּר ה' בְּיַד אֲחִיָּה הַשִּׁילֹנִי אֶל יָרָבְעָם בֶּן נְבָט" (פס' טו), ובסיפור אבשלום נאמר: "וַה' צִוָּה לְהָפֵר אֶת עֲצַת אֲחִיתֹפֶל הַטּוֹבָה לְבַעֲבוּר הָבִיא ה' אֶל אַבְשָׁלוֹם אֶת הָרָעָה" (שמ"ב י"ז, יד).

מה משמעותה של הקבלה זו? דומה שיש לכך שני מישורים. ראשית, ההקבלה בין רחבעם לאבשלום ממחישה שרחבעם בחר בעצת הילדים מאותם מניעים שהניעו את אבשלום כשבחר בעצת חושי, דהיינו: בחירה בעצה ש'ניגנה' על האגו האישי של המלך. בייחוד הדבר נוגע

למלך חסר ביטחון כרחבעם. מסתבר שמסיבה זו דחה רחבעם את עצת הזקנים, להיות עבד לעם, שהרתיעה במיוחד מלך חסר אופי כמותו. הנה כי כן, הגם שהמקרא מדגיש כי הבחירה המוטעית של רחבעם נבעה מגזרת ה׳, בכל זאת יש לה גם הסבר ריאלי: רחבעם בחר בעצה שדיברה יותר אל לבו.

במובן העמוק יותר, יש כאן סגירת מעגל עם ראשיתה של מלכות שלמה. בפרק א׳ ראינו את ההקבלה בין אבשלום לאדוניהו, אחיו של שלמה שנדחה מן המלוכה. כעת המקרא עורך הקבלה בין אבשלום לבין בנו של שלמה, ובכך רומז שמלכות שלמה איבדה מערכה כשאימץ בנו של שלמה את דפוסי החשיבה השליליים של אבשלום דודו.

ב. תגובת העם

תגובת העם נחלקת לשני שלבים:

(טז) וַיַּרְא כָּל יִשְׂרָאֵל כִּי לֹא שָׁמַע הַמֶּלֶךְ אֲלֵיהֶם וַיָּשִׁבוּ הָעָם
אֶת הַמֶּלֶךְ דָּבָר לֵאמֹר מַה לָּנוּ חֵלֶק בְּדָוִד וְלֹא נַחֲלָה בְּבֶן יִשַׁי
לְאֹהָלֶיךָ יִשְׂרָאֵל עַתָּה רְאֵה בֵיתְךָ דָּוִד וַיֵּלֶךְ יִשְׂרָאֵל לְאֹהָלָיו:
(יז) וּבְנֵי יִשְׂרָאֵל הַיֹּשְׁבִים בְּעָרֵי יְהוּדָה וַיִּמְלֹךְ עֲלֵיהֶם רְחַבְעָם:

בתחילה לא קיבלו שבטי ישראל עליהם את רחבעם למלך, אך גם לא מינו להם מלך אחר. בשלב זה עדיין היה ניתן לאחות את הקרע, ולוּ ביקש רחבעם לנהוג באחריות, היה שולח מישהו שיתווך בינו לבין העם וימצא דרך לשמור על שלמות הממלכה. אבל רחבעם נוקט בצעד שונה בתכלית:

(יח) וַיִּשְׁלַח הַמֶּלֶךְ רְחַבְעָם אֶת אֲדֹרָם אֲשֶׁר עַל הַמַּס[7] וַיִּרְגְּמוּ כָל

7. מסתבר שהוא אדונירם הנזכר לעיל ד׳, ו; ה׳, כח.

יִשְׂרָאֵל בּוֹ אֶבֶן וַיָּמֹת וְהַמֶּלֶךְ רְחַבְעָם הִתְאַמֵּץ לַעֲלוֹת בַּמֶּרְכָּבָה לָנוּס יְרוּשָׁלִָם: (יט) וַיִּפְשְׁעוּ יִשְׂרָאֵל בְּבֵית דָּוִד עַד הַיּוֹם הַזֶּה:

נראה ששליחת אדורם הייתה צעד פרובוקטיבי שנועד להפגין שליטה, על פי הגישה המנחה את עצת הילדים. בפועל הייתה זו טעות: אדורם היה כנראה שנוא על העם, בשל תפקידו כממונה על המס לעבודת המלך (כפי שראינו לעיל ה', כח). העם הגיב על צעד זה בחריפות כה רבה, עד שרחבעם היה בסכנת חיים ממש, ונחלץ ממנה בעור שיניו. כך נחרץ גורלה של ממלכת ישראל להתפצל.[8]

ג. האזכור הכפול של ירבעם

מעמדו של ירבעם בפרק איננו ברור. בפס' ג ובפס' יב נאמר שבשובו ממצרים, בא עם העם לפני רחבעם להציב לפניו את התנאי ולשמוע את תשובתו. כעת מתעורר רושם אחר:

(כ) וַיְהִי כִּשְׁמֹעַ כָּל יִשְׂרָאֵל כִּי שָׁב יָרָבְעָם וַיִּשְׁלְחוּ וַיִּקְרְאוּ אֹתוֹ אֶל הָעֵדָה וַיַּמְלִיכוּ אֹתוֹ עַל כָּל יִשְׂרָאֵל:

8. למעשה התקיימה תמיד הבחנה בין ישראל ליהודה, ואדרבה, גדולתם של דוד ושלמה הייתה באיחוד הזמני ביניהם. ההבחנה נזכרת כבר בתקופת שאול (שמ"א י"א, ח; ט"ו, ד), ובתחילת מלכותו של דוד היה פיצול ממשי בין מלכותו על יהודה ובין מלכות איש בושת על שאר השבטים (שמ"ב ב'-ד'). גם בסוף מרד אבשלום התגלע ריב בין יהודה וישראל, שסופו היה במרד שבע בן בכרי, שסיסמתו כסיסמת המרד בפרקנו: "אֵין לָנוּ חֵלֶק בְּדָוִד וְלֹא נַחֲלָה לָנוּ בְּבֶן יִשַׁי אִישׁ לְאֹהָלָיו יִשְׂרָאֵל" (שמ"ב כ', א). זו גם הסיבה הריאלית להישארותם של בני יהודה עם רחבעם, ובייחוד לאור המעמד המיוחד שהיה לשבט יהודה, שעמדנו עליו בפרק ד'. עם זאת, אין ספק שהפילוג הזה נחשב לאירוע טראומטי, כעולה מנבואה שנאמרה מאות שנים לאחריו: "יָבִיא ה' עָלֶיךָ וְעַל עַמְּךָ וְעַל בֵּית אָבִיךָ יָמִים אֲשֶׁר לֹא בָאוּ לְמִיּוֹם סוּר אֶפְרַיִם מֵעַל יְהוּדָה, אֵת מֶלֶךְ אַשּׁוּר" (ישעיהו ז', יז).

מכאן משתמע שרק עתה נפגש ירבעם עם העם. כיצד ניתן להבין סתירה חזיתית זו?

דומה שהמקרא אכן נוקט כאן בשני תיאורים מקבילים, שאין ביניהם רצף ישיר. לפי פס׳ א-יט, ירבעם בא עם העם לפני רחבעם, ואילו פס׳ כ יכול להיקרא בנקל כהמשך ישיר לפרק הקודם או כהמשך לפס׳ ב בפרקנו. נראה שלפי התיאור הראשון, פיצול הממלכה נבע ממנהגו המנוכר של רחבעם, ואילו התיאור השני ׳מדלג׳ על כל הסיפור וגורס שגם לולא תגובתו של רחבעם היה העם פונה לירבעם, מתוך תמיכה במאבקו עם שלמה; תיאור זה מדגיש את אחריותו של שלמה לפיצול הממלכה. ביטוי נוסף לכפילות הוא כינוי העם: בתיאור הראשון נאמר ״וַיָּבֹא יָרָבְעָם וְכָל **קְהַל יִשְׂרָאֵל**״, ובשני נאמר ״וַיִּקְרְאוּ אֹתוֹ אֶל **הָעֵדָה**״.

ד. מלחמת האחים שנמנעה

לאחר המלכת ירבעם שבים שני התיאורים ומתאחדים, וכעת מבקשים תומכי רחבעם להילחם במורדים:

(כא) ויבאו [וַיָּבֹא קרי] רְחַבְעָם יְרוּשָׁלַםִ וַיַּקְהֵל אֶת כָּל בֵּית
יְהוּדָה וְאֶת שֵׁבֶט בִּנְיָמִן מֵאָה וּשְׁמֹנִים אֶלֶף בָּחוּר עֹשֵׂה מִלְחָמָה
לְהִלָּחֵם עִם בֵּית יִשְׂרָאֵל לְהָשִׁיב אֶת הַמְּלוּכָה לִרְחַבְעָם בֶּן שְׁלֹמֹה:
(כב) וַיְהִי דְּבַר הָאֱלֹהִים אֶל שְׁמַעְיָה אִישׁ הָאֱלֹהִים לֵאמֹר:
(כג) אֱמֹר אֶל רְחַבְעָם בֶּן שְׁלֹמֹה מֶלֶךְ יְהוּדָה וְאֶל כָּל בֵּית יְהוּדָה
וּבִנְיָמִין וְיֶתֶר הָעָם לֵאמֹר: (כד) כֹּה אָמַר ה׳ לֹא תַעֲלוּ וְלֹא תִלָּחֲמוּן
עִם אֲחֵיכֶם בְּנֵי יִשְׂרָאֵל שׁוּבוּ אִישׁ לְבֵיתוֹ כִּי מֵאִתִּי נִהְיָה הַדָּבָר
הַזֶּה וַיִּשְׁמְעוּ אֶת דְּבַר ה׳ וַיָּשֻׁבוּ לָלֶכֶת כִּדְבַר ה׳:

מעמדו של שבט בנימין אינו ברור: בפס׳ כ נאמר ש״לֹא הָיָה אַחֲרֵי בֵית דָּוִד **זוּלָתִי שֵׁבֶט יְהוּדָה לְבַדּוֹ**״, ואילו בפס׳ כא נאמר ״וַיָּבֹא רְחַבְעָם יְרוּשָׁלַםִ וַיַּקְהֵל אֶת כָּל בֵּית יְהוּדָה **וְאֶת שֵׁבֶט בִּנְיָמִן** מֵאָה וּשְׁמֹנִים

אֶלֶף בָּחוּר עֹשֵׂה מִלְחָמָה לְהִלָּחֵם עִם בֵּית יִשְׂרָאֵל לְהָשִׁיב אֶת הַמְּלוּכָה לִרְחַבְעָם בֶּן שְׁלֹמֹה". נראה ששבט בנימין אכן היה מפוצל, כמדויק בפסוק: "וַיַּקְהֵל אֶת כָּל בֵּית יְהוּדָה וְאֶת שֵׁבֶט בִּנְיָמִן". גם בספר שמואל יש מבני בנימין התומכים בדוד (מכיר בן עמיאל מבחורים [שמ"ב י"ז, כח]) ויש המתנגדים לו (שמעי בן גרא). ומסתבר שמאחר ששבט בנימין ניתן למלכות בית דוד בגלל ירושלים, כפי שראינו בפרק הקודם, היו יושבי ירושלים וסביבתה עם יהודה, ואילו התושבים באזורים הצפוניים יותר בנחלת בנימין היו עם ישראל. ראיה לדבר: העיר בית אל, שהייתה בוודאי מממלכת ישראל, שהרי ירבעם הקים בה את אחד מעגלי הזהב שלו, כמבואר להלן (פס' כט).

לאחר הביקורת הקשה על רחבעם, מפתיע במקצת לקרוא את תיאור מניעת המלחמה, שיש בו מן החיוב על רחבעם ועל ממלכתו: "וַיִּשְׁמְעוּ אֶת דְּבַר ה' וַיָּשֻׁבוּ לָלֶכֶת כִּדְבַר ה'". נראה שכוונת הדברים להדגיש שאין בפיצול הממלכה משום העדפת ישראל על יהודה. אדרבה: פסקה זו היא מצג ניגודי למה שעתיד להתרחש בממלכת ישראל דווקא. על אף ששלמה עשה בסוף ימיו הרע בעיני ה', ולמרות התיאור השלילי של רחבעם, כאשר הורה להם 'איש אלוהים' לחדול, הם נענו לקריאתו. ממלכת ישראל, לעומת זאת, הייתה שקועה בחטא מתחילתה, כמבואר בהמשך הפרק: העבודה לעגלי הזהב שעשה ירבעם, מינוי כוהנים שלא משבט לוי, בדיית החג ובניית מזבח מחוץ למקדש. במיוחד הדבר מודגש בפרק י"ג, שבו קיבל גם ירבעם הוראה מ'איש אלוהים' לעצור: לא זו בלבד שירבעם לא שמע בקולו, הוא גם ביקש לפגוע בו. ואולי אין זה מצג רק לפרק הבא, אלא גם להמשך הספר כולו, שממלכת ישראל מרבה לחטוא בו הרבה יותר מחטאיה של ממלכת יהודה.

ה. החשש

ירבעם מתחיל את שלטונו בצעד מפתיע:

(כה) וַיִּבֶן יָרָבְעָם אֶת שְׁכֶם בְּהַר אֶפְרַיִם וַיֵּשֶׁב בָּהּ וַיֵּצֵא מִשָּׁם וַיִּבֶן אֶת פְּנוּאֵל:

מה טעמו של המעבר התמוה הזה משכם, השוכנת במרכזה של ממלכת ישראל, לפנואל שבעבר הירדן המזרחי? אפשר שהוא נבע מסיבות מדיניות.[9] אבל המקרא נמנע מלפרט את הסיבה לכך, וייתכן שיש בזה רמיזה ספרותית לבאות: נטישת המסורת לקראת כיוונים חדשניים. לעיר שכם יש חשיבות היסטורית גדולה בעם ישראל עוד מימי האבות: שם בנו אברהם ויעקב מזבחות (בראשית י״ב, ו-ז; ל״ג, יח-יט), ובה כרת יהושע ברית בין ה׳ ובין העם (יהושע כ״ד). נטישת שכם והחלפתה בעיר בעבר הירדן, שלא הייתה בהכרח מנחלתו המקורית של עם ישראל, מעוררת תחושה של התנתקות מן המסורת. אמנם גם לפנואל יש משמעות דתית: שם פגש יעקב במלאך (בראשית ל״ב, לא-לב). אבל המפגש הזה היה רק בדרך לארץ ישראל. ומצד שני, לפנואל יש גם עבר שלילי: אנשיה סירבו לסייע לגדעון במרדפו אחר המדיינים (שופטים ח׳, ח).

מכל מקום, המשך הסיפור מעיד בבירור על המגמה החדשה של ירבעם. המקרא פותח בהדגשה שכל מה שיסופר מכאן ואילך נבע משיקולים אינטרסנטיים של ירבעם:

(כו) וַיֹּאמֶר יָרָבְעָם בְּלִבּוֹ עַתָּה תָּשׁוּב הַמַּמְלָכָה לְבֵית דָּוִד: (כז) אִם יַעֲלֶה הָעָם הַזֶּה לַעֲשׂוֹת זְבָחִים בְּבֵית ה׳ בִּירוּשָׁלַ͏ִם וְשָׁב לֵב הָעָם הַזֶּה אֶל אֲדֹנֵיהֶם אֶל רְחַבְעָם מֶלֶךְ יְהוּדָה וַהֲרָגֻנִי וְשָׁבוּ אֶל רְחַבְעָם מֶלֶךְ יְהוּדָה:

להלן נראה שלכל מעשיו של ירבעם היה ניתן לייחס שיקול אידאולוגי־

9. יש אומרים שהמעבר קשור לפלישת שישק הנזכרת להלן י״ד, כה-כו. אמנם המקרא מספר רק על פלישתו ליהודה, אבל מכתובת כרנך (שנמצאה במצרים העליונה) משמע שמסעו כוון בעיקר כנגד ממלכת ישראל. עיינו א״פ רייני, ערך ׳שישק׳, בתוך: **אנציקלופדיה מקראית** ז, ירושלים תשל״ו, טור 655.

רוחני, והיה מקום לראותו כמי שפועל לקדם דרכים חדשות בעבודת ה׳. משום כך חשובה ההדגשה הזאת, שאין לנו ללמד זכות על מפעליו של ירבעם, וכולם נבעו מחשש פוליטי ומהאינטרס הצר של הממלכה החדשה.

עצם החשש של ירבעם מעיד על קטנות אמונה בה׳ ובהבטחתו "וְאֹתְךָ אֶקַּח וּמָלַכְתָּ בְּכֹל אֲשֶׁר תְּאַוֶּה נַפְשֶׁךָ וְהָיִיתָ מֶּלֶךְ עַל יִשְׂרָאֵל" (י"א, לז), שהייתה תלויה בדבר אחד בלבד: "וְהָיָה אִם תִּשְׁמַע אֶת כָּל אֲשֶׁר אֲצַוֶּךָ וְהָלַכְתָּ בִדְרָכַי וְעָשִׂיתָ הַיָּשָׁר בְּעֵינַי לִשְׁמוֹר חֻקּוֹתַי וּמִצְוֹתַי כַּאֲשֶׁר עָשָׂה דָּוִד עַבְדִּי וְהָיִיתִי עִמָּךְ וּבָנִיתִי לְךָ בַיִת נֶאֱמָן כַּאֲשֶׁר בָּנִיתִי לְדָוִד וְנָתַתִּי לְךָ אֶת יִשְׂרָאֵל" (שם, לח). ירבעם לא סמך על הבטחה זו, וחשש פן ינצל רחבעם את שליטתו בירושלים – במקום שאליו עולה כל עם ישראל לרגל ומקריב בו את קרבנותיו שלוש פעמים בשנה – על מנת להשיב את העם אליו.

ו. שני עגלי זהב

ירבעם פותח אפוא ברפורמה דתית, ובה ארבעה שלבים. השלב הראשון, הבולט ביותר כמובן, הוא עשיית שני עגלי הזהב:

(כח) וַיִּוָּעַץ הַמֶּלֶךְ[10] וַיַּעַשׂ שְׁנֵי עֶגְלֵי זָהָב וַיֹּאמֶר אֲלֵהֶם רַב לָכֶם מֵעֲלוֹת יְרוּשָׁלִַם הִנֵּה אֱלֹהֶיךָ יִשְׂרָאֵל אֲשֶׁר הֶעֱלוּךָ מֵאֶרֶץ מִצְרָיִם: (כט) וַיָּשֶׂם אֶת הָאֶחָד בְּבֵית אֵל וְאֶת הָאֶחָד נָתַן בְּדָן: (ל) וַיְהִי הַדָּבָר הַזֶּה לְחַטָּאת וַיֵּלְכוּ הָעָם לִפְנֵי הָאֶחָד עַד דָּן:

חשוב לציין שלמרות האיסור שבמעשה זה, עדיין יש שוני מהותי בין עבודת העגלים שהתחיל ירבעם לבין עבודת הבעל, שאותה הכניס

10. כבר בביטוי הזה יש רמז לתוצאותיה הרעות של ההתייעצות, שהרי הוא מקביל למה שנאמר אצל ירבעם בפרק הקודם: "וַיִּוָּעַץ הַמֶּלֶךְ רְחַבְעָם אֶת הַזְּקֵנִים... וַיִּוָּעַץ אֶת הַיְלָדִים אֲשֶׁר גָּדְלוּ אִתּוֹ..." (י"ב, ו-ח). שתי ההיוועצויות הסתיימו בטעויות טרגיות.

לישראל בזמן מאוחר יותר המלך אחאב, בעקבות אשתו איזבל, והייתה כמובן חמורה הרבה יותר, כפי שמעיד הכתוב במפורש: ״וַיְהִי **הֲנָקֵל לֶכְתּוֹ** בְּחַטֹּאות יָרָבְעָם בֶּן נְבָט, וַיִּקַּח אִשָּׁה אֶת אִיזֶבֶל בַּת אֶתְבַּעַל מֶלֶךְ צִידֹנִים וַיֵּלֶךְ וַיַּעֲבֹד אֶת הַבַּעַל וַיִּשְׁתַּחוּ לוֹ״ (ט״ז, לא).[11] עבודת העגלים היא אמנם עברה על האיסור המפורש ״לֹא תַעֲשֶׂה לְךָ פֶסֶל וְכָל תְּמוּנָה״ (שמות כ׳, ג), אך עודנה במסגרת של עבודת ה׳, ואיננה עבודה זרה של ממש, המחליפה את עבודת ה׳ בעבודת אל זר.[12]

מה ראה ירבעם לעשות את העגלים? השאלה מתבקשת בייחוד על רקע הכישלון הגדול בחטא העגל בימי המדבר. על מנת להבין את כוונתו של ירבעם עלינו לחזור אפוא לפרשת חטא העגל ולשורשיו הרעיוניים.

המפתח להבנת חטא העגל נמצא במקום אחר במקרא: ב׳מעשה המרכבה׳ שביחזקאל. כפי שציינו בפרק ז׳, המרכבה מוזכרת בספר יחזקאל שלוש פעמים, והיא מתוארת בפירוט רב בפרק א׳ שם. במרכבה ארבע חיות, ארבעה פנים לכל אחת מהן. מתחת לחיות יש אופנים, ומעל החיות – רקיע. מעל הרקיע יש דמות כיסא, ״וְעַל דְּמוּת הַכִּסֵּא דְּמוּת כְּמַרְאֵה אָדָם עָלָיו מִלְמָעְלָה... הוּא מַרְאֵה דְּמוּת כְּבוֹד ה׳״ (יחזקאל א׳, כו-כח). אמנם מפרק א׳ היה ניתן להבין שהמראה שראה יחזקאל אינו אלא מקום מושב כיסאו של ה׳ כביכול. אבל בהמשך הספר מתברר שאין זה מקום מושב סתם, כי אם מרכבה, המסמלת את מסע השכינה. בפרק י׳ של הספר באה הנבואה הקשה של הסתלקות כבוד ה׳ מעל הכרובים שבבית המקדש אל המרכבה, הנושאת את השכינה מזרחה. ובפרק מ״ג, במרכז נבואות הגאולה החותמות את הספר, מתוארת שיבת השכינה למקדש על גבי אותה מרכבה.

11. כלומר: עבודת העגלים הייתה ׳קלה׳ בעיניו, והוא הקצין והחמיר את מעשיו עד לעבודת הבעל.

12. מדרג זה נזכר גם אצל המלך יהוא, המחזיר את המצב לאחר השמדת בית אחאב למה שהיה קודם לכן, בימי ירבעם: ״וַיַּשְׁמֵד יֵהוּא אֶת הַבַּעַל מִיִּשְׂרָאֵל. רַק חֲטָאֵי יָרָבְעָם בֶּן נְבָט אֲשֶׁר הֶחֱטִיא אֶת יִשְׂרָאֵל לֹא סָר יֵהוּא מֵאַחֲרֵיהֶם עֶגְלֵי הַזָּהָב אֲשֶׁר בֵּית אֵל וַאֲשֶׁר בְּדָן״ (מל״ב י׳, כח-כט).

מה שחשוב לענייננו הוא ארבעת פניהן של החיות שבבסיס המרכבה, שבפרק י׳ יחזקאל מכנה אותן ״כרובים״. בהשוואה בין פרק א׳ לבין פרק י׳ יש הבדל אחד בולט:

י׳, יד	**א׳, י**
פני **הכרוב**	פני אדם
פני אדם	פני אריה
פני אריה	פני **שור**
פני נשר	פני נשר

מהשוואה זו אנו למדים כמה דברים. ראשית אנו למדים ש״כרוב״ היינו שור, או עגל.[13] משמעותו של הזיהוי הזה, שבכל מקום שנאמר ׳כרובים׳, הכוונה לחיות במבנה של שור, אלא שלפניהן עשויות להיות צורות שונות. אם כן, מרכבתו של הקב״ה נשענת כביכול על ארבעה שוורים, ולכל אחד מהם ארבעה פנים. נמצא שהסתלקות השכינה בפרק י׳ אינה אלא מַעבר מכרובים לכרובים: מהכרובים הקבועים שבמקדש אל הכרובים ׳הניידים׳ שבמרכבה, הנושאים את השכינה מזרחה, ואף עתידים להשיבה מערבה, אל המקדש.

אבל יחזקאל לא היה הראשון שראה את המרכבה. בפרשת משפטים, בתיאור השני של מעמד הר סיני, נאמר על משה ואהרן, נדב ואביהוא ושבעים מזקני ישראל שהם ראו ״אֵת אֱלֹהֵי יִשְׂרָאֵל וְתַחַת רַגְלָיו כְּמַעֲשֵׂה לִבְנַת הַסַּפִּיר וּכְעֶצֶם הַשָּׁמַיִם לָטֹהַר״ (שמות כ״ד, י).

13. כאמור ביחזקאל א׳, ז: ״וְכַף רַגְלֵיהֶם כְּכַף רֶגֶל עֵגֶל״. ובתהילים ק״ו, יט-כ: ״יַעֲשׂוּ **עֵגֶל** בְּחֹרֵב וַיִּשְׁתַּחֲווּ לְמַסֵּכָה, וַיָּמִירוּ אֶת כְּבוֹדָם בְּתַבְנִית **שׁוֹר** אֹכֵל עֵשֶׂב״. פירוש זה עשוי לשפוך אור על הגִזרון (אטימולוגיה) של המילה כרוב: השורש כר״ב משמעו בארמית חרישה, ושור הוא בהמת החרישה המובהקת (על פי מ״ד קאסוטו ור״ד ברנעט, ערך ׳כרוב׳, **אנציקלופדיה מקראית** ד, ירושלים תשל״ה, טור 239).

המראה מזכיר בבירור את מה שראה יחזקאל: ״וּמִמַּעַל לָרָקִיעַ אֲשֶׁר עַל רֹאשָׁם כְּמַרְאֵה אֶבֶן סַפִּיר דְּמוּת כִּסֵּא״ (יחזקאל א׳, כו).[14]

מעתה יובן היטב מעשהו של אהרן בחטא העגל. אהרן כבר ראה שהקב״ה שוכן כביכול על גבי ׳כרובים׳־שוורים. לפיכך כשבושש משה לרדת מן ההר, ובני ישראל ביקשו ממנו להשיב אליהם את השכינה, בנה להם אהרן ׳מרכבה׳ חדשה, העשויה בתבנית המרכבה המוכרת. מבחינתו של אהרן, העגל לא נועד לעבודה זרה כלל ועיקר. אהרן עצמו מכריז: ״חַג לַה׳ מָחָר״ (שמות ל״ב, ה). חטאו היה בניסיון המלאכותי ׳להוריד׳ את השכינה על גבי כרוב־שור, בלא ציווי ובלא הסכמה מאת ה׳, בְּמקום שהשכינה עצמה תקבע את מושבה ואת מקומה.

ואולם, מסתבר שהעם לא הבין כראוי את מעשהו של אהרן, והביטוי הסמלי למקום מושבו של ה׳ הפך אצלם לחטא חמור של עבודת העגל עצמו: ״סָרוּ מַהֵר מִן הַדֶּרֶךְ אֲשֶׁר צִוִּיתִם עָשׂוּ לָהֶם עֵגֶל מַסֵּכָה וַיִּשְׁתַּחֲווּ לוֹ וַיִּזְבְּחוּ לוֹ וַיֹּאמְרוּ אֵלֶּה אֱלֹהֶיךָ יִשְׂרָאֵל אֲשֶׁר הֶעֱלוּךָ מֵאֶרֶץ מִצְרָיִם״ (שם, ח). אשר על כן הותרה לאהרן הכוהן לבדו הכניסה לקודש הקודשים וראיית מקום השראת השכינה מעל הכרובים־השוורים שעל הארון. ואולי זו גם הסיבה שהשכינה שורה על גבי שני כרובים, ולא על גבי כרוב אחד; שאילו היה שם רק כרוב אחד, היה חשש כבד יותר שעם ישראל יחליף אותו בעבודת ה׳.

כעת נוכל לשוב לעגלים של ירבעם. אין ספק שירבעם רואה את מעשהו כהמשך של חטא העגל, שהרי הוא מכריז: ״הִנֵּה אֱלֹהֶיךָ יִשְׂרָאֵל אֲשֶׁר הֶעֱלוּךָ מֵאֶרֶץ מִצְרָיִם״. ומסתבר שראה עצמו כממשיכו של אהרן.[15] אלא שירבעם איננו משחזר במדויק את מעשהו של אהרן; הוא עושה שינוי, שמהיבט מסוים ניתן לראותו כתיקון לחטא. ירבעם איננו מקים עגל־כרוב אחד, כי אם שניים, והוא מעמיד אותם

14. וכבר עמדו על כך ראב״ע ורמב״ן בפירושיהם לספר שמות שם.
15. דבר זה ניכר גם מהשמות שקרא לבניו: נדב ואביה (להלן י״ד, א, כ), כשמותיהם של שני בני אהרן.

בשני הקצוות של ממלכתו: בדן שבצפון ובבית אל שבדרום. ירבעם 'מותח' את המתחם הסמלי שבין הכרובים על פני כל ממלכתו, ובכך רוצה לטעון שממלכת ישראל כולה היא למעשה מקום מושבו של האל, ובכל שַׁעַל מדן ועד בית אל ניתן לקרוא את הקריאה: "הִנֵּה אֱלֹהֶיךָ יִשְׂרָאֵל אֲשֶׁר הֶעֱלוּךָ מֵאֶרֶץ מִצְרָיִם".

אין ספק שהיה זה מעשה פסול, שהרי הקב"ה כבר השרה את שכינתו בירושלים, והניסיון ליצור מקום אחר לשכינה הוא יציאה נגד רצון ה'. אבל עבודה זרה של ממש אין כאן, ורק בזמן מאוחר יותר נהיה "הַדָּבָר הַזֶּה לְחַטָּאת", וכפי שפירש רד"ק: "כי מתחלה לא אמר ירבעם כי לשם עבודה זרה היה עושה אותם, אלא לשם האל, ואחר כך שב הדבר ההוא והיה לחטאת, שקבלוהו באלוה, וממנו יצאו לאלהים אחרים ככל הגוים".

השניוּת הזאת שבעבודת העגלים ניכרת גם במקומות שהושמו בהם. הבחירה בבית אל היא בחירה דתית מובנת היטב: מעלתה של בית אל ידועה עוד מימי יעקב (בראשית כ"ח, י-כב; ל"ה, א-טו), ונראה שבתקופת השופטים עמד בה המשכן.[16] בדן, לעומת זאת, עמד פסל מיכה (שופטים י"ח, כט-לא), והיא מסמלת אפוא סטייה מעבודת ה'.[17]

16. עיינו שופטים כ', כו-כז: "וַיַּעֲלוּ כָל בְּנֵי יִשְׂרָאֵל וְכָל הָעָם וַיָּבֹאוּ **בֵית אֵל**... **וַיִּשְׁאֲלוּ בְנֵי יִשְׂרָאֵל בַּה' וְשָׁם אֲרוֹן בְּרִית הָאֱלֹהִים** בַּיָּמִים הָהֵם". אמנם רד"ק כתב שם: "הנראה בעיני כי **על שילה אמר**, כי שם היה הארון, ונקרא בית אל ובית ה', כמו: 'ואת בית ה' אני הולך' (שופטים י"ט, יח), כי לא מצאנו שהביאו הארון לבית אל שהוא לוז". אבל על דרך הפשט נראה שהמשכן אכן היה אז בבית אל, ורק בזמן מאוחר יותר הובא לשילה.

17. אמנם גם בעניין פסל מיכה גופו עולה שאלה דומה: האם שימש לעבודה זרה, או שמא לעבודת ה' בדרך פסולה? בסיפור פסל מיכה ניכרת כפילות מכוונת בנושא זה. ואכמ"ל.

ז. השלמת המהפכה

עשיית שני העגלים הייתה הצעד הראשון במהפכה הדתית של ירבעם. הצעד הבא הוא:

(לא) וַיַּעַשׂ אֶת בֵּית בָּמוֹת וַיַּעַשׂ כֹּהֲנִים מִקְצוֹת הָעָם אֲשֶׁר לֹא הָיוּ מִבְּנֵי לֵוִי:

מה משמעותו של מעשה זה? רד"ק כתב שהלוויים "לא רצו לעבוד עבודה זרה, וכן בעגל שעשו במדבר כשאמר משה 'מי לה' אלי ויאספו אליו כל בני לוי' (שמות ל"ב, כו) מודיע שלא עבדו הם את העגל, ואמר: מעולם לא עבד שבט לוי עבודה זרה (עיינו יומא דף סו ע"ב)".

ואולם, ייתכן שמלכתחילה לא רצה ירבעם למנות כוהנים משבט לוי. כך משמע מספר דברי הימים: "כִּי עָזְבוּ הַלְוִיִּם אֶת מִגְרְשֵׁיהֶם וַאֲחֻזָּתָם וַיֵּלְכוּ לִיהוּדָה וְלִירוּשָׁלָם כִּי הִזְנִיחָם יָרָבְעָם וּבָנָיו מִכַּהֵן לַה'. וַיַּעֲמֶד לוֹ כֹּהֲנִים לַבָּמוֹת וְלַשְּׂעִירִים וְלָעֲגָלִים אֲשֶׁר עָשָׂה" (דה"ב י"א, יד-טו). נראה שמעשה זה עולה בקנה אחד עם התפיסה הדתית של ירבעם: קדושת הכרובים פרוסה על פני כל שטח ממלכתו, וכל הנוכחים בין הכרובים – ראויים לכהונה. יתרה מזאת, אם מבינים שהלוויים נבחרו בעקבות חטא העגל, הרי עתה, שבא כביכול תיקון לחטא העגל, יש מקום לחזור למצב הראשוני, שעם ישראל כולו הוא בבחינת "מַמְלֶכֶת כֹּהֲנִים וְגוֹי קָדוֹשׁ" (שמות י"ט, ו). ירבעם מבטל את קדושת הכוהנים ויוצר תפיסה שכל העם יכול לעבוד את ה', ולא רק שבט לוי. ושמא נקט ירבעם במילים "**רַב לָכֶם** מֵעֲלוֹת יְרוּשָׁלִָם" כנגד דברי קורח ועדתו "**רַב לָכֶם** כִּי כָל הָעֵדָה כֻּלָּם קְדֹשִׁים וּבְתוֹכָם ה' וּמַדּוּעַ תִּתְנַשְּׂאוּ עַל קְהַל ה'" (במדבר ט"ז, ג); אלא שקורח טען כנגד משה ואהרן באופן אישי, ואילו ירבעם טוען כנגד מעמד הכהונה, ונימוקיו עמו.

לאחר השינויים בקדושת המקום ובקדושת האדם, עושה ירבעם שינוי גם בקדושת הזמן:

(לב) וַיַּעַשׂ יָרָבְעָם חָג בַּחֹדֶשׁ הַשְּׁמִינִי בַּחֲמִשָּׁה עָשָׂר יוֹם לַחֹדֶשׁ כֶּחָג אֲשֶׁר בִּיהוּדָה...

מעשה זה מפתיע במקצת, שהרי לפי הנימוק הפוליטי הנזכר בתחילת הפרשה – חששו של ירבעם פן "יַעֲלֶה הָעָם הַזֶּה לַעֲשׂוֹת זְבָחִים בְּבֵית ה' בִּירוּשָׁלַם וְשָׁב לֵב הָעָם הַזֶּה אֶל אֲדֹנֵיהֶם אֶל רְחַבְעָם מֶלֶךְ יְהוּדָה וַהֲרָגֻנִי וְשָׁבוּ אֶל רְחַבְעָם מֶלֶךְ יְהוּדָה" – היה ראוי לעשות את החג בזמן החג שביהודה, ולא לאחר שחלף. רש"י כתב: "דרש להם: הוא חדש האסיף, ובו ראוי החג להיות"; ואכן בשומרון האסיף מאוחר יותר.

ואולם, נראה שעיקרו של השינוי הזה מבואר בפסוק הבא: "וַיַּעַל עַל הַמִּזְבֵּחַ אֲשֶׁר עָשָׂה בְּבֵית אֵל בַּחֲמִשָּׁה עָשָׂר יוֹם בַּחֹדֶשׁ הַשְּׁמִינִי בַּחֹדֶשׁ אֲשֶׁר בָּדָא מלבד [מִלִּבּוֹ קרי]". ירבעם לא בדה את החג, אלא את החודש, זאת אומרת: הוא עיבר את השנה, וכך נדחה חג הסוכות מאליו בחודש אחד.[18] בכך יצר ירבעם לוח שנה נפרד לממלכתו, ומנע את העם סופית מלעלות למקדש שבירושלים.

התוצאה של כל המהפכה הדתית הזאת היא הצעד הרביעי: "...**וַיַּעַל עַל הַמִּזְבֵּחַ** כֵּן עָשָׂה בְּבֵית אֵל לְזַבֵּחַ לָעֲגָלִים אֲשֶׁר עָשָׂה וְהֶעֱמִיד בְּבֵית אֵל אֶת כֹּהֲנֵי הַבָּמוֹת אֲשֶׁר עָשָׂה: (לג) **וַיַּעַל עַל הַמִּזְבֵּחַ** אֲשֶׁר עָשָׂה בְּבֵית אֵל בַּחֲמִשָּׁה עָשָׂר יוֹם בַּחֹדֶשׁ הַשְּׁמִינִי בַּחֹדֶשׁ אֲשֶׁר בָּדָא מִלִּבּוֹ וַיַּעַשׂ חָג לִבְנֵי יִשְׂרָאֵל **וַיַּעַל עַל הַמִּזְבֵּחַ** לְהַקְטִיר".

כל שלבי המהפכה של ירבעם היו סמליים, ולכולם מטרה אחת: להעמיד מזבח שיחליף את עבודת ה' במקדש. אולם, כאן ירבעם מוסיף חטא על פשע. מתוך המודעות לעוצמה שיש מאחורי השליטה במקומות הקדושים, הוא הופך את עצמו למעין הכוהן הגדול, לצד היותו המלך, ובכך הוא משלים את השתלטותו על ממלכת ישראל. משום כך מדגיש המקרא וחוזר שלוש פעמים על המילים "וַיַּעַל עַל הַמִּזְבֵּחַ". ברם, את המחיר על כך עתיד ירבעם לשלם בקרוב.

18. על פי הרב ראובן מרגליות, **המקרא והמסורה**, ירושלים תשכ"ד, עמ' נד-נו.

פרק יג

הנבואה על המזבח בבית אל

א. הנבואה

בפרק הקודם ראינו את שלבי המהפכה הדתית של ירבעם, ששיאה היה בהקמת מזבח בבית אל ובהקרבה עליו על ידי ירבעם עצמו ביום החג בחודש אשר בדה מלבו: בחמישה עשר יום בחודש השמיני. והנה, את האירוע החגיגי משבית לפתע איש אלוהים אנונימי:

> (א) וְהִנֵּה אִישׁ אֱלֹהִים בָּא מִיהוּדָה בִּדְבַר ה׳ אֶל בֵּית אֵל וְיָרָבְעָם עֹמֵד עַל הַמִּזְבֵּחַ לְהַקְטִיר: (ב) וַיִּקְרָא עַל הַמִּזְבֵּחַ בִּדְבַר ה׳ וַיֹּאמֶר מִזְבֵּחַ מִזְבֵּחַ כֹּה אָמַר ה׳ הִנֵּה בֵן נוֹלָד לְבֵית דָּוִד יֹאשִׁיָּהוּ שְׁמוֹ וְזָבַח עָלֶיךָ אֶת כֹּהֲנֵי הַבָּמוֹת הַמַּקְטִרִים עָלֶיךָ וְעַצְמוֹת אָדָם יִשְׂרְפוּ עָלֶיךָ: (ג) וְנָתַן[1] בַּיּוֹם הַהוּא מוֹפֵת לֵאמֹר זֶה הַמּוֹפֵת אֲשֶׁר דִּבֶּר ה׳ הִנֵּה הַמִּזְבֵּחַ נִקְרָע וְנִשְׁפַּךְ הַדֶּשֶׁן אֲשֶׁר עָלָיו:

המקרא מציין שאיש האלוהים בא מיהודה, והדבר מודגש גם להלן (פס׳ יב, יד וכא). בזה נשתנה איש האלוהים מרוב הנביאים שהתנבאו

1. במשמע ׳וגם נתן׳, רוצה לומר: איש האלוהים לא רק אמר, אלא גם נתן מופת.

על ממלכת ישראל, שהיו בדרך כלל 'מקומיים', כאחיה השילוני ואליהו הגלעדי, ולא באו מיהודה. מסתבר שלא בכדי הובא כאן דבר ה' בפיו של נביא מיהודה, להורות שה' השכין את שכינתו בירושלים שבממלכת יהודה.

לנבואה שני חלקים. תחילה נאמר שהכוהנים המקטירים על המזבח הזה עתידים להיהרג עליו. דבר זה עתיד להתגשם במסגרת המהפכה הדתית שיערוך המלך יאשיהו[2] בטיהור ירושלים מן העבודה הזרה: "וְגַם אֶת הַמִּזְבֵּחַ אֲשֶׁר בְּבֵית אֵל הַבָּמָה אֲשֶׁר עָשָׂה יָרָבְעָם בֶּן נְבָט אֲשֶׁר הֶחֱטִיא אֶת יִשְׂרָאֵל גַּם אֶת הַמִּזְבֵּחַ הַהוּא וְאֶת הַבָּמָה נָתָץ וַיִּשְׂרֹף אֶת הַבָּמָה הֵדַק לְעָפָר וְשָׂרַף אֲשֵׁרָה. וַיִּפֶן יֹאשִׁיָּהוּ וַיַּרְא אֶת הַקְּבָרִים אֲשֶׁר שָׁם בָּהָר וַיִּשְׁלַח וַיִּקַּח אֶת הָעֲצָמוֹת מִן הַקְּבָרִים וַיִּשְׂרֹף עַל הַמִּזְבֵּחַ וַיְטַמְּאֵהוּ כִּדְבַר ה' אֲשֶׁר קָרָא אִישׁ הָאֱלֹהִים אֲשֶׁר קָרָא אֶת הַדְּבָרִים הָאֵלֶּה" (מל"ב כ"ג, טו-טז).[3] לאחר מכן צורף לנבואה מופת, המסמל כבר עתה את תחילת ההגשמה של תוכן הנבואה: קריעת המזבח[4] ושפיכת הדשן.

אולם, המזבח לא נהרס כולו כבר עכשיו על ידי מופת. מכאן, שבעצם האמירה של הנבואה בפניו והמופת הנלווה לה הועמד ירבעם במבחן: האם יסיק את המסקנה, שמעשיו אינם ראויים, ויחזור בו?

2. אזכור שמו של יאשיהו בפרקנו הוא תופעה חריגה: על פי רוב, נבואות עוסקות בתופעות כלליות, ולא בזהויות ספציפיות; ומה עוד שנבואה זו התגשמה רק כעבור שלוש מאות שנה. וכנראה מילים אלו הן הוספה מאוחרת של עורך הספר, הרומז לסיפור יאשיהו בפרספקטיבה של מי שהכיר גם את התגשמות הנבואה במל"ב כ"ג. תוספות מסוג זה מובאות לא פעם במקרא בכלל ובספר מלכים בפרט, כגון בצירוף "עד היום הזה", המופיע בספר 14 פעמים, ומעיד על ריחוק מן הזמן שבו התרחש הסיפור.

3. ושם פס' כ נאמר: "וַיִּזְבַּח אֶת כָּל כֹּהֲנֵי הַבָּמוֹת אֲשֶׁר שָׁם עַל הַמִּזְבְּחוֹת וַיִּשְׂרֹף אֶת עַצְמוֹת אָדָם עֲלֵיהֶם וַיָּשָׁב יְרוּשָׁלָם".

4. אין הכוונה שהמזבח נהרס – שאם כן, לא היה טעם בנבואה – אלא רק שנבקע לשניים. המטרה לא הייתה להרוס את המזבח בדרך נס, כי אם להביא את המלך ואת העם להבין שהם עצמם צריכים להרוס את המזבח ולשוב מדרכם הרעה.

ירבעם, שתקוות גדולות נתלו בו בתחילת דרכו, קיבל הזדמנות מיוחדת לתקן את מעשיו. האם ידע לעשות זאת?

(ד) וַיְהִי כִשְׁמֹעַ הַמֶּלֶךְ אֶת דְּבַר אִישׁ הָאֱלֹהִים אֲשֶׁר קָרָא עַל הַמִּזְבֵּחַ בְּבֵית אֵל וַיִּשְׁלַח יָרָבְעָם אֶת יָדוֹ מֵעַל הַמִּזְבֵּחַ לֵאמֹר תִּפְשֻׂהוּ וַתִּיבַשׁ יָדוֹ אֲשֶׁר שָׁלַח עָלָיו וְלֹא יָכֹל לַהֲשִׁיבָהּ אֵלָיו: (ה) וְהַמִּזְבֵּחַ נִקְרָע וַיִּשָּׁפֵךְ הַדֶּשֶׁן מִן הַמִּזְבֵּחַ כַּמּוֹפֵת אֲשֶׁר נָתַן אִישׁ הָאֱלֹהִים בִּדְבַר ה׳:

ראשית נשים לב, שהמקרא מדגיש כמה מהר הגיב ירבעם: עוד בטרם התרחש האות (פס׳ ה), כבר שלח ירבעם את ידו על מנת להביא לתפיסתו של איש האלוהים. לגופו של עניין התברר שלא היו לירבעם שום הרהורי חרטה.

יש כאן רמיזה ספרותית. ירבעם נבחר כי "הֵרִים יָד בַּמֶּלֶךְ שְׁלֹמֹה" (י״א, כז), ובזכות זה תפש הנביא בבגדו ("וַיִּתְפֹּשׂ אֲחִיָּה בַּשַּׂלְמָה הַחֲדָשָׁה" [שם, ל]), קרע אותו ("וַיִּקְרָעֶהָ שְׁנֵים עָשָׂר קְרָעִים" [שם]) ונתן לו עשרה קרעים, סמל לעשרת השבטים שימלוך עליהם. כעת שולח הוא עצמו את **ידו** כנגד נביא על מנת **לתפשו**, והמזבח שבנה **נקרע**; אך מאחר שעתה כבר אין ידו פועלת לטוב, היא יבשה – סמל ששוב אין בה תועלת.[5]

מה היה המניע של ירבעם? לכאורה, ניתן היה להשוות זאת למקרים אחרים שבהם מלך ביקש לפגוע בנביא שניבא חורבן, שכן נבואות כאלו נתפסו כפגיעה בקודש, כמו נבואותיהם של ירמיהו ואוריה על חורבן המקדש וירושלים (ירמיהו כ״ו), או נבואת התוכחה של זכריה בן יהוידע הכוהן (דה״ב כ״ד, כ-כא). אולם, כיוון שכוונתו של ירבעם לא הייתה לשם שמיים, כפי שראינו בפרק הקודם, הרי

5. השווה זכריה י״א, יז: "הוֹי רֹעִי הָאֱלִיל עֹזְבִי הַצֹּאן חֶרֶב עַל זְרוֹעוֹ וְעַל עֵין יְמִינוֹ זְרֹעוֹ יָבוֹשׁ תִּיבָשׁ וְעֵין יְמִינוֹ כָּהֹה תִכְהֶה". יובש היד הוא סמל לחוסר התועלת שבה, כמוה כעין הכהה.

שקשה להאמין שירבעם אכן ראה בנבואתו של איש האלוהים מידה של 'חילול הקודש'. משום כך, נראה שכוונתו הייתה דומה למעשהו של אחאב, שלאחר גזרת הרעב חיפש את אליהו באופן נרחב ביותר, כמתואר להלן (י"ח, י). אחאב סבר שאם יתפוס את אליהו ויפגע בו הוא יבטל בכך את הגזרה של אליהו, ומסתבר שאף ירבעם פעל מתוך אותה חשיבה אלילית אופיינית, שהנביא הוא 'הבעלים' על נבואתו, ויש לו כוחות עליונים עצמאיים, ללא קשר עם רצון ה' בעולם;[6] ומכאן שאם ייפגע הנביא, תיפגע גם נבואתו. משום כך גם ניתן להבין שהמהירות שלו נבעה מתוך רצון למנוע אפילו את התגשמותו של האות הנבואי. נראה כי המהפכה הדתית של ירבעם נהפכה בהדרגה לתהליך של אימוץ חשיבה אלילית, שאיננה רואה את ה' כקובע את מה שקורה בעולם ואת הנביא כשלוחו בלבד, אלא מייחסת לנביא כוחות משל עצמו. ירבעם כבר שקע עמוק באינטרסים האישיים שלו, ואיבד את השיפוט המוסרי של מעשיו. התיאור "וְלֹא יָכֹל לַהֲשִׁיבָהּ אֵלָיו" הוא סמלי: המלך אינו יכול להשיב את הנבואה; האחריות לשוב מוטלת עליו. השבת היד תלויה בתשובתו של ירבעם, וכל עוד לא ישוב – תיבש ידו.[7]

בשלב זה נראה שירבעם מבין את המסר:

(ו) וַיַּעַן הַמֶּלֶךְ וַיֹּאמֶר אֶל אִישׁ הָאֱלֹהִים חַל נָא אֶת פְּנֵי ה' אֱלֹהֶיךָ[8]

6. השקפה מעין זו מופיעה פעמים מספר גם בספר מלכים, כגון בסיפור נעמן ואלישע (מל"ב ה'), שבתחילתו נעמן מניח כי הנביא עומד לשירותו של המלך, ככל משרת אחר בבית המלוכה.

7. יש בזה דמיון לסיפורו של יונה. אף הוא סירב בתחילה לעשות תשובה ולמלא את השליחות שהטיל עליו ה', ומשום כך עמד הים הסוער לשבור את האנייה ולהביא למותו. יונה התעקש שלא לקרוא לה', בהבנה שמותו נגזר עליו, אך המלחים לא אמרו נואש, "וַיַּחְתְּרוּ הָאֲנָשִׁים **לְהָשִׁיב** אֶל הַיַּבָּשָׁה **וְלֹא יָכֹלוּ** כִּי הַיָּם הוֹלֵךְ וְסֹעֵר עֲלֵיהֶם" (יונה א', יג). בשני הסיפורים נאמר שאנשים 'לא יכלו להשיב' (וגם השורש יב"ש), ובשניהם הגורם לכך היה ההתעקשות שלא לעשות תשובה.

8. הצירוף 'ה' אלהיך' אינו מבטא ניכור ביחס של ירבעם לה', אלא הוא דרך מקובלת

וְהִתְפַּלֵּל בַּעֲדִי וְתָשֹׁב יָדִי אֵלָי וַיְחַל אִישׁ הָאֱלֹהִים אֶת פְּנֵי ה׳ וַתָּשָׁב יַד הַמֶּלֶךְ אֵלָיו וַתְּהִי כְּבָרִאשֹׁנָה:

לכאורה ירבעם חוזר בתשובה, ויש לכך רמז בלשון הכתוב: בפרק הקודם תוארה עבודת העגלים של ירבעם כ׳שדרוג׳ של חטא העגל, ועתה, משעשה תשובה, נאמר ״וַיְחַל אִישׁ הָאֱלֹהִים אֶת פְּנֵי ה׳ ״ – היא הלשון האמורה בתפילתו של משה לאחר חטא העגל, ״וַיְחַל מֹשֶׁה אֶת פְּנֵי ה׳ אֱלֹהָיו״ (שמות ל״ב, יא), ומשה עצמו נקרא ״אִישׁ הָאֱלֹהִים״ (דברים ל״ג, א). וכמובן, עצם השבת יד המלך אליו כבראשונה מעידה שניתנה לירבעם הזדמנות להתחלה חדשה.

ב. הציווי הייחודי לאיש האלוהים

ואולם, עד מהרה מתברר שירבעם איננו ממהר לעשות תשובה, ולכל היותר הוא משנה את הטקטיקה:

(ז) וַיְדַבֵּר הַמֶּלֶךְ אֶל אִישׁ הָאֱלֹהִים בֹּאָה אִתִּי הַבַּיְתָה וּסְעָדָה וְאֶתְּנָה לְךָ מַתָּת:

מה מטרתו של המלך? מסתבר, שירבעם אכן לא חזר בתשובה שלמה, ולכל היותר שינה את הטקטיקה שבה נקט. אם אין בכוחו להשפיע על הנבואה על ידי פגיעה בנביא, הוא מנסה כעת דרך אחרת – ניסיון השפעה בדרך של שוחד על הנביא לשנות את נבואתו. הרעיון של קבלת שכר על הנבואה היה מקובל ומוכר,[9] אך לא פעם נותן השכר היה משוכנע שכיוון שהוא נותן שכר לנביא, הרי שהנביא מחויב לו.

לפנות לאדם הקרוב לה׳, כגון בדברי יעקב ליצחק ״כִּי הִקְרָה ה׳ אֱלֹהֶיךָ לְפָנָי״ (בראשית כ״ז, כ) ובדברי העם אל שמואל ״הִתְפַּלֵּל בְּעַד עֲבָדֶיךָ אֶל ה׳ אֱלֹהֶיךָ וְאַל נָמוּת״ (שמ״א י״ב, יט).

9. נתינת אוכל כתמורה לנבואה מפורשת בעמוס ז׳, יב: ״חֹזֶה לֵךְ בְּרַח לְךָ אֶל אֶרֶץ יְהוּדָה וֶאֱכָל שָׁם לֶחֶם וְשָׁם תִּנָּבֵא״; ועיינו גם להלן י״ד, ג וביחזקאל י״ג, יז–יט.

כפי שנראה, גם בפרק הבא מנסה ירבעם להשפיע על הנבואה על ידי נתינת אוכל לנביא (י"ד, ג), ובאופן מפורט יותר, מלך ארם משוכנע שמתנתו העשירה תגרום לנביא אלישע לרפא את נעמן שר צבאו מצרעתו (מל"ב ה', ה).

אולם, איש האלוהים איננו נופל בפח.

(ח) וַיֹּאמֶר אִישׁ הָאֱלֹהִים אֶל הַמֶּלֶךְ אִם תִּתֶּן לִי אֶת חֲצִי בֵיתֶךָ לֹא אָבֹא עִמָּךְ וְלֹא אֹכַל לֶחֶם וְלֹא אֶשְׁתֶּה מַּיִם בַּמָּקוֹם הַזֶּה:

מדברי איש האלוהים "אִם תִּתֶּן לִי אֶת חֲצִי בֵיתֶךָ לֹא אָבֹא עִמָּךְ" משתמע שירבעם הפציר בו ולחץ עליו לבוא עמו לביתו. דבריו מזכירים את התנגדותו של בלעם לבקשתו של בלק לבוא ולקלל את ישראל: "אִם יִתֶּן לִי בָלָק מְלֹא בֵיתוֹ כֶּסֶף וְזָהָב לֹא אוּכַל לַעֲבֹר אֶת פִּי ה' אֱלֹהָי לַעֲשׂוֹת קְטַנָּה אוֹ גְדוֹלָה" (במדבר כ"ב, יח). גם במקרה שם הניסיון היה להשפיע על הנביא לנבא בעזרת הטבות שונות לנביא, וגם שם הנביא סירב, לפחות בשלב הראשון.

אולם, סירובו של הנביא נתלה בעניין עקרוני:

(ט) כִּי כֵן צִוָּה אֹתִי בִּדְבַר ה' לֵאמֹר לֹא תֹאכַל לֶחֶם וְלֹא תִשְׁתֶּה מָּיִם וְלֹא תָשׁוּב בַּדֶּרֶךְ אֲשֶׁר הָלָכְתָּ:

מה משמעותם של הציוויים הייחודיים שנצטווה איש האלוהים? מדוע נאסר עליו לאכול ולשתות במקום, ואף לא לשוב בדרך שבה הלך?

ניתן להעלות שני כיוונים, שאינם בהכרח סותרים. מצד אחד, נראה שציוויים אלו נועדו להמחיש את נחרצות הנבואה. האיסור לאכול ולשתות במקום מסמל שהמקום עתיד להיחרב (ולכן איש האלוהים מדגיש "וְלֹא אֶשְׁתֶּה מַּיִם **בַּמָּקוֹם הַזֶּה**", וכן

אך מצינו גם תשלום של כסף תמורת נבואה, כגון אצל שאול ונערו בזמן חיפוש האתונות (שמ"א ט', ז-ח).

להלן פס׳ טז וכב). ציווי דומה נאמר לירמיהו, שנצטווה אף הוא לעשות מעשים סמליים בהווה על מנת לבטא את החורבן העתיד לבוא: ״לֹא תִקַּח לְךָ אִשָּׁה וְלֹא יִהְיוּ לְךָ בָּנִים וּבָנוֹת **בַּמָּקוֹם הַזֶּה**. כִּי כֹה אָמַר ה׳ עַל הַבָּנִים וְעַל הַבָּנוֹת הַיִּלּוֹדִים בַּמָּקוֹם הַזֶּה וְעַל אִמֹּתָם הַיֹּלְדוֹת אוֹתָם וְעַל אֲבוֹתָם הַמּוֹלִדִים אוֹתָם בָּאָרֶץ הַזֹּאת. מְמוֹתֵי תַחֲלֻאִים יָמֻתוּ לֹא יִסָּפְדוּ וְלֹא יִקָּבֵרוּ לְדֹמֶן עַל פְּנֵי הָאֲדָמָה יִהְיוּ וּבַחֶרֶב וּבָרָעָב יִכְלוּ וְהָיְתָה נִבְלָתָם לְמַאֲכָל לְעוֹף הַשָּׁמַיִם וּלְבֶהֱמַת הָאָרֶץ״ (ירמיהו ט״ז, ב-ד). ובהמשך אותו פרק נאסרות גם אכילה ושתייה: ״וּבֵית מִשְׁתֶּה לֹא תָבוֹא לָשֶׁבֶת אוֹתָם לֶאֱכֹל וְלִשְׁתּוֹת. כִּי כֹה אָמַר ה׳ צְבָאוֹת אֱלֹהֵי יִשְׂרָאֵל הִנְנִי מַשְׁבִּית **מִן הַמָּקוֹם הַזֶּה** לְעֵינֵיכֶם וּבִימֵיכֶם קוֹל שָׂשׂוֹן וְקוֹל שִׂמְחָה קוֹל חָתָן וְקוֹל כַּלָּה״ (שם, ח-ט). מן ההשוואה נוכל להסיק שגם בפרקנו האיסור לאכול ולשתות בא להדגיש את החורבן הצפוי למקום בעתיד.

אשר לאיסור לחזור בדרך שבה בא הנביא לבית אל, הרי הוא מזכיר את האמור בפרשת התוכחה ״וֶהֱשִׁיבְךָ ה׳ מִצְרַיִם בָּאֳנִיּוֹת בַּדֶּרֶךְ אֲשֶׁר אָמַרְתִּי לְךָ לֹא תֹסִיף עוֹד לִרְאֹתָהּ״ (דברים כ״ח, סח):[10] אַל לישראל לשוב לראות את הדרך היורדת מצרימה, שכן חזרה למצרים היא ביטול כל מה שהושג ביציאה ממנה. ולאידך גיסא נאמר בנבואת ישעיהו על מלך אשור ״לָכֵן כֹּה אָמַר ה׳ אֶל מֶלֶךְ אַשּׁוּר לֹא יָבוֹא אֶל הָעִיר הַזֹּאת וְלֹא יוֹרֶה שָׁם חֵץ וְלֹא יְקַדְּמֶנָּה מָגֵן וְלֹא יִשְׁפֹּךְ עָלֶיהָ סֹלְלָה. **בַּדֶּרֶךְ אֲשֶׁר בָּא בָהּ**[11] **יָשׁוּב** וְאֶל הָעִיר הַזֹּאת לֹא יָבוֹא נְאֻם ה׳. וְגַנּוֹתִי עַל

10. ועיינו גם דברים י״ז, טז: ״רַק לֹא יַרְבֶּה לּוֹ סוּסִים וְלֹא יָשִׁיב אֶת הָעָם מִצְרַיְמָה לְמַעַן הַרְבּוֹת סוּס וַה׳ אָמַר לָכֶם לֹא תֹסִפוּן לָשׁוּב בַּדֶּרֶךְ הַזֶּה עוֹד״. על שני המקומות דנו המפרשים היכן אמר ה׳ לבני ישראל שלא לשוב בדרך הזאת ושלא לראותה, עיינו ראב״ע ורמב״ן שם.
11. הצירוף הזה בדיוק מופיע בפס׳ י בפרקנו: ״וַיֵּלֶךְ בְּדֶרֶךְ אַחֵר וְלֹא שָׁב **בַּדֶּרֶךְ אֲשֶׁר בָּא בָהּ** אֶל בֵּית אֵל״. אלו שני המקומות היחידים במקרא שהביטוי הזה מופיע בהם, והדבר מחזק את הקשר שבין הנבואות ואת הבנת האיסור לשוב באותה דרך בפרקנו כפי שביארנוהו.

הָעִיר הַזֹּאת לְהוֹשִׁיעָהּ לְמַעֲנִי וּלְמַעַן דָּוִד עַבְדִּי" (ישעיהו ל"ז, לג-לה); השיבה בדרך אשר בא בה היא ביטוי לכישלון מסעו של מלך אשור. וכן הדברים בפרקנו: לו שב הנביא באותה דרך, היה בזה משום סמל וסימן לביטול נבואתו.

ברם, ניתן גם להעלות כיוון נוסף, העולה מתוך אותה הזמנה שהזמין ירבעם את איש האלוהים. על מנת שאיש האלוהים לא "יפול בפח, הוא נדרש לנתק קשר באופן מוחלט עם תושבי בית אל, לא להתפתות להיות מוזמן לאכול שם, ולא לחזור לשם יותר, כדי שגם בעתיד לא יפעל מישהו לשכנע אותו לשנות את תוכן נבואתו. ייתכן, שמלכתחילה היה חשש שאיש האלוהים בסוף יתפתה, ולכן הוזהר על כך באופן מיוחד.

איש האלוהים, בשלב זה, נאמן לצו ה', והוא ממשיך בדרכו:

(י) וַיֵּלֶךְ בְּדֶרֶךְ אַחֵר וְלֹא שָׁב בַּדֶּרֶךְ אֲשֶׁר בָּא בָהּ אֶל בֵּית אֵל:

ירבעם, מכל מקום, משאיר את המזבח על כנו, ואינו משנה דבר מן המהפכה שהנהיג. ואכן, מכאן ואילך נעלם ירבעם מן הסיפור, עד פס' לג, המציין במפורש: "אַחַר הַדָּבָר הַזֶּה לֹא שָׁב יָרָבְעָם מִדַּרְכּוֹ הָרָעָה וַיָּשָׁב וַיַּעַשׂ מִקְצוֹת הָעָם כֹּהֲנֵי בָמוֹת הֶחָפֵץ יְמַלֵּא אֶת יָדוֹ וִיהִי כֹּהֲנֵי בָמוֹת".

דא עקא, שבמהרה יעמוד איש האלוהים בפני ניסיון קשה הרבה יותר.

ג. המפגש בין הנביא ואיש האלוהים

לאחר הפרֵדה מירבעם פוגש איש האלוהים דמות חדשה:

(יא) וְנָבִיא אֶחָד זָקֵן יֹשֵׁב בְּבֵית אֵל וַיָּבוֹא בְנוֹ וַיְסַפֶּר לוֹ אֶת כָּל הַמַּעֲשֶׂה אֲשֶׁר עָשָׂה אִישׁ הָאֱלֹהִים הַיּוֹם בְּבֵית אֵל אֶת הַדְּבָרִים

> אֲשֶׁר דִּבֶּר אֶל הַמֶּלֶךְ וַיְסַפְּרוּם לַאֲבִיהֶם:[12] (יב) וַיְדַבֵּר אֲלֵהֶם אֲבִיהֶם אֵי זֶה הַדֶּרֶךְ הָלָךְ וַיִּרְאוּ בָנָיו אֶת הַדֶּרֶךְ אֲשֶׁר הָלַךְ אִישׁ הָאֱלֹהִים אֲשֶׁר בָּא מִיהוּדָה: (יג) וַיֹּאמֶר אֶל בָּנָיו חִבְשׁוּ לִי הַחֲמוֹר וַיַּחְבְּשׁוּ לוֹ הַחֲמוֹר וַיִּרְכַּב עָלָיו: (יד) וַיֵּלֶךְ אַחֲרֵי אִישׁ הָאֱלֹהִים וַיִּמְצָאֵהוּ יֹשֵׁב תַּחַת הָאֵלָה וַיֹּאמֶר אֵלָיו הַאַתָּה אִישׁ הָאֱלֹהִים אֲשֶׁר בָּאתָ מִיהוּדָה וַיֹּאמֶר אָנִי: (טו) וַיֹּאמֶר אֵלָיו לֵךְ אִתִּי הַבָּיְתָה וֶאֱכֹל לָחֶם: (טז) וַיֹּאמֶר לֹא אוּכַל לָשׁוּב אִתָּךְ וְלָבוֹא אִתָּךְ וְלֹא אֹכַל לֶחֶם וְלֹא אֶשְׁתֶּה אִתְּךָ מַיִם בַּמָּקוֹם הַזֶּה: (יז) כִּי דָבָר אֵלַי בִּדְבַר ה׳ לֹא תֹאכַל לֶחֶם וְלֹא תִשְׁתֶּה שָׁם מָיִם לֹא תָשׁוּב לָלֶכֶת בַּדֶּרֶךְ אֲשֶׁר הָלַכְתָּ בָּהּ: (יח) וַיֹּאמֶר לוֹ גַּם אֲנִי נָבִיא כָּמוֹךָ וּמַלְאָךְ דִּבֶּר אֵלַי בִּדְבַר ה׳ לֵאמֹר הֲשִׁבֵהוּ אִתְּךָ אֶל בֵּיתֶךָ וְיֹאכַל לֶחֶם וְיֵשְׁתְּ מָיִם כִּחֵשׁ לוֹ:

על מנת להגדיר בבירור במי מדובר, המקרא מבחין בעקיבות בין "איש האלוהים" שניבא את הנבואה לירבעם ובין ה"נביא", שכעת משקר לאיש האלוהים, ומכאן שניתן כרגע לכנותו 'נביא שקר'. הכתוב מאריך לספר על הנחישות הגדולה של הנביא הזקן, המטריח את בניו לחבוש לו את החמור, רוכב בעצמו עד שהוא משיג את איש האלוהים, ואז משקר לו על נבואה שקיבל ממלאך להשיב את איש האלוהים אל ביתו שבבית אל ולהאכילו ולהשקותו. מה היה המניע של הנביא מבית אל? כפי שנראה בהמשך, הנביא היה מכוהני הבמות שמינה ירבעם, והוא היה מחובר מאוד למזבח שבבית אל, ונראה שמשום כך גם הוא רצה, כמו ירבעם, בביטול הנבואה. בהכשלתו את איש האלוהים, יכול היה הנביא להרוויח פעמיים: ראשית, ייתכן שהוא ביקש לעשות מה שירבעם לא הצליח – לגרום לאיש האלוהים לאכול בביתו, ולכך ללחוץ עליו לשנות את נבואתו. שנית, הוא ביקש לגרום

12. הפסוק פותח בלשון יחיד, "וַיָּבוֹא בְנוֹ וַיְסַפֶּר", ומסיים בלשון רבים, "וַיְסַפְּרוּם לַאֲבִיהֶם". מסתבר שלפנינו מקרא קצר, ומשמעות הפסוק היא שלאחר שבן אחד שב וסיפר לאביו את המעשה, שבו בנים אחרים וסיפרו אף הם. תיאור זה ממחיש את תחושת הדחיפות שמתוכה פעלו בניו של הנביא, ובהמשך יתברר מדוע באמת ידיעה זו הייתה כל כך משמעותית עבור אביהם.

לביטול הנבואה על ידי פגיעה במעשה הסמלי שנלווה לה, דהיינו על ידי שיגרום לאיש האלוהים לשוב באותה דרך, ואף לאכול ולשתות בבית אל.[13] במקביל לירבעם, גם הנביא מבית אל מבטא בכך אמונה אלילית, שכביכול הנבואה ניתנת לשליטה, ואם ייפגע הנביא, או אף המעשה הסמלי שלו, יהיה בכך ביטול של הנבואה כולה.[14] יתרה מכך, עצם העובדה שאיש האלוהים ייכשל, יכולה לגרום למותו של האיש, ובכך יצליח הנביא במקום שירבעם נכשל.

כאן נכשל איש האלוהים לראשונה:

13. גם במקומות אחרים ניסו נביאי שקר לבטל את הנבואה על ידי פגיעה בפעולה הסמלית המבטאת אותה. כך, למשל, ירמיהו נצטווה "עֲשֵׂה לְךָ מוֹסֵרוֹת וּמֹטוֹת וּנְתַתָּם עַל צַוָּארֶךָ" (ירמיהו כ"ז, ב), על מנת ללמד בין היתר את צדקיהו המלך מסר: "וְאֶל צִדְקִיָּה מֶלֶךְ יְהוּדָה דִּבַּרְתִּי כְּכָל הַדְּבָרִים הָאֵלֶּה לֵאמֹר הָבִיאוּ אֶת צַוְּארֵיכֶם בְּעֹל מֶלֶךְ בָּבֶל וְעִבְדוּ אֹתוֹ וְעַמּוֹ וִחְיוּ" (שם, יב). נביא השקר חנניה בן עזור, שיחד עם נביאי שקר אחרים יצא נגד קבלת מלכותו של מלך בבל, פגע באות הסמלי של ירמיהו: "וַיִּקַּח חֲנַנְיָה הַנָּבִיא אֶת הַמּוֹטָה מֵעַל צַוַּאר יִרְמְיָה הַנָּבִיא וַיִּשְׁבְּרֵהוּ. וַיֹּאמֶר חֲנַנְיָה לְעֵינֵי כָל הָעָם לֵאמֹר כֹּה אָמַר ה' כָּכָה אֶשְׁבֹּר אֶת עֹל נְבֻכַדְנֶאצַּר מֶלֶךְ בָּבֶל בְּעוֹד שְׁנָתַיִם יָמִים מֵעַל צַוַּאר כָּל הַגּוֹיִם" (שם כ"ח, י-יא). גם שם, כמובן, הנבואה נותרה במקומה, אך נוצר באמת צורך להקים את האות מחדש ואף לחזקו: "וַיְהִי דְבַר ה' אֶל יִרְמְיָה אַחֲרֵי שְׁבוֹר חֲנַנְיָה הַנָּבִיא אֶת הַמּוֹטָה מֵעַל צַוַּאר יִרְמְיָה הַנָּבִיא לֵאמֹר. הָלוֹךְ וְאָמַרְתָּ אֶל חֲנַנְיָה לֵאמֹר כֹּה אָמַר ה' מוֹטֹת עֵץ שָׁבָרְתָּ וְעָשִׂיתָ תַחְתֵּיהֶן מֹטוֹת בַּרְזֶל. כִּי כֹה אָמַר ה' צְבָאוֹת אֱלֹהֵי יִשְׂרָאֵל עֹל בַּרְזֶל נָתַתִּי עַל צַוַּאר כָּל הַגּוֹיִם הָאֵלֶּה לַעֲבֹד אֶת נְבֻכַדְנֶאצַּר מֶלֶךְ בָּבֶל וַעֲבָדֻהוּ" (שם, יב-יד).

14. ראוי להדגיש כי עצם הרעיון שיש קשר בין המעשה הסמלי לבין קיומה של הנבואה הוא רעיון נכון, וכך עולה בכמה מקומות במקרא. לדוגמה, אלישע מורה ליואש מלך ישראל לירות חצים כסמל לניצחון על ארם: "חֵץ תְּשׁוּעָה לַה' וְחֵץ תְּשׁוּעָה בַאֲרָם וְהִכִּיתָ אֶת אֲרָם בַּאֲפֵק עַד כַּלֵּה" (מל"ב י"ג, יז). אלא שיואש הסתפק בירי של שלושה חצים בלבד, ועל כך קצף עליו אלישע ואמר לו: "לְהַכּוֹת חָמֵשׁ אוֹ שֵׁשׁ פְּעָמִים אָז הִכִּיתָ אֶת אֲרָם עַד כַּלֵּה, וְעַתָּה שָׁלֹשׁ פְּעָמִים תַּכֶּה אֶת אֲרָם" (שם, יט). זאת אומרת: אופן קיום המעשה הסמלי אכן משפיע על התגשמות הנבואה בפועל. אבל בסיפורנו העניין שונה: יואש פעל במסגרת הנבואה, ואילו הנביא מבית אל ניסה להשפיע על הנבואה 'בעל כורחה' כביכול, ובכך שב והראה שהוא מנתק בין הנבואה לבין מקורה – הקב"ה – ואינו מבין שגזרת ה' איננה ניתנת לשינוי, אלא על ידי תשובה בלבד.

(יט) וַיָּשָׁב אִתּוֹ וַיֹּאכַל לֶחֶם בְּבֵיתוֹ וַיֵּשְׁתְּ מָיִם:

מדוע התפתה איש האלוהים לנביא? כיצד הוא לא העלה בדעתו שהמלאך היה אמור לפנות אליו ישירות, ולא דרך נביא מבית אל, שמוצאו מעורר חשד?

שתי נקודות ממחישות את העובדה שהנחרצות שגילה מול ירבעם נחלשה במקצת. ראשית, המקרא מדגיש שהנביא מוצא את איש האלוהים "יֹשֵׁב תַּחַת הָאֵלָה", זאת אומרת: איש האלוהים לא מיהר להתרחק מבית אל, וסוף דבר, שבזה אִפשר לנביא להשיגו.[15] ועוד, שיש הבדל בין הניסוח החד־משמעי שבו הציג את הדברים לירבעם – "**אִם תִּתֶּן לִי אֶת חֲצִי בֵיתֶךָ לֹא אָבֹא עִמָּךְ** וְלֹא אֹכַל לֶחֶם וְלֹא אֶשְׁתֶּה מַּיִם בַּמָּקוֹם הַזֶּה, כִּי כֵן **צִוָּה** אֹתִי בִּדְבַר ה' לֵאמֹר..." (פס' ח-ט) – לבין הניסוח המינורי שנקט בדברו עם הנביא: "**לֹא אוּכַל לָשׁוּב אִתָּךְ** וְלָבוֹא אִתָּךְ וְלֹא אֹכַל לֶחֶם וְלֹא אֶשְׁתֶּה אִתְּךָ מַיִם בַּמָּקוֹם הַזֶּה, כִּי **דָבָר אֵלַי** בִּדְבַר ה'...".

ניתן לייחס את הירידה בנחרצות של הנביא לעייפות, לרעב ולצמא, שהביאו אותו לעצור ולשבת תחת האלה, ולבסוף להתפתות לדברי נביא השקר, אולי מתוך תמימות כלפי הנביא הזקן ממנו. אך אפשר שהוא לא היה שלם לגמרי עם מוחלטות נבואתו, ואולי התרשם שחזרתו של ירבעם בתשובה הייתה אמיתית, ועל כן ברגע שמצא מקור לסמוך עליו, התפתה על נקלה לדבריו, שעלו בקנה אחד עם נטיית לבו. ואולי יש רמז ספרותי לכך גם בדמיון שבין דברי איש האלוהים לירבעם לבין דבריו של בלעם לשליחי בלק, שעליהם עמדנו לעיל; והנה, גם בלעם נענה בסופו של דבר לבקשה, ובזה התגלה טיבו האמיתי.

15. ניתן גם לראות רמז בכך שיש רק עוד מקרה אחד במקרא שבו מסופר על ישיבה תחת האלה: "וַיָּבֹא מַלְאַךְ ה' וַיֵּשֶׁב תַּחַת הָאֵלָה אֲשֶׁר בְּעָפְרָה אֲשֶׁר לְיוֹאָשׁ אֲבִי הָעֶזְרִי וְגִדְעוֹן בְּנוֹ חֹבֵט חִטִּים בַּגַּת" (שופטים ו', יא). במקרה שם גדעון לא מיהר להאמין למלאך, ורק לאחר האות שהוא נתן לו הוא קיבל את דבריו, וזאת בניגוד לאיש האלוהים שקיבל כאן את דברי הנביא ללא הוכחה כלשהי.

בשלב זה מתרחשת תפנית מפתיעה בסיפור:

(כ) וַיְהִי הֵם יֹשְׁבִים אֶל הַשֻּׁלְחָן וַיְהִי דְּבַר ה׳ אֶל הַנָּבִיא אֲשֶׁר הֱשִׁיבוֹ: (כא) וַיִּקְרָא אֶל אִישׁ הָאֱלֹהִים אֲשֶׁר בָּא מִיהוּדָה לֵאמֹר כֹּה אָמַר ה׳ יַעַן כִּי מָרִיתָ פִּי ה׳ וְלֹא שָׁמַרְתָּ אֶת הַמִּצְוָה אֲשֶׁר צִוְּךָ ה׳ אֱלֹהֶיךָ: (כב) וַתָּשָׁב וַתֹּאכַל לֶחֶם וַתֵּשְׁתְּ מַיִם בַּמָּקוֹם אֲשֶׁר דִּבֶּר אֵלֶיךָ אַל תֹּאכַל לֶחֶם וְאַל תֵּשְׁתְּ מָיִם לֹא תָבוֹא נִבְלָתְךָ אֶל קֶבֶר אֲבֹתֶיךָ:

ראשית יש לשאול: אל מי מהשניים היה דבר ה׳? רד״ק ציין ״יש מפרשים כי הנבואה באה אל איש האלהים״. על פי פירוש זה, פס׳ כ הוא כותרת, והמשכה בפס׳ כא: ׳ויקרא [ה׳] אל איש האלוהים׳; ובמילים ״הַנָּבִיא אֲשֶׁר הֱשִׁיבוֹ״ הכוונה לאיש האלוהים, שהנביא הזקן מבית אל השיב אותו. ברם, רד״ק עצמו, כמוהו כרוב המפרשים, ביאר שהנבואה נאמרה לנביא השקר, המכונה כאמור ׳נביא׳ לכל אורך הסיפור, והוא שקרא בפס׳ כא לאיש האלוהים ומסר לו את הנבואה שקיבל. אמנם בפס׳ כג נאמר ״וַיְהִי אַחֲרֵי אָכְלוֹ לֶחֶם וְאַחֲרֵי שְׁתוֹתוֹ וַיַּחֲבָשׁ לוֹ הַחֲמוֹר **לַנָּבִיא אֲשֶׁר הֱשִׁיבוֹ**״, אך נראה שאכן הכוונה לחמורו של הנביא הזקן, והוא חבש אותו עבור איש האלוהים. כללו של דבר, הנביא הזקן עצמו קיבל נבואה המבשרת פורענות לאיש האלוהים שמעל בשליחותו, והוא שמוסר אותה לאיש האלוהים.

העולה מכאן, שנביא השקר מבית אל לא היה סתם אדם מן השורה, אלא היו לו כוחות רוחניים מסוימים. ככלל לא היה די בכוחות אלו להשיג נבואה אמיתית, אבל כעת זוכה הנביא לחוות באופן אישי את עוצמתה של יד ה׳, ובעיצומו של הניסיון לבטל את תקפותה של נבואת איש האלוהים, מוסר הוא עצמו לאיש האלוהים את עונשו על ששמע לקולו. אולם כאן נוצרת בעיה נוספת: נראה, שנביא השקר הצליח יותר מירבעם, והביא למותו הצפוי של איש האלוהים. האם בכך לא תתבטל הנבואה?

אשר לעונשו של איש האלוהים, ניתן לראות בו מידה כנגד

מידה: מי שלא שמע לקול ה׳ שלא לשוב בדרך אשר בא בה, לא יזכה לשוב אל אבותיו במותו, אלא ייקבר במקום אחר.

ד. התגשמות הנבואה

נבואת הפורענות על איש האלוהים מתגשמת כמעט מיד:

(כג) וַיְהִי אַחֲרֵי אָכְלוֹ לֶחֶם וְאַחֲרֵי שְׁתוֹתוֹ וַיַּחֲבָשׁ לוֹ הַחֲמוֹר
לַנָּבִיא אֲשֶׁר הֱשִׁיבוֹ: (כד) וַיֵּלֶךְ וַיִּמְצָאֵהוּ אַרְיֵה בַּדֶּרֶךְ וַיְמִיתֵהוּ
וַתְּהִי נִבְלָתוֹ מֻשְׁלֶכֶת בַּדֶּרֶךְ וְהַחֲמוֹר עֹמֵד אֶצְלָהּ וְהָאַרְיֵה עֹמֵד
אֵצֶל הַנְּבֵלָה: (כה) וְהִנֵּה אֲנָשִׁים עֹבְרִים וַיִּרְאוּ אֶת הַנְּבֵלָה מֻשְׁלֶכֶת
בַּדֶּרֶךְ וְאֶת הָאַרְיֵה עֹמֵד אֵצֶל הַנְּבֵלָה וַיָּבֹאוּ וַיְדַבְּרוּ בָעִיר אֲשֶׁר
הַנָּבִיא הַזָּקֵן יֹשֵׁב בָּהּ: (כו) וַיִּשְׁמַע הַנָּבִיא אֲשֶׁר הֱשִׁיבוֹ מִן הַדֶּרֶךְ
וַיֹּאמֶר אִישׁ הָאֱלֹהִים הוּא אֲשֶׁר מָרָה אֶת פִּי ה׳ וַיִּתְּנֵהוּ ה׳ לָאַרְיֵה
וַיִּשְׁבְּרֵהוּ וַיְמִתֵהוּ כִּדְבַר ה׳ אֲשֶׁר דִּבֶּר לוֹ:

מתברר שהעונש של איש האלוהים לא היה רק שלא יבוא אל קבר אבותיו, אלא גם שימות במהרה; ומסתבר שהעונש הזה היה כלול בעונש על קבורתו. עם זאת, לגזרה יש גם צד חיובי: אמנם הוא לא ייקבר עם אבותיו, אך בכל זאת יזכה לקבורה, וגופתו לא תושחת. בכך ניכר איזון בדינו של איש האלוהים, שאמנם שליחותו לקתה בחסר, אך מצד שני, עד לאותו שלב הוא מילא אותה באומץ, ואף לא נכנע להפצרותיו של המלך. עונשו מבטא את שני הצדדים: הוא יזכה לקבורה, אך לא בנחלת אבותיו.

אל מול דמותו של הנביא מוצגת באופן אירוני דמותו של האריה. שלא כאיש האלוהים, האריה מקיים את שליחותו נאמנה: הוא הורג את איש האלוהים, אבל אינו אוכל את נבלתו, ואפילו אינו נוגע לרעה בחמור. כמו כן, הוא נשאר עומד במקומו, כמודגש, וממילא הוא לא שב בדרך אשר בא בה. בזה מבטא האריה באופן סמלי שהוא נאמן לדבר ה׳ יותר מאיש האלוהים, ולמרות נטייתו הטבעית להרוג

על מנת לאכול, הוא הורג את איש האלוהים אך ורק כדי לבצע את שליחותו, ואינו נוגע בנבלה. בעוד שאיש האלוהים נצטווה שלא לאכול, אולם עבר על הציווי ואכל, הרי שהאריה 'הצטווה' שלא לאכול ושמר על הציווי.[16]

השמועה על האירוע המוזר מגיעה עד מהרה לבית אל ולנביא. וכאשר הנביא שומע על הדברים, הוא ממהר ללכת לראותם בעיניו:

(כז) וַיְדַבֵּר אֶל בָּנָיו לֵאמֹר חִבְשׁוּ לִי אֶת הַחֲמוֹר וַיַּחֲבֹשׁוּ:
(כח) וַיֵּלֶךְ וַיִּמְצָא אֶת נִבְלָתוֹ מֻשְׁלֶכֶת בַּדֶּרֶךְ וַחֲמוֹר וְהָאַרְיֵה עֹמְדִים
אֵצֶל הַנְּבֵלָה לֹא אָכַל הָאַרְיֵה אֶת הַנְּבֵלָה וְלֹא שָׁבַר אֶת הַחֲמוֹר:
(כט) וַיִּשָּׂא הַנָּבִיא אֶת נִבְלַת אִישׁ הָאֱלֹהִים וַיַּנִּחֵהוּ אֶל הַחֲמוֹר
וַיְשִׁיבֵהוּ וַיָּבֹא אֶל עִיר הַנָּבִיא הַזָּקֵן לִסְפֹּד וּלְקָבְרוֹ: (ל) וַיַּנַּח אֶת
נִבְלָתוֹ בְּקִבְרוֹ וַיִּסְפְּדוּ עָלָיו הוֹי אָחִי:[17] (לא) וַיְהִי אַחֲרֵי קָבְרוֹ
אֹתוֹ וַיֹּאמֶר אֶל בָּנָיו לֵאמֹר בְּמוֹתִי וּקְבַרְתֶּם אֹתִי בַּקֶּבֶר אֲשֶׁר אִישׁ
הָאֱלֹהִים קָבוּר בּוֹ אֵצֶל עַצְמֹתָיו הַנִּיחוּ אֶת עַצְמֹתָי: (לב) כִּי הָיֹה
יִהְיֶה הַדָּבָר אֲשֶׁר קָרָא בִּדְבַר ה׳ עַל הַמִּזְבֵּחַ אֲשֶׁר בְּבֵית אֵל וְעַל
כָּל בָּתֵּי הַבָּמוֹת אֲשֶׁר בְּעָרֵי שֹׁמְרוֹן:

תיאור זה מזכיר את תיאור המפגש הראשון בין הנביא ובין איש האלוהים (פס׳ יא–יד): שוב הנביא שומע על אירוע מיוחד הקשור באיש האלוהים; שוב הוא קורא לבניו לחבוש לו את החמור, והם נענים לקריאתו; ושוב הוא הולך ומוצא את איש האלוהים, וליתר דיוק – את נבלתו מושלכת בדרך. ואולם, הדמיון בין שני התיאורים מחדד את ההבדל שביניהם. בפעם הראשונה ניסה הנביא לבטל את משמעותו

16. עמדנו לעיל על הדמיון שבין דברי איש האלוהים ובין דברי בלעם. כאן נוצרת הקבלה נוספת בין הסיפורים, שהרי גם סיפור בלעם מציג את האתון כמי שמדרגתה גבוהה ממדרגתו של בלעם, בשעה שהיא רואה את מלאך ה׳ ובלעם איננו רואה אותו.

17. זהו מטבע פתיחה מובהק של הספד, כאמור בנבואת ירמיהו (כ״ב, יח): ״לָכֵן כֹּה אָמַר ה׳ אֶל יְהוֹיָקִים בֶּן יֹאשִׁיָּהוּ מֶלֶךְ יְהוּדָה לֹא יִסְפְּדוּ לוֹ הוֹי אָחִי וְהוֹי אָחוֹת״.

של האירוע שאיש האלוהים היה מעורב בו. כעת הוא מבין שאין לבטל את צו ה׳, ועל כן הוא מבקש לראות את האירוע בעצמו, ולאחר מכן הוא נוקט בסדרת מעשים שניתן לראותם כתהליך של תשובה.

ראשית, הוא לוקח את גופת איש האלוהים על מנת לקברה, ובזה מסייע לקיומה של הנבואה. שנית, הוא קובר את איש האלוהים בקברו שלו ודואג שיוספד כהלכה. לאחר מכן הוא מבטא את חשיבותו של איש האלוהים בעיניו ומבקש להיקבר עמו באותו קבר. ובסופו של דבר הופך הנביא, שבתחילה ביקש להפר את הנבואה, למי שמאשר את נצחיותה למרות כישלונו של איש האלוהים שנשא אותה לראשונה, לאחר שראה אל מול עיניו את האריה שלא אכל את הנבואה.[18] בכך מבטא הנביא את ההבנה הנכונה, שכוחה של הנבלה איננו תלוי בנושאיה, כי אם במי שגזר עליה מלכתחילה.[19] ולבסוף, הנביא אף מוסיף נדבך על נבואתו המקורית של איש האלוהים: גורלו של המזבח יהיה גם "עַל כָּל בָּתֵּי הַבָּמוֹת אֲשֶׁר בְּעָרֵי שֹׁמְרוֹן". כך באמת עתיד להתרחש בימי יאשיהו, כאשר מיד לאחר קיום הנבואה ביחס למזבח, נאמר גם: "וְגַם אֶת **כָּל בָּתֵּי הַבָּמוֹת אֲשֶׁר בְּעָרֵי שֹׁמְרוֹן** אֲשֶׁר עָשׂוּ מַלְכֵי יִשְׂרָאֵל לְהַכְעִיס הֵסִיר יֹאשִׁיָּהוּ" (מל"ב כ"ג, יט).

18. קשה לדעת מה גרם לנביא להעיד שנבואת איש האלוהים עתידה להתגשם. אפשר שהסיק זאת ממהלך האירועים, אך אין זה מן הנמנע שכעת קיבל נבואת אמת שאישרה את הדברים.

19. השלמת הסיפור היא במל"ב כ"ג, טז-יח: "וַיִּפֶן יֹאשִׁיָּהוּ וַיַּרְא אֶת הַקְּבָרִים אֲשֶׁר שָׁם בָּהָר וַיִּשְׁלַח וַיִּקַּח אֶת הָעֲצָמוֹת מִן הַקְּבָרִים וַיִּשְׂרֹף עַל הַמִּזְבֵּחַ וַיְטַמְּאֵהוּ כִּדְבַר ה׳ אֲשֶׁר קָרָא אִישׁ הָאֱלֹהִים אֲשֶׁר קָרָא אֶת הַדְּבָרִים הָאֵלֶּה. וַיֹּאמֶר מָה הַצִּיּוּן הַלָּז אֲשֶׁר אֲנִי רֹאֶה וַיֹּאמְרוּ אֵלָיו אַנְשֵׁי הָעִיר הַקֶּבֶר אִישׁ הָאֱלֹהִים אֲשֶׁר בָּא מִיהוּדָה וַיִּקְרָא אֶת הַדְּבָרִים הָאֵלֶּה אֲשֶׁר עָשִׂיתָ עַל הַמִּזְבַּח בֵּית אֵל. וַיֹּאמֶר הַנִּיחוּ לוֹ אִישׁ אַל יָנַע עַצְמֹתָיו וַיְמַלְּטוּ עַצְמֹתָיו אֵת עַצְמוֹת הַנָּבִיא אֲשֶׁר בָּא מִשֹּׁמְרוֹן". הכתוב מספר שעצמות הנביא ניצלו בזכות הקבורה עם איש האלוהים; וכן הדין נותן, כי הגם שלבסוף עשה תשובה, הרי מדרגתו של נביא השקר נמוכה ממדרגתו של איש האלוהים. מכל מקום, מכאן ניתן להסיק שהנביא הזקן היה בעצמו מכוהני הבמות, ועל כן הוא חשש לגורלו. כך גם ניתן להבין מדוע הוא בתחילה ניסה לבטל את הגזרה.

ה. ירבעם

סיומו של הסיפור חוזר לירבעם, שלא נזכר בפרשה מאז המפגש שלו עם איש האלוהים. האם הושפע ירבעם לטובה מן המפגש הזה? האם למד את הלקח מנבואת הפורענות ומהתייבשות ידו ושב ממעשיו הרעים? עד כה נותרה השאלה פתוחה. כעת, לאחר תיאור מותו הטרגי של איש האלוהים, חוזר המקרא לירבעם:

(לג) אַחַר הַדָּבָר הַזֶּה לֹא שָׁב יָרָבְעָם מִדַּרְכּוֹ הָרָעָה וַיָּשָׁב וַיַּעַשׂ מִקְצוֹת הָעָם כֹּהֲנֵי בָמוֹת הֶחָפֵץ יְמַלֵּא אֶת יָדוֹ[20] וִיהִי כֹּהֲנֵי בָמוֹת: (לד) וַיְהִי בַּדָּבָר הַזֶּה לְחַטַּאת בֵּית יָרָבְעָם וּלְהַכְחִיד וּלְהַשְׁמִיד מֵעַל פְּנֵי הָאֲדָמָה:

ובכן, הוכח שדיבורו האדיב של ירבעם עם איש האלוהים לא היה אלא בגדר ניסיון רגעי לפתור את מצוקתו, ולא בישר כלל וכלל תפנית בדרכו של ירבעם. חששו הגדול מאבדן המלוכה עמד בעינו, והוא המשיך לאחוז ברפורמה הדתית שעשה מתוך אינטרס אישי גרידא.[21] אל מול תשובתו של נביא השקר, שאף הוא ניסה בתחילה להילחם בהתגשמות הנבואה, בולטת עקשנותו של ירבעם.

המקרא כורך את כישלונותיהם של ירבעם ואיש האלוהים זה בזה מבחינה ספרותית באמצעות השימוש החוזר ונשנה בשורש שו"ב. ירבעם נקרא לשוב מדרכו הרעה, ומשסירב לעשות כן יבשה

20. כלומר: כל המעוניין בכך, יקבל את תפקיד הכהונה. הצירוף 'מילוי ידיים' מופיע בדרך כלל בהקשר של קבלת תפקיד הכהונה, כגון שמות כ"ח, מא; שופטים י"ז, ה; ועוד.

21. חז"ל נתנו לכך ביטוי ציורי: "'אחר הדבר הזה לא שב ירבעם מדרכו הרעה'. מאי 'אחר'? אמר רבי אבא: אחר שתפשו הקדוש ברוך הוא לירבעם בבגדו, ואמר לו: חזור בך, ואני ואתה ובן ישי נטייל בגן עדן. אמר לו: מי בראש? - בן ישי בראש. - אי הכי, לא בעינא [=אם כך, איני רוצה]" (סנהדרין קב ע"א). המדרש מצייר ציור סמלי לתאוות הכבוד של ירבעם, שאין הוא יכול לשאת אפילו את הקדמת דוד בן ישי לו.

ידו, ״וְלֹא יָכֹל **לַהֲשִׁיבָהּ** אֵלָיו״, עד שביקש מאיש האלוהים: ״וְהִתְפַּלֵּל בַּעֲדִי **וְתָשֹׁב** יָדִי אֵלָי״. הנביא נענה לבקשתו, ״**וַתָּשָׁב** יַד הַמֶּלֶךְ אֵלָיו וַתְּהִי כְּבָרִאשֹׁנָה״. ברם, אף שלרגע היה נראה שירבעם עשה תשובה, כעת מתברר ש״אַחַר הַדָּבָר הַזֶּה **לֹא שָׁב** יָרָבְעָם מִדַּרְכּוֹ הָרָעָה״, אדרבה, ״**וַיָּשָׁב** וַיַּעַשׂ מִקְצוֹת הָעָם כֹּהֲנֵי בָמוֹת״. איש האלוהים, לעומת זאת, נצטווה שלא לשוב – ״וְלֹא **תָשׁוּב** בַּדֶּרֶךְ אֲשֶׁר הָלָכְתָּ״; ומאחר שנכשל ״**וַיָּשָׁב** אִתּוֹ״, נענש שנבלתו לא שבה לקברות אבותיו.[22]

מדוע נצרך ירבעם לשוב ולמנות כוהני במות? הרי כבר סופר בפרק הקודם שהוא מינה כוהנים שלא משבט לוי (י״ב, לא)! ייתכן שיש ללמוד מכאן שהכוהנים שהתמנו בראשונה אכן נבהלו מנבואת איש האלוהים ועזבו את תפקידם, כלומר שבו מדרכם הרעה, כפי שכנראה עשה גם הנביא הזקן מבית אל – שלא כירבעם, שאחז באיוולתו. גם ההדגשה ״הֶחָפֵץ יְמַלֵּא אֶת יָדוֹ״ עשויה ללמד כי שלא כמו במינויים הראשונים, שנעשו על פי כישורים כלשהם, כעת ניתנה ההזדמנות לכַהֵן לכל מי שיחפוץ בכך, ובלבד שיסכים לבוא. סביר להניח שבדרך זו הגיעו למשרה אנשים ריקים ופוחזים. ושמא לכך מכוון הכתוב באמרו שדווקא הצעד העיקש והבלתי־סביר זה, העומד בניגוד להתנהגות הטבעית של הכוהנים הראשונים, שעשו תשובה, הוא שחרץ את גורלו של ירבעם: ״וַיְהִי בַּדָּבָר הַזֶּה לְחַטַּאת בֵּית יָרָבְעָם וּלְהַכְחִיד וּלְהַשְׁמִיד מֵעַל פְּנֵי הָאֲדָמָה״.

22. לעיל הערה 19 ראינו שסיפורנו נשלם בספר מל״ב פרק כ״ג. ואכן, הסיפור שם נחתם במילים: ״וַיִּזְבַּח אֶת כָּל כֹּהֲנֵי הַבָּמוֹת אֲשֶׁר שָׁם עַל הַמִּזְבְּחוֹת וַיִּשְׂרֹף אֶת עַצְמוֹת אָדָם עֲלֵיהֶם **וַיָּשָׁב יְרוּשָׁלִָם**״ (שם, כ), ובכך מודגש התיקון שעשה יאשיהו לחטאיו של ירבעם.

פרק יד

עונשו של ירבעם; מלכות רחבעם

א. ההערמה שכשלה

לאחר שבשני הפרקים הקודמים תוארו חטאיו של ירבעם, באה העת לעסוק בעונשו. סיפור העונשים הצפויים לבוא על ירבעם מתחיל במחלה של בנו:

(א) בָּעֵת הַהִיא חָלָה אֲבִיָּה בֶן יָרָבְעָם:

מחלה זו הייתה יכולה לעורר בירבעם הרהורי תשובה, שמא אם ישוב מדרכו הרעה יירפא בנו. ואולם, ירבעם הולך בדרך אחרת לחלוטין:

(ב) וַיֹּאמֶר יָרָבְעָם לְאִשְׁתּוֹ קוּמִי נָא וְהִשְׁתַּנִּית וְלֹא יֵדְעוּ כִּי אַתְּ [אתי כתיב] אֵשֶׁת יָרָבְעָם וְהָלַכְתְּ שִׁלֹה הִנֵּה שָׁם אֲחִיָּה הַנָּבִיא הוּא דִבֶּר עָלַי לְמֶלֶךְ עַל הָעָם הַזֶּה: (ג) וְלָקַחַתְּ בְּיָדֵךְ עֲשָׂרָה לֶחֶם וְנִקֻּדִים[1] וּבַקְבֻּק דְּבַשׁ[2] וּבָאת אֵלָיו הוּא יַגִּיד לָךְ מַה יִּהְיֶה לַנָּעַר:

1. "פת עשויה כעכין יבשים" (רד"ק).
2. אשת ירבעם מביאה מתנה צנועה למדיי (השוו, למשל, למתנתו של נעמן לגיחזי:

(ד) וַתַּעַשׂ כֵּן אֵשֶׁת יָרָבְעָם וַתָּקָם וַתֵּלֶךְ שִׁלֹה וַתָּבֹא בֵּית אֲחִיָּה וַאֲחִיָּהוּ לֹא יָכֹל לִרְאוֹת כִּי קָמוּ עֵינָיו מִשֵּׂיבוֹ:

ירבעם מבקש להערים על הנביא. הוא מורה לאשתו להתחפש ולהסתיר את זהותה, ועיוורונו של אחיה אמור לסייע לה בכך. התנהגותו של ירבעם נראית תמוהה, שלא לומר מגוחכת: מה הטעם להערים על הנביא ולקבל תשובה שאינה נכונה? נראה שירבעם אוחז כאן בתפיסתו מן הפרק הקודם, שלנביא יש כוח מאגי להשפיע על המציאות, ללא קשר למצב הרוחני שממנו היא נובעת. לפי תפיסה זו, די שהנביא יוציא מפיו את המילים ׳הילד יחיה׳ כדי שכך יהיה, אף שלוּ דיברו ירבעם ואשתו אמת, היה הנביא אומר שהילד ימות. מכאן גם התפיסה שיש מקום להביא לנביא מתנה, מעין שוחד, על מנת להשפיע על מה שיאמר הנביא ׳בתמורה׳ למתנה.

המקרא מדגיש כבר מן הרגע הראשון שניסיון להערים על ה׳ איננו אפשרי, והוא נכשל עוד בטרם התחיל:

(ה) וַה׳ אָמַר אֶל אֲחִיָּהוּ הִנֵּה אֵשֶׁת יָרָבְעָם בָּאָה לִדְרֹשׁ דָּבָר מֵעִמְּךָ אֶל בְּנָהּ כִּי חֹלֶה הוּא כָּזֹה וְכָזֶה תְּדַבֵּר אֵלֶיהָ וִיהִי כְבֹאָהּ וְהִיא מִתְנַכֵּרָה: (ו) וַיְהִי כִשְׁמֹעַ אֲחִיָּהוּ אֶת קוֹל רַגְלֶיהָ בָּאָה בַפֶּתַח וַיֹּאמֶר בֹּאִי אֵשֶׁת יָרָבְעָם לָמָּה זֶּה אַתְּ מִתְנַכֵּרָה וְאָנֹכִי שָׁלוּחַ אֵלַיִךְ קָשָׁה:

הכתוב מדגיש שאין לנביא שליטה על מה שהוא מוסר לשומעיו, וכל מה שהוא יכול לומר בא אליו מאת ה׳. והנה, לא זו בלבד שמזימתו של ירבעם לא צלחה, אלא שהוא עתיד לשמוע נבואת פורענות לא רק על בנו, כי אם על גורל ממלכתו כולה.

״כִּכְּרַיִם כֶּסֶף בִּשְׁנֵי חֲרִטִים וּשְׁתֵּי חֲלִפוֹת בְּגָדִים״ [מל״ב ה׳, כג]), משום שהיא מתחפשת לאישה פשוטה.

ב. העונש

אחיה השילוני מגיב באריכות רבה, וניתן להבחין בדבריו בשלושה חלקים נפרדים. בחלק הראשון מתוארת הפורענות העתידה לבוא על בית ירבעם:

(ז) לְכִי אִמְרִי לְיָרָבְעָם כֹּה אָמַר ה׳ אֱלֹהֵי יִשְׂרָאֵל יַעַן אֲשֶׁר הֲרִימֹתִיךָ
מִתּוֹךְ הָעָם וָאֶתֶּנְךָ נָגִיד עַל עַמִּי יִשְׂרָאֵל: (ח) וָאֶקְרַע אֶת הַמַּמְלָכָה
מִבֵּית דָּוִד וָאֶתְּנֶהָ לָךְ וְלֹא הָיִיתָ כְּעַבְדִּי דָוִד אֲשֶׁר שָׁמַר מִצְוֹתַי
וַאֲשֶׁר הָלַךְ אַחֲרַי בְּכָל לְבָבוֹ לַעֲשׂוֹת רַק הַיָּשָׁר בְּעֵינָי: (ט) וַתָּרַע
לַעֲשׂוֹת מִכֹּל אֲשֶׁר הָיוּ לְפָנֶיךָ וַתֵּלֶךְ וַתַּעֲשֶׂה לְךָ אֱלֹהִים אֲחֵרִים
וּמַסֵּכוֹת לְהַכְעִיסֵנִי וְאֹתִי הִשְׁלַכְתָּ אַחֲרֵי גַוֶּךָ: (י) לָכֵן הִנְנִי מֵבִיא
רָעָה אֶל בֵּית יָרָבְעָם וְהִכְרַתִּי לְיָרָבְעָם מַשְׁתִּין בְּקִיר עָצוּר וְעָזוּב
בְּיִשְׂרָאֵל וּבִעַרְתִּי אַחֲרֵי בֵית יָרָבְעָם כַּאֲשֶׁר יְבַעֵר הַגָּלָל עַד תֻּמּוֹ:
(יא) הַמֵּת לְיָרָבְעָם בָּעִיר יֹאכְלוּ הַכְּלָבִים וְהַמֵּת בַּשָּׂדֶה יֹאכְלוּ עוֹף
הַשָּׁמָיִם כִּי ה׳ דִּבֵּר:

הגדרת חטאיו של ירבעם "וַתֵּלֶךְ וַתַּעֲשֶׂה לְךָ אֱלֹהִים אֲחֵרִים וּמַסֵּכוֹת לְהַכְעִיסֵנִי" נראית כחורגת ממה שראינו בפרקים הקודמים, מהם עלה, כפי שציינו לעיל, שירבעם הוסיף לעבוד את ה׳, אלא שעשה זאת בדרכים פסולות. יתרה מזאת, עמדנו על ההבחנה שמבחין המקרא עצמו (ט"ז, לא) בינו ובין אחאב, שהביא לממלכת ישראל עבודה זרה של ממש – עבודת הבעל. ובכן, מדוע מייחס אחיה לירבעם עשיית "אֱלֹהִים אֲחֵרִים"? נראה כי השיפוט הנבואי של אחיה מבין שבהטמעת יסודות אליליים בעבודת ה׳, ירבעם הפך למעשה את עבודת ה׳ לעבודת אלילים. ואכן, למרות ההבחנה ביניהם כאמור לעיל, יוצר המקרא עצמו זיקה ברורה בין עונשו של ירבעם לבין עונשו של אחאב: "הִנְנִי מֵבִיא אֵלֶיךָ רָעָה וּבִעַרְתִּי אַחֲרֶיךָ וְהִכְרַתִּי לְאַחְאָב מַשְׁתִּין בְּקִיר וְעָצוּר וְעָזוּב בְּיִשְׂרָאֵל. וְנָתַתִּי אֶת בֵּיתְךָ כְּבֵית יָרָבְעָם בֶּן נְבָט וּכְבֵית בַּעְשָׁא בֶן אֲחִיָּה אֶל הַכַּעַס אֲשֶׁר הִכְעַסְתָּ וַתַּחֲטִא אֶת יִשְׂרָאֵל...

הַמֵּת לְאַחְאָב בָּעִיר יֹאכְלוּ הַכְּלָבִים וְהַמֵּת בַּשָּׂדֶה יֹאכְלוּ עוֹף הַשָּׁמָיִם" (כ"א, כא-כד). עצם ההשוואה בין העונשים של שני המלכים מלמדת שבפועל הייתה למעשיהם חומרה דומה.

מעניין הדבר, שיש בפרקנו כמה הקבלות לסיפורה של חנה בשילה (שמ"א א׳):

1. בשניהם מסופר על אישה שמגיעה לשילה: "**וַתָּקָם וַתֵּלֶךְ שִׁלֹה**"; "**וַתָּקָם** חַנָּה אַחֲרֵי אָכְלָה בְשִׁלֹה" (שמ"א א׳, ט).
2. שתי הנשים פוגשות בנביא שאיבד את מאור עיניו: "וַאֲחִיָּהוּ לֹא יָכֹל לִרְאוֹת כִּי קָמוּ עֵינָיו מִשֵּׂיבוֹ"; "וְעֵינָיו הֵחֵלּוּ כֵהוֹת לֹא יוּכַל לִרְאוֹת" (שם ג׳, ב).
3. בשני הסיפורים המניע לפניית האישה הוא דאגה לבן: חנה מבקשת לזכות בבן, ואשת ירבעם למנוע את מותו.
4. שתי הנשים נענות בתגובה חריפה של הנביא.

אלא שההשוואה מחדדת את הניגוד שבין שתי הנשים: אשת ירבעם מנסה להערים על הנביא העיוור ונכשלת בכך; ואילו חנה עושה את הדבר הנכון – היא מתפללת לה׳, וזוכה שתפילתה תתגשם, למרות יחסו השלילי בתחילה של הנביא עלי. ירבעם ואשתו אינם מנסים לפנות לה׳ במצוקתם, אלא פועלים בדרך אלילית מאגית, שלא כחנה, המורה את הדרך הנכונה בפנותה ישירות לקב"ה. יתרה מזאת, אשת ירבעם היא פסיבית לחלוטין בסיפור – אין היא עושה אלא את מה שהורו לה; ואף סמלי הדבר ששמה איננו נזכר כלל.

החלק השני של הנבואה עוסק באביה בן ירבעם, הנושא שלשמו הגיעה אשת ירבעם אל הנביא:

(יב) וְאַתְּ קוּמִי לְכִי לְבֵיתֵךְ בְּבֹאָה רַגְלַיִךְ הָעִירָה וּמֵת הַיָּלֶד:
(יג) וְסָפְדוּ לוֹ כָל יִשְׂרָאֵל וְקָבְרוּ אֹתוֹ כִּי זֶה לְבַדּוֹ יָבֹא לְיָרָבְעָם

אֶל קָבֶר[3] יַעַן נִמְצָא בוֹ דָּבָר טוֹב[4] אֶל ה׳ אֱלֹהֵי יִשְׂרָאֵל בְּבֵית יָרָבְעָם:

לאחר נבואת הפורענות הקשה על בית ירבעם בכללותו, באה הבשורה הספציפית על מותו הצפוי של הילד. ואולם, בתוך הפורענות הקשה הזו יש גם פן חיובי אחד: בילד יש ״דבר טוב״, ובגינו יזכה למה שלא יזכו יתר בני משפחתו. מסתבר שבדרך זו מועצמת הביקורת על ירבעם, שאפילו ״דבר טוב״ אחד לא נמצא בו.

אבל בזה לא תמה הנבואה. לאחר בשורת הפורענות על ירבעם וביתו, מבשר הנביא פורענות לממלכת ישראל כולה:

(יד) וְהֵקִים ה׳ לוֹ מֶלֶךְ עַל יִשְׂרָאֵל אֲשֶׁר יַכְרִית אֶת בֵּית יָרָבְעָם זֶה הַיּוֹם וּמֶה גַּם עָתָּה:[5] (טו) וְהִכָּה ה׳ אֶת יִשְׂרָאֵל כַּאֲשֶׁר יָנוּד הַקָּנֶה בַּמַּיִם וְנָתַשׁ אֶת יִשְׂרָאֵל מֵעַל הָאֲדָמָה הַטּוֹבָה הַזֹּאת אֲשֶׁר נָתַן לַאֲבוֹתֵיהֶם וְזֵרָם מֵעֵבֶר לַנָּהָר יַעַן אֲשֶׁר עָשׂוּ אֶת אֲשֵׁרֵיהֶם

3. להלן פס׳ כ נאמר על ירבעם ״וַיִּשְׁכַּב עִם אֲבֹתָיו״, אבל לא נאמר ׳ויקבר ב...׳, כדרך שנאמר בדוד (ב׳, י) ובשלמה (י״א, מג) וביתר מלכי יהודה, ואף במקצת מלכי ישראל שלאחר ירבעם ונדב: בעשא (ט״ז, ו), עמרי (שם, כח), אחאב (כ״ב, לז) ועוד. ואולי הדברים אמורים בבניו האחרים של ירבעם; ואכן, בנדב אף לא נאמר ששכב עם אבותיו. אמנם בדה״ב י״ג, כ נאמר על ירבעם עצמו: ״וְלֹא עָצַר כֹּחַ יָרָבְעָם עוֹד בִּימֵי אֲבִיָּהוּ וַיִּגְּפֵהוּ ה׳ וַיָּמֹת״, ותו לא.

4. לא נאמר בכתוב מה הדבר הטוב שנמצא בו. חז״ל הציעו: ״מאי ׳דבר טוב׳? רבי זירא ורבי חיננא בר פפא; חד אמר: שביטל משמרתו ועלה לרגל, וחד אמר: שביטל פרדסאות שהושיב ירבעם אביו על הדרכים שלא יעלו ישראל לרגל״ (מועד קטן דף כח ע״ב). על דרך הפשט אין זה חשוב כל כך מה היה הדבר הטוב, כי אם עצם קיומו, המבליט את הניגוד לאביו, שלא נמצא בו דבר טוב.

5. הביטוי קשה להבנה. לדעת רש״י, המלך שיקום בעתיד יכרית את כל בני ירבעם ״הנולדים לו היום ואשר עתידין להולד לו מעתה״. ואילו רד״ק פירש באופן שונה לחלוטין: ״׳זה היום׳ – זה היום שיקום אותו המלך. ׳ומה גם עתה׳ – מה צרה זו גם עתה? כלומר נקלה היא צרה זו, כי יותר ויותר יבאו על ישראל צרות״.

מַכְעִיסִים אֶת ה׳: (טז) וְיִתֵּן אֶת יִשְׂרָאֵל בִּגְלַל חַטֹּאות יָרָבְעָם אֲשֶׁר חָטָא וַאֲשֶׁר הֶחֱטִיא אֶת יִשְׂרָאֵל:

גזרת הגלות נגזרה אפוא כבר מן המלך הראשון של ממלכת ישראל. ירבעם היה ההצדקה לעצם הקמת הממלכה, והחטא שחטא והחטיא את ישראל גורם שהם עתידים לגלות מן הארץ.

יש משמעות מיוחדת לשימוש בצירוף החריג "מעבר לנהר", שהופעתו מרובה במיוחד בנאום הפרֵדה של יהושע מן העם: "וַיֹּאמֶר יְהוֹשֻׁעַ אֶל כָּל הָעָם כֹּה אָמַר ה׳ אֱלֹהֵי יִשְׂרָאֵל **בְּעֵבֶר הַנָּהָר** יָשְׁבוּ אֲבוֹתֵיכֶם מֵעוֹלָם תֶּרַח אֲבִי אַבְרָהָם וַאֲבִי נָחוֹר וַיַּעַבְדוּ אֱלֹהִים אֲחֵרִים. וָאֶקַּח אֶת אֲבִיכֶם אֶת אַבְרָהָם **מֵעֵבֶר הַנָּהָר**... וְעַתָּה יְראוּ אֶת ה׳ וְעִבְדוּ אֹתוֹ בְּתָמִים וּבֶאֱמֶת וְהָסִירוּ אֶת אֱלֹהִים אֲשֶׁר עָבְדוּ אֲבוֹתֵיכֶם **בְּעֵבֶר הַנָּהָר** וּבְמִצְרַיִם וְעִבְדוּ אֶת ה׳. וְאִם רַע בְּעֵינֵיכֶם לַעֲבֹד אֶת ה׳ בַּחֲרוּ לָכֶם הַיּוֹם אֶת מִי תַעֲבֹדוּן אִם אֶת אֱלֹהִים אֲשֶׁר עָבְדוּ אֲבוֹתֵיכֶם אֲשֶׁר **מֵעֵבֶר הַנָּהָר** וְאִם אֶת אֱלֹהֵי הָאֱמֹרִי אֲשֶׁר אַתֶּם יֹשְׁבִים בְּאַרְצָם" (יהושע כ"ד, ב-ג, יד-טו). הישיבה ב"עבר הנהר" מסמלת אפוא את התקופה האלילית, לפני בחירת ה׳ באברהם. כעת עם ישראל שב לעבוד עבודה זרה, ובזה חוזר למצבו הקדום.

ג. בין ירבעם לשאול

לעיל עמדנו על הדמיון בין אשת ירבעם לבין חנה. אבל יש בספר שמואל עוד סיפור אחר המקביל לפרקנו – פרשת שאול ובעלת האוב (שמ"א כ"ח):

1. בשני הסיפורים אדם – מלך או אשת מלך – משנה את זהותו על מנת לקבל תשובה לשאלתו מנביא בדרך שאינה לגיטימית.
2. בשני הסיפורים התחבולה נכשלת, והתחפושת מתגלה.
3. בשני הסיפורים הנביא משמיע נבואת פורענות קשה על המלך ועל ביתו.

4. בשני הסיפורים המלך פונה באמצעות אישה (בעלת האוב/אשת ירבעם) אל הנביא שהמליך אותו (שמואל/אחיה).[6]
5. הזיקה בין הסיפורים מתבטאת גם בדברי אחיה לירבעם "וָאֶתֶּנְךָ נָגִיד עַל עַמִּי יִשְׂרָאֵל" (פס' ז), המקבילים ללשון האמורה בשאול: "וּמְשַׁחְתּוֹ לְנָגִיד עַל עַמִּי יִשְׂרָאֵל" (שמ"א ט', טז).

מה משמעותה של הקבלה זו? נראה שהמקרא מבקש להשוות בין הפנייה של שאול לבעלת האוב לבין הפנייה של ירבעם לנביא באמצעות אשתו המסתירה את זהותה. בכך בא המקרא לומר, שמעשהו של ירבעם חמור כשאילה באוב. והדבר מבואר לפי מה שהסברנו לעיל: ירבעם רואה את הנביא כבעל כוחות עצמאיים, שניתן להשפיע על נבואותיו; ירבעם פונה אפוא לנביא מתוך חשיבה אלילית מובהקת, ואם כן, הרי זה כשאילה באוב.

ברם, ייתכן שיש להקבלה זו משמעות נוספת. סיפורו של שאול הוא, בסופו של דבר, סיפור של תשובה ותיקון. לאורך שנות מלכותו ניסה שאול שוב ושוב להילחם בגזרת ה' שדוד ימלוך. ביומו האחרון הוא משנה את דרכו: הוא מקבל את הדין בהכנעה ואינו בורח מן המערכה, אף שהוא יודע כי ימצא בה את מותו.[7] גם בפניה של אשת ירבעם עומדת שאלת קבלת הדין כבחירה. אחיה השילוני הקפיד לנסח את הדברים באופן שמותיר לה לכאורה דרך להשפיע על קיומם: "בְּבֹאָה רַגְלַיִךְ הָעִירָה וּמֵת הַיָּלֶד". אם תאמץ את השקפתו האלילית של בעלה, תוכל אשת ירבעם להסיק שאם לא תשוב לעיר, הילד יחיה. לשבחה נאמר שהיא לא ניסתה לעשות כן, אלא הבינה שגורלו של בנה נחרץ, בגלל מעשיו הרעים של ירבעם. ואולי משום כך נדחה מועד הפורענות קמעה:

6. לעיל בפרק י"א עמדנו על השוואה אחרת בין שאול ושמואל ובין ירבעם ואחיה: סיפורי קריעת המעיל.
7. להרחבה עיינו **שמואל א' – מלך בישראל**, עמ' 391-394.

(יז) וַתָּקָם אֵשֶׁת יָרָבְעָם וַתֵּלֶךְ וַתָּבֹא תִרְצָתָה[8] הִיא בָּאָה בְסַף הַבַּיִת וְהַנַּעַר מֵת: (יח) וַיִּקְבְּרוּ אֹתוֹ וַיִּסְפְּדוּ לוֹ כָּל יִשְׂרָאֵל כִּדְבַר ה׳ אֲשֶׁר דִּבֶּר בְּיַד עַבְדּוֹ אֲחִיָּהוּ הַנָּבִיא:

אחיה השילוני אמר: ״בְּבֹאָה רַגְלַיִךְ **הָעִירָה** וּמֵת הַיָּלֶד״ (פס׳ יב), אבל בפועל ״הִיא בָּאָה **בְסַף הַבַּיִת** וְהַנַּעַר מֵת״ (פס׳ יז). ייתכן שהעיכוב במותו של הילד מבטא מידה של הערכה לאשת ירבעם, שאף בה נמצא ״דבר טוב״; אמנם כדי להציל מן הפורענות לא היה בו, אך בכל זאת עשה רושם. אם כנים דברינו, הרי בזה גדלה והולכת הביקורת על ירבעם: הוא מוקף באנשים שיש בהם גם צדדים חיוביים, אבל הוא עצמו שקוע בתהומות החטא, בעוד עונשו הולך וסוגר עליו.

בזה תם סיפור מלכותו של ירבעם בן נבט, והוא נחתם בשני פסוקי הסיכום השגרתיים:

(יט) וְיֶתֶר דִּבְרֵי יָרָבְעָם אֲשֶׁר נִלְחַם וַאֲשֶׁר מָלָךְ הִנָּם כְּתוּבִים עַל סֵפֶר דִּבְרֵי הַיָּמִים לְמַלְכֵי יִשְׂרָאֵל: (כ) וְהַיָּמִים אֲשֶׁר מָלַךְ יָרָבְעָם עֶשְׂרִים וּשְׁתַּיִם שָׁנָה וַיִּשְׁכַּב עִם אֲבֹתָיו וַיִּמְלֹךְ נָדָב בְּנוֹ תַּחְתָּיו:

ד. רחבעם

לאחר שהאריך בקורותיו של ירבעם, חוזר המקרא לממלכת יהודה ומקצר למדיי בקורותיו של רחבעם. בפסוקים הראשונים בא תיאור קודר למדיי של המצב בממלכתו:

(כא) וּרְחַבְעָם בֶּן שְׁלֹמֹה מָלַךְ בִּיהוּדָה בֶּן אַרְבָּעִים וְאַחַת שָׁנָה

8. עולה מן הכתוב שירבעם עזב את פנואל, שאליה עבר משכם (י״ב, כה), ועקר לתרצה. פנואל נזכרת בכתובת כרנך בין כיבושיו של שישק, וכנראה המעבר ממנה לתרצה קשור לשלב במסעו שבו פלש לעבר הירדן המזרחי. על מסע שישק ועל השפעתו האפשרית על ירבעם ראו עיוננו בפרק י״ב, וביתר הרחבה: **עולם התנ״ך**, עמ׳ 133 ועמ׳ 148-154.

רְחַבְעָם בְּמָלְכוֹ וּשְׁבַע עֶשְׂרֵה שָׁנָה מָלַךְ בִּירוּשָׁלִַם הָעִיר אֲשֶׁר בָּחַר ה׳ לָשׂוּם אֶת שְׁמוֹ שָׁם מִכֹּל שִׁבְטֵי יִשְׂרָאֵל וְשֵׁם אִמּוֹ נַעֲמָה הָעַמֹּנִית: (כב) וַיַּעַשׂ יְהוּדָה הָרַע בְּעֵינֵי ה׳ וַיְקַנְאוּ אֹתוֹ מִכֹּל אֲשֶׁר עָשׂוּ אֲבֹתָם בְּחַטֹּאתָם אֲשֶׁר חָטָאוּ: (כג) וַיִּבְנוּ גַם הֵמָּה לָהֶם בָּמוֹת וּמַצֵּבוֹת וַאֲשֵׁרִים עַל כָּל גִּבְעָה גְבֹהָה וְתַחַת כָּל עֵץ רַעֲנָן: (כד) וְגַם קָדֵשׁ[9] הָיָה בָאָרֶץ עָשׂוּ כְּכֹל הַתּוֹעֲבֹת הַגּוֹיִם אֲשֶׁר הוֹרִישׁ ה׳ מִפְּנֵי בְּנֵי יִשְׂרָאֵל:

באזכורה של נעמה העמונית כאן אין חידוש. במרבית מלכי יהודה (אך לא אצל מלכי ישראל) מצוין בתחילת סיפור מלכותם שם אמם[10] והגיל שהתחילו למלוך בו. אלא שנעמה נזכרת גם בסיכום הפרשה (פס׳ לא): ״וַיִּשְׁכַּב רְחַבְעָם עִם אֲבֹתָיו וַיִּקָּבֵר עִם אֲבֹתָיו בְּעִיר דָּוִד וְשֵׁם אִמּוֹ נַעֲמָה הָעַמֹּנִית״. נראה שהחזרה החריגה על שם אמו של רחבעם באה לרמוז שאישיותו השלילית נבעה מנישואיו של שלמה עם נעמה העמונית, כדברי רד״ק בפירושו לפס׳ כא: ״הספור הזה להודיע כי הלך אחר מעשה אמו ועבד עבודה זרה״.[11]

חריגה אחרת בפס׳ כא היא ציון ירושלים כ״הָעִיר אֲשֶׁר בָּחַר ה׳ לָשׂוּם אֶת שְׁמוֹ שָׁם מִכֹּל שִׁבְטֵי יִשְׂרָאֵל״. נראה שלאריכות זו משמעות כפולה. ראשית, לאחר סיפורו של ירבעם, שפעל נגד הבחירה של ה׳ בירושלים, המקרא מבקש לשוב ולהדגיש את הבחירה הזאת. שנית, הדבר מעצים את חומרת חטאיה של ממלכת יהודה, שמלאה במות

9. נראה שהכוונה לריבוי זנות, כמו ״לֹא תִהְיֶה קְדֵשָׁה מִבְּנוֹת יִשְׂרָאֵל וְלֹא יִהְיֶה קָדֵשׁ מִבְּנֵי יִשְׂרָאֵל״ (דברים כ״ג, יח). ייתכן שהזנות הייתה בהקשר פולחני, כפי שמשתמע ממל״ב כ״ג, ז: ״וַיִּתֹּץ אֶת בָּתֵּי **הַקְּדֵשִׁים אֲשֶׁר בְּבֵית ה׳** אֲשֶׁר הַנָּשִׁים אֹרְגוֹת שָׁם בָּתִּים לָאֲשֵׁרָה״. מכאן גם השימוש בשורש קד״ש דווקא.

10. ייתכן שהדבר נובע מהמעמד המיוחד שהיה לאם המלך ביהודה דווקא. להלן ט״ו, יג נראה למשל שלמעכה אם אסא הייתה עוצמה משלה. וראו גם לעיל ב׳, יט.

11. על רקע זה בולטת לחיוב דמותו של אסא, שלא הלך אחרי אמו.

ומצבות ואשרים בעצם ימיו של המלך הראשון שמלך לאחר השראת השכינה בירושלים, והוא לא עשה דבר למנוע זאת.

את הדברים האלה יש לסייג בשתיים. ראשית, לא דובר כאן על רחבעם עצמו, אלא על המצב הרוחני ביהודה. אמנם אין בכך כדי לנקות את המלך מאחריות לנעשה בממלכתו, אך מכל מקום, אין ללמוד מן הכתוב הזה שרחבעם עצמו היה עסוק במעשים אלו.

שנית, עשיית "בָּמוֹת וּמַצֵּבוֹת וַאֲשֵׁרִים" אמנם מזכירה עבודה זרה, אך ייתכן שגם כאן, כמו בעגלי הזהב של ירבעם, מדובר בעבודת ה׳ בדרך פסולה, ולא בעבודת אל זר. אכן, התורה אסרה איסור כללי לעבוד את ה׳ בדרכי הפולחן האליליות: "הִשָּׁמֶר לְךָ פֶּן תִּנָּקֵשׁ אַחֲרֵיהֶם... וּפֶן תִּדְרֹשׁ לֵאלֹהֵיהֶם לֵאמֹר אֵיכָה יַעַבְדוּ הַגּוֹיִם הָאֵלֶּה אֶת אֱלֹהֵיהֶם וְאֶעֱשֶׂה כֵּן גַּם אָנִי" (דברים י״ב, ל). ואף אסרה במפורש עשיית מצבה ואשרה: "לֹא תִטַּע לְךָ אֲשֵׁרָה כָּל עֵץ אֵצֶל מִזְבַּח ה׳ אֱלֹהֶיךָ אֲשֶׁר תַּעֲשֶׂה לָּךְ.[12] וְלֹא תָקִים לְךָ מַצֵּבָה אֲשֶׁר שָׂנֵא ה׳ אֱלֹהֶיךָ" (דברים ט״ז, כא-כב).[13] אבל יש כמובן פער ערכי ומשמעותי בין עבודת ה׳ בדרך אלילית לבין עבודת אל נֵכר – תופעה שתתרחב ותתמסד בממלכת ישראל, בעיקר מימי אחאב, ומשם תזלוג גם לממלכת יהודה, כפי שנלמד בע״ה בהמשך.

12. כלומר אשרה יכולה להיעשות גם לעבודת ה׳, אלא שהתורה אסרה זאת. וכפי שביאר רמב״ן שם: "כל אילן הנטוע על פתחי בית אלהים יקרא אשרה, אולי בעבור שהוא שם דרך מראה אותו לעם יקרא כן, מלשון ׳תָּמְכָה אֲשֻׁרַי בְּמַעְגְּלוֹתֶיךָ׳ (תהילים י״ז, ה). יזהיר הכתוב שלא יטע אילן אצל מזבח ה׳ לנוי, ויחשוב שהוא כבוד והדר למזבח ה׳. ואסר אותו בעבור שהוא מנהג עובדי עבודה זרה לטעת אילנות בפתחי בתי עבודה זרה שלהם, וכענין שנאמר ׳והרסת את מזבח הבעל וגו׳ ואת האשרה אשר עליה תכרֹת׳ (שופטים ו׳, כה)".

13. אשר למונח "במות", הכוונה למזבחות שמקריבים עליהם לה׳ שלא במשכן או במקדש. תולדות איסור ההקרבה בבמות מפורטות במסכת זבחים (פי״ד משניות ד-ח): בזמן שהיה המשכן במדבר ובשילה נאסרה העבודה בבמות; בשאר ימי המשכן הותרו הבמות; ומשנבנה המקדש בירושלים נאסרו הבמות לעולם. אף על פי כן המשיך העם ביהודה להקריב בבמות כמעט כל ימי הבית הראשון, אפילו בימי המלכים הצדיקים (מלבד יאשיהו), וספר מלכים חוזר ומציין זאת שוב ושוב. וכבר עמדנו על כך בקצרה לעיל בתחילת פרק ג׳.

ה. עליית שישק

מיד לאחר תיאור המצב הרוחני הקשה מסופר על עלייתו של המלך שישק על יהודה, תוך רמיזה ברורה שהיה בכך משום עונש לבני יהודה על מעשיהם:

(כה) וַיְהִי בַּשָּׁנָה הַחֲמִישִׁית לַמֶּלֶךְ רְחַבְעָם עָלָה שִׁישַׁק [שושק כתיב] מֶלֶךְ מִצְרַיִם עַל יְרוּשָׁלָ͏ִם: (כו) וַיִּקַּח אֶת אֹצְרוֹת בֵּית ה׳ וְאֶת אוֹצְרוֹת בֵּית הַמֶּלֶךְ וְאֶת הַכֹּל לָקָח וַיִּקַּח אֶת כָּל מָגִנֵּי הַזָּהָב אֲשֶׁר עָשָׂה שְׁלֹמֹה: (כז) וַיַּעַשׂ הַמֶּלֶךְ רְחַבְעָם תַּחְתָּם מָגִנֵּי נְחֹשֶׁת וְהִפְקִיד עַל יַד שָׂרֵי הָרָצִים הַשֹּׁמְרִים פֶּתַח בֵּית הַמֶּלֶךְ: (כח) וַיְהִי מִדֵּי בֹא הַמֶּלֶךְ בֵּית ה׳ יִשָּׂאוּם הָרָצִים וֶהֱשִׁיבוּם אֶל תָּא הָרָצִים:

בעיונינו לפרקים הקודמים כבר הזכרנו את מסע שישק, המתואר בהרחבה בכתובת מקדש אמון בכרנך. בכתובת זו מופיעה רשימת ערים שכבש שישק, ושם ברור שעיקר מסעו כוון כנגד ממלכת ישראל דווקא, ולכל היותר כלל את ערי הגבול של יהודה – גזר, איילון וגבעון; ירושלים עצמה כלל אינה נזכרת בכתובת. עם זאת, אין לראות סתירה בין כתובת כרנך לבין המסופר במקרא. הניסוח "עָלָה שִׁישַׁק מֶלֶךְ מִצְרַיִם עַל יְרוּשָׁלָ͏ִם" אין פירושו שהיא הייתה מטרתו העיקרית. ייתכן בהחלט שבדרכו הגיע שישק גם לירושלים, אך בסופו של דבר סר מעליה, לאחר ששיגר לו רחבעם את אוצרות בית ה׳ ואת אוצרות בית המלך, והמשיך במסעו צפונה, לעבר ממלכת ישראל. מסתבר שספר מלכים רצה להדגיש את המעבר של שישק בירושלים ואת לקיחת האוצרות כסמל לערעור ההדרגתי במעמדם של ירושלים ושל המקדש; ואולי יש בכך גם משום עונש על ריבוי הזהב של שלמה. מנקודת מבט זו, לא היה צורך לתאר את מהותו של מסע שישק, ודי היה לציינו בהקשר של ירושלים.

גרסה מורחבת במקצת למסופר בפרקנו מובאת בספר דברי הימים, וכמקובל בספר זה – כפי שנראה גם לקמן – היא מספקת

הסבר רוחני להתרחשות. על פי המסופר שם, גם רחבעם עצמו חטא: ״וַיְהִי כְּהָכִין מַלְכוּת רְחַבְעָם וּכְחֶזְקָתוֹ עָזַב אֶת תּוֹרַת ה׳ וְכָל יִשְׂרָאֵל עִמּוֹ״ (דה״ב י״ב, א). שם מפורש שעליית שישק על ירושלים הייתה עונש על חטאים אלו: ״וַיְהִי בַּשָּׁנָה הַחֲמִישִׁית לַמֶּלֶךְ רְחַבְעָם עָלָה שִׁישַׁק מֶלֶךְ מִצְרַיִם עַל יְרוּשָׁלִָם כִּי מָעֲלוּ בַּה׳״ (שם, ב). וגם פתרון העימות בדרכי שלום מתואר שם כתוצאה של התיקון הרוחני שעשה העם בעקבות תוכחתו של הנביא שמעיה: ״וּשְׁמַעְיָה הַנָּבִיא בָּא אֶל רְחַבְעָם וְשָׂרֵי יְהוּדָה אֲשֶׁר נֶאֶסְפוּ אֶל יְרוּשָׁלִָם מִפְּנֵי שִׁישָׁק וַיֹּאמֶר לָהֶם כֹּה אָמַר ה׳ אַתֶּם עֲזַבְתֶּם אֹתִי וְאַף אֲנִי עָזַבְתִּי אֶתְכֶם בְּיַד שִׁישָׁק. וַיִּכָּנְעוּ שָׂרֵי יִשְׂרָאֵל וְהַמֶּלֶךְ וַיֹּאמְרוּ צַדִּיק ה׳. וּבִרְאוֹת ה׳ כִּי נִכְנָעוּ הָיָה דְבַר ה׳ אֶל שְׁמַעְיָה לֵאמֹר נִכְנְעוּ לֹא אַשְׁחִיתֵם וְנָתַתִּי לָהֶם כִּמְעַט לִפְלֵיטָה וְלֹא תִתַּךְ חֲמָתִי בִּירוּשָׁלִַם בְּיַד שִׁישָׁק״ (שם, ה-ז).

הבדל זה נובע כנראה מן המגמה של ספר מלכים להבליט את התהליכים שהובילו, בסופו של דבר, לחורבן המקדש ולגלות מן הארץ. בשל מגמה זו נמנע ספר מלכים מלספר על התשובה שנעשתה ביהודה. זה כנראה גם טיבו של הדגש על החטאים בארץ – ״וְגַם קָדֵשׁ הָיָה **בָאָרֶץ** עָשׂוּ כְּכֹל הַתּוֹעֲבֹת הַגּוֹיִם אֲשֶׁר הוֹרִישׁ ה׳ מִפְּנֵי בְּנֵי יִשְׂרָאֵל״ (פס׳ כד) – רמז לתוצאה הסופית של כל התהליכים האלה: הגלות מן הארץ. ספר דברי הימים, לעומת זאת, מבקש להציג גם את הצדדים הטובים ואת האפשרות לתיקון, ולכן הוא מוסיף ומספר על רחבעם: ״וּבְהִכָּנְעוֹ שָׁב מִמֶּנּוּ אַף ה׳ וְלֹא לְהַשְׁחִית לְכָלָה וְגַם בִּיהוּדָה הָיָה דְּבָרִים טוֹבִים״ (שם, יב).

ו. הסיום

פסוקי הסיום מתארים את המצב לאחר שלקח שישק את מגני הזהב:

(כז) וַיַּעַשׂ הַמֶּלֶךְ רְחַבְעָם תַּחְתָּם מָגִנֵּי נְחֹשֶׁת וְהִפְקִיד עַל יַד שָׂרֵי
הָרָצִים הַשֹּׁמְרִים פֶּתַח בֵּית הַמֶּלֶךְ: (כח) וַיְהִי מִדֵּי בֹא הַמֶּלֶךְ בֵּית
ה׳ יִשָּׂאוּם הָרָצִים וֶהֱשִׁיבוּם אֶל תָּא הָרָצִים:

לעיל סופר על מגני הזהב המיוחדים של המלך שלמה, שהונחו במבנה המפואר "בית יער הלבנון": "וּשְׁלֹשׁ מֵאוֹת מָגִנִּים זָהָב שָׁחוּט שְׁלֹשֶׁת מָנִים זָהָב יַעֲלֶה עַל הַמָּגֵן הָאֶחָת וַיִּתְּנֵם הַמֶּלֶךְ בֵּית יַעַר הַלְּבָנוֹן" (י', יז). כעת, משירדה קרנה של מלכות בית דוד בימי רחבעם, הוחלפו מגנים אלה במגני נחושת צנועים, ושוב לא הוצגו תדיר לראווה אלא הוצנעו ב"תא הרצים" – לשכה מיוחדת ששימשה את הרצים של המלך רחבעם. רק בשעה שבא המלך אל בית ה' הוצאו המגנים לכבודו, ומיד כשחזר לביתו הושבו למקומם. אבל מתיאור זה אנו למדים גם שבכל זאת המשיך רחבעם לבוא אל בית ה', ובזה מסתכמת הטרגדיה שלו כמלך, שלא הצליח למנוע את העם מעבודת ה' בדרך אלילית אסורה.

(ל) וּמִלְחָמָה הָיְתָה בֵין רְחַבְעָם וּבֵין יָרָבְעָם כָּל הַיָּמִים:[14] (לא) וַיִּשְׁכַּב
רְחַבְעָם עִם אֲבֹתָיו וַיִּקָּבֵר עִם אֲבֹתָיו בְּעִיר דָּוִד וְשֵׁם אִמּוֹ נַעֲמָה
הָעַמֹּנִית וַיִּמְלֹךְ אֲבִיָּם בְּנוֹ תַּחְתָּיו:

14. אין הכוונה למלחמה ממש, שכבר למדנו שנמנעה (י"ב, כב-כד), כי אם למתיחות מתמדת, שאפשר שהתבטאה מפעם לפעם גם במעשי איבה.

פרק טו

אבים, אסא ונדב

א. אבים

אחרי העיסוק הקצר יחסית ברחבעם, המקרא עובר לעסוק במלכותו של אבים בנו. גם עליו אין מסופר הרבה, ומן המעט שמסופר עליו עולה דמות שלילית עוד יותר מאביו:

(א) וּבִשְׁנַת שְׁמֹנֶה עֶשְׂרֵה לַמֶּלֶךְ יָרָבְעָם בֶּן נְבָט מָלַךְ אֲבִיָּם עַל יְהוּדָה: (ב) שָׁלֹשׁ שָׁנִים מָלַךְ בִּירוּשָׁלָם וְשֵׁם אִמּוֹ מַעֲכָה בַּת אֲבִישָׁלוֹם: (ג) וַיֵּלֶךְ בְּכָל חַטֹּאות אָבִיו אֲשֶׁר עָשָׂה לְפָנָיו וְלֹא הָיָה לְבָבוֹ שָׁלֵם עִם ה׳ אֱלֹהָיו כִּלְבַב דָּוִד אָבִיו: (ד) כִּי לְמַעַן דָּוִד נָתַן ה׳ אֱלֹהָיו לוֹ נִיר בִּירוּשָׁלָם לְהָקִים אֶת בְּנוֹ אַחֲרָיו וּלְהַעֲמִיד אֶת יְרוּשָׁלָם:[1] (ה) אֲשֶׁר עָשָׂה דָוִד אֶת הַיָּשָׁר בְּעֵינֵי ה׳ וְלֹא סָר מִכֹּל אֲשֶׁר צִוָּהוּ כֹּל יְמֵי חַיָּיו רַק בִּדְבַר אוּרִיָּה הַחִתִּי:[2] (ו) וּמִלְחָמָה הָיְתָה

1. הפסוק בא להסביר מדוע בכל זאת המשיכה ממלכת יהודה להתקיים: היה זה חלק משכרו של דוד מאת ה׳.
2. אזכור החטא ״בִּדְבַר אוּרִיָּה הַחִתִּי״ בהקשר זה מפתיע. אפשר שבזה ביקש המקרא לרמוז כי חטאותיו של אבים לא היו בגדר כישלון חד־פעמי, דבר שעלול לקרות גם למלך כמו דוד, כי אם תופעה מתמשכת.

בֵּין רְחַבְעָם וּבֵין יָרָבְעָם כָּל יְמֵי חַיָּיו:[3] (ז) וְיֶתֶר דִּבְרֵי אֲבִיָּם וְכָל אֲשֶׁר עָשָׂה הֲלוֹא הֵם כְּתוּבִים עַל סֵפֶר דִּבְרֵי הַיָּמִים לְמַלְכֵי יְהוּדָה וּמִלְחָמָה הָיְתָה בֵּין אֲבִיָּם וּבֵין יָרָבְעָם: (ח) וַיִּשְׁכַּב אֲבִיָּם עִם אֲבֹתָיו וַיִּקְבְּרוּ אֹתוֹ בְּעִיר דָּוִד וַיִּמְלֹךְ אָסָא בְנוֹ תַּחְתָּיו:

כפי שראינו, על רחבעם לא נאמר שחטא בעצמו, אלא רק שהעם חטא בימיו. על בנו, לעומת זאת, כבר נמתחת ביקורת אישית, הגם שבניסוח מינורי: ״וְלֹא הָיָה לְבָבוֹ שָׁלֵם עִם ה׳ אֱלֹהָיו כִּלְבַב דָּוִד אָבִיו״.

השאלה הגדולה ביותר בדבר הערכת דמותו של אבים היא הפער בין התיאור הקצר של מלכותו כאן, שכאמור איננו מדבר בשבחו, לבין המסופר בדה״ב י״ג. לא נוכל במסגרת זו להאריך בפרטי המסופר שם, אבל המעיין שם לא ימצא שום אמירה שלילית על אבים. אדרבה, מן הסיפור הנרחב שם על המלחמה בינו ובין ירבעם מצטיירת דמות חיובית ביותר. הוא נושא נאום נרגש, המאשים את ממלכת ישראל בסטייה מעבודת ה׳ (שם, ד-יב), ובעקבות הנאום זוכה לסיוע מאת ה׳ ומנצח את צבאו של ירבעם, למרות יתרונו בכמות ובאיכות (״אַרְבַּע מֵאוֹת אֶלֶף אִישׁ בָּחוּר״ של אבים לעומת ״שְׁמוֹנֶה מֵאוֹת אֶלֶף אִישׁ בָּחוּר גִּבּוֹר חָיִל״ של ירבעם [שם, ג]) ולמרות המארב המוקפד שהכין לו ירבעם (שם, יג). גם ריבוי הצאצאים הנזכר בסוף אותו פרק (שם, כא) הוא סימן ברכה.[4]

3. פסוק זה הוא חזרה על מה שנאמר ברחבעם לעיל י״ד, ל. בפשטות הכוונה היא שהמתיחות בין בית רחבעם לבית ירבעם נמשכה גם בימי אבים.

4. חז״ל עסקו בשאלת אישיותו של אבים. בדיון בתלמוד הירושלמי למסכת יבמות (פט״ז ה״ג) הנחת המוצא היא שגם בדברי הימים יש ביקורת על אבים: ״כתיב ׳ולא עצר כח ירבעם עוד בימי אביה **ויגפהו יי׳ וימות**׳ (דה״ב י״ג, כ) – אמר רבי שמואל: את סבור שהוא ירבעם? אינה אלא אביה״. וייתכן שקריאה זו של הפסוק מושפעת מתיאור דמותו בספר מלכים. בהמשך מובאים שלושה הסברים בנושא: ״ולמה ניגף? (1) רבי יוחנן אמר: על שחישד את ירבעם ברבים, הדא הוא דכתיב ׳ואתם המון רב ועמכם עגלי הזהב אשר עשה לכם ירבעם לאלהים׳ (שם, ח); (2) ריש לקיש אמר: על שביזה את אחיה השילוני, רב יהודה היא דכתיב ׳ויקבצו אליו אנשים בני בליעל׳ (שם, ז) – על דצווח לאחיה השילוני; (3) ורבנין

התיאור החיובי בדברי הימים עולה בקנה אחד עם המגמה הכללית של הספר, כפי שהזכרנו לעיל בעניין רחבעם, לעומת ספר מלכים, שמגמתו ביקורתית יותר. ושמא זה ההסבר לשינוי הקל בשמו של המלך, שבדברי הימים מפורש בו שם שמיים, והוא קרוי אביה.[5]

ביטוי ספרותי אפשרי נוסף להבדל זה קשור בשם אמו של המלך. בפרקנו נאמר שאמו הייתה מעכה בת אבישלום, ואילו בדברי הימים היא נקראת "מִיכָיָהוּ בַת אוּרִיאֵל מִן גִּבְעָה" (שם, ב). לאמתו של דבר, הבעיה קיימת גם בכל אחד מן הספרים בפני עצמו. להלן פס׳ י נאמר שמעכה בת אבישלום הייתה אמו של אסא, בנו של אבים; והמפרשים ביארו שהכוונה שהייתה זקנתו.[6] אשר לדברי הימים, בפרק י״א שם

אמרין: על ידי שבאת עבודה זרה לידו ולא ביערה, הדא הוא דכתיב ׳וירדוף אביה אחרי ירבעם וילכד ממנו ערים את ביתאל ואת בנותיה׳ (שם, יט) וכתיב ׳וישם את האחד בביתאל ואת האחד נתן בדן׳ (מל״א י״ב, כט)". שני ההסברים הראשונים מוצאים פגם בנאומו של אביה: רבי יוחנן רואה פגם בהשפלת ירבעם ברבים; וריש לקיש רואה בביטוי הפוגע על שותפיו של ירבעם – "אֲנָשִׁים רֵקִים בְּנֵי בְלִיַּעַל" – ביזוי לנבואתו של אחיה השילוני. ההסבר השלישי, של חכמים, הוא שבאותה מלחמה כבש אבים את בית אל (שם, יט), ובכל זאת לא ביער את עגל הזהב שבה.
דברים אלו, ובייחוד ההסבר השני, נראים כמכוונים לפשוטו של מקרא. ראשית, דומה שהנאום עצמו נבע ממניעים פוליטיים יותר משנבע ממניעים רוחניים. שנית, יש מידה לא־מעטה של דמגוגיה בתיאור פיצול הממלכה בנאום: אבים אינו מציין כלל שהממלכה התפצלה בגלל חטאיו של שלמה ובגלל הטעות הגדולה של רחבעם, שסירב לבקשת העם. גם הניצחון של יהודה על ירבעם מיוחס בכתוב לא לאבים, אלא לבני יהודה: "וַיִּפְנוּ **יְהוּדָה** וְהִנֵּה לָהֶם הַמִּלְחָמָה פָּנִים וְאָחוֹר **וַיִּצְעֲקוּ לַה׳** וְהַכֹּהֲנִים מַחְצְרִים בַּחֲצֹצְרוֹת. וַיָּרִיעוּ **אִישׁ יְהוּדָה** וַיְהִי בְּהָרִיעַ **אִישׁ יְהוּדָה וְהָאֱלֹהִים** נָגַף אֶת יָרָבְעָם וְכָל יִשְׂרָאֵל לִפְנֵי אֲבִיָּה וִיהוּדָה. וַיָּנוּסוּ בְנֵי יִשְׂרָאֵל מִפְּנֵי **יְהוּדָה** וַיִּתְּנֵם **אֱלֹהִים** בְּיָדָם. וַיַּכּוּ בָהֶם אֲבִיָּה וְעַמּוֹ מַכָּה רַבָּה וַיִּפְּלוּ חֲלָלִים מִיִּשְׂרָאֵל חֲמֵשׁ מֵאוֹת אֶלֶף אִישׁ בָּחוּר. וַיִּכָּנְעוּ בְנֵי יִשְׂרָאֵל בָּעֵת הַהִיא **וַיֶּאֶמְצוּ בְּנֵי יְהוּדָה כִּי נִשְׁעֲנוּ עַל ה׳** אֱלֹהֵי אֲבוֹתֵיהֶם" (דה״ב י״ג, יד–יח); הניצחון בא רק לאחר המארב וצעקת בני יהודה לה׳.

5. אבל אפשר גם שהסיבה פרוזאית יותר, וספר מלכים פשוט מבקש להבחין בינו ובין אביה בן ירבעם הנזכר בפרק הקודם, ואינו נזכר בדברי הימים.

6. "ולא היתה אם אסא, אלא אם אבים אביו, ואם אביו קורא אותה ׳אמו׳" (רד״ק); "אם אביו היתה, ולפי שהיתה מגדלתו אמר ׳אמו׳" (מצודת דוד).

נאמר: "וַיִּקַּח לוֹ רְחַבְעָם אִשָּׁה אֶת מָחֲלַת בַּת יְרִימוֹת... וְאַחֲרֶיהָ לָקַח אֶת מַעֲכָה בַּת אַבְשָׁלוֹם וַתֵּלֶד לוֹ אֶת אֲבִיָּה וְאֶת עַתַּי וְאֶת זִיזָא וְאֶת שְׁלֹמִית. וַיֶּאֱהַב רְחַבְעָם אֶת מַעֲכָה בַת אַבְשָׁלוֹם מִכָּל נָשָׁיו וּפִילַגְשָׁיו... וַיַּעֲמֵד לָרֹאשׁ רְחַבְעָם אֶת אֲבִיָּה בֶן מַעֲכָה לְנָגִיד בְּאֶחָיו כִּי לְהַמְלִיכוֹ" (דה"ב י"א, יח-כב); וזה שלא כאמור שם י"ג, ב, שאמו הייתה מיכיהו בת אוריאל. וכתב רד"ק שם: "היא מעכה בת אבשלום הנזכרת למעלה, ושני שמות היו לה לאביה, ומיכיהו ומעכה קרובים בלשון, והרבה נמצאים בזה הספר אדם אחד נזכר בשתי שמות". על כל פנים, ייתכן ששינוי השם של אם המלך קשור להערכת דמותו של המלך עצמו. בספר מלכים היא נקראת בשם הזר מעכה,[7] והדבר עולה בקנה אחד עם עשיית המפלצת לאשרה (להלן פס' יג). ואילו בתיאור החיובי בדברי הימים מפורש שם שמיים פעמיים בשמה.

ב. אסא

לאחר ימי שלטונם הבעייתיים של רחבעם ואבים ביהודה, באה תפנית עם עלייתו למלוכה של המלך אסא בן אבים:

(ט) וּבִשְׁנַת עֶשְׂרִים לְיָרָבְעָם מֶלֶךְ יִשְׂרָאֵל מָלַךְ אָסָא מֶלֶךְ יְהוּדָה:
(י) וְאַרְבָּעִים וְאַחַת שָׁנָה מָלַךְ בִּירוּשָׁלָ‍ִם וְשֵׁם אִמּוֹ מַעֲכָה
בַּת אֲבִישָׁלוֹם: (יא) וַיַּעַשׂ אָסָא הַיָּשָׁר בְּעֵינֵי ה' כְּדָוִד אָבִיו:[8]
(יב) וַיַּעֲבֵר הַקְּדֵשִׁים מִן הָאָרֶץ[9] וַיָּסַר אֶת כָּל הַגִּלֻּלִים אֲשֶׁר עָשׂוּ

7. כך נקראה בתו של נחור, אחי אברהם, מפילגשו ראומה (בראשית כ"ב, כד). וכך נקראה אמו של אבשלום, שהייתה בתו של תלמי מלך גשור (שמ"ב ג', ג). כאן המקום להעיר כי לדעת יוסף בן מתתיהו בספרו קדמוניות היהודים, מעכה אם אבים הייתה נכדתו של אבשלום בן דוד.
8. בניגוד לאביו אבים, שעליו נאמר לעיל פס' ג: "וְלֹא הָיָה לְבָבוֹ שָׁלֵם עִם ה' אֱלֹהָיו **כִּלְבַב דָּוִד אָבִיו**".
9. הדברים מוסבים על האמור בימי רחבעם "וְגַם קָדֵשׁ הָיָה בָאָרֶץ" (י"ד, כד), וראה מה שכתבנו בעיוננו שם.

אֲבֹתָיו: (יג) וְגַם אֶת מַעֲכָה אִמּוֹ וַיְסִרֶהָ מִגְּבִירָה אֲשֶׁר עָשְׂתָה מִפְלֶצֶת[10] לָאֲשֵׁרָה וַיִּכְרֹת אָסָא אֶת מִפְלַצְתָּהּ וַיִּשְׂרֹף בְּנַחַל קִדְרוֹן:[11] (יד) וְהַבָּמוֹת לֹא סָרוּ רַק לְבַב אָסָא הָיָה שָׁלֵם עִם ה׳ כָּל יָמָיו: (טו) וַיָּבֵא אֶת קָדְשֵׁי אָבִיו וְקָדְשֵׁי [וקדשו כתיב] בֵּית ה׳ כֶּסֶף וְזָהָב וְכֵלִים:[12]

התיאור חיובי ביותר. בפרק הקודם הדגשנו שממלכת יהודה טרם הגיעה לעבודה זרה של ממש, אלא רק לעבודת ה׳ בדרך אלילית. אבל גם בכך אסא עורך מהפכה, ומסיר את הקדשים ואת הגילולים שעשו אבותיו. בולטת במיוחד ההתמודדות של אסא עם אֵם אמו, שנשאה בתואר החשוב ״גבירה״; הוא מעביר אותה מתפקידה ומשמיד את העבודה הזרה שעשתה. אמנם הבמות לא סרו, כפי שהיה לכל אורך התקופה, אך מלבד זאת, המציאות נראית כמעט אידאלית.

אמנם מבחינה מדינית־צבאית לא הייתה זו תקופה שקטה:

(טז) וּמִלְחָמָה הָיְתָה בֵּין אָסָא וּבֵין בַּעְשָׁא מֶלֶךְ יִשְׂרָאֵל כָּל יְמֵיהֶם: (יז) וַיַּעַל בַּעְשָׁא מֶלֶךְ יִשְׂרָאֵל עַל יְהוּדָה וַיִּבֶן אֶת הָרָמָה לְבִלְתִּי תֵּת יֹצֵא וָבָא לְאָסָא מֶלֶךְ יְהוּדָה:[13] (יח) וַיִּקַּח אָסָא אֶת כָּל הַכֶּסֶף וְהַזָּהָב הַנּוֹתָרִים[14] בְּאוֹצְרוֹת בֵּית ה׳ וְאֶת אוֹצְרוֹת בֵּית הַמֶּלֶךְ

10. מסתבר ש״מפלצת״ היא כינוי גנאי לסוג של פולחן אלילי המעורר פחד ופלצות (ראו תהילים נ״ה, ו; איוב ט׳, ו; כ״א, ו; ועוד) בלב רואיו.
11. המעשה מזכיר את השמדת העגל בידי משה: ״וְאֶת חַטַּאתְכֶם אֲשֶׁר עֲשִׂיתֶם אֶת הָעֵגֶל לָקַחְתִּי **וָאֶשְׂרֹף** אֹתוֹ בָּאֵשׁ... וָאַשְׁלִךְ אֶת עֲפָרוֹ אֶל **הַנַּחַל** הַיֹּרֵד מִן הָהָר״ (דברים ט׳, כא).
12. הפסוק קשה במקצת: אין ברור מה הם קודשי אביו, ומניין הביאם. מכל מקום, הפסוק נחוץ כדי לבאר כיצד התמלאו אוצרות בית ה׳ ואוצרות בית המלך מחדש, כמתואר להלן פס׳ יח, אחר שלקחם שישק בימי רחבעם (י״ד, כו).
13. מה הרקע למתיחות שבין בעשא מלך ישראל ובין אסא מלך יהודה? ייתכן שהדבר קשור למלחמת אבים וירבעם, שבה כבש אבים שטחים וערים מישראל, ובכללן בית אל (דה״ב י״ג, יט). כעת ניסה בעשא להחזיר לעצמו שליטה באזור זה, והוא מגיע עד הרמה, שהיא דרומית לבית אל.
14. כלומר הנותרים ממה שלקח שישק. ומסתבר שבכלל זה גם מה שהוסיף אסא

[מלך כתיב] וַיִּתְּנֵם בְּיַד עֲבָדָיו וַיִּשְׁלָחֵם הַמֶּלֶךְ אָסָא אֶל בֶּן הֲדַד בֶּן טַבְרִמֹּן בֶּן חֶזְיוֹן מֶלֶךְ אֲרָם[15] הַיֹּשֵׁב בְּדַמֶּשֶׂק לֵאמֹר: (יט) בְּרִית בֵּינִי וּבֵינֶךָ בֵּין אָבִי וּבֵין אָבִיךָ הִנֵּה שָׁלַחְתִּי לְךָ שֹׁחַד כֶּסֶף וְזָהָב לֵךְ הָפֵרָה אֶת בְּרִיתְךָ אֶת בַּעְשָׁא מֶלֶךְ יִשְׂרָאֵל וְיַעֲלֶה מֵעָלָי: (כ) וַיִּשְׁמַע בֶּן הֲדַד אֶל הַמֶּלֶךְ אָסָא וַיִּשְׁלַח אֶת שָׂרֵי הַחֲיָלִים אֲשֶׁר לוֹ עַל עָרֵי יִשְׂרָאֵל וַיַּךְ אֶת עִיּוֹן וְאֶת דָּן וְאֵת אָבֵל בֵּית מַעֲכָה וְאֵת כָּל כִּנְרוֹת עַל כָּל אֶרֶץ נַפְתָּלִי: (כא) וַיְהִי כִּשְׁמֹעַ בַּעְשָׁא וַיֶּחְדַּל מִבְּנוֹת אֶת הָרָמָה וַיֵּשֶׁב בְּתִרְצָה: (כב) וְהַמֶּלֶךְ אָסָא הִשְׁמִיעַ אֶת כָּל יְהוּדָה אֵין נָקִי[16] וַיִּשְׂאוּ אֶת אַבְנֵי הָרָמָה וְאֶת עֵצֶיהָ אֲשֶׁר בָּנָה בַּעְשָׁא וַיִּבֶן בָּם הַמֶּלֶךְ אָסָא אֶת גֶּבַע בִּנְיָמִן וְאֶת הַמִּצְפָּה:

גם כאן אין ניכרת נימה של ביקורת כלפי אסא, ונראה שהמקרא תומך בצעדיו, שנעשו בלית ברירה: בעשא מלך יהודה, שיסופר עליו בהמשך, עלה על יהודה, ביצר את העיר רמה, שחלשה על הדרך הראשית מן הצפון אל גבול יהודה וירושלים, וכך הטיל מעין מצור על יהודה. בתגובה פנה אסא אל בן הדד מלך ארם וכרת עמו ברית, בתמורה לכסף וזהב, על מנת שבן הדד יפר את בריתו עם ממלכת ישראל ויתקוף אותה, וכך ייאלץ בעשא להניח לממלכת יהודה ולהפנות את צבאו להגנה מפני ההתקפות מצפון. ואכן, בעקבות התקפתו של בן הדד חדל בעשא לבצר את הרמה המאיימת. או אז גייס אסא את יושבי יהודה, והם פירקו את הביצורים ובנו בחומרי הבניין ערים ביהודה.

רק בסיום סיפור מלכותו יש רמז לפגם כלשהו באסא:

לאוצרות אלו, כמבואר לעיל פס' טו.

15. יש מפרשים שחזיון הוא רזון בן אלידע, שטנו של שלמה, ככתוב: "וַיָּקֶם אֱלֹהִים לוֹ שָׂטָן אֶת רְזוֹן בֶּן אֶלְיָדָע... וַיָּקָץ בְּיִשְׂרָאֵל וַיִּמְלֹךְ עַל אֲרָם" (י"א, כג-כה). אם כן, נמצא שנכדו של רזון לקח את אוצרות בית ה' מיד נכדו של שלמה, ואולי משום כך נזכר כאן שם הסב, שלא כמקובל. 'הדד' ו'רימון' הם שמות אלילים ארמים־בבלים, ועל כן הם מופיעים בשמותיהם של מלכי ארם.

16. כלומר גיוס כללי, ללא יוצא מן הכלל.

(כג) וְיֶתֶר כָּל דִּבְרֵי אָסָא[17] וְכָל גְּבוּרָתוֹ וְכָל אֲשֶׁר עָשָׂה וְהֶעָרִים אֲשֶׁר בָּנָה הֲלֹא הֵמָּה כְתוּבִים עַל סֵפֶר דִּבְרֵי הַיָּמִים לְמַלְכֵי יְהוּדָה **רַק לְעֵת זִקְנָתוֹ חָלָה אֶת רַגְלָיו:** (כד) וַיִּשְׁכַּב אָסָא עִם אֲבֹתָיו וַיִּקָּבֵר עִם אֲבֹתָיו בְּעִיר דָּוִד אָבִיו[18] וַיִּמְלֹךְ יְהוֹשָׁפָט בְּנוֹ תַּחְתָּיו:

סתם הכתוב ולא פירש מדוע חלה אסא לעת זקנתו. ובכל זאת רמז יש כאן, שמחלה זו הייתה עונש על דבר מה.

כמו אצל אבותיו של אסא, גם בקורותיו יש הרחבה ניכרת בדברי הימים, וסיפור מלכותו משתרע שם על פני שלושה פרקים (דה״ב י״ד-ט״ז). אלא שכאן יש שוני מפתיע: סיפור מלכותם של רחבעם ואבים בדברי הימים חיובי יותר מכפי שהצטייר בספר מלכים, ואילו כלפי אסא ספר דברי הימים ביקורתי יותר. אמנם בשני הפרקים הראשונים מתוארת דמותו החיובית של אסא: כיצד נלחם בזרח הכושי ובצבאו העצום מתוך אמונה גדולה בה׳ וזכה לניצחון במלחמה, ואיך ביער בקפדנות את הפולחנים האליליים וחיזק את המחויבות לעבודת ה׳ ולשמירת התורה. ואולם, בפרק ט״ז התמונה משתנה. הפרק מתאר את העימות עם בעשא מלך ישראל,[19] אך שלא כמו בספר מלכים,

17. הביטוי חריג: בדרך כלל נאמר ״ויתר דברי...״. מסתבר שהמילה ״כל״ נוספה על מנת לרמז כי יש דברים רבים שהמספר בחר שלא להביא. ומקצתם אכן מובאים בספר דברי הימים, כפי שנראה להלן.

18. רק בארבעה מלכים נאמר שנקברו ״בעיר דוד אביו״, ולא ״בעיר דוד״ סתם: בשלמה (י״א, מג), שדוד היה אביו ממש; באסא; ובשני מלכים אחרים שעשו הטוב בעיני ה׳ כאסא – יהושפט בנו (כ״ב, נא) ויותם (מל״ב ט״ו, לח). הצירוף ״דוד אביו״ בלבד, שלא בעניין הקבורה, מופיע בהקשר חיובי (להוציא לעיל ט״ו, ג) רק בשני מלכים נוספים – חזקיהו (מל״ב י״ח, ג) ויאשיהו (שם כ״ב, ב) – שאף הם עשו הישר בעיני ה׳. זהו אפוא ביטוי נוסף להערכה החיובית של ספר מלכים כלפי אסא.

19. בדה״ב (ט״ז, א) עליית בעשא על יהודה מתוארכת ל״שְׁנַת שְׁלֹשִׁים וָשֵׁשׁ לְמַלְכוּת אָסָא״. הדברים אינם עולים בקנה אחד עם האמור לקמן ט״ו, ח: ״בִּשְׁנַת עֶשְׂרִים וָשֵׁשׁ שָׁנָה לְאָסָא מֶלֶךְ יְהוּדָה מָלַךְ אֵלָה בֶן בַּעְשָׁא עַל יִשְׂרָאֵל בְּתִרְצָה שְׁנָתָיִם״. בעל סדר עולם רבה, ובעקבותיו המפרשים, מבאר שהכוונה לשלושים ושש שנה מאז מות שלמה: ״אפשר לומר כן? והלא אסא קבר את בעשא בשנת כ״ו למלכותו,

בדברי הימים נמתחת ביקורת מפורשת על בקשת העזרה מבן הדד, ואף נאמר שאסא עתיד להיענש על כך: "וּבָעֵת הַהִיא בָּא חֲנָנִי הָרֹאֶה אֶל אָסָא מֶלֶךְ יְהוּדָה וַיֹּאמֶר אֵלָיו בְּהִשָּׁעֶנְךָ עַל מֶלֶךְ אֲרָם וְלֹא נִשְׁעַנְתָּ עַל ה' אֱלֹהֶיךָ עַל כֵּן נִמְלַט חֵיל מֶלֶךְ אֲרָם מִיָּדֶךָ. הֲלֹא הַכּוּשִׁים וְהַלּוּבִים הָיוּ לְחַיִל לָרֹב לְרֶכֶב וּלְפָרָשִׁים לְהַרְבֵּה מְאֹד וּבְהִשָּׁעֶנְךָ עַל ה' נְתָנָם בְּיָדֶךָ. כִּי ה' עֵינָיו מְשֹׁטְטוֹת בְּכָל הָאָרֶץ לְהִתְחַזֵּק עִם לְבָבָם שָׁלֵם אֵלָיו נִסְכַּלְתָּ עַל זֹאת כִּי מֵעַתָּה יֵשׁ עִמְּךָ מִלְחָמוֹת" (דה"ב ט"ז, ז–ט). ומה הייתה תגובתו של אסא לתוכחה זו? "וַיִּכְעַס אָסָא אֶל הָרֹאֶה וַיִּתְּנֵהוּ בֵּית הַמַּהְפֶּכֶת כִּי בְזַעַף עִמּוֹ עַל זֹאת וַיְרַצֵּץ אָסָא מִן הָעָם בָּעֵת הַהִיא" (שם, י). כעת מובנת יותר משמעותה הרוחנית של המחלה שתקפה את אסא: עונש על הפנייה למלך ארם ועל יחסו הרע לנביא שהוכיח אותו. אבל בכך לא תמה הביקורת של ספר דברי הימים על אסא: "וַיֶּחֱלֶא אָסָא בִּשְׁנַת שְׁלוֹשִׁים וָתֵשַׁע לְמַלְכוּתוֹ בְּרַגְלָיו עַד לְמַעְלָה חָלְיוֹ וְגַם בְּחָלְיוֹ לֹא דָרַשׁ אֶת ה' כִּי בָּרֹפְאִים" (שם, יב). מסתבר שלאחר שהסתכסך עם הנביא, שוב לא יכול אסא לפנות אליו או לנביא אחר, ובעקבות זאת הידרדר לשאול ברופאים, ולא פנה בתפילה לה' שיושיע אותו.[20]

מכל זאת עולה מאליה השאלה: מדוע אצל אסא הביקורת נמתחת בספר דברי הימים דווקא, ואילו ספר מלכים מסתפק ברמיזה בלבד לבעייתיות שבדרכו?[21] ייתכן שטעם הדבר הוא שספר מלכים

ומה תלמוד לומר 'לאסא'? כנגד ל"ו שנה שנתחתן שלמה בבת פרעה מלך מצרים, וכנגד ל"ו שנה שנגזרה על מלכות בית דוד שתחלק, ובאחרונה עתידה שתחזור להם, וכנגד ל"ו שנה שנגזרה למלכי ארם להיות שטן לישראל, ובאחרונה יפלו ביד בית דוד. לכך נאמר 'בשנת שלשים ושש למלכות אסא': בשנת שש עשרה לאסא מאחר שנפל בידו זרח הכושי, היא שנת ל"ו שנה לשלמה משמת" (סדר עולם רבה פרק טז [מהדורת ליינר]). לפי המדרש, בשנה זו הייתה גזרת פילוג הממלכה אמורה להסתיים, והיא נמשכה בגלל מעשהו של אסא! בפירוש זה יש ביקורת קשה על אסא, אך קשה לראות בו יישוב לקושי על דרך הפשט. ראוי לציין שהבדלים מסוג זה בין ספר דברי הימים לספר מלכים קיימים לעשרות.

20. ייתכן שיש לכך רמז ספרותי בשמו של אסא, אם הוא קשור למילה הארמית אסיא, שמובנה: רופא.

21. ייתכן שיש בספר מלכים רמז נוסף לביקורת על אסא, בפס' י: "וְאַרְבָּעִים וְאַחַת שָׁנָה מָלַךְ בִּירוּשָׁלָ͏ִם". הנוסחה 'וכך וכך שנים מלך בירושלם', עם ו' החיבור

הוטרד במיוחד מבעיית העבודה הזרה. ספר מלכים כתוב, במובנים רבים, מזווית ראייה רטרוספקטיבית שלאחר החורבן, ומתמקד בתהליכים שהובילו אליו. הספר תולה את החורבן במובהק בעוון עבודה זרה,[22] והוא מהווה לכל אורכו רכיב מרכזי בהערכה של כל מלך. לפיכך הספר דן את אסא לכף זכות, על שביער את העבודה הזרה, ומתעלם מחטאיו, שנבעו מבעיה אישיותית של קטנות אמונה בה', אך לא הייתה להם שום נגיעה לעבודה זרה.

ג. נדב

כעת המקרא חוזר לממלכת ישראל ומספר בקצרה על קורותיו של נדב בן ירבעם:

(כה) וְנָדָב בֶּן יָרָבְעָם מָלַךְ עַל יִשְׂרָאֵל בִּשְׁנַת שְׁתַּיִם לְאָסָא מֶלֶךְ
יְהוּדָה וַיִּמְלֹךְ עַל יִשְׂרָאֵל שְׁנָתָיִם: (כו) וַיַּעַשׂ הָרַע בְּעֵינֵי ה' וַיֵּלֶךְ
בְּדֶרֶךְ אָבִיו וּבְחַטָּאתוֹ אֲשֶׁר הֶחֱטִיא אֶת יִשְׂרָאֵל: (כז) וַיִּקְשֹׁר
עָלָיו בַּעְשָׁא בֶן אֲחִיָּה לְבֵית יִשָּׂשכָר וַיַּכֵּהוּ בַעְשָׁא בְּגִבְּתוֹן אֲשֶׁר
לַפְּלִשְׁתִּים וְנָדָב וְכָל יִשְׂרָאֵל צָרִים עַל גִּבְּתוֹן: (כח) וַיְמִתֵהוּ בַעְשָׁא
בִּשְׁנַת שָׁלֹשׁ לְאָסָא מֶלֶךְ יְהוּדָה וַיִּמְלֹךְ תַּחְתָּיו: (כט) וַיְהִי כְמָלְכוֹ
הִכָּה אֶת כָּל בֵּית יָרָבְעָם לֹא הִשְׁאִיר כָּל נְשָׁמָה לְיָרָבְעָם עַד הִשְׁמִדוֹ
כִּדְבַר ה' אֲשֶׁר דִּבֶּר בְּיַד עַבְדּוֹ אֲחִיָּה הַשִּׁילֹנִי: (ל) עַל חַטֹּאות
יָרָבְעָם אֲשֶׁר חָטָא וַאֲשֶׁר הֶחֱטִיא אֶת יִשְׂרָאֵל בְּכַעְסוֹ אֲשֶׁר הִכְעִיס
אֶת ה' אֱלֹהֵי יִשְׂרָאֵל: (לא) וְיֶתֶר דִּבְרֵי נָדָב וְכָל אֲשֶׁר עָשָׂה הֲלֹא
הֵם כְּתוּבִים עַל סֵפֶר דִּבְרֵי הַיָּמִים לְמַלְכֵי יִשְׂרָאֵל:

בראשה, מופיעה בספר תמיד לאחר אזכור גילו של המלך בעת שמלך (ראו י"ד, כא; כ"ב, מב; ופעמים רבות במל"ב), מלבד בפסוק זה. השמטת גילו של אסא בעת שמלך מן הנוסחה שבה ו' החיבור עשויה להיות אף היא רמיזה ביקורתית (על התופעה עמדנו לעיל בפרק א', סעיף ח).

22. ראו מל"ב כ"א, י-טו.

מלבד ההערכה השלילית לדמותו של נדב, שהלך בדרכו של אביו, לא צוינו עליו פרטים מיוחדים. רק סיפור אחד מסופר עליו – שצר על גיבתון – ואף הוא נבלע בסיפור המרכזי: בזמן אותו מצור הרג בעשא את נדב ואת כל בית ירבעם, ובזה נתקיימה נבואת אחיה השילוני.

העיר גיבתון מנויה בין הערים בנחלת דן שבמישור החוף המרכזי (יהושע י"ט, מד), והיא ניתנה ללוויים (שם כ"א, כג). מסתבר שבזמן כלשהו כבשו אותה הפלשתים, ונדב ניסה להחזירה לשליטת ישראל. ואולם, בעיצומו של המצור קשר עליו בעשא בן אחיה והכהו. אין המקרא מבאר מה הייתה הסיבה לקשר,[23] מפני שבאמת אין לכך חשיבות; העיקר הוא שנבואת אחיה השילוני התגשמה.[24] עם זאת, דומה שיש טעם לפגם בתזמון הזה של בעשא, שניצל מלחמה בעיר נכרית לקשור קשר כנגד מלך ישראל ולרצחו; והגם שמסתבר כי בעשא החל את דרכו באופן חיובי, כפי שנראה בפרק הבא, מכל מקום ניתן ללמוד כבר מכאן משהו על אופיו, שהביא, בסופו של דבר, לאבדן ביתו אף הוא.

על כל פנים, כאן בא קצו של בית ירבעם. ההבטחה שהייתה גלומה במורד האמיץ והצעיר התנפצה אל מול מעשיו הרעים, וחלף שיזכה לשושלת מלוכה יציבה – "בית נאמן" (י"א, לח) – נגדע ביתו בשנה השנייה למלכות בנו, שנרצח בידי קושרים.

בנקודה זו – לאחר חתימת סיפורה של מלכות נדב ולפני הפתיחה הרשמית למלכות בעשא – באה תוספת מפתיעה. הכתוב חוזר על מה שנאמר לעיל פס' טז:

(לב) וּמִלְחָמָה הָיְתָה בֵּין אָסָא וּבֵין בַּעְשָׁא מֶלֶךְ יִשְׂרָאֵל כָּל יְמֵיהֶם:

חזרה זו – מה טיבה כאן? מסתבר שהיא רמז מטרים נוסף לאישיותו

23. שלא כהרמת היד של ירבעם בשלמה, שנומקה היטב (לעיל י"א, כו-כז).
24. ולא בכדי מוזכר שמו המלא, בעשא בן אחיה, כאן דווקא (שלא כמו לעיל, בסיפור מלחמתו עם אסא), שהרי כאן מסופר כיצד הגשים בעשא בן אחיה את נבואתו של אחיה השילוני.

השלילית של בעשא. ספר מלכים מעריך את אסא כמלך שעשה הישר בעיני ה׳. עצם העובדה שבעשא נלחם אתו כל הימים מלמדת משהו שלילי על אישיותו של בעשא, וזאת עוד בטרם בא הכתוב לסיפור מלכותו בפסוקים הבאים.

פרק טז

עליית בית עמרי

א. בעשא

סיפורו של בעשא, שהכה את נדב בן ירבעם מלך ישראל והביא את הקץ על בית ירבעם, נפתח בשני הפסוקים האחרונים של הפרק הקודם:

(לג) בִּשְׁנַת שָׁלֹשׁ לְאָסָא מֶלֶךְ יְהוּדָה מָלַךְ בַּעְשָׁא בֶן אֲחִיָּה עַל כָּל
יִשְׂרָאֵל בְּתִרְצָה עֶשְׂרִים וְאַרְבַּע שָׁנָה: (לד) וַיַּעַשׂ הָרַע בְּעֵינֵי ה׳
וַיֵּלֶךְ בְּדֶרֶךְ יָרָבְעָם וּבְחַטָּאתוֹ אֲשֶׁר הֶחֱטִיא אֶת יִשְׂרָאֵל:

התיאור נראה שגרתי לממלכת ישראל: מלך שעושה הרע בעיני ה׳ והולך בדרכי ירבעם. פרקנו פותח בתוכחה חריפה לבעשא מפי הנביא יהוא בן חנני:

(א) וַיְהִי דְבַר ה׳ אֶל יֵהוּא בֶן חֲנָנִי עַל בַּעְשָׁא לֵאמֹר: (ב) יַעַן
אֲשֶׁר הֲרִימֹתִיךָ מִן הֶעָפָר וָאֶתֶּנְךָ נָגִיד עַל עַמִּי יִשְׂרָאֵל וַתֵּלֶךְ בְּדֶרֶךְ
יָרָבְעָם וַתַּחֲטִא אֶת עַמִּי יִשְׂרָאֵל לְהַכְעִיסֵנִי בְּחַטֹּאתָם: (ג) הִנְנִי
מַבְעִיר אַחֲרֵי בַעְשָׁא וְאַחֲרֵי בֵיתוֹ וְנָתַתִּי אֶת בֵּיתְךָ כְּבֵית יָרָבְעָם

בֶּן נְבָט: (ד) הַמֵּת לְבַעְשָׁא בָּעִיר יֹאכְלוּ הַכְּלָבִים וְהַמֵּת לוֹ בַּשָּׂדֶה יֹאכְלוּ עוֹף הַשָּׁמָיִם:

מפסוקים אלו יש ללמוד על מה שלא פורש במקרא. מדברי הנביא ״יַעַן אֲשֶׁר הֲרִימֹתִיךָ מִן הֶעָפָר וָאֶתֶּנְךָ נָגִיד עַל עַמִּי יִשְׂרָאֵל״ ניתן להבין שבעשא לא נבחר במקרה; גם הוא, כירבעם, הגיע משכבה חברתית נמוכה, וה׳ ציפה שילך בדרך ה׳, כמי שה׳ מינהו לנגיד על ישראל. בכך נוצרת הקבלה בין ירבעם ובין בעשא:

1. את שניהם המליך הקב״ה כעונש למלך שקדם להם, והם פגעו בבנו של המלך הזה.
2. שניהם הכזיבו, והדבר מתואר בלשון דומה, שהרי גם בירבעם נאמר ״יַעַן אֲשֶׁר הֲרִימֹתִיךָ מִתּוֹךְ הָעָם וָאֶתֶּנְךָ נָגִיד עַל עַמִּי יִשְׂרָאֵל״ (י״ד, ז).
3. שניהם מלכו בתרצה: בבעשא הדבר מפורש (ט״ו, לג), ואף בירבעם נראה (י״ד, יז) שבזמן כלשהו עבר לתרצה.
4. גם על עונשם של שני המלכים יש בנבואה לשון דומה: בירבעם נאמר ״וּבִעַרְתִּי אַחֲרֵי בֵית יָרָבְעָם כַּאֲשֶׁר יְבַעֵר הַגָּלָל עַד תֻּמּוֹ. הַמֵּת לְיָרָבְעָם בָּעִיר יֹאכְלוּ הַכְּלָבִים וְהַמֵּת בַּשָּׂדֶה יֹאכְלוּ עוֹף הַשָּׁמָיִם״ (י״ד, י-יא); ובבעשא – ״הִנְנִי מַבְעִיר אַחֲרֵי בַעְשָׁא וְאַחֲרֵי בֵיתוֹ וְנָתַתִּי אֶת בֵּיתְךָ כְּבֵית יָרָבְעָם בֶּן נְבָט. הַמֵּת לְבַעְשָׁא בָּעִיר יֹאכְלוּ הַכְּלָבִים וְהַמֵּת לוֹ בַּשָּׂדֶה יֹאכְלוּ עוֹף הַשָּׁמָיִם״ (ט״ז, ג-ד).
5. העונש התקיים בימי בניהם של שני המלכים, ויש דמיון בין התיאור של השמדת בית ירבעם (ט״ו, כז-ל) לבין התיאור של השמדת בית בעשא (ט״ז, ט-יג).

נראה שהמגמה בהקבלה זו היא להראות את המצב הרוחני הקשה של ממלכת ישראל. לממלכה ניתנה הזדמנות שנייה: בעשא היה יכול להקים שושלת מלוכה במקום השושלת שהיה ירבעם צריך להקים. אבל גם הזדמנות זו הוחמצה. ממלכת ישראל סובלת מבעיות עומק

רוחניות, ומלכיה המשיכו בדרכו הרעה של ירבעם, ונענשו בהתאם. הממלכה הולכת ומידרדרת, והמצב עתיד להחריף עוד יותר.

התיאור הקצר של מלכות בעשא מסתיים במילים אלה:

(ה) וְיֶתֶר דִּבְרֵי בַעְשָׁא וַאֲשֶׁר עָשָׂה וּגְבוּרָתוֹ הֲלֹא הֵם כְּתוּבִים עַל סֵפֶר דִּבְרֵי הַיָּמִים לְמַלְכֵי יִשְׂרָאֵל: (ו) וַיִּשְׁכַּב בַּעְשָׁא עִם אֲבֹתָיו וַיִּקָּבֵר בְּתִרְצָה וַיִּמְלֹךְ אֵלָה בְנוֹ תַּחְתָּיו: (ז) וְגַם בְּיַד יֵהוּא בֶן חֲנָנִי הַנָּבִיא דְּבַר ה' הָיָה אֶל בַּעְשָׁא וְאֶל בֵּיתוֹ וְעַל כָּל הָרָעָה אֲשֶׁר עָשָׂה בְּעֵינֵי ה' לְהַכְעִיסוֹ בְּמַעֲשֵׂה יָדָיו לִהְיוֹת כְּבֵית יָרָבְעָם וְעַל אֲשֶׁר הִכָּה אֹתוֹ:[1]

הסיומת מאלפת ביותר. מן המילים האחרונות – "וְעַל אֲשֶׁר הִכָּה אֹתוֹ" – משמע שבעשא נענש גם על הכאת בית ירבעם. והדבר תמוה: הרי במעשה זה נתגשמה נבואת הפורענות של אחיה השילוני על בית ירבעם! ובכן, כיצד ניתן לדון את בעשא על שהגשים את הנבואה והכרית בית מלוכה שעשה הרע בעיני ה'?

דומה שהתשובה פשוטה. כיוון שאחז במעשיו הרעים של ירבעם, נשמטה מבעשא ההצדקה המוסרית להשמדת ביתו: "הואיל וגם הוא הלך בחטאתיו, נמצא שלא היה לו להורגו, לכך נענש על הריגתו" (רש"י). רש"י מביא לתופעה זו דוגמה ממלך אחר: יהוא בן נמשי, שעתיד להשמיד את בית עמרי ואחאב כשיהרוג את המלך האחרון

1. פס' ז נראה כחזרה על האמור בפס' א-ד: "וְגַם בְּיַד יֵהוּא בֶן חֲנָנִי הַנָּבִיא דְּבַר ה' הָיָה אֶל בַּעְשָׁא וְאֶל בֵּיתוֹ וְעַל כָּל הָרָעָה אֲשֶׁר עָשָׂה בְּעֵינֵי ה' לְהַכְעִיסוֹ..."; ובכלל, פס' ה-ז נראים כהמשך של סוף פרק ט"ו. ונראה שיש כאן צירוף של פסוקים משני מקורות: פסוקי המסגרת הם חלק מן המבנה ההיסטוריוסופי הכללי של ספר מלכים, ופס' א-ד הם חלק מקובץ נבואותיו של יהוא בן חנני, ובזה הם דומים לפרקי אליהו ולפרקי אלישע, שקוטעים אף הם את הרצף הכרונולוגי של הספר. קובץ זה נזכר בדה"ב כ', לד: "וְיֶתֶר דִּבְרֵי יְהוֹשָׁפָט הָרִאשֹׁנִים וְהָאַחֲרֹנִים הִנָּם כְּתוּבִים בְּדִבְרֵי יֵהוּא בֶן חֲנָנִי אֲשֶׁר הֹעֲלָה עַל סֵפֶר מַלְכֵי יִשְׂרָאֵל". משם נראה שיהוא בן חנני ניבא גם בממלכת יהודה (עיינו שם י"ט, ב). ואפשר שאביו הוא חנני הרואה, שהוכיח את אסא והושם בבית המהפכת (שם ט"ז, ז-י).

בשושלת זו, יורם בן אחאב, בעירו יזרעאל. אין כל ספק שיהוא עשה כשורה, שהרי כך נצטווה במפורש מפי הנביא אלישע, בצו שאף מזכיר את סיפורו של בעשא: "וְהִכִּיתָה אֶת בֵּית אַחְאָב אֲדֹנֶיךָ וְנִקַּמְתִּי דְּמֵי עֲבָדַי הַנְּבִיאִים וּדְמֵי כָּל עַבְדֵי ה׳ מִיַּד אִיזָבֶל. וְאָבַד כָּל בֵּית אַחְאָב וְהִכְרַתִּי לְאַחְאָב מַשְׁתִּין בְּקִיר וְעָצוּר וְעָזוּב בְּיִשְׂרָאֵל. וְנָתַתִּי אֶת בֵּית אַחְאָב כְּבֵית יָרָבְעָם בֶּן נְבָט וּכְבֵית בַּעְשָׁא בֶן אֲחִיָּה" (מל"ב ט׳, ז-י). יהוא מילא צו זה בתקיפות והשמיד את בית אחאב כולו, ואף זכה לברכה מה׳ על מעשיו: "וַיֹּאמֶר ה׳ אֶל יֵהוּא יַעַן אֲשֶׁר הֱטִיבֹתָ לַעֲשׂוֹת הַיָּשָׁר בְּעֵינַי כְּכֹל אֲשֶׁר בִּלְבָבִי עָשִׂיתָ לְבֵית אַחְאָב בְּנֵי רְבִעִים יֵשְׁבוּ לְךָ עַל כִּסֵּא יִשְׂרָאֵל" (מל"ב י׳, ל). עם זאת, לימים נתפסו גם מעשיו של יהוא כשליליים, בנבואת הושע: "כִּי עוֹד מְעַט וּפָקַדְתִּי אֶת דְּמֵי יִזְרְעֶאל עַל בֵּית יֵהוּא וְהִשְׁבַּתִּי מַמְלְכוּת בֵּית יִשְׂרָאֵל" (הושע א׳, ד). כיצד ניתן לפקוד על בית יהוא את דמי יורם ששפך ביזרעאל, אם הכול נעשה בצו ה׳ ואף זכה לשבח ולשכר מאתו? מסתבר שהתשובה נעוצה במה שנאמר מיד לאחר השכר שקיבל: "וְיֵהוּא לֹא שָׁמַר לָלֶכֶת בְּתוֹרַת ה׳ אֱלֹהֵי יִשְׂרָאֵל בְּכָל לְבָבוֹ לֹא סָר מֵעַל חַטֹּאות יָרָבְעָם אֲשֶׁר הֶחֱטִיא אֶת יִשְׂרָאֵל" (מל"ב י׳, לא). ההצדקה למעשי ההרג של יהוא הייתה מילוי דבר ה׳. לכן משהתברר שאיננו הולך בדרך ה׳, איבד יהוא את ההצדקה המוסרית למעשיו, וניתן לפקוד על ביתו למפרע את דמי יזרעאל. נראה אפוא שיהוא הושווה לבעשא גם בעניין זה, ששניהם נענשו בסופו של דבר על הריגת בית המלוכה שקדם להם, על אף שעשה הרע בעיני ה׳ ונדון לכליה, משום שהם עצמם לא הלכו בדרך ה׳, ובזה איבדו את ההצדקה המוסרית למעשי ההרג.

ב. אלה

ההידרדרות של ממלכת ישראל מחריפה באלה בן בעשא:

(ח) בִּשְׁנַת עֶשְׂרִים וָשֵׁשׁ שָׁנָה לְאָסָא מֶלֶךְ יְהוּדָה מָלַךְ אֵלָה בֶן
בַּעְשָׁא עַל יִשְׂרָאֵל בְּתִרְצָה שְׁנָתָיִם: (ט) וַיִּקְשֹׁר עָלָיו עַבְדּוֹ זִמְרִי

שַׂר מַחֲצִית הָרָכֶב[2] וְהוּא בְתִרְצָה שֹׁתֶה שִׁכּוֹר בֵּית אַרְצָא אֲשֶׁר עַל הַבַּיִת בְּתִרְצָה:[3] (י) וַיָּבֹא זִמְרִי וַיַּכֵּהוּ וַיְמִיתֵהוּ בִּשְׁנַת עֶשְׂרִים וָשֶׁבַע לְאָסָא מֶלֶךְ יְהוּדָה וַיִּמְלֹךְ תַּחְתָּיו: (יא) וַיְהִי בְמָלְכוֹ כְּשִׁבְתּוֹ עַל כִּסְאוֹ הִכָּה אֶת כָּל בֵּית בַּעְשָׁא לֹא הִשְׁאִיר לוֹ מַשְׁתִּין בְּקִיר וְגֹאֲלָיו וְרֵעֵהוּ:[4] (יב) וַיַּשְׁמֵד זִמְרִי אֵת כָּל בֵּית בַּעְשָׁא כִּדְבַר ה' אֲשֶׁר דִּבֶּר אֶל בַּעְשָׁא בְּיַד יֵהוּא הַנָּבִיא: (יג) אֶל כָּל חַטֹּאות בַּעְשָׁא וְחַטֹּאות אֵלָה בְנוֹ אֲשֶׁר חָטְאוּ וַאֲשֶׁר הֶחֱטִיאוּ אֶת יִשְׂרָאֵל לְהַכְעִיס אֶת ה' אֱלֹהֵי יִשְׂרָאֵל בְּהַבְלֵיהֶם: (יד) וְיֶתֶר דִּבְרֵי אֵלָה וְכָל אֲשֶׁר עָשָׂה הֲלוֹא הֵם כְּתוּבִים עַל סֵפֶר דִּבְרֵי הַיָּמִים לְמַלְכֵי יִשְׂרָאֵל:

בעשא מלך עשרים וארבע שנים; אלה בנו – שנתיים בלבד. מלבד פסוקי המסגרת (פס' ח ופס' יד), לא סופר על אלה דבר לבד מהריגתו והשמדת ביתו בַּקשר של זמרי שר מחצית הרכב, שדמו להשמדת בית ירבעם בידי בעשא אביו.

פסוקים אלה מלמדים אף הם על פחיתות ערכו של אלה. בעשא אביו הכה את נדב בן ירבעם בעיצומה של מלחמה, בשעה שנדב צר עם העם על גיבתון; וכבר ציינו שהיה טעם לפגם בניצול מצב של מלחמה להפלת המלך. לקמן ניווכח שגם כשהוכה אלה היה העם בעיצומה של מערכה על גיבתון. ואולם, אלה עצמו לא הוכה בהיותו במערכה, כי אם בהיותו שיכור בעיר הבירה תרצה, בבית "אַרְצָא אֲשֶׁר עַל הַבַּיִת".[5] אלה בן בעשא הוא המלך היחיד מכל מלכי יהודה

2. מסתבר שהיו שני שרים על חיל הרכב, אחד על כל מחצית.
3. לא נאמר כאן שזמרי נגע לרעה ביושבי הבית, ונראה שפגע באלה לבדו, וארצא נותר ללא פגע. אין זה מן הנמנע שארצא היה בקושרים, ושהוא גרם במתכוון לשכרותו של אלה על מנת לאפשר את חיסולו.
4. הצירוף "וְגֹאֲלָיו וְרֵעֵהוּ" יחידאי, והוא חורג גם מהתבנית 'משתין בקיר ועצור ועזוב בישראל', הבאה בשאר ההופעות של הצירוף 'משתין בקיר' בספר (י"ד, י; כ"א, כא; מל"ב ט', ח). מכל מקום, הכוונה מובנת: השמדת הקרובים (המכונים גואלים, עיינו ויקרא כ"ה, כה-נה; רות ג'-ד'; ועוד) והרֵעים.
5. "אשר על הבית" היה תואר חשוב בממלכה: האחראי על בית המלך, ובדרך

וישראל שסופר עליו שהיה שיכור.[6] ואולי משום כך נקט המקרא בהריגתו לשון חריפה עוד יותר מן הלשון שנקט בהריגת נדב: על השמדת בית ירבעם בהריגת נדב נאמר "וַיְהִי כְמָלְכוֹ הִכָּה אֶת כָּל בֵּית יָרָבְעָם לֹא הִשְׁאִיר כָּל נְשָׁמָה לְיָרָבְעָם עַד הִשְׁמִדוֹ" (ט״ו, כט), ואילו בהריגת אלה נאמר "וַיְהִי בְמָלְכוֹ כְּשִׁבְתּוֹ עַל כִּסְאוֹ הִכָּה אֶת כָּל בֵּית בַּעְשָׁא לֹא הִשְׁאִיר לוֹ **מַשְׁתִּין בְּקִיר וְגֹאֲלָיו וְרֵעֵהוּ**".

והנה, כשנראה שלא ניתן לרדת נמוך יותר, מתברר ששפל חדש לפנינו.

ג. זמרי, תבני ועמרי

לאחר שהכה זמרי את בית בעשא, בא תיאור מלכותו שלו:

(טו) בִּשְׁנַת עֶשְׂרִים וָשֶׁבַע שָׁנָה לְאָסָא מֶלֶךְ יְהוּדָה מָלַךְ זִמְרִי שִׁבְעַת יָמִים בְּתִרְצָה וְהָעָם חֹנִים עַל גִּבְּתוֹן אֲשֶׁר לַפְּלִשְׁתִּים: (טז) וַיִּשְׁמַע הָעָם הַחֹנִים לֵאמֹר קָשַׁר זִמְרִי וְגַם הִכָּה אֶת הַמֶּלֶךְ וַיַּמְלִכוּ כָל יִשְׂרָאֵל אֶת עָמְרִי שַׂר צָבָא עַל יִשְׂרָאֵל בַּיּוֹם הַהוּא בַּמַּחֲנֶה: (יז) וַיַּעֲלֶה עָמְרִי וְכָל יִשְׂרָאֵל עִמּוֹ מִגִּבְּתוֹן וַיָּצֻרוּ עַל תִּרְצָה: (יח) וַיְהִי כִּרְאוֹת זִמְרִי כִּי נִלְכְּדָה הָעִיר וַיָּבֹא אֶל אַרְמוֹן בֵּית הַמֶּלֶךְ וַיִּשְׂרֹף עָלָיו אֶת בֵּית מֶלֶךְ בָּאֵשׁ וַיָּמֹת: (יט) עַל חַטֹּאתָיו [חטאתו כתיב] אֲשֶׁר חָטָא לַעֲשׂוֹת הָרַע בְּעֵינֵי ה׳ לָלֶכֶת בְּדֶרֶךְ יָרָבְעָם וּבְחַטָּאתוֹ אֲשֶׁר עָשָׂה לְהַחֲטִיא אֶת יִשְׂרָאֵל: (כ) וְיֶתֶר דִּבְרֵי זִמְרִי וְקִשְׁרוֹ אֲשֶׁר קָשָׁר הֲלֹא הֵם כְּתוּבִים עַל סֵפֶר דִּבְרֵי הַיָּמִים לְמַלְכֵי יִשְׂרָאֵל:

האירוניה מרחפת בחלל הפרק. מלך מולך שבעה ימים, ואז נאמר עליו "וְיֶתֶר דִּבְרֵי זִמְרִי... הֲלֹא הֵם כְּתוּבִים עַל סֵפֶר דִּבְרֵי הַיָּמִים לְמַלְכֵי

כלל גם מקורב למלך. ראו למשל לקמן פרק י״ח בעובדיהו, ששימש בתפקיד זה אצל המלך אחאב.

6. אבל יש עוד מלך ממלכי אומות העולם ששכרותו מודגשת היטב, ואף הביאה עליו את מפלתו: בן הדד מלך ארם (לקמן פרק כ׳).

יִשְׂרָאֵל" – הרי זה נראה ממש כבדיחה מקראית. וכי מה כבר ניתן לעשות בשבעה ימים?[7] דומה שהמקרא בא ללעוג לממלכה שבה קשר רודף קשר, רצח רודף רצח, ללא שום יכולת להקים משהו יציב שישרוד יותר מתקופה קצרה.

מדוע לא עמדה מלכותו של זמרי? סביר להניח שכאשר שמע העם כי הכה זמרי את אלה, העדיף להמליך את עמרי, שר הצבא שהיה אתם "בַּיּוֹם הַהוּא בַּמַּחֲנֶה", ולא לקבל את מלכותו של זמרי, שר הרכב שנותר בתרצה, ונראה שלא היה שונה במהותו מאלה, ארצא ויתר הנהנתנים המקורבים לבית המלוכה. משום כך החליטו ישראל לנטוש לעת עתה את המערכה עם הפלשתים בגיבתון ולעלות על עיר הבירה תרצה, על מנת לסלק משם את זמרי ולהחליפו בעמרי. כשזמרי מבין את המצב, כבר מאוחר מדי; לא נותר לו אלא לשרוף את הארמון באש, והוא בתוכו.[8]

אירוניה נוספת קשורה בדמותו של זמרי: דווקא הוא נעשה דמות מוכרת, שהייתה למשל ולשנינה. לימים, כשבא יהוא להרוג את איזבל, לאחר שהרג את המלך יורם בנה, פנתה אליו הלזו: "הֲשָׁלוֹם זִמְרִי הֹרֵג אֲדֹנָיו?" (מל"ב ט', לא). זו הייתה אפוא 'מורשת זמרי': שר שמונה בידי המלך, ולאחר מכן בגד בו והרגו.

אבל המצב המגוחך שנקלעה אליו ממלכת ישראל עדיין לא תם. אמנם נאמר לעיל "וַיַּמְלִכוּ **כָל יִשְׂרָאֵל** אֶת עָמְרִי שַׂר צָבָא עַל יִשְׂרָאֵל", אבל בפועל לא התקבלה ההמלכה הזאת על דעתם של כל יושבי הארץ:[9]

7. רד"ק השיב עניינית לשאלה זו: "והלא לא מלך אלא שבעת ימים בתרצה לבדה, מה החטיא את ישראל בשבעת הימים? אלא קודם לכן, שהיה שר מחצית הרכב היה מחטיא את ישראל. וכן מה שאמר 'ויתר דברי זמרי', על הימים אשר היה שר אמר". ואולם, נראה שיש גם מגמה ספרותית מכוונת בסגנון כתיבה זה.
8. זה פשט הכתוב. אמנם רד"ק מפרש שהמילים "וַיִּשְׂרֹף עָלָיו" מוסבות על עמרי, ששרף את בית המלך על זמרי שבתוכו.
9. מסתבר ש"כל ישראל" שהמליכו את עמרי אינם אלא הלוחמים בגיבתון, וכשם שנאמר בפרק הקודם: "וְנָדָב **וְכָל יִשְׂרָאֵל** צָרִים עַל גִּבְּתוֹן" (ט"ו, כז).

(כא) אָז יֵחָלֵק הָעָם יִשְׂרָאֵל לַחֵצִי חֲצִי הָעָם הָיָה אַחֲרֵי תִבְנִי בֶן גִּינַת לְהַמְלִיכוֹ וְהַחֵצִי אַחֲרֵי עָמְרִי:

פתאום צצה דמות חדשה, שלא הוזכרה כלל עד עתה: תבני בן גינת, שאין אנו יודעים עליו דבר. אפשר שהיה גם הוא שר צבא, שהרי על עמרי נאמר שהיה "שַׂר צָבָא עַל יִשְׂרָאֵל", ולא 'שר הצבא', ואולי היו שני שרי צבאות משמשים כאחד (בדומה לשרי מחצית הרכב). על כל פנים, העלמת מוצאו של תבני בן גינת וטיבה של המחלוקת על המלוכה מעצימה את תחושת התוהו ובוהו שבממלכת ישראל: ממלכה שנוצרה מלכתחילה בהיפרדות מממלכת יהודה, מתפצלת עתה גם בתוך עצמה, ואין ברור מי נגד מי ומדוע.

והנה, בשפל החדש הזה דווקא מתחיל להתרחש השינוי:

(כב) וַיֶּחֱזַק הָעָם אֲשֶׁר אַחֲרֵי עָמְרִי אֶת הָעָם אֲשֶׁר אַחֲרֵי תִּבְנִי בֶן גִּינַת וַיָּמָת תִּבְנִי וַיִּמְלֹךְ עָמְרִי:

הממלכה חוזרת ומתאחדת לאחר שתי התרחשויות: תומכי עמרי חזקים מתומכי תבני, וממילא מת תבני. כעת יכול עמרי להיטיב לשלוט בממלכת ישראל. דומה שפסוק זה מכין אותנו לקראת התפנית הדרמטית העומדת להתרחש בממלכת ישראל לראשונה מאז היווסדה.

ד. עמרי

סמוך להמלכת עמרי נדמה שממלכת ישראל עומדת על סף התמוטטות מוחלטת. סדרה של קשרים ומרידות הביאה למצב המגוחך שמלך (זמרי) מולך שבוע ימים בלבד, ואז נחלקת הממלכה – שנוסדה מלכתחילה בעקבות פילוג – בין שני טוענים לכתר.

בעליית עמרי לשלטון השתנה המצב בתכלית. את מקום אי־היציבות המשווע תופס בית מלוכה יציב וחזק,[10] ובסך הכול מלכו

10. בכתובת מישע (כתובת מן המאה התשיעית לפנה"ס, הכתובה בכתב עברי קדום

ארבעת המלכים בשושלת (עמרי, אחאב בנו, אחזיהו בן אחאב ויורם בן אחאב) ארבעים ושמונה שנה.[11] הדבר מפליא במיוחד משום שארבעת המלכים הללו עשו הרע בעיני ה׳ יותר ממלכים אחרים, ויש לתמוה, כיצד זכו הם למה שלא זכו קודמיהם.

נפתח בדמותו של עמרי:

(כג) בִּשְׁנַת שְׁלֹשִׁים וְאַחַת שָׁנָה לְאָסָא[12] מֶלֶךְ יְהוּדָה מָלַךְ עָמְרִי עַל יִשְׂרָאֵל שְׁתֵּים עֶשְׂרֵה שָׁנָה בְּתִרְצָה מָלַךְ שֵׁשׁ שָׁנִים: (כד) וַיִּקֶן אֶת הָהָר שֹׁמְרוֹן מֵאֶת שֶׁמֶר בְּכִכְּרַיִם כָּסֶף וַיִּבֶן אֶת הָהָר וַיִּקְרָא אֶת שֵׁם הָעִיר אֲשֶׁר בָּנָה עַל שֶׁם שֶׁמֶר אֲדֹנֵי הָהָר שֹׁמְרוֹן: (כה) וַיַּעֲשֶׂה עָמְרִי הָרַע בְּעֵינֵי ה׳ וַיָּרַע מִכֹּל אֲשֶׁר לְפָנָיו: (כו) וַיֵּלֶךְ בְּכָל דֶּרֶךְ יָרָבְעָם בֶּן נְבָט וּבְחַטָּאתוֹ [ובחטאתיו כתיב] אֲשֶׁר הֶחֱטִיא אֶת יִשְׂרָאֵל לְהַכְעִיס אֶת ה׳ אֱלֹהֵי יִשְׂרָאֵל בְּהַבְלֵיהֶם: (כז) וְיֶתֶר דִּבְרֵי עָמְרִי אֲשֶׁר עָשָׂה וּגְבוּרָתוֹ אֲשֶׁר עָשָׂה הֲלֹא הֵם כְּתוּבִים עַל סֵפֶר דִּבְרֵי הַיָּמִים לְמַלְכֵי יִשְׂרָאֵל: (כח) וַיִּשְׁכַּב עָמְרִי עִם אֲבֹתָיו וַיִּקָּבֵר בְּשֹׁמְרוֹן וַיִּמְלֹךְ אַחְאָב בְּנוֹ תַּחְתָּיו:

מן המעט המסופר על עמרי מתבלטים שני דברים ייחודיים: האחד, קניין ההר שומרון וייסוד העיר שומרון, שנעשתה עיר הבירה של ממלכת ישראל; והשני – שעמרי הֵרע בעיני ה׳ מכל מלך שהיה לפניו.

בלשון המואבית [שדומה מאוד לעברית]) נזכר עמרי כמי שעינה את מואב זמן רב, במשך כל שנות מלכותו, עד שניצח מישע את ישראל.

11. עמרי מלך שתים עשרה שנה (פס׳ כג), אחאב עשרים ושתיים (פס׳ כט), אחזיהו שנתיים (כ״ב, נב), ויורם – שתים עשרה שנה (מל״ב ג׳, א).

12. תיארוך זה מעורר קושי: אם עמרי מלך שתים עשרה שנה משנת שלושים ואחת לאסא, כיצד ייתכן שאחאב בנו מלך כבר בשנה השלושים ושמונה לאסא (להלן פס׳ כט)? המפרשים (רש״י, רד״ק ואחרים) נתנו תשובה פשוטה: שתים עשרה שנות מלכותו של עמרי כוללות את השנים שבהן נחלקה הממלכה עם תבני בן גינת (פס׳ כא-כב). תקופה זו ארכה חמש שנים, שהרי זמרי מלך שבעה ימים בשנת עשרים ושבע לאסא (פס׳ טו), ואם כן בשנה זו מלכו גם עמרי ותבני. נמצא שעמרי מלך חמש שנים עם תבני בן גינת, ושבע שנים מלך על כל ממלכת ישראל.

קניין קרקע בארץ ישראל אינו דבר של מה בכך. עמרי הוא האדם הרביעי שהמקרא מספר עליו שקנה חלקת אדמה בארץ, והוא מצטרף בזה לרשימה מכובדת: אברהם אבינו, שקנה את מערת המכפלה (בראשית כ״ג); יעקב אבינו, שקנה את חלקת השדה בשכם (שם ל״ג, יט); ודוד המלך, שקנה את גורן ארוונה היבוסי (שמ״ב כ״ד, כא-כד). לארבעת הסיפורים על רכישת חלקות בארץ יש מכנים משותפים מובהקים. בכולם מפורט סכום הקנייה,[13] ובכל החלקות הללו נבנתה בסופו של דבר עיר, שהייתה בתקופה מסוימת לעיר בירה של ממלכה בישראל: מערת המכפלה היא בחברון, עיר הבירה הראשונה של דוד (שמ״ב ב׳, א-ד); שכם הייתה לבירתה הראשונה של ממלכת ישראל (לעיל י״ב, כה); גורן ארוונה סמוך לעיר דוד ולירושלים; ושומרון הייתה עיר הבירה של בית עמרי ושל מלכים אחרים בממלכת ישראל. קניית אדמה בארץ מחזקת את אחיזת עם ישראל בארצו, ומשום כך היא נחשבת למעשה חשוב, כדברי המדרש הידועים: ״אמר רבי יודן בר סימון: זה אחד משלשה מקומות שאין אומות העולם יכולין להונות את ישראל לומר ׳גזולים הן בידכם׳, ואלו הן: מערת המכפלה ובית המקדש וקבורתו של יוסף״ (בראשית רבה וישלח פרשה עט). ועל מעשהו של עמרי דרשו: ״אמר רבי יוחנן: מפני מה זכה עמרי למלכות? מפני שהוסיף כרך אחד בארץ ישראל״ (סנהדרין קב ע״ב).

מעשהו של עמרי מבטא אפוא פן ייחודי באישיותו: חיזוק האחיזה בארץ. הממד הזה של מסירות לעם ישראל ולארצו יאפיין עוד יותר את בנו של עמרי, אחאב, והוא חלק מן ההסבר להצלחתו של בית עמרי למרות הרעה הרוחנית הגדולה שבמעשיהם.

בין עמרי לדוד יש עוד נקודות דמיון חשובות:

13. אברהם קונה את מערת המכפלה ב״ארבע מאות שקל כסף״ (בראשית כ״ג, טז); יעקב קונה את חלקת השדה בשכם ״במאה קשיטה״ (שם ל״ג, יט); דוד קונה את גורן ארוונה בירושלים ״בכסף שקלים חמשים״ (שמ״ב כ״ד, כד); ו״בככרַיִם כסף״ קנה עמרי את שמר.

1. שניהם מלכו זמן מה על מחצית הממלכה: דוד מלך במקביל לאיש בושת בן שאול (שמ"ב ב'-ד'), ועמרי במקביל לתבני בן גינת. בסופו של דבר גברו שניהם על היריב ומלכו על הממלכה כולה, והתהליך מתואר בלשון דומה: "וְדָוִד הֹלֵךְ וְחָזֵק וּבֵית שָׁאוּל הֹלְכִים וְדַלִּים" (שם ג', א); "וַיֶּחֱזַק הָעָם אֲשֶׁר אַחֲרֵי עָמְרִי אֶת הָעָם אֲשֶׁר אַחֲרֵי תִּבְנִי בֶן גִּינַת" (לעיל פס' כב).
2. שני המלכים בנו עיר מלוכה חדשה, והמקרא מדגיש את המעבר: בדוד נאמר "בְּחֶבְרוֹן מָלַךְ עַל יְהוּדָה שֶׁבַע שָׁנִים וְשִׁשָּׁה חֳדָשִׁים וּבִירוּשָׁלַ͏ִם מָלַךְ שְׁלֹשִׁים וְשָׁלֹשׁ שָׁנָה" (שמ"ב ה', ה), ובעמרי – "מָלַךְ עָמְרִי עַל יִשְׂרָאֵל שְׁתֵּים עֶשְׂרֵה שָׁנָה בְּתִרְצָה מָלַךְ שֵׁשׁ שָׁנִים".
3. שני המלכים קנו אדמה באזור מלכותם: דוד קנה את גורן ארוונה, ועמרי את שמר.
4. שני המלכים התחילו את דרכם כשרי צבא.[14]

ההשוואה לדוד המלך בכבודו ובעצמו מעצימה את הפן הלאומי החיובי בדמותו של עמרי. אבל בכך גם מובלט הניגוד להתנהגותו הדתית: "וַיַּעֲשֶׂה עָמְרִי הָרַע בְּעֵינֵי ה' וַיָּרַע מִכֹּל אֲשֶׁר לְפָנָיו". ניגוד זה עתיד להתחדד באופן מפורט לאין ערוך אצל בנו אחאב. על מנת לפענח את חידת בית עמרי נפנה אפוא לעסוק בהרחבה בדמותו של אחאב בפרקנו ובכמה מן הפרקים הבאים.

ה. אחאב

אחאב הוא מן הדמויות המרכזיות בספר מלכים, ומסופר עליו יותר משמסופר על כל מלך אחר בממלכת ישראל. פסוקי הפתיחה למלכות אחאב מונים את הרעות שעשה בלשון שאין לה תקדים:

14. בדוד נאמר "וַיְסִרֵהוּ שָׁאוּל מֵעִמּוֹ וַיְשִׂמֵהוּ לוֹ שַׂר אָלֶף וַיֵּצֵא וַיָּבֹא לִפְנֵי הָעָם" (שמ"א י"ח, יג).

(כט) וְאַחְאָב בֶּן עָמְרִי מָלַךְ עַל יִשְׂרָאֵל בִּשְׁנַת שְׁלֹשִׁים וּשְׁמֹנֶה שָׁנָה לְאָסָא מֶלֶךְ יְהוּדָה וַיִּמְלֹךְ אַחְאָב בֶּן עָמְרִי עַל יִשְׂרָאֵל בְּשֹׁמְרוֹן עֶשְׂרִים וּשְׁתַּיִם שָׁנָה: (ל) וַיַּעַשׂ אַחְאָב בֶּן עָמְרִי הָרַע בְּעֵינֵי ה׳ **מִכֹּל אֲשֶׁר לְפָנָיו**: (לא) וַיְהִי הֲנָקֵל לֶכְתּוֹ[15] בְּחַטֹּאות יָרָבְעָם בֶּן נְבָט וַיִּקַּח אִשָּׁה אֶת אִיזֶבֶל[16] בַּת אֶתְבַּעַל מֶלֶךְ צִידֹנִים וַיֵּלֶךְ וַיַּעֲבֹד אֶת הַבַּעַל[17] וַיִּשְׁתַּחוּ לוֹ: (לב) וַיָּקֶם מִזְבֵּחַ לַבָּעַל בֵּית הַבַּעַל אֲשֶׁר בָּנָה בְּשֹׁמְרוֹן: (לג) וַיַּעַשׂ אַחְאָב אֶת הָאֲשֵׁרָה[18] וַיּוֹסֶף אַחְאָב לַעֲשׂוֹת לְהַכְעִיס אֶת ה׳ אֱלֹהֵי יִשְׂרָאֵל **מִכֹּל מַלְכֵי יִשְׂרָאֵל אֲשֶׁר הָיוּ לְפָנָיו:**

פעמיים מצוין שאחאב ׳שובר שיאים׳ בעשיית הרע בעיני ה׳. תחילה נאמר שעשה ״הָרַע בְּעֵינֵי ה׳ מִכֹּל אֲשֶׁר לְפָנָיו״, ובזה הוא ממשיך בדרכו של עמרי אביו, שאף עליו נאמר ״וַיָּרַע מִכֹּל אֲשֶׁר לְפָנָיו״ (לעיל פס׳ כה). אבל אחאב אינו מסתפק בכך, ומחולל בישראל מהפכה דתית. בפרקים הקודמים הדגשנו שעד כה לא הייתה בממלכת ישראל עבודה זרה של ממש, אלא רק אימוץ הרגלים אליליים לתוך המסגרת של עבודת ה׳, ובמרכזם: עגלי הזהב של ירבעם בן נבט. אחאב – לראשונה בתולדות ממלכת ישראל – מאמץ את עבודת

15. כלומר ״הקל שבמעשיו היה ללכת בחטאת ירבעם, כי הרשיע עוד יותר ממנו״ (מצודת דוד).
16. משמעות השם היא כנראה ׳איש/ה של זבול׳, והכוונה לאל הכנעני-פיניקי זבול (ייתכן שהניקוד מכוון לבזות את השם ולתת לו משמעות של גנאי). פירוש אחר לשם הוא ׳אביזבל׳, כלומר: אבי הוא זבול (השוו החילוף איעזר-אביעזר (במדבר כ״ו, ל; יהושע י״ז, ב).
17. ׳בעל׳ סתם או ׳הבעל׳ בה״א הידיעה הוא כינוי לאל מרכזי במיתולוגיה הכנענית: האל ׳הדד׳ (או ׳הד׳) – אל הרוחות, הגשמים והסערות, וגם אל החיים והפריון.
18. לעשיית אשרה ייתכנו שני פירושים. פירוש אחד הוא נטיעת עץ ליד מזבח הבעל, כמו המנהג האלילי המוכר מסיפור גדעון: ״וְהָרַסְתָּ אֶת מִזְבַּח הַבַּעַל אֲשֶׁר לְאָבִיךָ וְאֶת הָאֲשֵׁרָה אֲשֶׁר עָלָיו תִּכְרֹת״ (שופטים ו׳, כה), שהתורה אסרתו בציווי ״לֹא תִטַּע לְךָ אֲשֵׁרָה כָּל עֵץ אֵצֶל מִזְבַּח ה׳ אֱלֹהֶיךָ אֲשֶׁר תַּעֲשֶׂה לָּךְ״ (דברים ט״ז, כא). אבל אפשר שהכוונה להצבת פסל של האלילה הכנענית ׳אשרה׳ – אלת האדמה, הנישואין והפריון – שצידון, עירה של איזבל, הייתה אחד ממרכזי הפולחן שלה.

הבעל, מקים לו מזבח ועושה אשרה, וממסד את פולחנו כדת רשמית בישראל. מן הכתוב עולה שעבודת הבעל הייתה קשורה לנישואין עם איזבל בת אתבעל. אכן, בפרקים הבאים נראה שאיזבל מילאה תפקיד חסר תקדים כאשת המלך, וניהלה למעשה רבים מענייני הממלכה, תוך העמקת פולחן הבעל בישראל. ובכן, בצדק רב חוזר הכתוב ומדגיש שאחאב הוסיף "לַעֲשׂוֹת לְהַכְעִיס אֶת ה' אֱלֹהֵי יִשְׂרָאֵל מִכֹּל מַלְכֵי יִשְׂרָאֵל אֲשֶׁר הָיוּ לְפָנָיו".

פסוקי הרקע למלכות אחאב נקטעים באחת בפסוק המספר על מעשה שאירע בתקופת מלכותו:

(לד) בְּיָמָיו בָּנָה חִיאֵל בֵּית הָאֱלִי אֶת יְרִיחֹה בַּאֲבִירָם בְּכֹרוֹ יִסְּדָהּ וּבִשְׂגוּב [ובשגיב כתיב] צְעִירוֹ הִצִּיב דְּלָתֶיהָ כִּדְבַר ה' אֲשֶׁר דִּבֶּר בְּיַד יְהוֹשֻׁעַ בִּן נוּן:

הדברים מוסבים, כמובן, על קללתו של יהושע לאחר נפילת יריחו: "וַיַּשְׁבַּע יְהוֹשֻׁעַ בָּעֵת הַהִיא לֵאמֹר אָרוּר הָאִישׁ לִפְנֵי ה' אֲשֶׁר יָקוּם וּבָנָה אֶת הָעִיר הַזֹּאת אֶת יְרִיחוֹ בִּבְכֹרוֹ יְיַסְּדֶנָּה וּבִצְעִירוֹ יַצִּיב דְּלָתֶיהָ" (יהושע ו', כו). על פי הקללה, מי שיבנה את העיר יריחו יאבד את בנו הבכור כשייסד את העיר, ואת בנו הצעיר כשיסיים לבנותה ויציב את דלתות שעריה.[19] ברם, מה עניינו של הסיפור הזה כאן דווקא?[20]

מסתבר שיסוד הקללה בהגדרת העיר כ"חרם" שהוקדש לה', ולפיכך אסור לאדם ליהנות ממנו: "וְהָיְתָה הָעִיר חֵרֶם הִיא וְכָל אֲשֶׁר בָּהּ לַה'... וְרַק אַתֶּם שִׁמְרוּ מִן הַחֵרֶם פֶּן תַּחֲרִימוּ וּלְקַחְתֶּם מִן הַחֵרֶם וְשַׂמְתֶּם אֶת מַחֲנֵה יִשְׂרָאֵל לְחֵרֶם וַעֲכַרְתֶּם אוֹתוֹ" (שם, יז-יח). המלחמה

19. לפי המפרשים, אין הכוונה שרק הבכור והצעיר מתו, אלא שכל ילדיו מתו במהלך בניית העיר: "כשיסדה מת בנו בכורו, וקבר והלך וקבר כל בניו, עד שמת האחרון בהצבת דלתות" (לשון רש"י כאן; וכן פירשו שאר המפרשים כאן וביהושע).

20. אכן, תרגום השבעים מביא את הסיפור הזה בספר יהושע, ולא כאן.

הראשונה של כיבוש הארץ – המערכה לכיבוש יריחו – התנהלה בדרך נס: בני ישראל סובבו את העיר שבע פעמים, ואז נפלו חומותיה. לכן נקבע שיריחו דווקא תהיה לחרם, להורות שהמלחמה לה׳, ושכיבוש הארץ כולו נעשה בידי ה׳ ובשמו.[21] בניית העיר מסמלת כפירה ברעיון זה, ונכונותו של חיאל בית האלי לשלם בחיי ילדיו מעידה שהיא נעשתה מתוך להט אידאולוגי דתי של התרסה כלפי ה׳[22] וכפירה בבעלותו על הארץ.[23]

מסתבר שהמקרא רואה קשר בין המהפכה האלילית של אחאב ובין מעשהו של חיאל בית האלי. רק בתקופה של מיסוד עבודת האלילים בממלכת ישראל יכולה להופיע דמות כחיאל בית האלי, שיעשה צעד בוטה כל כך נגד ה׳, וישקם את יריחו שעמדה בחורבנה מאות שנים, מאז ימי יהושע בן נון.[24] סיפורו של חיאל בית האלי משקף אפוא את האווירה הרוחנית שנוצרה בעם ישראל בעקבות מעשיו של אחאב.

כל האמור עד כאן מכין אותנו גם לקראת ההמשך. ההבנה שלפנינו בית מלוכה מבוסס ורב כוח שנעשה מרכז לפולחן אלילי,

21. והרי זה מעין מושג ה"ראשית", המחייב את האדם להביא לה׳ את ראשית דגנו, תירושו ויצהרו, את ראשית עריסתו ואת ראשית בניו ופירותיו.
22. ואכן, הירושלמי (סנהדרין פ"י ה"ב) אומר שהקב"ה הורה לאליהו ללכת לנחם את חיאל בית האלי, כי הוא "גברא רבא" – אדם גדול. נראה שזהו ביטוי של הערכה ללהט הדתי של חיאל, הגם שהופנה כעת נגד עבודת ה׳.
23. נראה שיש משמעות גם למוצאו של חיאל: העיר בית אל. הגם שירבעם לא עבד עבודה זרה, כפי שהדגשנו, אין ספק ששילוב עגלי הזהב במסגרת של עבודת ה׳ היה תשתית לעבודת הבעל בימי אחאב. על כן סמלי הדבר שבמהפכה הדתית של אחאב משתלבת דמותו של אדם מבית אל – העיר שבה החלו להופיע הסממנים האליליים בעבודת ה׳ בימי ירבעם בן נבט.
24. אמנם המקום נזכר כבר בספר שמואל, כשהורה דוד המלך לשליחים שביזה חנון בן נחש וגילח את חצי זקנם: "שְׁבוּ בִירֵחוֹ עַד יְצַמַּח זְקַנְכֶם וְשַׁבְתֶּם" (שמ"ב י׳, ה). אבל נראה שבאותה תקופה הייתה יריחו יישוב פרוז; ומסתבר שהוא הנזכר בספר שופטים בַּשם "עיר התמרים" (שופטים ג׳, יג), שהוא כינוי ליריחו (ראו דברים ל"ד, ג). ועוד מסתבר שיישוב פרוז זה היה מרוחק ומבודד, ועל כן שלח דוד את עבדיו הנכלמים לשם דווקא.

מחייבת נוכחות של אדם בעל עצמות גדולות, שיוכל לנהל את המאבק הרוחני בבית המלוכה הזה. ואכן, מיד בתחילת הפרק הבא מוצג גדול הנאבקים בעבודה זרה בתנ״ך כולו: אליהו הנביא.

פרק יז

גזרת עצירת הגשמים

א. כִּי אִם לְפִי דְבָרִי

בסיומו של הפרק הקודם ראינו את עלייתו של בית עמרי, בית מלוכה יציב וחזק, שהדמות המרכזית בו – המלך אחאב בן עמרי – אימץ את עבודת הבעל ועשאה לדת ממוסדת בממלכת ישראל. כדי להתמודד עם הסכנה הרוחנית הגדולה הזאת היה צורך בדמות חזקה, שתוכל לעצור את ההיסחפות אחר העבודה הזרה, ופרקנו פותח בדמות שנבחרה למלא שליחות זו:

(א) וַיֹּאמֶר אֵלִיָּהוּ הַתִּשְׁבִּי[1] מִתֹּשָׁבֵי גִלְעָד אֶל אַחְאָב חַי ה' אֱלֹהֵי יִשְׂרָאֵל אֲשֶׁר עָמַדְתִּי לְפָנָיו אִם יִהְיֶה הַשָּׁנִים הָאֵלֶּה טַל וּמָטָר כִּי אִם לְפִי דְבָרִי:

כבר מפסוק זה ניתן לעמוד על כמה מאפיינים של אליהו הנביא.

1. על דרך הפשט, "תִּשְׁבִּי" היינו: ממקום ששמו תֵּשֶׁב או תושָׁב, אם כי שם זה איננו נזכר במקום אחר במקרא; ואולי הכוונה ליבש גלעד, שאף היא בעבר הירדן. ראוי לציין את משחק המילים: "הַתִּשְׁבִּי מִתֹּשָׁבֵי".

ראשית, אליהו מופיע בלא כל התראה מוקדמת: לא ידוע לנו דבר על אודותיו מקודם לכן, והופעתו הראשונה היא בהטלת גזרת בצורת לזמן בלתי־ידוע – תופעה חריגה מאוד במקרא. שנית, הגם שאליהו הוא דמות מרכזית מאוד בפרקים הבאים, לא נאמר דבר ולא חצי דבר על משפחתו, ואפילו שם אביו אינו נזכר. ואכן, לאורך פרקי אליהו נראה שהוא פועל לבדו, בלא לשתף אחרים עמו, והוא מופיע ונעלם בדרך זו לא פעם.

אשר לעצם הגזרה, מובן שיש משמעות מיוחדת לעצירת הגשמים במאבק בעבודת הבעל, שנתפס כאל הגשם ופריון האדמה, כפי שציינו בפרק הקודם. ואולם, שאלת היסוד בנידון היא האם הייתה גזרתו של אליהו מאת ה׳, או שמא יזמה פרטית של אליהו. ונחלקו בזה המפרשים. לדעת רד״ק הייתה זו תגובתו של אליהו להתעצמות העבודה הזרה בימי אחאב: ״הנה גזר אליהו על המטר בקנאתו לה׳ על עובדי עבודה זרה״. ואילו רלב״ג כותב: ״הפליג אליהו **בשליחות השם** למנוע מהם טל ומטר בכללות כל השנים ההם״.

אכן, הכתוב אינו מביא במפורש ציווי מאת הקב״ה על גזרת הבצורת. אבל מכך אין להביא ראיה שאליהו פעל מיזמתו, שכן לא תמיד נאמר במפורש שדברי נביא הם בשם ה׳, אף על פי שמאת ה׳ נאמרו. דוגמה לדבר בסיום הפרק הקודם: נאמר שם שהקללה על מי שיבנה את יריחו הייתה ״כִּדְבַר ה׳ אֲשֶׁר דִּבֶּר בְּיַד יְהוֹשֻׁעַ בִּן נוּן״ (ט״ז, לד), הגם שהדבר לא נאמר בסיפור הקללה שבספר יהושע, ומשם היה ניתן להבין שיהושע אמרה מעצמו (עיינו יהושע ו׳, כו).

ואולם, מסתבר שאכן הייתה זו יזמה של אליהו. את הראיה העיקרית לכך נראה להלן, לאחר שנסקור את מבנה הפרק. בינתיים נציין ראיה אחרת: אליהו נזקק לשבועה כדי לאמת את דבריו – ״חַי ה׳ אֱלֹהֵי יִשְׂרָאֵל אֲשֶׁר עָמַדְתִּי לְפָנָיו״. גם בחז״ל הדעה הרווחת היא שאליהו גזר על עצירת הגשמים מיזמתו.[2] אם כן, ההנחה היא שיש

2. לדוגמה במדרש דברים רבה (פרשה י ג): ״זה שאמר הכתוב: ׳אָמַר אֱלֹהֵי יִשְׂרָאֵל לִי דִבֶּר צוּר יִשְׂרָאֵל מוֹשֵׁל בָּאָדָם׳ (שמ״ב כ״ג, ג), ומהו ׳צַדִּיק מוֹשֵׁל יִרְאַת אֱלֹהִים׳

כוח ביד הנביא להפעיל את שיקול דעתו ולגזור גזרות, והקב״ה מגשים אותן בעולם.

לקביעה שהגזרה הייתה מיזמתו של אליהו נודעת חשיבות גדולה להבנת הפרק, שכן היא מעוררת שאלה שאכן נראית שאלה מרכזית בו: האם המקרא תומך באליהו, או שמא הוא מבקר אותו על גזרתו? עצם ההיענות של ה׳ לגזרה איננה מוכיחה שהגזרה הייתה נכונה; אפשר שהסמכות ניתנה לאליהו, והקב״ה מקבל את החלטתו, גם אם איננו מסכים עמה. ונראה שכבר נחלקו בזה חז״ל בתלמוד הבבלי סוף מסכת סנהדרין (דף קיג ע״א). לפי דעה אחת, אליהו גזר את גזרתו בעקבות ויכוח עם אחאב בפרשת חיאל בית האלי. אחאב טען שהקב״ה מקיים את קללתו של יהושע, אך לא את קללתו של משה בפרשת ׳והיה אם שמֹעַ׳: ״הִשָּׁמְרוּ לָכֶם פֶּן יִפְתֶּה לְבַבְכֶם וְסַרְתֶּם וַעֲבַדְתֶּם אֱלֹהִים אֲחֵרִים וְהִשְׁתַּחֲוִיתֶם לָהֶם. וְחָרָה אַף ה׳ בָּכֶם וְעָצַר אֶת הַשָּׁמַיִם וְלֹא יִהְיֶה מָטָר וְהָאֲדָמָה לֹא תִתֵּן אֶת יְבוּלָהּ וַאֲבַדְתֶּם מְהֵרָה מֵעַל הָאָרֶץ הַטֹּבָה אֲשֶׁר ה׳ נֹתֵן לָכֶם״ (דברים י״א, טז-יז); בעקבות טענה זו גזר אליהו על עצירת הגשמים, ונראה שהמדרש מצדיק אותו לחלוטין. אבל בהמשך הסוגיה מובאת דעתו של רבי יוסי, המבקר את גזרתו של אליהו ורואה בה קפדנות יתרה.[3]

לאמתו של דבר, הביקורת על אליהו עולה כמעט בגלוי מהמשך הפרק. מיד לאחר הגזרה (פס׳ ב-ג) אומר הקב״ה לאליהו דברים הנשמעים כנזיפה: ״וַיְהִי דְבַר ה׳ אֵלָיו לֵאמֹר: לֵךְ מִזֶּה וּפָנִיתָ לְּךָ

(שם)? הצדיקים מושלים, כביכול שהקדוש ב״ה מושל. כיצד? כל מה שהקב״ה עושה, הצדיקים עושין. כיצד?... הקב״ה עוצר גשמים ואליהו עצר את הגשמים, שנאמר: ׳חי ה׳ צבאות אם יהיה השנים האלה טל ומטר׳ וגו׳״.

3. ״דרש רבי יוסי בציפורי: אבא אליהו קפדן. הוה רגיל למיתי גביה, איכסיה מיניה תלתא יומי ולא אתא [כלומר: אליהו היה רגיל לבוא אצל רבי יוסי, אבל מאז שכינהו רבי יוסי ׳קפדן׳, לא בא אליו שלושה ימים]. כי אתא אמר ליה: אמאי לא אתא מר? [כשבא אליהו שוב שאלו רבי יוסי לפשר העדרו.] אמר ליה: קפדן קרית לי! [אמר לו: לפי שכינית אותי ׳קפדן׳!] אמר ליה: הא דקמן, דקא קפיד מר [אמר לו: והרי הראיה, שהקפדת עליי ולא באת]״. וראו גם דרשתו של ״ההוא גלילאה״ המובאת לפני דרשתו של רבי יוסי.

קֵדְמָה...". יתרה מזאת, במישור הלאומי הסיפור ממשיך רק בפרק הבא, כשתקופת הרעב מתקרבת לקִצה ואליהו נקרא להיפגש עם אחאב. המשכו של פרקנו עוסק אך ורק באליהו הנביא, ומביא שלוש אפיזודות הקשורות בו:[4]

1. פס' ב-ז: אליהו נשלח לנחל כרית, ושם הוא ניזון מלחם ובשר שהעורבים מביאים לו.
2. פס' ח-טז: אליהו נשלח לצידון. אישה אלמנה נותנת לו עוגה קטנה משארית הקמח שנותרה לה, ובשכר זה הוא מבטיח לה שכד הקמח וצפחת השמן לא יכלו, וכך הם מתקיימים תקופה ארוכה.
3. פס' יז-כד: אליהו מחיה את בן האלמנה לאחר שלא נותרה בו נשמה.

נראה אפוא ששלושת הסיפורים מכוונים כלפי אליהו עצמו, ובאים ללמד אותו דבר מה. נמצאת אומר: מבנה הפרק צווח ומעיד שיש ביקורת על גזרתו של אליהו; ואם כן, על כורחנו שהגזרה אכן הייתה יזמה שלו, שאם לא כן, מה מקום יש לבקר אותו עליה.

ובכן, מה עניינם של הסיפורים האלה? מפרשים רבים, ובהם אברבנאל, מהר"ם אלשיך, בעל המצודות והמלבי"ם,[5] סברו שמעשים אלו היו מעין 'סדרת חינוך' לאליהו על שגזר גזרה חמורה על ישראל. לדעתם, אליהו נשלח לנחל כרית ושם סיפקו העורבים את לחמו, להמחיש לו שהתאכזר לבני ישראל יותר מן העורבים, הנתפסים כעוף אכזרי, שאינו חולק את מזונו אפילו עם ילדיו,[6] ואף על פי כן האכילוהו. הנחל יבש "כדי שידע צורך הגשמים ויטריח לגלות שהיה

4. לעת עתה נסקור את מבנה הפרק בכללותו. לאחר מכן נלמד את הכתובים בעיון, כדרכנו.
5. ובדור האחרון הרחיבו בגישה זו מאוד הרב יהושע בכרך (**יונה בן אמתי ואליהו**, ירושלים תשי"ט) והרב אלחנן סמט (**פרקי אליהו**, ירושלים תשס"ג).
6. כאמור באיוב ל"ח, מא: "מִי יָכִין לָעֹרֵב צֵידוֹ כִּי יְלָדָו אֶל אֵל יְשַׁוֵּעוּ יִתְעוּ לִבְלִי אֹכֶל", ובתהילים קמ"ז, ט: "נוֹתֵן לִבְהֵמָה לַחְמָהּ לִבְנֵי עֹרֵב אֲשֶׁר יִקְרָאוּ".

קשה בעיני הקב״ה שישראל שרוין מתים ברעב״ (רש״י!). הוא נשלח מאזור הירדן שבדרום מזרחה של ממלכת ישראל ועד לצידון שבצפון מערבה כדי שיראה את הארץ כולה ברעבונה, וניזון מאישה אלמנה כדי שיראה בצערה ובקשיי הפרנסה שלה. גם מות בנה של האלמנה וזעקתה ״מַה לִּי וָלָךְ אִישׁ הָאֱלֹהִים בָּאתָ אֵלַי לְהַזְכִּיר אֶת עֲוֹנִי וּלְהָמִית אֶת בְּנִי״ מייצגים את הייסורים והזעקה של עם ישראל כולו. משתמה ׳סדרת החינוך׳ הזו, ניתן לעצור את הגזֵרה ולתת מטר על פני האדמה.

ברם, יש בגישה זו כמה קשיים.[7] ראשית, הפרק הבא פותח במילים: ״וַיְהִי **יָמִים רַבִּים** וּדְבַר ה׳ הָיָה אֶל אֵלִיָּהוּ בַּשָּׁנָה הַשְּׁלִישִׁית לֵאמֹר לֵךְ הֵרָאֵה אֶל אַחְאָב וְאֶתְּנָה מָטָר עַל פְּנֵי הָאֲדָמָה״. משמע שחלף זמן רב מסיום ׳סדרת החינוך׳ של אליהו ועד לעצירת הגזרה, ומכאן שמבחינה עקרונית ה׳ הסכים עמה, ולא מיהר לסיימה לאחר שלמד אליהו את המסר. שנית, כשחלה בן האישה האלמנה אמר אליהו לה׳: ״הֲ**גַם** עַל הָאַלְמָנָה אֲשֶׁר אֲנִי מִתְגּוֹרֵר עִמָּהּ הֲרֵעוֹתָ לְהָמִית אֶת בְּנָהּ״ (פס׳ כ) – משמע שהוא מתרעם על התמשכות הבצורת (כלומר ׳הגם באלמנה הזאת פגעת, מלבד מה שפגעת בעם ישראל כולו׳) ורואה את הקב״ה כמי שגרם לה, למורת רוחו של אליהו.[8] שלישית, הקב״ה גזר על ישראל עונשים חמורים לא פחות, כגון גזרת הכיליון המוחלט של עובדי הבעל (להלן י״ט, טו-יח) או הרעב בימי אלישע, שתואר באופן חריף יותר (מל״ב ו׳, כד ואילך). רביעית, קשה למתוח ביקורת על עצם גזֵרת הרעב, שהרי מקרא מלא דיבר הכתוב בפרשת ׳והיה אם שמֹעַ׳, שהעונש על עבודה זרה יהיה עצירת גשמים; ואם לא תתקיים גזרה זו

7. על הקשיים שבגישה זו ועל הגישה החלופית שתוצג להלן למדתי ממורי הרב פרופ׳ מרדכי סבתו.
8. וכן פירש רד״ק: ״אפילו על האלמנה פקדת העון כמו שאתה פוקד היום עונם לישראל בעצירת הגשמים״. (אמנם מצודת דוד, הסובר שהכתוב מבקר את אליהו על עצירת הגשמים, כתב: ״רוצה לומר: לא די שהרעות לי ללכת נע ונד משוטט בארץ על שהעצרתי את המטר, וכי גם על האלמנה יחרה לך על אשר הכניסה אותי בביתה, והרעות לה להמית את בנה בעבור זה? וכי כל כך גדלה אשמתי עד שלא אמצא מי יכניס אותי?!״.)

עכשיו, כשנעשתה עבודת הבעל דת רשמית בממלכת ישראל – אימתי ובאילו נסיבות אכן תתקיים?! ולבסוף, קיים גם קושי תיאולוגי בגישה שהקב"ה מקיים גזרה של נביא אף אם איננו מסכים איתה עקרונית.

דומה אפוא שהביקורת על אליהו והמסר שהוא נשלח ללמוד אינם מוסבים על עצם הגזרה, אלא בעיקר על ניסוחה: "אִם יִהְיֶה הַשָּׁנִים הָאֵלֶּה טַל וּמָטָר **כִּי אִם לְפִי דְבָרִי**". במילים אלו אליהו נוטל לידיו את השליטה בירידת הגשמים: הוא הקובע שייעצרו, והוא עתיד להחזירם. כבר הורונו חז"ל (סנהדרין קיג ע"א) כי "מפתח של גשמים" הוא אחד מן המפתחות שבידו של הקב"ה ולא נמסרו ביד שליח; ולא מצאנו דמות אחרת במקרא שהתבטאה כך על עצירת גשמים. מה שאליהו נשלח ללמוד הוא אפוא בעיקר דבר זה: הפנמת ההבנה שה' הוא השליט היחיד בסדרי הטבע, והחובה המוטלת על הנביא – גם, ואולי בעיקר, כאשר ניתנו בידו כוחות גדולים – להבהיר תמיד לקהל שומעיו שהכוחות שיש בידו באים לו כולם מאת ה'.

בפרק זה ובפרק שלאחריו נראה, שהייתה לנקודה זו חשיבות קריטית להעברת המסר שבעצירת הגשמים לעם בכלל ולאחאב בפרט.

ב. השהייה בנחל כרית

הצעד הראשון בהבהרת הבעייתיות שבהצהרה זו לאליהו הוא שליחתו למקום נידח עד מאוד:

> (ב) וַיְהִי דְבַר ה' אֵלָיו לֵאמֹר: (ג) לֵךְ מִזֶּה וּפָנִיתָ לְּךָ קֵדְמָה וְנִסְתַּרְתָּ
> בְּנַחַל כְּרִית אֲשֶׁר עַל פְּנֵי הַיַּרְדֵּן: (ד) וְהָיָה מֵהַנַּחַל תִּשְׁתֶּה וְאֶת
> הָעֹרְבִים צִוִּיתִי לְכַלְכֶּלְךָ שָׁם: (ה) וַיֵּלֶךְ וַיַּעַשׂ כִּדְבַר ה' וַיֵּלֶךְ וַיֵּשֶׁב
> בְּנַחַל כְּרִית אֲשֶׁר עַל פְּנֵי הַיַּרְדֵּן: (ו) וְהָעֹרְבִים מְבִיאִים לוֹ לֶחֶם
> וּבָשָׂר בַּבֹּקֶר וְלֶחֶם וּבָשָׂר בָּעָרֶב וּמִן הַנַּחַל יִשְׁתֶּה: (ז) וַיְהִי מִקֵּץ
> יָמִים וַיִּיבַשׁ הַנָּחַל כִּי לֹא הָיָה גֶשֶׁם בָּאָרֶץ:

אליהו נשלח לנחל כרית. נחל כרית איננו מוכר משום מקום אחר

במקרא, ועל כן ייתכן שהשם מסמל מקום הנכרת ממושבם של בני אדם. יתרה מזאת, מן הפרק הבא מוכח שנחל כרית כלל אינו ראוי לקיומו של בן אנוש בדרך הטבע. מסופר שם שאחאב ערך חיפוש נרחב בכל האזור על מנת ללכוד את אליהו: "אִם יֶשׁ גּוֹי וּמַמְלָכָה אֲשֶׁר לֹא שָׁלַח אֲדֹנִי שָׁם לְבַקֶּשְׁךָ וְאָמְרוּ אָיִן וְהִשְׁבִּיעַ אֶת הַמַּמְלָכָה וְאֶת הַגּוֹי כִּי לֹא יִמְצָאֶכָּה" (י"ח, י); מכאן שבאזור נחל כרית לא חיפש אחאב אחרי אליהו, לפי שאין אדם מסוגל להתקיים שם לאורך זמן בדרך הטבע. אכן, הצורך בהסתתרות שם נובע מהסכנה הנשקפת מכיוונו של אחאב. אולם ישנן דרכים שונות כיצד לגונן על הנביא,[9] וזאת הפעם היחידה שלא הייתה פגיעה באויבי הנביא, אלא הנביא עצמו נשלח לתקופה ארוכה לתנאים מיוחדים. נראה אפוא שאליהו נשלח למקום זה דווקא, כדי שיפנים את התלות המוחלטת שלו בידי שמיים – בניגוד להכרזה "כִּי אִם לְפִי דְבָרִי", שבה נטל לעצמו את השליטה בכוחות הטבע.

מסתבר שזו גם הסיבה להאכלתו על ידי העורבים. כאמור, העורב הוא עוף שאיננו מאכיל אפילו את בניו; הפקדת העורבים על כלכלתו של אליהו היא אפוא סטייה בולטת מן הטבע. אף התיאור שלה סמלי. הלשון "וְהָעֹרְבִים מְבִיאִים לוֹ לֶחֶם וּבָשָׂר בַּבֹּקֶר וְלֶחֶם וּבָשָׂר בָּעָרֶב" מזכירה את נתינת המן והשליו במדבר: "וַיֹּאמֶר מֹשֶׁה בְּתֵת ה' לָכֶם בָּעֶרֶב בָּשָׂר לֶאֱכֹל וְלֶחֶם בַּבֹּקֶר לִשְׂבֹּעַ" (שמות ט"ז, ח), כלומר את הקיום הנסי של בני ישראל במדבר, אשר שימש הוכחה לתלות המוחלטת שלהם בה': "וְזָכַרְתָּ אֶת כָּל הַדֶּרֶךְ אֲשֶׁר הוֹלִיכְךָ ה' אֱלֹהֶיךָ זֶה אַרְבָּעִים שָׁנָה בַּמִּדְבָּר לְמַעַן עַנֹּתְךָ לְנַסֹּתְךָ לָדַעַת אֶת אֲשֶׁר בִּלְבָבְךָ הֲתִשְׁמֹר מִצְוֹתָו אִם לֹא. וַיְעַנְּךָ וַיַּרְעִבֶךָ וַיַּאֲכִלְךָ אֶת הַמָּן אֲשֶׁר לֹא יָדַעְתָּ וְלֹא יָדְעוּן אֲבֹתֶיךָ לְמַעַן הוֹדִיעֲךָ כִּי לֹא עַל הַלֶּחֶם לְבַדּוֹ יִחְיֶה הָאָדָם כִּי עַל כָּל מוֹצָא פִי ה' יִחְיֶה הָאָדָם" (דברים ח', ב-ג).

9. כגון ידו של ירבעם שהתייבשה (לעיל י"ג, ד), או הכאתם בסנוורים של מלאכי יהורם שבאו ללכוד את אלישע (מל"ב ו', יח).

כעבור שנה תמה המציאות הזו: "וַיְהִי מִקֵּץ **יָמִים**[10] וַיִּיבַשׁ הַנָּחַל כִּי לֹא הָיָה גֶשֶׁם בָּאָרֶץ". יש כאן סמליות רבה: האוכל ניתן לאליהו מאת הקב"ה שלא בדרך הטבע, ו'הסידור' הזה היה יכול להימשך; מה שהגביל את הישרדותו של אליהו היה הספקת המים, שעליהם ביקש אליהו ליטול את השליטה. אולם אם יעזוב אליהו את נחל כרית, היכן וכיצד יוכל להתקיים, ולהסתתר מאחאב בעת ובעונה אחת? כל קיומו מותנה אפוא בחסדי ה'. כעת המבחן הוא: האם הפנים אליהו את המסר?

ג. כַּד הַקֶּמַח לֹא תִכְלָה

לאחר ששהה שנה בנחל כרית, נשלח אליהו לקצה הנגדי, הצפוני-מערבי, של הארץ:

> (ח) וַיְהִי דְבַר ה' אֵלָיו לֵאמֹר: (ט) קוּם לֵךְ צָרְפַתָה אֲשֶׁר לְצִידוֹן[11]
> וְיָשַׁבְתָּ שָׁם הִנֵּה צִוִּיתִי[12] שָׁם אִשָּׁה אַלְמָנָה לְכַלְכְּלֶךָ:

אליהו עודנו נתון להשגחה נסית, שאיננה מובנת בדרך הטבע. המילים "הִנֵּה **צִוִּיתִי שָׁם** אִשָּׁה אַלְמָנָה **לְכַלְכְּלֶךָ**" מקבילות למה שנאמר לו בציווי ללכת לנחל כרית: "וְאֶת הָעֹרְבִים **צִוִּיתִי לְכַלְכֶּלְךָ שָׁם**". גם בצידון פרנסתו של אליהו איננה טבעית, אדרבה, הוא ניזון מאישה

10. המילה "ימים" בצורה זו משמשת במקרא בדרך כלל במשמעות של 'שנה', כגון: "וְאִישׁ כִּי יִמְכֹּר בֵּית מוֹשַׁב עִיר חוֹמָה וְהָיְתָה גְּאֻלָּתוֹ עַד תֹּם שְׁנַת מִמְכָּרוֹ יָמִים תִּהְיֶה גְאֻלָּתוֹ" (ויקרא כ"ה, כט).
11. נראה מהכתוב שהכוונה לעיר ששמה 'צרפת' (ואולי היא הנזכרת בעובדיה א', כ) השוכנת סמוך לעיר הידועה צידון (ואפשר שתיאור זה נצרך על מנת להבדיל בינה ובין עיר אחרת ששמה 'צרפת' ומצויה במקום אחר).
12. כפי שפירשו רש"י ורד"ק, אין הכוונה שה' דיבר עם האלמנה והורה לה לכלכל את אליהו, אלא שהוא מייעד אותה לתפקיד זה, הגם שהיא עצמה עדיין איננה מודעת לכך.

אלמנה שאין לה מקור פרנסה; ובזה הקב״ה שב וממחיש לאליהו את תלותו בו.[13]

המפגש בין אליהו לבין האישה האלמנה מפתיע למדיי:

(י) וַיָּקָם וַיֵּלֶךְ צָרְפַתָה וַיָּבֹא אֶל פֶּתַח הָעִיר וְהִנֵּה שָׁם אִשָּׁה אַלְמָנָה מְקֹשֶׁשֶׁת עֵצִים וַיִּקְרָא אֵלֶיהָ וַיֹּאמַר קְחִי נָא לִי מְעַט מַיִם[14] בַּכְּלִי וְאֶשְׁתֶּה: (יא) וַתֵּלֶךְ לָקַחַת וַיִּקְרָא אֵלֶיהָ וַיֹּאמַר לִקְחִי נָא לִי פַּת לֶחֶם בְּיָדֵךְ: (יב) וַתֹּאמֶר חַי ה׳ אֱלֹהֶיךָ אִם יֶשׁ לִי מָעוֹג[15] כִּי אִם מְלֹא כַף קֶמַח בַּכַּד וּמְעַט שֶׁמֶן בַּצַּפָּחַת וְהִנְנִי מְקֹשֶׁשֶׁת שְׁנַיִם עֵצִים וּבָאתִי וַעֲשִׂיתִיהוּ לִי וְלִבְנִי וַאֲכַלְנֻהוּ וָמָתְנוּ: (יג) וַיֹּאמֶר אֵלֶיהָ אֵלִיָּהוּ אַל תִּירְאִי בֹּאִי עֲשִׂי כִדְבָרֵךְ אַךְ עֲשִׂי לִי מִשָּׁם עֻגָה קְטַנָּה בָרִאשֹׁנָה וְהוֹצֵאת לִי וְלָךְ וְלִבְנֵךְ תַּעֲשִׂי בָּאַחֲרֹנָה: (יד) כִּי כֹה אָמַר ה׳ אֱלֹהֵי יִשְׂרָאֵל כַּד הַקֶּמַח לֹא תִכְלָה[16] וְצַפַּחַת הַשֶּׁמֶן לֹא תֶחְסָר עַד יוֹם תֵּת [תתן כתיב] ה׳ גֶּשֶׁם עַל פְּנֵי הָאֲדָמָה: (טו) וַתֵּלֶךְ וַתַּעֲשֶׂה כִּדְבַר אֵלִיָּהוּ וַתֹּאכַל הִיא וָהוּא [הוא והיא כתיב] וּבֵיתָהּ יָמִים:[17] (טז) כַּד הַקֶּמַח לֹא כָלָתָה וְצַפַּחַת הַשֶּׁמֶן לֹא חָסֵר כִּדְבַר ה׳ אֲשֶׁר דִּבֶּר בְּיַד אֵלִיָּהוּ:

13. אפשר שההדגשה ״צָרְפַתָה אֲשֶׁר **לְצִידוֹן**״ מבטאת אף היא את הסמליות שבהתנהלות זו: אליהו ימצא את פרנסתו במקום מוצאה של עבודת הבעל (כאמור בפרק הקודם ״וַיִּקַּח אִשָּׁה אֶת אִיזֶבֶל בַּת אֶתְבַּעַל מֶלֶךְ **צִידֹנִים** וַיֵּלֶךְ וַיַּעֲבֹד אֶת הַבַּעַל וַיִּשְׁתַּחוּ לוֹ״ [ט״ז, לא]).
14. הפנייה מזכירה כמובן את דברי העבד לרבקה: ״הַגְמִיאִינִי נָא מְעַט מַיִם מִכַּדֵּךְ״ (בראשית כ״ד, יז), שהיו אף הם מבחן לנדיבותה של האישה.
15. ״מעוג״ הוא כנראה עוגה קטנה (עיינו רש״י ועוד).
16. במשמעות ׳לא יכלה׳, כלומר לא ייגמר. ייתכן שהשימוש בצורת נקבה (״תכלה״ במקום ׳יכלה׳) הוא גרירה בעקבות המילה ״תֶחְסָר״ שבהמשך, ושגרירה זו היא גם הסיבה לניקוד הקשה (״תכְלָה״ במקום ׳תכלֶה׳).
17. ״ימים״ במובן שנה, כמו בפס׳ ז.

אליהו פונה אל האישה שלוש פעמים:

1. בשלב הראשון הוא מבקש ממנה – "קְחִי נָא לִי מְעַט מַיִם בַּכְּלִי וְאֶשְׁתֶּה", באופן המזכיר את דברי העבד לרבקה – "הַגְמִיאִינִי נָא מְעַט מַיִם מִכַּדֵּךְ" (בראשית כ"ד, יז), ומסתבר שבדיוק כמו העבד, גם אליהו מבקש לראות האם זאת האישה המדוברת.[18] ואכן, האישה נענית לבקשתו: "וַתֵּלֶךְ לָקַחַת".
2. כשהאישה פונה ללכת, אליהו עוצר אותה בבקשה נוספת: "וַיִּקְרָא אֵלֶיהָ וַיֹּאמַר לִקְחִי נָא לִי פַּת לֶחֶם בְּיָדֵךְ", ואז הוא מתוודע למצבה הכלכלי: "וַתֹּאמֶר חַי ה' אֱלֹהֶיךָ אִם יֶשׁ לִי מָעוֹג...".
3. כעת מבין אליהו שגם בשלב הזה הוא ימשיך לחיות באופן נסי לחלוטין. הוא פונה אל האישה ואומר לה לעשות לו עוגה קטנה תחילה, ואז לה ולבנה, אולם יחד עם זאת הוא מציין את השכר הצפוי למילוי הצו: "כִּי כֹה אָמַר ה' אֱלֹהֵי יִשְׂרָאֵל כַּד הַקֶּמַח לֹא תִכְלָה וְצַפַּחַת הַשֶּׁמֶן לֹא תֶחְסָר עַד יוֹם תתן תֵּת ה' גֶּשֶׁם עַל פְּנֵי הָאֲדָמָה".

כאן אפוא מגיע התיקון העיקרי של אליהו, באופן כפול: ראשית, אמירה זו מהווה תיקון לאמירה הראשונה – "חַי ה' אֱלֹהֵי יִשְׂרָאֵל אֲשֶׁר עָמַדְתִּי לְפָנָיו אִם יִהְיֶה הַשָּׁנִים הָאֵלֶּה טַל וּמָטָר כִּי אִם לְפִי דְבָרִי".[19]

18. שני הסיפורים גם מתקיימים באותו אזור של העיר: אליהו פוגש את האישה ב"פֶּתַח הָעִיר", ואילו עבד אברהם פוגש את רבקה במקום דומה: "וַיַּבְרֵךְ הַגְּמַלִּים **מִחוּץ לָעִיר** אֶל בְּאֵר הַמָּיִם לְעֵת עֶרֶב **לְעֵת צֵאת הַשֹּׁאֲבֹת**" (בראשית כ"ד, יא).
19. יש לשים לב לכך שהאישה אומרת: "**חַי ה' אֱלֹהֶיךָ אִם** יֶשׁ לִי מָעוֹג **כִּי אִם** מְלֹא כַף קֶמַח בַּכַּד וּמְעַט שֶׁמֶן בַּצַּפָּחַת וְהִנְנִי מְקֹשֶׁשֶׁת שְׁנַיִם עֵצִים וּבָאתִי וַעֲשִׂיתִיהוּ לִי וְלִבְנִי וַאֲכַלְנֻהוּ וָמָתְנוּ". הלשון מזכירה את שבועתו של אליהו: "**חַי ה' אֱלֹהֵי** יִשְׂרָאֵל אֲשֶׁר עָמַדְתִּי לְפָנָיו **אִם** יִהְיֶה הַשָּׁנִים הָאֵלֶּה טַל וּמָטָר **כִּי אִם** לְפִי דְבָרִי". שבועת האישה מזכירה מן הסתם לאליהו את שבועתו שלו, והמבחן כעת הוא האם למד אליהו את המסר שלשמו נשלח אליה.

הגשם לא יתחדש כשאליהו ירצה, אלא כשהקב"ה יחליט! התברר, שהמסר שנלמד בנחל כרית אכן הופנם היטב אצל אליהו.[20]

יתרה מזאת, יש לעמוד על כך שאליהו מצטט משפט שלם בשם ה', למרות שבדברי ה' אליו קודם לכן נאמר רק משפט כללי מאוד – "הִנֵּה צִוִּיתִי שָׁם אִשָּׁה אַלְמָנָה לְכַלְכְּלֶךָ". מכאן נראה, שכל הנבואה על כד הקמח וצפחת השמן נאמרה כביטוי אישי של אליהו לדרך שבה דבר ה' יתקיים, ומכאן שלנביא יש אכן מרחב להביא את דבר ה', וכפי שנאמר במפורש: "כַּד הַקֶּמַח לֹא כָלָתָה וְצַפַּחַת הַשֶּׁמֶן לֹא חָסֵר **כִּדְבַר ה' אֲשֶׁר דִּבֶּר בְּיַד אֵלִיָּהוּ**". אולם העיקר הוא שיהיה ברור שהכול ביד ה'.

ולבסוף, היענותה של האישה למבחן הקשה שאליהו הציב בפניה היא הוכחה לאליהו, שכאשר נביא מתנבא בשם ה', סיכויי ההצלחה שלו גדולים הרבה יותר.

בשולי הדברים נעמוד על דרישתו של אליהו שהאישה תיתן לו תחילה, ורק לאחר מכן תיקח לה ולבנה. נראה שאליהו דורש מאדם קבלת מרות ונאמנות מוחלטת כדי שיהיה ראוי לנס.[21]

לכאורה היה הסיפור יכול להסתיים כאן. אלא שבפסוקים הבאים נכונה לאליהו התמודדות נוספת.

ד. החייאת הילד

אליהו נותר לגור בעליית ביתה של האלמנה, אך לא חולף זמן רב ואירוע דרמטי אחר מתרחש:

(יז) וַיְהִי אַחַר הַדְּבָרִים הָאֵלֶּה חָלָה בֶּן הָאִשָּׁה בַּעֲלַת הַבָּיִת וַיְהִי

20. יש להצטער על שירה הידוע של נעמי שמר, ששינתה בפזמונו ('כד הקמח לא תכלה וצפחת השמן לא תחסר, עד **אשר יבוא מטר** על פני האדמה') מלשון הכתוב, ובזה הוחמץ לחלוטין המסר של הפרק.

21. כך נראה גם בפרק הבא: אליהו מעמיד את עובדיהו בניסיון דומה, הבוחן אף הוא את אמונו בנביא.

חָלְיוֹ חָזָק מְאֹד עַד אֲשֶׁר לֹא נוֹתְרָה בּוֹ נְשָׁמָה:[22] (יח) וַתֹּאמֶר אֶל אֵלִיָּהוּ מַה לִּי וָלָךְ אִישׁ הָאֱלֹהִים בָּאתָ אֵלַי לְהַזְכִּיר אֶת עֲוֹנִי וּלְהָמִית אֶת בְּנִי: (יט) וַיֹּאמֶר אֵלֶיהָ תְּנִי לִי אֶת בְּנֵךְ וַיִּקָּחֵהוּ מֵחֵיקָהּ[23] וַיַּעֲלֵהוּ אֶל הָעֲלִיָּה אֲשֶׁר הוּא יֹשֵׁב שָׁם וַיַּשְׁכִּבֵהוּ עַל מִטָּתוֹ: (כ) וַיִּקְרָא אֶל ה׳ וַיֹּאמַר ה׳ אֱלֹהָי הֲגַם עַל הָאַלְמָנָה אֲשֶׁר אֲנִי מִתְגּוֹרֵר עִמָּהּ הֲרֵעוֹתָ לְהָמִית אֶת בְּנָהּ: (כא) וַיִּתְמֹדֵד[24] עַל הַיֶּלֶד שָׁלֹשׁ פְּעָמִים וַיִּקְרָא אֶל ה׳ וַיֹּאמַר ה׳ אֱלֹהָי תָּשָׁב נָא נֶפֶשׁ הַיֶּלֶד הַזֶּה עַל קִרְבּוֹ: (כב) וַיִּשְׁמַע ה׳ בְּקוֹל אֵלִיָּהוּ וַתָּשָׁב נֶפֶשׁ הַיֶּלֶד עַל קִרְבּוֹ וַיֶּחִי: (כג) וַיִּקַּח אֵלִיָּהוּ אֶת הַיֶּלֶד וַיֹּרִדֵהוּ מִן הָעֲלִיָּה הַבַּיְתָה וַיִּתְּנֵהוּ לְאִמּוֹ וַיֹּאמֶר אֵלִיָּהוּ רְאִי חַי בְּנֵךְ: (כד) וַתֹּאמֶר הָאִשָּׁה אֶל אֵלִיָּהוּ עַתָּה זֶה יָדַעְתִּי כִּי אִישׁ אֱלֹהִים אָתָּה וּדְבַר ה׳ בְּפִיךָ אֱמֶת:

מה משמעותו של סיפור זה? האישה מאשימה את אליהו במות הילד: ״מַה לִּי וָלָךְ אִישׁ הָאֱלֹהִים בָּאתָ אֵלַי לְהַזְכִּיר אֶת עֲוֹנִי וּלְהָמִית אֶת בְּנִי״. הטענה מעורפלת למדיי. ניתן להבין שהאלמנה נושאת תחושת אשמה על חטא קדום, שהיא סברה שכבר נשכח לה, וכעת, בשל נוכחותו של איש האלוהים בביתה, היא נזכרת לפני ה׳, ונאלצת לשלם את המחיר על אותו עוון קדום במות בנה. ברם, רוב המפרשים כתבו

22. אין ברור מן הכתוב אם הנער מת ממש או שרק היה על סף המוות. רד״ק הביא מחלוקת בעניין זה: ״יש מי שאומר שלא מת מכל וכל, אלא היה חליו חזק מאד עד שנעצרה נשימתו ולא היו מכירין ממנו שום סימן חיות לא בנשימה ולא בדפק הגידים, עד שחשבה אמו כי מת הוא. וכן הוא אומר בדניאל ׳לא נותרה בי נשמה׳, אבל אותו הוא על דרך הפלגה. והנכון כי מת מיתה גמורה כמו שסוברין בני העולם״. בפירוש **דעת מקרא** לפרקנו הובאו גם דעותיהם של ראשונים אחרים בשאלה זו. כאמור, מן הפשט קשה להכריע לכאן או לכאן.

23. מסתבר שהאישה, שהאשימה את אליהו במות בנה, לא מיהרה להיענות לדבריו ״תְּנִי לִי אֶת בְּנֵךְ״, מחשש פן יורע המצב עוד יותר, ולכן לקח אותו אליהו מחיקה בעצמו.

24. כלומר שכב על גופתו של הנער לכל אורך מידתו.

שעצם המגורים בכפיפה אחת עם צדיק כאליהו גרמו שכעת הקב״ה מדקדק עמה על עבֵרות שלא דקדק עליהן קודם לכן.[25]

מכל מקום, עיקר הסיפור מתרכז בפעילותו של אליהו. על מנת להיטיב להבין את משמעותו של הסיפור, נפנה תחילה את מבטנו לסיפור דומה המסופר ביתר הרחבה אצל מחליפו של אליהו, הנביא אלישע. הסיפור על אלישע והאישה השונמית (מל״ב ד׳, ח-לז) הוא סיפור מורכב יותר,[26] אך ביסודו הוא דומה לסיפורו של אליהו. בשניהם אישה מארחת את הנביא בביתה, כעבור זמן בנה חולה ונשמתו ניטלת, ובסופו של דבר הנביא מצליח להשיב אותו לחיים.

בסיפור אלישע והשונמית ניכרים שני שלבים בהחייאת הילד. בתחילה, כששמע אלישע על מצבו של הילד, ציווה על משרתו: ״וַיֹּאמֶר לְגֵיחֲזִי חֲגֹר מָתְנֶיךָ וְקַח מִשְׁעַנְתִּי בְיָדְךָ וָלֵךְ כִּי תִמְצָא אִישׁ לֹא תְבָרְכֶנּוּ וְכִי יְבָרֶכְךָ אִישׁ לֹא תַעֲנֶנּוּ וְשַׂמְתָּ מִשְׁעַנְתִּי עַל פְּנֵי הַנָּעַר״ (שם, כט). ניכר שהשונמית התאכזבה מתגובה זו, ועל כן השיבה לאלישע: ״חַי ה׳ וְחֵי נַפְשְׁךָ אִם אֶעֶזְבֶךָּ״ (שם, ל), ושניהם הלכו בעקבות גיחזי. ואכן, פתרון זה לא הניב שום תוצאה: ״וְגֵחֲזִי עָבַר לִפְנֵיהֶם וַיָּשֶׂם אֶת הַמִּשְׁעֶנֶת עַל פְּנֵי הַנַּעַר וְאֵין קוֹל וְאֵין קָשֶׁב״ (שם, לא).

בשלב השני נאמר: ״וַיָּבֹא אֱלִישָׁע הַבָּיְתָה וְהִנֵּה הַנַּעַר מֵת מֻשְׁכָּב עַל מִטָּתוֹ. וַיָּבֹא וַיִּסְגֹּר הַדֶּלֶת בְּעַד שְׁנֵיהֶם וַיִּתְפַּלֵּל אֶל ה׳. וַיַּעַל וַיִּשְׁכַּב עַל הַיֶּלֶד וַיָּשֶׂם פִּיו עַל פִּיו וְעֵינָיו עַל עֵינָיו וְכַפָּיו עַל כַּפָּו וַיִּגְהַר עָלָיו וַיָּחָם בְּשַׂר הַיָּלֶד. וַיָּשָׁב וַיֵּלֶךְ בַּבַּיִת אַחַת הֵנָּה וְאַחַת הֵנָּה וַיַּעַל וַיִּגְהַר עָלָיו וַיְזוֹרֵר הַנַּעַר עַד שֶׁבַע פְּעָמִים וַיִּפְקַח הַנַּעַר אֶת עֵינָיו״ (שם, לב-לה).

25. אם משום שכעת האישה נידונה ביחס לאליהו, ולא ביחס לשאר הסובבים אותה: ״כי עד לא באת הנה הייתי נחשבת לצדקת מול אנשי מקומי, אבל למולך אני רשעה״ (מצודת דוד). ואם משום שכשם שהקב״ה מדקדק עם הצדיקים כחוט השערה (יבמות קכא ע״ב; ילקוט שמעוני תהילים רמז תשס), כך הוא נוהג עם מי שמצוי בקרבתם (ראו רלב״ג).

26. לניתוח מדויק של הפרשה, ובכלל זה סיפור החייאת הילד, ראו מאמרו של מורי הרב פרופ׳ מרדכי סבתו, ׳סיפור השונמית׳, **מגדים** טו, מרחשוון תשנ״ב, עמ׳ 52-45.

מדוע בשלב השני הקיץ הנער? התשובה פשוטה. בתחילה ניסה אלישע להחיות את הילד באמצעות משענתו, כאילו יש בכוחה של משענת הנביא להחיות בני אדם, ואפילו היא נישאת בידיו של אדם תאב בצע כגיחזי (ראו מל"ב ה'). לא ייפלא אפוא שרעיון זה נכשל. רק כשהבין אלישע שעליו לפנות בתפילה לה', בד בבד עם פעולה משמעותית שלו עצמו, קם הנער לתחייה.

כעת נוכל לשוב לסיפורו של אליהו, ולהבחין באותם שני שלבים גם בו. בשלב הראשון (פס' יט-כ) אליהו משכיב את הילד על מיטתו, וכשדבר אינו קורה, הוא פונה בתלונה לה': "ה' אֱלֹהָי הֲגַם עַל הָאַלְמָנָה אֲשֶׁר אֲנִי מִתְגּוֹרֵר עִמָּהּ הֲרֵעוֹתָ לְהָמִית אֶת בְּנָהּ". נראה שאליהו ציפה כי די יהיה בהשכבת בן האלמנה על מיטתו להשיבו לחיים, כשם שאלישע חשב שמשענתו תציל את חיי בן השונמית. גם דברי תלונתו של אליהו ממוקדים בעצמו: "עַל הָאַלְמָנָה אֲשֶׁר **אֲנִי** מִתְגּוֹרֵר עִמָּהּ". אשר על כן, לא קרה דבר.

או אז הבין אליהו, כשם שעתיד אלישע להבין, שאין דרך להחיות את הילד בלא לפנות לקב"ה בתפילה וכן לעשות פעולה אישית משמעותית: "וַיִּתְמֹדֵד עַל הַיֶּלֶד שָׁלֹשׁ פְּעָמִים וַיִּקְרָא אֶל ה' וַיֹּאמַר ה' אֱלֹהָי תָּשָׁב נָא נֶפֶשׁ הַיֶּלֶד הַזֶּה עַל קִרְבּוֹ". את מקומה של התלונה על ה' החליפה תפילה ובקשה, ורק אז השתנתה התוצאה: "וַיִּשְׁמַע ה' בְּקוֹל אֵלִיָּהוּ וַתָּשָׁב נֶפֶשׁ הַיֶּלֶד עַל קִרְבּוֹ וַיֶּחִי".

נראה אפוא שגם משהפנים אליהו את הבעייתיות שבדבריו על גזרת עצירת הגשמים, עדיין היה צורך להבהיר שאין לנביא בשום מצב כוחות משלו, וכל כוח שניתן בידיו הוא מאת הקב"ה. ובכן, שלושת הסיפורים בפרק סובבים על אותו נושא, וכולם בונים את הכשרתו של אליהו כנביא שנתפס גם בעיני העם כנושא את דבר ה'.

גם האלמנה מבינה את המסר מן הסיפור. לאחר החייאת בנה היא אומרת לאליהו: "עַתָּה זֶה יָדַעְתִּי כִּי **אִישׁ אֱלֹהִים** אָתָּה וּדְבַר ה' בְּפִיךָ אֱמֶת". דבריה נראים תמוהים: וכי קודם לכן פקפקה בהיות אליהו 'איש אלוהים'? והלוא לעיל תלתה בכך את מחלתו של בנה: "מַה לִּי וָלָךְ **אִישׁ הָאֱלֹהִים** בָּאתָ אֵלַי לְהַזְכִּיר אֶת עֲוֹנִי וּלְהָמִית אֶת בְּנִי"!

התשובה היא שלצירוף ׳איש אלוהים׳ יש שתי משמעויות שונות. בתחילה התכוונה האישה ל׳איש אלוהים׳ במשמע ׳איש בעל כוחות על־טבעיים׳, והיא השתמשה בצירוף בהקשר שלילי. משראתה את כוחו של אליהו להחיות את בנה, הבינה שהוא איש הנושא את דבר ה׳, והביטוי בא במשמעות חיובית.

נמצאת אומר: דבריה של האלמנה ״עַתָּה זֶה יָדַעְתִּי כִּי אִישׁ אֱלֹהִים אָתָּה וּדְבַר ה׳ בְּפִיךָ אֱמֶת״ חותמים ומסכמים את הסיפור כולו. בתחילה ייחס אליהו את הכוחות לעצמו. כנגד זה הדגיש הסיפור שהכול בא מהקב״ה. ובסופו הופנם המסר הן אצל אליהו עצמו הן בקרב הסובבים אותו.

פרק יח

אליהו בהר הכרמל

א. בין איזבל לעובדיהו

בפרק י"ז למדנו כיצד הוסברה לאליהו הבעייתיות שבניסוח שלו לגזרת הבצורת. כעת, משהובהר עניין זה, חוזר הסיפור למישור הלאומי. הקב"ה מחליט שבאה השעה להפסיק את עצירת הגשמים:

(א) וַיְהִי יָמִים רַבִּים וּדְבַר ה' הָיָה אֶל אֵלִיָּהוּ בַּשָּׁנָה הַשְּׁלִישִׁית
לֵאמֹר לֵךְ הֵרָאֵה אֶל אַחְאָב וְאֶתְּנָה מָטָר עַל פְּנֵי הָאֲדָמָה: (ב) וַיֵּלֶךְ
אֵלִיָּהוּ לְהֵרָאוֹת אֶל אַחְאָב וְהָרָעָב חָזָק בְּשֹׁמְרוֹן:

לעת עתה טרם נודעה המטרה של המפגש הצפוי בין אליהו לאחאב, ומדוע הוא כרוך בהבאת המטר על פני האדמה. עם זאת, יש לדייק שאליהו לא נשלח לדבר עם אחאב אלא 'להיראות' אליו, כלומר ליצור מפגש עמו; ומסתבר כי כוונת הדברים שעליו לגרום שאחאב יבוא אליו ויראה את פניו. לקמן נראה כיצד באמת נעשה הדבר הזה, ומה הייתה החשיבות בכך שאליהו לא הגיע ישירות אל אחאב.

ואולם, עד שייפגשו אליהו ואחאב בפועל יחלפו עוד פסוקים

רבים. לפני כן המקרא מתאר את השלבים שקדמו למפגש הזה, וכאן מופיעה דמות שטרם הכרנו – עובדיהו:

(ג) וַיִּקְרָא אַחְאָב אֶל עֹבַדְיָהוּ אֲשֶׁר עַל הַבָּיִת וְעֹבַדְיָהוּ הָיָה יָרֵא אֶת ה׳ מְאֹד: (ד) וַיְהִי בְּהַכְרִית אִיזֶבֶל אֵת נְבִיאֵי ה׳ וַיִּקַּח עֹבַדְיָהוּ מֵאָה נְבִאִים וַיַּחְבִּיאֵם חֲמִשִּׁים אִישׁ בַּמְּעָרָה[1] וְכִלְכְּלָם לֶחֶם וָמָיִם: (ה) וַיֹּאמֶר אַחְאָב אֶל עֹבַדְיָהוּ לֵךְ בָּאָרֶץ אֶל כָּל מַעְיְנֵי הַמַּיִם וְאֶל כָּל הַנְּחָלִים אוּלַי נִמְצָא חָצִיר וּנְחַיֶּה סוּס וָפֶרֶד וְלוֹא נַכְרִית מֵהַבְּהֵמָה:[2] (ו) וַיְחַלְּקוּ לָהֶם אֶת הָאָרֶץ לַעֲבָר בָּהּ אַחְאָב הָלַךְ בְּדֶרֶךְ אֶחָד לְבַדּוֹ וְעֹבַדְיָהוּ הָלַךְ בְּדֶרֶךְ אֶחָד לְבַדּוֹ:

פסוקים אלו מוסיפים תובנות משמעותיות הן על אחאב הן על אליהו. אשר לאחאב, אנו נחשפים כאן לראשונה לצד החיובי שבאישיותו המורכבת, המתבטא כאן בשני דברים. ראשית בדמותו של עובדיהו, הנושא בתפקיד החשוב ״אשר על הבית״.[3] זוהי הפתעה של ממש: מתוארו וממעשיו של עובדיהו עולה ששימש בתפקיד קרוב מאוד למלך אחאב; והנה נאמר עליו ש״הָיָה יָרֵא אֶת ה׳ מְאֹד״, דבר שלא נאמר על שום אדם אחר במקרא![4] ייתכן, שגם שמו מלמד עליו שהוא היה עובד ה׳. נראה שבדרך זו איזן אחאב בין שני קטבים, המיוצגים בשתי דמויות רמות דרג בביתו: מחד גיסא איזבל, שמביאה לממלכה

1. כלומר חמישים איש בכל מערה, כמפורש לקמן פס׳ יג: ״מֵאָה אִישׁ חֲמִשִּׁים חֲמִשִּׁים אִישׁ בַּמְּעָרָה״.
2. הביטוי קשה במקצת, אך משמעותו ברורה: אולי נמצא מעט מזון להחיות את הבהמות, ולא ניאלץ להזניחן עד שייכרתו לחלוטין.
3. על תפקיד זה עמדנו לעיל פרק ד׳, הערה 2.
4. הביטוי ׳ירא... מאד׳ מופיע במקרא שמונה פעמים, ובכל שבע הפעמים האחרות ההקשר הוא יראה מפני בשר ודם (שמ״א י״ז, יא; כ״א, יג; כ״ח, ה, כ; ל״א, לד; ועוד). וכבר עמדו על כך חז״ל (סנהדרין לט ע״ב): ״אמר רבי אבא גדול שנאמר בעובדיהו יותר ממה שנאמר באברהם, דאילו באברהם לא כתיב ׳מאד׳ ובעובדיהו כתיב ׳מאד׳״.

את עבודת הבעל ומכריתה את נביאי ה'; ומאידך גיסא עובדיהו, ירא ה' הפועל להצלת נביאי ה' מאיזבל.

ביטוי שני לצד החיובי באישיותו של אחאב הוא מסירותו לממלכה. אחאב יוצא בעצמו לחפש חציר להאכלת הסוסים והפרדים, כחלק מתחזוקת הצבא. בנוהג שבעולם, מלך מטיל מלאכות מעין אלו על עבדיו, והוא עצמו יושב בביתו. נכונותו של אחאב לכתת את רגליו עם אשר על ביתו על מנת למצוא מזון לבהמות מעידה על אופי מעשי ולא־נצלני, והיא דוגמה אישית לעמו כיצד יש לפעול לטובת הכלל.

ואולם, דמותו של עובדיהו שופכת אור גם על אליהו. עתה מתברר שאליהו איננו עובד ה' היחיד שנותר בממלכה, ואף לא הנביא היחיד. יש עוד מאה נביאים לפחות, וגם איש צדיק אחד שהצליח להסתיר אותם ולהצילם מאיזבל. יש הקבלות בין תיאורו של עובדיהו כאן לתיאורו של אליהו בפרק י"ז. שם נאמר: "**וְנִסְתַּרְתָּ** בְּנַחַל **כְּרִית**... וְאֶת הָעֹרְבִים צִוִּיתִי **לְכַלְכֶּלְךָ** שָׁם... וְהָעֹרְבִים מְבִיאִים לוֹ **לֶחֶם** וּבָשָׂר בַּבֹּקֶר וְלֶחֶם וּבָשָׂר בָּעֶרֶב וּמִן הַנַּחַל יִשְׁתֶּה", וכאן: "וַיְהִי **בְּהַכְרִית** אִיזֶבֶל אֵת נְבִיאֵי ה' וַיִּקַּח עֹבַדְיָהוּ מֵאָה נְבִאִים **וַיַּחְבִּיאֵם** חֲמִשִּׁים אִישׁ בַּמְּעָרָה **וְכִלְכְּלָם** **לֶחֶם** וָמָיִם". בשני הסיפורים מדובר על הסתרת נביא ועל כלכלתו בלחם ובמים. אלא שאליהו, בשל נבואתו, נאלץ להתרחק מן העם ולהתפרנס בדרך נס, ואילו עובדיהו מכלכל בעצמו את נביאי ה' – נביאים שאליהו, כפי שנראה לקמן, מתעלם כליל מקיומם.[5] והנה עתה נפגשות שתי הדמויות השונות הללו, אליהו ועובדיהו.

ב. בין אליהו לעובדיהו

ניכר מן הכתוב שעובדיהו מופתע לראות את אליהו, ואילו אליהו כבר מוכן למפגש:

5. יתרה מזאת, סביר להניח שהכרתת נביאי ה' בידי איזבל הייתה במסגרת המאבק נגד גזרת אליהו על עצירת הגשמים, והיות שאליהו עצמו נעלם, איזבל כילתה את זעמה בנביאי ה'. אם כך הם פני הדברים, הרי שעובדיהו היה זה שהציל מאה נביאים, שגזרתו של אליהו למעשה דנה אותם למוות.

(ז) וַיְהִי עֹבַדְיָהוּ בַּדֶּרֶךְ וְהִנֵּה אֵלִיָּהוּ לִקְרָאתוֹ וַיַּכִּרֵהוּ וַיִּפֹּל עַל פָּנָיו וַיֹּאמֶר הַאַתָּה זֶה אֲדֹנִי אֵלִיָּהוּ: (ח) וַיֹּאמֶר לוֹ אָנִי לֵךְ אֱמֹר לַאדֹנֶיךָ הִנֵּה אֵלִיָּהוּ: (ט) וַיֹּאמֶר מֶה חָטָאתִי כִּי אַתָּה נֹתֵן אֶת עַבְדְּךָ בְּיַד אַחְאָב לַהֲמִיתֵנִי: (י) חַי ה׳ אֱלֹהֶיךָ אִם יֶשׁ גּוֹי וּמַמְלָכָה אֲשֶׁר לֹא שָׁלַח אֲדֹנִי שָׁם לְבַקֶּשְׁךָ וְאָמְרוּ אָיִן וְהִשְׁבִּיעַ אֶת הַמַּמְלָכָה וְאֶת הַגּוֹי כִּי לֹא יִמְצָאֶכָּה:[6] (יא) וְעַתָּה אַתָּה אֹמֵר לֵךְ אֱמֹר לַאדֹנֶיךָ הִנֵּה אֵלִיָּהוּ: (יב) וְהָיָה אֲנִי אֵלֵךְ מֵאִתָּךְ וְרוּחַ ה׳ יִשָּׂאֲךָ עַל אֲשֶׁר לֹא אֵדָע וּבָאתִי לְהַגִּיד לְאַחְאָב וְלֹא יִמְצָאֲךָ וַהֲרָגָנִי וְעַבְדְּךָ יָרֵא אֶת ה׳ מִנְּעֻרָי: (יג) הֲלֹא הֻגַּד לַאדֹנִי אֵת אֲשֶׁר עָשִׂיתִי בַּהֲרֹג אִיזֶבֶל אֵת נְבִיאֵי ה׳ וָאַחְבִּא מִנְּבִיאֵי ה׳ מֵאָה אִישׁ חֲמִשִּׁים חֲמִשִּׁים אִישׁ בַּמְּעָרָה וָאֲכַלְכְּלֵם לֶחֶם וָמָיִם: (יד) וְעַתָּה אַתָּה אֹמֵר לֵךְ אֱמֹר לַאדֹנֶיךָ הִנֵּה אֵלִיָּהוּ וַהֲרָגָנִי: (טו) וַיֹּאמֶר אֵלִיָּהוּ חַי ה׳ צְבָאוֹת אֲשֶׁר עָמַדְתִּי לְפָנָיו[7] כִּי הַיּוֹם אֵרָאֶה אֵלָיו:

בדיאלוג בין אליהו לעובדיהו ניכרת מתיחות. עובדיהו נוהג באליהו בכבוד רב ואומר לו: ״הַאַתָּה זֶה **אֲדֹנִי** אֵלִיָּהוּ?״. אבל אליהו משיב: ״אָנִי, לֵךְ אֱמֹר **לַאדֹנֶיךָ** הִנֵּה אֵלִיָּהוּ״, ובכך מבטא זלזול בנאמנותו של עובדיהו, שנתפס בעיניו כעבדו של אחאב.[8] אליהו ועובדיהו מבטאים שתי צורות שונות בתכלית של התמודדות עם המצב הרוחני שנוצר בממלכת ישראל. אליהו נלחם מלחמת חרמה בעבודה הזרה הממוסדת של בית אחאב, תוך התבודדות והתרחקות מכל העם, שאיננו שותף

6. מתיאור זה ניתן ללמוד עד כמה הייתה הסתתרותו של אליהו בנחל כרית ובצרפת בלתי־טבעית. כפי שציינו בפרק הקודם, מסתבר שבכל החיפוש הנרחב אחר אליהו לא העלה איש על דעתו לחפש אותו בנחל כרית, שאין לאדם שום אפשרות להתקיים בו בדרך הטבע. ונראה שאיש גם לא שיער כי מצא מסתור בביתה של אלמנה חסרת כול דווקא.
7. זוהי חזרה על הניסוח בתחילת פרק י״ז: ״חַי ה׳ אֱלֹהֵי יִשְׂרָאֵל **אֲשֶׁר עָמַדְתִּי לְפָנָיו** אִם יִהְיֶה הַשָּׁנִים הָאֵלֶּה טַל וּמָטָר כִּי אִם לְפִי דְבָרִי״. לשון ייחודית זו מופיעה רק אצל אליהו ואצל אלישע, פעמיים אצל כל אחד מהם (אצל אלישע במל״ב ג׳, יד; ה׳, טז).
8. ודוק: אליהו שם בפיו של עובדיהו ביטוי מזלזל כלפי עצמו – ״הִנֵּה אֵלִיָּהוּ״.

לדרכו. עובדיהו, לעומתו, פועל בתוך בית המלך, ומצליח להגיע להישגים מרשימים: הצלת הנביאים, ומידה מסוימת של השפעה על דרכו של המלך עצמו. אבל בעיני אליהו, עובדיהו שם את חלקו עם אחאב, ולפיכך אין הוא ראוי להערכה כלל.

עובדיהו משיב לאליהו: "מֶה חָטָאתִי כִּי אַתָּה נֹתֵן אֶת עַבְדְּךָ בְּיַד **אַחְאָב** לַהֲמִיתֵנִי". הוא מכנה כאן את אחאב בשמו, ולא 'אדוני' (וכן בפס' יב, אך לא בפס' י), ותמה וחוזר ותמה על ציוויו של אליהו: "וְעַתָּה אַתָּה אֹמֵר לֵךְ אֱמֹר לַאדֹנֶיךָ הִנֵּה אֵלִיָּהוּ... וְעַתָּה אַתָּה אֹמֵר לֵךְ אֱמֹר לַאדֹנֶיךָ הִנֵּה אֵלִיָּהוּ"; ואולי יש בתמיהתו גם משום היפגעות מיחסו של אליהו, שאינו נותן בו אמון.

חששו של עובדיהו, המתואר באריכות רבה, מעורר תמיהה: מדוע חשד עובדיהו שאליהו יגרום למותו בידי אחאב? מסתבר שסיפור זה מחזק את הביקורת על אליהו כפי שנתפס בעיני העם. אליהו נתפס כנביא של פורענות, שאינו פועל כדרך שנביא רגיל אמור לפעול: הוא נעלם מיד לאחר שבישר על הפורענות, מבלי לקבל אחריות כלפי מי שעלולים להיפגע מפעולתו. דברי עובדיהו מבטאים את האב־נורמליות שבהיעלמותו של אליהו, ומכאן חששו של עובדיהו מפני היעלמות נוספת שתפקיר אותו לגורלו, כשם שהופקרו הנביאים בפעם הקודמת.[9] ואולי מצטרפת לפחד זה גם תחושת ההערכה השלילית שקיבל מאליהו זה עתה.

רושם זה מתחזק מן ההקבלה בין האלמנה מצרפת ובין עובדיהו. האלמנה מתנגדת בתחילה לבקשתו של אליהו במילים: "**חַי ה' אֱלֹהֶיךָ** אִם יֶשׁ לִי מָעוֹג..." (י"ז, יב), ועובדיהו מתנגד תחילה לבקשתו של אליהו באותה לשון: "חַי ה' אֱלֹהֶיךָ אִם יֶשׁ גּוֹי וּמַמְלָכָה אֲשֶׁר לֹא שָׁלַח אֲדֹנִי שָׁם לְבַקֶּשְׁךָ". שניהם טוענים כלפי אליהו שהוא גורם למוות, וטענת האלמנה "מַה לִּי וָלָךְ אִישׁ הָאֱלֹהִים בָּאתָ אֵלַי לְהַזְכִּיר אֶת עֲוֹנִי

9. גם לאחר שעלה בסערה השמימה, היו מבני הנביאים שחשבו שאליהו רק שב ונעלם לזמן מה, והוא עתיד לחזור, ולכן ביקשו מאלישע: "הִנֵּה נָא יֵשׁ אֶת עֲבָדֶיךָ חֲמִשִּׁים אֲנָשִׁים בְּנֵי חַיִל יֵלְכוּ נָא וִיבַקְשׁוּ אֶת אֲדֹנֶיךָ פֶּן נְשָׂאוֹ רוּחַ ה' וַיַּשְׁלִכֵהוּ בְּאַחַד הֶהָרִים אוֹ בְּאַחַת הַגֵּאָיוֹת" (מל"ב ב', טז).

וּלְהָמִית אֶת בְּנִי" (שם, יח), מקבילה לטענתו של עובדיהו: "מֶה חָטָאתִי כִּי אַתָּה נֹתֵן אֶת עַבְדְּךָ בְּיַד אַחְאָב **לַהֲמִיתֵנִי**". הן עובדיהו הן האלמנה חוששים שהכוחות המיוחדים של אליהו עלולים לסכן אותם, ורואים בו אחראי לנזק שעלול להיגרם להם. ובשני הסיפורים אליהו משכנע לבסוף את בן שיחו לעשות כדבריו, והלה אכן איננו ניזוק, אך רק לאחר ההדגשה שהכול נעשה בצו ה׳.

בנאומו של עובדיהו שני חלקים ברורים. בכל אחד מן החלקים נשמעת הטענה "וְעַתָּה אַתָּה אֹמֵר לֵךְ אֱמֹר לַאדֹנֶיךָ הִנֵּה אֵלִיָּהוּ [...] וַהֲרָגָנִי", ושניהם מבטאים, בסדר כיאסטי, את שתי טענותיו של עובדיהו, המובאות כבר בפתח דבריו:

(ט) וַיֹּאמֶר מֶה חָטָאתִי	כִּי אַתָּה נֹתֵן אֶת עַבְדְּךָ בְּיַד אַחְאָב לַהֲמִיתֵנִי:
	(י) חַי ה׳ אֱלֹהֶיךָ אִם יֶשׁ גּוֹי וּמַמְלָכָה אֲשֶׁר לֹא שָׁלַח אֲדֹנִי שָׁם לְבַקֶּשְׁךָ וְאָמְרוּ אָיִן וְהִשְׁבִּיעַ אֶת הַמַּמְלָכָה וְאֶת הַגּוֹי כִּי לֹא יִמְצָאֶכָּה: (יא) **וְעַתָּה אַתָּה אֹמֵר לֵךְ אֱמֹר לַאדֹנֶיךָ הִנֵּה אֵלִיָּהוּ:** (יב) וְהָיָה אֲנִי אֵלֵךְ מֵאִתָּךְ וְרוּחַ ה׳ יִשָּׂאֲךָ עַל אֲשֶׁר לֹא אֵדָע וּבָאתִי לְהַגִּיד לְאַחְאָב וְלֹא יִמְצָאֲךָ **וַהֲרָגָנִי**
וְעַבְדְּךָ יָרֵא אֶת ה׳ מִנְּעֻרָי: (יג) הֲלֹא הֻגַּד לַאדֹנִי אֵת אֲשֶׁר עָשִׂיתִי בַּהֲרֹג אִיזֶבֶל אֵת נְבִיאֵי ה׳ וָאַחְבִּא מִנְּבִיאֵי ה׳ מֵאָה אִישׁ חֲמִשִּׁים חֲמִשִּׁים אִישׁ בַּמְּעָרָה וָאֲכַלְכְּלֵם לֶחֶם וָמָיִם: (יד) **וְעַתָּה אַתָּה אֹמֵר לֵךְ אֱמֹר לַאדֹנֶיךָ הִנֵּה אֵלִיָּהוּ וַהֲרָגָנִי:**	

שתי הטענות המרכזיות של עובדיהו הן (1) שהוא אינו ראוי לעונש (2) שיגרום לו אליהו. תחילה מבאר עובדיהו את הטענה השנייה, שאליהו גורם בפועל להמתתו בידי אחאב, והתמיהה "וְעַתָּה אַתָּה

אֹמֵר..." היא על עצם ההוראה ללכת לאחאב ולומר לו שפגש את אליהו, שעלולה לגרום להריגתו. לאחר מכן עובדיהו מספר על צדקתו, כהרחבה לכותרת "מֶה חָטָאתִי?!", וכאן התמיהה "וְעַתָּה אַתָּה אֹמֵר..." היא תמיהה מוסרית: אחרי כל מה שעשיתי – ואתה הרי יודע זאת ("הֲלֹא הֻגַּד לַאדֹנִי") – אתה שולח אותי אל מותי?!

כל זה מביא את אליהו להניח את דעתו של עובדיהו: "וַיֹּאמֶר אֵלִיָּהוּ חַי ה' צְבָאוֹת אֲשֶׁר עָמַדְתִּי לְפָנָיו כִּי הַיּוֹם אֵרָאֶה אֵלָיו".

בזאת תם תפקידו של עובדיהו, ומכאן ואילך אין הוא מופיע עוד במקרא. נראה, כי מלכתחילה הוראת ה' לאליהו להיראות אל אחאב נועדה כדי להכניס את עובדיהו לתוך הסיפור, ולהציג את ההבדלים שבין שתי הדמויות של עובדי ה' בפרשה – אליהו, מצד אחד, ועובדיהו מצד שני. האלטרנטיבה שמציג עובדיהו אכן מעצימה את דרכו של אליהו – על יתרונותיה ועל חסרונותיה.

ג. בין אליהו לאחאב

אליהו אכן מחכה לבואו של אחאב, וכך נוצר המפגש המיועד בין השניים; וכפי שנאמר לו מראש, אחאב הוא שילך לקראת אליהו. המקרא מתאר את חילופי ההאשמות ביניהם:

(טז) וַיֵּלֶךְ עֹבַדְיָהוּ לִקְרַאת אַחְאָב וַיַּגֶּד לוֹ וַיֵּלֶךְ אַחְאָב לִקְרַאת אֵלִיָּהוּ: (יז) וַיְהִי כִּרְאוֹת אַחְאָב אֶת אֵלִיָּהוּ וַיֹּאמֶר אַחְאָב אֵלָיו הַאַתָּה זֶה עֹכֵר יִשְׂרָאֵל:[10] (יח) וַיֹּאמֶר לֹא עָכַרְתִּי אֶת יִשְׂרָאֵל כִּי אִם אַתָּה וּבֵית אָבִיךָ בַּעֲזָבְכֶם אֶת מִצְוֺת ה' וַתֵּלֶךְ אַחֲרֵי הַבְּעָלִים: (יט) וְעַתָּה שְׁלַח קְבֹץ אֵלַי אֶת כָּל יִשְׂרָאֵל אֶל הַר הַכַּרְמֶל וְאֶת נְבִיאֵי הַבַּעַל אַרְבַּע מֵאוֹת וַחֲמִשִּׁים וּנְבִיאֵי הָאֲשֵׁרָה אַרְבַּע מֵאוֹת

10. פנייה בוטה זו עומדת בניגוד לפנייתו של עובדיהו לאליהו קודם לכן: "הַאַתָּה זֶה אֲדֹנִי אֵלִיָּהוּ?".

אֹכְלֵי שֻׁלְחַן אִיזָבֶל: (כ) וַיִּשְׁלַח אַחְאָב בְּכָל בְּנֵי יִשְׂרָאֵל וַיִּקְבֹּץ אֶת הַנְּבִיאִים אֶל הַר הַכַּרְמֶל:

אחאב רואה באליהו את האשם בעצירת הגשמים, ומשום כך הוא מטיח בו את הכינוי: "עֹכֵר יִשְׂרָאֵל". אליהו משיב כי לא הוא שגרם לבצורת, כי אם אחאב, ברפורמה האלילית שעשה ובעזיבת מצוות ה׳, ומשום כך הוא הראוי לתואר "עֹכֵר יִשְׂרָאֵל".[11] הגם שאין ספק כי הצדק עם אליהו, מכל מקום טענתו של אחאב מעידה אף היא על הבעייתיות בדרכו של אליהו: אחאב רואה את הכתובת לקובלנותיו באליהו, ולא בקב"ה, והדבר נובע בין היתר מהכרזתו של אליהו "אִם יִהְיֶה הַשָּׁנִים הָאֵלֶּה טַל וּמָטָר **כִּי אִם לְפִי דְבָרִי**", שבה קיבל על עצמו את האחריות לירידת הגשמים. דומה, שזו הסיבה שבגללה נשלח אליהו להיראות לפני אחאב, ולא להכריז על הפסקת גזירת עצירת הגשמים: אליהו היה צריך לשמוע ישירות הן מפי עובדיהו הן מפי אחאב דברים המעידים על כך, שדרכו של אליהו איננה ברורה ומובנת, בין אם מדובר באדם ירא את ה׳ מאוד ובין אם מדובר במלך שעיקר הגזרה כוונה כלפיו.

למרות הוויכוח אחאב נכנע לאליהו, ומקבל את דרישתו לאסוף את כל ישראל ואת נביאי הבעל אל הר הכרמל, הגם שאליהו איננו חושף את תכניתו. אחאב מבין שהפסקת הבצורת תלויה באליהו, ועל כן אין הוא פוגע בו, אלא נענה לדרישתו. ואולי ציפה גם אחאב עצמו לדבר מה שיכריע בין הנטיות הנוגדות שבלבו.

11. כינוי זה רומז, כמובן, לפרשת עכן, שנאמר עליו: "וַיֹּאמֶר יְהוֹשֻׁעַ מֶה **עֲכַרְתָּנוּ יַעְכָּרְךָ** ה׳ בַּיּוֹם הַזֶּה... עַל כֵּן קָרָא שֵׁם הַמָּקוֹם הַהוּא עֵמֶק **עָכוֹר** עַד הַיּוֹם הַזֶּה" (יהושע ז׳, כה-כו). וכך הוא מכונה במפורש בדברי הימים: "וּבְנֵי כַּרְמִי **עָכָר** [= עכן, בחילוף אותיות למנ"ר]; **עוֹכֵר יִשְׂרָאֵל** אֲשֶׁר מָעַל בַּחֵרֶם" (דה"א ב׳, ז) [חילופים דומים בין ר׳ לנ׳ נמצאים למשל בחילופים שבין "נְבוּכַדְנֶאצַּר" (מל"ב כ"א, יד ועוד) לבין "נְבוּכַדְרֶאצַּר" (ירמיהו כ"א, ב ועוד)]. גם שם גרם אדם אחד עונש לכל ישראל, כפי שנאמר שם "חָטָא יִשְׂרָאֵל וְגַם עָבְרוּ אֶת בְּרִיתִי אֲשֶׁר צִוִּיתִי אוֹתָם" (יהושע ז׳, יא), וכעת מתנצחים אליהו ואחאב מי הוא "עֹכֵר יִשְׂרָאֵל" של דורם, שבעטיו נעצרו הגשמים.

ד. עַד מָתַי אַתֶּם פֹּסְחִים עַל שְׁתֵּי הַסְּעִפִּים

לאחר שנענה אחאב לקריאתו של אליהו לקבץ את נביאי הבעל ונביאי האשרה להר הכרמל, אליהו פונה אל העם:

(כא) וַיִּגַּשׁ אֵלִיָּהוּ אֶל כָּל הָעָם וַיֹּאמֶר עַד מָתַי אַתֶּם פֹּסְחִים עַל שְׁתֵּי הַסְּעִפִּים[12] אִם ה' הָאֱלֹהִים לְכוּ אַחֲרָיו וְאִם הַבַּעַל לְכוּ אַחֲרָיו[13] וְלֹא עָנוּ הָעָם אֹתוֹ דָּבָר:

אליהו קורא לעם להכריע: "עַד מָתַי אַתֶּם פֹּסְחִים עַל שְׁתֵּי הַסְּעִפִּים? אִם ה' הָאֱלֹהִים – לְכוּ אַחֲרָיו, וְאִם הַבַּעַל – לְכוּ אַחֲרָיו". שניות זו איננה מפתיעה, שהרי התפיסה האלילית מושתתת על ריבוי אלים, ולכן עבודת הבעל איננה סותרת מבחינתה את עבודת ה'. נביאי ישראל[14] יצאו נגד תפיסה אלילית זו, והדגישו שעבודת ה' שוללת

12. הביטוי אמנם מוכר, ואף נעשה מטבע לשון, אך משמעותו המילולית קשה במקצת. ניתן לפרש "פֹּסְחִים" במשמעות של דילוג, כפי שיש מפרשים את האמור בליל היציאה ממצרים: "וְהָיָה הַדָּם לָכֶם לְאֹת עַל הַבָּתִּים אֲשֶׁר אַתֶּם שָׁם וְרָאִיתִי אֶת הַדָּם **וּפָסַחְתִּי** עֲלֵכֶם" (שמות י"ב, יג); ועיינו רש"י שם, שציין למשמעות זו בפסוקנו, והוסיף כי הפועל נגזר מן השם פיסח, שכן "כל הפסחים הולכים כקופצים". אשר למילה "סְעִפִּים", ניתן להבין אותה במשמעות של מחשבות (רש"י), כמו בפסוק "בִּשְׂעִפִּים מֵחֶזְיֹנוֹת לָיְלָה בִּנְפֹל תַּרְדֵּמָה עַל אֲנָשִׁים" (איוב ד', יג). אך ניתן גם להבין אותה במשמעות של ענפים, כמו בפסוק "הִנֵּה אַשּׁוּר אֶרֶז בַּלְּבָנוֹן... בִּסְעַפֹּתָיו קָנְנוּ כָּל עוֹף הַשָּׁמַיִם" (יחזקאל ל"א, ג-ו); ואם כן, יש כאן דימוי לציפור המדלגת בין ענפי העץ.
13. אליהו נזהר בלשונו, ואינו מעלה על שפתיו את האפשרות שהבעל הוא האלוהים: "אִם ה' **הָאֱלֹהִים** – לְכוּ אַחֲרָיו, וְאִם הַבַּעַל – לְכוּ אַחֲרָיו".
14. כך, למשל, אמר שמואל לבני ישראל, לאחר תהליך ארוך של תשובה ("וַיִּרְבּוּ הַיָּמִים וַיִּהְיוּ עֶשְׂרִים שָׁנָה וַיִּנָּהוּ כָּל בֵּית יִשְׂרָאֵל אַחֲרֵי ה'" [שמ"א ז', ב]): "אִם בְּכָל לְבַבְכֶם אַתֶּם שָׁבִים אֶל ה' הָסִירוּ אֶת אֱלֹהֵי הַנֵּכָר מִתּוֹכְכֶם וְהָעַשְׁתָּרוֹת וְהָכִינוּ לְבַבְכֶם אֶל ה' וְעִבְדֻהוּ **לְבַדּוֹ** וְיַצֵּל אֶתְכֶם מִיַּד פְּלִשְׁתִּים" (שם, ג), וכך אכן עשו בני ישראל: "וַיָּסִירוּ בְּנֵי יִשְׂרָאֵל אֶת הַבְּעָלִים וְאֶת הָעַשְׁתָּרֹת וַיַּעַבְדוּ אֶת ה' **לְבַדּוֹ**" (שם, ד). עבודת ה' היא רק אחד הצעדים שיש לעשות; הצעד השני הנדרש הוא לחדול מעבודת אל אחר כלשהו. מעין זה גם אמר יהושע בדברי פרידתו

במהותה שיתוף עם כל אל אחר, ולכן אין כאן הכרעה בין שני אלים, אלא בין שתי תפיסות: התפיסה הדתית הישראלית המונותאיסטית מול התפיסה האלילית הפוליתאיסטית. מסתבר ששנות הרעב עוררו בבני ישראל ספק אם ההליכה אחרי הבעלים הייתה צעד נכון, וכעת הם בשלים לקראת מעמד שיסייע להם להכריע בספק הזה.

בשלב זה אין העם עונים את אליהו דבר. אליהו מנצל את המומנטום, ומציע לעם הצעה שאין לסרב לה:

(כב) וַיֹּאמֶר אֵלִיָּהוּ אֶל הָעָם אֲנִי נוֹתַרְתִּי נָבִיא לַה׳ לְבַדִּי וּנְבִיאֵי הַבַּעַל אַרְבַּע מֵאוֹת וַחֲמִשִּׁים אִישׁ:[15] (כג) וְיִתְּנוּ לָנוּ שְׁנַיִם פָּרִים וְיִבְחֲרוּ לָהֶם הַפָּר הָאֶחָד וִינַתְּחֻהוּ וְיָשִׂימוּ עַל הָעֵצִים וְאֵשׁ לֹא יָשִׂימוּ וַאֲנִי אֶעֱשֶׂה אֶת הַפָּר הָאֶחָד וְנָתַתִּי עַל הָעֵצִים וְאֵשׁ לֹא אָשִׂים: (כד) וּקְרָאתֶם בְּשֵׁם אֱלֹהֵיכֶם וַאֲנִי אֶקְרָא בְשֵׁם ה׳ וְהָיָה הָאֱלֹהִים אֲשֶׁר יַעֲנֶה בָאֵשׁ הוּא הָאֱלֹהִים וַיַּעַן כָּל הָעָם וַיֹּאמְרוּ טוֹב הַדָּבָר:[16]

מן העם: ״וְעַתָּה יְראוּ אֶת ה׳ וְעִבְדוּ אֹתוֹ בְּתָמִים וּבֶאֱמֶת וְהָסִירוּ אֶת אֱלֹהִים אֲשֶׁר עָבְדוּ אֲבוֹתֵיכֶם בְּעֵבֶר הַנָּהָר וּבְמִצְרַיִם וְעִבְדוּ אֶת ה׳״ (יהושע כ״ד, יד).

15. אליהו איננו מזכיר כאן את ארבע מאות נביאי האשרה שהוזכרו בפס׳ יט. לדעת רד״ק (פס׳ כ), אחאב חִייב את נביאי הבעל להשתתף בעל כורחם, שהרי הם ידעו שאין להם שום סיכוי להוריד אש מן השמיים; אבל הוא לא יכול לחייב את נביאי האשרה, שהיו כפופים לאיזבל, והיא לא אישרה את השתתפותם. עוד ניתן לומר, שאליהו לא רצה לפתוח שלוש קבוצות שיקריבו, והעדיף ללמד את המסר על ידי המבחן והבחירה בין שתי אפשרויות: עבודת ה׳ לעומת עבודת הבעל.

16. כמו בגזרת הבצורת שבפרק הקודם, גם בסיפור זה חוזרת השאלה אם אליהו יזם את המבחן בעצמו, או שמא היה זה צו ה׳. רד״ק העלה את שתי האפשרויות, ודן בכך בהקשר של תפילתו של אליהו להלן פס׳ לו ״ה׳ אֱלֹהֵי אַבְרָהָם יִצְחָק וְיִשְׂרָאֵל הַיּוֹם יִוָּדַע כִּי אַתָּה אֱלֹהִים בְּיִשְׂרָאֵל וַאֲנִי עַבְדֶּךָ **וּבִדְבָרְךָ עָשִׂיתִי** אֵת כָּל הַדְּבָרִים הָאֵלֶּה״: ״והנה הנסיון שעשה אליהו, **אפשר שעשה אותו מלבו** ובטח באל שלא ישיבנו ריקם ושיקדש שמו ברבים, ומה שאמר ׳ובדברך עשיתי׳, כלומר אם תענני ידעו העם הזה כי לא מלבי אני עושה מה שאני עושה אלא בדברך ובמצותך שאני אומר אתה מקיים. **או אפשר שהאל אמר לו**, אף על פי שהכתוב לא ספר, וזהו שאמר ׳ובדברך עשיתי׳״. דומה שגם כאן לא היה ציווי

אליהו עושה בחכמה: הוא מנהל את השיחה עם העם, ואינו מותיר לנביאי הבעל ברירה אלא להסכים להצעתו. הוא פותח במשפט שיוצר אהדה כלפיו ומציג אותו כמיעוט קטן כנגד רבים: "אֲנִי נוֹתַרְתִּי נָבִיא לַה' לְבַדִּי וּנְבִיאֵי הַבַּעַל אַרְבַּע מֵאוֹת וַחֲמִשִּׁים אִישׁ". הצעתו נראית הוגנת ביותר: הוא קובע לשני הצדדים מטרה זהה, ונותן לעובדי הבעל את הזכות לבחור את הפר ולהיות ראשונים. בתוך הפנייה לעם הוא משלב פנייה לנביאי הבעל – "וּקְרָאתֶם בְּשֵׁם אֱלֹהֵיכֶם" – אבל למעשה הוא מבקש רק את הסכמת העם. העם, שהיה מעוניין בעצמו לפתור את מבוכת הפסיחה על שתי הסעיפים, הסכים, ולעובדי הבעל, שמעולם לא הורידו אש מן השמיים, לא נותרה ברירה אלא להעמיד עצמם למבחן.

המבחן של אליהו דומה באופיו למבחן של משה בפרשת קֹרח. שני המבחנים מוכרעים בירידת אש מן השמיים, ויש דמיון בין דברי אליהו "וְהָיָה הָאֱלֹהִים אֲשֶׁר יַעֲנֶה בָאֵשׁ הוּא הָאֱלֹהִים" לבין דברי משה לעדת קֹרח: "וְהָיָה הָאִישׁ אֲשֶׁר יִבְחַר ה' הוּא הַקָּדוֹשׁ" (במדבר ט"ז, ז). בשני המקרים נוצר מצב של אחד מול רבים: אהרן מול מאתיים וחמישים בני עדת קֹרח, ואליהו מול ארבע מאות וחמישים נביאי הבעל. ואולי ביקש אליהו ליצור את הזיקה לסיפור קֹרח, שבו ניתנה ראיה ניצחת במי בחר ה', והזיקה הזאת מקדמת את היענות העם להצעה, מתוך היכרותם עם שיטה זו של בחירה.

ה. וְאֵין קוֹל וְאֵין עֹנֶה וְאֵין קָשֶׁב

כעת אליהו פונה ישירות לנביאי הבעל, ומסביר מדוע עליהם להיות ראשונים:

מפורש, ולנביא יש סמכות לפעול פעולות שלא בדרך הטבע, ובלבד שיובהר כי הכול בא מאת הקב"ה.

(כה) וַיֹּאמֶר אֵלִיָּהוּ לִנְבִיאֵי הַבַּעַל בַּחֲרוּ לָכֶם הַפָּר הָאֶחָד וַעֲשׂוּ רִאשֹׁנָה כִּי אַתֶּם הָרַבִּים וְקִרְאוּ בְּשֵׁם אֱלֹהֵיכֶם וְאֵשׁ לֹא תָשִׂימוּ׃

אליהו, שידע היטב מה תהיינה תוצאות המבחן, ביקש לבנות בהדרגה את המתח: תחילה ייכשלו נביאי הבעל, לאחר מכן הוא יצליח במשימה, ואז יוכל לנצל את המומנטום להריגת נביאי הבעל. נביאי הבעל אינם יכולים להתחמק, והם מנסים ככל יכולתם להוריד אש מן השמיים:

(כו) וַיִּקְחוּ אֶת הַפָּר אֲשֶׁר נָתַן לָהֶם וַיַּעֲשׂוּ וַיִּקְרְאוּ בְשֵׁם הַבַּעַל מֵהַבֹּקֶר וְעַד הַצָּהֳרַיִם לֵאמֹר הַבַּעַל עֲנֵנוּ וְאֵין קוֹל וְאֵין עֹנֶה וַיְפַסְּחוּ עַל הַמִּזְבֵּחַ אֲשֶׁר עָשָׂה׃[17] (כז) וַיְהִי בַצָּהֳרַיִם וַיְהַתֵּל[18] בָּהֶם אֵלִיָּהוּ וַיֹּאמֶר קִרְאוּ בְקוֹל גָּדוֹל כִּי אֱלֹהִים הוּא כִּי שִׂיחַ וְכִי שִׂיג לוֹ וְכִי דֶרֶךְ לוֹ אוּלַי יָשֵׁן הוּא וְיִקָץ׃ (כח) וַיִּקְרְאוּ בְּקוֹל גָּדוֹל וַיִּתְגֹּדְדוּ כְּמִשְׁפָּטָם בַּחֲרָבוֹת וּבָרְמָחִים עַד שְׁפָךְ דָּם עֲלֵיהֶם׃ (כט) וַיְהִי כַּעֲבֹר הַצָּהֳרַיִם וַיִּתְנַבְּאוּ עַד לַעֲלוֹת הַמִּנְחָה[19] וְאֵין קוֹל וְאֵין עֹנֶה וְאֵין קָשֶׁב׃

17. "ופירוש 'אשר עשה' – דרך כלל, כמו: 'אשר עשו', כלומר: 'אשר עשה ישראל'" (רד"ק); "אשר עשה אחאב בעת קראם 'הבעל עננו'" (רלב"ג); "אשר עשה – לשון סתמי: העושה, והכוונה לעובדי הבעל שעשו את המזבח ברשות המלכות ובעידודה" (**דעת מקרא**).
18. ניתן להבין שאליהו התלוצץ כלפיהם, וכדברי רד"ק: "וענינו כי התלוצץ ואמר להם דרך ליצנות קראו בקול גדול". אלא שלפי פירוש זה, אין מובן מדוע נענו לו עובדי הבעל ושמו עצמם ללעג. נראה אפוא שאליהו אכן הציע להם הצעה שתאמה את הנוהג המקובל, והמילה "וַיְהַתֵּל" עניינה שקר ומרמה, כמו במקומות אחרים במקרא (ראו בראשית ל"א, ז: "וַאֲבִיכֶן הֵתֶל בִּי וְהֶחֱלִף אֶת מַשְׂכֻּרְתִּי עֲשֶׂרֶת מֹנִים"; שופטים ט"ז, י: "וַתֹּאמֶר דְּלִילָה אֶל שִׁמְשׁוֹן הִנֵּה הֵתַלְתָּ בִּי וַתְּדַבֵּר אֵלַי כְּזָבִים"), כלומר אליהו נהג עמם בערמה, על מנת למנוע מהם תירוצים שלאחר מעשה לכישלונם.
19. "עלות המנחה" הוא זמן הקרבת מנחת הערב בבית המקדש (ראו ויקרא ו׳, יג).

יש התפתחות בתיאור הניסיונות של עובדי הבעל, ובמקביל – בתיאור הכישלון:

1. בשלב הראשון, "מֵהַבֹּקֶר וְעַד הַצָּהֳרַיִם": "**וַיִּקְרְאוּ** בְשֵׁם הַבַּעַל... לֵאמֹר: הַבַּעַל עֲנֵנוּ". והתגובה: "וְאֵין קוֹל וְאֵין עֹנֶה".
2. לאחר מכן, סמוך לצהריים, מוסיפים עובדי הבעל מעשה לדיבור: "**וַיְפַסְּחוּ** עַל הַמִּזְבֵּחַ אֲשֶׁר עָשָׂה".[20]
3. בשלב הבא, לאחר הארכה שקיבלו מאליהו בצהריים, ולאחר שהיתל בהם כי עליהם לקרוא בקול גדול, ובכך גם היה לעג אירוני כלפי התפיסה האלילית הרואה באל תכונות חולשה אנושיות, הם נענים להצעתו: "**וַיִּקְרְאוּ בְּקוֹל גָּדוֹל וַיִּתְגֹּדְדוּ** כְּמִשְׁפָּטָם בַּחֲרָבוֹת וּבָרְמָחִים עַד שְׁפָךְ דָּם עֲלֵיהֶם".[21]
4. ולבסוף, "כַּעֲבֹר הַצָּהֳרַיִם", הם מנסים דרך אחרונה – התנבאות: "**וַיִּתְנַבְּאוּ** עַד לַעֲלוֹת הַמִּנְחָה".[22] וכעת הכישלון בולט עוד יותר: "וְאֵין קוֹל וְאֵין עֹנֶה **וְאֵין קָשֶׁב**".

ההשפלה של עובדי הבעל ניכרת גם בתוספת הזמן שניתנת להם. לכאורה היה ראוי שכל אחד מן הצדדים יקבל מחצית היום, ואם כן, היו עובדי הבעל צריכים לקבל זמן "מֵהַבֹּקֶר וְעַד הַצָּהֳרַיִם" בלבד. אבל אליהו נותן להם "עַד לַעֲלוֹת הַמִּנְחָה".

עתה, לאחר שכל ניסיונותיהם של עובדי הבעל עלו בתוהו, בא תורו של אליהו.

20. מסתבר שהכוונה לפעולה פולחנית המתבצעת בקפיצה וריקוד, ו"וַיְפַסְּחוּ" – לשון דילוג (ראו הערה 12). כמובן, מילה זו רומזת ללשון התוכחה של אליהו: "עַד מָתַי אַתֶּם **פֹּסְחִים** עַל שְׁתֵּי הַסְּעִפִּים".
21. פעולה פולחנית זו הייתה נהוגה גם כמעשה אבלות על מת, והתורה אסרה אותה: "בָּנִים אַתֶּם לַה' אֱלֹהֵיכֶם לֹא תִתְגֹּדְדוּ וְלֹא תָשִׂימוּ קָרְחָה בֵּין עֵינֵיכֶם לָמֵת" (דברים י"ד, א) (והשוו ויקרא י"ט, כח: "וְשֶׂרֶט לָנֶפֶשׁ לֹא תִתְּנוּ בִּבְשַׂרְכֶם").
22. התנבאות היא הכנה רוחנית שמטרתה להגיע להשראה אלוהית. פעמים שהיא נעשית באמצעות כלי נגינה (ראו שמ"א י', ה; מל"ב ג', טו).

ו. גְּשׁוּ אֵלַי

לכאורה היה אליהו צריך לגשת מיד למלאכה, להקריב את הפר שלו ולחכות שתרד אש מן השמיים – ומה עוד שהשעה כבר מאוחרת. ואולם, אליהו איננו ממהר כלל ועיקר. בטרם יגיע בכלל לשלב ההקרבה, הוא נוקט כמה וכמה פעולות:

(ל) וַיֹּאמֶר אֵלִיָּהוּ לְכָל הָעָם גְּשׁוּ אֵלַי וַיִּגְּשׁוּ כָל הָעָם אֵלָיו וַיְרַפֵּא אֶת מִזְבַּח ה׳ הֶהָרוּס: (לא) וַיִּקַּח אֵלִיָּהוּ שְׁתֵּים עֶשְׂרֵה אֲבָנִים כְּמִסְפַּר שִׁבְטֵי בְנֵי יַעֲקֹב אֲשֶׁר הָיָה דְבַר ה׳ אֵלָיו לֵאמֹר יִשְׂרָאֵל יִהְיֶה שְׁמֶךָ: (לב) וַיִּבְנֶה אֶת הָאֲבָנִים מִזְבֵּחַ בְּשֵׁם ה׳[23] וַיַּעַשׂ תְּעָלָה כְּבֵית סָאתַיִם זֶרַע סָבִיב לַמִּזְבֵּחַ: (לג) וַיַּעֲרֹךְ אֶת הָעֵצִים וַיְנַתַּח אֶת הַפָּר וַיָּשֶׂם עַל הָעֵצִים: (לד) וַיֹּאמֶר מִלְאוּ אַרְבָּעָה כַדִּים מַיִם וְיִצְקוּ עַל הָעֹלָה וְעַל הָעֵצִים וַיֹּאמֶר שְׁנוּ וַיִּשְׁנוּ וַיֹּאמֶר שַׁלֵּשׁוּ וַיְשַׁלֵּשׁוּ: (לה) וַיֵּלְכוּ הַמַּיִם סָבִיב לַמִּזְבֵּחַ וְגַם אֶת הַתְּעָלָה מִלֵּא מָיִם:

ראש לכול, אליהו מקרב את העם אליו: "וַיֹּאמֶר אֵלִיָּהוּ לְכָל הָעָם **גְּשׁוּ אֵלַי וַיִּגְּשׁוּ** כָל הָעָם אֵלָיו". מסתבר שהעם חשש מקִרבה יתרה לאליהו,[24] ועל כן הוא מבקש מהם להתקרב. הלשון מזכירה את דברי יוסף לאחיו לאחר שהתוודע אליהם: "וְלֹא יָכְלוּ אֶחָיו לַעֲנוֹת אֹתוֹ כִּי נִבְהֲלוּ מִפָּנָיו. וַיֹּאמֶר יוֹסֵף אֶל אֶחָיו גְּשׁוּ נָא אֵלַי וַיִּגָּשׁוּ" (בראשית מ"ה, ג-ד). פסוק זה מעיד שאליהו הצליח להתקרב לעם: בתחילת

23. מעשה זה – בניית מזבח לה׳ שלא בבית המקדש שבירושלים – מעורר תמיהה, שהרי ספר מלכים מבקר את העם שוב ושוב על הזביחה בבמות. חז"ל אכן הצביעו על החריגה שבעשיית המזבח בהר הכרמל, וראו בה ׳הוראת שעה׳ (יבמות צ ע"ב ועוד; ועיינו גם בהקדמת הרמב"ם לפירוש המשנה). אכן, אין ספק שזהו אירוע חד־פעמי של הוכחת האמונה בה׳, שלא ניתן לעשותו בירושלים, משתי סיבות: ראשית, אליהו פעל בממלכת ישראל; וגם לו היה אפשר להגיע לירושלים, מובן שלא ניתן לקיים שם את ׳התחרות׳ בין עובדי הבעל לאליהו.
24. כדרך שחששו מפניו האישה מצרפת ועובדיהו.

הסיפור נאמר "וַיִּגַּשׁ אֵלִיָּהוּ אֶל כָּל הָעָם", וכעת העם נענה לפנייתו וניגש אליו. ומסתבר שיש כאן תיקון גם מצדו של אליהו, שעד כה התבודד והתרחק מהעם, ואילו כעת הוא הולך עמם בצוותא בדרך חזרה לעבודת ה׳.

לאחר מכן אליהו מתקן את מזבח ה׳ ההרוס, שעליו אנחנו שומעים כאן לראשונה. כעת מתברר שעל הר הכרמל עמדו שני מזבחות: מזבח לבעל, הנזכר לעיל – "וַיְפַסְּחוּ עַל הַמִּזְבֵּחַ אֲשֶׁר עָשָׂה"; ומזבח ה׳ ההרוס. וייתכן שמשום כך בחר אליהו בהר הכרמל דווקא. עם ישראל פוסח על שתי הסעיפים כמעט מילולית – הוא מדלג בין שני המזבחות; וראש לכול יש להחזיר את המצב לקדמותו.

אליהו בונה את המזבח משתים עשרה אבנים "כְּמִסְפַּר שִׁבְטֵי בְנֵי יַעֲקֹב". מספר זה חוזר גם בשפיכת המים: אליהו מבקש למלא ארבעה כדי מים ולצקת אותם שלוש פעמים; ובסך הכול יצקו שנים עשר כדים, בדמיון מכוון לשבטי ישראל, שיוצגו פעמיים בתבנית 3X4, הן בחושן (שמות כ״ח, טו-כא) הן בדגלי המדבר (במדבר ב׳). נראה שאליהו מבקש לרמוז כי הפילוג בעם ישראל, שהתחיל באימוץ דרכים אליליות בעבודת ה׳ – עבודת העגלים, שנועדה לשמר את הפילוג – סופו שהביא לידי עבודה זרה, בשל ההתרחקות מבית המקדש שבממלכת יהודה. ויש במעשהו משום ביטוי לשאיפה להשבת אחדות ישראל, כל ישראל חברים, כאיש אחד בלב אחד לעבודת ה׳ אחד בבית המקדש שבירושלים.

ואולי אליהו מבקש לרמוז גם למזבח אחר שנעשה במתכונת דומה – המזבח שנבנה במעמד הר סיני: "וַיִּכְתֹּב מֹשֶׁה אֵת כָּל דִּבְרֵי ה׳ וַיַּשְׁכֵּם בַּבֹּקֶר וַיִּבֶן מִזְבֵּחַ תַּחַת הָהָר וּשְׁתֵּים עֶשְׂרֵה מַצֵּבָה לִשְׁנֵים עָשָׂר שִׁבְטֵי יִשְׂרָאֵל" (שמות כ״ד, ד), ובאותו מעמד הכריזו כל ישראל: "כֹּל אֲשֶׁר דִּבֶּר ה׳ נַעֲשֶׂה וְנִשְׁמָע" (שם, ז). בזכירת מעמד הר סיני אליהו מבקש לחזק בעם את הרצון לחזור לעבודת ה׳.[25]

25. ואולי באמצעות הקבלה זו אליהו מבקש להדגיש גם את ההתקרבות בינו ובין העם – "**וַיִּגַּשׁ אֵלִיָּהוּ אֶל כָּל הָעָם**... וַיֹּאמֶר אֵלִיָּהוּ לְכָל הָעָם **גְּשׁוּ אֵלַי וַיִּגְּשׁוּ כָל**

הפסוק ממשיך: ״וַיִּקַּח אֵלִיָּהוּ שְׁתֵּים עֶשְׂרֵה אֲבָנִים כְּמִסְפַּר שִׁבְטֵי בְנֵי יַעֲקֹב אֲשֶׁר הָיָה דְבַר ה׳ אֵלָיו לֵאמֹר **יִשְׂרָאֵל יִהְיֶה שְׁמֶךָ**״. מדוע הוזכר כאן שינוי שמו של יעקב? ייתכן שהכתוב מבקש ליצור זיקה לסיפור ההתגלות של ה׳ ליעקב בבית אל בשובו מפדן ארם (בראשית ל״ה, י) – ״שִׁמְךָ יַעֲקֹב לֹא יִקָּרֵא שִׁמְךָ עוֹד יַעֲקֹב כִּי אִם **יִשְׂרָאֵל יִהְיֶה שְׁמֶךָ** וַיִּקְרָא אֶת שְׁמוֹ יִשְׂרָאֵל״, ששם החליף הקב״ה את שמו של יעקב, ולאחר מכן נאמר: ״וַיַּצֵּב יַעֲקֹב מַצֵּבָה בַּמָּקוֹם אֲשֶׁר דִּבֶּר אִתּוֹ מַצֶּבֶת אָבֶן וַיַּסֵּךְ עָלֶיהָ נֶסֶךְ וַיִּצֹק עָלֶיהָ שָׁמֶן״ (שם, יד) – מעשה שמקביל ליציקת המים על המזבח בסיפורנו. ההקבלה באה להדגיש את הצורך להיבדל מעבודה זרה, כשם שהורה יעקב לאנשי ביתו לפני עלותם לבית אל: ״הָסִרוּ אֶת אֱלֹהֵי הַנֵּכָר אֲשֶׁר בְּתֹכְכֶם וְהִטַּהֲרוּ וְהַחֲלִיפוּ שִׂמְלֹתֵיכֶם״ (שם, ב).

הכתוב מבליט את פעולותיו השקולות והמדודות של אליהו בניגוד לחיפזון של עובדי הבעל. כשהציג אליהו בפני העם את ההתמודדות, תיאר את סדר הפעולות כך: ״וְיִבְחֲרוּ לָהֶם הַפָּר הָאֶחָד **וִינַתְּחֻהוּ וְיָשִׂימוּ עַל הָעֵצִים** וְאֵשׁ לֹא יָשִׂימוּ **וַאֲנִי אֶעֱשֶׂה אֶת הַפָּר הָאֶחָד וְנָתַתִּי עַל הָעֵצִים** וְאֵשׁ לֹא אָשִׂים״ (פס׳ כג). בפועל תוארו מעשיהם של עובדי הבעל כמהירים ותכליתיים: ״וַיִּקְחוּ אֶת הַפָּר אֲשֶׁר נָתַן לָהֶם וַיַּעֲשׂוּ...״ (פס׳ כו). אליהו, לעומתם, פועל לאט ומקרין ביטחון, למרות הזמן הקצר: ראשית הוא עסוק בתיקון המזבח; לאחר מכן הוא חופר תעלה; ואז הוא מקים את המערכה שלב אחר שלב – ״וַיַּעֲרֹךְ אֶת הָעֵצִים וַיְנַתַּח אֶת הַפָּר וַיָּשֶׂם עַל הָעֵצִים״. שיא הביטחון מתבטא, כמובן, בשפיכת המים, המשרתת מטרה כפולה. מצד אחד, היא מקשה עוד יותר את הניסיון, שהרי כעת האש צריכה לאחוז בקרבן ובעצים לחים. מצד שני, אליהו חוזר ומציב את דרישתו (כמו אצל האישה מצרפת) לקבלת מרות ולהבעת אמון מלא על מנת להיות ראויים

הָעָם אֵלָיו״, וכפי שביארנו לעיל – בניגוד להיבדלות של משה הנזכרת באותה פרשה: ״**וְנִגַּשׁ מֹשֶׁה לְבַדּוֹ אֶל ה׳ וְהֵם לֹא יִגָּשׁוּ** וְהָעָם לֹא יַעֲלוּ עִמּוֹ״ (שם, ב).

לנס, ועל כן הוא מורה לעם לשפוך כמויות מים נכבדות בעיצומה של בצורת קשה, כביטוי לאמונתם בה׳ ובנביאו.[26]

ז. וּבִדְבָרְךָ עָשִׂיתִי אֵת כָּל הַדְּבָרִים הָאֵלֶּה

לאחר שסיים את סדרת הפעולות שקדמו להקרבה, אליהו פונה לבסוף בתפילה לה׳:

(לו) וַיְהִי בַּעֲלוֹת הַמִּנְחָה וַיִּגַּשׁ אֵלִיָּהוּ הַנָּבִיא וַיֹּאמַר ה׳ אֱלֹהֵי אַבְרָהָם יִצְחָק וְיִשְׂרָאֵל[27] הַיּוֹם יִוָּדַע כִּי אַתָּה אֱלֹהִים בְּיִשְׂרָאֵל וַאֲנִי עַבְדֶּךָ וּבִדְבָרְךָ [ובדבריך כתיב] עָשִׂיתִי אֵת כָּל הַדְּבָרִים הָאֵלֶּה: (לז) עֲנֵנִי ה׳ עֲנֵנִי וְיֵדְעוּ הָעָם הַזֶּה כִּי אַתָּה ה׳ הָאֱלֹהִים וְאַתָּה הֲסִבֹּתָ אֶת לִבָּם אֲחֹרַנִּית:

התפילה מוצגת כניגוד לתפילתם השטחית של נביאי הבעל. הם צעקו ״הַבַּעַל עֲנֵנוּ״ (פס׳ כו) ותו לא, ואילו תפילתו של אליהו ארוכה ומורכבת יותר.

התפילה פותחת בציר שעליו סבב סיפורו של אליהו עד כה: ״וּבִדְבָרְךָ עָשִׂיתִי אֵת כָּל הַדְּבָרִים הָאֵלֶּה״. כזכור, אליהו הופיע לראשונה בהכרזה ״אִם יִהְיֶה הַשָּׁנִים הָאֵלֶּה טַל וּמָטָר כִּי אִם לְפִי דְבָרִי״ (י״ז, א). כפי שביארנו, הכרזה זו יצרה רושם כאילו ירידת הגשמים תלויה באליהו בלבד; ואפשר שגרמה להחמצת המסר הרוחני, שהרי אחאב הפנה את כל מרצו לחיפושים אחרי אליהו, בהנחה שאליהו פעל באופן עצמאי, ואף טען כנגדו שהוא ״עֹכֵר יִשְׂרָאֵל״ (פס׳ יז). כעת אליהו מבקש לתקן את הפגם: הוא מכריז קבל עם ועדה שאינו אלא שליח,

26. ניתן להבין בדרך זו את הרעיון של מצוות ניסוך המים בחג הסוכות, בסוף הקיץ, כביטוי לאמונה שהקב״ה ייתן גשם גם בשנה הבאה.

27. צירוף נדיר זה מזכיר את האמור בתפילתו של משה בפרשת העגל: ״זְכֹר לְאַבְרָהָם לְיִצְחָק וּלְיִשְׂרָאֵל עֲבָדֶיךָ אֲשֶׁר נִשְׁבַּעְתָּ לָהֶם בָּךְ״ (שמות ל״ב, יג), כלשון שנועדה לעורר רחמי שמיים.

ומבקש מה׳ שיוכיח בירידת האש מן השמיים כי אליהו עבדו, וכל מה שעשה היה בשליחותו של ה׳. ואולי משום כך זהו המקום היחיד בפרקי אליהו שהוא מכונה בתואר המוכר "אליהו הנביא" (המופיע גם במלאכי ג׳, כג ובדה"ב כ"א, יב), שכן רק כעת ביטא נכונה את תפקידו כנביא: להביא את דבר ה׳, בלא להצטייר כבעל כוחות עצמאיים.

הקטע הקשה בתפילה הוא המשפט החותם אותה: "וְיֵדְעוּ הָעָם הַזֶּה כִּי אַתָּה ה׳ הָאֱלֹהִים **וְאַתָּה הֲסִבֹּתָ אֶת לִבָּם אֲחֹרַנִּית**". מפשט הכתוב נראה שאליהו טוען כי הקב"ה הוא שגרם לעם ישראל שלא לעבדו כראוי. והדברים קשים: כלום ניתן לטעון שהקב"ה הוא הגורם לעבודה הזרה של ישראל?!

ואכן, מקצת המפרשים נדחקו להוציא את הכתוב מפשוטו: "פירש הגאון רב סעדיה: לבם, שהיה אחורנית, תסב אותו אליך עתה אם תענני" (רד"ק), כלומר שיעור הפסוק: ׳וכעת תסב את לבם אחורנית והם ישובו אליך׳.[28]

ברם, חז"ל פירשו את הכתוב כפשוטו: הם אמרו ש"אליהו הטיח דברים כלפי מעלה", ואף הוסיפו שהקב"ה עצמו חזר והודה לו (ברכות לא ע"ב). רש"י שם כתב שהקב"ה נושא באחריות משום

28. פירוש מקורי הציע רא"מ פיורקא (הובא בפירוש **דעת מקרא** כאן), שהמילים "וְאַתָּה הֲסִבֹּתָ אֶת לִבָּם אֲחֹרַנִּית" מופנות לאחאב. אכן, בכמה מקומות במקרא מצינו מעבר בין נמענים תוך כדי דיבור. לדוגמה, את הפסוק "וַיֹּאמֶר אֲבִימֶלֶךְ לֹא יָדַעְתִּי מִי עָשָׂה אֶת הַדָּבָר הַזֶּה וְגַם אַתָּה לֹא הִגַּדְתָּ לִּי וְגַם אָנֹכִי לֹא שָׁמַעְתִּי בִּלְתִּי הַיּוֹם" (בראשית כ"א, כו) ניתן לפרש: "וַיֹּאמֶר אֲבִימֶלֶךְ [אל אברהם]: לֹא יָדַעְתִּי מִי עָשָׂה אֶת הַדָּבָר הַזֶּה, [ואז פנה לפיכול שר צבאו וטען כנגדו:] וְגַם אַתָּה לֹא הִגַּדְתָּ לִּי, [ופיכול השיב לו:] וְגַם אָנֹכִי לֹא שָׁמַעְתִּי בִּלְתִּי הַיּוֹם". פסוק אחר שניתן לפרשו בדרך זו יש בשיחה בין דוד ואחימלך בנוב: "וְעַתָּה מַה יֵּשׁ תַּחַת יָדְךָ? [ומשיב אחימלך] חֲמִשָּׁה לֶחֶם [ואז דוד מבקש] תְּנָה בְיָדִי אוֹ הַנִּמְצָא" (שמ"א כ"א, ד). וכן בשמ"ב ט׳, יא: "וַיֹּאמֶר צִיבָא אֶל הַמֶּלֶךְ כְּכֹל אֲשֶׁר יְצַוֶּה אֲדֹנִי הַמֶּלֶךְ אֶת עַבְדּוֹ כֵּן יַעֲשֶׂה עַבְדֶּךָ [ודוד משיב לו] וּמְפִיבֹשֶׁת אֹכֵל עַל שֻׁלְחָנִי כְּאַחַד מִבְּנֵי הַמֶּלֶךְ"; וכך פירש רש"י שם; וכן כתב גם רמב"ן בפירושו לבראשית כ"ד, לב, ושם הביא עוד דוגמות לחילופי נושאים בתוך הפסוק, וסיים "ורבים כן". אבל כאן פירוש זה נראה דחוק במקצת, שהרי אחאב אינו נזכר לכל אורך ההתמודדות עם נביאי הבעל.

שברא את היצר הרע באדם; אלא שלפי זה, הקב"ה נושא באחריות לכל חטא שהוא.[29] ואפשר שכוונת חז"ל לנסיבות הייחודיות לדורו של אחאב: בית מלוכה חזק ויציב, שמְּמסד בממלכה עבודה זרה שלא הייתה כדוגמתה עד כה. ייתכן שעוצמתו של בית מלוכה זה, שהתבססה על הצד החיובי באישיותו של אחאב, הביאה את העם לטעות שאולי יש אמת בדרכו. אם כן, יש מידה של צדק בטענת אליהו, שה' נושא באחריות מסוימת לבחירה של העם בעבודה זרה על פי דרכו של אחאב.

לפי גישה זו, יש כאן צעד חיובי נוסף של אליהו בחיזוק הקשר שלו עִם עם ישראל, לאחר שכבר קירב אותם אליו בתחילה: הוא מלמד עליהם זכות, ואולי בדרך זו הוא אף מעודד אותם לחזור בתשובה. נמצא אפוא, שבפסוקים אלו מגיע אליהו הנביא לתיקון המלא ולשיא הצלחתו.

כעת מגיע סוף סוף הרגע המכריע:

(לח) **וַתִּפֹּל אֵשׁ ה' וַתֹּאכַל אֶת הָעֹלָה וְאֶת** הָעֵצִים וְאֶת הָאֲבָנִים וְאֶת הֶעָפָר וְאֶת הַמַּיִם אֲשֶׁר בַּתְּעָלָה לִחֵכָה:[30] (לט) **וַיַּרְא כָּל הָעָם וַיִּפְּלוּ עַל פְּנֵיהֶם** וַיֹּאמְרוּ ה' הוּא הָאֱלֹהִים ה' הוּא הָאֱלֹהִים:

29. הרמב"ם (הלכות תשובה פ"ו ה"ג) קובע עיקרון מהותי בענייני הבחירה החופשית: "ואפשר שיחטא אדם חטא גדול או חטאים רבים, עד שיתן הדין לפני דיין האמת שיהא הפרעון מזה החוטא על חטאים אלו שעשה ברצונו ומדעתו, שמונעין ממנו התשובה ואין מניחין לו רשות לשוב מרשעו, כדי שימות ויאבד בחטאו שיעשה". הרמב"ם מביא כמה דוגמות לכך, והאחרונה שבהן מפרקנו: "וכן ישראל בימי אליהו, לפי שהרבו לפשוע – מנע מאותן המרבים לפשוע תשובה, שנאמר 'ואתה הסבות את לבם אחורנית', כלומר מנעת מהן התשובה".

30. מסורת מימי הביניים מזהה את מקום המזבח וירידת האש בפסגה בחלק הדרומי־מזרחי של רכס הכרמל, הנקראת 'קרן הכרמל', וידועה יותר בשמה הערבי: 'מוחרקה', שמובנו בעברית: שרפה. בחצר המנזר שבמקום מתנוסס 'פסל אליהו', ומצדדיו חרוטים פסוקים מפרקנו. אכן, ממקום זה יש ירידה נוחה למדיי לנחל קישון, הנזכר לקמן פס' מ.

תיאור מרומם זה מזכיר את ירידת ה׳ לשכון במשכן ביום השמיני: ״וַתֵּצֵא **אֵשׁ** מִלִּפְנֵי ה׳ **וַתֹּאכַל** עַל הַמִּזְבֵּחַ אֶת הָעֹלָה וְאֶת הַחֲלָבִים וַיַּרְא כָּל הָעָם וַיָּרֹנּוּ וַיִּפְּלוּ עַל פְּנֵיהֶם״ (ויקרא ט׳, כד). ההקבלה מעידה על גודל המאורע: אליהו הביא את בני ישראל למעמד שהוא מעין אחד מרגעי השיא בעברו של עם ישראל. תקופה ארוכה פסח עם ישראל על שתי הסעיפים, וכעת, בסיומו של המבחן שהוכיח את עליבותם של עובדי הבעל מצד אחד, ואת גדולתו של אליהו כנביא ה׳ מצד שני, העם מגיע להכרעה: ה׳ הוא האלוהים!

לעת עתה המקרא מתעלם מאחאב עצמו. עם זאת, אין כל סיבה לחשוב שאחאב לא היה מן האנשים שהתפעלו מן המעמד וקראו ״ה׳ הוּא הָאֱלֹהִים״. מלך ישראל, שפסח אף הוא על שתי הסעיפים, שיוצגו אצלו בעובדיהו ובאיזבל, הגיע גם הוא להכרעה. התוצאות של הכרעה זו תבואנה בפסוקים הבאים.

ח. וַיְהִי גֶּשֶׁם גָּדוֹל

הסיפור היה יכול להסתיים כאן, אבל יש לו שלושה אפילוגים קצרים. ראשית, אליהו מנצל את המומנטום שבהכרזת העם על מנת לפעול כנגד נביאי הבעל:

(מ) וַיֹּאמֶר אֵלִיָּהוּ לָהֶם תִּפְשׂוּ אֶת נְבִיאֵי הַבַּעַל אִישׁ אַל יִמָּלֵט מֵהֶם וַיִּתְפְּשׂוּם וַיּוֹרִדֵם אֵלִיָּהוּ אֶל נַחַל קִישׁוֹן וַיִּשְׁחָטֵם שָׁם:

תיאור זה מזכיר במידה מסוימת את פרשת חטא העגל, הן בהריגת החוטאים בחרב (שמות ל״ב, כז)[31] הן בביעור העבודה הזרה ב״נַּחַל הַיֹּרֵד מִן הָהָר״ (דברים ט׳, כא).[32] וכמובן, יש בהריגת נביאי הבעל משום ׳מידה כנגד מידה׳ על הכרתת נביאי ה׳ בידי איזבל הנזכרת

31. בפועל ׳נשחטו׳ נביאי הבעל בחרב, ראו לקמן י״ט, א.
32. על הקבלה דומה עמדנו לעיל ט״ו, יג.

בתחילת הפרק.[33] אחאב עובר בשתיקה על מעשיו של אליהו, וגם זה נזקף לזכותו, כפי שנראה לקמן.

כעת בא האפילוג המרכזי של הסיפור:

(מא) וַיֹּאמֶר אֵלִיָּהוּ לְאַחְאָב עֲלֵה אֱכֹל וּשְׁתֵה כִּי קוֹל הֲמוֹן[34] הַגָּשֶׁם:[35] (מב) וַיַּעֲלֶה אַחְאָב לֶאֱכֹל וְלִשְׁתּוֹת וְאֵלִיָּהוּ עָלָה אֶל רֹאשׁ הַכַּרְמֶל וַיִּגְהַר אַרְצָה וַיָּשֶׂם פָּנָיו בֵּין בִּרְכָו: (מג) וַיֹּאמֶר אֶל נַעֲרוֹ[36] עֲלֵה נָא הַבֵּט דֶּרֶךְ יָם וַיַּעַל וַיַּבֵּט וַיֹּאמֶר אֵין מְאוּמָה וַיֹּאמֶר שֻׁב שֶׁבַע פְּעָמִים:[37] (מד) וַיְהִי בַּשְּׁבִעִית וַיֹּאמֶר הִנֵּה עָב קְטַנָּה כְּכַף אִישׁ

33. ועדיין ייתכן שהשימוש במילה החריפה "וַיִּשְׁחָטֵם" (ראו מל"ב י', ז, יד; שם כ"ה, ז; ירמיהו ל"ט, ו; שם מ"א, ז; ועוד), יש בו מן הביקורת על התנהגותו של אליהו. רבי יצחק עראמה כתב על כך בספרו עקדת יצחק (במדבר, פרשת פינחס, שער שמונים ושלושה): "אין דרך מלכים ראשי ישראל הנביאים להרוג בידים, ואין דעת עליון נוחה בכך". לדעתו, הביקורת של ה' על אליהו, שנעמוד עליה בהרחבה בפרק הבא, הייתה בין היתר גם על מעשה זה.
אמנם מסתבר שאליהו לא ביצע את ההרג בעצמו, כי אם אנשים שפעלו בשמו ומכוחו. האש נפלה על המזבח בשעה מאוחרת למדיי של היום, "בַּעֲלוֹת הַמִּנְחָה"; הורדת נביאי הבעל לנחל קישון והריגתם שם הייתה עשויה להימשך זמן רב; ובינתיים אליהו עצמו מוסיף ומדבר עם אחאב, והיו עוד כמה מעשים שאירעו עד לסופו של היום. מכל זה עולה כי לא ייתכן שאליהו ירד לנחל קישון והרג שם את נביאי הבעל בעצמו. עם זאת, ייחוס המעשה לאליהו מעיד על אחריותו לו.

34. "המון" במובן 'המיה, קול גדול', כמו: "וַיִּשְׁמַע עֵלִי אֶת קוֹל הַצְּעָקָה וַיֹּאמֶר מֶה קוֹל הֶהָמוֹן הַזֶּה" (שמ"א ד', יד); "וְהִשְׁבַּתִּי הֲמוֹן שִׁירָיִךְ וְקוֹל כִּנּוֹרַיִךְ לֹא יִשָּׁמַע עוֹד" (יחזקאל כ"ו, יג); ועוד.

35. כלומר: עוד מעט יישמע קול המון הגשם.

36. מיהו הנער? דבר חידוש יש כאן, שהרי עד כה לא נאמר בשום מקום שאליהו מתהלך עם נער. ייתכן, שיש לראות בכך צעד נוסף של הליכת אליהו לקראת העם, בהמשך למגמה שעמדנו עליה לעיל. אליהו יוצא מבדידותו המוחלטת ומשתף עמו נער.

37. מסתבר שהמילים "שֶׁבַע פְּעָמִים" אינן מדברי אליהו לנער, אלא הן מלשון הכתוב, שכך אירע שבע פעמים, וכדברי רד"ק: "ז' פעמים אמר לו 'שוב', כי לא היה רואה בכל פעם שום סימן עד השביעית".

עֲלֵה מִיָּם וַיֹּאמֶר עֲלֵה אֱמֹר אֶל אַחְאָב אֱסֹר[38] וָרֵד וְלֹא יַעֲצָרְכָה הַגָּשֶׁם: (מה) וַיְהִי עַד כֹּה וְעַד כֹּה וְהַשָּׁמַיִם הִתְקַדְּרוּ עָבִים וְרוּחַ וַיְהִי גֶּשֶׁם גָּדוֹל וַיִּרְכַּב אַחְאָב וַיֵּלֶךְ יִזְרְעֶאלָה:

אליהו קורא לאחאב לאכול ולשתות, כי במהרה יישמע קול הגשם. מכאן ניתן להסיק, כדברי רד״ק, שאחאב ״היה מתענה לעצירת הגשמים״, וכעת אליהו למעשה אומר לו כי הוא יכול להפסיק את תעניתו, לאכול ולשתות. בכך מתחזקת התמונה סביב השינוי הרוחני שעבר אחאב מאז פגישתו עם אליהו.

ואולם, בפועל לא התרחשו הדברים מהר כפי שצפה אליהו. כשאליהו עולה לראש הכרמל ושולח את נערו להביט לכיוון הים, אין הוא רואה מאומה, ורק כעבור שבע פעמים הוא רואה ענן קטן, שבסופו של דבר מביא גשם. מה גרם לעיכוב הזה? מדוע היה הנער צריך לעלות שבע פעמים בטרם יראה ״עָב קְטַנָּה כְּכַף אִישׁ״?

נראה, כי מטרתו של העיכוב הייתה ללמד את אליהו שתהליכים לוקחים זמן, וששינויים דרמטיים אינם חלים מיד. בניגוד למחשבתו של אליהו שמיד עם סיום המעמד יתחילו הגשמים לרדת, הרי שהוא לומד אט אט שגם כאן מדובר בתהליך, בתחילתו לא רואים דבר, ורק לאחר התמדה ונחישות אפשר לראות סימנים, שהולכים ומתגברים. במקום שהגשם ירד מיד לאחר שיסיים אחאב את סעודתו במקום, אחאב עוד יספיק לחזור מהר הכרמל לביתו ביזרעאל, ורק אז ירדו הגשמים. למסר זה יש חשיבות רבה לקראת הפרק הבא.

האפילוג השלישי לפרק מפתיע למדיי:

(מו) וְיַד ה׳ הָיְתָה אֶל אֵלִיָּהוּ וַיְשַׁנֵּס מָתְנָיו[39] וַיָּרָץ לִפְנֵי אַחְאָב עַד בֹּאֲכָה יִזְרְעֶאלָה:

38. לשון קצרה, שעניינה ׳אסור את רכבך׳, כלומר רתום את הסוסים למרכבה (ראו מל״ב ט׳, כא).

39. אמנם צירוף זה נעשה מטבע לשון מוכר, אבל זו ההופעה היחידה שלו (ושל השורש שנ״ס בכלל) במקרא, ופירושו מוטל בספק. מן ההקשר נראה שהכוונה:

מה טיבו של סיום זה? ריצה לפני המלך היא מגינוני הכבוד הנוהגים במלכות,[40] ועל כן מסתבר שזהו ביטוי של כבוד כלפי אחאב, וכדברי חז"ל: "אליהו חלק כבוד למלכות" (מכילתא דרבי ישמעאל בא, מסכתא דפסחא פרשה יג). אכן, דומה שבשלב זה אחאב ראוי לכבוד שקיבל. לאחר שנענה לקריאתו של אליהו להעמיד את נביאי הבעל למבחן בהר הכרמל; לאחר שהכריז, כנראה, עִם כל ישראל "ה' הוּא הָאֱלֹהִים"; לאחר ששתק מול הריגת נביאי הבעל בידי אליהו; לאחר כל אלו – אין ספק שהוא ראוי להערכה.

ובכל זאת, נראה מן הכתוב שהערכה זו נכפתה על אליהו בידי שמיים: "וְיַד ה' הָיְתָה אֶל אֵלִיָּהוּ". אולי ניתן להסיק מכאן שזוהי הערכתו של ה', ואליהו היה שותף לה בעל כורחו. אליהו, הדורש מחויבות טוטלית, איננו מכיר בעצמו בצדדים החיוביים באישיותו המורכבת של אחאב.

התכונן לקראת פעולה עצימה (אינטנסיבית), כמו "חַזֵּק מָתְנַיִם אַמֵּץ כֹּחַ מְאֹד" (נחום ב', ב).

40. כפי שאמר שמואל במשפט המלך: "אֶת בְּנֵיכֶם יִקָּח וְשָׂם לוֹ בְּמֶרְכַּבְתּוֹ וּבְפָרָשָׁיו וְרָצוּ לִפְנֵי מֶרְכַּבְתּוֹ" (שמ"א ח', יא); וכפי שנהגו אבשלום (שמ"ב ט"ו, א) ואדוניהו (מל"א א', ה).

פרק יט

אליהו בחורב

א. לֹא טוֹב אָנֹכִי מֵאֲבֹתָי

הפרק הקודם הסתיים בכבוד שחלק אליהו לאחאב על ששיתף עמו פעולה במעמד הר הכרמל, עבר בשתיקה על הריגת נביאי הבעל וציית לכל דברי הנביא. ואולם, כשחזר אחאב לביתו וסיפר לאיזבל על היום הסוער שעבר עליו, נתקל בתגובה נחרצת:

> (א) וַיַּגֵּד אַחְאָב לְאִיזֶבֶל אֵת כָּל אֲשֶׁר עָשָׂה אֵלִיָּהוּ וְאֵת כָּל אֲשֶׁר הָרַג אֶת כָּל הַנְּבִיאִים בֶּחָרֶב: (ב) וַתִּשְׁלַח אִיזֶבֶל מַלְאָךְ אֶל אֵלִיָּהוּ לֵאמֹר כֹּה יַעֲשׂוּן אֱלֹהִים וְכֹה יוֹסִפוּן[1] כִּי כָעֵת מָחָר אָשִׂים אֶת נַפְשְׁךָ כְּנֶפֶשׁ אַחַד מֵהֶם:

אמנם נראה שאיזבל לא התכוונה להרוג את אליהו בפועל: מי שבאמת מבקש להרוג אדם אחר, אינו מתרה בו מראש ומאפשר לו להימלט.

1. שלא כאדם מישראל, הנשבע בלשון "כֹּה יַעֲשֶׂה לִּי אֱלֹהִים וְכֹה יֹסִיף" (שמ"ב ג', לה, וכמוהו רבים), עובד אלילים נשבע בלשון רבים: "כֹּה יַעֲשׂוּן אֱלֹהִים וְכֹה יוֹסִפוּן". וכן נשבע בן הדד מלך ארם בפרק הבא (כ', י).

תגובתה של איזבל נראית כהבעת כעס יותר משהיא נראית כאמירה רצינית. איזבל לא ביקשה אלא להודיע לאליהו שהיא 'תסגור אתו את החשבון' על הריגת נביאי הבעל.

ובכל זאת, אליהו מקבל את דבריה כפשוטם, ומתוך כך הוא למד כי נחל כישלון מוחלט:

(ג) וַיַּרְא וַיָּקָם וַיֵּלֶךְ אֶל נַפְשׁוֹ וַיָּבֹא בְּאֵר שֶׁבַע אֲשֶׁר לִיהוּדָה[2] וַיַּנַּח אֶת נַעֲרוֹ שָׁם:[3] (ד) וְהוּא הָלַךְ בַּמִּדְבָּר דֶּרֶךְ יוֹם וַיָּבֹא וַיֵּשֶׁב תַּחַת רֹתֶם אֶחָד [אחת כתיב] וַיִּשְׁאַל אֶת נַפְשׁוֹ לָמוּת וַיֹּאמֶר רַב עַתָּה ה' קַח נַפְשִׁי כִּי לֹא טוֹב אָנֹכִי מֵאֲבֹתָי:

מה גרם לאליהו להגיב בייאוש גדול כל כך? ברי שלא הפחד מהמוות הוא שהשפיע עליו, שהרי באופן אירוני הוא מבקש לממש בעצמו את האיום של איזבל: היא איימה "כִּי כָעֵת **מָחָר** אָשִׂים אֶת **נַפְשְׁךָ** כְּנֶפֶשׁ אַחַד מֵהֶם", ובפועל כוונו לכך גם מעשיו של אליהו – "וְהוּא הָלַךְ בַּמִּדְבָּר דֶּרֶךְ **יוֹם**... וַיִּשְׁאַל אֶת **נַפְשׁוֹ** לָמוּת". נראה אפוא שמה שהטריד את אליהו בעיקר היה עצם ההכרזה של איזבל. בעיניו העידה הכרזה זו שאיזבל יכולה לפעול בלי התנגדות של אחאב ושל העם, ולמעשה הדבר מלמד על כך ששורש הבעיה שהביאה למיסוד עבודת הבעל בעם ישראל נותר בעינו. אם היה רושם לרגע שאחאב בחר בצד של עבודת ה', ועבר בשתיקה על הריגת נביאי הבעל, הרי שאליהו חש

2. מן התוספת "בְּאֵר שֶׁבַע **אֲשֶׁר לִיהוּדָה**" ניתן להסיק שהייתה 'באר שבע' אחרת, והמקרא בא להבדיל ביניהן. אמנם במקרא אין עדות ברורה לקיומה של עיר אחרת בשם זה, אבל בתקופת בית שני אכן הייתה באר שבע בגליל, המוכרת מכתבי יוסף בן מתתיהו (**מלחמות היהודים** ב כ ו, ועוד), ומזוהה כיום עם חרבת אבו א־שבע, בסמוך לכפר חנניה (ואולי היא הנזכרת בנבואת עמוס [ה', ה; ח', יד]).

3. להשארת הנער יש משמעות ספרותית: אם לאחר סיום מעמד הר הכרמל הופיע הנער לראשונה, כפי שראינו בפרק הקודם, ובכך היה ביטוי להתקרבות מסוימת לחברה ולעם, הרי שכעת, עם הסתלקותו מהחברה וייאושו ממנה, הוא משאיר את נערו ונותר שוב בבדידותו. הנער לא יופיע יותר בסיפורי אליהו.

כעת שהייתה זו אפיזודה חולפת. אליהו סבר אפוא שמעמד הר הכרמל לא השיג את מלוא המטרה, ונתמלא אכזבה עמוקה. תחושת הכישלון מביאה אותו למסקנה שאין הוא טוב מקודמיו, שחלומו לתקן את החברה בדרכו שלו נכשל, ועל כן אין עוד טעם בחייו.

ההליכה אל באר שבע, וממנה למדבר, מסמלת יציאה מן הארץ (שגבולותיה מוגדרים פעמים רבות "מדן ועד באר שבע"), והיא מעין בריחתו של יונה (יונה א׳): יונה פונה עורף לקב"ה, ובמקום ללכת לנינווה שבמזרח הוא הולך מערבה, לתרשיש שבים; כמוהו כאליהו, שפונה עורף לממלכת ישראל שבצפון הארץ והולך דרומה למדבר.

ב. מַה לְּךָ פֹה אֵלִיָּהוּ?

אבל הקב"ה איננו מתכוון כלל וכלל לוותר לאליהו על שליחותו, על כל פנים לא באופן שאליהו מבקש לעשות זאת:

(ה) וַיִּשְׁכַּב וַיִּישַׁן תַּחַת רֹתֶם אֶחָד וְהִנֵּה זֶה מַלְאָךְ נֹגֵעַ בּוֹ וַיֹּאמֶר לוֹ קוּם אֱכוֹל: (ו) וַיַּבֵּט וְהִנֵּה מְרַאֲשֹׁתָיו עֻגַת רְצָפִים[4] וְצַפַּחַת מָיִם וַיֹּאכַל וַיֵּשְׁתְּ וַיָּשָׁב וַיִּשְׁכָּב: (ז) וַיָּשָׁב מַלְאַךְ ה׳ שֵׁנִית וַיִּגַּע בּוֹ וַיֹּאמֶר קוּם אֱכֹל כִּי רַב מִמְּךָ הַדָּרֶךְ: (ח) וַיָּקָם וַיֹּאכַל וַיִּשְׁתֶּה וַיֵּלֶךְ בְּכֹחַ הָאֲכִילָה הַהִיא אַרְבָּעִים יוֹם וְאַרְבָּעִים לַיְלָה עַד הַר הָאֱלֹהִים חֹרֵב:

השינה של אליהו מקבילה לתרדמתו של יונה בירכתי הספינה המיטלטלת בסערה (יונה א׳, ה), ושתיהן משולות ל׳התאבדות׳ פסיבית. ואולם, המלאך מוליך את אליהו להכרה כי תפקידו טרם הסתיים. המלאך פונה אל אליהו פעמיים. בפעם הראשונה הוא מצווה עליו "קוּם אֱכוֹל", אך אליהו איננו מבין את הרמז: הוא אוכל, ואז חוזר באדישות למצבו הקודם – "וַיֹּאכַל וַיֵּשְׁתְּ וַיָּשָׁב וַיִּשְׁכָּב" – כאילו לא

4. כלומר עוגה שנאפתה על גבי רצפים, דהיינו גחלים (כמו בישעיהו ו׳, ו: "וַיָּעָף אֵלַי אֶחָד מִן הַשְּׂרָפִים וּבְיָדוֹ רִצְפָּה בְּמֶלְקַחַיִם לָקַח מֵעַל הַמִּזְבֵּחַ").

בא המלאך אלא להאכילו ולהשקותו מעט לפני מותו. או אז מתגלה המלאך שנית לאליהו ומבאר כי האכילה הפלאית, לא לשם עצמה באה, ותכליתה שאליהו יקום ממקומו וילך: "וַיָּשָׁב מַלְאַךְ ה' שֵׁנִית וַיִּגַּע בּוֹ וַיֹּאמֶר קוּם אֱכֹל כִּי רַב מִמְּךָ הַדָּרֶךְ". ניתן לומר שהמלאך מסביר לאליהו כי שגה בהבנת המילה "קוּם", שבאה לא רק במשמעות 'התעורר משנתך',[5] אלא גם במשמעות 'צא לדרך'.[6] ואכן, בפעם השנייה אליהו מבין את המסר, "וַיָּקָם וַיֹּאכַל וַיִּשְׁתֶּה וַיֵּלֶךְ".

אליהו הולך בכוח האכילה ההיא ארבעים יום וארבעים לילה אל הר האלוהים בחורב, ומובן מאליו שהוא חווה מה שחווה משה בשעתו: "וַיְהִי שָׁם עִם ה' אַרְבָּעִים יוֹם וְאַרְבָּעִים לַיְלָה לֶחֶם לֹא אָכַל וּמַיִם לֹא שָׁתָה" (שמות ל"ד, כח). בהמשך הסיפור יבואו עוד הקבלות רבות אחרות להתגלות ה' למשה,[7] אך כבר כעת ניתן להבין את משמעותו של המסר הנלווה לשליחותו של אליהו לחורב: גם משה עמד בפני קשיים, גם הוא ראה כיצד חטאו ישראל בעגל זמן קצר לאחר ההתגלות הגדולה בחורב – ואף על פי כן, מעולם לא מאס בחייו ומעולם לא ניסה להתחמק משליחותו.

5. כמו בפסוק "חֲצוֹת לַיְלָה אָקוּם לְהוֹדוֹת לָךְ עַל מִשְׁפְּטֵי צִדְקֶךָ" (תהילים קי"ט, סב).
6. כמו בפסוק "קוּם הִתְהַלֵּךְ בָּאָרֶץ לְאָרְכָּהּ וּלְרָחְבָּהּ" (בראשית י"ג, יז).
7. והן מנויות במדרש: "ואת מוצא שמשה ואליהו שוין זה לזה בכל דבר: משה נביא, אליהו נביא; משה נקרא 'איש האלהים' (דברים ל"ג, א), ואליהו נקרא 'איש האלהים' (מל"א י"ז, יח)... במשה 'ויעבור ה' על פניו' (שמות ל"ד, ו), ובאליהו 'והנה ה' עובר' (מל"א י"ט, יא); במשה 'וישמע את הקול' (במדבר ז', פט), ובאליהו 'והנה אליו קול' וגו' (מל"א י"ט, יג)... משה נטמן במערה – 'ושמתיך בנקרת הצור' (שמות ל"ג, כב), ואליהו נטמן במערה ולן שם, כדכתיב 'ויבא אל המערה וילן שם' (מל"א י"ט, ט); במשה 'ויבא אל הר האלהים' (שמות ג', א), ובאליהו 'ויבא אל הר האלהים' (מל"א י"ט, ח); משה בא למדבר ואליהו בא למדבר – 'והוא הולך למדבר' (שם, ד); משה השיח עמו על ידי מלאך – 'וירא אליו מלאך ה'' (שמות ג', ב), ואליהו על ידי מלאך – 'והנה זה מלאך' (מל"א י"ט, ה); משה שהה ארבעים יום וארבעים לילה שלא אכל ושלא שתה, וכן אליהו הלך בכח האכילה ההיא ארבעים יום" (פסיקתא רבתי פיסקא ד).

האם הבין אליהו את המסר? כבר מתחילת שהייתו בחורב נראה שלא הבין:

(ט) וַיָּבֹא שָׁם אֶל הַמְּעָרָה[8] וַיָּלֶן שָׁם[9] וְהִנֵּה דְבַר ה׳ אֵלָיו וַיֹּאמֶר לוֹ מַה לְּךָ פֹה אֵלִיָּהוּ:

אליהו מגיע לחורב וחוזר לישון, כמי שמאס בחייו. ה׳ שב ומעיר את אליהו משנתו, והפעם הוא שואל אותו שאלה מהותית: "מַה לְּךָ פֹה אֵלִיָּהוּ"? השאלה נראית תמוהה: הלוא ה׳ הוא ששלח את אליהו לחורב בדרך נס, ואם כן, מה פשר השאלה מה מעשיו שם? ברם, דומה שיותר משיש כאן שאלה, יש כאן תוכחה: מהן הנסיבות שבגינן הגעת עד כאן? "הלוא הנביא צריך שיימצא בין העם להוכיח ולנבאות, לא שיתבודד במדבר ובהרים" (מלבי"ם)!

תשובתו של אליהו מפתיעה:

(י) וַיֹּאמֶר קַנֹּא קִנֵּאתִי לַה׳ אֱלֹהֵי צְבָאוֹת כִּי עָזְבוּ בְרִיתְךָ בְּנֵי יִשְׂרָאֵל אֶת מִזְבְּחֹתֶיךָ הָרָסוּ וְאֶת נְבִיאֶיךָ הָרְגוּ בֶחָרֶב וָאִוָּתֵר אֲנִי לְבַדִּי וַיְבַקְשׁוּ אֶת נַפְשִׁי לְקַחְתָּהּ:

אליהו אינו מקבל את התוכחה, אלא מסביר מדוע ברח למדבר. בדבריו יש קטגוריה חריפה על עם ישראל. הוא מציג את המציאות שהייתה לפני מעמד הכרמל, ואינו נותן שום משקל למה שקרה באותו מעמד. הוא אומר "אֶת מִזְבְּחֹתֶיךָ הָרָסוּ", ואינו מציין שהוא כבר ריפא את

8. מאחר שנאמר "הַמְּעָרָה", בה"א הידיעה, מסתבר שהכוונה למערה ידועה, ומן הסתם היא "נִקְרַת הַצּוּר" שנסתר בה משה (שמות ל"ג, כב). וראו דברי המדרש המובאים בהערה הקודמת.

9. ייתכן שהבאתו של אליהו למערה רומזת למערה אחרת, המערה שבה החביא עובדיהו את נביאי ה׳ (י"ח, ד). אם כן, יש כאן ביקורת מרומזת נוספת על דרכו המתבודדת והמרוחקת של אליהו, שלא כעובדיהו, שפעל בתוך החברה. מכל מקום, כשאליהו מגיע למערה הוא פשוט חוזר לישון.

מזבח ה' ההרוס בכרמל. הוא מוסיף "וְאֶת נְבִיאֶיךָ הָרְגוּ בֶחָרֶב", ובזה כולל עם איזבל את כל ישראל, תוך התעלמות משיתוף הפעולה של העם בפעולת הנקם של הריגת נביאי הבעל, וגם מהצלת הנביאים בידי עובדיהו.[10] לא נחה דעתו עד שהוא מכריז "וָאִוָּתֵר אֲנִי לְבַדִּי", כאילו לא נותר עוד עובד ה' בלתו. והוא חותם: "וַיְבַקְשׁוּ אֶת **נַפְשִׁי** לְקַחְתָּהּ" – וגם כאן הוא כורך יחד את איזבל עם עם ישראל כולו. נראה שבעיניו של אליהו איזבל היא הדמות הקובעת בממלכת ישראל, ועל כן את מעשיה החמורים של איזבל הוא מתאר כמעשיהם של כל בני ישראל.

דומה ששלל הטיעונים נובע כולו מהלך נפשו של אליהו. המילה המנחה בפרק, החוזרת בו שבע פעמים, היא "נפש". בכך מודגשת הבעיה בתפיסתו של אליהו, ששם את עצמו במרכז, והתעלם לחלוטין ממצבו של עם ישראל, שהיה אמנם מורכב, אך היו בו גם דברים טובים רבים.[11]

10. חז"ל עמדו על הבעייתיות שבנביא המלמד חובה על עם ישראל, וביארו כך את הסמליות בשליחתו של אליהו להר סיני: "אמר לו הקב"ה לאליהו: 'מה לך פה אליהו'? היה לו שיאמר לפניו: רבונו של עולם! בניך הם, בני בחוניך הם, בני אברהם יצחק ויעקב שעשו לך רצונך בעולם. ולא עשה כן, אלא אמר לפניו: 'קנוא קנאתי לה' אלהי צבאות' וגו'. התחיל הקב"ה לדבר עמו דברי תנחומים, אמר לו: כשנגליתי ליתן להם תורה על הר סיני, לא נגלו עמי אלא מלאכי השרת שהן רוצין בטובתן" (סדר אליהו זוטא [מהדורת איש שלום] פרשה ח).
11. גם כאן ביקרו חז"ל את אליהו בחריפות: "'ויאמר קנא קנאתי לה' אלהי ישראל כי עזבו בריתך בני ישראל'. אמר לו הקדוש ברוך הוא: בריתי, שמא 'בריתך'? 'ואת מזבחותיך הרסו', אמר לו: מזבחותי, שמא 'מזבחותיך'? 'ואת נביאיך הרגו בחרב', אמר לו: נביאי, ואת מה איכפת לך?! אמר לו: 'ואותר אני לבדי ויבקשו את נפשי לקחתה'. תא חמי מה כתיב תמן [=בוא וראה מה כתוב שם]: 'ויבט והנה מראשותיו עוגת רצפים', מה הוא 'רצפים'? אמר רבי שמואל בר נחמן: רוץ פה, **רצוץ פיות** בכל מי שאמר דילטורייא [=דברי מלשינות] על בני" (שיר השירים רבה [מהדורת וילנא] פרשה א ד"ה א). המדרש חריף ביותר. בדו־שיח שמתואר בו, הקב"ה חושף בהדרגה כיצד כל טענותיו של אליהו נובעות מעניינו האישי, ומסיים באמירה קשה כלפי אליהו: "רצוץ פיות בכל מי שאמר דילטורייא על בניי". על דרך הפשט אין סיבה לומר שאליהו פעל ממניע אישי, אך בהחלט יש מקום לביקורת על זווית הראייה הצרה שלו, שהיא היפוכה של ההסתכלות

ג. לֹא בָאֵשׁ ה׳

הקב״ה אינו מגיב מיד. הוא לוקח את אליהו לחיזיון מופלא, שנועד ללמד את אליהו מסר חשוב. נראה שזוהי ההזדמנות האחרונה לאליהו לחזור בו, ולאמץ דרך אחרת ביחסו לעם:

> (יא) וַיֹּאמֶר צֵא וְעָמַדְתָּ בָהָר לִפְנֵי ה׳ וְהִנֵּה ה׳ עֹבֵר וְרוּחַ גְּדוֹלָה וְחָזָק מְפָרֵק הָרִים וּמְשַׁבֵּר סְלָעִים לִפְנֵי ה׳ לֹא בָרוּחַ ה׳ וְאַחַר הָרוּחַ רַעַשׁ לֹא בָרַעַשׁ ה׳: (יב) וְאַחַר הָרַעַשׁ אֵשׁ לֹא בָאֵשׁ ה׳ וְאַחַר הָאֵשׁ קוֹל דְּמָמָה דַקָּה: (יג) וַיְהִי כִּשְׁמֹעַ אֵלִיָּהוּ וַיָּלֶט פָּנָיו בְּאַדַּרְתּוֹ וַיֵּצֵא וַיַּעֲמֹד פֶּתַח הַמְּעָרָה וְהִנֵּה אֵלָיו קוֹל וַיֹּאמֶר מַה לְּךָ פֹה אֵלִיָּהוּ:

הקב״ה מזכיר שלושה גורמים ש׳לא בהם ה׳׳, אולי שלא כמחשבתו הראשונית של אליהו. וניתן לראות זיקה בין הגורמים האלה ובין אירועי הפרק הקודם. האמירה ״לֹא בָרוּחַ ה׳״ עשויה לעמוד כנגד דרך הופעתו של אליהו, לפחות כפי שנתפסה בעיני עובדיהו: ״וְהָיָה אֲנִי אֵלֵךְ מֵאִתָּךְ וְרוּחַ ה׳ יִשָּׂאֲךָ עַל אֲשֶׁר לֹא אֵדָע״ (י״ח, יב).[12] ״לֹא בָרַעַשׁ ה׳״ – כנגד ״עֲלֵה אֱכֹל וּשְׁתֵה כִּי קוֹל הֲמוֹן הַגָּשֶׁם״ (שם, מא); וכן כנגד ״וְהַשָּׁמַיִם הִתְקַדְּרוּ עָבִים וְרוּחַ וַיְהִי גֶּשֶׁם גָּדוֹל״ (שם, מה), שהרי ״רעש״ הוא קול רעם וסופה.[13] וכמובן, האמירה ״לֹא בָאֵשׁ ה׳״ עומדת כנגד מעמד הכרמל בכללותו, ובעיקר כנגד דברי אליהו ״וְהָיָה הָאֱלֹהִים אֲשֶׁר יַעֲנֶה בָאֵשׁ הוּא הָאֱלֹהִים״ (שם, כד) ומחשבתו שניתן להביא את כל עם ישראל להכרה בה׳ באמצעות האש.

כללו של דבר, אין הקב״ה מתגלה באמצעים הללו, כי אם

הרחבה והמאוזנת שבה צריך כל אדם, ועל אחת כמה וכמה מנהיג רוחני, להביט על עמו.

12. ואולי גם כנגד ״וַיְהִי עַד כֹּה וְעַד כֹּה וְהַשָּׁמַיִם הִתְקַדְּרוּ עָבִים **וְרוּחַ**״ (שם, מה).

13. כמו בישעיהו כ״ט, ו: ״מֵעִם ה׳ צְבָאוֹת תִּפָּקֵד בְּרַעַם וּבְרַעַשׁ וְקוֹל גָּדוֹל סוּפָה וּסְעָרָה״ (והפסוק מסיים: ״וְלַהַב אֵשׁ אוֹכֵלָה״, נמצא אף הוא כורך רעש ואש זה עם זה).

ב"קוֹל דְּמָמָה דַקָּה" דווקא: "הראה לו כי במחנה רוח ורעש ואש אין ה׳ בם, רק בקול דממה, וממנו ילמדו שלוחיו ונביאיו, בל יסערו סער בל ירעשו רעש ובל יבעירו אש, כמו שעשה אליהו בקנאתו לה׳ צבאות שעצר את השמיים ושחט את נביאי הבעל, כי ה׳ ישלח את נביאיו שיבואו אליהם בקול דממה, וימשכו את העם בעבותות אהבה ובדברים רכים" (מלבי"ם).

כעת ניתנת לאליהו הזדמנות שנייה.[14] הוא שב ונשאל פעם נוספת: "מַה לְּךָ פֹה אֵלִיָּהוּ?". האם כעת יֵדע אליהו להשיב שאכן אין מקומו במדבר, והוא ישים את פעמיו בחזרה אל העם לפעולה ממושכת, נטולת קולות וברקים, פעולה של קול דממה דקה שערכה גדול הרבה יותר מערכו של מעמד מרשים וחד־פעמי?

(יד) וַיֹּאמֶר קַנֹּא קִנֵּאתִי לַה׳ אֱלֹהֵי צְבָאוֹת כִּי עָזְבוּ בְרִיתְךָ בְּנֵי יִשְׂרָאֵל אֶת מִזְבְּחֹתֶיךָ הָרָסוּ וְאֶת נְבִיאֶיךָ הָרְגוּ בֶחָרֶב וָאִוָּתֵר אֲנִי לְבַדִּי וַיְבַקְשׁוּ אֶת נַפְשִׁי לְקַחְתָּהּ:

דבר לא השתנה. אליהו חוזר מילה במילה על מה שאמר בראשונה. קשה להכריע אם אכן לא הבין את המסר מן החיזיון בהר, או שמא הבין אך עמד על דעתו. כך או כך, משסירב אליהו לחזור בו, הגיעה השעה לסיים את תפקידו.

ד. תִּמְשַׁח לְנָבִיא תַּחְתֶּיךָ

משסירב אליהו לחזור בו, והמשיך לקטרג על ישראל, לא נותרה עוד ברירה, והקב"ה מייעד לו שלושה תפקידים:

(טו) וַיֹּאמֶר ה׳ אֵלָיו לֵךְ שׁוּב לְדַרְכְּךָ מִדְבַּרָה דַמָּשֶׂק וּבָאתָ וּמָשַׁחְתָּ

14. כשם שבתחילת הפרק, לאחר שהצטווה "קום" אך חזר לשכב, פנה אליו המלאך שנית.

אֶת חֲזָאֵל לְמֶלֶךְ עַל אֲרָם: (טז) וְאֵת יֵהוּא בֶן נִמְשִׁי תִּמְשַׁח לְמֶלֶךְ עַל יִשְׂרָאֵל וְאֶת אֱלִישָׁע בֶּן שָׁפָט מֵאָבֵל מְחוֹלָה תִּמְשַׁח לְנָבִיא תַּחְתֶּיךָ: (יז) וְהָיָה הַנִּמְלָט מֵחֶרֶב חֲזָאֵל יָמִית יֵהוּא וְהַנִּמְלָט מֵחֶרֶב יֵהוּא יָמִית אֱלִישָׁע: (יח) וְהִשְׁאַרְתִּי בְיִשְׂרָאֵל שִׁבְעַת אֲלָפִים כָּל הַבִּרְכַּיִם אֲשֶׁר לֹא כָרְעוּ לַבַּעַל וְכָל הַפֶּה אֲשֶׁר לֹא נָשַׁק לוֹ:

אליהו מצטווה למשוח שלושה אנשים: את חזאל למלך ארם, את יהוא למלך ישראל ואת אלישע לנביא.

נפתח במינוי השלישי, שמבחינתו של אליהו הוא המשמעותי ביותר: הקב"ה מבשר לאליהו שהוא יסיים את שליחותו ויפנה את מקומו למחליף – מעשה שלא מצאנו בשום נביא אחר.[15] מסתבר שיש לראות בזה מעין 'פיטורין' של אליהו, משלא הפנים את המסר, והמשיך ללמד חובה על עם ישראל באוזני ה'.

המדרש מתאר זאת בלשון ציורית: "המתין לו שלש שעות,[16] ועדיין בדבריו הראשונים הוא עומד: 'קנוא קנאתי לה' אלהי צבאות'. באותה שעה אמרה לו רוח הקודש לאליהו: 'לך שוב לדרכך מדברה דמשק וגו' ואת יהוא בן נמשי תמשח למלך על ישראל ואת אלישע בן שפט' וגו'', ומה שבדעתך איני יכול לעשות" (סדר אליהו זוטא [מהד' איש שלום] פרשה ח).

ובמקום אחר: "נמצאת אתה אומר, שלשה בנים הם: אחד תבע כבוד האב וכבוד הבן,[17] ואחד תבע כבוד האב ולא כבוד הבן, ואחד תבע כבוד הבן ולא בכבוד האב... אליהו תבע כבוד האב ולא כבוד הבן, שנאמר 'קנא קנאתי ליי' אלהי צבאות' וגו', ומה נאמר שם? 'ויאמר ה' אליו לך שוב לדרכך מדברה דמשק' וגומר 'ואת יהוא בן נמשי תמשח למלך על ישראל ואת אלישע בן שפט תמשח לנביא תחתיך',

15. משה נצטווה למנות את יהושע תחתיו כמנהיג (במדבר כ"ז, טו-כב), אך יהושע איננו מחליף אותו בתפקידו כנביא.

16. ייתכן ש"שלש שעות" אלו הן כנגד שלושת הדברים שנאמר לאליהו לעיל שאינם מבשרים את בוא ה': הרוח, הרעש והאש (פס' יא-יב).

17. האב והבן במדרש זה הם הקב"ה וישראל.

שאין תלמוד לומר ׳לנביא תחתיך׳, אלא **שאי איפשי בנבואתך**... וכן תמצא האבות והנביאים היו נותנים עצמם על ישראל.[18] במשה מה הוא אומר? ׳ועתה אם תשא חטאתם ואם אין מחני נא מספרך אשר כתבת׳ (שמות ל״ב, לב); ׳אם ככה את עושה לי הרגני נא הרוג אם מצאתי חן בעיניך ואל אראה ברעתי׳ (במדבר י״א, טו). בדוד מהו אומר? ׳הנה אנכי חטאתי ואנכי העויתי ואלה הצאן מה עשו תהי נא ידך בי ובבית אבי׳ (שמ״ב כד, יז). הא בכל מקום אתה מוצא האבות והנביאים נתנו נפשם על ישראל״ (מכילתא דרבי ישמעאל בא, מסכתא דפסחא פרשה א).

במבט רחב יותר, הקב״ה משיב שעם ישראל אכן ראוי לעונש,[19] והעונש הזה יבוא על ידי אויב חיצוני – חזאל מלך ארם[20] – וכן על ידי יהוא מלך ישראל,[21] ואף על ידי אלישע, מחליפו של אליהו.[22] ואולם, בד בבד מצוין גם הצד השני של הדברים: ״וְהִשְׁאַרְתִּי בְיִשְׂרָאֵל שִׁבְעַת אֲלָפִים כָּל הַבִּרְכַּיִם אֲשֶׁר לֹא כָרְעוּ לַבַּעַל וְכָל הַפֶּה אֲשֶׁר לֹא נָשַׁק לוֹ״. אליהו חוזר פעמיים על המילים ״וָאִוָּתֵר אֲנִי לְבַדִּי״, והקב״ה מבהיר לו שאינו לבדו; עדיין יש בישראל רבים וטובים שלא נכנעו לזרם הכללי של עבודת הבעל. מי שרואה רק את הצדדים השליליים בעם ישראל, ואינו מסוגל להבחין בהצלחות, ולו גם החלקיות, של מסעו כנגד העבודה הזרה, לא יוכל להמשיך לשמש כנביא ה׳, ועליו

18. כלומר שלא כפי שנהג אליהו בפרקנו.
19. והעונש הוא מידה כנגד מידה: ממלכת ישראל הרגה את נביאי ה׳ ״**בֶחָרֶב**״ (פס׳ י, יד), ועונשם יהיה בחרב: ״וְהָיָה הַנִּמְלָט **מֵחֶרֶב** חֲזָאֵל יָמִית יֵהוּא וְהַנִּמְלָט **מֵחֶרֶב** יֵהוּא יָמִית אֱלִישָׁע״. החרב רומזת גם לדרך הפולחן של עובדי הבעל: ״וַיִּתְגֹּדְדוּ כְּמִשְׁפָּטָם בַּחֲרָבוֹת וּבָרְמָחִים״ (י״ח, כח).
20. כדברי אלישע לחזאל: ״כִּי יָדַעְתִּי אֵת אֲשֶׁר תַּעֲשֶׂה לִבְנֵי יִשְׂרָאֵל רָעָה מִבְצְרֵיהֶם תְּשַׁלַּח בָּאֵשׁ וּבַחֻרֵיהֶם בַּחֶרֶב תַּהֲרֹג וְעֹלְלֵיהֶם תְּרַטֵּשׁ וְהָרֹתֵיהֶם תְּבַקֵּעַ״ (מל״ב ח׳, יב).
21. שהרג את כל בית אחאב ואת כל עובדי הבעל, כמסופר בפרוטרוט במל״ב ט׳-י׳.
22. רש״י מעיר: ״לא מצינו שהמית [=אלישע] אלא ארבעים ושנים ילדים על ידי הדובים ביריחו״ (ראו מל״ב ב׳, כג-כד). אבל רלב״ג מציין שניתן להוסיף עליהם גם את המתים ברעב הגדול בשומרון (שם ו׳, כה ואילך).

להתחלף בנביא אחר: ״אי איפשי בנביאותך, מאחר שאתה מלמד קטיגוריא על בני״ (רש״י לפס׳ טז).

במפתיע, אליהו מקיים רק את האחרון משלושת הציוויים: משיחת אלישע לנביא תחתיו. את הציוויים למשוח את חזאל למלך על ארם ואת יהוא למלך על ישראל העביר, כמסתבר, לאלישע.[23] ואולי יש בזה צד של תיקון, שמכיוון ששמע שחזאל ויהוא עתידים להכות את ישראל, לא מיהר אליהו למשחם, והסתפק במעשה שמשמעותו סיום תפקידו כנביא.[24]

ה. לֵךְ שׁוּב

בפסוקים הבאים מתואר המפגש הראשון בין אליהו ואלישע:

> (יט) וַיֵּלֶךְ מִשָּׁם וַיִּמְצָא אֶת אֱלִישָׁע בֶּן שָׁפָט וְהוּא חֹרֵשׁ שְׁנֵים עָשָׂר צְמָדִים לְפָנָיו וְהוּא בִּשְׁנֵים הֶעָשָׂר וַיַּעֲבֹר אֵלִיָּהוּ אֵלָיו וַיַּשְׁלֵךְ אַדַּרְתּוֹ אֵלָיו: (כ) וַיַּעֲזֹב אֶת הַבָּקָר וַיָּרָץ אַחֲרֵי אֵלִיָּהוּ וַיֹּאמֶר אֶשְּׁקָה נָּא לְאָבִי וּלְאִמִּי וְאֵלְכָה אַחֲרֶיךָ וַיֹּאמֶר לוֹ לֵךְ שׁוּב כִּי מֶה עָשִׂיתִי לָךְ: (כא) וַיָּשָׁב מֵאַחֲרָיו וַיִּקַּח אֶת צֶמֶד הַבָּקָר וַיִּזְבָּחֵהוּ וּבִכְלִי הַבָּקָר בִּשְּׁלָם הַבָּשָׂר וַיִּתֵּן לָעָם וַיֹּאכֵלוּ וַיָּקָם וַיֵּלֶךְ אַחֲרֵי אֵלִיָּהוּ וַיְשָׁרְתֵהוּ:

התיאור של אלישע: ״וְהוּא חֹרֵשׁ שְׁנֵים עָשָׂר צְמָדִים לְפָנָיו וְהוּא בִּשְׁנֵים הֶעָשָׂר״, מלמד כמה דברים. ראשית, הוא מעיד על עושרה של משפחתו, ששנים עשר צמדי בקר חורשים את שדותיהם בעת ובעונה אחת; ומכאן גם על גודל ההקרבה של אלישע, שכעת עליו לזנוח את

23. אלישע דאג למשיחת יהוא (מל״ב ט׳, א-י), ויידע את חזאל כי הוא עתיד להיות מלך (הגם שלא משחו ממש) (ראו שם ח׳, ז-טו).

24. יש מקום להשערה, שגם ה׳ נתכוון לבחון את אליהו: האם ימהר למשוח את חזאל ואת יהוא, על מנת להחיש את בוא העונש על ישראל, או שמא למד את הלקח, ולא יוסיף עוד לקטרג על ישראל. אם כן, הרי ׳סירוב הפקודה׳ הזה של אליהו היה בעצם עמידה במבחן דווקא.

אורח חייו הנוח והמבוסס וללכת אל הלא־נודע בעקבות אליהו. הוא מלמד גם על צניעותו של אלישע, שהולך אחרון בשורה, עם שאר החורשים. הדבר מעיד גם על אופי עממי: אין הוא מתבדל מן העם, אלא רואה עצמו כאחד מהם.[25] ההבדל בין אלישע לאליהו בולט גם בהיותו איש משפחה, הנקרא על שם אביו, "אלישע בן שפט" – שלא כאליהו, שאין לנו כל ידיעה על מי מבני משפחתו.

האופי הזה של אלישע מבהיר גם את הרתיעה של אליהו מהחלפתו בדמות כה שונה. נראה שמשום כך אין אליהו מושח את אלישע ממש, כפי שנצטווה, אלא מסתפק במחווה המרמזת שהוא עשוי להחליפו ביום מן הימים: "וַיַּשְׁלֵךְ אַדַּרְתּוֹ אֵלָיו".[26] כמה שונה פעולה זו, מפעולתו של נביא אחר שאף הוא קיבל ציווי דומה: כששמואל נצטווה על ידי ה' – "כָּעֵת מָחָר אֶשְׁלַח אֵלֶיךָ אִישׁ מֵאֶרֶץ בִּנְיָמִן וּמְשַׁחְתּוֹ לְנָגִיד עַל עַמִּי יִשְׂרָאֵל" (שמ"א ט', טז), הוא משח את שאול, ועל כך מסופר: "וַיִּקַּח שְׁמוּאֵל אֶת פַּךְ הַשֶּׁמֶן וַיִּצֹק עַל רֹאשׁוֹ וַיִּשָּׁקֵהוּ וַיֹּאמֶר הֲלוֹא כִּי מְשָׁחֲךָ ה' עַל נַחֲלָתוֹ לְנָגִיד" (שם י', א). אל מול החום שמביע שמואל כלפי שאול, שבא לידי ביטוי בנשיקה על ראשו, בולטת הקרירות מצדו של אליהו. גם בסיפור שלנו מופיעה נשיקה, אך לא נשיקת קבלה מצד המושח, אלא נשיקת פרידה של הנמשח.

אלישע, מכל מקום, מבין מיד את הרמז, ומוכן לעזוב מיד את

25. וכנראה המספר "שנים עשר" מבטא אף הוא חיבור משמעותי לעם כולו, כפי שראינו במעמד הר הכרמל (י"ח, לא, לד).

26. את העברת הבגד כסמל להחלפת אדם בתפקידו מצינו במקומות אחרים, כגון אצל אהרן ואלעזר: "וַיַּפְשֵׁט מֹשֶׁה אֶת אַהֲרֹן אֶת בְּגָדָיו וַיַּלְבֵּשׁ אֹתָם אֶת אֶלְעָזָר בְּנוֹ וַיָּמָת אַהֲרֹן שָׁם בְּרֹאשׁ הָהָר וַיֵּרֶד מֹשֶׁה וְאֶלְעָזָר מִן הָהָר" (במדבר כ', כח). ניתן למצוא משמעות סמלית זו גם בשאול ודוד: "וַיַּלְבֵּשׁ שָׁאוּל אֶת דָּוִד מַדָּיו וְנָתַן קוֹבַע נְחֹשֶׁת עַל רֹאשׁוֹ וַיַּלְבֵּשׁ אֹתוֹ שִׁרְיוֹן" (שמ"א י"ז, לח); וכן ביהונתן ודוד (שם י"ח, ד). אדרתו של אליהו הוזכרה כבר לעיל פס' יג, וכנראה היא מאפיינת אותו. ואולי הייתה אדרת לבוש אופייני לנביאים בכלל, כדברי זכריה (י"ג, ד): "וְהָיָה בַּיּוֹם הַהוּא יֵבֹשׁוּ הַנְּבִיאִים אִישׁ מֵחֶזְיֹנוֹ בְּהִנָּבְאֹתוֹ וְלֹא יִלְבְּשׁוּ אַדֶּרֶת שֵׂעָר לְמַעַן כַּחֵשׁ" (וכבר ציין לפסוק זה רלב"ג בפירושו לפס' טו).
בכיוון אחר ביאר רלב"ג, שאליהו השליך **על** אלישע את **כנפי** אדרתו, רמז שהוא מזמין את אלישע לבוא לחסות תחת כנפיו.

אורח חייו הנוח וללכת אחרי אליהו: ״וַיַּעֲזֹב אֶת הַבָּקָר וַיָּרָץ אַחֲרֵי אֵלִיָּהוּ וַיֹּאמֶר אֶשְּׁקָה נָּא לְאָבִי וּלְאִמִּי וְאֵלְכָה אַחֲרֶיךָ״. גם בזה אלישע מבטא את אופיו המשפחתי, ומבקש לנשק לאביו ולאמו ולהיפרד מהם באהבה בטרם יחבור לאליהו. נראה אפוא שהקב״ה בוחר באדם שאופיו שונה מהותית מאופיו של אליהו, על מנת שלא יחזור על הטעויות שעשה אליהו, עם כל עוצמתו, מתוך תחושת ההיבדלות מהעם שכה אפיינה אותו.

אלא שכעת גדלה עוד יותר הסתייגותו של אליהו מאלישע: ״וַיֹּאמֶר לוֹ לֵךְ שׁוּב כִּי מֶה עָשִׂיתִי לָךְ״. תגובה זו מפתיעה: הלוא אלישע הבין את משמעותה הסמלית של השלכת האדרת ונענה לה, ואליהו אכן נצטווה למשחו לנביא – ומדוע אפוא נוהג אליהו כאילו לא הייתה כל כוונה והזמנה במעשיו? דומה שאליהו מבטא כאן הסתייגות נוספת מאלישע, שבקשתו להיפרד תחילה מהוריו נראית לאליהו ׳רכרוכית׳. בעיני אליהו, קבלת נבואה מחייבת התנתקות מוחלטת מן העולם, ובקשתו של אלישע מלמדת שלא קורץ מן החומר שממנו קורץ אליהו. משום כך אומר לו אליהו ״לֵךְ שׁוּב״: בדיוק אותן מילים שאמר ה׳ לאליהו עצמו בפס׳ טו, שביטאו אף הן הסתייגות ודחייה.

ואולם, אלישע אינו נרתע מהתקיפות של אליהו, ותגובתו מעוררת עניין: תחילה נאמר ״וַיָּשָׁב מֵאַחֲרָיו״, ונראה כאילו הוא מקיים את דברי אליהו ״לֵךְ שׁוּב״ וחוזר בו; ומיד אחר כך נאמר ״וַיִּקַּח אֶת צֶמֶד הַבָּקָר וַיִּזְבָּחֵהוּ וּבִכְלִי הַבָּקָר בִּשְּׁלָם הַבָּשָׂר **וַיִּתֵּן לָעָם וַיֹּאכֵלוּ**״. מצד אחד, אלישע עושה צעד המבטא מחיקה של עברו: הוא שוחט את צמד הבקר שחרש בו ומבשל אותו בכלי הבקר, להורות כי תם שלב החרישה בבקר בחייו. מצד שני, אלישע חולק את מאכלו עם העם. מעשה זה הוא ביטוי סמלי לדרכו של אלישע: הוא נכון להינתק ממסלול חייו כפי שהיה עד עכשיו, אך אין הוא נכון להינתק מן החיים בתוך העם.

נקודה זו מסמלת את אחד ההבדלים הבולטים שבין אליהו לאלישע בפעולתם כנביאים. אליהו פועל תמיד לבדו, ללא מגע

עם אנשים,[27] ופעילותו הנבואית מתייחסת תמיד לעם ישראל כולו. אלישע, לעומתו, פועל כמעט תמיד בחברת אנשים אחרים, ומלבד המשימות הלאומיות הגדולות שהוא מקבל עליו, הוא מרבה לדאוג לצורכיהם ולרווחתם של בני חסותו,[28] וגם מסייע לאנשים אחרים במצוקותיהם.[29]

אלישע אמנם הולך אחרי אליהו, אבל אליהו טרם סיים את תפקידו. עודנו עתיד לפעול במלוא עוצמתו בשני סיפורים חשובים: בסיפור כרם נבות (להלן כ"א) ובסיפור שליחי המלך אחזיהו (מל"ב א'). והנה, בשני סיפורים אלו אין אלישע נזכר כלל ועיקר! יתרה מזו, מכאן ואילך אין אנו שומעים דבר על היחסים שבין אליהו ואלישע, עד יום עלות אליהו בסערה השמיימה (מל"ב ב'). מתקבל רושם שאליהו מקל ראש באיש המיועד להחליפו כנביא, אך שונה ממנו שוני בולט כל כך.

27. ואולי יש לדייק מן המילים "וַיִּתֵּן לָעָם וַיֹּאכֵלוּ", שאליהו עצמו לא השתתף בסעודה, אף שבוודאי הוזמן אליה. אליהו נותר בבדידותו, ואיננו מצטרף לאנשים אחרים.

28. כמו בסיפורים במל"ב ד', לח-מד: "וַיֹּאמֶר וּקְחוּ קֶמַח וַיַּשְׁלֵךְ אֶל הַסִּיר וַיֹּאמֶר **צַק לָעָם וְיֹאכֵלוּ** וְלֹא הָיָה דָּבָר רָע בַּסִּיר"; "וַיֹּאמֶר **תֵּן לָעָם וְיֹאכֵלוּ**... וַיֹּאמֶר **תֵּן לָעָם וְיֹאכֵלוּ** כִּי כֹה אָמַר ה' אָכֹל וְהוֹתֵר. **וַיִּתֵּן לִפְנֵיהֶם וַיֹּאכְלוּ** וַיּוֹתִרוּ כִּדְבַר ה'". וכמו בסיפור על בניית המקום החדש לבני הנביאים ונפילת הגרזן למים (שם ו', א-ז).

29. כמו בסיפור האישה מנשי בני הנביאים שהנושה בא לקחת את ילדיה לעבדים (מל"ב ד', א-ז).

פרק כ

מלחמות אחאב עם ארם

א. לֹא אוּכַל לַעֲשׂוֹת

פרקים י"ז-י"ט התמקדו בדמותו של אליהו הנביא. כעת המקרא עובר לעסוק באחאב, ובפרקנו, המתאר שתיים מן המלחמות שלו בארם, אין אליהו נזכר. אחאב הוא הדמות המרכזית, והוא אכן מתגלה בפרקנו במלוא המורכבות של אישיותו, שכבר התוודענו אליה בפרקים הקודמים.

הרקע לפרק מתואר בפסוק הראשון:

(א) וּבֶן הֲדַד מֶלֶךְ אֲרָם קָבַץ אֶת כָּל חֵילוֹ וּשְׁלֹשִׁים וּשְׁנַיִם מֶלֶךְ
אִתּוֹ וְסוּס וָרָכֶב וַיַּעַל וַיָּצַר עַל שֹׁמְרוֹן וַיִּלָּחֶם בָּהּ:

כבר מפסוק זה עולה הרושם, שילך ויתחזק לקמן, של מלחמת מעטים מול רבים: שלושים ושניים מלכים נלחמים במלך אחד וצרים על עירו. נראה שלשני הצדדים ברור שהעיר שומרון לא תחזיק מעמד זמן רב, ומכאן מובנת היטב הצעתו של בן הדד לחסוך את המלחמה ולהיכנע:

(ב) וַיִּשְׁלַח מַלְאָכִים אֶל אַחְאָב מֶלֶךְ יִשְׂרָאֵל הָעִירָה: (ג) וַיֹּאמֶר לוֹ
כֹּה אָמַר בֶּן הֲדַד כַּסְפְּךָ וּזְהָבְךָ לִי הוּא וְנָשֶׁיךָ וּבָנֶיךָ הַטּוֹבִים לִי הֵם:

ואכן, אחאב מבין שאין לו סיכוי לנצח, והוא נכון לקבל את הכניעה המשפילה:

(ד) וַיַּעַן מֶלֶךְ יִשְׂרָאֵל וַיֹּאמֶר כִּדְבָרְךָ אֲדֹנִי הַמֶּלֶךְ לְךָ אֲנִי וְכָל אֲשֶׁר לִי:

אלא שבן הדד אינו מסתפק בהסכמה זו. מאחר שראה שאין לאחאב תכנית מלחמה סודית, והוא נכון להיכנע, בן הדד מוסיף תנאים להבהרת הסכם הכניעה המיועד:

(ה) וַיָּשֻׁבוּ הַמַּלְאָכִים וַיֹּאמְרוּ כֹּה אָמַר בֶּן הֲדַד לֵאמֹר כִּי שָׁלַחְתִּי אֵלֶיךָ לֵאמֹר כַּסְפְּךָ וּזְהָבְךָ וְנָשֶׁיךָ וּבָנֶיךָ לִי תִתֵּן: (ו) כִּי אִם כָּעֵת מָחָר אֶשְׁלַח אֶת עֲבָדַי אֵלֶיךָ וְחִפְּשׂוּ אֶת בֵּיתְךָ וְאֵת בָּתֵּי עֲבָדֶיךָ וְהָיָה כָּל מַחְמַד עֵינֶיךָ יָשִׂימוּ בְיָדָם וְלָקָחוּ:

והנה, שלא כבראשונה, שאז נכנע אחאב בלית ברירה, כעת הוא מגלה התנגדות:

(ז) וַיִּקְרָא מֶלֶךְ יִשְׂרָאֵל לְכָל זִקְנֵי הָאָרֶץ וַיֹּאמֶר דְּעוּ נָא וּרְאוּ כִּי רָעָה זֶה מְבַקֵּשׁ כִּי שָׁלַח אֵלַי לְנָשַׁי וּלְבָנַי וּלְכַסְפִּי וְלִזְהָבִי[1] וְלֹא מָנַעְתִּי מִמֶּנּוּ: (ח) וַיֹּאמְרוּ אֵלָיו כָּל הַזְּקֵנִים וְכָל הָעָם אַל תִּשְׁמַע וְלוֹא תֹאבֶה: (ט) וַיֹּאמֶר לְמַלְאֲכֵי בֶן הֲדַד אִמְרוּ לַאדֹנִי הַמֶּלֶךְ כֹּל אֲשֶׁר שָׁלַחְתָּ אֶל עַבְדְּךָ בָרִאשֹׁנָה אֶעֱשֶׂה וְהַדָּבָר הַזֶּה לֹא אוּכַל לַעֲשׂוֹת וַיֵּלְכוּ הַמַּלְאָכִים וַיְשִׁבֻהוּ דָּבָר:

ניכר מן הכתוב שאחאב ביקש שלא להכריע בדבר לבדו, והוא מקבל

1. בעוד שבן הדד התחיל מן הקל – "כַּסְפְּךָ וּזְהָבְךָ" ועבר אל הכבד – "וְנָשֶׁיךָ וּבָנֶיךָ הַטּוֹבִים" (פעמיים, הן בפס' ג הן בפס' ה), הרי שאחאב הופך את הסדר, על מנת להביע את הזעזוע מן הדברים, ולכן מזכיר תחילה את "לְנָשַׁי וּלְבָנַי", ומשם עובר ל"וּלְכַסְפִּי וְלִזְהָבִי".

מן הזקנים, ואחר כך גם מן העם, את הסמכות להשיב לבן הדד בסירוב מנומס. בן הדד שומע את דברי הסירוב ומגיב בכעס שחצני:

(י) וַיִּשְׁלַח אֵלָיו בֶּן הֲדַד וַיֹּאמֶר כֹּה יַעֲשׂוּן[2] לִי אֱלֹהִים וְכֹה יוֹסִפוּ אִם יִשְׂפֹּק[3] עֲפַר שֹׁמְרוֹן לִשְׁעָלִים[4] לְכָל הָעָם אֲשֶׁר בְּרַגְלָי:

אבל אחאב אינו נרתע ומוכן לצאת לקרב, באמונה שהניצחון אפשרי:

(יא) וַיַּעַן מֶלֶךְ יִשְׂרָאֵל וַיֹּאמֶר דַּבְּרוּ אַל יִתְהַלֵּל חֹגֵר כִּמְפַתֵּחַ:[5]

התנהלות זו צריכה ביאור: מאחר שהיה אחאב נכון להיכנע, בהבנה שאין לו סיכוי לעמוד מול שלושים ושניים המלכים, מדוע הוא משנה את טעמו ומחליט לצאת למלחמה? כלום כעת הסיכוי לנצח גדול יותר? מה ההבדל העקרוני בין שתי הפניות של בן הדד, שבעטיו שינה אחאב את גישתו תכלית השינוי?

נראה שהדרישה הראשונה של בן הדד הייתה בגדר מציאות רגילה של יחסי שולט ונשלט: העלאת מס, בנכסים ובעבדים, היא אכן חלק מהסכם כניעה סביר. אבל הדרישה השנייה, הכוללת חיטוט של העבדים בבתיהם של ישראל ולקיחת כל מחמד עיניהם, היא כבר בגדר השפלה מכוונת. בן הדד מדגיש את ההבדל המרכזי הזה בניסוח המתוקן: לא אחאב יחליט מה לתת – ״לִי תִתֵּן״ – כי אם עבדי בן

2. כפי שראינו בפרק הקודם, עובדי אלילים נוקטים בשבועה הזאת לשון רבים: ״כֹּה יַעֲשׂוּן״.
3. במובן ׳יספיק׳.
4. ׳שֹׁעַל׳ הוא בית הקיבול של כף היד בשעה שהיא קפוצה (ראו ישעיהו מ׳, יב, ״מִי מָדַד בְּשָׁעֳלוֹ מַיִם״). וכוונת הדברים: אם ייקח כל אחד מחייליי חופן עפר בידו, לא יספיק עפר שומרון לכולם.
5. כלומר אל יתהלל החייל החוגר את חרבו לקראת המלחמה, כמי שכבר מפתח אותה להסירה לאחר שניצח.

הדד "יָשִׂימוּ בְיָדָם וְלָקָחוּ". לכך אחאב כבר מסרב, ואף שהקרב נראה אבוד, הוא מעדיף כנראה כל דבר על פני השפלה כזו.

ב. בין אחאב לשאול

יש כמה קווי דמיון בין פרשה זו לבין פרשת נחש העמוני ויבש גלעד (שמ"א י"א):

1. בשני הסיפורים עולה מלך זר (נחש/בן הדד) על עיר בישראל (יבש גלעד/שומרון), ואנשי ישראל מוכנים להיכנע ("וַיֹּאמְרוּ כָּל אַנְשֵׁי יָבֵישׁ אֶל נָחָשׁ כְּרָת לָנוּ בְרִית וְנַעַבְדֶךָּ" [שם, א] / "לְךָ אֲנִי וְכָל אֲשֶׁר לִי").
2. בשני הסיפורים המלך הזר מציב תנאים משפילים, ובניסוח דומה (הגם שהמשמעויות שונות): התנאי של נחש היה "בְּזֹאת אֶכְרֹת לָכֶם בִּנְקוֹר לָכֶם כָּל עֵין יָמִין" (שם, ב), ובן הדד אומר "וְחִפְּשׂוּ אֶת בֵּיתְךָ וְאֵת בָּתֵּי עֲבָדֶיךָ וְהָיָה כָּל מַחְמַד עֵינֶיךָ יָשִׂימוּ בְיָדָם וְלָקָחוּ".
3. בשני הסיפורים התנאי המשפיל גורם ל'מחשבה שנייה', והיא מובילה לפנייה כללית: "וַיֹּאמְרוּ אֵלָיו זִקְנֵי יָבֵישׁ הֶרֶף לָנוּ שִׁבְעַת יָמִים וְנִשְׁלְחָה מַלְאָכִים בְּכֹל גְּבוּל יִשְׂרָאֵל וְאִם אֵין מוֹשִׁיעַ אֹתָנוּ וְיָצָאנוּ אֵלֶיךָ" (שם, ג); "וַיִּקְרָא מֶלֶךְ יִשְׂרָאֵל **לְכָל זִקְנֵי הָאָרֶץ**".
4. נקדים את המאוחר ונאמר כי שני הסיפורים מסתיימים בניצחון מוחץ של ישראל.[6]

בזה נפתחת מערכת נרחבת, מפתיעה בהיקפה, של הקבלות בין שני מלכי ישראל אחאב ושאול, ונעמוד עליה גם בפרקים הבאים. לפי

6. יש בסיפורנו הקבלה נוספת בין אחאב לשאול. הלשון "כִּי אִם **כָּעֵת מָחָר אֶשְׁלַח** אֶת עֲבָדַי אֵלֶיךָ וְחִפְּשׂוּ אֶת בֵּיתְךָ וְאֵת בָּתֵּי עֲבָדֶיךָ" (פס' ו) מופיעה במקרא רק עוד פעם אחת, בעניין משיחת שאול למלך: "**כָּעֵת מָחָר אֶשְׁלַח** אֵלֶיךָ אִישׁ מֵאֶרֶץ בִּנְיָמִן וּמְשַׁחְתּוֹ לְנָגִיד עַל עַמִּי יִשְׂרָאֵל וְהוֹשִׁיעַ אֶת עַמִּי מִיַּד פְּלִשְׁתִּים" (שמ"א ט', טז).

שעה נראה שהקבלה זו באה בעיקרה להחמיא לאחאב, שהרי היא משווה אותו לשאול בתחילת דרכו, כשצלחה עליו רוח ה׳. שני המלכים סירבו לקבל השפלה גדולה כל כך של עם ישראל, ויצאו לקרב מתוך אמונה בכבודו של העם.

ג. המבחן של אחאב

בן הדד המתרברב מחליט להתחיל בפריצה לעיר:

(יב) וַיְהִי כִּשְׁמֹעַ אֶת הַדָּבָר הַזֶּה וְהוּא שֹׁתֶה הוּא וְהַמְּלָכִים בַּסֻּכּוֹת וַיֹּאמֶר אֶל עֲבָדָיו שִׂימוּ וַיָּשִׂימוּ עַל הָעִיר:

הביטחון העצמי המופרז של בן הדד מתבטא לא רק בשתייה לשכרה ערב הקרב, אלא גם בלשון הקצרה "שִׂימוּ", שעניינה כנראה: שימו חיל שיפרוץ לתוך העיר. נראה שבן הדד נתון ראשו ורובו בשתיית יין, ואין לבו פנוי למתן פקודות מפורטות לחייליו. וכאן מתחיל המפנה:

(יג) וְהִנֵּה נָבִיא אֶחָד[7] נִגַּשׁ אֶל אַחְאָב מֶלֶךְ יִשְׂרָאֵל וַיֹּאמֶר כֹּה אָמַר ה׳ הֲרָאִיתָ אֵת כָּל הֶהָמוֹן הַגָּדוֹל הַזֶּה הִנְנִי נֹתְנוֹ בְיָדְךָ הַיּוֹם וְיָדַעְתָּ כִּי אֲנִי ה׳: (יד) וַיֹּאמֶר אַחְאָב בְּמִי וַיֹּאמֶר כֹּה אָמַר ה׳ בְּנַעֲרֵי שָׂרֵי הַמְּדִינוֹת וַיֹּאמֶר מִי יֶאְסֹר הַמִּלְחָמָה וַיֹּאמֶר אָתָּה: (טו) וַיִּפְקֹד אֶת נַעֲרֵי שָׂרֵי הַמְּדִינוֹת וַיִּהְיוּ מָאתַיִם שְׁנַיִם וּשְׁלֹשִׁים וְאַחֲרֵיהֶם פָּקַד אֶת כָּל הָעָם כָּל בְּנֵי יִשְׂרָאֵל שִׁבְעַת אֲלָפִים:

7. מן הלשון "נָבִיא אֶחָד" עולה שהיו עוד נביאים, וכך עולה גם מן המסופר לקמן על "אִישׁ הָאֱלֹהִים" ועל "אִישׁ אֶחָד מִבְּנֵי הַנְּבִיאִים" (פס׳ כח, לה). מכאן משתמעת ביקורת נוספת על אליהו, שהציג את עצמו כנביא היחיד שנותר לה׳ (לעיל י״ח, כב; י״ט, י, יד). ואולי משום כך אין אליהו נוטל חלק בפרשתנו, שאופיו החיובי של אחאב ניכר בה מתחילתה, שהרי הוא כבר איבד את היכולת לראות את הצדדים הטובים באישיותו של אחאב.

מסתבר שמתוך הערכה לנכונותו לצאת למאבק הנראה כאבוד למען כבודם של ישראל, ובמבט רחב יותר, מתוך הערכה לשיתוף הפעולה שלו עם אליהו במעמד הר הכרמל, זוכה כעת אחאב להבטחת ניצחון במערכה, כדי לחזק את אמונתו בה׳. ואולם, כדי לזכות בניצחון עליו לעמוד במבחן קשה ביותר: למרות פער הכוחות העצום, הוא מצטווה שלא לפתוח את המערכה בכל הכוחות הדלים העומדים לרשותו, כי אם "בְּנַעֲרֵי שָׂרֵי הַמְּדִינוֹת", דהיינו ב"משרתי שרי המדינות שבארץ ישראל, והמה מתי מספר ואינם מלומדי מלחמה, וזהו בכדי שיהיה הנס עוד יותר גדול להפליא" (מצודת דוד). יתרה מזאת: בראש הקבוצה הקטנה הזאת, החסרה כל סיכוי ריאלי לנצח, נדרש לעמוד אחאב עצמו; ורק אחרי שיעמוד בניסיון זה ויצא לקרב, יזכה לעזרת ה׳ ולניצחון.

הסיפור הזה מזכיר שתי מלחמות אחרות שבהן הודגש פער הכוחות בין ישראל ואויביהם, ובכל זאת פחת מספר הלוחמים לפני היציאה לקרב, והדבר העמיד במבחן את אמונתו של המנהיג.

הסיפור הראשון היה בימי גדעון: "וּמִדְיָן וַעֲמָלֵק וְכָל בְּנֵי קֶדֶם נֹפְלִים בָּעֵמֶק כָּאַרְבֶּה לָרֹב וְלִגְמַלֵּיהֶם אֵין מִסְפָּר כַּחוֹל שֶׁעַל שְׂפַת הַיָּם לָרֹב" (שופטים ז׳, יב), ומספרם הגיע ל־135,000 איש.[8] בנקודת הפתיחה עמדו לרשותו של גדעון 32,000 לוחמים,[9] אך גדעון נצטווה לצמצם את לוחמיו, עד שעמד מספרם על שלוש מאות. גם שם הייתה התכלית – להבהיר כי הניצחון מאת ה׳: "רַב הָעָם אֲשֶׁר אִתָּךְ מִתִּתִּי אֶת מִדְיָן בְּיָדָם פֶּן יִתְפָּאֵר עָלַי יִשְׂרָאֵל לֵאמֹר יָדִי הוֹשִׁיעָה לִּי" (שם, א). כידוע, גדעון הגיב בהיסוס רב לכל העניין, והיה זקוק לאותות ולחיזוקים כדי לצאת למערכה (ראו שם, ט–טו).

הקרב השני היה בימי שאול: "וּפְלִשְׁתִּים נֶאֶסְפוּ לְהִלָּחֵם עִם יִשְׂרָאֵל שְׁלֹשִׁים אֶלֶף רֶכֶב וְשֵׁשֶׁת אֲלָפִים פָּרָשִׁים וְעָם כַּחוֹל אֲשֶׁר עַל

8. כך עולה מן המסופר שם ח׳, י: "וְזֶבַח וְצַלְמֻנָּע בַּקַּרְקֹר וּמַחֲנֵיהֶם עִמָּם **כַּחֲמֵשֶׁת עָשָׂר אֶלֶף כֹּל הַנּוֹתָרִים** מִכֹּל מַחֲנֵה בְנֵי קֶדֶם **וְהַנֹּפְלִים מֵאָה וְעֶשְׂרִים אֶלֶף אִישׁ** שֹׁלֵף חָרֶב".

9. שם ז׳, ג: "וַיָּשָׁב מִן הָעָם עֶשְׂרִים וּשְׁנַיִם אֶלֶף וַעֲשֶׂרֶת אֲלָפִים נִשְׁאָרוּ".

שְׂפַת הַיָּם לָרֹב״ (שמ״א י״ג, ה). שאול נותר עם צבא קטן של שלושת אלפי איש (שם, ב), והמספר הזה הצטמצם בהדרגה לשש מאות (שם, טו). לאחר שנכשל ועבר על ציוויו של שמואל להמתין לו בהקרבת העולה, נתפס שאול לפסיביות מוחלטת, בניגוד לעמדתו של יהונתן בנו (שם י״ד), שיזם בעצמו דרך לראות אם תהיה לו סייעתא דשמיא, והוביל את ישראל לניצחון גדול.

שוב לפנינו הקבלה בין אחאב לשאול, אלא שכעת ההקבלה מורה בבירור על מעלתו של אחאב על פני שאול, שהמרה את פי הנביא, וגם על פני גדעון המהסס לעומת יהונתן היוזם.[10] פרשיות אלו מאירות את נכונותו של אחאב לצאת למלחמה באור חיובי עוד יותר. אחאב הוא היחיד מן השלושה ששמע לדבר ה׳, ויצא לקרב ללא היסוס מתוך אמונה גדולה, למרות תנאי הפתיחה הבלתי־סבירים.

אחאב יוצא בראש חיל קדמי, ומאחריו עומדים שבעת אלפים חיילים. מספר זה מזכיר כמובן את הנבואה ״וְהִשְׁאַרְתִּי בְיִשְׂרָאֵל שִׁבְעַת אֲלָפִים כָּל הַבִּרְכַּיִם אֲשֶׁר לֹא כָרְעוּ לַבַּעַל וְכָל הַפֶּה אֲשֶׁר לֹא נָשַׁק לוֹ״ (לעיל י״ט, יח), וכבר עמד על כך רש״י בפירושו לפרקנו: ״שבעת אלפים – אומר אני: הם שאמר עליהם ׳כל הברכים אשר לא כרעו לבעל׳״. יש משמעות סמלית להשגת הניצחון בעזרת אותם אנשים (או מקבילה שלהם), כחלק מהתשובה, ולוּ גם החלקית, של עם ישראל, וכפי שהדגיש הקב״ה לאליהו בחורב.[11]

10. להשוואה מפורטת בין גדעון ובין שאול ויהונתן ראו **שמואל א׳ – מלך בישראל**, עמ׳ 189–194.

11. בכך נוצרת זיקה נוספת לפרשת גדעון. כידוע, אחת הדרכים לצמצם את צבאו של גדעון הייתה: ״כֹּל אֲשֶׁר יָלֹק בִּלְשׁוֹנוֹ מִן הַמַּיִם כַּאֲשֶׁר יָלֹק הַכֶּלֶב תַּצִּיג אוֹתוֹ לְבָד וְכֹל אֲשֶׁר **יִכְרַע עַל בִּרְכָּיו** לִשְׁתּוֹת״ (שופטים ז׳, ה). כיוונים רבים עלו בביאור הבחירה במלקקים ולא בכורעים על ברכיהם, ומפורסם פירושו של רש״י, שהכורעים על ברכיהם ״למודים לכרוע לפני עבודה זרה״. פירוש זה מתחזק מאוד מן ההקבלה לפרקנו, שבו יצאו לקרב שבעת אלפים, שהם ״כָּל הַבִּרְכַּיִם אֲשֶׁר לֹא כָרְעוּ לַבַּעַל״, או לפחות מייצגים אותן.
זיקה נוספת בין פרקנו לפרשת גדעון במספר 32. מספר הלוחמים המקורי של גדעון היה 32,000, והמספר 32 מופיע פעמיים בפרקנו: זהו מספרם של המלכים

ד. הניצחון

מצבו של בן הדד מחריף מרגע לרגע:

(טז) וַיֵּצְאוּ בַּצָּהֳרָיִם וּבֶן הֲדַד שֹׁתֶה שִׁכּוֹר בַּסֻּכּוֹת הוּא וְהַמְּלָכִים שְׁלֹשִׁים וּשְׁנַיִם מֶלֶךְ עֹזֵר אֹתוֹ:

בפס' יב היה בן הדד "שֹׁתֶה". כעת הוא כבר "שֹׁתֶה שִׁכּוֹר", ועמו "הַמְּלָכִים שְׁלֹשִׁים וּשְׁנַיִם מֶלֶךְ עֹזֵר אֹתוֹ". הניסוח דו־משמעי בכוונת מכוון: הפשט הוא כנראה שעם בן הדד היו שלושים ושניים המלכים שסייעו בידו במלחמה; אבל ניתן להבין את המשפט גם כאירוניה – שהמלכים עזרו לבן הדד להשתכר... שכרות שחצנית זו תעמוד לו מיד לרועץ:

(יז) וַיֵּצְאוּ נַעֲרֵי שָׂרֵי הַמְּדִינוֹת בָּרִאשֹׁנָה וַיִּשְׁלַח בֶּן הֲדַד וַיַּגִּידוּ לוֹ לֵאמֹר אֲנָשִׁים יָצְאוּ מִשֹּׁמְרוֹן: (יח) וַיֹּאמֶר אִם לְשָׁלוֹם יָצָאוּ תִּפְשׂוּם חַיִּים וְאִם לְמִלְחָמָה יָצָאוּ חַיִּים תִּפְשׂוּם:[12]

תגובתו המוזרה של בן הדד אינה אלא תוצאה ישירה של שכרותו. סביר להניח שהתכוון לומר: 'אִם לְשָׁלוֹם יָצָאוּ – תִּפְשׂוּם חַיִּים; וְאִם לְמִלְחָמָה יָצָאוּ – הרגום'. אלא שבשכרותו התבלבל בן הדד בדבריו, ובמקום להפוך את ההוראה, הפך רק את סדר המילים: "חַיִּים תִּפְשׂוּם" במקום "תִּפְשׂוּם חַיִּים". כך קיבלו חייליו את הפקודה לשמור על חיי

שנלחמו עם בן הדד בישראל (פס' א), והוא רמוז גם במספרם של נערי שרי המדינות, "מָאתַיִם **שְׁנַיִם וּשְׁלֹשִׁים**".

12. בכך יש דמיון נוסף לפרשת יהונתן והפלשתים. כשבא יהונתן לבחון את תגובת הפלשתים, הציג אף הוא שתי אפשרויות הפכיות: "אִם כֹּה יֹאמְרוּ אֵלֵינוּ דֹּמּוּ עַד הַגִּיעֵנוּ אֲלֵיכֶם וְעָמַדְנוּ תַחְתֵּינוּ וְלֹא נַעֲלֶה אֲלֵיהֶם. וְאִם כֹּה יֹאמְרוּ עֲלוּ עָלֵינוּ וְעָלִינוּ כִּי נְתָנָם ה' בְּיָדֵנוּ וְזֶה לָּנוּ הָאוֹת" (שמ"א י"ד, ט–י). ודיבורם של הפלשתים שם ביטא אף הוא זלזול בישראל.

הלוחמים שמולם בכל מקרה. ושמא אפילו לא נטלו עמם את כלי נשקם. על כל פנים, כשיוצאים לקרב עם פקודה שלא לפגוע באויב, התוצאה כבר ידועה מראש:

(יט) וְאֵלֶּה יָצְאוּ מִן הָעִיר נַעֲרֵי שָׂרֵי הַמְּדִינוֹת וְהַחַיִל אֲשֶׁר אַחֲרֵיהֶם: (כ) וַיַּכּוּ אִישׁ אִישׁוֹ וַיָּנֻסוּ אֲרָם וַיִּרְדְּפֵם יִשְׂרָאֵל וַיִּמָּלֵט בֶּן הֲדַד מֶלֶךְ אֲרָם עַל סוּס וּפָרָשִׁים: (כא) וַיֵּצֵא מֶלֶךְ יִשְׂרָאֵל וַיַּךְ אֶת הַסּוּס וְאֶת הָרָכֶב וְהִכָּה בַאֲרָם מַכָּה גְדוֹלָה:[13]

כך השתלבו אומץ לבו ואמונתו של אחאב בתכסיס הצבאי של שליחת קבוצה קטנה ותמימה למראה אל מחנה ארם, שנועדה להפתיע את ארם מתוך הכרה בשאננותם. לאמונה של אחאב מצטרף ׳נס׳ הפקודה של בן הדד שלא הובנה כהלכה, ובכך מתבטאת המעורבות של הקב״ה, שהובטחה מראש: ״וְיָדַעְתָּ כִּי אֲנִי ה׳״.

ה. וְנִלָּחֲמָה אוֹתָם בַּמִּישׁוֹר

מיד בסיומה של המלחמה הראשונה בארם מתברר שהעניין טרם הסתיים:

(כב) וַיִּגַּשׁ הַנָּבִיא אֶל מֶלֶךְ יִשְׂרָאֵל וַיֹּאמֶר לוֹ לֵךְ הִתְחַזַּק וְדַע וּרְאֵה אֵת אֲשֶׁר תַּעֲשֶׂה כִּי לִתְשׁוּבַת הַשָּׁנָה[14] מֶלֶךְ אֲרָם עֹלֶה עָלֶיךָ:

מאחר שהנביא הוא שמזהיר את אחאב על הבאות, מסתבר שהמסר כולל גם אמירה רוחנית ערכית. הציווי ״לֵךְ הִתְחַזַּק״ איננו מורה אפוא רק על התעצמות צבאית, אלא גם על חיזוק רוחני.[15] אחאב נדרש

13. הבהלה הגדולה מזכירה את הבהלה שנוצרה במחנה פלשתים בעקבות ניצחונם של יונתן ונערו על חיל המצב (שמ״א י״ד, טו–טז).
14. כלומר בעוד שנה, כשתשוב השמש למקום שהיא נמצאת בו עתה.
15. כפי שעולה למשל מדברי יואב בן צרויה במלחמה הקשה עם ארם ועמון: ״חֲזַק

להעמיק את התהליך החיובי שעבר, ואת קבלת עבודת ה׳ כנתיב מרכזי בחייו ובמלכותו. פעם נוספת אמונתו של אחאב ההפכפך מועמדת במבחן.

גם בארם נעשה תהליך של הפקת לקחים:

(כג) וְעַבְדֵי מֶלֶךְ אֲרָם אָמְרוּ אֵלָיו אֱלֹהֵי הָרִים אֱלֹהֵיהֶם עַל כֵּן חָזְקוּ מִמֶּנּוּ וְאוּלָם נִלָּחֵם אִתָּם בַּמִּישׁוֹר **אִם לֹא נֶחֱזַק מֵהֶם**:[16] (כד) וְאֶת הַדָּבָר הַזֶּה עֲשֵׂה הָסֵר הַמְּלָכִים אִישׁ מִמְּקֹמוֹ וְשִׂים פַּחוֹת[17] תַּחְתֵּיהֶם: (כה) וְאַתָּה תִמְנֶה לְךָ חַיִל כַּחַיִל הַנֹּפֵל מֵאוֹתָךְ וְסוּס כַּסּוּס וָרֶכֶב כָּרֶכֶב וְנִלָּחֲמָה אוֹתָם בַּמִּישׁוֹר **אִם לֹא נֶחֱזַק מֵהֶם** וַיִּשְׁמַע לְקֹלָם וַיַּעַשׂ כֵּן:

מסקנות ׳ועדת החקירה׳ של ארם נוגעות בשני מישורים – דתי וצבאי – וכל חלק מסתיים במילים "אִם לֹא נֶחֱזַק מֵהֶם". בתחום הדתי טענו עבדי מלך ארם טענה אלילית אופיינית עד מאוד: ה׳ אלוהי ישראל הוא "אֱלֹהֵי הָרִים",[18] ובמישור תהיה יכולתו מוגבלת. על פי התפיסה האלילית, לכל אל שטח משלו.[19] הרעיון שהאל מוגבל להרים דווקא אופייני במיוחד, שהרי התפיסה האלילית מיקמה את האלים

וְנִתְחַזֵּק בְּעַד עַמֵּנוּ וּבְעַד עָרֵי אֱלֹהֵינוּ וַה׳ יַעֲשֶׂה הַטּוֹב בְּעֵינָיו" (שמ"ב י׳, יב).

16. רוצה לומר: ואז תראה שנחזק מהם (על פי רד"ק).
17. "פַּחוֹת" הם מושלים הממונים מטעם המלכות במחוזות השונים, וכנראה היה מעמדם נמוך גם ממעמדם של שלושים ושניים המלכים פחותי החשיבות שהתלוו לבן הדד. וראו גם לעיל י׳, טו.
18. אכן, שתי ההתגלויות האחרונות של ה׳ היו בהרים: בכרמל ובחורב.
19. כך, למשל, מסופר על הכותים שהגלה מלך אשור לארץ ישראל: "וַיֹּאמְרוּ לְמֶלֶךְ אַשּׁוּר לֵאמֹר הַגּוֹיִם אֲשֶׁר הִגְלִיתָ וַתּוֹשֶׁב בְּעָרֵי שֹׁמְרוֹן לֹא יָדְעוּ אֶת מִשְׁפַּט אֱלֹהֵי הָאָרֶץ וַיְשַׁלַּח בָּם אֶת הָאֲרָיוֹת וְהִנָּם מְמִיתִים אוֹתָם כַּאֲשֶׁר **אֵינָם יֹדְעִים אֶת מִשְׁפַּט אֱלֹהֵי הָאָרֶץ**" (מל"ב י"ז, כו).
גישה זו חדרה לא פעם גם לעם ישראל. שני המטות וחצי המטה, לדוגמה, בנו את המזבח הגדול על הירדן מחשש תאולוגי דומה: "וְאִם לֹא מִדְּאָגָה מִדָּבָר עָשִׂינוּ אֶת זֹאת לֵאמֹר מָחָר יֹאמְרוּ בְנֵיכֶם לְבָנֵינוּ לֵאמֹר מַה לָּכֶם וְלַה׳ אֱלֹהֵי יִשְׂרָאֵל. וּגְבוּל נָתַן ה׳ בֵּינֵנוּ וּבֵינֵיכֶם בְּנֵי רְאוּבֵן וּבְנֵי גָד אֶת הַיַּרְדֵּן אֵין לָכֶם חֵלֶק בַּה׳ וְהִשְׁבִּיתוּ

ועבודתם בראשי ההרים, כגון: ״אַבֵּד תְּאַבְּדוּן אֶת כָּל הַמְּקֹמוֹת אֲשֶׁר עָבְדוּ שָׁם הַגּוֹיִם אֲשֶׁר אַתֶּם יֹרְשִׁים אֹתָם אֶת אֱלֹהֵיהֶם עַל הֶהָרִים הָרָמִים וְעַל הַגְּבָעוֹת״ (דברים י״ב, ב).

מכאן עוברים עבדי מלך ארם למישור הצבאי. הם מדגישים שאין צורך להוסיף על הכוח שהיה במערכה הראשונה, שהיה בעדיפות מספרית עצומה. עם זאת, העבדים מציעים למנות מפקדים ראויים יותר: ״הָסֵר הַמְּלָכִים אִישׁ מִמְּקֹמוֹ וְשִׂים פַּחוֹת תַּחְתֵּיהֶם״. כפי שראינו, עזרתם המרכזית של המלכים שהיו עם בן הדד הייתה: ״וּבֶן הֲדַד שֹׁתֶה שִׁכּוֹר בַּסֻּכּוֹת הוּא וְהַמְּלָכִים שְׁלֹשִׁים וּשְׁנַיִם מֶלֶךְ עֹזֵר אֹתוֹ״ (פס׳ טז). המסקנה הייתה שלא לשלוח עוד מלכים מפונקים, שעיקר כישוריהם בשתייה לשכרה, ולא בתכנון מלחמה, אלא לשלוח שרים במדרגה נמוכה מהם, שיתרכזו בניהול המלחמה. ובכן, הארמים הפיקו את הלקחים מן המלחמה הקודמת, וכעת לא יהיה ניתן להפתיעם בשנית ולנצח בדרך הנראית לעין כטבעית.

בנוסף, גם במישור הצבאי עולה שוב הטענה שיש להעביר את המערכה למישור: ״וְנִלָּחֲמָה אוֹתָם בַּמִּישׁוֹר״. לארם היו הרבה ״סוס ורכב״ (פס׳ א), ויתרונם של אלו ינוצל טוב יותר במישור.

והנה, יש לשים לב להבדל שבין אחאב לבין מלך ארם. שני המלכים קיבלו עצות לקראת המערכה הבאה – אחאב מהנביא ומלך ארם מעבדיו. אולם בעוד שעל מלך ארם נאמר ״וַיִּשְׁמַע לְקֹלָם וַיַּעַשׂ כֵּן״, הרי שביטוי כזה לא נזכר אצל אחאב, וייתכן שהדבר מהווה רמז מטרים לקראת הכישלון הרוחני של אחאב בהמשך הדרך.

ו. וִידַעְתֶּם כִּי אֲנִי ה׳

למרות הניצחון במערכה הראשונה, עדיין יחסי הכוחות הם מעטים מול רבים:

בְנֵיכֶם אֶת בָּנֵינוּ לְבִלְתִּי יְרֹא אֶת ה׳״ (יהושע כ״ב, כד-כה). הם חוששים פן יטענו כלפיהם שמי שמתגורר מחוץ לגבולות הארץ, אין לו חלק בה׳.

(כו) וַיְהִי לִתְשׁוּבַת הַשָּׁנָה וַיִּפְקֹד בֶּן הֲדַד אֶת אֲרָם וַיַּעַל אֲפֵקָה[20] לַמִּלְחָמָה עִם יִשְׂרָאֵל: (כז) וּבְנֵי יִשְׂרָאֵל הָתְפָּקְדוּ וְכָלְכְּלוּ וַיֵּלְכוּ לִקְרָאתָם וַיַּחֲנוּ בְנֵי יִשְׂרָאֵל נֶגְדָּם כִּשְׁנֵי חֲשִׂפֵי עִזִּים[21] וַאֲרָם מִלְאוּ אֶת הָאָרֶץ:

גם כאן יחסי הכוחות בלתי־שווים בעליל: "וַיַּחֲנוּ בְנֵי יִשְׂרָאֵל נֶגְדָּם כִּשְׁנֵי חֲשִׂפֵי עִזִּים – וַאֲרָם מִלְאוּ אֶת הָאָרֶץ". אל מול צבאו הקטן של אחאב מונה הצבא הארמי, כפי שעולה מן הפסוקים הבאים, 127,000 לוחמים לפחות.[22] מסתבר אפוא, שאחאב לא חיזק את צבאו כפי שהתבקש לעשות על ידי הנביא. נראה, שאחאב סבר שהניצחון הראשון היה בו כדי להכריע את ארם לגמרי, וכעת, כשהתבררה הטעות, הוא מוצא את עצמו פעם נוספת במלחמת מעטים מול רבים.

והנה, הנביא מופיע שוב ומבשר על ניצחון, והפעם הניצחון אמור להיות קל יותר עבור אחאב, שכן אחאב איננו נדרש למלא תפקיד משמעותי כמו במערכה הקודמת:

(כח) וַיִּגַּשׁ אִישׁ הָאֱלֹהִים וַיֹּאמֶר אֶל מֶלֶךְ יִשְׂרָאֵל וַיֹּאמֶר כֹּה אָמַר ה׳ יַעַן אֲשֶׁר אָמְרוּ אֲרָם אֱלֹהֵי הָרִים ה׳ וְלֹא אֱלֹהֵי עֲמָקִים הוּא וְנָתַתִּי אֶת כָּל הֶהָמוֹן הַגָּדוֹל הַזֶּה בְּיָדֶךָ וִידַעְתֶּם כִּי אֲנִי ה׳:

20. מקומות שונים בארץ כונו 'אפק', אם על שום שישבו על אפיקי מים, אם על שום שהיו מבוצרים ('אפק' באכדית משמעו מבצר). יש מקום לסברה שכאן הכוונה לפיק שממזרח לכינרת, על הדרך העולה לרמת הגולן ולארם. המערכה החלה כנראה במישור שממזרח לכנרת, באזור עין גב של היום.

21. הצירוף "שְׁנֵי חֲשִׂפֵי עִזִּים" קשה. רוב המפרשים ביארו: שני עדרי עזים. רש"י כתב בשם מנחם, ש"חֲשִׂפֵי" – כמו "מַחְשֹׂף" (בראשית ל׳, לז), והכוונה לשטח שחושפות העזים במרעה. מכל מקום, יש כאן דמיון נוסף לפרשת יונתן והפלשתים, שגם בה יש הגדרה של שטח במושג הלקוח מעולם בהמות הבית: "כְּבַחֲצִי מַעֲנָה צֶמֶד שָׂדֶה" (שמ"א י"ד, יד).

22. ייתכן שהמספר 127 רומז לריבוי, כמו בתיאור ממלכתו של אחשוורוש (אסתר א׳, א). ועיינו גם בראשית כ"ג, א.

הניצחון מובטח במערכה משתי סיבות: ראשית, למנוע את חילול השם שעלול להיגרם מהפסד – הצדקת טענתם האלילית של אנשי ארם, שה׳ הוא ״אֱלֹהֵי הָרִים״; ושנית, להמשיך לחזק את עבודת ה׳ בקרב בני ישראל – ״וִידַעְתֶּם כִּי אֲנִי ה׳״. עם זאת, הסיבות אינן כוללות את עמידתו של אחאב במבחן בעקבות המלחמה הקודמת, כנראה בגלל חוסר היענות לאזהרת הנביא שעליו להתחזק לקראת המערכה הבאה. ייתכן, שדברי הנביא אכן רומזים לביקורת זו, שכן בעוד שבמערכה הראשונה הובטח הניצחון מראש כלקח לאחאב עצמו: ״וְיָדַעְתָּ כִּי אֲנִי ה׳״ (פס׳ יג), הרי שכעת הדגש עובר מאחאב לעם כולו.

ואכן, האופי הרוחני המובהק של המערכה בא לידי ביטוי בניהול המלחמה:

(כט) וַיַּחֲנוּ אֵלֶּה נֹכַח אֵלֶּה שִׁבְעַת יָמִים וַיְהִי בַּיּוֹם הַשְּׁבִיעִי וַתִּקְרַב הַמִּלְחָמָה וַיַּכּוּ בְנֵי יִשְׂרָאֵל אֶת אֲרָם מֵאָה אֶלֶף רַגְלִי בְּיוֹם אֶחָד: (ל) וַיָּנֻסוּ הַנּוֹתָרִים אֲפֵקָה אֶל הָעִיר וַתִּפֹּל הַחוֹמָה עַל עֶשְׂרִים וְשִׁבְעָה אֶלֶף אִישׁ הַנּוֹתָרִים וּבֶן הֲדַד נָס וַיָּבֹא אֶל הָעִיר חֶדֶר בְּחָדֶר:

המקרא מדגיש שהפן הדתי במערכה זו הוא שמכתיב את מהלכה: ״וַיַּחֲנוּ אֵלֶּה נֹכַח אֵלֶּה שִׁבְעַת יָמִים **וַיְהִי בַּיּוֹם הַשְּׁבִיעִי** וַתִּקְרַב הַמִּלְחָמָה״. התחלת המלחמה ביום השביעי היא ביטוי סמלי למעורבות של הקב״ה בה. יתרה מזאת, קשה להתעלם מנקודות הדמיון בין התיאור הקצר הזה ובין מלחמת יריחו בימי יהושע:

1. גם מלחמת יריחו התחילה ביום השביעי: ״וַיְהִי בַּיּוֹם הַשְּׁבִיעִי וַיַּשְׁכִּמוּ כַּעֲלוֹת הַשַּׁחַר״ (יהושע ו׳, טו).
2. בשתי המלחמות החומה נופלת: כאן ״וַתִּפֹּל הַחוֹמָה״, וביריחו – ״וַתִּפֹּל הַחוֹמָה תַּחְתֶּיהָ״ (שם, כ). ואין לתופעה זו אח ורע בשום מקום אחר במקרא.

לדמיון שבין שתי המלחמות יש משמעות רבה בהמשך הפרק. לפי

שעה נציין רק ששתי המלחמות מוכרעות בדרך נס. המלחמה ביריחו הייתה הפתיחה למלחמת כיבוש הארץ, ולכן היה חשוב מאוד להבהיר שהתהליך כולו מושגח מאת הקב"ה; נפילת החומה הייתה פעולה אלוהית מובהקת, שהושגה לאחר הכנה רוחנית מתאימה. אצלנו התהליך קצר יותר, אך עדיין יש כאן מסר ברור לאחאב, שהניצחון כולו מושג בידי ה'.[23]

ייחודה של המערכה הזאת כמלחמה הנעשית בידי ה' בא לידי ביטוי בהעדר כל אלמנט אנושי בניצחון. במערכה הראשונה נוצלה שאננותם של הארמים לניצחון שניתן לבארו בדרך הטבע. כאן עמדו שני הצבאות פנים אל פנים, וישראל ניצחו נגד כל היגיון שהוא. אשר על כן, זהו ניצחון שיש לייחס את כל כולו לה'.[24]

ז. אָחִי הוּא

אלא שבנקודה זו מתרחשת תפנית בעלילה. לאחר שבן הדד נס והתחבא, פנו אליו עבדיו בהצעה שעשויה להציל את חייו:

> (לא) וַיֹּאמְרוּ אֵלָיו עֲבָדָיו הִנֵּה נָא שָׁמַעְנוּ כִּי מַלְכֵי בֵּית יִשְׂרָאֵל
> כִּי מַלְכֵי חֶסֶד הֵם נָשִׂימָה נָּא שַׂקִּים בְּמָתְנֵינוּ וַחֲבָלִים בְּרֹאשֵׁנוּ[25]
> וְנֵצֵא אֶל מֶלֶךְ יִשְׂרָאֵל אוּלַי יְחַיֶּה אֶת נַפְשֶׁךָ: (לב) וַיַּחְגְּרוּ שַׂקִּים
> בְּמָתְנֵיהֶם וַחֲבָלִים בְּרָאשֵׁיהֶם וַיָּבֹאוּ אֶל מֶלֶךְ יִשְׂרָאֵל וַיֹּאמְרוּ עַבְדְּךָ
> בֶן הֲדַד אָמַר תְּחִי נָא נַפְשִׁי וַיֹּאמֶר הַעוֹדֶנּוּ חַי אָחִי הוּא:

23. כזכור, עניין יריחו מהדהד בפרקי אחאב מתחילתם: "בְּיָמָיו בָּנָה חִיאֵל בֵּית הָאֱלִי אֶת יְרִיחֹה בַּאֲבִירָם בְּכֹרוֹ יִסְּדָהּ וּבִשְׂגוּב צְעִירוֹ הִצִּיב דְּלָתֶיהָ כִּדְבַר ה' אֲשֶׁר דִּבֶּר בְּיַד יְהוֹשֻׁעַ בִּן נוּן" (לעיל ט"ז, לד).
24. ואולי משום כך לא נאמר כאן "נביא", כמו במלחמה הקודמת (פס' יג, כב), כי אם "איש האלהים", שמדרגתו גבוהה יותר (כך ניתן ללמוד, בין היתר, מהסיפור בפרק י"ג, שמכנה את נביא האמת "איש אלהים", ואת נביא השקר "נביא").
25. מסתבר שזהו ביטוי של הכנעה והכרה כי גורלם נתון בידיו של אחאב.

לעת עתה ניתן לראות את תגובתו של אחאב כמעין היענות לדבריהם של עבדי בן הדד, שמלכי ישראל "מַלְכֵי חֶסֶד הֵם", שאינם נוהגים אכזריות באויביהם. ובכל זאת תגובתו של אחאב מפתיעה במקצת. אחאב לא רק נכון לחוס על חייו של בן הדד ולהשאירו בשבי, כפי שקיוו עבדי ארם, אלא גם מבטא יחס אוהד במיוחד כלפי המלך שתקף אותו פעמיים בכוח עצום: "הַעוֹדֶנּוּ חַי? אָחִי הוּא!".

מן ההמשך ניכר שגם עבדי בן הדד הופתעו מתגובה זו, ועל כן הם ממהרים לתפוס את אחאב בלשונו:

(לג) וְהָאֲנָשִׁים יְנַחֲשׁוּ[26] וַיְמַהֲרוּ וַיַּחְלְטוּ הֲמִמֶּנּוּ[27] וַיֹּאמְרוּ אָחִיךָ בֶן הֲדַד וַיֹּאמֶר בֹּאוּ קָחֻהוּ וַיֵּצֵא אֵלָיו בֶּן הֲדַד וַיַּעֲלֵהוּ עַל הַמֶּרְכָּבָה:

המילים "יְנַחֲשׁוּ וַיְמַהֲרוּ וַיַּחְלְטוּ הֲמִמֶּנּוּ" קשות. אך מכל מקום, התמונה העולה מן הפסוק היא שהעבדים מבינים שעליהם לנצל את הרגע, בטרם יימלך אחאב. הם חוזרים ומוודאים: "אָחִיךָ בֶן הֲדַד?", ועתה כבר אין אחאב יכול לחזור בו, אפילו רצה בכך, והוא קורא לבן הדד ומעלהו על מרכבתו, דרך כבוד. כעת באה השעה להסדיר מחדש את היחסים בין ישראל לארם:

(לד) וַיֹּאמֶר אֵלָיו הֶעָרִים אֲשֶׁר לָקַח אָבִי מֵאֵת אָבִיךָ אָשִׁיב וְחוּצוֹת תָּשִׂים לְךָ בְדַמֶּשֶׂק כַּאֲשֶׁר שָׂם אָבִי בְּשֹׁמְרוֹן וַאֲנִי בַּבְּרִית אֲשַׁלְּחֶךָּ וַיִּכְרָת לוֹ בְרִית וַיְשַׁלְּחֵהוּ:

26. מסתבר כפירוש רש"י: "לשון מנחש. אמרו: כיון שנפלו דברי שלום בפיו, אפילו שלא במתכוין, סימן טוב הוא זה, וימהרו להחזיק הדבר".

27. במקצת כתבי היד חלוקת האותיות היא 'ויחלטוה ממנו', וכך משתמע גם מתרגום יונתן ("וחטפוהא מניה") ומתרגום השבעים. רש"י (על פי הנוסח המדויק במהדורת 'מקראות גדולות הכתר') סובר שהאות ה"א שייכת לשתי המילים: "וההא של 'ויחלטוה' **נוטה במסורת לשתי התיבות**, כאלו נכתב 'ויחלטו[ה] הממנו' – אם ממנו יצא הדבר בכוונת הלב".

ניכר בבירור שהדובר הוא בן הדד, הנראה כמי שמגדיר בעצמו את תנאי הכניעה: השבת הערים שלקחו ארם מישראל בעבר, ופתיחת שווקים בדמשק עם זכויות מסחר לממלכת ישראל. המחיר שבן הדד מציע בעקבות תבוסתו נראה קטן למדיי, ודאי בהשוואה להסכם שביקש לכפות על ישראל שנה קודם לכן, שכלל כזכור את הקביעה: "כַּסְפְּךָ וּזְהָבְךָ לִי הוּא וְנָשֶׁיךָ וּבָנֶיךָ הַטּוֹבִים לִי הֵם".

ההמשך מפתיע עוד יותר: "וַאֲנִי בַּבְּרִית אֲשַׁלְּחֶךָּ". מיהו הדובר? לדעת רד"ק כאן מתחלף הדובר, ואחאב הוא שפונה לבן הדד ואומר לו שאם יתחייב לתנאים אלו, הריהו ניאות לשלחו לשלום במסגרת הברית שנוצרה כעת ביניהם; ואכן הפסוק מסיים "וַיִּכְרָת לוֹ בְרִית וַיְשַׁלְּחֵהוּ", וכאן בוודאי הנושא של המשפט הוא אחאב.[28] ואולם, גם אם נפרש כך את הפסוק, יש חשיבות לעובדה שחילופי הדוברים אינם נזכרים במפורש, ואדרבה, מהמבנה הפשוט של הפסוק ניתן להגיע למסקנה ההפוכה. מסתבר שהמקרא בחר בניסוח זה על מנת להדגיש את הבעייתיות שבהסכם: בן הדד 'יוצא מן העניין בזול', והוא שמכתיב את תנאי הברית; הוא נשאר בחיים, נותר על כנו כמלך, ומשלם מחיר קטן למדיי על שתי התבוסות שלו.

נראה שהמקרא מבקש להציג את אחאב כמי שהתפתה לחוס על אויב שביקש להשפיל את ישראל בעבור תמורה של מה בכך. היה ניתן ללמד זכות על אחאב, שנהג כמנהגם של "מלכי חסד" בישראל; ואולי ראה הישג בעצם ההסכם עם בן הדד. ואולם, בהמשך הפרק בא שיפוט מקראי חמור עד מאוד למעשהו של אחאב, המלמד שהשארת בן הדד בחיים בתנאים אלו הייתה כישלון גדול.

ח. אִישׁ חֶרְמִי

חומרת מעשהו של אחאב מוצגת בדרך של משל:

28. על התופעה של חילופי דוברים במהלך הפסוק עמדנו לעיל פרק י"ח, הערה 28.

(לה) וְאִישׁ אֶחָד מִבְּנֵי הַנְּבִיאִים אָמַר אֶל רֵעֵהוּ בִּדְבַר ה׳ הַכֵּינִי נָא וַיְמָאֵן הָאִישׁ לְהַכֹּתוֹ: (לו) וַיֹּאמֶר לוֹ יַעַן אֲשֶׁר לֹא שָׁמַעְתָּ בְּקוֹל ה׳ הִנְּךָ הוֹלֵךְ מֵאִתִּי וְהִכְּךָ הָאַרְיֵה וַיֵּלֶךְ מֵאֶצְלוֹ וַיִּמְצָאֵהוּ הָאַרְיֵה וַיַּכֵּהוּ: (לז) וַיִּמְצָא אִישׁ אַחֵר וַיֹּאמֶר הַכֵּינִי נָא וַיַּכֵּהוּ הָאִישׁ הַכֵּה וּפָצֹעַ: (לח) וַיֵּלֶךְ הַנָּבִיא וַיַּעֲמֹד לַמֶּלֶךְ עַל הַדָּרֶךְ וַיִּתְחַפֵּשׂ בָּאֲפֵר עַל עֵינָיו:[29] (לט) וַיְהִי הַמֶּלֶךְ עֹבֵר וְהוּא צָעַק אֶל הַמֶּלֶךְ וַיֹּאמֶר עַבְדְּךָ יָצָא בְקֶרֶב הַמִּלְחָמָה וְהִנֵּה אִישׁ סָר וַיָּבֵא אֵלַי אִישׁ וַיֹּאמֶר שְׁמֹר אֶת הָאִישׁ הַזֶּה אִם הִפָּקֵד יִפָּקֵד וְהָיְתָה נַפְשְׁךָ תַּחַת נַפְשׁוֹ אוֹ כִכַּר כֶּסֶף[30] תִּשְׁקוֹל: (מ) וַיְהִי עַבְדְּךָ עֹשֵׂה הֵנָּה וָהֵנָּה וְהוּא אֵינֶנּוּ וַיֹּאמֶר אֵלָיו מֶלֶךְ יִשְׂרָאֵל כֵּן מִשְׁפָּטֶךָ אַתָּה חָרָצְתָּ: (מא) וַיְמַהֵר וַיָּסַר אֶת הָאֲפֵר מֵעֲלֵי [מעל כתיב] עֵינָיו וַיַּכֵּר אֹתוֹ מֶלֶךְ יִשְׂרָאֵל כִּי מֵהַנְּבִאִים הוּא: (מב) וַיֹּאמֶר אֵלָיו כֹּה אָמַר ה׳ יַעַן שִׁלַּחְתָּ אֶת אִישׁ חֶרְמִי מִיָּד וְהָיְתָה נַפְשְׁךָ תַּחַת נַפְשׁוֹ וְעַמְּךָ תַּחַת עַמּוֹ: (מג) וַיֵּלֶךְ מֶלֶךְ יִשְׂרָאֵל עַל בֵּיתוֹ סַר וְזָעֵף וַיָּבֹא שֹׁמְרוֹנָה:

בעיוננו נלמד הפעם את הסיפור מן הסוף להתחלה. בראש ובראשונה יש לשאול את השאלה המהותית: במה היה מעשה זה של אחאב חמור כל כך, עד שנגזרה עליו מיתה בעטיו דווקא? הרי על מיסוד העבודה הזרה בממלכת ישראל, כפי שראינו בפרקים הקודמים, לא נידון אחאב בחומרה שכזו; ומדוע נענש בכל חומר הדין על מעשה פעוט לכאורה, שאף ניתן לדונו לכף זכות?

על מנת להבין את החומרה במעשהו של אחאב, יש לראות את התמונה בכללותה. כזכור, בשתי המלחמות היה דגש רב כי המלחמה לה׳. במיוחד הודגש עניין זה במלחמה השנייה, שדמתה למלחמת

29. אפשר ששם אפר על עיניו כדי לטשטש את פניו (פשיטתא). ואפשר ש״אֲפֵר״ הוא בגד, כגון צעיף, שכרך על פניו, ובלשון חז״ל: ׳מעפורת׳ (רש״י על פי תרגום יונתן, וכן בשאר המפרשים).

30. כיכר כסף היא סכום גבוה, ככל הנראה שלושת אלפים שקל כסף (על פי שמות ל״ח, כה-כו, אך עיינו גם רש״י שם), כלומר פי מאה מערכו של עבד (ראו שמות כ״א, לב).

יריחו, ולא היה בה שום יסוד טבעי שיוכל להסביר את הניצחון. אמנם אחאב עשה כמה צעדים חשובים בדרך לעבודת ה׳, אבל אין זאת אומרת שכבר הגיע למדרגה שיֵדע לייחס לה׳ גם ניצחון שהושג בדרך הטבע. המלחמה הייתה אמורה להמשיך להפנים באחאב ש״ה׳ הוּא הָאֱלֹהִים״ (לעיל י״ח, לט), והוא מניע את כל המתרחש בעולם.

כאשר חנן אחאב את בן הדד והניח לו ללכת לביתו בתנאים סבירים, הייתה זו ראיה שלא באמת הפנים כי הניצחון לה׳, וכי לו עצמו אין שום חלק בו. לוּ הפנים זאת, היה מבין כי אין לו שום רשות להחליט לשחרר את בן הדד לדרכו. סביר להניח שאחאב חש מוחנף מהסיטואציה: ברגע אחד התהפכו היוצרות, ובן הדד האימתני מתחנן לפניו על חייו. כשהעניק לו אחאב חנינה, חש מן הסתם תחושת ניצחון וגאווה גדולה. ייתכן שהוא גם נהנה מן המחשבה שכעת ממלכת ארם תהיה משועבדת לו. אלא שבזה קלקל אחאב את כל המסר מן הניצחון הגדול.

בכך נמשכת ההקבלה לסיפור יריחו. שם הוזהרו ישראל במפורש שלא לקחת דבר משלל העיר: ״וְרַק אַתֶּם שִׁמְרוּ מִן הַחֵרֶם פֶּן תַּחֲרִימוּ וּלְקַחְתֶּם מִן הַחֵרֶם וְשַׂמְתֶּם אֶת מַחֲנֵה יִשְׂרָאֵל לְחֵרֶם וַעֲכַרְתֶּם אוֹתוֹ״ (יהושע ו׳, יח). שלל יריחו מוגדר כ״חרם״, שמשמעו: דבר השייך כל כולו לה׳ – ״כָּל חֵרֶם קֹדֶשׁ קָדָשִׁים הוּא לַה׳״ (ויקרא כ״ז, כח). נראה ששלל יריחו הוגדר כחרם משום שהייתה זו המלחמה הראשונה בכיבוש הארץ. הניצחון במלחמה זו בא בדרך של נס גמור, להורות שאין הארץ נכבשת לפני בני ישראל כי אם בעזרת ה׳. לקיחה מן השלל מורה על ההפך: הלוקח מן השלל מראה בזה כי הוא שניצח במלחמה, ועל כן יש לו רשות לקבוע מה ייעשה בשלל. על מנת לשלול תחושה זו ולהבהיר כי המלחמה לה׳ לבדו, נאסר על בני ישראל לקחת דבר.

ואכן, כאשר הנביא מוכיח את אחאב על מעשהו, הוא נוקט במונח הזה בדיוק: ״יַעַן שִׁלַּחְתָּ אֶת אִישׁ **חֶרְמִי** מִיָּד וְהָיְתָה נַפְשְׁךָ תַּחַת נַפְשׁוֹ וְעַמְּךָ תַּחַת עַמּוֹ״. אמנם אחאב, שלא כמו במלחמת יריחו, לא הוזהר במפורש שלא לקחת מן החרם. אלא שהאזהרה של יהושע

הייתה לכל העם, ואילו אחאב – מלך ישראל, שעמד במרכז המערכה מול ארם – היה אמור להבין מאליו שכל מה שקשור למלחמה זו הוא בגדר חרם, ושאין לו רשות להשאיר את בן הדד בחיים. כישלונו זה של אחאב בשעת מבחן הוכיח כי שכח במהרה שה׳ הוא שניצח עבורו במלחמה, ועל כן נגזרה עליו מיתה.[31]

בכך יש הקבלה נוספת בין אחאב לשאול, שהרי גם שאול נכשל כישלון דומה, במלחמת עמלק. כמו מלחמת יריחו, גם מלחמת עמלק הוגדרה כמלחמת חרם, ולקיחה מן השלל נאסרה לחלוטין. אבל שאול, כאחאב, הותיר את אגג מלך עמלק בחיים, וכנראה גם הוא עשה זאת מתוך תחושה של גאוות מנצחים וממניע אישי.[32]

ט. כֵּן מִשְׁפָּטֶךָ אַתָּה חָרָצְתָּ

כעת נוכל לבחון כיצד הועבר לאחאב המסר על כישלונו. שלא כמקובל, הנביא לא בא והוכיח אותו מיד על מעשהו, אלא הציג בפניו הצגה, שהתגלתה כמשל להתנהגותו של אחאב עצמו. הנביא מתחזה לחייל שקיבל אחריות על שבוי שהופקד בידו, אך השבוי ברח, וכעת הוא עלול להיות עבד למי שהפקידו בידו.

זוהי הפעם השלישית במקרא שפונים למלך באופן זה, המכונה ׳משל שיפוטי׳: אדם פונה למלך, מציג בפניו סיפור ומבקש מן המלך לשפוט; אך לאחר שחרץ המלך את הדין מתברר כי הסיפור אינו אלא משל למעשיו של המלך עצמו.

המשל השיפוטי הראשון במקרא הוא משל ׳כבשת הרש׳ (שמ״ב י״ב). שם התבקש דוד לדון עשיר שבא אליו אורח, והוא לא האכיל

31. ייתכן שהלשון ״**יַעַן** שִׁלַּחְתָּ אֶת אִישׁ חֶרְמִי **מִיָּד** וְהָיְתָה נַפְשְׁךָ תַּחַת נַפְשׁוֹ וְעַמְּךָ תַּחַת עַמּוֹ״ עומדת כנגד ״**יַעַן** אֲשֶׁר אָמְרוּ אֲרָם אֱלֹהֵי הָרִים ה׳ וְלֹא אֱלֹהֵי עֲמָקִים הוּא וְנָתַתִּי אֶת כָּל הֶהָמוֹן הַגָּדוֹל הַזֶּה **בְּיָדֶךָ**״ (פס׳ כח). נתינת ארם בידי אחאב הייתה צריכה להביאו להכרה שהכול מאת ה׳, אך הוא כשל בכך, ולכן נגזרה עליו מיתה.

32. ראו על כך בהרחבה **שמואל א׳ – מלך בישראל**, עמ׳ 211–213.

אותו מרכושו, אלא לקח את כבשת שכנו הרש – שנאמר עליה "וַיְחַיֶּהָ וַתִּגְדַּל עִמּוֹ וְעִם בָּנָיו יַחְדָּו מִפִּתּוֹ תֹאכַל וּמִכֹּסוֹ תִשְׁתֶּה וּבְחֵיקוֹ תִשְׁכָּב וַתְּהִי לוֹ כְּבַת" (שם, ג) – והכין ממנה סעודה לאורח. לאחר שחרץ המלך את דינו של העשיר – "כִּי בֶן מָוֶת הָאִישׁ הָעֹשֶׂה זֹאת, וְאֶת הַכִּבְשָׂה יְשַׁלֵּם אַרְבַּעְתָּיִם עֵקֶב אֲשֶׁר עָשָׂה אֶת הַדָּבָר הַזֶּה וְעַל אֲשֶׁר לֹא חָמָל" (שם, ה-ו) – אמר לו נתן הנביא: "אַתָּה הָאִישׁ" (שם, ז).

המשל השיפוטי השני הוא סיפורה של האישה התקועית (שמ"ב י"ד). לאחר שהרג אבשלום את אמנון וברח לגשור, ידע יואב "כִּי לֵב הַמֶּלֶךְ עַל אַבְשָׁלוֹם" (שם, א), ולכן ביקש מאישה חכמה מתקוע לפנות אל דוד בסיפור שיהיה משל למצבו. האישה סיפרה לדוד שהיא אלמנה, ולה שני בנים, אך בשל מריבה ביניהם קם האחד והרג את אחיו. כעת בני המשפחה מבקשים להרוג את הרוצח, אך בלעדיו לא יישאר שֵׁם ושארית לאישה המת, והיא תיוותר בודדה. לאחר שהצליחה לחלץ מפיו של דוד הבטחה שבנה לא ייפגע, ביארה האישה התקועית שהכוונה לו עצמו, וכשם שהבטיח שלא לפגוע בבן שרצח את אחיו, כך עליו לנהוג בבנו: להחזיר את אבשלום, ולא להוציאו להורג.

מה משמעות השימוש במשל שיפוטי? התשובה טמונה במכנה המשותף הבולט שיש לשלושת המשלים: בכל השלושה נבעה עצם הפנייה למלך, ולא לשופט רגיל, מהנחה שבמקרה הנידון ראוי לפסוק שלא לפי שורת הדין הפשוטה, אלא על פי הנסיבות המיוחדות של האירוע, ולכן יש לפנות למלך, שיש לו סמכות לתת פסקי דין חריגים.[33]

33. הר"ן מרחיב בדרשותיו (דרוש י"א) על הצורך במערכת משפטית כפולה, של שופטים ושל מלך, ועל ההבחנה בין תפקידיהם השונים: "והשם יתברך ייחד כל אחד מהענינים האלו לכת מיוחדת, וצוה **שיתמנו השופטים לשפוט המשפט הצודק האמיתי**... שתכלית מינויים הוא כדי לשפוט את העם במשפט צדק אמיתי בעצמו, ואין יכלתם עובר ביותר מזה. ומפני **שהסידור המדיני** לא ישלם בזה לבדו, השלים האל תיקונו במצות המלך". כך, למשל, ניתן להבין מדוע מלך יכול להרוג אדם שחטא על אף שלא הייתה התראה, הנדרשת בבית דין רגיל כדי להשית עונש מוות על עובר העבֵרה, שכן "אם לא יענש העובר כי אם על זה הדרך, יפסד **הסידור המדיני** לגמרי, שיתרבו שופכי דמים ולא

במשל כבשת הרש הציפייה היא לפסק דין חמור מדין התורה "אַרְבַּע צֹאן תַּחַת הַשֶּׂה" (שמות כ"א, לז), בגלל הנסיבות החמורות: במקום לקחת מצאנו, לקח האיש העשיר את כבשתו היחידה של הרש. דוד נענה לציפייה הזאת, וגוזר דין חמור ביותר: "כִּי בֶן מָוֶת הָאִישׁ הָעֹשֶׂה זֹאת, וְאֶת הַכִּבְשָׂה יְשַׁלֵּם אַרְבַּעְתָּיִם". הוא מנמק את דינו במילים "עֵקֶב אֲשֶׁר עָשָׂה אֶת הַדָּבָר הַזֶּה, וְעַל אֲשֶׁר לֹא חָמָל", וכפילות זו מבטאת שני פנים בחטא: המילים "אֲשֶׁר עָשָׂה אֶת הַדָּבָר הַזֶּה" מוסבות על עצם גנבת הכבשה, ואילו המילים "וְעַל אֲשֶׁר לֹא חָמָל" מבטאות את החומרה המיוחדת שבמעשה, המצדיקה ענישה מיוחדת בדינו של המלך. וכך גם בנמשל. מעשהו של דוד היה חמור במיוחד, כפי שהנביא מדגיש: "אָנֹכִי מְשַׁחְתִּיךָ לְמֶלֶךְ עַל יִשְׂרָאֵל וְאָנֹכִי הִצַּלְתִּיךָ מִיַּד שָׁאוּל. וָאֶתְּנָה לְךָ אֶת בֵּית אֲדֹנֶיךָ וְאֶת נְשֵׁי אֲדֹנֶיךָ בְּחֵיקֶךָ וָאֶתְּנָה לְךָ אֶת בֵּית יִשְׂרָאֵל וִיהוּדָה וְאִם מְעָט וְאֹסִפָה לְּךָ כָּהֵנָּה וְכָהֵנָּה. מַדּוּעַ בָּזִיתָ אֶת דְּבַר ה׳ לַעֲשׂוֹת הָרַע בְּעֵינַי אֵת אוּרִיָּה הַחִתִּי הִכִּיתָ בַחֶרֶב וְאֶת אִשְׁתּוֹ לָקַחְתָּ לְּךָ לְאִשָּׁה וְאֹתוֹ הָרַגְתָּ בְּחֶרֶב בְּנֵי עַמּוֹן" (שמ"ב י"ב, ז-ט). ולכן גם עונשו של דוד חמור מעונשו של אדם רגיל שחטא בחטאים אלו: "וְעַתָּה לֹא תָסוּר חֶרֶב מִבֵּיתְךָ עַד עוֹלָם" (שם, י).

גם האישה התקועית מבקשת פסיקה שלא לפי שורת הדין, אלא שבמקרה זה הבקשה היא לפסוק לקוּלָה. לפי שורת הדין יש להרוג את הבן הרוצח, אך האישה מתחננת לדוד שיחון את בנה, מפני שאם יומת, תישאר היא אלמנה בודדה, בלא משפחה, ולא יישאר זכר ושריד לבעלה. גם כאן נענה דוד לבקשה, והוא חונן את הבן הרוצח. וגם כאן הנמשל נוגע לדוד, והמסר הוא שעליו למחול לאבשלום, ולא להרוג גם את בנו האחר, כפי ששורת הדין נותנת.[34]

יגורו מן העונש, ולכן צוה השם יתברך לצורך ישובו של עולם במינוי המלך... והמלך יכול לדון שלא בהתראה כפי מה שיראה שהוא צריך לקיבוץ המדיני". השופט רואה לנגד עיניו את המקרה הנידון ופוסק בו בלבד, ואילו למלך מבט רחב יותר, המתחשב בטובת האומה בכללותה ובשיקולים החורגים מחוץ למה ששורת הדין נותנת במקרה הנדון.

34. אמנם המשל שונה מן הנמשל בכמה פרטים, והעיקרי שבהם: שלדוד היו בנים

ובכן, גם בפרקנו עלינו להבין קודם כול את המשל. הפונה מבקש להקל משורת הדין, המחייבת אותו לעמוד בתנאים שעליהם התחייב – להיות עבד בעצמו או לשלם כיכר כסף – והוא מבקש התחשבות בשל הנסיבות: "וַיְהִי עַבְדְּךָ עֹשֶׂה הֵנָּה וָהֵנָּה וְהוּא אֵינֶנּוּ". אבל אחאב, שלא כדוד, אינו נענה לבקשה, מפני שהנסיבות אינן מצדיקות פסק דין חריג של המלך, ולכן צריך לחול כאן הדין הרגיל: "כֵּן מִשְׁפָּטֶךָ אַתָּה חָרָצְתָּ". וזה גם המסר לאחאב עצמו: הגם שאחאב יכול להעלות תירוצים והסברים שונים מדוע ראה לנכון לשחרר את בן הדד, אין בכל אלו כדי להצדיק את המעשה, ועליו להיענש על כך בכל חומר הדין.

י. יַעַן אֲשֶׁר לֹא שָׁמַעְתָּ בְּקוֹל ה'

לסיום נחזור לאירוע הפותח את הסיפור: המפגש של בן הנביאים עם רעהו. הנביא ביקש מרעהו להכותו, על פי דבר ה', אבל רעהו מאן. כעונש על כך נאמר לו: "יַעַן אֲשֶׁר לֹא שָׁמַעְתָּ בְּקוֹל ה' הִנְּךָ הוֹלֵךְ מֵאִתִּי וְהִכְּךָ הָאַרְיֵה", וכך היה: "וַיֵּלֶךְ מֵאֶצְלוֹ וַיִּמְצָאֵהוּ הָאַרְיֵה וַיַּכֵּהוּ".[35] גם כאן מתבקשת השאלה: מה הצדיק את העונש החמור? מן הסתם לא רצה אותו אדם להכות את חברו, והדבר מובן, ואפילו ראוי להערכה – ומדוע נענש בעונש חמור כל כך?

יתרה מזאת, קשה להבין מדוע היה צורך להתחיל את הסיפור מן האיש שסירב להכות את הנביא, ולא מן האיש שהסכים לכך. מוקד

רבים אחרים. לפיכך יש לראות בהיענות של דוד למשל זה בהקשר האישי כישלון, עיינו **שמואל ב' – מלכות דוד**, עמ' 195.

35. לדעת תרגום יונתן האריה הרג אותו, אך ייתכן שמדובר במכה בלבד. יש לציין שזו הפעם השנייה בספר שנביא נענש בידי אריה, וגם בפעם הראשונה היה זה בעקבות המראת פי ה', בסיפורו של איש האלוהים בבית אל (לעיל י"ג). כפי שציינו שם, האריה שלא אכל את הנבלה מייצג את השמיעה בקול ה', שלא כאיש האלוהים, וכך גם כאן: האריה נשלח להכות והכה, שלא כבן הנביאים. ואולי משום כך נאמר כאן "וַיִּמְצָאֵהוּ הָאַרְיֵה", ביידוע, שכן לפחות במובן הרעיוני היה זה אותו אריה.

הסיפור כאן הוא אחאב, ומבחינתו אין כל משמעות לכך שהיה מי שסירב להכות את הנביא, שהרי אחאב כלל לא היה מודע לכך. מדוע אפוא ראה המקרא צורך להוסיף את החלק הזה בסיפור?

נראה, שהמסר הנובע מבן הנביאים שסירב להכות את חברו אכן נוגע גם להבנת חומרת השיפוט כלפי מעשהו של אחאב עצמו. שני האנשים היו אמורים לפגוע באחר בדבר ה׳, ושניהם סירבו, מטעמים שניתן אפילו להגדירם כדרכי שלום. עם זאת, שניהם נענשו בחומרה, הנובעת מכך שהם פעלו בניגוד לדברי ה׳. בן הנביאים סירב למרות האזכור המפורש שהציווי להכות היה "בִּדְבַר ה׳", ואילו אחאב אמור היה להבין שאסור היה לו לשחרר את האויב האכזרי והיהיר, בן הדד. במקום שיש דבר ה׳ מפורש, אין מקום לשיקולים אנושיים. לא תמיד אדם רואה את התמונה בכללותה, אך אל לו להמרות את פי ה׳, ואפילו הוא פועל לכאורה במידת הרחמים. מטרת הסיפור הקטן הזה לבטא את הרעיון שיש להיות מחויבים לדבר ה׳ בכל מצב, גם כאשר הצו הוא להכות.

פרק כא

כרם נבות

א. תְּנָה לִּי אֶת כַּרְמְךָ

לאחר הקרבות הגדולים עם ארם, המקרא עובר לסיפור קטן, נקודתי לכאורה, על אחאב:

(א) וַיְהִי אַחַר הַדְּבָרִים הָאֵלֶּה[1] כֶּרֶם הָיָה לְנָבוֹת הַיִּזְרְעֵאלִי אֲשֶׁר בְּיִזְרְעֶאל אֵצֶל הֵיכַל אַחְאָב מֶלֶךְ שֹׁמְרוֹן:[2] (ב) וַיְדַבֵּר אַחְאָב אֶל נָבוֹת לֵאמֹר תְּנָה לִּי אֶת כַּרְמְךָ וִיהִי לִי לְגַן יָרָק כִּי הוּא קָרוֹב אֵצֶל בֵּיתִי וְאֶתְּנָה לְךָ תַּחְתָּיו כֶּרֶם טוֹב מִמֶּנּוּ אִם טוֹב בְּעֵינֶיךָ אֶתְּנָה לְךָ כֶסֶף מְחִיר זֶה:

1. ביטוי זה יוצר זיקה בין פרקנו לבין הפרק הקודם. אכן, להלן פס' ד נאמר: "וַיָּבֹא אַחְאָב אֶל בֵּיתוֹ **סַר וְזָעֵף** עַל הַדָּבָר אֲשֶׁר דִּבֶּר אֵלָיו נָבוֹת הַיִּזְרְעֵאלִי", כפי שנאמר עליו בסוף הפרק הקודם: "וַיֵּלֶךְ מֶלֶךְ יִשְׂרָאֵל עַל בֵּיתוֹ **סַר וְזָעֵף** וַיָּבֹא שֹׁמְרוֹנָה" (כ', מג), וניתן לומר שהכתוב סומך זה לזה שני סיפורים שאחאב בא בהם אל ביתו סר וזעף. ברם, נראה שהקשר משמעותי יותר, והסמיכות באה להורות על הניגוד בין היחס הסלחני של אחאב לבן הדד מלך ארם בפרק הקודם לבין התנהגותו כלפי נבות בפרקנו.
2. רוצה לומר: מלבד ביתו בשומרון היה לאחאב גם היכל ביזרעאל, וסמוך להיכל הזה היה לנבות היזרעאלי כרם.

הסיפור פותח ברצונו של אחאב להרחיב את נחלתו ולקנות את כרמו של נבות, הגובל בהיכלו ביזרעאל. בשלב זה אחאב נראה כמלך הגון, שאינו מנצל לרעה את סמכותו, אלא מציע לנבות עסקה הוגנת: ״וְאֶתְּנָה לְךָ תַּחְתָּיו כֶּרֶם טוֹב מִמֶּנּוּ אִם טוֹב בְּעֵינֶיךָ אֶתְּנָה לְךָ כֶסֶף מְחִיר זֶה״.[3] למרות זאת, נבות מסרב להצעה:

(ג) וַיֹּאמֶר נָבוֹת אֶל אַחְאָב חָלִילָה לִּי מֵה׳ מִתִּתִּי אֶת נַחֲלַת אֲבֹתַי לָךְ:

בדבריו של נבות ניתן להבחין בשני היבטים: ההיבט הדתי – ״חָלִילָה לִּי מֵה׳״; וההיבט המשפחתי – ״מִתִּתִּי אֶת נַחֲלַת אֲבֹתַי לָךְ״. ההיבט הדתי נובע מן התפיסה שחלוקת הארץ לנחלות היא רצון ה׳. דבר זה מתבטא, בין היתר, במצוַות היובל: בשנה החמישים הנחלות שבות לבעליהן המקוריים, והארץ אינה יכולה להימכר לצמיתות, להורות ״כִּי לִי הָאָרֶץ כִּי גֵרִים וְתוֹשָׁבִים אַתֶּם עִמָּדִי״ (ויקרא כ״ה, כג).[4] ההיבט המשפחתי אנושי ומובן, והוא בא לידי ביטוי בפרשת בנות צלפחד (במדבר כ״ז, א-יא), המדגישה את ערך הקשר בין זרעו של אדם לבין אדמתו, ואת היות האדמה ביטוי לזכרו של בעליה (״לָמָּה יִגָּרַע שֵׁם אָבִינוּ מִתּוֹךְ מִשְׁפַּחְתּוֹ״ [שם, ד]).[5]

הסירוב של נבות מביא את אחאב לידי משבר נפשי:

3. בהצעה לפצות את נבות בכרם אחר אחאב מציע ״כֶּרֶם טוֹב מִמֶּנּוּ״, שכן כרם באותו ערך לא יועיל לנבות כלל. אבל בכסף ההצעה היא ״מְחִיר זֶה״, מתוך הנחה שתשלום הערך הכספי של השדה במזומנים הוא פיצוי כלכלי נאות מצד עצמו.

4. ביטוי אחר לכך הוא חלוקת הארץ בגורל: ״אַךְ בְּגוֹרָל יֵחָלֵק אֶת הָאָרֶץ לִשְׁמוֹת מַטּוֹת אֲבֹתָם יִנְחָלוּ״ (במדבר כ״ו, נה). הגורל מייצג את רצון ה׳ (ראו יהושע י״ח, ו, ח, ועוד).

5. הכפילות הזאת בולטת גם באיסור התורה ״לֹא תַסִּיג גְּבוּל רֵעֲךָ **אֲשֶׁר גָּבְלוּ רִאשֹׁנִים** בְּנַחֲלָתְךָ אֲשֶׁר תִּנְחַל **בָּאָרֶץ אֲשֶׁר ה׳ אֱלֹהֶיךָ נֹתֵן לְךָ לְרִשְׁתָּהּ**״ (דברים י״ט, יד).

(ד) וַיָּבֹא אַחְאָב אֶל בֵּיתוֹ סַר וְזָעֵף עַל הַדָּבָר אֲשֶׁר דִּבֶּר אֵלָיו נָבוֹת הַיִּזְרְעֵאלִי וַיֹּאמֶר לֹא אֶתֵּן לְךָ אֶת נַחֲלַת אֲבוֹתָי וַיִּשְׁכַּב עַל מִטָּתוֹ וַיַּסֵּב אֶת פָּנָיו וְלֹא אָכַל לָחֶם:

תיאור זה ממחיש את אופיו המתנדנד של אחאב, שכבר עמדנו עליו בפרקים הקודמים; כעת הוא קרוע בין חובתו המוסרית לבין יצרו, המסית אותו לנצל לרעה את כוחו. אבל יש כאן ביטוי גם לגודל חמדתו של אחאב, שהסירוב לה מביא אותו למשבר כה גדול עד שהוא שוכב על מיטתו, מסב את פניו אל הקיר, ואפילו לאכול איננו מסוגל. מן הכתוב עולה שאחאב הבחין רק בסיבה האנושית שציין נבות, ולא בסיבה הדתית: "וַיָּבֹא אַחְאָב אֶל בֵּיתוֹ סַר וְזָעֵף עַל הַדָּבָר אֲשֶׁר דִּבֶּר אֵלָיו נָבוֹת הַיִּזְרְעֵאלִי וַיֹּאמֶר **לֹא אֶתֵּן לְךָ אֶת נַחֲלַת אֲבוֹתָי**". בפעם השנייה בחמישה פסוקים אחאב הולך אל ביתו "סַר וְזָעֵף", אלא שבסוף הפרק הקודם, לאחר הגזרה הקשה שקיבל, היה הדבר מובן, ואילו בעניין הכרם תגובתו נראית מוגזמת לחלוטין.

ב. אֲנִי אֶתֵּן לְךָ אֶת כֶּרֶם נָבוֹת

התנהגותו של אחאב מושכת את תשומת לבה של איזבל, והיא שואלת לפשרה:

(ה) וַתָּבֹא אֵלָיו אִיזֶבֶל אִשְׁתּוֹ וַתְּדַבֵּר אֵלָיו מַה זֶּה רוּחֲךָ סָרָה וְאֵינְךָ אֹכֵל לָחֶם: (ו) וַיְדַבֵּר אֵלֶיהָ כִּי אֲדַבֵּר אֶל נָבוֹת הַיִּזְרְעֵאלִי וָאֹמַר לוֹ תְּנָה לִּי אֶת כַּרְמְךָ בְּכֶסֶף אוֹ אִם חָפֵץ אַתָּה אֶתְּנָה לְךָ כֶרֶם תַּחְתָּיו וַיֹּאמֶר לֹא אֶתֵּן לְךָ אֶת כַּרְמִי:

יש לשים לב שהצגת השיחה עם נבות איננה נאמנה למציאות כפי שתוארה לעיל. ראשית, אחאב אומר לאיזבל שהציע לנבות "כֶּרֶם

תַּחְתָּיו״, ולא ״כֶּרֶם טוֹב מִמֶּנּוּ״ כפי שהציע באמת (פס׳ ב).[6] מסתבר שאחאב חשש לספר לאיזבל כי הציע לנבות כרם טוב מכרמו, מחשש פן ייראה בעיניה רכרוכי, כפי שאכן עתיד לקרות במהרה. שנית, אחאב משמיט מדבריו של נבות את שני ההיבטים שעלו בהם – הדתי והאנושי (״חָלִילָה לִּי מֵה׳ מִתִּתִּי אֶת נַחֲלַת אֲבֹתַי לָךְ״) – ובמקומם שם בפיו משפט הנראה כעקשנות גרידא: ״לֹא אֶתֵּן לְךָ אֶת כַּרְמִי!״.

ואכן, איזבל מביטה בקורטוב של זלזול על נפתוליו המוסריים של אחאב:

(ז) וַתֹּאמֶר אֵלָיו אִיזֶבֶל אִשְׁתּוֹ אַתָּה עַתָּה תַּעֲשֶׂה מְלוּכָה עַל יִשְׂרָאֵל[7] קוּם אֱכָל לֶחֶם וְיִטַב לִבֶּךָ אֲנִי אֶתֵּן לְךָ אֶת כֶּרֶם נָבוֹת הַיִּזְרְעֵאלִי:

זהו הכישלון הראשון של אחאב בסיפור. אחאב איננו משיב לדבריה של איזבל. אין הוא שואל אותה כיצד יש בדעתה לתת לו את כרם נבות היזרעאלי, ובאיזו דרך בדיוק תעבור לרשותו נחלה של אדם אחר. מן הסתם הניח אחאב שאיזבל תמצא דרך, שאיננה הגונה וכשרה, להגשים את הרעיון. שתיקתו של אחאב היא בבחינת מתן ׳אור ירוק׳ לאיזבל לפעול ככל העולה על רוחה על מנת להשיג לו את כרם נבות. להתנהגות שלילית זו נוספת ההצגה של נבות בפני איזבל כעקשן ללא סיבה, כפי שראינו לעיל, הצגה שהגבירה, מן הסתם, את המוטיבציה של איזבל לפגוע בנבות.

כעת ניתן להבין למפרע גם את תגובתו של אחאב לסירובו של נבות: ״וַיִּשְׁכַּב עַל מִטָּתוֹ וַיַּסֵּב אֶת פָּנָיו וְלֹא אָכַל לָחֶם״. ייתכן שלא היה זה רק ביטוי לתסכולו של אחאב מן הסירוב, אלא גם ניסיון לעורר את התעניינותה של איזבל. אחאב לא יכול לבוא לאיזבל מיזמתו ולספר

6. ובעקבות זאת שינה גם את סדר ההצעות: בהצעה המקורית האפשרות הנדיבה יותר הייתה ״כֶּרֶם טוֹב מִמֶּנּוּ״, ולכן פתח בה; ואילו בדבריו לאיזבל פתח ב״תְּנָה לִּי אֶת כַּרְמְךָ בְּכֶסֶף״, שטוב מ״כֶּרֶם תַּחְתָּיו״.

7. בתמיהה, כאומרת: כך מתנהג מלך?! (על פי רד״ק).

לה את הסיפור, על מנת שתפעל בדרכיה להשיג עבורו את הכרם. פנייה ישירה לאיזבל הייתה בבחינת התערבות ישירה מדי מצדו של אחאב, שהוא לא היה מעוניין בה מבחינה ציבורית, וסביר להניח שגם לא מבחינה אישית, שהרי ראינו שלאחאב עצמו היו סטנדרטים מוסריים. בדרך זו יכול אחאב להשקיט את מצפונו שהוא לא נקט שום יזמה, אלא רק השיב לשאלתה של איזבל לפשר התנהגותו; ואם החליטה איזבל על דעת עצמה לפעול בדרכה – במה אשם הוא?

ג. המשפט

הפסוקים הבאים מתארים את דרך פעולתה של איזבל. מכיוון שהפסוקים בנויים במבנה כיאסטי ברור, נציג אותם מלכתחילה במבנה זה:[8]

(ב) וַיְדַבֵּר אַחְאָב אֶל נָבוֹת לֵאמֹר תְּנָה לִּי אֶת כַּרְמְךָ...

(ז) **וַתֹּאמֶר אֵלָיו אִיזֶבֶל** אִשְׁתּוֹ... **קוּם** אֱכָל לֶחֶם וְיִטַב לִבֶּךָ אֲנִי אֶתֵּן לְךָ **אֶת כֶּרֶם נָבוֹת הַיִּזְרְעֵאלִי:**

(ח) וַתִּשְׁלַח סְפָרִים אֶל הַזְּקֵנִים וְאֶל הַחֹרִים אֲשֶׁר בְּעִירוֹ הַיֹּשְׁבִים אֶת נָבוֹת:

(ט) וַתִּכְתֹּב בַּסְּפָרִים לֵאמֹר קִרְאוּ צוֹם[9] וְהוֹשִׁיבוּ אֶת נָבוֹת בְּרֹאשׁ הָעָם: (י) וְהוֹשִׁיבוּ שְׁנַיִם אֲנָשִׁים בְּנֵי בְלִיַּעַל[10] נֶגְדּוֹ

8. על מבנה כיאסטי זה עמד י' גרוסמן, "גזרות המן וכרם נבות", **מגדים** ל (תשנ"ט), עמ' 49–66.
9. קריאת הצום היא חלק מיצירת הדרמה: אדם מואשם ש'בירך אלוהים ומלך', ועל כן יש צורך בתיקון ובתשובה ציבורית על הפגיעה, כביכול, בכבוד האל.
10. ייתכן שהמילים "בְּנֵי בְלִיַּעַל", שיש בהן משום ביקורת על המהלך כולו, אינן מדבריה של איזבל, כי אם מאמר מוסגר של המקרא. אם בכל זאת היו מילים

וִיעִדֻהוּ לֵאמֹר בֵּרַכְתָּ[11] אֱלֹהִים וָמֶלֶךְ וְהוֹצִיאֻהוּ וְסִקְלֻהוּ וְיָמֹת:

(יא) וַיַּעֲשׂוּ אַנְשֵׁי עִירוֹ הַזְּקֵנִים וְהַחֹרִים אֲשֶׁר הַיֹּשְׁבִים בְּעִירוֹ כַּאֲשֶׁר שָׁלְחָה אֲלֵיהֶם אִיזָבֶל

כַּאֲשֶׁר כָּתוּב בַּסְּפָרִים אֲשֶׁר שָׁלְחָה אֲלֵיהֶם: (יב) קָרְאוּ צוֹם וְהֹשִׁיבוּ אֶת נָבוֹת בְּרֹאשׁ הָעָם: (יג) וַיָּבֹאוּ שְׁנֵי הָאֲנָשִׁים בְּנֵי בְלִיַּעַל וַיֵּשְׁבוּ נֶגְדּוֹ וַיְעִדֻהוּ אַנְשֵׁי הַבְּלִיַּעַל אֶת נָבוֹת נֶגֶד הָעָם לֵאמֹר בֵּרַךְ נָבוֹת אֱלֹהִים וָמֶלֶךְ וַיֹּצִאֻהוּ מִחוּץ לָעִיר וַיִּסְקְלֻהוּ בָאֲבָנִים וַיָּמֹת:

(יד) וַיִּשְׁלְחוּ אֶל אִיזֶבֶל לֵאמֹר סֻקַּל נָבוֹת וַיָּמֹת:

(טו) וַיְהִי כִּשְׁמֹעַ אִיזֶבֶל כִּי סֻקַּל נָבוֹת וַיָּמֹת **וַתֹּאמֶר אִיזֶבֶל אֶל אַחְאָב קוּם** רֵשׁ **אֶת כֶּרֶם נָבוֹת הַיִּזְרְעֵאלִי** אֲשֶׁר מֵאֵן לָתֶת לְךָ בְכֶסֶף[12] כִּי אֵין נָבוֹת חַי כִּי מֵת:

(טז) וַיְהִי כִּשְׁמֹעַ אַחְאָב כִּי מֵת נָבוֹת וַיָּקָם אַחְאָב לָרֶדֶת אֶל כֶּרֶם נָבוֹת הַיִּזְרְעֵאלִי לְרִשְׁתּוֹ:[13]

אלו בספר, יש להבין כי הכוונה לאנשים שלא יהססו להעיד עדות שקר. וראו סנהדרין כט ע״א, ששם מוכיחה הגמרא מפסוק זה כי ״סהדי שקרי – אאוגרייהו זילי״, כלומר שעדי שקר הם קלים ובזויים אפילו בעיני השוכרים אותם.

11. הדברים אמורים כמובן בלשון ׳סגי נהור׳, והכוונה שנבות עבר על איסור התורה ״אֱלֹהִים לֹא תְקַלֵּל וְנָשִׂיא בְעַמְּךָ לֹא תָאֹר״ (שמות כ״ב, כז).
12. איזבל מסתפקת בציון ההצעה היותר טובה שקיבל נבות, לפי תיאורו של אחאב באוזניה, ועל כן היא מזכירה רק את סירובו לקבל כסף תמורת הכרם, ולא את סירובו לקבל כרם אחר.
13. המקרא אינו מבאר מדוע מותו של נבות מאפשר לאחאב לקבל את הכרם, והעניין לוט בערפל. חז״ל (סנהדרין מח ע״ב) נחלקו בדבר. לפי דעה אחת, ״הרוגי מלכות [רש״י: שנתחייבו מיתה למלכי ישראל, כגון שמרדו בו] – נכסיהן למלך״, ולכן

הסיפור המזעזע הזה מציג לא רק את גודל רשעותה של איזבל, אלא גם את רשעותם של משתפי הפעולה ביזרעאל. ובכל זאת, יש בסיפור דבר אחד שיש לזקוף לזכות ממלכתו של אחאב: בממלכה זו לא יעלה על הדעת שהמלך ייטול רכוש מבעליו ללא כל הצדקה. אפילו לאיזבל ברור שאין היא יכולה לעשות כדבר הזה, ועל מנת להשיג את כרם נבות עליה לביים משפט שקר המבוסס על עלילה.[14]

משפט הראווה המזויף של איזבל מושג בשיתוף פעולה של כמה גורמים, ודומה שהמבנה הכיאסטי מצביע על מידת המעורבות של העושים במלאכה. אחאב מופיע כגורם פעיל רק במעגל החיצוני: בפנייה אל נבות בתחילת הסיפור, ובירידה לרשת את הכרם בסופו. במעגל יותר פנימי מובאים דברי איזבל לאחאב, לפני המשפט ולאחריו. במעגל השלישי מובאות שליחויות הדברים בין איזבל ובין הזקנים. במעגל הרביעי: הפקודה והביצוע. ובמרכז המבנה, בפס' יא: היענות אנשי העיר לאיזבל.[15]

מסתבר שמבנה זה נועד להדגיש את החידוש שיש בסיפור כולו.

נכסיו של נבות, שנשפט כמורד במלכות, עברו ישירות לאחאב. לפי דעה שנייה "הרוגי מלכות – נכסיהן ליורשין", אלא שאחאב היה בן אחי אביו של נבות, ולכן היה יורשו החוקי, לאחר שבניו של נבות הומתו עמו, כמפורש במל"ב ט', כו. הצעה זו אמנם נסמכת על נתון שאיננו מופיע בפרשה, אבל יתרונה על פני ההצעה הראשונה, שכאשר בישרה איזבל לאחאב "כִּי אֵין נָבוֹת חַי כִּי מֵת", די היה בכך להביא את אחאב אל הכרם, אף על פי שלא סיפרה לו שנבות מת כהרוג מלכות.

14. וכן כתב רד"ק (פס' י): "יש לשאול: כיון שהשרים והסגנים ידעו הדבר כי שקר היה, למה היו צריכין לכל זה? יהרגוהו במצות איזבל בלא עדות ובלא דבר! התשובה: כי זקני העיר והשרים היו מעטין, וידם חיה במעל עם איזבל, כי אילו רצו הזקנים לגלות הדבר לעם – **לא היו מניחים להרגו בחנם... ואילו רצתה איזבל להרגו בלא משפט לא היה כח בידה**, כי אף לגזול הכרם לא היה לה כח, כי אחאב ואיזבל אף על פי שהיו רשעים היו לשמים לעבוד עבודה זרה, אבל אם היו הורגין וגוזלין שלא במשפט היו ישראל מורדין בו, כי **לא היו מניחין מלך עליהם אם לא יעמיד ארץ במשפט**".

15. אפשר שמבנה זה מסביר את הכפילות בפס' יא: "כַּאֲשֶׁר שָׁלְחָה אֲלֵיהֶם אִיזָבֶל, כַּאֲשֶׁר כָּתוּב בַּסְּפָרִים אֲשֶׁר שָׁלְחָה אֲלֵיהֶם"; כל אחד משני החלקים במשפט שייך לשלב אחר במבנה.

היה מקום לחשוב שגם העונשים יהיו על פי מידת המעורבות: העונש החמור ביותר יהיה לאנשי העיר; העונש השני בחומרתו – לאיזבל; ואחאב, שהיה מעורב במעשה רק בעקיפין, ייענש בעונש הקל ביותר. ואולם, בהמשך הפרק עולה סדר שונה לחלוטין: אחאב הוא האשם המרכזי, אחריו באה איזבל, ועונשם של אנשי העיר אינו נזכר כלל.

המסר המרכזי ממבנה זה הוא שאחאב אינו יכול ליהנות מהיעדרותו מן הפרשה, אלא בדיוק להפך. עמדנו לעיל על כישלונו הראשון של אחאב, בשעה שנתן לאיזבל הסכמה שבשתיקה לעשות כל מה שנדרש על מנת להשיג עבורו את כרם נבות. לאחר שהסתיים משפט השקר מגיע כישלונו השני. איזבל שולחת את אחאב לרשת את כרם נבות, ומסתפקת בהודעה הלקונית ״כִּי אֵין נָבוֹת חַי כִּי מֵת״. והנה, אחאב איננו שואל את איזבל דבר: אין הוא מביע פליאה על ׳צירוף המקרים׳ הזה – כיצד מת נבות זמן קצר לאחר שהבטיחה לו איזבל את כרמו; ואין הוא מגלה כל עניין בשאלה כיצד בדיוק מת נבות ובאילו נסיבות.

אחאב מבקש לטמון את ראשו בחול ולהתעלם מנסיבות מותו של נבות, כדי שמצפונו לא יציק לו. ובדיוק על דבר זה נחרץ גורלו. הניסיון של אחאב להתחמק מאחריות למותו של נבות עתיד להתנפץ לרסיסים עד מהרה.

ד. הֲרָצַחְתָּ וְגַם יָרָשְׁתָּ?!

בניגוד להתחמקותו של אחאב, אליהו נשלח אליו עם מסר חד וברור:

(יז) וַיְהִי דְּבַר ה׳ אֶל אֵלִיָּהוּ הַתִּשְׁבִּי[16] לֵאמֹר: (יח) קוּם רֵד[17] לִקְרַאת

16. מאז הופעתו הראשונה של אליהו (לעיל י״ז, א) לא כונה ״תשבי״, ואילו בפרקנו הכינוי הזה מופיע פעמיים (כאן ובפס׳ כח). אפשר שהסיבה היא שלאחר שלושה פרקים רצופים שעסקו בדמותו של אליהו (י״ז-י״ט) באה הפסקה בתיאור קורותיו – בפרק כ׳ ובחלקו הראשון של פרק כ״א, שעסקו בדמותו של אחאב – ועל כן המקרא שב ומכנה את אליהו בשמו המלא כשהוא חוזר אל הסיפור.

17. הלשון ״קוּם רֵד״ עומדת כנגד דברי איזבל לאחאב בפס׳ טו ״**קוּם רֵשׁ** אֶת כֶּרֶם

אַחְאָב מֶלֶךְ יִשְׂרָאֵל אֲשֶׁר בְּשֹׁמְרוֹן הִנֵּה בְּכֶרֶם נָבוֹת אֲשֶׁר יָרַד שָׁם לְרִשְׁתּוֹ: (יט) וְדִבַּרְתָּ אֵלָיו לֵאמֹר כֹּה אָמַר ה׳ הֲרָצַחְתָּ וְגַם יָרָשְׁתָּ וְדִבַּרְתָּ אֵלָיו לֵאמֹר כֹּה אָמַר ה׳ בִּמְקוֹם אֲשֶׁר לָקְקוּ הַכְּלָבִים אֶת דַּם נָבוֹת יָלֹקּוּ הַכְּלָבִים אֶת דָּמְךָ גַּם אָתָּה:

מסך ההגנה העצמית של אחאב מתמוטט באחת ונעלם כלא היה: אחאב מוצג באופן ברור ומוחלט כרוצחו של נבות. ואף עונשו מוצג כעונש ברור על הריגת נבות, והוא עתיד למצוא את מותו במקום שמת נבות עצמו.

אליהו אכן יורד לקראת אחאב, אלא שכאן באה הפתעה:

(כ) וַיֹּאמֶר אַחְאָב אֶל אֵלִיָּהוּ הַמְצָאתַנִי אֹיְבִי[18] וַיֹּאמֶר מָצָאתִי יַעַן הִתְמַכֶּרְךָ[19] לַעֲשׂוֹת הָרַע בְּעֵינֵי ה׳: (כא) הִנְנִי מֵבִי אֵלֶיךָ רָעָה וּבִעַרְתִּי אַחֲרֶיךָ וְהִכְרַתִּי לְאַחְאָב מַשְׁתִּין בְּקִיר וְעָצוּר וְעָזוּב בְּיִשְׂרָאֵל: (כב) וְנָתַתִּי אֶת בֵּיתְךָ כְּבֵית יָרָבְעָם בֶּן נְבָט וּכְבֵית בַּעְשָׁא בֶן אֲחִיָּה אֶל הַכַּעַס אֲשֶׁר הִכְעַסְתָּ וַתַּחֲטִא אֶת יִשְׂרָאֵל: (כג) וְגַם לְאִיזֶבֶל דִּבֶּר ה׳ לֵאמֹר הַכְּלָבִים יֹאכְלוּ אֶת אִיזֶבֶל בְּחֵל[20]

נָבוֹת הַיִּזְרְעֵאלִי״. ואף באחאב באה לשון ירידה: ״וַיָּקָם אַחְאָב לָרֶדֶת אֶל כֶּרֶם נָבוֹת הַיִּזְרְעֵאלִי לְרִשְׁתּוֹ״ (פס׳ טז), שכן יזרעאל שוכנת בעמק.

18. גם המפגש הקודם בין אחאב ואליהו נפתח בשאלה של אחאב שנוסחה בלשון תמיהה: ״הַאַתָּה זֶה עֹכֵר יִשְׂרָאֵל?!״ (י״ח, יז). ברם, שתי השאלות מבטאות שתי עמדות שונות לחלוטין. בפגישה הראשונה ביטאה השאלה ויכוח ערכי, ואחאב ראה את עצמו כמייצג את עם ישראל, כפי שלמדנו שם. כאן השאלה מבטאת את ייאושו של אחאב, שמבין כי הוא עומד לשמוע מפי אליהו דברים קשים. יש לזכור שזו כנראה הפגישה הראשונה בין אליהו ואחאב מאז מעמד הכרמל.

19. ״כאילו מכר עצמו לעשות רע וכל ענייניו וכל עסקיו לרע״ (רד״ק). ונראה שהמשמעות אינה רחוקה מן המשמעות של ׳התמכרות׳ בשפה המודרנית.

20. המונח ״חֵל יִזְרְעֶאל״ סתום, והמפרשים הציעו כמה דרכים בביאורו. רש״י פירש (על פי התרגום): ״בבקעת יזרעאל״. ובמצודת ציון כתב: ״חומה נמוכה״ (כמו בשמ״ב כ׳, טו: ״וַיִּשְׁפְּכוּ סֹלְלָה אֶל הָעִיר וַתַּעֲמֹד בַּחֵל״). ברם, בפרק המתאר את התגשמותה של הגזרה על איזבל בימי יהוא הגזרה מובאת שלוש פעמים בלשון שונה במקצת: ״וְאֶת אִיזֶבֶל יֹאכְלוּ הַכְּלָבִים **בְּחֵלֶק** יִזְרְעֶאל וְאֵין קֹבֵר...

יִזְרְעֶאל: (כד) הַמֵּת לְאַחְאָב בָּעִיר יֹאכְלוּ הַכְּלָבִים וְהַמֵּת בַּשָּׂדֶה יֹאכְלוּ עוֹף הַשָּׁמָיִם:

הקורא מצפה, מן הסתם, שכשיפגוש אליהו את אחאב יטיח בו את הדברים שאמר ה' בפס' יט, ובכלל זה את ההאשמה "הֲרָצַחְתָּ וְגַם יָרָשְׁתָּ?!". אבל אליהו מתחיל ישר מן העונש, וגם תיאור העונש בפיו שונה ממה שנאמר לו שם: אין הוא אומר לאחאב שהכלבים ילוקו את דמו במקום שלקקו את דמו של נבות, ומצד שני, הוא מוסיף עונשים שלא נזכרו בדבר ה', הן על ביתו של אחאב הן על איזבל.[21]

מסתבר שבדרך זו ביקש המקרא לחדד שני היבטים שונים בחטאו של אחאב. בדברי ה' לאליהו בפס' יט הדגש הוא בחומרת המעשה המוגדר של רצח נבות, ובייחוד בטיעון המוסרי "הֲרָצַחְתָּ וְגַם יָרָשְׁתָּ?!"; ואף העונש הוא מידה כנגד מידה לחטא המסוים הזה. לעומת זאת, דבריו של אליהו לאחאב בפס' כ-כד דנים את חטא כרם נבות בתוך מכלול התנהגותו של אחאב. הביטויים "וְהִכְרַתִּי לְאַחְאָב מַשְׁתִּין בְּקִיר וְעָצוּר וְעָזוּב בְּיִשְׂרָאֵל" ודומיהם חוזרים על מה שנאמר בירבעם בן נבט ובבעשא,[22] והכרתת בתי המלוכה של מלכים אלו נזכרת כאן במפורש. מן ההיבט הזה, פרשת כרם נבות היא בבחינת 'הקש האחרון', 'המכה בפטיש' שחתם את גזר דינו של אחאב באופן חריף כל כך.[23] במהלך סיפור מלכותו פסח אחאב בשיטתיות על שתי

בְּחֵלֶק יִזְרְעֶאל יֹאכְלוּ הַכְּלָבִים אֶת בְּשַׂר אִיזָבֶל. וְהָיְתָ נִבְלַת אִיזֶבֶל כְּדֹמֶן עַל פְּנֵי הַשָּׂדֶה בְּחֵלֶק יִזְרְעֶאל" (מל"ב ט', י, לו-לז). על פי זה פירש רד"ק שגם כאן הכוונה 'חלק', והאות ק' חסרה מסיבה כלשהי. וכן כתב בפירוש המיוחס לרש"י בדה"א י"ג, י, בהקשר של דוגמה אחרת לתופעה מעין זו: בפרשת פרץ עוזא נאמר "וַיַּכֵּהוּ שָׁם הָאֱלֹהִים עַל הַשַּׁל" (שמ"ב ו', ז), ואילו בפרשה המקבילה נאמר "וַיִּחַר אַף ה' בְּעֻזָּא וַיַּכֵּהוּ עַל אֲשֶׁר שָׁלַח יָדוֹ עַל הָאָרוֹן" (דה"א שם).

21. עם זאת, אין ספק שגם החלק השני נאמר לאליהו במפורש מאת ה', כפי שנאמר במפורש ליהוא (מל"ב ט', ח-י; ועיינו בהערה הקודמת).

22. עיינו לעיל י"ד, ז-יא; ט"ז, ב-ד.

23. בשני תיאורי העונש נזכרים "הַכְּלָבִים", פעמיים בכל אחד מהם: בדברי ה' הכלבים קשורים לסיפור נבות, ואילו בדברי אליהו הם חלק מן המטבע הקבוע לעונשם

הסעיפים; כעת, בסיפור כרם נבות, חרץ את גורל עצמו. ומעניין הדבר, שהמלך שמיסד את העבודה הזרה בממלכת ישראל, נידון בסופו של דבר לעונש חמור ביותר דווקא על פרשה 'קטנה' יחסית של פגיעה באדם אחד. והרי זה מעין מה שאמרו חז"ל על דור המבול: "אמר רבי יוחנן: בא וראה כמה גדול כחה של חמס, שהרי דור המבול עברו על הכל, ולא נחתם עליהם גזר דינם עד שפשטו ידיהם בגזל" (סנהדרין קח ע"א).[24]

בדרך זו מודגש גם המסר המרכזי של סיפור כרם נבות. איזבל מוזכרת רק בדבריו של אליהו, העומדים על מכלול מעשיו הרעים של אחאב, שאיזבל אכן מילאה תפקיד מרכזי בו. אבל בדברי ה', המתמקדים בעונש על החטא המסוים של כרם נבות, אין איזבל נזכרת כלל. בדרך זו מודגש היטב, כי אף שאיזבל היא שניהלה בפועל את כל המהלך של רצח נבות, האחריות לו רובצת כולה לפתחו של אחאב.

ה. התשובה

כעת בא מעין סיכום לדמותו של אחאב, לפחות כפי שתוארה עד כאן:

> (כה) רַק לֹא הָיָה כְאַחְאָב אֲשֶׁר הִתְמַכֵּר לַעֲשׂוֹת הָרַע בְּעֵינֵי ה'
> אֲשֶׁר הֵסַתָּה אֹתוֹ אִיזֶבֶל אִשְׁתּוֹ: (כו) וַיַּתְעֵב מְאֹד לָלֶכֶת אַחֲרֵי
> הַגִּלֻּלִים כְּכֹל אֲשֶׁר עָשׂוּ הָאֱמֹרִי אֲשֶׁר הוֹרִישׁ ה' מִפְּנֵי בְּנֵי יִשְׂרָאֵל:

של מלכי ישראל שעשו הרע בעיני ה'. מלבד ארבעת האזכורים הללו, נזכרים "הַכְּלָבִים" עוד שלוש פעמים בתיאור התגשמות העונש (כ"ב, לח; מל"ב ט', י, לו), ובסך הכול שבע פעמים – למעלה ממחצית הופעותיה של מילה זו במקרא כולו. נראה שבדרך זו המקרא מדגיש את גנותו של אחאב וביתו, שדמם ובשרם היה מאכל לכלבים (בכמה מקומות במקרא הכלב מייצג ביזוי, ראו למשל דברים כ"ג, יט; שמ"א י"ז, מג; שמ"ב ג', ח).

24. אמנם כבר בסוף הסיפור הקודם נגזרה על אחאב מיתה, על ששילח את בן הדד לשלום: "יַעַן שִׁלַּחְתָּ אֶת אִישׁ חֶרְמִי מִיָּד וְהָיְתָה נַפְשְׁךָ תַּחַת נַפְשׁוֹ וְעַמְּךָ תַּחַת עַמּוֹ" (כ', מב). ובכל זאת, ברור שהעונש בפרקנו חמור הרבה יותר: הכרתה מוחלטת של בית אחאב, ובביזיון גדול.

למרות כל האמור לעיל, המקרא איננו מסתיר נקודה אחת שיש בה כדי להקל במעט את השיפוט השלילי על אחאב: "אֲשֶׁר הֵסַתָּה אֹתוֹ אִיזֶבֶל אִשְׁתּוֹ", רוצה לומר: אחאב לא היה מגיע לשפל שהגיע אליו אילולא היה נשוי לאיזבל, שהסיתה אותו לחטוא. ואפשר שיש במילים אלו משום רמז מטרים לבאות.

בנקודה זו שוב מתהפכת המטוטלת, ואחאב מגיב באופן שהולם את אישיותו המורכבת המוכרת לנו כל כך:

(כז) וַיְהִי כִשְׁמֹעַ אַחְאָב אֶת הַדְּבָרִים הָאֵלֶּה וַיִּקְרַע בְּגָדָיו וַיָּשֶׂם שַׂק עַל בְּשָׂרוֹ וַיָּצוֹם וַיִּשְׁכַּב בַּשָּׂק וַיְהַלֵּךְ אַט:

שוב מתגבר הצד החיובי באישיותו של אחאב, ובמקום לתקוף את הנביא המוכיח אותו,[25] הוא מקבל בהכנעה את התוכחה החריפה ואת הגזרה שנגזרה עליו, ונוקט בחמישה (!) מעשים המעידים על תשובה: קריעת בגדיו, לבישת שק, צום, שכיבה בשק והילוך אט.[26] במיוחד ניתן לראות כתיקון את הפעולות "**וַיָּצוֹם וַיִּשְׁכַּב בַּשָּׂק**", העומדות כנגד התנהגותו בתחילת הפרק: "**וַיִּשְׁכַּב** עַל מִטָּתוֹ וַיַּסֵּב אֶת פָּנָיו **וְלֹא אָכַל לָחֶם**" (פס' ד) – התנהגות שהייתה, כזכור, הסיבה להאשמתו ברצח נבות.[27] מסתבר שאחאב, שהיה נתון במאבק פנימי מתחילת

25. כפי שניסה ירבעם בן נבט לעשות בפרק י"ג.
26. מעשיו של אחאב מזכירים את התנהגותו של מלך נינווה ואת קריאתו לאנשי עירו: "וַיִּגַּע הַדָּבָר אֶל מֶלֶךְ נִינְוֵה וַיָּקָם מִכִּסְאוֹ וַיַּעֲבֵר אַדַּרְתּוֹ מֵעָלָיו **וַיְכַס שַׂק** וַיֵּשֶׁב עַל הָאֵפֶר. וַיַּזְעֵק וַיֹּאמֶר בְּנִינְוֵה מִטַּעַם הַמֶּלֶךְ וּגְדֹלָיו לֵאמֹר הָאָדָם וְהַבְּהֵמָה הַבָּקָר וְהַצֹּאן **אַל יִטְעֲמוּ מְאוּמָה** אַל יִרְעוּ וּמַיִם אַל יִשְׁתּוּ, **וְיִתְכַּסּוּ שַׂקִּים**..." (יונה ג', ו-ח). וגם שם היה עיקר החטא בדברים שבין אדם לחברו: "וְיָשֻׁבוּ אִישׁ מִדַּרְכּוֹ הָרָעָה וּמִן הֶחָמָס אֲשֶׁר בְּכַפֵּיהֶם" (שם, ח).
27. התיקון ניכר גם בהשוואת תגובתו של אחאב כאן לתגובתו לדברי הנביא בסוף הסיפור הקודם (ראו הערה 24), שבעקבותיה הלך לביתו "סַר וְזָעֵף" (כ', מג), כלומר רוגז ומתוסכל. ושמא משום כך נקט המקרא בצירוף "סַר וְזָעֵף" גם בתחילת פרקנו (פס' ד), להדגיש את ההבדל בין תגובה שלילית זו לבין התשובה של אחאב בסוף פרקנו.

הפרשה, וניקה את מצפונו בהעברת האחריות על העניין לאיזבל, מבין כעת היטב את מה שאולי ידע בסתר לבו כל הזמן: שאין בכך כדי להפחית מאחריותו למעשה כל עיקר. יש לזכור ששני המלכים הקודמים שהוטחו בפניהם עונשים דומים – ירבעם ובעשא – לא הגיבו כך כלל, וניכר שאפילו ההכרזה על העונש הצפוי להם ולביתם לא גרמה להם לשוב מדרכם, שלא אחאב.

ואכן, יש שכר לפעולתו של אחאב. המקרא מדגיש כי תשובתו לא נעלמה מעיני ה׳:

> (כח) וַיְהִי דְּבַר ה׳ אֶל אֵלִיָּהוּ הַתִּשְׁבִּי לֵאמֹר: (כט) הֲרָאִיתָ כִּי נִכְנַע אַחְאָב מִלְּפָנָי[28] יַעַן כִּי נִכְנַע מִפָּנַי לֹא אָבִי הָרָעָה בְּיָמָיו בִּימֵי בְנוֹ אָבִיא הָרָעָה עַל בֵּיתוֹ:

הצדדים החיוביים באישיותו של אחאב, שהביטוי האחרון להם ניתן זה עתה, גרמו שימיו של בית אחאב יתארכו, והשמדתו עד לבלי השאיר לו שריד נדחתה.[29] גזרת מחיית זרעו של אחאב תתקיים בזמן מאוחר יותר, בידי יהוא (עיינו מל״ב י׳), אבל הדבר יתרחש בימי בניו של אחאב, שהוסיפו חטאים על פשעי אבותיהם, ולא היה בהם שמץ מן הצד החיובי שהיה באישיותו של אביהם.[30]

28. ייתכן שבפנייה זו יש ביקורת מרומזת על אליהו, שעד עתה לא החשיב ברצינות את תשובתם החלקית של בני ישראל. הקב״ה רומז לאליהו שישים לב גם לתשובתו החלקית של אחאב, ובכך שב ומדגיש את הערך שיש בכל צעד חיובי שאדם עושה.
29. גם במסורת ישראל נעשתה תשובתו של אחאב סמל לבעלי תשובה. ביטוי לכך בפיוט הנודע הנאמר בסדר הסליחות האשכנזי לצום גדליה ׳הורית דרך תשובה לבת השובבה׳, המונה את תשובתו של אחאב עם תשובתם של ראובן, יהודה, אנשי נינווה ועוד: ״פרץ גדרות עולם בן עמרי ברשע/ צלמי אשרים חשק והוסיף על חטאתו פשע/ קרעת גזר דינו בשובו מלפשע/ רוחם כמודה ועוזב ובך נושע״.
30. בפרק הבא נראה שגם העונש הפרטי שהוטל על אחאב, שהכלבים ילוקו את דמו במקום שלקקו את דמו של נבות, לא התקיים במלואו באחאב עצמו: הכלבים אכן לקקו את דמו, אך ב״בְּרֵכַת שֹׁמְרוֹן״ (כ״ב, לח). העונש הושלם ביהורם בנו, שגופתו הושלכה ״בְּחֶלְקַת שְׂדֵה נָבוֹת הַיִּזְרְעֵאלִי״ (מל״ב ט׳, כה).

פרק כב

סופו של אחאב

א. דְּרָשׁ נָא כַיּוֹם אֶת דְּבַר ה'

פרקנו עוסק בסיפור האחרון על המלך אחאב: המלחמה השלישית בארם (לאחר שתי המלחמות שתוארו בפרק כ'), שבה הוא עתיד למצוא את מותו, כעונש על חטאיו בפרקים הקודמים. הפתיחה מפתיעה במקצת:

(א) וַיֵּשְׁבוּ שָׁלֹשׁ שָׁנִים אֵין מִלְחָמָה בֵּין אֲרָם וּבֵין יִשְׂרָאֵל:

נראה שהפסוק בא לומר כי תשובתו של אחאב, שתוארה בהרחבה בפרק הקודם, אכן עשתה רושם, ומותו נדחה. למעשה יכול אחאב להאריך ימים עוד יותר, אלא שהוא עצמו גזר את מותו, כשביקש ליזום מלחמה נוספת בארם:

(ב) וַיְהִי בַּשָּׁנָה הַשְּׁלִישִׁית וַיֵּרֶד יְהוֹשָׁפָט מֶלֶךְ יְהוּדָה אֶל מֶלֶךְ
יִשְׂרָאֵל: (ג) וַיֹּאמֶר מֶלֶךְ יִשְׂרָאֵל אֶל עֲבָדָיו הַיְדַעְתֶּם כִּי לָנוּ רָמֹת
גִּלְעָד וַאֲנַחְנוּ מַחְשִׁים מִקַּחַת אֹתָהּ מִיַּד מֶלֶךְ אֲרָם: (ד) וַיֹּאמֶר אֶל

יְהוֹשָׁפָט הֲתֵלֵךְ אִתִּי לַמִּלְחָמָה רָמֹת גִּלְעָד וַיֹּאמֶר יְהוֹשָׁפָט אֶל מֶלֶךְ יִשְׂרָאֵל כָּמוֹנִי כָמוֹךָ כְּעַמִּי כְעַמֶּךָ כְּסוּסַי כְּסוּסֶיךָ:

בפסוקים אלו עולה עוד דבר חיובי במלכות אחאב. לאחר שנים של עימותים בין יהודה וישראל,[1] כעת נפגשים המלכים של שתי הממלכות, ואף מחליטים לצאת יחדיו למלחמה, שנוגעת למעשה רק לאחד מהם.[2] זאת ועוד: יהושפט – שטרם סופר עליו דבר – הוא מלך שעשה הישר בעיני ה׳ (כאמור להלן פס׳ מג), ולכן יש ערך מוסף בחבירה של אחאב אליו.

מה הניע את אחאב לצאת למלחמה? מן הדברים נראה שבן הדד לא עמד בהתחייבותו בשעה שנכנע לאחאב במלחמה האחרונה: ״הֶעָרִים אֲשֶׁר לָקַח אָבִי מֵאֵת אָבִיךָ אָשִׁיב״ (כ׳, לד), ולפחות את רמות גלעד[3] לא השיב לאחאב. לפיכך החליט אחאב לנסות להשיב את העיר במלחמה. אין במקרא הסבר מדוע נקט אחאב בצעד זה כעת דווקא, לאחר שלוש שנים של שקט. ייתכן שהיו לכך נסיבות מדיניות אובייקטיביות.[4] אך סביר להניח שהמקרא הותיר שאלה זו פתוחה, כדי לרמוז לאפשרות שבשנים הראשונות היה אחאב נתון לרושם הקשה של נבואת הפורענות שניחתה עליו בעקבות פרשת נבות, והבין שאין מקום ליציאה למלחמה במצבו הרוחני; אבל משחלפו כמה שנים קהה במקצת הרושם של הנבואה, ואז החליט אחאב לפעול נגד ארם גם במישור הצבאי. ואולם, בזה בדיוק נעוצה טעותו של אחאב, כפי

1. כפי שראינו במיוחד לעיל י״ד, ל; ט״ו, טז-כא.
2. לקמן יתברר שבין שני המלכים נוצרו גם קשרי חיתון: יהורם בן יהושפט נשא לאישה את עתליה בת אחאב (מל״ב ח׳, טז-יח). ואפשר שיחסי חיתון אלו הם שעומדים ברקע של המפגש בין אחאב ויהושפט בפרקנו.
3. ייתכן שהיו ערים נוספות, ואחאב הזכיר את רמות גלעד בגלל חשיבותה. חשיבותה של העיר ניכרת עוד בימי משה, שייחד אותה להיות עיר מקלט (דברים ד׳, מג). ובימי שלמה ישב בה אחד מנציביו (לעיל ד׳, יג).
4. יש קושרים זאת למלחמה המשותפת של אחאב ובן הדד עם שלמנאסר מלך אשור בקרב קרקר בשנת 853 לפנה״ס, כמתואר במונולית מכּוּרח.

שיתברר במהלך הפרק. גם אם קיבל ארכה בזכות התשובה שעשה, עדיין אין זכות התשובה מספיקה להעניק לו גם ניצחון בקרב. דומה שדי היה לו לאחאב לקבל באהבה את עצם הישארותו בחיים, ורצונו לצאת למלחמה מבטא ביטחון מופרז שחטאיו נמחקו כליל.

ייתכן שהנסיבות הרוחניות האלה לא נעלמו מעיניו של יהושפט, ועל כן בצד הסכמתו לצאת למלחמה עם אחאב, הוא מבקש גם לדעת את דבר ה׳ בנוגע למלחמה זו:

(ה) וַיֹּאמֶר יְהוֹשָׁפָט אֶל מֶלֶךְ יִשְׂרָאֵל דְּרָשׁ נָא כַיּוֹם אֶת דְּבַר ה׳:

אחאב נענה לכאורה לבקשה:

(ו) וַיִּקְבֹּץ מֶלֶךְ יִשְׂרָאֵל אֶת הַנְּבִיאִים כְּאַרְבַּע מֵאוֹת אִישׁ וַיֹּאמֶר
אֲלֵהֶם הַאֵלֵךְ עַל רָמֹת גִּלְעָד לַמִּלְחָמָה אִם אֶחְדָּל וַיֹּאמְרוּ עֲלֵה
וְיִתֵּן אֲדֹנָי בְּיַד הַמֶּלֶךְ:

במבט ראשון נראה שאחאב ממשיך לתקן את דרכו: במקום ארבע מאות וחמישים נביאי הבעל וארבע מאות נביאי האשרה שנזכרו במעמד הר הכרמל (י״ח, יט), כעת עומדים לצדו ארבע מאות נביאים המנבאים לכאורה בשם ה׳.

אבל יהושפט איננו מתרשם מנביאים אלו:

(ז) וַיֹּאמֶר יְהוֹשָׁפָט הַאֵין פֹּה נָבִיא לַה׳ עוֹד וְנִדְרְשָׁה מֵאוֹתוֹ:

אין ברור מה הביא את יהושפט לפקפק בנבואתם של ארבע מאות הנביאים. אפשר שעצם התנבאותם כאחד נראתה חשודה,[5] ואפשר שהתעלמותם ממצבו הרוחני של אחאב לא הייתה סבירה בעיני יהושפט. ועוד: מהמשך הסיפור עולה כי מתן נבואות טובות למלך

5. כדברי חז״ל: ״אין שני נביאים מתנבאין בסיגנון אחד״ (סנהדרין פט ע״א).

הייתה תופעה רווחת; ייתכן שיהושפט היה ער לכך, והתמיכה ללא סייג שהביעו הנביאים באחאב עוררה את חשדו.[6]

אחאב איננו מסתיר מיהושפט את האמת:

(ח) וַיֹּאמֶר מֶלֶךְ יִשְׂרָאֵל אֶל יְהוֹשָׁפָט עוֹד אִישׁ אֶחָד לִדְרֹשׁ אֶת ה׳ מֵאֹתוֹ וַאֲנִי שְׂנֵאתִיו כִּי לֹא יִתְנַבֵּא עָלַי טוֹב כִּי אִם רָע מִיכָיְהוּ בֶּן יִמְלָה וַיֹּאמֶר יְהוֹשָׁפָט אַל יֹאמַר הַמֶּלֶךְ כֵּן:

עתה מתברר יחסו האמיתי של אחאב לנבואה. אין הוא מבקש ׳אמת׳, כי אם ׳טוב׳, והוא מבטא את רגשות השנאה שלו כלפי נביא שמנבא לו רע. בכך ממחיש אחאב את גודל טעותו, שהרי הנביא איננו מבטא את דעתו האישית, אלא מביא את דברי ה׳, בין שהם נוחים למי ששומע אותם ובין שאינם נוחים לו. בזה נעשה אחאב שותף למלכי ישראל שקדמו לו, ובראשם ירבעם, שסברו שיש לנביא כוח משל עצמו, וכך נהגו בו.[7] נראה שמשום כך יהושפט דוחה, בכבוד ובעדינות, את דברי אחאב, ולמעשה מבקש ממנו שיביא בכל זאת את מיכיהו בן ימלה, המצטייר בעיניו, מן הסתם, כנביא אמת, שאיננו מפחד לשאת באומץ את דברי נבואתו.

עם זאת, גם כאן יש צד של שבח לאחאב, הנענה לבקשתו של יהושפט:

6. מכאן ניתן להעלות כהשערה, שארבע מאות נביאים אלו הם הם ארבע מאות נביאי האשרה שנותרו לפלטה ממעמד הר הכרמל, ולא מתו עם ארבע מאות וחמישים נביאי הבעל שהרג אליהו. ייתכן שבעקבות מעמד הר הכרמל נביאים אלו פשוט החליפו את נאמנותם והחלו לנבא בשם ה׳; אלא שכאז כן עתה היו אלו נביאי שקר, ולא קיבלו באמת את דבר ה׳.

7. כך ראינו כיצד ניסה ירבעם בפרק י״ג לפגוע באיש האלוהים בבית אל על מנת למנוע את התגשמות נבואתו, ובפרק י״ד כיצד שלח את אשתו בתחפושת לאחיה השילוני על מנת להטעותו.

(ט) וַיִּקְרָא מֶלֶךְ יִשְׂרָאֵל אֶל סָרִיס אֶחָד וַיֹּאמֶר מַהֲרָה מִיכָיְהוּ בֶן יִמְלָה:

ב. הבאתו של מיכיהו

כעת בא תיאור של הנעשה במחנה אחאב בזמן שהסריס ממהר לעשות את שליחותו ולהביא את מיכיהו בן ימלה:

(י) וּמֶלֶךְ יִשְׂרָאֵל וִיהוֹשָׁפָט מֶלֶךְ יְהוּדָה יֹשְׁבִים אִישׁ עַל כִּסְאוֹ מְלֻבָּשִׁים בְּגָדִים בְּגֹרֶן פֶּתַח שַׁעַר שֹׁמְרוֹן וְכָל הַנְּבִיאִים מִתְנַבְּאִים לִפְנֵיהֶם: (יא) וַיַּעַשׂ לוֹ צִדְקִיָּה בֶן כְּנַעֲנָה קַרְנֵי בַרְזֶל וַיֹּאמֶר כֹּה אָמַר ה׳ בְּאֵלֶּה תְּנַגַּח אֶת אֲרָם עַד כַּלֹּתָם:[8] (יב) וְכָל הַנְּבִאִים נִבְּאִים כֵּן לֵאמֹר עֲלֵה רָמֹת גִּלְעָד וְהַצְלַח וְנָתַן ה׳ בְּיַד הַמֶּלֶךְ:

מצטיירת תמונה של הכנה חגיגית למעין ׳משפט׳: המלכים יושבים על כיסאותיהם בפתח שער העיר,[9] לבושים בבגדים מיוחדים.[10] אלא ש׳המשפט׳ אינו מתנהל בהגינות. עוד בטרם הובא מיכיהו בן ימלה, הנביאים ממשיכים להתנבא לפני אחאב ולחזור על דבריהם ביתר שאת: כעת הם מוסיפים את המילה ״וְהַצְלַח״,[11] ואחד מנציגיהם אינו

8. קרניים כסמל לניצחון על האויב מצאנו כבר בברכת משה ליוסף: ״בְּכוֹר שׁוֹרוֹ הָדָר לוֹ **וְקַרְנֵי רְאֵם קַרְנָיו בָּהֶם עַמִּים יְנַגַּח יַחְדָּו** אַפְסֵי אָרֶץ וְהֵם רִבְבוֹת אֶפְרַיִם וְהֵם אַלְפֵי מְנַשֶּׁה״ (דברים ל״ג, יז).
9. בכמה מקומות מצינו שהשער הוא מקום המשפט, כגון ״שֹׁפְטִים וְשֹׁטְרִים תִּתֶּן לְךָ בְּכָל שְׁעָרֶיךָ״ (דברים ט״ז, יח). וראו שם כ״ב, טו, כד; יהושע כ׳, ד.
10. ייתכן שהכוונה היא לבגדי מלכות, המעניקים תוקף למעמדם כשופטים בסיטואציות מיוחדות, וייתכן שהכוונה לבגדי מלחמה, כנכונים לצאת למלחמה מיד לאחר שיוכרע לצאת אליה.
11. ועוד, שבתחילה התנבאו בשם אדנות: ״וְיִתֵּן אֲדֹנָי בְּיַד הַמֶּלֶךְ״, ואילו כעת הם כבר משתמשים בשם המפורש: ״וְנָתַן **ה׳** בְּיַד הַמֶּלֶךְ״.

מסתפק בכך, ונוקט גם באמצעים סמליים על מנת לחזק את אחאב ולנבא לו ניצחון מוחלט על ארם.

באותו זמן עצמו, השליח שהלך להביא את מיכיהו בן ימלה תורם אף הוא את חלקו, ומדבר על לבו של מיכיהו לבל ישבית את השמחה:

(יג) וְהַמַּלְאָךְ אֲשֶׁר הָלַךְ לִקְרֹא מִיכָיְהוּ דִּבֶּר אֵלָיו לֵאמֹר הִנֵּה נָא דִּבְרֵי הַנְּבִאִים פֶּה אֶחָד טוֹב אֶל הַמֶּלֶךְ יְהִי נָא דְבָרְךָ [דבריך כתיב] כִּדְבַר אַחַד מֵהֶם וְדִבַּרְתָּ טּוֹב: (יד) וַיֹּאמֶר מִיכָיְהוּ חַי ה׳ כִּי אֶת אֲשֶׁר יֹאמַר ה׳ אֵלַי אֹתוֹ אֲדַבֵּר:

גם השליח שבוי, כנראה, בקונספציה שיש לנביא כוח עצמאי, ועל כן הוא ממש מבקש ("נָא") ממיכיהו שידבר "טוֹב" אל המלך, כמו יתר הנביאים שניבאו "טוֹב". מיכיהו מנסה להסביר לשליח שהוא נביא ה׳, ואין לו שלטון על תוכן דבריו. אך מסתבר שאחאב ואנשיו אינם מסוגלים להפנים את המסר הזה.

(טו) וַיָּבוֹא אֶל הַמֶּלֶךְ וַיֹּאמֶר הַמֶּלֶךְ אֵלָיו מִיכָיְהוּ הֲנֵלֵךְ אֶל רָמֹת גִּלְעָד לַמִּלְחָמָה אִם נֶחְדָּל וַיֹּאמֶר אֵלָיו עֲלֵה וְהַצְלַח וְנָתַן ה׳ בְּיַד הַמֶּלֶךְ:

מעניין הדבר, שאחאב שינה במקצת את הניסוח: את ארבע מאות נביאיו שאל בלשון יחיד – "הַאֵלֵךְ עַל רָמֹת גִּלְעָד לַמִּלְחָמָה אִם אֶחְדָּל?"; ואילו כעת הוא שואל בלשון רבים – "הֲנֵלֵךְ אֶל רָמֹת גִּלְעָד לַמִּלְחָמָה אִם נֶחְדָּל?". מסתבר שכאשר הוא פונה לנביא ה׳ אמיתי, הוא מבקש לשתף את יהושפט בשאלה, בתקווה שאולי שותפות זו תהיה לרצון לפני ה׳; שלא כמו בפנייתו לנביאיו 'הפרטיים', שעניינם היחיד לומר נבואה שתהיה לרצון לפני המלך.

במבט ראשון נראה כאילו נענה מיכיהו בן ימלה לבקשה וניבא

למלך כפי שביקש השליח. אלא שמיד מתברר כי הדברים נאמרו בטון שהבהיר כי הכוונה הפוכה בתכלית:

(טז) וַיֹּאמֶר אֵלָיו הַמֶּלֶךְ עַד כַּמֶּה פְעָמִים אֲנִי מַשְׁבִּעֶךָ אֲשֶׁר לֹא תְדַבֵּר אֵלַי רַק אֱמֶת בְּשֵׁם ה׳:

ייתכן שהאירוניה שבדברי מיכיהו מתבטאת גם בניסוח: כפי שראינו, השאלה נוסחה בלשון רבים, אבל מיכיהו עונה עליה בלשון יחיד – "עֲלֵה וְהַצְלַח וְנָתַן ה׳ בְּיַד הַמֶּלֶךְ" – ובכך ניכר שדבריו אינם אלא חיקוי לעגני של דברי ארבע מאות הנביאים, ולא דבר ה׳.[12]

מדברי אחאב משתמע שסצנה זו חוזרת על עצמה כמה פעמים, אם כי אין ברור אם כוונתו לתקריות קודמות שהיו לו עם מיכיהו, או שמא כעת שאל אחאב שוב ושוב לדעתו של מיכיהו וקיבל ממנו שוב ושוב אותה תשובה, שאינה אלא חזרה על דבריהם של ארבע מאות הנביאים. כך או כך, הסיטואציה שנוצרה מאלצת את אחאב לשנות את דרכו, ולבקש מהנביא לומר "אֱמֶת", ולא 'טוב', ובזה יש תיקון משמעותי לתפיסתו של אחאב עד עתה. יתרה מזאת, אחאב מכיר שהנביא מדבר "אֱמֶת בְּשֵׁם ה׳", והכרה זו, שהנביא אינו אלא שליח של ה׳, מוסיפה להפנמת הרעיון שאין לצפות מן הנביא לנבא טוב לשואל, אלא רק להביא את דבר ה׳. ייתכן אפוא שמיכיהו ביקש לבחון את אחאב עד כמה הוא רוצה באמת לשמוע את דבר ה׳, ורק משהביע אחאב את רצונו לשמוע את האמת, נעשה ראוי באמת לדבר ה׳:

(יז) וַיֹּאמֶר רָאִיתִי אֶת כָּל יִשְׂרָאֵל נְפֹצִים אֶל הֶהָרִים כַּצֹּאן אֲשֶׁר אֵין לָהֶם רֹעֶה וַיֹּאמֶר ה׳ לֹא אֲדֹנִים לָאֵלֶּה יָשׁוּבוּ אִישׁ לְבֵיתוֹ בְּשָׁלוֹם:

המראה שראה מיכיהו מיוחד במינו, שכן הוא מבודד את אחאב מן

12. אמנם בתיאור המקביל לפרקנו בדה"ב י"ח, יד נאמר "וַיֹּאמֶר עֲלוּ וְהַצְלִיחוּ וְיִנָּתְנוּ בְּיֶדְכֶם", אבל נוסח זה רק מבליט את השינוי בנוסח שלפנינו.

העם. משמעותו של המראה היא שהמלחמה לא תעלה ולא תוריד לעניין יחסי ישראל וארם, והתוצאה היחידה שתהיה לה היא מותו של אחאב, שמיכיהו, מטעמי כבוד מלכות, איננו מציין אותו במפורש. נראה שבדרך זו הנבואה מבטאת את השיפוט הערכי על המלחמה: המטרה אמנם מוצדקת, אך אחאב איננו האדם הראוי לנהל את המלחמה, שכן גזרת מוות מרחפת מעל ראשו בשל חטאיו. אשר על כן, העם "יָשׁוּבוּ אִישׁ לְבֵיתוֹ בְּשָׁלוֹם", אבל את אחאב תשיג הגזרה, והוא ייפול במלחמה.[13]

כשמוע אחאב את דברי מיכיהו, חזר לסורו:

(יח) וַיֹּאמֶר מֶלֶךְ יִשְׂרָאֵל אֶל יְהוֹשָׁפָט הֲלוֹא אָמַרְתִּי אֵלֶיךָ לוֹא יִתְנַבֵּא עָלַי טוֹב כִּי אִם רָע:

לרגע קט ביקש אחאב לשמוע "אֱמֶת" במקום "טוֹב"; אבל בשמעו את ה"אֱמֶת" הוא מתיירא ממנה, וחוזר לטענה הרגילה, שמיכיהו מתנבא עליו רק "רָע". בכך חוזר אחאב, לאחר שכבר תיקן את דרכו לשעה קלה, לתפיסה האלילית הרואה בנביא אחראי לנבואה. וארבע מאות הנביאים, המנבאים לאחאב הצלחה בשם ה׳, מוסיפים על הקושי שלו לקבל את נבואתו של מיכיהו. משום כך נדרש ממיכיהו בן ימלה צעד נוסף, שיסייע לאחאב להגיע להחלטה נכונה בשעה הגורלית הזאת.

13. ראוי לציין שלר׳ יצחק עראמה (בספרו **עקדת יצחק**, שער כה) ביאור שונה בתכלית לשינוי בנבואת מיכיהו. לדעתו, פעמים שהנביא אומר תחילה את דעתו הפרטית, ורק לאחר מכן הוא מביא את דברי ה׳, וכך קרה גם כאן. תחילה הביא מיכיהו את דעתו הפרטית, "לפי שראה בטוב בחינת שכלו שטוב ויפה הוא שתשובנה ערי ישראל עליהם על ידי המלך המולך בעת ההיא", ודבריו "עֲלֵה וְהַצְלַח וְנָתַן ה׳ בְּיַד הַמֶּלֶךְ" היו כנים. אבל אחאב הבין שמיכיהו מדבר מדעתו, ועל כן דרש ממנו לדבר אליו "אֱמֶת בְּשֵׁם ה׳", ואז קיבל את העמדה הנבואית, השוללת את הליכתו למלחמה.

ג. רוּחַ שֶׁקֶר

משהתברר כי אחאב שב ופוסח על שתי הסעיפים – בקשת האמת כנגד בקשת הטוב, שמיעה לקולם של ארבע מאות הנביאים המנבאים לו ניצחון כנגד שמיעה לנבואת מיכיהו בן ימלה המנבא לו מוות – מנסה מיכיהו עוד דרך אחת להשפיע על אחאב להחליט נכונה:

(יט) וַיֹּאמֶר לָכֵן שְׁמַע דְּבַר ה׳ רָאִיתִי אֶת ה׳ יֹשֵׁב עַל כִּסְאוֹ וְכָל צְבָא הַשָּׁמַיִם עֹמֵד עָלָיו מִימִינוֹ וּמִשְּׂמֹאלוֹ: (כ) וַיֹּאמֶר ה׳ מִי יְפַתֶּה אֶת אַחְאָב וְיַעַל וְיִפֹּל בְּרָמֹת גִּלְעָד[14] וַיֹּאמֶר זֶה בְּכֹה וְזֶה אֹמֵר בְּכֹה: (כא) וַיֵּצֵא הָרוּחַ וַיַּעֲמֹד לִפְנֵי ה׳ וַיֹּאמֶר אֲנִי אֲפַתֶּנּוּ וַיֹּאמֶר ה׳ אֵלָיו בַּמָּה: (כב) וַיֹּאמֶר אֵצֵא וְהָיִיתִי רוּחַ שֶׁקֶר בְּפִי כָּל נְבִיאָיו וַיֹּאמֶר תְּפַתֶּה וְגַם תּוּכָל צֵא וַעֲשֵׂה כֵן: (כג) וְעַתָּה הִנֵּה נָתַן ה׳ רוּחַ שֶׁקֶר בְּפִי כָּל נְבִיאֶיךָ אֵלֶּה וַה׳ דִּבֶּר עָלֶיךָ רָעָה:

הטענה המרכזית של מיכיהו היא שנביאיו של אחאב אמנם קיבלו נבואה מאת ה׳, אלא שנבואה זו היא ״רוּחַ שֶׁקֶר״ מכוונת, שתכליתה להכשיל את אחאב ולהביאו להחלטה המוטעית לצאת למלחמה. אמנם מצינו בכמה מקומות שה׳ מכוון אדם לדרך מוטעית על מנת לענשו, כמו הכבדת לב פרעה בזמן מכות מצרים ולאחריהן. אך

14. התמונה מזכירה את נבואת ההקדשה של ישעיהו. גם ישעיהו ראה את הקב״ה יושב על כיסא ומסביבו מלאכים: ״וָאֶרְאֶה אֶת אֲדֹנָי יֹשֵׁב עַל כִּסֵּא רָם וְנִשָּׂא וְשׁוּלָיו מְלֵאִים אֶת הַהֵיכָל. שְׂרָפִים עֹמְדִים מִמַּעַל לוֹ...״ (ישעיהו ו׳, א-ב). גם שם ה׳ מבקש ׳מתנדב׳ ללכת בשליחותו: ״אֶת מִי אֶשְׁלַח וּמִי יֵלֶךְ לָנוּ״ (שם, ח). יתרה מזאת, בשני המקומות ׳המתנדב׳ נשלח להטעות את מי שנשלח אליו ולמנוע אותו מהחלטה נכונה: בחזון מיכיהו הרוח נשלח להכשיל את אחאב על מנת שיצא למלחמה וימצא בה את מותו, וישעיהו נשלח למנוע את העם מלעשות תשובה – ״הַשְׁמֵן לֵב הָעָם הַזֶּה וְאָזְנָיו הַכְבֵּד וְעֵינָיו הָשַׁע פֶּן יִרְאֶה בְעֵינָיו וּבְאָזְנָיו יִשְׁמָע וּלְבָבוֹ יָבִין וָשָׁב וְרָפָא לוֹ״ (שם, י, על דרך הפשט, וכפירוש ראב״ע והפירוש הראשון ברד״ק; אמנם רש״י פירש מילים אלו כצורת מקור, ולא כציווי, וכבר עמד ראב״ע על הדוחק שבפירוש זה).

התופעה שלפנינו חריגה במיוחד: ה׳ מטעה אדם ממש, על ידי דברי שקר הניתנים בפיו בתחושה שהם מאת ה׳.

יתרה מזאת, יש כאן לכאורה בעיה מהותית: אם אכן כוונתו של הקב״ה להכשיל את אחאב, כיצד יכול מיכיהו בן ימלה לגלות לאחאב את ׳הסוד׳ הזה? הלוא בזה הוא פועל נגד רצון ה׳, שנתן רוח שקר בפי נביאיו של אחאב, על מנת לגרום לו לצאת למלחמה, ״וְיַעַל וְיִפֹּל בְּרָמֹת גִּלְעָד״?!

נראה שההסבר הוא שאחאב מקבל בזה הזדמנות נוספת, ולמעשה: הזדמנות אחרונה. הדברים הטובים שהיו באחאב עד כה – ההליכה המשותפת עם יהושפט; הנכונות להביא את מיכיהו בן ימלה ולשמוע את דבריו; ובסופו של דבר, בקשת ״אמת״ מפיו – כל אלו זיכו את אחאב בהזדמנות אחת נוספת להבין את מצבו האמיתי. משום כך מיכיהו פותח את דבריו במילים ״לָכֵן שְׁמַע דְּבַר ה׳״, המשמשות בדרך כלל כפתיחה לנבואה,[15] להדגיש שגם כעת הוא מדבר בשם ה׳, ושלמרות הכוונה המקורית להטעותו על מנת שיצא למלחמה וימצא בה את מותו, ניתנת לאחאב כעת ההזדמנות לשמוע את דבר ה׳ האמיתי, שעניינו אחד: ״וַה׳ דִּבֶּר עָלֶיךָ **רָעָה**״. שאר הנביאים מתנבאים ב״רוּחַ **שָׁקֶר**״, ולכן מה שנראה לאחאב טוב אינו אלא רע; ואילו נבואת מיכיהו היא נבואת אמת, ואף על פי שהיא מבשרת לאחאב ״רעה״, הריהי בעצם לטובתו, ועל כן עליו להימנע מלעלות על רמות גלעד.

כעת אחאב עומד בפני המבחן הגדול: האם יבכר לשמוע לנביאים, המנבאים לו ״טוב״ על פי ״רוח שקר״ שניתנה בפיהם, או שמא יבכר את דברי מיכיהו, המנבאים לו את ה״אמת״ – שאם יצא למלחמה תבוא עליו ״רעה״. הציר המרכזי בפרק הוא הציר שבין הצמדים טוב/רע ואמת/שקר, וההבנה שלא תמיד האמת היא שיהיה טוב. האם יצליח אחאב להבין את ההבחנה הנדרשת, וישמע לקול האמת על מנת למנוע את הרעה הצפויה לו?

15. ראו מל״ב כ׳, טז; עמוס ז׳, טז; ועוד.

נראה שאחאב הוסיף לפסוח על שתי הסעיפים כדרכו. אלא שברגע גורלי זה שב ומופיע צדקיהו בן כנענה ונוקט בצעד ראוותני וכוחני על מנת להשפיע על אחאב:

(כד) וַיִּגַּשׁ צִדְקִיָּהוּ בֶן כְּנַעֲנָה וַיַּכֶּה אֶת מִיכָיְהוּ עַל הַלֶּחִי וַיֹּאמֶר אֵי זֶה עָבַר רוּחַ ה׳ מֵאִתִּי לְדַבֵּר אוֹתָךְ:

צדקיהו בן כנענה טוען שהוא הוא נביא האמת, ומיכיהו איננו נביא ה׳. אלא שהמקרא שם בפיו באירוניה טענה שהיא המשך ישיר לדברי מיכיהו: צדקיהו בן כנענה מודה במו פיו שרוח ה׳ דיברה בו, והרי זאת בדיוק הייתה טענתו של מיכיהו – שה׳ נתן רוח שקר בפיו של צדקיהו וארבע מאות הנביאים של אחאב!

יש לציין שצדקיהו בן כנענה לא נענש מיד על מעשהו, שלא כירבעם בן נבט, למשל, שכשניסה לפגוע באיש האלוהים יבשה ידו (פרק י״ג). נראה שה׳ רוצה שאחאב יחליט החלטה אמיתית, מבלי לסייע לו בהתערבות על־טבעית שלא תותיר לו ברירה אלא להאמין, כפי שהיה למשל במעמד הר הכרמל. משום כך אין מיכיהו מגיב בהענשת צדקיהו בן כנענה מיד, כי אם בתיאור העונש שעתיד לבוא אליו:

(כה) וַיֹּאמֶר מִיכָיְהוּ הִנְּךָ רֹאֶה בַּיּוֹם הַהוּא אֲשֶׁר תָּבֹא חֶדֶר בְּחֶדֶר לְהֵחָבֵה:

מדוע מיכיהו מסתפק בתיאור הבריחה של צדקיהו בן כנענה למחבוא, ואינו אומר את מה שלכאורה חשוב יותר: האם ייפול בסופו של דבר ביד אויב? ייתכן שיותר משהדברים מיועדים לאוזניו של צדקיהו בן כנענה, הם מיועדים לאוזניו של אחאב. דבריו של מיכיהו רומזים למלחמה הקודמת עם ארם, שבה נאמר "וּבֶן הֲדַד נָס וַיָּבֹא אֶל הָעִיר חֶדֶר בְּחָדֶר" (כ׳, ל), ואחאב נענש על שלא עשה את רצון ה׳ והותיר את בן הדד בחיים. כעת נקרא אחאב להכריע אם הוא מתכוון לפעול שוב כנגד רצון ה׳, או שמא יקבל הפעם את דברי הנביא.

(כו) וַיֹּאמֶר מֶלֶךְ יִשְׂרָאֵל קַח[16] אֶת מִיכָיְהוּ וַהֲשִׁיבֵהוּ[17] אֶל אָמֹן שַׂר הָעִיר וְאֶל יוֹאָשׁ בֶּן הַמֶּלֶךְ:[18] (כז) וְאָמַרְתָּ כֹּה אָמַר הַמֶּלֶךְ שִׂימוּ אֶת זֶה בֵּית הַכֶּלֶא וְהַאֲכִילֻהוּ לֶחֶם לַחַץ וּמַיִם לַחַץ עַד בֹּאִי בְשָׁלוֹם:

מסתבר שבסופו של דבר השפיעה על אחאב דמותו הססגונית של צדקיהו בן כנענה, עם קרני הברזל והמכה על הלחי, יותר ממיכיהו.

לכאורה יש לשאול: מדוע באמת צריך אחאב להאמין למיכיהו, ולא לצדקיהו בן כנענה? הרי גם 'האות' שנתן מיכיהו עתיד להתגשם רק בעתיד, ואינו יכול לשמש אמצעי להכריע כעת. יתרה מזאת, מיכיהו בן ימלה עצמו מודה שנביאי אחאב קיבלו נבואה מאת ה', והמחלוקת אינה אלא בשאלה אם הייתה זו נבואת אמת, או שמא נבואה שנועדה להטעות את אחאב. ובכן, מדוע טענתו של מיכיהו בן ימלה הגיונית יותר מטענתו של צדקיהו בן כנענה?

התשובה ברורה. על אחאב כבר נגזרה מיתה פעמיים, ולמרות התשובה שעשה, עדיין אין הוא זכאי לניצחון על ארם במלחמה שאינה מחויבת. אחאב היה צריך להבין שההסבר של מיכיהו בן ימלה הגיוני יותר, וכי לא ייתכן שהנבואה תבטיח לו הצלחה בלא כל הסתייגות.

16. מסתבר שהציוויים כאן ובפסוק הבא ("וְאָמַרְתָּ") נאמרו לסריס שהביא את מיכיהו אל הגורן בשער שומרון (פס' ט), וכעת המלך שב ומצווהו על דבר מיכיהו.
17. מלשון זו ניתן להסיק שמיכיהו בן ימלה כבר היה נתון בידי אמון שר העיר ויואש בן המלך, וכעת יש להשיבו לידיהם ולצוות עליהם להחמיר את תנאיו: לשים אותו בבית הכלא ולהאכילו בצמצום. נראה שאחאב, שהיה מוטרד ממיכיהו, "כִּי לֹא יִתְנַבֵּא עָלַי טוֹב כִּי אִם רָע" (פס' ח), מנע ממנו להתהלך בעיר כרצונו, ונתן אותו בהשגחה קבועה. אמנם רלב"ג פירש שהמילה "וַהֲשִׁיבֵהוּ" מכוונת לעיר עצמה: השיבהו אל העיר, ושם תיתן אותו בידי אמון ויואש.
18. מיהו יואש בן המלך? ניתן להבין שהכוונה היא לבנו של אחאב, ששימש בתפקיד משטרתי, למרות שלא מצאנו את שמו במקום אחר במקרא, וזאת בניגוד לשני בניו הידועים של אחאב, שישבו על כסאו, תחילה אחזיהו ולאחריו יורם. לחילופין, ייתכן שהכינוי "בן המלך" משמעו 'מקורב למלך', הנושא בתפקיד שלטוני מסוים; ראו י' אבישור ומ' הלצר, **סוגיות במנהל חממלכתי בישראל**, חיפה תשנ"ג, עמ' 46-54.

כפי שראינו בפרק כ׳, גם בניצחונות הקודמים על ארם נובא הניצחון בעקבות התנהגות טובה של אחאב, ויתרה מכך, הוא נומק במפורש כנובע ממגמה רוחנית: ״וְיָדַעְתָּ כִּי אֲנִי ה׳״ (כ׳, יג); ״וִידַעְתֶּם כִּי אֲנִי ה׳״ (שם, כח). הייתכן אפוא שכעת דווקא תובטח לאחאב הצלחה בלא לנמק אותה ולוּ באמירה מעין אלה? משום כך נראה שאחאב הלך אחר נטיית לבו, ובחר להאמין לדברי החלקות של נביאיו ולהתעלם מהאזהרה ההגיונית והברורה של מיכיהו בן ימלה, ובכך אכן חרץ את גורלו.

יש דמיון בין מעמד זה ובין מעמד הכרמל בפרק י״ח: אז ביקש אליהו מאחאב ״וְעַתָּה שְׁלַח **קְבֹץ** אֵלַי אֶת כָּל יִשְׂרָאֵל אֶל הַר הַכַּרְמֶל וְאֶת נְבִיאֵי הַבַּעַל **אַרְבַּע מֵאוֹת** וַחֲמִשִּׁים וּנְבִיאֵי הָאֲשֵׁרָה **אַרְבַּע מֵאוֹת** אֹכְלֵי שֻׁלְחַן אִיזָבֶל״ (י״ח, יט), ואחאב נענה – ״וַיִּשְׁלַח אַחְאָב בְּכָל בְּנֵי יִשְׂרָאֵל **וַיִּקְבֹּץ** אֶת הַנְּבִיאִים אֶל הַר הַכַּרְמֶל״ (שם, כ); וכאן יהושפט מבקש לדרוש את דבר ה׳, ואחאב נענה – ״**וַיִּקְבֹּץ** מֶלֶךְ יִשְׂרָאֵל אֶת הַנְּבִיאִים **כְּאַרְבַּע מֵאוֹת** אִישׁ״. בשני המעמדים יש ויכוח בין נביא אמת אחד לבין מאות נביאים אחרים: בפרק י״ח היו אלה נביאי בעל, וכאן – נביאי שקר. אבל בפרק י״ח בחר אחאב בבחירה הנכונה, ואילו בפרקנו בחר שלא לשמוע לנביא ה׳, ובכך גזר על עצמו מיתה.

מכל מקום, אחאב מצווה לשים את מיכיהו בבית הכלא עד שובו בשלום. בכך אחאב מבקש להשיג דבר נוסף: על ידי נתינתו של מיכיהו בכלא, והאכלתו ״לֶחֶם לַחַץ וּמַיִם לַחַץ עַד בֹּאִי בְשָׁלוֹם״, הוא מבקש למעשה ללחוץ על מיכיהו שיתפלל לשובו של אחאב בשלום, שכן כל עוד אחאב לא ישוב בשלום הוא יישאר בתנאי רעב קשים. גם בנקודה זו מבטא אחאב את אמונתו, שביד הנביא להשפיע על המציאות, ועל כן הוא סבור, שיש ביכולתו ׳להכניע׳ את מיכיהו ולגרום לו לשנות את נבואתו, ובדרך זו, לשיטתו, גם לשנות את גורלו.

ד. בין מיכיהו למיכה

אולם, מיכיהו לא נכנע גם הפעם:

(כח) וַיֹּאמֶר מִיכָיְהוּ אִם שׁוֹב תָּשׁוּב בְּשָׁלוֹם לֹא דִבֶּר ה׳ בִּי וַיֹּאמֶר שִׁמְעוּ עַמִּים כֻּלָּם:

כנגד רצונו של אחאב ללחוץ על מיכיהו על מנת שישוב בשלום, מיכיהו עומד על דעתו שהדבר אינו תלוי בו, אלא רצון ה׳ הוא שאחאב לא ישוב בשלום, ואם ישוב בשלום, יהיה זה אות שמיכיהו אינו מביא את דבר ה׳. דברים אלו גם משלימים את דבריו בחזונו הראשון: "וַיֹּאמֶר ה׳ לֹא אֲדֹנִים לָאֵלֶּה **יָשׁוּבוּ** אִישׁ לְבֵיתוֹ **בְּשָׁלוֹם**" (פס׳ יז); אכן, יתר העם ישוב בשלום, אבל לא אחאב עצמו. מכל מקום, דבריו אלו נותרים ללא מענה, ושוב אין אנו פוגשים עוד את דמותו של מיכיהו.

הכתוב מחלק את דבריו של מיכיהו לשניים, והחלק השני – "שִׁמְעוּ עַמִּים כֻּלָּם" – עמום קמעה: למי נאמרת פנייה זו? ניתן לומר שהדברים מוסבים כלפי החיילים משתי הממלכות, ממלכת יהודה וממלכת ישראל, הנמצאים יחדיו במערכה, וכונו 'עמים' עוד בתחילת הפרק: "כָּמוֹנִי כָמוֹךָ כְּעַמִּי כְעַמֶּךָ" (פס׳ ד).

עם זאת, קשה להתעלם מן העובדה שביטוי זה מופיע במקרא עוד פעם אחרת, בתחילת ספר מיכה: "דְּבַר ה׳ אֲשֶׁר הָיָה אֶל מִיכָה הַמֹּרַשְׁתִּי בִּימֵי יוֹתָם אָחָז יְחִזְקִיָּה מַלְכֵי יְהוּדָה אֲשֶׁר חָזָה עַל שֹׁמְרוֹן וִירוּשָׁלָם. **שִׁמְעוּ עַמִּים כֻּלָּם...**" (מיכה א׳, א–ב). מסתבר שבלא בכדי כתב המקרא את הביטוי הזה בדברי מיכיהו בן ימלה, שכן למרות פער של כמאה שנה, יש קשרים ברורים בין מיכיהו בן ימלה למיכה המורשתי, הן בתוכן הן בסגנון:

1. כמו מיכיהו, נאבק גם מיכה המורשתי בנביאי שקר שהבטיחו שלום והצלחה, והתעקש ש"רוח ה׳" עמו, ולא עמם: "כֹּה אָמַר ה׳ עַל הַנְּבִיאִים הַמַּתְעִים אֶת עַמִּי הַנֹּשְׁכִים בְּשִׁנֵּיהֶם וְקָרְאוּ שָׁלוֹם וַאֲשֶׁר לֹא יִתֵּן עַל פִּיהֶם וְקִדְּשׁוּ עָלָיו מִלְחָמָה. לָכֵן לַיְלָה לָכֶם מֵחָזוֹן וְחָשְׁכָה לָכֶם מִקְּסֹם וּבָאָה הַשֶּׁמֶשׁ עַל הַנְּבִיאִים וְקָדַר עֲלֵיהֶם הַיּוֹם. וּבֹשׁוּ הַחֹזִים וְחָפְרוּ הַקֹּסְמִים וְעָטוּ עַל שָׂפָם כֻּלָּם כִּי אֵין מַעֲנֵה אֱלֹהִים.

וְאוּלָם אָנֹכִי מָלֵאתִי כֹחַ אֶת **רוּחַ ה׳** וּמִשְׁפָּט וּגְבוּרָה לְהַגִּיד לְיַעֲקֹב פִּשְׁעוֹ וּלְיִשְׂרָאֵל חַטָּאתוֹ״ (מיכה ג׳, ה-ח).

2. בהמשך ספר מיכה יש ביטויים בעלי זיקה מפתיעה לפרקנו, ובהם: ״קוּמִי וָדוֹשִׁי בַת צִיּוֹן כִּי **קַרְנֵךְ** אָשִׂים **בַּרְזֶל** וּפַרְסֹתַיִךְ אָשִׂים נְחוּשָׁה... עַתָּה תִּתְגֹּדְדִי בַת גְּדוּד מָצוֹר שָׂם עָלֵינוּ בַּשֵּׁבֶט **יַכּוּ עַל הַלְּחִי** אֵת שֹׁפֵט יִשְׂרָאֵל״ (שם ד׳, יג-יד), העומדים כנגד מעשיו של צדקיהו בן כנענה בפרקנו: ״וַיַּעַשׂ לוֹ צִדְקִיָּה בֶן כְּנַעֲנָה **קַרְנֵי בַרְזֶל** וַיֹּאמֶר כֹּה אָמַר ה׳ בְּאֵלֶּה תְּנַגַּח אֶת אֲרָם... וַיִּגַּשׁ צִדְקִיָּהוּ בֶן כְּנַעֲנָה **וַיַּכֶּה** אֶת מִיכָיְהוּ **עַל הַלֶּחִי** וַיֹּאמֶר אֵי זֶה עָבַר רוּחַ ה׳ מֵאִתִּי לְדַבֵּר אוֹתָךְ״.

3. דימוי אחר בספרו של מיכה המורשתי הוא: ״וְהֵמָּה לֹא יָדְעוּ מַחְשְׁבוֹת ה׳ וְלֹא הֵבִינוּ עֲצָתוֹ כִּי **קִבְּצָם** כֶּעָמִיר **גֹּרְנָה**״ (שם, יב), הנראה אף הוא כמתקשר לנאמר בפרקנו: ״**וַיִּקְבֹּץ** מֶלֶךְ יִשְׂרָאֵל אֶת הַנְּבִיאִים... וּמֶלֶךְ יִשְׂרָאֵל וִיהוֹשָׁפָט מֶלֶךְ יְהוּדָה יֹשְׁבִים אִישׁ עַל כִּסְאוֹ מְלֻבָּשִׁים בְּגָדִים **בְּגֹרֶן**״.

4. מיכה המורשתי גם מזכיר במפורש את אחאב: ״וְיִשְׁתַּמֵּר חֻקּוֹת עָמְרִי וְכֹל מַעֲשֵׂה בֵית אַחְאָב וַתֵּלְכוּ בְּמֹעֲצוֹתָם״ (שם ו׳, טז), ויש בכך עניין מיוחד, שכן זהו האזכור היחיד של אחאב בספרי נביאים אחרונים.

מכל זאת ניתן להסיק, שמיכה המורשתי ראה את מיכיהו בן ימלה כדמות מופת עבורו, ואת עצמו – כממשיכו. פתיחת נבואתו של מיכה המורשתי במילות הנבואה האחרונות של מיכיהו בן ימלה מעצימה את הקשר הזה. הרושם הוא שמיכה המורשתי קיבל עליו להמשיך את פעילותו של מיכיהו בן ימלה כנגד נביאי השקר.

ה. וַיִּתְחַפֵּשׂ מֶלֶךְ יִשְׂרָאֵל

אף על פי שהחליט לשמוע בקולו של צדקיה בן כנענה ולהתעלם מאזהרתו של מיכיהו בן ימלה, אחאב נוקט באמצעי זהירות מסוים:

(כט) וַיַּעַל מֶלֶךְ יִשְׂרָאֵל וִיהוֹשָׁפָט מֶלֶךְ יְהוּדָה רָמֹת גִּלְעָד: (ל) וַיֹּאמֶר מֶלֶךְ יִשְׂרָאֵל אֶל יְהוֹשָׁפָט הִתְחַפֵּשׂ וָבֹא בַמִּלְחָמָה וְאַתָּה לְבַשׁ בְּגָדֶיךָ וַיִּתְחַפֵּשׂ מֶלֶךְ יִשְׂרָאֵל וַיָּבוֹא בַּמִּלְחָמָה:[19]

נראה שאחאב שם לב בכל זאת לנבואתו של מיכיהו, שהוא לבדו ייהרג במלחמה (לעיל יז: "רָאִיתִי אֶת כָּל יִשְׂרָאֵל נְפֹצִים אֶל הֶהָרִים כַּצֹּאן אֲשֶׁר אֵין לָהֶם רֹעֶה"), והוא מנסה להערים על הגזרה ועל התגשמותה באמצעות התחפשות.

במפתיע, גם מלך ארם ממקד את מאמציו באחאב לבדו:

(לא) וּמֶלֶךְ אֲרָם צִוָּה אֶת שָׂרֵי הָרֶכֶב אֲשֶׁר לוֹ שְׁלֹשִׁים וּשְׁנַיִם[20] לֵאמֹר לֹא תִּלָּחֲמוּ אֶת קָטֹן וְאֶת גָּדוֹל כִּי אִם אֶת מֶלֶךְ יִשְׂרָאֵל לְבַדּוֹ:

מה הביא את בן הדד לתת את הצו החריג הזה, התואם כל כך את נבואת מיכיהו? מסתבר שמלך ארם הגיע למסקנה שהתבוסות הבלתי־סבירות לישראל, שתוארו בפרק כ׳, נבעו מכישוריו המיוחדים של

19. הניסוח קשה: בתחילה נראה שאחאב אמר ליהושפט להתחפש, אבל מיד לאחר מכן נאמר שאחאב מלך ישראל הוא שהתחפש. בתרגום יונתן כתוב "**אנא** אשתני ואיעול בקרבא" (=**אני** אתחפש ואבוא במלחמה). ייתכן שהבין כפירוש רש"י ורד"ק ורלב"ג, שהכוונה שאחאב עצמו יתחפש, והמילה ׳התחפש׳ אינה ציווי, אלא צורת מקור (כמו הלוך, נסוע וכדומה). אך ייתכן שיש כאן גם עדות לנוסח שונה מעט: ׳אתחפש׳; וכן בתרגום השבעים. בתרגום השבעים כתוב גם ׳ואתה לבש בגדי׳, ולפי נוסח זה ההתחפשות הייתה משוכללת יותר: יהושפט לבש את בגדיו של אחאב. לפי זה יובן גם מה שנאמר לקמן פס׳ לב, ששרי הרכב חשבו שיהושפט הוא מלך ישראל. מכל מקום, גם מנוסח המסורה נראה בפשטות שאחאב הוא שהתחפש, והארמים הוטעו בתחילה משום שיהושפט היה היחיד שלבש בגדי מלכות.

20. לעיל פרק כ׳ ראינו שבן הדד יצא למלחמה הראשונה עם אחאב בשלושים ושניים מלכים (שם, א), ואחר כך הציעו לו עבדיו, בהפקת הלקחים מן התבוסה, למנות במקומם "פַּחוֹת" (שם, כד). מסתבר ש"פחות" אלו הם הם שרי הרכב הנזכרים כאן.

אחאב, ועל כן הדרך לנצח את ישראל היא לפגוע בו דווקא. כך נענש אחאב מידה כנגד מידה על שהניח לבן הדד לחיות: השארת בן הדד בחיים היא שהביאה בסופו של דבר למותו של אחאב. אבל העונש הוא מידה כנגד מידה גם ברובד הרוחני של הדברים: כפי שביארנו בפרק כ׳, אחאב חש שהוא רשאי להחיות את בן הדד מתוך תפיסה שהניצחון שלו, ולא של ה׳; וכעת מוצא אותו המוות בעקבות תפיסתו של בן הדד עצמו כי אחאב הוא האחראי לתבוסותיו במלחמות הקודמות.

וכאן אנו באים שוב להקבלה בין דמותו של אחאב לבין דמותו של שאול, שכבר עמדנו עליה בפרקים הקודמים, וכעת היא נוגעת לסיפורי מותם של שני הגיבורים:

1. בשני הסיפורים שמע המלך מנביא כי הוא עתיד למצוא את מותו במלחמה שהוא מתכוון לצאת אליה. אחאב שמע זאת ממיכיהו, ושאול – משמואל, על ידי בעלת האוב: ״וְיִתֵּן ה׳ גַּם אֶת יִשְׂרָאֵל עִמְּךָ בְּיַד פְּלִשְׁתִּים וּמָחָר אַתָּה וּבָנֶיךָ עִמִּי גַּם אֶת מַחֲנֵה יִשְׂרָאֵל יִתֵּן ה׳ בְּיַד פְּלִשְׁתִּים״ (שמ״א כ״ח, יט).
2. שני המלכים התחפשו (שם, ח; מל״א כ״ב, ל).
3. שניהם יצאו למלחמה למרות הנבואה שקיבלו, ואכן מתו במלחמה.
4. בשני הסיפורים המוות קשור לקשת: אחאב מת בקשת, ועל שאול נאמר ״וַיִּמְצָאֻהוּ הַמּוֹרִים אֲנָשִׁים בַּקָּשֶׁת וַיָּחֶל מְאֹד מֵהַמּוֹרִים״ (שמ״א ל״א, ג).[21]

אבל יש גם הבדל חשוב בין הסיפורים. את המלחמה של שאול יזמו הפלשתים, והוא לא היה אמור לקבל נבואה עליה. כאשר השיג בדרך עקיפין את שמואל, הקפיד הלה שלא לומר לו מה לעשות, ורק הודיעו שהוא עתיד למות במלחמה. שאול היה יכול להתחמק מהמלחמה

21. אם מפרשים ״וַיָּחֶל״ במשמעות ״נפצע פצע אנוש״ (ראו **דעת מקרא** שם), ולא מלשון חִיל ופחד, ההשוואה מתחזקת: שניהם נפצעו פציעה קשה מירייה בקשת, אך עדיין לא מתו.

ולנסות להינצל, אבל הוא מקבל עליו את הדין ויוצא למלחמה בראש הצבא, ואף לוקח את בניו עמו, כדי שלא למעול בתפקידו. אצל אחאב המצב הפוך. אחאב הוא היוזם את המלחמה, והיה בידו להימנע ממנה, לוּ שמע לנבואת מיכיהו; יציאתו למלחמה מבטאת אפוא חוסר אמונה בה׳. ביטוי מובהק לניגוד זה – בעניין ההתחפשות: אחאב מתחפש כדי להתחמק מדבר ה׳, ואילו שאול התחפש כדי לקבל את דבר ה׳, הגם שעשה זאת בדרך אסורה.

בתחילת המלחמה ההטעיה מצליחה:

(לב) וַיְהִי כִּרְאוֹת שָׂרֵי הָרֶכֶב אֶת יְהוֹשָׁפָט וְהֵמָּה אָמְרוּ אַךְ מֶלֶךְ יִשְׂרָאֵל הוּא וַיָּסֻרוּ עָלָיו לְהִלָּחֵם וַיִּזְעַק יְהוֹשָׁפָט:[22] (לג) וַיְהִי כִּרְאוֹת שָׂרֵי הָרֶכֶב כִּי לֹא מֶלֶךְ יִשְׂרָאֵל הוּא וַיָּשׁוּבוּ מֵאַחֲרָיו:

יהושפט, שלא התחפש, נראה כמלך, ומשום כך משך את תשומת לבם של שרי הרכב. אך משראו שאין זה אחאב, חזרו לפקודה להילחם אך ורק באחאב והניחו את יהושפט לנפשו, וספק אם הבינו במי מדובר כלל ועיקר. וכאן באה תפנית מפתיעה:

(לד) וְאִישׁ מָשַׁךְ בַּקֶּשֶׁת לְתֻמּוֹ וַיַּכֶּה אֶת מֶלֶךְ יִשְׂרָאֵל בֵּין הַדְּבָקִים וּבֵין הַשִּׁרְיָן...[23]

בפגיעה זו יש סמליות רבה: אחאב הצליח להערים על ארם – אך לא על הקב״ה. החץ פוגע בו, כביכול באקראי, ובכך נתגשמה הנבואה

22. מן הכתוב כאן ניתן להבין שאנשי ארם למדו מזעקתו של יהושפט שאין זה אחאב. אבל מן התיאור המקביל של המלחמה בספר דברי הימים אנו למדים שהזעקה האמורה כאן אינה אלא תפילה: ״וַיְהִי כִּרְאוֹת שָׂרֵי הָרֶכֶב אֶת יְהוֹשָׁפָט וְהֵמָּה אָמְרוּ מֶלֶךְ יִשְׂרָאֵל הוּא וַיָּסֹבּוּ עָלָיו לְהִלָּחֵם וַיִּזְעַק יְהוֹשָׁפָט וַה׳ עֲזָרוֹ וַיְסִיתֵם אֱלֹהִים מִמֶּנּוּ״ (דה״ב י״ח, לא).

23. כלומר במיקום מדויק ביותר, בין קשקשי השריון או בינם לבין גוף השריון עצמו.

מבלי להעניק לבן הדד את התחושה שהוא עצמו הרג את אחאב בכוחו ובעוצם ידו. כשניצח אחאב את ארם במערכה הראשונה בפרק כ׳, עבדי בן הדד הגיעו, כזכור, למסקנה האלילית: ״אֱלֹהֵי הָרִים אֱלֹהֵיהֶם עַל כֵּן חָזְקוּ מִמֶּנּוּ וְאוּלָם נִלָּחֵם אִתָּם בַּמִּישׁוֹר אִם לֹא נֶחֱזַק מֵהֶם״ (כ׳, כג). לו היה מצליחים אנשי בן הדד להרוג את אחאב, הם מן הסתם היו רואים בכך ניצחון על א־לוהי ישראל. על כן, יש חשיבות בכך שהריגת אחאב הייתה בדרך אקראית, ובמילים אחרות – באופן מכוון על ידי ה׳.

ו. לִי גִלְעָד

אחאב נפצע פציעה קשה, אך עדיין לא מת. וכעת, בשעותיו האחרונות, הוא מטה בפעם האחרונה את מטוטלת חייו, ומסיים אותם בצעד אמיץ מאין כמותו:

...וַיֹּאמֶר לְרַכָּבוֹ הֲפֹךְ יָדְךָ וְהוֹצִיאֵנִי מִן הַמַּחֲנֶה כִּי הָחֳלֵיתִי:
(לה) וַתַּעֲלֶה הַמִּלְחָמָה בַּיּוֹם הַהוּא וְהַמֶּלֶךְ הָיָה מָעֳמָד בַּמֶּרְכָּבָה
נֹכַח אֲרָם וַיָּמָת בָּעֶרֶב וַיִּצֶק דַּם הַמַּכָּה אֶל חֵיק הָרָכֶב:

אחאב היה יכול להילחם על חייו – לברוח מן המערכה וללכת להתרפא מן הפציעה, כשם שעשה לימים יורם בנו: ״וַיַּכּוּ אֲרַמִּים אֶת יוֹרָם. וַיָּשָׁב יוֹרָם הַמֶּלֶךְ לְהִתְרַפֵּא בְיִזְרְעֶאל מִן הַמַּכִּים אֲשֶׁר יַכֻּהוּ אֲרַמִּים בָּרָמָה... כִּי חֹלֶה הוּא״ (מל״ב ח׳, כח-כט). ואולם, אחאב ידע שאם ייטוש את המערכה, יחולל הדבר בהלה ומהומה במחנה ישראל, ורבים ייפלו. על כן הורה לרכבו להוציאו מקו החזית הקדמי (״מִן הַמַּחֲנֶה״), אבל נותר ״מָעֳמָד בַּמֶּרְכָּבָה נֹכַח אֲרָם״ – ״מתחזק ועומד, כדי שלא יכירו ישראל במכתו ויברחו, ותחלת נפילה ניסה״ (רש״י) – ובכך הקריב את חייו למען העם, שלוֹ היה מסור כל שנות מלכותו. יתרה מזאת, שלא כבתחילת המלחמה, שאז ניסה אחאב להערים על הנבואה על מותו במלחמה ולהתחמק ממנה, כעת הוא

מסייע בפועל להגשמתה, שהרי על פי הנבואה, כל שאר העם לא ייפגע במלחמה. וכן היה:

(לו) וַיַּעֲבֹר הָרִנָּה בַּמַּחֲנֶה כְּבֹא הַשֶּׁמֶשׁ לֵאמֹר אִישׁ אֶל עִירוֹ וְאִישׁ אֶל אַרְצוֹ:

בכך גם נסגר המעגל של ההקבלות הרבות בין אחאב ושאול. בהישארו באזור המערכה דמה אחאב לשאול, שאף הוא לא ניסה לברוח מן הגזרה. שני המלכים החזירו את נשמתם לבורא מתוך גבורה לאומית וקבלת הדין.

וכבר עמדו חז"ל על גבורה זו של אחאב. אמנם המשנה (סנהדרין פ"י מ"ב) מנתה את אחאב בין אלו שאין להם חלק לעולם הבא, אבל הגמרא שם (קד ע"ב) מביאה דעה אחרת: "דורשי רשומות היו אומרים: כולן באין לעולם הבא, שנאמר: 'לי גלעד ולי מנשה ואפרים מעוז ראשי' (תהילים ס', ט)... 'לי גלעד' – זה אחאב שנפל ברמות גלעד".[24]

24. במקום אחר (מועד קטן כח ע"ב) הגמרא מספרת על החכמים שבאו לנחם את רבי ישמעאל על מות בניו, ורבי עקיבא דרש על הפסוק "בַּיּוֹם הַהוּא יִגְדַּל הַמִּסְפֵּד בִּירוּשָׁלַ͏ִם כְּמִסְפַּד הֲדַדְרִמּוֹן בְּבִקְעַת מְגִדּוֹן" (זכריה י"ב, יא), שהכוונה להספד על אחאב, והוסיף: "והלא דברים קל וחומר: ומה אחאב מלך ישראל, **שלא עשה אלא דבר אחד טוב, דכתיב 'והמלך היה מעמד במרכבה נכח ארם'** – כך, בניו של רבי ישמעאל על אחת כמה וכמה". בעניין זה הרחיב הראי"ה קוק זצ"ל בהספדו המפורסם על הרצל, "המספד בירושלים" (נדפס בתוך: **מאמרי הראי"ה**, ירושלים תשמ"ח [מהדורה מתוקנת], עמ' 94–99), ושם כתב: "והנה התכונה של החִבה הלאומית נתגלתה באחאב שחבב מאד את ישראל, ואחז מעשה אבותיו עמרי שהוסיף עיר אחת בארץ ישראל (סנהדרין קב ע"ב), ו'דורשי רשומות אמרו כולם באים לחיי העולם הבא, 'לי גלעד', זה אחאב שנפל בגלעד', שהיה מעמיד פנים במלחמה, גם אחר שנחתו בו החצים, כדי שלא להבעית את ישראל. אומץ רוח כזה בא מאהבה יתירה ונפלאה, גם כיבד את התורה (שם) מפני שעל כל פנים שמר את כבוד האומה כלפי חוץ, לפני בן הדד, ועם כל זה לא הכיר ערכה של תורה וקדושת השם יתברך המיוחדת שבה כל יתרונם של ישראל" (שם, עמ' 97).

מתוך סבך אישיותו המורכבת חרצו דורשי רשומות את גורלו של אחאב לזכות, ובשכר מעלותיו החיוביות דנו אותו לחיי העולם הבא.

ז. וַיָּלֹקּוּ הַכְּלָבִים

בפסוקים המתארים את סופה של המלחמה מתעורר קושי:

(לז) וַיָּמָת הַמֶּלֶךְ וַיָּבוֹא שֹׁמְרוֹן[25] וַיִּקְבְּרוּ אֶת הַמֶּלֶךְ בְּשֹׁמְרוֹן:
(לח) וַיִּשְׁטֹף אֶת הָרֶכֶב עַל בְּרֵכַת שֹׁמְרוֹן וַיָּלֹקּוּ הַכְּלָבִים אֶת דָּמוֹ וְהַזֹּנוֹת רָחָצוּ כִּדְבַר ה׳ אֲשֶׁר דִּבֵּר:

דומה שתיאור זה אינו עולה בקנה אחד עם נבואת הפורענות שנאמרה לאחאב לאחר רצח נבות: ״בִּמְקוֹם אֲשֶׁר לָקְקוּ הַכְּלָבִים אֶת דַּם נָבוֹת יָלֹקּוּ הַכְּלָבִים אֶת דָּמְךָ גַּם אָתָּה״ (כ״א, יט), שהרי נבות הומת ביזרעאל, ואילו את דמו של אחאב לקקו הכלבים בברכת שומרון!

המפרשים הציעו תשובות שונות לשאלה זו,[26] אך על דרך הפשט נראה כדברי רלב״ג (על כ״א, כט), שכתב: ״ידמה שלולא כי נכנע אחאב מפני השם, היה מת על יד יהוא בחלקת נבות היזרעלי ושם ילקקו הכלבים דמו, אך מפני שנכנע אחאב מפני ה׳ יתברך, האריך ה׳ הרעה הזאת עד ימי בנו, ובו נתקיים כל היעוד הרע״.[27] לדבריו,

25. אם המלך מת, מדוע נאמר ״וַיָּבוֹא שֹׁמְרוֹן״, ולא ׳ויביאוהו שומרון׳ או כיוצא בזה? ייתכן שזהו ניסוח אירוני, המכוון כנגד התבטאותו הרברבנית של אחאב לפני היציאה לקרב, באמרו על מיכיהו בן ימלה ״שִׂימוּ אֶת זֶה בֵּית הַכֶּלֶא וְהַאֲכִילֻהוּ לֶחֶם לַחַץ וּמַיִם לַחַץ עַד **בֹּאִי בְשָׁלוֹם**״ (פס׳ כז), רוצה לומר: אחאב אמנם ׳בא׳ – אך לא בשלום, בדיוק כפי שניבא מיכיהו.

26. רד״ק כתב: ״ומהנראה, כי **יזרעאל קרוב לשמרון** ומי בריכת שמרון הולכים עד יזרעאל והמים באו אדומים מן הדם עד יזרעאל ושם לקקו הכלבים הדם״. על פי ידיעותינו כיום, תשובה זו אינה אפשרית.

27. אכן, במל״ב ט׳, כה-כו מסופר בפירוט כיצד הרג יהוא את יורם בן אחאב והשליכו בחלקת נבות, לקיים את דבר ה׳: ״וַיֹּאמֶר אֶל בִּדְקַר שָׁלִשֹׁה שָׂא הַשְׁלִכֵהוּ בְּחֶלְקַת שְׂדֵה נָבוֹת הַיִּזְרְעֵאלִי כִּי זְכֹר אֲנִי וָאַתָּה אֵת רֹכְבִים צְמָדִים אַחֲרֵי אַחְאָב אָבִיו וַה׳

דינו של אחאב הומתק במקצת בזכות תשובתו, שתוארה בהרחבה בפרק הקודם. ומסתבר שגם מות הגבורה של אחאב בפרקנו סייע לכך. ודוק, לא רק מקום ביצועו של העונש נתמתק, אלא גם, במידה מסוימת, אופיו: הכלבים לקקו את דמו של אחאב שנשטף מן המרכבה ונתערב במי הברֵכה, אך לא נגעו בגופו ממש. כביכול לא היה זה עוד ראוי, שאת דמו של אחאב שניצוק בגבורה על המרכבה, ילקקו הכלבים מגופתו.

אמנם גם ממעשיו הרעים של אחאב לא ניתן להתעלם, ולכן בצד הנימה של המתקת הגזרה יש גם נימה אחרת, המתבטאת במילים: "וְהַזֹּנוֹת רָחָצוּ".[28] ביטוי זה לא הופיע בנבואת הפורענות על אחאב בפרק הקודם, ולכן יש לראותו כחלק מגנותו הכללית של אחאב, שמיסד את העבודה הזרה בישראל.[29] אכן, המורכבות שאפיינה את אחאב כל חייו מלווה גם את סיפור מותו.

וכך נחתמים פרקי מלכות אחאב:

(לט) וְיֶתֶר דִּבְרֵי אַחְאָב וְכָל אֲשֶׁר עָשָׂה וּבֵית הַשֵּׁן[30] אֲשֶׁר בָּנָה וְכָל

נָשָׂא עָלָיו אֶת הַמַּשָּׂא הַזֶּה. אִם לֹא אֶת דְּמֵי נָבוֹת וְאֶת דְּמֵי בָנָיו רָאִיתִי אֶמֶשׁ נְאֻם ה' וְשִׁלַּמְתִּי לְךָ בַּחֶלְקָה הַזֹּאת נְאֻם ה' וְעַתָּה שָׂא הַשְׁלִכֵהוּ בַּחֶלְקָה כִּדְבַר ה'". שם גם מודגש כמה פעמים שהמעשה היה ביזרעאל. ואף מותו של יהורם דומה מאוד למותו של אחאב: "וְיֵהוּא מִלֵּא יָדוֹ בַקֶּשֶׁת וַיַּךְ אֶת יְהוֹרָם בֵּין זְרֹעָיו וַיֵּצֵא הַחֵצִי מִלִּבּוֹ וַיִּכְרַע בְּרִכְבּוֹ" (שם, כד). מכל זה ברור שיהורם נכנס במותו תחת אביו.

28. נראה שבשל הסמיכות לביטויים להמתקת הגזרה, היו שנטו לפרש גם את רחיצת הזונות באופן שאין בו גנאי. רש"י ביאר, על פי התרגום, שהכוונה לכלי הזין, שגם אותם רחצו (ודוחק). ויש שראו בתיאור זה כפשוטו ביטוי להמתקת הדין: אם הזונות רחצו, כנראה לא היה הדם מורגש כל כך במים.

29. הסמיכות של כלבים וזונות לגנאי מזכירה את הציווי "לֹא תָבִיא אֶתְנַן זוֹנָה וּמְחִיר כֶּלֶב בֵּית ה' אֱלֹהֶיךָ" (דברים כ"ג, יט).

30. המפרשים ביארו שהכוונה לשן פיל, אך ברור שאין הכוונה לבית העשוי משנהב, שהוא חומר רך, כי אם לבית שיש בו קישוטים משנהב או שיש בו שנהבים. בחפירות ארכאולוגיות שנערכו בשומרון הקדומה בשנים 1935-1931 נמצאו מאות חפצים עשויים שנהב, מאתיים מהם מגולפים (ראו **עולם התנ"ך** על פסוקנו).

> הֶעָרִים אֲשֶׁר בָּנָה הֲלוֹא הֵם כְּתוּבִים עַל סֵפֶר דִּבְרֵי הַיָּמִים לְמַלְכֵי יִשְׂרָאֵל: (מ) וַיִּשְׁכַּב אַחְאָב עִם אֲבֹתָיו וַיִּמְלֹךְ אֲחַזְיָהוּ בְנוֹ תַּחְתָּיו:

א. וַיַּשְׁלֵם יְהוֹשָׁפָט עִם מֶלֶךְ יִשְׂרָאֵל

אמנם יהושפט כבר מילא תפקיד משמעותי בפרקנו, בסיפור מלחמתו האחרונה של אחאב בארם, אך עד עתה טרם הוצג כמלך יהודה. רק פסוקים אחדים יוחדו לדמותו, והם נחלקים לשני חלקים. בחלק הראשון מוצגים כמה נתונים בסיסיים, עד לפסוק הנראה כחתימה למלכות יהושפט:

> (מא) וִיהוֹשָׁפָט בֶּן אָסָא מָלַךְ עַל יְהוּדָה בִּשְׁנַת אַרְבַּע לְאַחְאָב מֶלֶךְ יִשְׂרָאֵל: (מב) יְהוֹשָׁפָט בֶּן שְׁלֹשִׁים וְחָמֵשׁ שָׁנָה בְּמָלְכוֹ וְעֶשְׂרִים וְחָמֵשׁ שָׁנָה מָלַךְ בִּירוּשָׁלָ‍ִם[31] וְשֵׁם אִמּוֹ עֲזוּבָה בַּת שִׁלְחִי: (מג) וַיֵּלֶךְ בְּכָל דֶּרֶךְ אָסָא אָבִיו לֹא סָר מִמֶּנּוּ לַעֲשׂוֹת הַיָּשָׁר בְּעֵינֵי ה׳: (מד) אַךְ הַבָּמוֹת לֹא סָרוּ עוֹד הָעָם מְזַבְּחִים וּמְקַטְּרִים בַּבָּמוֹת: (מה) וַיַּשְׁלֵם יְהוֹשָׁפָט עִם מֶלֶךְ יִשְׂרָאֵל: (מו) וְיֶתֶר דִּבְרֵי יְהוֹשָׁפָט וּגְבוּרָתוֹ אֲשֶׁר עָשָׂה וַאֲשֶׁר נִלְחָם הֲלֹא הֵם כְּתוּבִים עַל סֵפֶר דִּבְרֵי הַיָּמִים לְמַלְכֵי יְהוּדָה:

בפסוקים אלו כמה נתונים עובדתיים המוזכרים בכל מלך (מניין שנות מלכותו, שם אמו), וכן היגד כללי הדן את יהושפט לשבח על שעשה הישר בעיני ה׳, עם ההסתייגות האמורה דרך קבע במלכי יהודה, שהעם הוסיף לזבח ולקטר בבמות. רק דבר אחד שהוא ייחודי ליהושפט מוזכר כאן: השלום בינו ובין אחאב מלך ישראל. לכך נודעת חשיבות

31. מסיבה שאינה ברורה, הפתיחה למלכות יהושפט שונה מן הנהוג במלכי יהודה. אצל רובם ככולם הפתיחה היא "וּבִשְׁנַת... לְ... מֶלֶךְ יִשְׂרָאֵל מָלַךְ... מֶלֶךְ יְהוּדָה", ואילו שמו של יהושפט הוקדם לשם מלך ישראל שבזמנו המלך. ועוד, ששמו הוקדם לגילו בהמלכתו, שלא כתבנית הנוהגת ברוב המלכים: ׳בֶּן... שָׁנִים פְּלוֹנִי בְּמָלְכוֹ וְ... שָׁנָה מָלַךְ׳.

על רקע היחסים הקשים ששררו בין אבותיו של יהושפט לבין מלכי ישראל: רחבעם בן שלמה ובנו אבים, סבו של יהושפט, היו במלחמה מתמדת עם ירבעם מלך ישראל,[32] ואסא אביו נלחם עם בעשא מלך ישראל.[33] ונראה שהדבר נאמר לזכותו של יהושפט, שהרי נכתב סמוך לדברי שבח עליו, וללא כל הסתייגות.[34]

בפרק ט"ו עמדנו על הפער שבין התיאור החיובי של מלכות אסא בספר מלכים לבין הביקורת עליו בדברי הימים. תופעה דומה קיימת גם ביחס לבנו יהושפט.

נפתח במה שראינו עד כה. רובו של פרקנו עוסק במלחמה בין אחאב ובן הדד. בסיפור זה הייתה לנוכחותו של יהושפט תרומה חיובית מסוימת, שהרי הוא שביקש להביא גם את מיכיהו בן ימלה, שנבואתו הייתה עשויה לעצור את אחאב מלצאת למלחמה. אמנם גם לאחר שכלא אחאב את מיכיהו ויצא למלחמה בניגוד לאזהרתו, לא נרתע יהושפט מלצאת עמו, אך ניתן ללמד עליו זכות, שנהג כך בגלל תחושת אחווה כלפי אחאב.

בדברי הימים התמונה שונה. שם סיפור המלחמה מובא במסגרת סיפורי יהושפט (דה"ב י"ח), והוא בא ללמד עליו, ולא על אחאב. בתחילת אותו פרק נאמר: "וַיְהִי לִיהוֹשָׁפָט עֹשֶׁר וְכָבוֹד לָרֹב וַיִּתְחַתֵּן לְאַחְאָב... וַיִּזְבַּח לוֹ אַחְאָב צֹאן וּבָקָר לָרֹב וְלָעָם אֲשֶׁר עִמּוֹ וַיְסִיתֵהוּ לַעֲלוֹת אֶל רָמוֹת גִּלְעָד" (שם, ב), ומשמע שאחאב הוא שהסית את יהושפט לצאת למלחמה.[35] סיפור המלחמה מסתיים שם בציון

32. ראו לעיל י"ד, ל, "וּמִלְחָמָה הָיְתָה בֵין רְחַבְעָם וּבֵין יָרָבְעָם כָּל הַיָּמִים"; ט"ו, ו-ז, "וּמִלְחָמָה הָיְתָה בֵין רְחַבְעָם וּבֵין יָרָבְעָם כָּל יְמֵי חַיָּיו. וְיֶתֶר דִּבְרֵי אֲבִיָּם וְכָל אֲשֶׁר עָשָׂה הֲלוֹא הֵם כְּתוּבִים עַל סֵפֶר דִּבְרֵי הַיָּמִים לְמַלְכֵי יְהוּדָה וּמִלְחָמָה הָיְתָה בֵּין אֲבִיָּם וּבֵין יָרָבְעָם".

33. ונאמרה שם לשון דומה: "וּמִלְחָמָה הָיְתָה בֵּין אָסָא וּבֵין בַּעְשָׁא מֶלֶךְ יִשְׂרָאֵל כָּל יְמֵיהֶם" (ט"ו, טז). ושם עמדנו בהרחבה על העימות בין אסא ובעשא.

34. אמנם רד"ק פירש שהדבר נאמר לגנותו של יהושפט, ועל כן נסמך לעניין הבמות: "אלא טעם הסיפור הזה וכתבו אותו אחר 'אך הבמות לא סרו' – אמר: ועוד רעה אחרת נמצא בו, שהשלים עם מלך ישראל ועזרו".

35. אמנם בהמשך הסיפור באה אותה לשון בהקשר חיובי: "וַיְהִי כִּרְאוֹת שָׂרֵי הָרֶכֶב

מותו של אחאב, ללא פסוקי הסיום על מה שאירע לגופתו וסיכום מעשיו (כמו בפרקנו, פס׳ לז-מ). במקום זה באה ביקורת מפורשת על הצטרפותו של יהושפט למלחמה, אם כי הביקורת מסויגת, בגלל הצביון הכללי של אישיותו: ״וַיָּשָׁב יְהוֹשָׁפָט מֶלֶךְ יְהוּדָה אֶל בֵּיתוֹ בְּשָׁלוֹם לִירוּשָׁלָם. וַיֵּצֵא אֶל פָּנָיו יֵהוּא בֶן חֲנָנִי הַחֹזֶה וַיֹּאמֶר אֶל הַמֶּלֶךְ יְהוֹשָׁפָט הֲלָרָשָׁע לַעְזֹר וּלְשֹׂנְאֵי ה׳ תֶּאֱהָב וּבָזֹאת עָלֶיךָ קֶּצֶף מִלִּפְנֵי ה׳. אֲבָל דְּבָרִים טוֹבִים נִמְצְאוּ עִמָּךְ כִּי בִעַרְתָּ הָאֲשֵׁרוֹת מִן הָאָרֶץ וַהֲכִינוֹתָ לְבָבְךָ לִדְרֹשׁ הָאֱלֹהִים״ (דה״ב י״ט, א-ג).

נחזור לפרקנו. מיד לאחר פס׳ מו – ״וְיֶתֶר דִּבְרֵי יְהוֹשָׁפָט וּגְבוּרָתוֹ אֲשֶׁר עָשָׂה...״ – היה צפוי לבוא פסוק אחרון, שיספר על מותו: ״וַיִּשְׁכַּב יְהוֹשָׁפָט עִם אֲבֹתָיו וַיִּקָּבֵר...״, כפי המטבע הבא במרבית המלכים, המסמיך את הדברים זה לזה ומביאם ברצף.[36] פסוק זה אמנם מופיע לקמן, אבל בינו לבין פס׳ מו מפרידים ארבעה פסוקים, העוסקים בעניינים שונים.

ב. אוניות שבורות

(מז) וְיֶתֶר הַקָּדֵשׁ אֲשֶׁר נִשְׁאַר בִּימֵי אָסָא אָבִיו בִּעֵר מִן הָאָרֶץ:
(מח) וּמֶלֶךְ אֵין בֶּאֱדוֹם נִצָּב מֶלֶךְ: (מט) יְהוֹשָׁפָט עָשָׂה [עשר
כתיב] אֳנִיּוֹת תַּרְשִׁישׁ[37] לָלֶכֶת אוֹפִירָה לַזָּהָב וְלֹא הָלָךְ כִּי נִשְׁבְּרוּ
[נשברה כתיב] אֳנִיּוֹת בְּעֶצְיוֹן גָּבֶר: (נ) אָז אָמַר אֲחַזְיָהוּ בֶן אַחְאָב
אֶל יְהוֹשָׁפָט יֵלְכוּ עֲבָדַי עִם עֲבָדֶיךָ בָּאֳנִיּוֹת וְלֹא אָבָה יְהוֹשָׁפָט:

אֶת יְהוֹשָׁפָט וְהֵמָּה אָמְרוּ מֶלֶךְ יִשְׂרָאֵל הוּא וַיָּסֹבּוּ עָלָיו לְהִלָּחֵם וַיִּזְעַק יְהוֹשָׁפָט וַה׳ עֲזָרוֹ **וַיְסִיתֵם** אֱלֹהִים מִמֶּנּוּ״ (שם, לא). ואולי בא הדבר ללמד שיהושפט עשה תשובה: בתחילה יהושפט **הוסת** בידי אחאב, אך כאשר פנה לה׳ (ואולי גם הכה על חטא), **הסית** ה׳ את אויביו ממנו.

36. ראו י״ד, יט-כ, כט-לא; ט״ו, ז-ח, כג-כד; ט״ז, ה-ו, כז-כח; כ״ב, לט-מ. ועוד רבות כהנה בספר מלכים ב׳.

37. על המונח ״אניות תרשיש״ עמדנו בהרחבה בעיוננו לפרק י׳, הערה 5.

(נא) וַיִּשְׁכַּב יְהוֹשָׁפָט עִם אֲבֹתָיו וַיִּקָּבֵר עִם אֲבֹתָיו בְּעִיר דָּוִד אָבִיו וַיִּמְלֹךְ יְהוֹרָם בְּנוֹ תַּחְתָּיו:

פס׳ מז ממשיך בנימה החיובית על יהושפט, שהשלים את ביעור "הַקָּדֵשׁ" שנשאר מימי אסא.[38] פס׳ מח מציין עובדה שמשמעותה תתבהר רק לקמן.[39] את עיקר העניין מושך סיפור האוניות, המעורר תמיהה בדבר משמעותו. על פי המסופר כאן, יהושפט עשה אוניות על מנת להביא זהב מאופיר,[40] אך אוניות אלו נשברו בעציון גבר, ואין כל רמז מה גרם לכך. הרושם העולה מן הכתוב, שלאחר שנשברו האוניות פנה אחזיהו ליהושפט בהצעה "יֵלְכוּ עֲבָדַי עִם עֲבָדֶיךָ בָּאֳנִיּוֹת", אך יהושפט סירב.

ברם, בתיאור המקביל בדברי הימים סדר הדברים הפוך: "וְאַחֲרֵי כֵן אֶתְחַבַּר יְהוֹשָׁפָט מֶלֶךְ יְהוּדָה עִם אֲחַזְיָה מֶלֶךְ יִשְׂרָאֵל הוּא הִרְשִׁיעַ לַעֲשׂוֹת. וַיְחַבְּרֵהוּ עִמּוֹ לַעֲשׂוֹת אֳנִיּוֹת לָלֶכֶת תַּרְשִׁישׁ וַיַּעֲשׂוּ אֳנִיּוֹת בְּעֶצְיוֹן גָּבֶר.[41] וַיִּתְנַבֵּא אֱלִיעֶזֶר בֶּן דֹּדָוָהוּ מִמָּרֵשָׁה עַל יְהוֹשָׁפָט לֵאמֹר כְּהִתְחַבֶּרְךָ עִם אֲחַזְיָהוּ פָּרַץ ה׳ אֶת מַעֲשֶׂיךָ וַיִּשָּׁבְרוּ אֳנִיּוֹת וְלֹא עָצְרוּ

38. על תופעת ה"קדש" ראו לעיל י"ד, כד ובהערה 31 בעיוננו שם. ביעור הקדש בימי אסא נזכר לעיל ט"ו, יב.
39. נראה שכוונת הפסוק להדגיש כי בימי יהושפט עדיין שרר באדום המשטר שהשליט שם דוד (שמ"ב ח׳, יד): אין מלך, אלא רק ניצב. משמעות הדבר תובן לאור האמור ביהורם, בנו של יהושפט: "בְּיָמָיו פָּשַׁע אֱדוֹם מִתַּחַת יַד יְהוּדָה וַיַּמְלִכוּ עֲלֵיהֶם מֶלֶךְ" (מל"ב ח׳, כ). בכך מתחדד ההבדל בינו ובין יהושפט אביו, שהלך בדרך ה׳, ולכן נשארה אדום משועבדת לו.
40. ציר האוניות לאופיר הוזכר כבר לעיל סוף פרק ט׳, במסגרת הפעילות המשותפת של שלמה וחירם, שהביאו יחד זהב רב מאופיר. בעיוננו לפרק י׳ העלינו את האפשרות שציר זה הטריד את מלכת שבא, ובבואה לשלמה ביקשה לבטלו. אפשר ששלמה אכן ביטל את הציר הזה, ואפשר שהוא בטל מאליו לאחר מותו. כך או כך, כעת ביקש יהושפט לחדש אותו.
41. הפסוק קשה עד מאוד: אם באמת נועדו האוניות (לפי תיאור זה) ללכת לתרשיש, שהיא באזור הים התיכון (כעולה מתחילת ספר יונה) – מדוע נעשו בעציון גבר, השוכנת לחוף ים סוף? גם על כך עמדנו בפרק י׳, הערה 5, ושם ראינו את פירושו המפתיע של ר"י אברבנאל ואת חידושו המעניין של המלבי"ם בנושא.

לָלֶכֶת אֶל תַּרְשִׁישׁ" (דה"ב כ׳, לה-לז). שם מודגש שהקשר עם אחזיה נוצר עוד בטרם נשברו האוניות, ואדרבה, הוא הסיבה לשבירתן. ובכן, על קשריו עם אחאב יצא יהושפט ׳בנזיפה׳ בלבד, ואילו על קשריו עם בנו כבר נענש ממש.[42]

נראה אפוא ששני הספרים מבטאים שתי בחינות בקשר שבין יהושפט ומלכי ישראל. ספר מלכים מדגיש את הצד החיובי שבו: "וַיַּשְׁלֵם יְהוֹשָׁפָט עִם מֶלֶךְ יִשְׂרָאֵל" (פסוק שאין לו דמיון בקטע המקביל בדה"ב סוף פרק כ׳!). כפי שראינו, ליחסים בין יהושפט ואחאב נודעה מידה של השפעה חיובית על אחאב, ואותה ביקש ספר מלכים להדגיש. ואילו עם אחזיהו, שאישיותו לא הייתה מורכבת כשל אחאב, כפי שנראה בפרק הבא, נמנע יהושפט מכל קשר לפי ספר זה.

ספר דברי הימים, לעומתו, בוחן את היחסים בין יהושפט ואחאב בפרספקטיבה היסטורית, ומשום כך אינו רואה בעין יפה את ההתקרבות בין המלכים, שכן בטווח הארוך הביאו קשרים אלו להשפעה רעה על מלכות יהודה. אחרי שני מלכים טובים ביהודה, אסא ויהושפט, בא יורם בן יהושפט וסטה מן הדרך בהשפעת בית אחאב, כמפורש לקמן: "וַיֵּלֶךְ בְּדֶרֶךְ מַלְכֵי יִשְׂרָאֵל כַּאֲשֶׁר עָשׂוּ בֵּית אַחְאָב כִּי בַּת אַחְאָב הָיְתָה לּוֹ לְאִשָּׁה וַיַּעַשׂ הָרַע בְּעֵינֵי ה׳" (מל"ב ח׳, יח). וכן נאמר בבנו של יורם, אחזיהו: "וַיֵּלֶךְ בְּדֶרֶךְ בֵּית אַחְאָב וַיַּעַשׂ הָרַע בְּעֵינֵי ה׳ כְּבֵית אַחְאָב כִּי חֲתַן בֵּית אַחְאָב הוּא" (שם, כז).

מסתבר אפוא שבמציאות אכן עמד יהושפט בקשרים עם אחזיהו, אך משננזף ונענש על כך חדל מהם. אלא שספר מלכים הדגיש רק את סוף הסיפור, ואילו ספר דברי הימים – רק את תחילתו.

ג. ההשלמות בספר דברי הימים

למרות הביקורת המסוימת שיש בדברי הימים על יהושפט, עדיין

42. אמנם ראוי לציין שבדברי הימים סיפור האוניות מובא רק כנספח, לאחר פסוקי הסיכום למלכותו של יהושפט (כ׳, לא-לד).

נאמר עליו שם הרבה יותר מן הדברים הקצרים שבכאן, ונוספים שם עוד כמה היבטים חיוביים לדמותו. לא נוכל לעסוק כאן בהרחבה בפרקי יהושפט שבדברי הימים (דה"ב י"ז-כ'),[43] ונסתפק בציון תופעה מעניינת אחת העולה מהם. בעל דברי הימים יוצר זיקה ברורה בין דמותו של יהושפט לדמותו של המלך שלמה, שתיאורה בדברי הימים הוא חיובי, בדרך כלל, כפי שראינו פעמים מספר בעיונינו בפרקי שלמה. והרי כמה מנקודות הדמיון הבולטות:

1. התיאור שם פותח בשיטת השלטון של יהושפט – "וַיִּתֵּן נְצִיבִים בְּאֶרֶץ יְהוּדָה וּבְעָרֵי אֶפְרַיִם" (דה"ב י"ז, ב) – בדומה לנציבים של שלמה (כפי שראינו בהרחבה לעיל פרק ד').
2. בסיום שלב ההתבססות של מלכות יהושפט נאמר: "וַיָּכֶן ה' אֶת הַמַּמְלָכָה בְּיָדוֹ" (דה"ב י"ז, ה), מעין מה שנאמר בשלמה: "וְהַמַּמְלָכָה נָכוֹנָה בְּיַד שְׁלֹמֹה" (מל"א ב', מו).
3. הכתוב מתאר את עוצמתו של יהושפט בעיני עמי האזור: "וַיְהִי פַּחַד ה' עַל כָּל מַמְלְכוֹת הָאֲרָצוֹת אֲשֶׁר סְבִיבוֹת יְהוּדָה וְלֹא נִלְחֲמוּ עִם יְהוֹשָׁפָט. וּמִן פְּלִשְׁתִּים מְבִיאִים לִיהוֹשָׁפָט מִנְחָה וְכֶסֶף מַשָּׂא גַּם הָעַרְבִיאִים מְבִיאִים לוֹ צֹאן אֵילִים שִׁבְעַת אֲלָפִים וּשְׁבַע מֵאוֹת..." (דה"ב י"ז, י-יא). תיאור דומה מצינו בשלמה: "וּשְׁלֹמֹה הָיָה מוֹשֵׁל בְּכָל הַמַּמְלָכוֹת מִן הַנָּהָר אֶרֶץ פְּלִשְׁתִּים וְעַד גְּבוּל מִצְרָיִם מַגִּשִׁים מִנְחָה וְעֹבְדִים אֶת שְׁלֹמֹה כָּל יְמֵי חַיָּיו... כִּי הוּא רֹדֶה בְּכָל עֵבֶר הַנָּהָר מִתִּפְסַח וְעַד עַזָּה בְּכָל מַלְכֵי עֵבֶר הַנָּהָר וְשָׁלוֹם הָיָה לוֹ מִכָּל עֲבָרָיו מִסָּבִיב" (מל"א ה', א-ד).[44]
4. פרק י"ט שם עוסק בהקמת המערכת המשפט ביהודה. כידוע, תחום

43. מלבד פרק י"ח שם, המקביל לסיפור בפרקנו על המלחמה של אחאב ויהושפט נגד ארם. מובן שמומלץ לקרוא פרקים אלו כעת כדי להבין טוב יותר את האמור להלן.

44. וכן: "וְכָל הָאָרֶץ מְבַקְשִׁים אֶת פְּנֵי שְׁלֹמֹה לִשְׁמֹעַ אֶת חָכְמָתוֹ אֲשֶׁר נָתַן אֱלֹהִים בְּלִבּוֹ. וְהֵמָּה מְבִאִים אִישׁ מִנְחָתוֹ כְּלֵי כֶסֶף וּכְלֵי זָהָב וּשְׂלָמוֹת וְנֵשֶׁק וּבְשָׂמִים סוּסִים וּפְרָדִים דְּבַר שָׁנָה בְּשָׁנָה" (מל"א י', כד-כה).

המשפט היה קרוב ללבו של שלמה, ועליו בלבד ביקש מאת ה׳ בחלומו (מל״א ג׳).

5. בפרק כ׳ שם מתואר הניצחון הגדול על עמי האזור בזכות אמונה גדולה בה׳, וגם בו הקבלות רבות לשלמה, וביניהן דבריו של יהושפט לפני היציאה למלחמה: ״אִם תָּבוֹא עָלֵינוּ רָעָה חֶרֶב שְׁפוֹט וְדֶבֶר וְרָעָב נַעַמְדָה לִפְנֵי הַבַּיִת הַזֶּה וּלְפָנֶיךָ כִּי שִׁמְךָ בַּבַּיִת הַזֶּה וְנִזְעַק אֵלֶיךָ מִצָּרָתֵנוּ וְתִשְׁמַע וְתוֹשִׁיעַ״ (דה״ב כ׳, ט), המכוונים, כמובן, לדבריו של שלמה בתפילתו (מל״א ח׳, מד-מה).

סביר להניח שבהקבלה זו ביקש בעל דברי הימים להאדיר את דמותו של יהושפט. ואכן, יהושפט נידון לזכות גם בעניינים אחרים שם, כגון פועלו להפצת התורה בישראל: ״וּבִשְׁנַת שָׁלוֹשׁ לְמָלְכוֹ שָׁלַח לְשָׂרָיו... וְעִמָּהֶם הַלְוִיִּם... וְעִמָּהֶם אֱלִישָׁמָע וִיהוֹרָם הַכֹּהֲנִים. וַיְלַמְּדוּ בִּיהוּדָה וְעִמָּהֶם סֵפֶר תּוֹרַת ה׳ וַיָּסֹבּוּ בְּכָל עָרֵי יְהוּדָה וַיְלַמְּדוּ בָּעָם״ (דה״ב י״ז, ז-ט). נראה אפוא שספר דברי הימים ביקש אמנם להציג את המורכבות שבסיפורים המופיעים בספר מלכים, כפי שראינו לעיל, אך ככלל, השיפוט של יהושפט בדברי הימים חיובי במיוחד.

לאור זאת יש לתמוה: מדוע לא הביא ספר מלכים, שדן את יהושפט באופן חיובי עוד יותר, את כל הסיפורים הנוספים עליו בספר דברי הימים? קשה לתת תשובה ברורה לשאלה זו. ייתכן שמגמתו המרכזית של ספר מלכים היא תיאור המהלכים שהביאו לחורבן, ובפרט נושא העבודה הזרה, ועל כן לא ראה עניין להרחיב בסיפורים על יהושפט שאינם תורמים למגמה הכללית הזאת.[45]

45. שלושת הפסוקים האחרונים בפרק זה, המסיימים את היחידה המכונה ׳מלכים א׳׳, שייכים לסיפורו של אחזיה בן אחאב, שעליו מסופר במל״ב א׳. בפתיחה לספר ביארנו מדוע ספר מלכים ב׳ לא נפתח בפסוקים אלו, ומכל מקום, נעמוד על פסוקים אלו בתחילת עיוננו בספר מלכים ב׳, אם גומר ה׳ עלינו.